乐业年鉴

LEYE NIANJIAN

2017

乐业县地方志编纂委员会 编

国家图书馆出版社

图书在版编目(CIP)数据

乐业年鉴.2017/乐业县地方志编纂委员会编. -- 北京：国家图书馆出版社，2018.4
ISBN 978-7-5013-6300-1

Ⅰ.①乐… Ⅱ.①乐… Ⅲ.①乐业县—2017—年鉴 Ⅳ.①Z526.74

中国版本图书馆 CIP 数据核字(2017)第 287848 号

国家图书馆出版社官方微信

书　　名　乐业年鉴(2017)
著　　者　乐业县地方志编纂委员会 编
责任编辑　耿素丽　廖生训
特邀编审　夏红兵
设　　计　南宁市佳彩广告设计有限公司

出　　版　国家图书馆出版社(100034 北京市西城区文津街 7 号)
(原书目文献出版社 北京图书馆出版社)
发　　行　010-66114536　66126153　66151313　66175620
66121706(传真)　66126156(门市部)
E - mail　nlcpress@nlc.cn(邮购)
Website　www.nlcpress.com→投稿中心
经　　销　新华书店
印　　装　深圳市精一瑞兰印刷有限公司
版　　次　2018 年 4 月第 1 版　2018 年 4 月第 1 次印刷

开　　本　889×1194(毫米)　1/16
印　　张　26.25
字　　数　450 千字

书　　号　ISBN 978-7-5013-6300-1
定　　价　198.00 元

编辑说明

一、根据国务院《地方志工作条例》第五条规定，依法编纂的《乐业年鉴》是一部全面、系统地记述广西壮族自治区乐业县经济和社会发展基本情况的综合性地方年鉴，由中共乐业县委员会、乐业县人民政府组织，乐业县地方志编纂委员会负责编纂。

二、《乐业年鉴(2017)》记载的是2016年乐业县的基本情况。本年鉴的框架结构采用分类编辑法，设类目、分目、条目3个层次，以条目为基本单元，承担记述百科的任务。全书条目统一用黑字体加【 】表示。本年鉴栏目设图片专辑、特载、概述、大事记、中共乐业县委员会、乐业县人民代表大会、乐业县人民政府、政协乐业县委员会、工商联·群众团体、法制·军事、农业·水利、林场·兰花保护、工业、旅游业·地质公园、交通运输业·邮电业、城乡建设·环境保护、财政·税务、商贸业、经济管理与监督、金融业、教育·科技、文化·体育、卫生、民族事务·社会生活、乡镇概况、人物、重要文件选登、统计资料、附录、索引29个类目，类目下的分目以通栏标题反映，分目统领条目，条目是年鉴的实体。

三、本年鉴采用语体文，以第三人称记述，文字、计量等用法，均按照国家标准和计量法规执行。

四、市制土地面积计量单位“亩”，由于涉及广大农民的问题，且在目前本地农村农民的日常生活中仍作为土地面积的计量单位，所以本年鉴记述农业事项土地面积时仍使用“亩”作为计量单位，1亩=666.67平方米，随文不再括注同比例平方数。

五、本年鉴记述的内容(含文字、图片)均由乐业县直各部门、各单位，自治区直、市直驻乐业县各有关单位，各乡(镇)提供，并经地方志编委会审核。图片反映的内容在时限上根据需要有所延伸。涉及乐业县的经济统计数据取自乐业县统计局；乐业县统计局没有的，取自有关业务部门，具有可靠性、科学性和权威性。

六、本年鉴所记述的“自治区”指广西壮族自治区，“市”指百色市。

七、本年鉴已经乐业县人民政府审查通过。

《乐业年鉴(2017)》编辑部

总　　编　方志高　李荣能
副 总 编　黄维新
主　　编　黎启顺
副 主 编　潘盈雪　杨胜发
编　　辑　刘玉杰　李卓航　张富淇　文小春　王功斌
执行编辑　黎启顺　潘盈雪　杨胜发
图片拍摄　李　晋　杨玉琴　刘常智　潘明志　韦明甫　郭荣方　何大峭　梁世忠
等及各单位编写组

乐业县地方志编纂委员会

主　任:李荣能　县委副书记、县人民政府县长
副主任:黄茂兵　县委副书记
韩启强　县委常委、县人民政府副县长
黄维新　县委常委、宣传部部长、县人民政府副县长
王以彦　县委常委、组织部部长
杨小斌　县委常委、县委办公室主任
吴金霞　县人大常委会副主任
余美琼　县政协副主席
委　员:郑玲岭　县人民政府办公室主任
周白阳　县委办公室副主任
庾宏政　县人民政府办公室副主任
潘兰英　县委组织部副部长、县人力资源社会保障局局长
吴桂群　县委宣传部副部长、县文明办主任

周学进　县委政法委副书记
杨本创　县委统战部副部长、县工商联党组书记
宋名荃　县人武部副部长
黎启顺　县地方志编纂委员会办公室主任
吴庆斌　县财政局局长
陈允刚　县发展改革局局长
黄培书　县经济局局长
黄和胆　县民政局局长
庾宏稳　县住房和城乡规划建设局局长
岑国松　县交通运输局局长
杨秀杰　县农业局局长
牙述伟　县林业局局长
李文勇　县水利局局长
韦胜亮　县文化和体育广电局局长
龙光毅　县教育局局长
陈德美　县卫生和计生局局长
周学立　县旅游发展委员会主任
杨水萍　县统计局局长
韦德义　县国土资源局局长
田景明　县环境保护局局长
禤大好　县商务局局长
龚茂波　县移民局局长
左明斌　县国家税务局局长
谢文俊　县科技局局长
周俞岚　县民族事务局局长
王志功　县档案局局长
文星贤　县公安局副局长
王世岳　县扶贫办主任
韦跃建　县法制办公室主任
杨秀立　县机构编制委员会办公室主任
黄心红　县党史办公室主任
黄艳凤　县社科联主席
罗秀军　县政协教科文卫体和学习委员会主任
杨胜发　县地方志编纂委员会办公室副主任

（以上编纂委员会组成人员为 2017 年末在位领导）

《乐业年鉴(2017)》栏目编写机构及撰稿人员

中共乐业县委员会

中共乐业县委员会办公室　冉岱松
中共乐业县委组织部　韦胜泽
中共乐业县纪委、监察局　陆道忱
中共乐业县委宣传部　杨海莲
中共乐业县委统一战线工作部　黄耀生
乐业县精神文明建设办公室　杨海莲
乐业县外事侨务办公室、台湾事务办公室　毛雅茜
中共乐业县委老干部局　姚本顺
中共乐业县直机关工作委员会　黄明超
乐业县机构编制委员会办公室　颜国伟　何卫师
中共乐业县委党校　陈　雯

乐业县人民代表大会

乐业县人大常委会办公室　王仕德

乐业县人民政府

乐业县人民政府办公室　宋　龙
乐业县扶贫开发办公室　郑月刚
乐业县政务服务管理中心　吴晓静
乐业县招商促进局　韦　莹　陆金梅
乐业县绩效考评领导小组办公室　杨棋茜
乐业县接待办公室　刘　萍
乐业县信访局　刘　晓
乐业县纠纷调处办公室　赵　斌
乐业县机关事务管理局　李安禄

政协乐业县委员会

政协乐业县委员会办公室　张德科

工商联・群众团体

乐业县工商业联合会　蒙继福
乐业县总工会　李明星
共青团乐业县委员会　黄保创
乐业县妇女联合委员　农千诗
乐业县科学技术协会　韦胜东
乐业县残疾人联合会　何顺萍
乐业县文学艺术界联合会　李彦君
乐业县社会科学界联合会　姚冉禧

法治・军事

中共乐业县委政法委员会　刘祖振
乐业县法制办公室　陆雪锋
乐业县公安局　罗桂勋
乐业县人民检察院　黄　冰
乐业县人民法院　李秋香　杨承祖
乐业县司法局　申栋宇
乐业县人民武装部　王田光
乐业县人民防空办公室　张洪滔
乐业县农村经济管理站　潘秀娟
乐业县烤烟生产管理办公室　何茂贤

农业・水利

乐业县农业局　王水保
乐业县农业机械化管理局　黄　猛
乐业县林业局　吴义忠
乐业县水利局　黄呈宏
乐业县水产畜牧兽医局　唐晓薇
乐业县水库移民工作管理局　黄秋莹

林场·兰花保护

区直雅长林场　杨必盛
同乐林场　田景维
广西雅长兰科植物国家级自然保护区管理局
　黄伯高　黄　丽　王　宏

工　业

乐业县经济局　欧双运
乐业县水厂　王自祖　姚海燕
广西水利电业集团有限公司乐业分公司　田　敏

旅游业·地质公园

乐业县旅游局　陈毅升
乐业·凤山世界地质公园乐业县园区管理局
　龙　萍
乐业大石围天坑旅游发展有限公司　卢　峥

交通运输业·邮电业

乐业县交通运输局　吴熙勇
乐业公路管理局　王引弟
乐业县汽车总站　陈帮锟
中国邮政集团公司乐业县分公司　黄　丹
中国电信股份有限公司乐业分公司　罗建灵
中国移动通信集团广西有限公司乐业分公司　黄琳虹
中国联合网络通信有限公司乐业县分公司　王彩灵

城乡建设·环境保护

乐业县住房和城乡建设局　庾宏稳　金时阳　刘国遨
乐业县市政管理局　刘红丽
乐业县环境保护局　龚　涵
乐业县住房制度改革办公室　蒙建德
乐业县乡村建设办公室　陈允杰
乐业县住房公积金管理中心　吴义春
乐业县水厂　王自祖　姚海燕
乐业县污水处理厂　王自祖　姚海燕

财政·税务

乐业县财政局　郑芝清
乐业县国家税务局　刘　平　王俊元
乐业县地方税务局　曹彩环

商贸业

乐业县商务局　黎永兴
乐业县供销合作社联合社　王功键
乐业县粮食局　黄意军
乐业县市场服务中心　卢敏霞
乐业县烟草公司　黄彦瑞
中国石化百色公司乐业片区　黄国各
中石油乐业城南加油站　蒙隆中

经济管理与监督

乐业县发展和改革局　龚仕重
乐业县国有资产管理中心　黄建明
乐业县统计局　梁　鹤
乐业县审计局　黄艳春
乐业县物价局　黄镜锡
乐业县工商行政管理局　骆小萌
乐业县国土资源局　廖和骏
乐业县质量技术监督局　田应科
乐业县食品药品监督管理局　黄仕福
乐业县安全生产监督管理局　白文斗

金融业

中国人民银行乐业县支行　姚秀荣
中国农业银行股份有限公司乐业县支行　曾健哲
乐业县农村商业银行　黄文姝
中国邮政储蓄银行股份有限公司乐业县三乐街支行
　杨　宇
中国人民财产保险股份有限公司乐业支公司
　黄　诚
中国人寿保险股份有限公司乐业支公司　何　嘉
华安保险乐业营销服务部　王　兰

北部湾财产保险股份有限公司乐业中心　卢朝晖

教育·科技

乐业县教育局　黄禹瑞
乐业县科学技术局　韦盛豪
乐业县气象局　罗新宁
乐业县地震局　陆东启

文化·体育

乐业县文化和体育广电局　韦永凌　罗小妹
中共乐业县委党史资料征集办公室　黄心红
乐业县广电网络公司　黄东方
乐业县档案局　黎显庭
乐业县地方志编纂委员会办公室　黎启顺

卫　生

乐业县卫生和计生局　李凤萍
乐业县疾病预防控制中心　罗盛珍
乐业县妇幼保健院　阳大勇
乐业县卫生监督所　高世永　黄　毅
乐业县人民医院　姚秀芬

民族事务·社会生活

乐业县民族事务局　彭治森
乐业县卫生局与县人口和计划生育局　李凤萍
乐业县人力资源和社会保障局　何凤枝
乐业县民政局　杨顺教

乐业县统计局　梁　鹤

乡镇概况

同乐镇　岑春徽
甘田镇　龚秀铭
逻沙乡　陈钟霖
新化镇　韦　娟
逻西乡　田宗朝
幼平乡　王汉果
花坪镇　杨　娜
雅长乡　卢振朋

人　物

中共乐业县委组织部　陶星洁
乐业县地方志办公室　黎启顺
各单位编写组人员

统计资料

乐业县统计局　梁　鹤

附　录

乐业县地方志办公室

图片专辑

乐业县地方志办公室
县委宣传部等单位及李晋、梁世忠、杨玉琴等

中华人民共和国国务院令

第467号

现公布《地方志工作条例》，自公布之日起施行。

总　理　温家宝

2006年5月18日

地方志工作条例

第一条　为了继承和发扬中华民族优秀文化传统，全面、客观、系统地编纂地方志，科学、合理地开发利用地方志，发挥地方志在促进经济社会发展中的作用，制定本条例。

第二条　中华人民共和国境内地方志的组织编纂、管理、开发利用工作，适用本条例。

第三条　本条例所称地方志，包括地方志书、地方综合年鉴。

地方志书，是指全面系统地记述本行政区域自然、政治、经济、文化和社会的历史与现状的资料性文献。

地方综合年鉴，是指系统记述本行政区域自然、政治、经济、文化、社会等方面情况的年度资料性文献。

地方志分为：省（自治区、直辖市）编纂的地方志，设区的市（自治州）编纂的地方志，县（自治县、不设区的市、市辖区）编纂的地方志。

第四条　县级以上地方人民政府应当加强对本行政区域地方志工作的领导。地方志工作所需经费列入本级财政预算。

第五条　国家地方志工作指导机构统筹规划、组织协调、督促指导全国地方志工作。县级以上地方人民政府负责地方志工作的机构主管本行政区域的地方志工作，履行下列职责：

（一）组织、指导、督促和检查地方志工作；

（二）拟定地方志工作规划和编纂方案；

（三）组织编纂地方志书、地方综合年鉴；

（四）搜集、保存地方志文献和资料，组织整理旧志，推动方志理论研究；

（五）组织开发利用地方志资源。

第六条　编纂地方志应当做到存真求实，确保质量，全面、客观地记述本行政区域自然、政治、经济、文化和社会的历史与现状。

第七条　省、自治区、直辖市人民政府制定本行政区域地方志编纂的总体工作规划（以下简称规划），并报国家地方志工作指导机构备案。

第八条　以县级以上行政区域名称冠名的地方志书、地方综合年鉴，分别由本级人民政府负责地方志工作的机构按照规划组织编纂，其他组织和个人不得编纂。

第九条 编纂地方志应当吸收有关方面的专家、学者参加。地方志编纂人员实行专兼职相结合，专职编纂人员应当具备相应的专业知识。

第十条 地方志书每20年左右编修一次。每一轮地方志书编修工作完成后，负责地方志工作的机构在编纂地方综合年鉴、搜集资料以及向社会提供咨询服务的同时，启动新一轮地方志书的续修工作。

第十一条 县级以上地方人民政府负责地方志工作的机构可以向机关、社会团体、企业事业单位、其他组织以及个人征集有关地方志资料，有关单位和个人应当提供支持。负责地方志工作的机构可以对有关资料进行查阅、摘抄、复制，但涉及国家秘密、商业秘密和个人隐私以及不符合档案开放条件的除外。

地方志资料所有人或者持有人提供有关资料，可以获得适当报酬。地方志资料所有人或者持有人不得故意提供虚假资料。

第十二条 以县级以上行政区域名称冠名、列入规划的地方志书经审查验收，方可以公开出版。

对地方志书进行审查验收，应当组织有关保密、档案、历史、法律、经济、军事等方面的专家参加，重点审查地方志书的内容是否符合宪法和保密、档案等法律、法规的规定，是否全面、客观地反映本行政区域自然、政治、经济、文化和社会的历史与现状。

对地方志书进行审查验收的主体、程序等由省、自治区、直辖市人民政府规定。

第十三条 以县级以上行政区域名称冠名的地方综合年鉴，经本级人民政府或者其确定的部门批准，方可以公开出版。

第十四条 地方志应当在出版后3个月内报送上级人民政府负责地方志工作的机构备案。

在地方志编纂过程中收集到的文字资料、图表、照片、音像资料、实物等以及形成的地方志文稿，由本级人民政府负责地方志工作的机构指定专职人员集中统一管理，妥善保存，不得损毁；修志工作完成后，应当依法移交本级国家档案馆或者方志馆保存、管理，个人不得据为己有或者出租、出让、转借。

第十五条 以县级以上行政区域名称冠名的地方志书、地方综合年鉴为职务作品，依照《中华人民共和国著作权法》第十六条第二款的规定，其著作权由组织编纂的负责地方志工作的机构享有，参与编纂的人员享有署名权。

第十六条 地方志工作应当为地方经济社会的全面发展服务。县级以上地方人民政府负责地方志工作的机构应当积极开拓社会用志途径，可以通过建设资料库、网站等方式，加强地方志工作的信息化建设。公民、法人和其他组织可以利用上述资料库、网站查阅、摘抄地方志。

第十七条 县级以上地方人民政府对在地方志工作中作出突出成绩和贡献的单位、个人，给予表彰和奖励。

第十八条 违反本条例规定，擅自编纂出版以县级以上行政区域名称冠名的地方志书、地方综合年鉴的，由县级以上地方人民政府负责地方志工作的机构提请本级人民政府出版行政部门依法查处。

第十九条 违反本条例规定，未经审查验收、批准将地方志文稿交付出版，或者地方志存在违反宪法、法律、法规规定内容的，由上级人民政府或者本级人民政府责令采取相应措施予以纠正，并视情节追究有关单位和个人的责任；构成犯罪的，依法追究刑事责任。

第二十条 负责地方志工作的机构的工作人员违反本条例第十四条第二款规定的，由其所在单位责令改正，依法给予处分。

第二十一条 编纂地方志涉及军事内容的，还应当遵守中央军委关于军事志编纂的有关规定。

国务院部门志书的编纂，参照本条例的相关规定执行。

第二十二条 本条例自公布之日起施行。

广西壮族自治区人民政府令

第36号

《广西壮族自治区实施〈地方志工作条例〉办法》已经2008年6月30日自治区第十一届人民政府第10次常务会议审议通过,现予发布,自2008年9月1日起施行。

自治区主席　马　飚
2008年7月14日

广西壮族自治区实施《地方志工作条例》办法

第一条　为了全面、客观、系统地编撰地方志,科学、合理地开发利用地方志资源,根据国务院《地方志工作条例》(以下简称《条例》),结合本自治区实际,制定本办法。

第二条　本自治区行政区域内地方志的组织编纂、管理、开发利用工作,适用本办法。

第三条　本办法所称地方志,包括地方志书、地方综合年鉴。

地方志书,是指全面系统地记述本行政区域自然、政治、经济、文化和社会的历史与现状的资料性文献。

地方综合年鉴,是指系统记述本行政区域自然、政治、经济、文化和社会等方面情况的年度资料性文献。

第四条　县级以上人民政府应当加强对本行政区域地方志工作的领导,将地方志工作纳入当地国民经济和社会发展规划,把地方志工作所需经费列入本级财政预算,健全地方志工作机构、加强队伍建设,保障地方志工作条件。

第五条　县级以上人民政府地方志工作机构除履行《条例》第五条第二款规定的职责外,还应当履行下列职责:

(一)宣传、贯彻执行有关地方志工作的法律、法规、规章和相关政策;

(二)组织地方志的审查验收、备案;

(三)培训地方志编纂人员;

(四)指导下级地方志工作机构的业务工作以及行业志书、专业志书、行业年鉴的编纂;

(五)其他地方志工作。

第六条　自治区地方志工作机构负责拟定自治区地方志编纂总体工作规划,报自治区人民政府批准后组织实施。设区的市、县(市、区)地方志工作机构应当根据自治区地方志编纂总体工作规划,拟定本级地方志工作规划,经本级人民政府批准后组织实施,并报自治区地方志工作机构备案。

第七条　自治区各级机关、社会团体、企事业单位和其他组织,以及中直驻桂、自治区驻各地单位，应当按照所在地人民政府的地方志工作规划，参与地方志编纂，并接受所在地人民政府地方志工作机构的业务指导和督促检查。

第八条 县级以上人民政府地方志工作机构应当建立本行政区域地方志资料年报制度。各有关单位应当按照地方志资料年报制度报送地方志资料。

第九条 编纂地方志应当符合下列要求：

（一）符合保密、档案等法律、法规的规定；

（二）全面、客观地反映本行政区域自然、政治、经济、文化和社会的历史与现状；

（三）符合志书的体例格式；

（四）文字表述准确、简练；

（五）标点符号、计量单位和数字的使用规范、标准；

（六）装帧印刷符合出版要求。

第十条 地方志的编纂内容和过程应当公开。地方志工作机构应当听取公民、法人或者其他组织对地方志编纂工作的意见、建议。地方志编纂工作涉及有争议的重要事项的，地方志工作机构应当征求有关专家、学者或者有关组织、人士的意见，并向本级人民政府和上级地方志工作机构报告。

第十一条 编纂地方志应当吸收有关方面的专家、学者参加。兼职编纂人员应当参加地方志编撰业务培训。地方志编纂工作涉及少数民族内容的，应当有相关的少数民族人士及从事少数民族工作的人员参加。地方志编纂人员应当恪尽职守、客观公正，据事直书、忠于史实。任何单位和个人不得明示或者暗示编纂人员在地方志中作虚假记述。

第十二条 以县级以上行政区域名称冠名、列入地方志规划的地方志书，由自治区人民政府地方志工作机构审查验收后，方可以公开出版。

第十三条 地方志书经评稿和修改后，按照下列规定审查验收：

（一）冠以自治区行政区域名称的地方志书，由自治区人民政府地方志工作机构审查验收；

（二）冠以设区的市行政区域名称的地方志书，经本级人民政府地方志工作机构审核后，报自治区人民政府地方志工作机构审查验收；

（三）冠以县级行政区域名称的地方志书，由本级人民政府地方志工作机构审核并经设区的市人民政府地方志工作机构复审后，报自治区人民政府地方志工作机构审查验收。

第十四条 以县级以上行政区域名称冠名的地方综合年鉴，经本级人民政府批准，方可以公开出版。

第十五条 地方志应当在出版后 3 个月内报送上级人民政府地方志工作机构备案，并向本级和上级方志馆、国家档案馆、公共图书馆无偿提供馆藏书。

第十六条 县级以上人民政府地方志工作机构应当建立督查通报制度，对本行政区域地方志工作进行督查，并通报督查情况。

第十七条 县级以上人民政府地方志工作机构应当积极开拓社会用志途径，加强地方志工作的信息化建设，通过网站、资料库等方式，为当地经济社会的全面发展服务。

第十八条 地方志工作机构应当为公民、法人和其他组织查询、阅览、摘抄地方志文献和资料提供便利。鼓励单位和个人向地方志工作机构捐赠地方志资料。对具有收藏价值的文献资料，收藏单位可以向送藏者颁发收藏纪念证书，给予其对存藏资料查阅利用的优先权。

第十九条 在地方志工作中作出突出成绩和贡献的单位和个人，由县级以上人民政府或者地方志工作机构给予表彰和奖励。地方志成果依照有关规定参加国家和自治区地方志优秀社会科学成果评奖。

第二十条 机关、社会团体和其他组织有下列行为之一的，由县级以上人民政府地方志工作机构督促其限期改正；逾期不改的，由县级以上人民政府地方志工作机构提请本级人民政府或者其上级主管部门，对直接负责的主管人员和其他直接责任人员依法给予行政处分：

（一）拒绝承担地方志编纂任务或者无正当理由拖延地方志资料报送；

（二）拒不执行县级以上人民政府及其地方志工作机构的督促检查意见；

（三）拒不接受地方志书审查机构提出的关系志书质量重大问题的意见；

（四）提供虚假地方志资料。

第二十一条 地方志工作机构及其工作人员有下列行为之一的，对直接负责的主管人员和其他直接责任人员依法给予行政处分：

（一）故意在地方志编纂中加入虚假资料；

（二）地方志书经审查验收后或者地方综合年鉴经批准后，擅自增删和修改其内容；

（三）违反规定将搜集到的资料和编写的地方志文稿据为己有；

（四）将地方志文稿作为个人著作发表；

（五）故意损毁地方志资料或者地方志文稿。

第二十二条 本办法自 2008 年 9 月 1 日起施行。

目　录

特　载

概　述

大 事 记

中共乐业县委员会

乐业县人民代表大会

乐业县人民政府

政协乐业县委员会

工商联·群众团体

法治·军事

农业·水利

林场·兰花保护

工　业

旅游业·地质公园

交通运输业·邮电业

城乡建设·环境保护

财政·税务

商 贸 业

经济管理与监督

金 融 业

教育·科技

文化·体育

卫　生

民族事务·社会生活

乡镇概况

人　物

重要文件选登

统计资料

附　　录

索　　引

乐业县地图

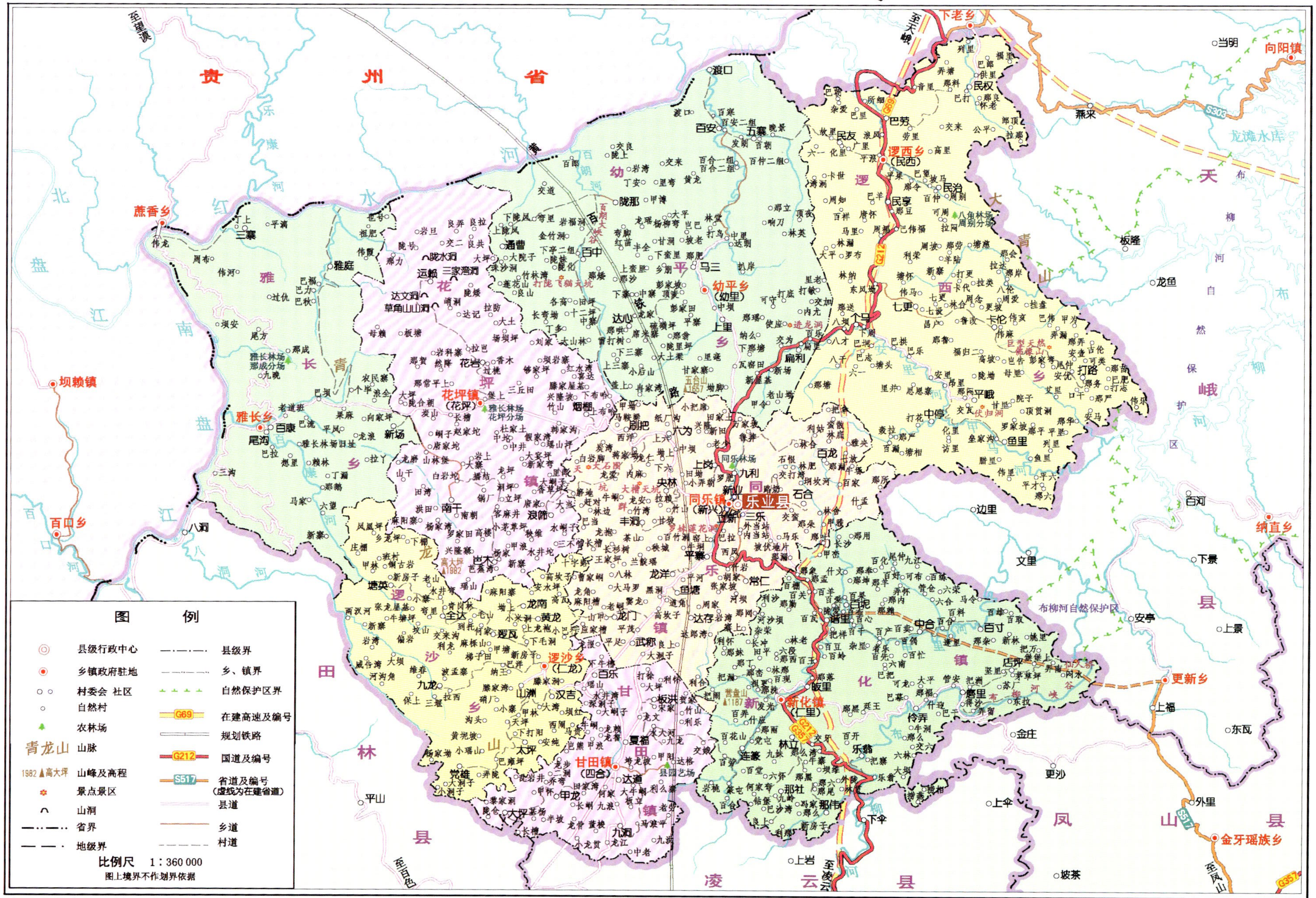

广西壮族自治区地图院编制

审图号：桂S(2016)97号

2016年12月

数字乐业 2016 SHUZI LEYE

- 行政区域面积　2633.17 平方千米
- 乡（镇）　8 个
- 村（社区）　84 个村　4 个社区
- 总人口　17.74 万人
- 年均气温　18.1℃
- 日照时数　1245.0 小时
- 总降雨量　1163.4 毫米
- 耕地总面积　2.51 万公顷
- 林地面积　18.26 万公顷
- 森林覆盖率　77.82%
- 地区生产总值　22.38 亿元
- 第一产业增加值　7.01 亿元
- 第二产业增加值　4.17 亿元
- 第三产业增加值　11.20 亿元
- 财政收入　2.03 亿元
- 工业总产值　3.40 亿元
- 规模以上工业总产值　1.95 亿元
- 各项存款余额　34.47 亿元
- 各项贷款余额　20.65 亿元
- 全社会固定资产投资　28.21 亿元
- 农林牧渔业总产值　11.74 亿元
- 农业机械总动力　15.59 万千瓦
- 粮食播种面积　1.2 万公顷
- 粮食产量　52822 吨
- 水果产量　8536 吨
- 公路总路程　1205.29 千米
- 参加城乡居民社会养老保险　73654 人
- 参加新型农村合作医疗农民　149760 人
- 城镇居民人均可支配收入　25439 元
- 城镇居民人均消费性支出　13519 元
- 农民人均纯收入　7533 元
- 农民人均生活消费支出　6130 元
- 社会消费品零售总额　6.85 亿元
- 城乡居民年末存款余额　20.27 亿元
- 普通高中在校生　2617 人
- 普通初中在校生　8394 人
- 小学在校生　16133 人
- 医疗机构　23 个
- 广播人口覆盖率　99%
- 电视人口覆盖率　98.3%
- 接待游客人数　157.54 万人
- 旅游总收入　13.57 亿元

领导关怀与调研

2016年1月2日，自治区党委常委、组织部部长喻云林（前中）到甘田镇“一办三中心”调研指导

（吴宗航　摄）

2016年9月7日，自治区高级人民法院院长黄克（前排左二）率团到乐业开展脱贫攻坚工作（县委宣传部供）

2016年7月12日，百色市市长周异决（左二）到同乐镇火卖生态村调研指导　　（姚再禧　摄）

2016年11月21日至22日，百色市委常委、常务副市长谭丕创（前排中）到乐业康辉有机牛养殖场调研指导　　（杨玉琴　摄）

2016年2月2日，百色市委常委、组织部部长欧波（前排左二）到甘田镇调研生态农村建设（县委宣传部供）

2016年4月12日，百色市委常委、宣传部部长、副市长黄建宁（左二）到同乐镇六为村调研指导扶贫工作　（县委宣传部供）

2016年9月28日，百色市人大常委会副主任杨明刚（左三）到乐业县调研猕猴桃产业　（韦永凌　摄）

2016年5月15日，中共乐业县委书记方志高（左三）到新化镇林立村调研指导精准扶贫工作　（县委宣传部供）

2016年10月22日，乐业县县长李荣能（左四）到幼平乡渡口村原生态大头鱼养殖专业合作社调研指导　　（县委宣传部供）

2016年12月6日，乐业县人大常委会主任黄业山（中）率部分人大代表视察扶贫产业开发情况。图为视察同乐镇六为村猕猴桃产业示范区　　（县人大办供）

乐业县政协主席刘陶恺（前排右三）率部分县政协委员赴贵州学习考察旅游开发和城镇建设　　（罗秀军　摄）

重要会议

2016年7月16日，中国共产党乐业县第十二次代表大会在县文化艺术中心一楼会议室召开　　（县委宣传部供）

新当选的中共乐业县第十二届委员会常务委员，从左至右依次为杨小斌、王以彦、黄维新、黄茂兵、兰田宁、方志高、李荣能、周少民、叶涛、韩启强、吴燕翎　　（李晋　摄）

新当选的中共乐业县第十二届委员会委员　　（李晋　摄）

新当选的中共乐业县第十二届纪律检查委员会委员（李晋　摄）

2016年8月22日至24日，乐业县第十六届人民代表大会第一次会议第一次全体会议在县文化艺术中心举行。图为举行第一次全体会议
（县人大办供）

新当选的乐业县第十六届人民政府领导，从左至右依次为白玛泽仁、陈颖、黄维新、李荣能、黄茂兵、李勇才、马天祥
（李晋　摄）

乐业县第十六届县人大常委会领导，从左至右依次为吴享全、黄室程、黄业山、吴金霞、黎明彰
（李晋　摄）

2016年8月24日，新当选的乐业县第十六届人大常委会组成人员、县政府领导成员向宪法宣誓
（李晋　摄）

2016 年 8 月 21 日至 23 日，政协乐业县第九届委员会第一次会议在县文化艺术中心一楼会议室举行。图为举行开幕式

（罗秀军　摄）

政协乐业县第九届委员会主席、副主席，从左至右依次为余美琼、黄国春、刘陶恺、朱凌朵、梁健　（李晋　摄）

2016 年 4 月 13 日，百色市旅游工作暨旅游扶贫工作会议在乐业召开

（县委宣传部供）

2016 年 3 月 21 日，乐业县人大政协工作会议在县文体艺术中心一楼会议室召开

（杨玉琴　摄）

2016 年 4 月 26 日，乐业县组织宣传工作会议在县文化艺术中心一楼会议室召开

（县委宣传部供）

2016 年 12 月 4 日，中共乐业县委学习中心组召开“两学一做”第四专题“讲奉献、有作为”专题研讨会

（县委宣传部供）

2016 年 2 月 29 日，乐业县扶贫开发工作领导小组会议在县委六楼会议室召开

（县委宣传部供）

重要活动

2016 年 11 月 29 日，深圳市盐田区对口帮扶乐业县协作工作座谈会在乐业县召开　　　　（县委宣传部供）

2016 年 9 月 20 日，乐业县扶贫小额信贷入股分红资金发放仪式在县文化广场举行　　　　（县委宣传部供）

2016 年 10 月 17 日，乐业县在全国第三个“扶贫日”开展捐赠物资活动　　　　（县委宣传部供）

2016 年 11 月 29 日，深圳市盐田区向乐业县资助扶贫协作资金 100 万元　　　　（县委宣传部供）

2016 年 11 月 25 日，百色市委宣传部给新化镇乐翁村脱贫出列项目补助资金 8 万元
（县委宣传部供）

2016 年 2 月 25 日，中国旅游报社到乐业县开展旅游扶贫采风　　（县委宣传部供）

2016 年 6 月 17 日，乐业—凤山世界地质公园与王屋山—黛眉山世界地质公园结缔姊妹公园签约仪式　　（地质公园局供）

2016 年 4 月 26 日，乐业—凤山世界地质公园与织金洞世界地质公园在贵州省织金市举行缔结姊妹公园签字仪式　　（地质公园局供）

2016年9月30日，全县项目推进现场观摩汇报会在甘田镇会议室召开　　（县委宣传部供）

2016年9月11日，乐业县代表团参加2016年第十三届中国－东盟博览会　　（县招商局供）

乐业县代表团参加2016年广州博览会　　（县招商局供）

2016年7月4日，乐业县驻粤招商小组与中马钦州产业园区相关负责人进行项目对接　　（县招商局供）

2016年4月18日至19日，滇黔桂三省（区）践行社会主义核心价值观山歌擂台赛在县文化广场举行　　　　（县方志办供）

2016年10月2日，第七届中国·乐业户外嘉年华越野e族广西大队年会在甘田镇夏福村举行开幕式　　（县委宣传部供）

2016年11月26日，乐业第二届逻沙唱灯文化旅游节在逻沙乡举行　　　　（县委宣传部供）

“广西体育彩票共享杯”2016年乐业县新春5公里健身赛　　（县委宣传部供）

2016年9月29日，乐业县开展“向国旗敬礼，做一个有道德的人”活动　　（县委宣传部供）

城乡建设

乐业县城夜景一角　　（李晋　摄）

乐业县城进城大道

乐业国际攀岩比赛场地和训练基地

百色至乐业二级公路乐业段

乐业县首届户外挑战赛纪念碑　（李晋　摄）

同乐镇六为村下六屯新村　（县委宣传部供）

乐业县新农村建设示范点——同乐镇六为村下六屯　（县委宣传部供）

雅长乡集镇一角　（县委宣传部供）

乐业火卖盘山公路　（李晋　摄）

产业调整

乐业特产　　（县方志办供）

采摘高山野生刺梨　（县委宣传部供）

刺梨系列产品　　（县刺梨公司供）

乐业有机茶叶产品

甘田顾式有机茶园　　（顾式茶公司供）

同乐镇六为村张家红心猕猴桃基地　（县委宣传部供）

乐业县花坪村铁皮石斛　（兰科管理局供）

新打造的同乐镇六为村十里春风葡萄采摘园
（县委宣传部供）

位于新化镇谐里村的广西寿源农业养殖示范基地
（县委宣传部供）

库区移民搬迁群众网箱养鱼　（县委宣传部供）

民生工作

2016 年 11 月 27 日，黔桂两省三县（乐业、天峨、罗甸）金融知识下乡联合宣传暨甘田信用（村）镇、诚信教育基地、三农金融服务室授匾仪式

（县委宣传部供）

2016 年 3 月 31 日，联合国老龄事业可持续发展峰会组委会在北京钓鱼台国宾馆授予乐业县“世界长寿之乡”称号　（李晋　摄）

乐业县 2016 年预脱贫贫困户领取入股企业红利　（县委宣传部供）

文化建设

乐业县文化艺术中心

乐业大石围天坑群地质公园博物馆

同乐镇牛坪农家乐生态旅游山庄

位于乐业县城的乐业—凤山世界地质公园博物馆

乐业县“广西特色文艺之乡（唱灯戏）”揭牌仪式

山水风光

乐业县城夜景

乐业县同乐镇火卖生态村

穿洞一线天

布柳河风光

穿洞天坑

甘田秋景

逻西乡巨型人头山

龙滩电站乐业库区风光

甘田达波寨水库

同乐镇平寨湖风光

（同乐镇政府供）

乐业百朗岩溶森林大峡谷

位于县城的龙角山顶塔楼

（李晋　摄·2016年6月20日）

乐业五台山映山红

火卖风子荡

布柳河垂帘

布柳河初夏

罗妹莲花洞莲花盆

甘田达波寨风光

县文化广场 （梁世忠　摄·2016年6月24日）

大石围天坑雪景

草王山冬雪

雄奇壮观的仙人桥

布柳河仙人桥风光

特　　载

◎编辑　黎启顺

适应新常态　再创新辉煌　为实现"全面小康新乐业"而努力奋斗

——在中国共产党乐业县第十二次代表大会上的工作报告

中共乐业县委书记　方志高

（2016年7月15日）

各位代表、同志们：

现在，我代表中国共产党乐业县第十一届委员会向大会作工作报告，请予审议。

一、立足大环境、展现大作为，过去五年成效显著

十一次党代会以来的五年，是乐业应对大挑战、经受大考验、实现大发展的五年。五年来，县委总揽全局，协调各方，与县人大、县政府、县政协同心协力，紧紧依靠全县人民，始终坚持以科学发展观为统领，认真贯彻落实中央、自治区党委和百色市委的决策部署，埋头苦干，奋力追赶，顺利完成了"十二五"规划和县第十一次党代会提出的各项目标任务，各项主要经济指标同比"十一五"均呈两位数增长，全县呈现出政通人和、经济发展、社会稳定的良好局面。

（一）过去的五年，产业结构不断优化。农业经济持续做大。"优果工程"、库区养鱼、草食动物养殖、中药材种植、有机茶叶等规模不断壮大，品牌品质持续提升，促农增收成效明显，"一圈五带"农业产业亮点纷呈。乐业先后荣获"全国有机农业示范基地""中国名茶之乡""全国重点产茶县""全国十大生态产茶县"称号。雅长铁皮石斛获得国家地理标志保护产品。旅游发展提质升级。编制完成《乐业旅游总体规划》《大石围天坑群景区详细规划》等专项规划，乐业成功纳入巴马长寿养生国际旅游区，并成为广西第二个获得"世界长寿之乡"称号的县份。组建了乐业旅游投资公司，走市场化的路子创新旅游发展载体。先后举办国际山地户外挑战赛、户外嘉年华等旅游推介活动，整合投入2.55亿元创建"广西特色旅游名县"，新增打造了大石围马蜂洞、五台山、上岗湖等景点，成功创建了罗妹莲花洞国家3A景区、火卖五星级乡村旅游区、牛坪四星级乡村旅游区、梅家山庄广西五星级农家乐等旅游品牌。接待游客数、旅游总收入实现翻番。乐业被评为"广西十佳休闲旅游目的地""全国最佳茶之旅线路"，火卖成为全市唯一入选的全国第三批特色景观旅游名村。工业发展有新突破。规上企业达到5家，实现总产值1.37亿元，4家企业获得广西名牌称号。外贸出口取得重大突破，茶叶创汇136万美元，成为全市茶叶出口创汇第一单。

（二）过去的五年，城乡建设步伐加快。先后完成县城区控制性详细规划、城乡总体规划和县域镇村体系规划等编制工作。加快推进了城区框架工程、旧城改造、新区开发等项目，全县新增建筑面积240万平方米，县城面积扩展至3.2平方公里。在8个乡镇全面实施了四期乡镇市政综合整治项目，乡镇面貌全面改观，成功创建了"广西卫生县城""广西文明县城"和"国家园林县城"。先后荣获全区第八届、第九届"南珠杯"竞赛活动县城组特等奖。

（三）过去的五年，基础设施加快完善。乐业至田林二级公路、武称至逻沙三级公路建成通车。乐业至百色高速公路前期工作加快推进，乐业通用机场纳入全区示范性项目，全县100%的行政村村部、村完小所在地通达水泥路。通过实施水利、农网升级改造、新建变电站等项目，改善灌溉面积11.2万亩，解决饮水不安全人口9.2万人，实现35千伏变电站乡镇全覆盖。

（四）过去的五年，社会民生明显改善。各项事业协调发展。教育资金投入比例位居全市前列，年均增长17.62%；搬迁重建了乐业中学并通过自治区示范性高中评估，挂牌成立第一初级中学和县城第二幼儿园。《乐业壮族龙灯舞》《乐业壮族古歌》《乐业逻沙唱灯》成功入选自治区非物质文化遗产名录。乐业被评为“百色市十佳体育贡献单位”。医疗卫生服务体系进一步健全，实现新型农村合作医疗基本全覆盖。人口管理水平稳步提高，连续3年获得自治区表彰，连续4年保持市级先进行列。妇女儿童、残疾人保障、老龄等社会事业加快发展。社会保障力度加大。坚持每年为60岁以上老人代缴新农合和城镇医保参保费用。年均落实500万元扶持库区移民发展生产。提高村（社区）干部工资待遇，实现任职满9年以上离任村干部每人每年最低待遇不低于4000元。扶贫攻坚扎实推进。五年累计投入扶贫资金3.1亿元，减少贫困人口5.13万人。彩票公益金项目代表广西迎接国家终期验收，获得总评分第一名。生态环境有效保护。编制完成《乐业县生态建设详细规划》，全县森林覆盖率提高到77.8%，比全区平均水平高出15.3个百分点，乐业被列为国家生态文明示范工程试点县。平安创建深入开展。“严打整治”专项活动取得重大成效，立体化社会治安防控体系初步构建，乐业先后荣获“全国法治县创建先进单位”“自治区依法行政示范点”称号。县领导轮流值班接访机制，得到市领导充分肯定。商品生产、流通、消费全程监管格局基本形成，安全生产形势总体平稳，社会大局保持稳定。

（五）过去的五年，党的建设持续加强。民主法制建设扎实有效。人民代表大会制度、政治协商制度不断完善。依法执政、依法治县和执法监督工作进一步加强。统战、宗教、侨务、老干部、工会、共青团、妇联等作用充分发挥。基层党建亮点突出。“三级五岗党建责任制”进一步完善，跨区域联建双边县、乡、村三级协调长效机制，得到中组部领导充分肯定。乐业县委荣获百色市创先争优“先进县”，雅长乡党委获全区先进基层党组织，甘田镇大坪村党支部获百色市先进基层党组织，“我有话向书记县长说”电视问政栏目在全区、全市广泛推广。队伍建设力度加大。机关公务员职务与职级并行制度全面实施，人事制度改革扎实推进，选人用人公信度不断提高。作风建设持续深化。严格贯彻落实中央八项规定精神，党的群众路线教育实践活动和“三严三实”专题教育取得重要成果，创新开展“机关作风建设提升年”“干部职工学习年”活动，“四风”积弊得到有效整治。反腐倡廉形成高压态势。坚决落实党风廉政建设党委主体责任和纪委监督责任。教育、制度、监督并重的惩治和预防腐败体系更加完善。开展“专项整治行动”，严肃查办了一批违纪违法案件，风清气正、干净干事的社会氛围更加浓厚。与此同时，党管武装工作和国防后备力量建设进一步加强。

过去五年的发展成就，充分显示了中国特色社会主义的巨大优越性，集中展现了乐业人民的无穷创造力，极大增强了干部群众的自信心和凝聚力。五年的变化告诉世人：贫困，不是乐业永久的标签；无奈，更不是乐业人的本质常态；乐业是一片充满希望、前景广阔的热土，乐业人民能在不甘落后、顽强奋斗中实现崛起！

过去五年取得的成绩，得益于市委、市政府的正确领导、亲切关怀，得益于全县广大党员干部和各族群众的同心同德、艰苦奋斗，得益于社会各界的热情关心、大力支持。在此，我谨代表中共乐业县第十一届委员会，向全县广大党员干部群众，向各民主党派、工商联、无党派人士和人民团体，向驻乐业部队官兵和公安干警，向关心支持乐业改革发展的各界朋友、离退休老同志，表示衷心的感谢和崇高的敬意！

过去五年的探索实践，为乐业今后发展积累了宝贵经验。五年的发展实践证明，推动乐业事业继往开来，不断创造新的辉煌，必须始终坚持以提高经济发展质量和效益为中心，紧抓发展第一要务不动摇，坚定不移调结构、转方式。必须始终坚持以创新驱动和开放带动为引擎，通过改革创新破解难题、完善机制，通过开放合作拓展空间、增添活力。必须始终坚持以增强发展的协调性为重要取向，统筹经济社会发展重要领域和重大关系，有针对性地扬长补短，着力提升整体发展水平。必须始终坚持以增进民生福祉为出发点和落脚点，持续加大民生投入，努力补齐民生短板，让发展成果更多更公平地惠及全县人民。

二、把握新机遇、适应新要求，明确今后五年奋斗目标

党的十八大提出了“两个一百年”奋斗目标。习

近平总书记提出了中国梦的伟大构想。紧随中央和习总书记步伐，我县也明确了与全国同步全面建成小康社会，实现跨越发展乐业梦的目标。实现这些目标，我们具备大好的发展机遇和条件。

环顾全球，和平、发展、合作仍是时代潮流，全球经济在深度调整中曲折复苏，新一轮科技创新和产业变革孕育新的突破。放眼全国，经济长期向好的基本面没有改变，新的增长动力、发展方式和增长点不断涌现。尤为重要的是，党的十八大以来，以习近平同志为总书记的党中央毫不动摇坚持和发展中国特色社会主义，勇于实践、善于创新，形成了一系列治国理政新理念新思想新战略，为在新的历史条件下深化改革开放、加快推进社会主义现代化建设提供了科学理论指导和行动指南。同时，随着国家“四个全面”战略的实施，国家将对西部地区、民族地区、贫困地区、石漠化片区在政策、资金和项目上给予更大更多的支持。纵观区、市，近年来，全区基础设施支撑能力持续增强，产业结构和消费结构加快升级，全面深化改革红利持续释放，市场活力不断增强，保持经济持续稳定增长的空间广阔、潜力巨大。自治区党委就全面深化改革、扩大开放合作以及旅游、生态经济、新型城镇化等方面作出一系列重大决策部署，发展布局更加完善，政策举措更加精准有力，为全区“十三五”发展奠定了坚实基础。另外，《左右江革命老区振兴规划》《珠江—西江经济带规划》的实施，乐业将直接受益于两个规划同频共振的辐射效应，牵动一批项目和产业的开工投产。审视我县，随着高速公路、通用机场等开工建设，交通瓶颈问题将全面解决，区位优势将不断显现。加上独特的旅游资源、气候条件及生态环境，承载力和发展空间将进一步扩大。更为重要的是，经过历年积淀，全县发展基础更加坚实，人民群众思改变、盼发展的热情空前高涨，完全具备强势崛起、跨越赶超的战略资源和核心竞争力。可以预期，乐业即将步入一个大开发、大建设、大发展的新时代。

机遇伴随挑战。新常态下，虽然我县发展拥有难得的机遇，但同样也面临着严峻的挑战和复杂的形势，我们要全面做好打攻坚战、打持久战的充分准备。从国内看，宏观环境趋紧，经济下行压力加大，“三期叠加”特征更加明显，长期积累的矛盾和风险进一步显现。从我县看，经济总量小，人均水平低，传统产业增长动力不足，新兴产业尚未形成规模；贫困人口多、贫困程度深，脱贫奔康任务艰巨；制约发展的体制性机制性问题较多，一些领域改革没有取得实质性进展；一些基层党组织核心作用不强；部分党员干部守成思想严重，作风漂浮；一些领域消极腐败现象时有发生，执政能力有待提高，等等。但困难和挑战并不可怕，乐业的发展从来都是在应对挑战中奋勇前进的，只要我们始终以民之所望为施政所向，万众一心，共克时艰，就一定能够冲破藩篱，创造辉煌！

今后五年，我县的指导思想是：高举中国特色社会主义伟大旗帜，全面贯彻落实党的十八大和十八届三中、四中、五中全会精神，以马克思列宁主义、毛泽东思想、邓小平理论、“三个代表”重要思想、科学发展观为指导，深入贯彻习近平总书记系列重要讲话精神，全面贯彻落实中央“五位一体”总体布局和“四个全面”战略布局，紧扣脱贫奔康总目标，牢固树立创新、协调、绿色、开放、共享发展理念，坚持发展第一要务，深入实施生态立县、旅游旺县、产业强县、文化名县“四大战略”，全面推进基础建设、精准脱贫、产业升级、旅游富民“四大攻坚战”，如期实现脱贫目标，与全国全区全市同步全面建成小康社会。

今后五年，我县的主要奋斗目标是：

——奋战五年，努力冲出“经济洼地”，经济持续较快健康发展。地区生产总值年均增长10%，公共财政收入年均增长8%。现代农业快速发展，工业对经济的拉动作用显著提高，服务业比重进一步上升。

——奋战五年，全力总攻“绝对贫困”，全面建成小康社会。现行标准下9573户贫困户、39429名贫困人口全部脱贫，43个贫困村全部“摘帽”。就业、教育、文化体育、社保、医疗、住房等公共服务体系更加健全，基本公共服务均等化水平稳步提高。就业比较充分，收入差距缩小，中等收入人口比重上升，公民素质和社会文明程度更加提高，民主法治更为完善。

——奋战五年，强势突破“交通瓶颈”，加快形成现代交通网络。通用机场、高速公路、铁路、码头等交通基础设施全面改善，城乡路网无缝对接，基本形成“海陆空”全覆盖，对外大开放、对内大循环的交通格局。

——奋战五年，成功创建“旅游名县”，旅游支柱产业形成规模。到2020年,实现接待国内外游客678万人次,旅游总收入达63亿元。成功打造国际养生健康长寿小镇,建成国际知名、中国著名的户外运动和休闲养生度假旅游目的地,全域旅游发展格局初步形成。

——奋战五年,全面推动"城乡统筹",再造一个乐业新城。城乡空间布局和形态进一步优化,老城区、中心城镇功能更加完善,辐射带动作用进一步增强,城乡发展差距进一步缩小,城镇品质和特色更加明显,生活环境更加宜居。到2020年,城镇化率达到45%以上,城乡发展一体化格局基本形成,上岗片区新城基本建成。

——奋战五年,切实履行"绿色责任",环境质量保持全区前列。森林覆盖率达到78%以上,成功创建国家级生态乡(镇)1个以上;石漠化综合治理成效显著,空气、水体、土壤保持优良,生态安全格局基本形成,生态文明体系进一步健全。基本建成资源节约型、环境友好型社会,可持续发展能力明显提高。

实现以上奋斗目标,我们必须始终坚持三个原则:一是要牢牢抓住发展第一要务不放松。发展如逆水行舟,不进则退。我们必须毫不动摇地坚持以经济建设为中心,推动科学发展,妥善应对风险挑战。二是要大力推进结构性改革。要用改革的办法推进结构调整。在适度扩大总需求的同时,突出抓好供给侧结构性改革,既做减法,又做加法,使供给和需求协同促进经济发展,提高全要素生产率,不断解放和发展社会生产力。三是要加快新旧发展动能接续转换。经济发展必然会有新旧动能迭代更替的过程,当传统动能由强变弱时,需要新动能异军突起和传统动能转型,形成新的"双引擎"。当前我县发展正处于这样一个关键时期,必须培育壮大新动能,加快发展新经济。

各位代表:"世上本没有路,走的人多了,也便成了路"。在实现乐业奋斗目标的新征程上,我们要善于走别人走过的成功之路,不走别人走过的弯路,敢走别人没有走过的新路。我坚信,只要坚持,既定目标一定能够实现,梦想也一定会照亮现实。

三、借力新环境、再创新辉煌,努力实现"全面小康新乐业"

自治区党委提出了深入实施"四大战略",全力推进"三大攻坚战"的重要举措,这是对广西"十三五"发展的系统谋划和整体部署。百色市委、市政府也提出了打造"三中心两区一市"的目标。今后五年,我们要准确把握乐业发展的历史方位和阶段性特征,主动融入全区、全市发展的大格局中,认真谋划,积极推进。

(一)坚持扶贫开发与脱贫攻坚并重,打造"共同富裕、共享发展"全面小康新格局。

按照总体部署,2018年底,我县要实现脱贫摘帽。这是历史赋予的责任,也是当前最大的政治任务。我们一定要全面贯彻落实好精准扶贫、精准脱贫的基本方略,认真按照自治区、百色市"八个一批""十大行动"的要求,举全县之力坚决打赢这场脱贫攻坚战。

1. 精准发展富民产业,带动农民持续增收。借鉴推行"政府挂牌、两委竞标、支部承诺、县委奖励"产业发展模式,以种养合作社为主体,优化"企业+合作社+能人大户+贫困户"扶贫方式,通过景区园区带动,重点打造乡(镇)产业扶贫示范点,以点带面做强做大乡村旅游、特色种养和农产品加工业。争取每个贫困村都有一项致富产业、一个合作社,每个贫困户都有一个增收项目,形成"一村一品、一户一业"发展格局。

2. 精准完善基础设施,提升公共服务水平。严格按照贫困县"九有一低于"、贫困村"十一有一低于"、贫困户"八有一超"脱贫摘帽标准,因村因户精准施策,重点实施好水、电、路、房、网等基础设施工程,确保到2018年底,全县20户以上的自然屯实现通路、通水、通电、通网络等,贫困村贫困发生率低于2%。

3. 精准实施易地搬迁,优化农村人居环境。抓住中央加大易地扶贫搬迁投资的机遇,把易地搬迁与新型城镇化、美丽乡村建设、旅游开发、产业升级紧密结合,加快推进扶贫移民搬迁安置点建设。到2020年,全面完成4173户16790名建档立卡贫困人口搬迁。同时,采取企业带动、产业支撑、景区辐射、技能提升、资金互助等有效模式,加大搬迁群众后续发展扶持力度,确保群众"搬得出、稳得住、能致富"。

4. 精准实施社会救助,强化政策兜底保障。加大社会救助及政策兜底力度,将全县建档立卡的无业可扶、无力脱贫的人口全部纳入农村最低生活保障范围。积极开展教育扶贫、科技扶贫、文化扶贫,切实改善贫困村教育教学、医疗卫生条件,切实解决因学因病致贫、返贫问题。不断健全完善农村“三留守”人员和残疾人家庭关爱服务体系，确保小康路上一个不少、一个不落。

5. 精准用好资金政策，创新扶贫融资机制。积极争取地方债券、国开行、农发行专项建设债券等“政策红利”，加大脱贫攻坚资金投入力度。发挥扶贫小额贷款杠杆作用，鼓励贫困农户结合自身实际和全县产业发展政策，利用小额信贷资金自主进行产业开发。引导贫困村以资产、资源、财政扶贫资金等入股龙头企业、合作社，或与之合作经营，每年获得固定股金分红、利润分成，增加贫困村集体经济收入。

各位代表：脱贫攻坚是一场没有硝烟的“战役”。全面建成小康社会，是县委、县政府向全县人民、向历史作出的庄严承诺，是17万多全县人民的共同期盼。我们必将以决战的信念和必胜的信心，坚决打赢这场攻坚战，绝不让一村一户一人掉队落伍！

（二）坚持旅游转型升级与第三产业提质并重，打造“多轮驱动、多翼支撑”产业发展新格局。

最近，国家层面相继提出了“旅游+”、全域旅游的新时期旅游发展战略，这为我县打造“旅游旺县”升级版指明了方向。我们要以打造“一个小镇、一个论坛、十个小区、十种养生产品”为抓手，以创建广西特色旅游名县为契机，加快传统观光旅游向休闲度假养生旅游、单一景点旅游向全域旅游转型，迎接大众旅游时代的到来，统筹第三产业协调发展。

1. 定位户外休闲养生，掀起旅游开发热潮。一是打造养生健康长寿小镇。围绕彭清华书记对乐业“世界长寿之乡”的定位，以五台山、上岗为核心，着力探寻乐业长寿养生密码，打造长寿养生国际旅游精品区，通过每年举办一届养生健康长寿高峰论坛，力争建成国际养生高峰论坛永久性会址，打响乐业特色高山长寿养生旅游品牌。二是打造休闲养生度假小区。以组团开发模式，着力延伸旅游要素，加快实施一批重大项目，成功打造布柳河、顾式茶山、草王山、火卖、牛坪、蒋家坳、白云山庄、黄猄洞、百朗大峡谷、鱼里大峡谷、龙盘天池等10个以上的休闲养生度假小区，繁荣“乐业假日旅游经济”。三是打造旅游圈一体化互惠共生格局。全面融入巴马长寿养生国际旅游区，强化滇桂黔、东巴凤旅游合作，主动承接南宁、贵阳、昆明旅游辐射，建立旅游联盟和旅游联合体，实现资源共享、联合促销、线路互推、客源互送、互利共赢，推动乐业旅游资源强县向旅游经济强县转变，县域旅游向区域旅游转变。

2. 定位特色挖掘打造，加快旅游名县创建。一是提升景区质量。围绕发展空中观光游、地面体验游、地下探秘游，加快A级景区创建，重点建设大石围天眼、天梯、白洞天坑观光栈道及观光电梯、大石围西峰悬挑观景平台等项目，建成甘田、同乐等多功能特色旅游名镇，打造旅游精品景区。大力发展个性化、特色化乡村旅游，以“小规模、组团式、微田园、生态化”的方式，重点打造一批“乡村旅游扶贫工程”示范景点。二是突出品牌带动。依托“一心一区六带”品牌景区，开发利用人文景观、民俗风情，探索开展以“茶、花、寿”为主题的旅游文化建设，着力推出“天坑探秘之旅”“生态休闲养生之旅”“民俗风情民族文化体验之旅”等精品线路，实现自然风光、民族文化与旅游发展的深度融合。三是完善服务设施。加快完善旅游交通、旅游厕所、游客中心等基础设施，改善旅游住宿、餐饮、卫生、通讯等条件。完善旅游服务地方标准，抓好旅游服务机构和从业人员管理，推动旅游管理规范化、科学化、标准化。四是加大宣传营销。开发一批文艺（实景）演出节目，精心筹办国际山地户外运动挑战赛、户外嘉年华等重大赛事、节庆活动，不断提升旅游的知名度、美誉度和影响力。

3. 定位三产新型业态，深挖国内需求潜力。一是发展养生保健服务业。规划建设长寿养生服务主题示范园，建设集特色医疗、疗养康复、休闲养身、餐饮药膳等于一体的复合型健康服务功能区，带动康体养生产业加快发展。二是发展商贸物流业。结合有机农业、养生旅游等产业特色和发展方向，发展特色会展业，优化会展环境，提升会展经济。培育发展面向大西南市场的高端健康农产品物流，改造提升农产品交易、批发市场和乡镇农贸市场建设。加快建设特色商业街区，打造美食街、夜市区和土特产街区。抓住“互联网+”战略实施机遇，大力发展智慧旅游、电子商务旅游、智慧物流。三是发展科技服务业。加快构筑以科技服务为目标的公共服务平台，鼓励和支持创客充分应用现代信息和网络技术，为农业提供新型科技服务。四是发展县域金融业。引进金融机构入驻乐业，扩大金融总量，支持实体经济发展。建设多层次资本市场，支持第三方支付、移动支付、电商金融等互联网金融发展。

各位代表：农耕时代，平原最值钱；工业时代，沿海最值钱；现在到了养生时代，健康最值钱。我们必将持续用力、久久为功，以时间换空间、以存量换增量、以资源换资产，把乐业打造成为桂西旅游发展新一极、经济增长新明珠！

（三）坚持建设现代农业与发展绿色工业并重，打造"农业更强、工业更优"农工互补新格局。

农业发展的成效，直接关系到全面建成小康社会的成色。工业发展的进程，直接影响到农业提速的快慢。我们要充分发挥农业资源丰富的优势，打造特色优势农业产业集群，围绕农业做优工业，形成农工互补、工农互惠的新型工农关系。

1. 以品牌效应为牵引，做大农业。一是优化结构布局。引导农民适应市场需求调整种养结构，巩固提升"一圈五带"农业产业布局，适当扩大猕猴桃、铁皮石斛、核桃、刺梨等特色农业种植规模，重点打造万亩有机农业产业示范园、生态养殖园、10 万亩油菜花观光带等。着力发展草食动物养殖、生猪规模化养殖、林下养鸡和现代渔业"四大"产业，力争到 2020 年，实现全县草食动物养殖饲养总量翻一番，肉类总产值达 10 亿元以上，渔业产值达 2.87 亿元以上。二是提升品牌效益。围绕"全国有机农业示范基地"品牌，大力推进农产品质量安全体系建设，巩固提升有机茶、铁皮石斛、"乐盘鲜"特色品牌，开展"三品一标"认证，成功打造"乐业猕猴桃""乐业薄壳核桃"等一批国家地理标志产品。三是强化存储展示。围绕农产品产后减损、提档增效和资源综合利用，进一步完善仓储和冷链设施，争取打造农产品大型仓储和冷链基地。高标准建设乐业县——全国有机农业示范基地产品对外营销展示中心，打造一批特色果蔬茶生产全程可视示范基地。融合"国兰文化"和"药兰养生"设计理念，规划打造药兰展示馆、兰花基因库等，争取承办广西国际兰花学术研讨会，彰显"中国兰花之乡"独特魅力。

2. 以资源优势为依托，撬动工业。一是推动传统优势产业转型升级。研究制定传统优势产业转型升级振兴规划，加快振兴农副产品精深加工、木材深加工、有机食品加工、旅游产品开发加工等传统优势产业。加快引进 1 家以上科研机构、5 家以上龙头企业进驻研发铁皮石斛、淮山汁、刺梨汁等 10 种以上绿色健康养生食品。二是支持发展战略性新兴产业。重点围绕养生保健、生物医药、新材料、环保装备等领域，积极承接产业转移，促进企业集中集聚，形成一批先导性、带动性强的新兴产业。三是统筹发展资源型产业。推动实施逻沙风电场、百朗地下河流域梯级水电站等新能源项目。力争到 2020 年，全县工业总产值达 10 亿元，工业增加值达 3.3 亿元，上规上限企业超过 50 家。

3. 以园区升级为平台，工农互促。一是加快工业园区建设。建成同乐镇石寨、新化镇发达 2 个农产品精深加工工业园区，通过招商引资、政府扶持等多种形式，吸引龙头企业进驻，推动农产品资源就地加工转化。二是积极创建现代农业示范区。以创建自治区现代特色农业（核心）示范区为抓手，建成一批具有乐业特色的区级、市级和县级现代农业示范基地。推广"龙头企业 + 合作组织 + 基地 + 农户"的模式，引导和扶持龙头企业与市场中介、农户建立利益共同体，提高农业组织化、市场化水平。

各位代表：在全面建成小康社会的决胜阶段，我们必将牢固树立强烈的短板意识，不断拉长农业短腿、补齐工业短板，努力实现农业更强，工业更优，农民更富！

（四）坚持优化布局与提升品位并重，打造"一城一镇、一心两区三轴"城市发展新格局。

彭清华书记提出：要打造具有历史记忆、地域特色、发展后劲的魅力城镇。《广西壮族自治区"十三五"规划》中也明确：要打造田园牧歌、青山绿水、温馨和谐的美丽乡村。我们要以新理念新技术引领新型城镇建设，坚持走有特色、集约型、多元化、组团式拓展、点状式集中的山区绿色城镇化道路，加快形成城乡一体化发展新格局。

1. 高规格规划，全方位布局。要增强城市规划的科学性、前瞻性、权威性。按照搭框架、强支撑、重时序、促互动的思路，强化构建县域"一心两区三轴"空间布局。"一心"，即以同乐镇为中心，加快县城旧城区和县城新城区的建设、打造，推进中心城区功能提级优化；"两区"，即以特色农业和旅游服务两大产业为核心，加快北部农业产业区和南部旅游产业区的建设，推进产业集群化发展；"三轴"，即以新化—县城—逻西公路沿线为南北主轴，以县城—甘田、县城—花坪—雅长为两条次轴，沿线布局工业园区、物流基地、农业产业园和观光带，辐射带动周边乡镇。

2.出重拳整治，借大力推进。一是改造提升旧城区。研究组建县级综合执法机构，坚决打击规划区范围内违法占地、违章建设行为，加大城乡结合部、背街小巷环境整治力度，坚决杜绝私搭乱建现象。通过组团建设等方式，实施公建规模化、住宅小区化、设施配套化三大工程，进一步理顺县城征地安置历史遗留问题。加快棚户区改造、危旧房改造等项目建设，不断完善中心城区供水排水、垃圾污水处理、地下管网等市政基础设施和公共服务设施建设，提高县城综合承载力和居民生活舒适度，并逐步向周边区域辐射。二是加快建设新城区。按照“养生健康小镇”定位，完善上岗片区整体规划和详细规划，2016年启动实施县城至上岗片区两条隧道建设项目，五年内完成休闲小区、论坛会址、综合医院等软硬件建设，努力将上岗片区打造成为吃住行游购娱一体化综合新区，实现再造一个乐业新城。三是统筹打造特色小镇。充分挖掘和放大不同城镇品位特色，加快推进“广西城镇建设百镇示范试点”，着力打造花坪、甘田旅游文化型，逻沙、逻西农业型，同乐、新化、幼平综合型，雅长工贸型特色样板小城镇。结合小城镇扩容和产业园区建设，重点实施“三个集中”战略，同步打造“产镇融合示范点”，提高各乡镇城镇化质量、效益和可持续能力。

四是全面建设新型农村。按照“四化四美”要求，把美丽乡村建设与扶贫攻坚、现代农业发展、乡村旅游业发展和生态建设统筹规划。重点实施一批市政项目，建设新型农村社区。谋划实施“生态乡村”“宜居乡村”“幸福乡村”建设，注重村庄和民房形态布局，突出山城特色，做足山水文章，实现各美其美、美美与共。推进农村环境综合整治，切实改善人居环境，让人民群众生活得更安心、更省心、更舒心。

3.点线面提升，多元化管理。一是注重城市品位。树立“城市即景区”理念，按照一步一景要求，高标准建设社区公园、城北山体运动公园等人文特色景观。巩固提升国家园林县城成果，同步打造“国家卫生县城”“国家文明县城”。深入挖掘文化精髓，打造文化载体，建设文化街区、特色街区，推进生态文化、民族文化等文化形态共同发展，不断提升城市品位。二是加强城市管理。建立健全覆盖社区、村镇的城市管理网络格局和管理制度，认真治理交通拥堵等突出问题，加快“数字乐业”“无线乐业”“智慧乐业”进程，实现城市管理由粗放向精细化转变，提升城市管理水平。

各位代表：魅力乐业、宜居乐业，是全县人民的共同期盼。我们必将未雨绸缪、排除万难，使“安居乐业”名副其实，让大家在望得见山、看得见水的同时，记得住乡愁。

（五）坚持完善路网和对外开放并重，打造“连接东盟、融入西南”合作共赢新格局。

新时期，习近平总书记赋予了广西“国际通道，战略支点，重要门户”发展“三大定位”。彭清华书记也重点强调：要着力做好“四维支撑、四沿联动”大文章，努力构建全方位、宽领域、多层次的开放发展新格局。我们要以此为契机，加快路网建设，扩大对外开放，不断增添发展动力。

1.畅通内外，着力构建立体交通网络。一是扩展对外交通。2016年启动乐业通用机场建设项目，开工建设乐业—百色高速公路。加大银川至龙邦口岸直达东盟的高速公路乐业段、黄（黄桶）百（百色）铁路跟踪力度，争取“十三五”期间开工建设。加大省区、市县路网建设力度，2017年，完成省道317公路纳良—乐业段“最后一公里”建设，力争开工建设乐业—凤山公路、乐业雅长—贵州望谟蔗香公路项目，形成乐业—册亨—望谟—罗甸—天（峨）东（兰）巴（马）凤（山）交通环线。争取建设百色港雅长作业区，挖掘乐业水运潜力，融入西江航运干线，实现通边出海。二是完善对内交通。构建县境环绕公路网络，打通各乡镇“回头路”“断头路”“扁担路”，形成乐业县乡“一小时”经济圈。完善县境旅游景区交通环线和步道，重点推进同乐至大石围景区二级公路，提级改造布柳河景区公路，完善县城区旅游公交车网络，增开县城至重点旅游景区旅游公交线路。

2.连接周边，大力实施开放合作战略。一是全面融入西南协同发展。发挥农产品资源优势，探索打造面向大西南现代农业示范基地、安全食品和特色农副产品生产基地。加强与重庆、云南、成都、贵阳等西南重镇在旅游、商贸物流等方面的协作。二是主动对接东盟双向合作。抓住国家深入实施“一带一路”“西江经济带”建设机遇，以区域合作为纽带，主动融入百色一小时经济圈、西江经济带和东盟商贸行列。通过精准招商，着力引进一批高端农业和旅游项目，支撑乐业对外开放合作水平，努力把乐业打造成为承接东部产业转移的“后花园”“桥头堡”“主阵地”。三是加强周边区域经贸往来。务实推进两省三市红水河临港跨区域合作示范区建设，加强与望谟、罗甸、天峨等接边区域合作往来，推动建立区域政府及民间联席会议制度，设立民间招商、信息、贸易、物流、文化、科技等交流机构和场所，实现资源共享、优势互补、发展共赢。

各位代表：开放带来进步，封闭导致落后。今后五年，交通将不再是乐业的“痛点”，路网也不再是乐业的“硬伤”。我们必将以路网的改善，迎来开放合作共赢的春天！

（六）坚持生态建设和环境改善并重，打造“生态乐业、长寿之乡”永续发展新格局。

党的十八大以来，习近平总书记在国内外多个场合提到“绿色发展”理念，突出绿色发展、绿色富国、绿色承诺发展思路。彭清华书记也多次指出：山清水秀生态好是广西的一张靓丽名片。我们要坚定不移地实施“生态立县”发展战略，加大生态环境保护力度，推动建设山青、水秀、天蓝、地绿的美丽新乐业。

1. 严格执行功能区规划，强化生态空间管治。严格执行《乐业县生态建设详细规划》，对逻西民权、同乐六为、幼平上里等有机农业种植区，雅长雅庭、新化磨里、逻沙塘英等生态功能调节区限制开发；对雅长兰科自然保护区核心区、黄猄洞天坑国家森林公园、大石围天坑群国家地质公园、大利水库、上岗水库饮用水源保护区及各乡镇基本农田保护区禁止开发。实行产业准入负面清单，有序引导木材、石材、碳酸钙加工等产业有序向偏僻地区转移，实现辖区污染“零排放”。

2. 持续推进生态建设，全面提高环境质量。实施珠江防护林治理工程、石漠化治理工程及造林补贴等项目，巩固退耕还林成果。高度重视大利水库、上岗水库等水源地保护工作，确保供水长期稳定。积极推进花坪良弄、幼平林旺等矿山环境整治，守好用好大自然赐予乐业的“绿色宝藏”。加强林业生态建设，实施增率扩绿工程，重点推进布柳河、红水河 2 条绿色廊道建设，加快实施城镇周边、公路沿线和龙滩库区可视坡环境绿化整治，积极推动世界地质公园生物多样性保护与研究基地、乐业天坑群国家濒危稀有动植物物种保护基地和村屯绿化等项目建设，让绿色成为乐业最美的底色。

3. 强化生态文明意识，实现绿色低碳发展。加快推广简约适度、绿色低碳、文明健康的消费模式，合理控制能源消费总量，加快形成低消耗、高效益的节约型发展方式。加大资源节约集约利用培训与宣传，增强全民节约意识、环保意识、生态意识。

各位代表：乐业资源丰富，但毕竟有限；生态景象良好，但生态基础脆弱。我们必将秉承“先生态、后生意”的理念，既要绿水青山，也要金山银山，为子孙后代留下更多绿色的、生态的、长远的财富！

（七）坚持消除积弊和优化服务并重，打造“机制畅通、活力迸发”改革发展新格局。

改革是发展的强大动力，改革是创新的不竭源泉。习近平总书记指出：中国要前进，就要全面深化改革。在全面建成小康社会的决胜阶段，我们唯有全面深化改革，才能不断激发社会活力。

1. 加快简政放权，不断提高服务效能。以敬民之心，行简政之道，切实转变政府职能、提高效能。继续大力削减行政审批事项，深化商事制度改革，积极推行“互联网 + 政务服务”，简除烦苛，禁察非法，让市场更有活力、让社会更有创造力，让人民群众更有创造空间。

2. 注重创业创新，充分释放社会潜能。着力实施创新驱动发展战略，促进科技与经济深度融合，提高实体经济的整体素质和竞争力。积极发挥大众创业、万众创新和“互联网 +”集众智汇众力的乘数效应。支持分享经济发展，提高资源利用效率，让更多人参与进来、富裕起来。努力调动全社会创业创新积极性，汇聚成推动发展的磅礴力量。

3. 深化投资融资，全面吸纳社会资本。调整修订政府核准投资项目目录，建立政府上下联动、部门协同配套的投资项目审批监管体系，提高政府投资效率。扩大民间资本市场准入范围，依托融资平台，大力推广政府与社会资本合作(PPP)融资模式。落实国家稳健的金融政策，鼓励金融机构创新服务方式，支持服务业、节能环保、中小微企业及“三农”等实体经济发展壮大。推进农村金融改革，探索土地确权、土地流转、规模经营和农村金融改革相结合的有效机制。

各位代表：抓好改革，是一项政治任务，也是一个时代命题。我们必将以更大的决心和勇气，全面深化各项改革，最大范围地凝聚共识，最大程度地激发力量！

（八）坚持改善民生与保障民安并重，打造“共建共享、平安幸福”和谐稳定新格局。

为政之道，民生为本。我们要念之再三、铭之肺腑，多谋民生之利，多解民生之忧。

1. 优先保障改善民生，提高群众幸福指数。要坚持“民生财政”“民生预算”，抓好“民生工程”，办好“民生实事”，做好“民生大事”。从今年开始，根据我县财力情况，逐步提高村组干部和编外用工人员工资待遇。加快健全城乡社会保障体系，推动社保由制度全覆盖变为人员全覆盖。健全完善社会救助保障机制，使困难群众遇急有助、遇困有帮。加快保障性住房建设，让困难群众生活有保障、有尊严、有希望。要落实就业扶助政策，加大就业创业技能培训。继续落实库区移民后期扶持政策，稳步推进移民长补工作，切实维护移民群众合法权益。

2. 加快社会事业繁荣，努力实现服务均等。坚持提高财政保障公共服务水平，健全基本公共服务体系。加大科技推广和成果转化力度，提高科技对经济增长的贡献率。进一步完善一对夫妇可生育两个孩子的配套政策。教育承载着国家的未来、人民的期盼。要加快建设县城第三、第四幼儿园和乡镇公办中心幼儿园，搬迁重建同乐镇中心小学、中等职业技术学校，新建县城第二高中、第三小学和第三初级中学，切实解决公办幼儿园“入园难”、县城学校“大班额”问题，实现乡镇初中学生县城集中就读。引导公共文化资源向基层倾斜，加强文化市场管理，倡导全民健身新时尚。健康是幸福之基。要深入推进医药卫生体制改革，完善城乡公共卫生服务体系，实现大病保险全覆盖。加快健全统一权威的食品药品安全监管体制，让人民群众饮食用药安全放心。扶助弱势群体是社会主义精神文明建设的一项重要内容。要切实保障妇女、儿童、残疾人权益，加强对农村留守儿童和妇女、老人的关爱服务。

3. 创新基层社会治理，维护和谐稳定大局。认真研究社会转型带来的新形势、新问题，坚持从体制机制入手，突出系统治理、依法治理、源头治理、综合施策，着力构建党委领导、政府主导、社会协同、公众参与、法制保障的社会治理格局。建立完善社会矛盾纠纷排查预警和调处化解综合机制，畅通群众利益表达、利益协调、利益保护渠道，努力把矛盾纠纷化解在基层和萌芽状态，实现政府治理和社会调节、居民自治良性互动。深入开展平安乐业创建活动，健全完善社会治安立体防控体系，严厉打击各类违法犯罪活动。坚持不懈抓好安全生产和公共安全，加强安全基础设施和防灾减灾能力建设，健全监测预警应急机制。严格实行安全生产党政同责、一岗双责制度，加大失职追责力度，严格监管执法，坚决遏制重特大安全事故发生，切实保障人民生命财产安全。

各位代表：天下顺治在民富，天下和静在民乐。我们必将随时倾听人民呼声、回应人民期待，让发展成果更多更公平地惠及全县人民，让人民群众有更多的获得感、更强的幸福感！

四、凝聚正能量、形成大合力，全面加强党的建设

习近平总书记指出：办好中国的事情，关键在党；治国必先治党，治党务必从严。我们要充分适应世情、国情、党情的深刻变化，始终坚持党要管党、从严治党，不断把党的建设新的伟大工程推向前进。

（一）以“四个看齐”为先导，加强思想建设。深入学习贯彻党的十八届五中全会和习近平总书记系列重要讲话精神，完善层级化学习体系和党委（党组）理论中心组学习制度，保持政治定力，坚定理想信念，增强践行五大发展理念的思想自觉和行动自觉，在政治上、政策上、担当上、自律上向党中央看齐。依托“讲习所”等平台，推动各级党员干部自觉锤炼党性。每一名党员干部都要坚守“三严三实”，拧紧世界观、人生观、价值观这个“总开关”，做到心中有党、心中有民、心中有责、心中有戒，把为党和人民事业无私奉献作为人生的最高追求。深化各类媒体融合发展，发展微信联盟平台，强化网络阵地意识，再造乐业网络清朗空间。探索宣传思想工作新思维、新方法，用更多群众听得懂、能参与的方式，提高宣传覆盖面和实效性，不断巩固壮大基层主流思想舆论阵地。

（二）以提高能力为核心，加强队伍建设。坚持“好干部”标准，严格落实“六个导向”用人原则，选好配强各级领导班子。加强和改进干部教育培训，提高专业化水平。深入推进干部人事制度改革，从严落实《干部任用条例》，进一步畅通干部能上能下渠道，促进能者上、庸者下、劣者汰。坚持党管人才，健全人才引进培养、创新创业激励以及多元化投入机制，加快人才服务中心建设，做到寻觅人才求贤若渴、发现人才如获至宝、使用人才各尽其能。

（三）以健全制度为保障，加强廉政建设。深入践行“三严三实”，增强政治意识、大局意识、核心意识、看齐意识。扎实开展巡视反馈意见整改“回头看”工作。认真贯彻执行“三会一课”制度、《廉洁自律准则》《纪律处分条例》和《中国共产党问责条例》，引导广大党员自觉用党章党规党纪规范言行，切实把纪律和规矩挺在前面。认真落实党风廉政建设主体责任，严厉整治各种顶风违纪行为。加强行政监察，推进审计全覆盖。以减权限权、创新监管等举措减少寻租空间，铲除滋生腐败土壤。推动党风廉政建设向基层延伸，坚决纠正侵害群众利益的不正之风，坚定不移惩治腐败。着力营造干部清正、政府清廉、政治清明的良好生态。

（四）以基层党建为抓手，加强体系建设。深化基层党组织和基层政权建设固本强基行动，完善基层党建定期巡查和集中推进机制，探索制定“整乡推进、整县提升”考核办法，严格落实各级党委抓农村基层党建工作责任制，发挥县乡党委“一线指挥部”作用，集中推进软弱涣散村、矛盾复杂村整转，推动基层党组织和基层政权全面进步、全面过硬。深化机关党建规范化建设，积极推行机关党建工作目标化管理，创新建立党员“建言献策”机制和开展党员主题视察调研活动。建立乡镇党委书记抓农村基层党建问题清单、任务清单、责任清单，坚持开展乡镇党委书记抓基层党建述职评议考核。创新基层党组织设置，加强两新组织党组织标准化和示范带建设，积极开展创意党组织生活，探索实施“党建＋社工”模式，促进基层党组织与社会组织的良性互动。强化外出党员动态管理，细化不合格党员认定标准，完善党员队伍自我纯洁机制。

（五）以团结协作为目标，加强民主建设。充分发挥党委总揽全局、协调各方的领导核心作用，支持人大及其常委会依法履行职能，支持人民政协履行政治协商、民主监督、参政议政职能，加强同民主党派、无党派人士合作共事，进一步发挥工商联的职能作用，加强对工会、共青团、妇联等人民团体的领导，做好对台、民族、宗教、外事、侨务、老干部工作。积极推进基层民主政治建设，扩大公民有序政治参与，巩固和发展民主团结、生动活泼、安定和谐的政治局面，形成推动率先科学发展的强大合力。重视老干部、关工委和老龄事业发展。加强国防教育、国防动员和后备力量建设，推动军民融合深度发展。

各位代表：百舸争流，破浪者领航；千帆竞发，奋勇者当先。让我们更加紧密地团结在以习近平同志为总书记的党中央周围，不忘初心、继续前进，为共同夺取全面建成小康社会决胜阶段的伟大胜利，高水平实现“全面小康新乐业”宏伟目标而努力奋斗！

谢谢！

名词解释

1. 一圈五带：一圈，即有机产业经济圈；五带，即茶叶产业带、水果产业带、水产养殖产业带、中药材产业带、畜牧养殖产业带。

2. 两个一百年：第一个一百年，即到中国共产党成立100年时(2020年)全面建成小康社会的目标一定能实现；第二个一百年，即到新中国成立100年时(2049年)建成富强、民主、文明、和谐的社会主义现代化国家。

3. 四个全面：全面建成小康社会、全面深化改革、全面依法治国、全面从严治党。

4. 三期叠加：增长速度换档期、结构调整阵痛期、前期刺激政策消化期相互交织。

5. 五位一体：经济建设、政治建设、文化建设、社会建设、生态文明建设。

6. 四大战略：创新驱动战略、开放带动战略、双核驱动战略、绿色生态战略。

7. 三大攻坚战：基础设施建设攻坚战、产业转型升级攻坚战、农村全面脱贫攻坚战。

8. 八个一批：产业发展精准脱贫一批、扶贫移民搬迁精准脱贫一批、旅游产业扶持精准脱贫一批、转移就业精准脱贫一批、生态补偿精准脱贫一批、教育扶持精准脱贫一批、医疗救助精准脱贫一批、低保兜底精准脱贫一批。

9. 十大行动：实施特色产业富民行动、移民扶贫搬迁行动、旅游扶贫行动、农民工培训创业行动、贫困户产权收益行动、基础设施建设行动、科教文化卫生扶贫行动、金融扶贫行动、社会扶贫和社会关爱行动、电商扶贫行动。

10. 九有一低于：“九有”，即有硬化路、有水喝、农户家庭通电、有电视看、有网络宽带、有特色产业、有服务设施、有医疗保险、有社会救助，“一低于”，即农村贫困发生率低于3%。

11. 十一有一低于：“十一有”，即有硬化路、有水喝、有固定住房、有电用、有服务设施、有电视看、有宽带网络、有医疗保险、有集体经济收入，有特色优势产业，有好班子；“一低于”，即贫困村贫困发生率低于3%。

12. 八有一超："八有"，即有稳固住房，有饮用水，有电用，有路通自然村，有义务教育保障，有医疗保障，有电视看，有收入来源或最低生活保障；"一超"：家庭人均纯收入超过国家扶贫标准。

13. 一心一区六带：一心，即乐业旅游服务中心；一区：大石围岩溶区；六带，即甘田逻沙乡村旅游带、新化河谷旅游带、逻西民俗旅游带、幼平峡谷旅游带、雅长滨湖旅游带和花坪森林旅游带。

14. 三品一标：三品，即无公害农产品、绿色食品、有机农产品；一标，即农产品地理标志。

15. 一心两区三轴：一心，即以同乐镇为中心；两区，即北部农业产业区和南部旅游产业区；三轴，即以新化—县城—逻西公路沿线为南北主轴，以县城—甘田、县城—花坪—雅长为两条次轴。

16. 四化四美：道路硬化、环境净化、房屋美化、村庄绿化，科学布局美、村容村貌美、村民生活美、社会和谐美。

17. 四维支撑：向南开放，深化同以东盟为重点的"一带一路"沿线国家合作；向东开放，提升对粤港澳台开放合作水平；向西向北开放，增强服务西南中南地区开放发展功能；向发达国家开放，对接欧美日韩等经济体先进生产力。

18. 四沿联动：扩大沿海开放，打造北部湾经济区开放发展升级版；扩大沿边开放，构筑边疆民族地区开放发展新高地；扩大沿江开放，形成珠江—西江经济带开放发展新优势；扩大沿线开放，释放高速铁路、高速公路沿线开放发展新活力。

19. 六个导向：注重品行的导向、科学发展的导向、崇尚实干的导向、重视基层的导向、鼓励创新的导向、群众公认的导向。

乐业县人大常委会工作报告

——2016年8月22日在乐业县第十六届人民代表大会第一次会议上

县人大常委会党组书记　黄业山

各位代表：

我受乐业县第十五届人民代表大会常务委员会委托，向大会作工作报告，请予审议。

过去五年的工作回顾

县第十五届人大常委会任期的五年，是全面实施"十二五"规划时期和"十三五"规划起步之时。五年来，在中共乐业县委的领导和市人大常委会的指导下，县人大常委会高举中国特色社会主义伟大旗帜，以邓小平理论和"三个代表"重要思想为指导，以科学发展观为统领，深入贯彻党的十八大和十八届三中、四中、五中全会精神，以及习近平总书记系列重要讲话精神，认真落实全国、自治区、市人大常委会《关于加强县乡人大工作和建设的实施意见》以及全区、全市、县委关于人大工作会议精神的部署要求，积极改进县乡人大工作，紧扣大局，主动作为，依法履行宪法和法律赋予的职责，为我县经济社会发展和民主法制建设作出了积极的贡献。

一、坚持党的领导，增强党的观念，保持人大工作正确的政治方向

五年来，县人大常委会在行使各项职权过程中，始终把坚持党的领导、人民当家做主和依法治国有机统一起来，讲政治、顾大局、守纪律，使人大工作始终沿着正确的政治方向前进。

一是正确处理好坚持党的领导和发挥人大作用的关系。一直以来，县人大常委会始终坚持把党委意图作为人大确定工作目标和讨论、决定重大事项的政治依据、行动方向、指导原则。通过依法履行职责来反映人民群众的意愿，形成决定，把党委决策变成国家意志。并自觉地把人大各项工作置于党委的统一领导之下，认真贯彻落实党委各项决策部署，始终同党委保持高度一致，自觉维护县委的权威，凝心聚力，在县委的统一领导下推动全县经济社会各项事业的健康快速发展。

二是紧紧围绕县委的中心工作，依法行使好各项职权。县人大常委会始终自觉立足于全县经济社会发展大局，结合人大自身职能特点，选准人大工作的切入点和结合点，主动作为，忠实履职，切实发挥了县委决策部署的参谋助手作用，助推"一府两院"各项工作顺利开展。

二、围绕中心、服务大局，确保依法履职见实效

五年来，县人大常委会紧紧围绕县委的战略部署，在依法行使宪法和法律赋予的决定权、任免权和监督权中，"盯住"经济社会发展不放松，振奋精神，积极作为，收到了显著成效。

（一）着眼于推动经济社会科学快速发展，决定好重大事项。五年来，县人大常委会始终高度关注事关全县大局的工作，围绕县委决策部署和经济社会发展重大问题。根据县人民政府的提请，立足县情，分别依法作出了《关于原则同意乐业中学搬迁重建项目贷款偿还计划的决议》《关于原则同意乐业县县域镇村体系规划的决议》《关于原则同意将樱花、红枫树确定为县花县树的决议》以及《关于批准乐业县县城总体规划的决定》《关于加快推进我县旅游产业发展的决定》等决议、决定27项。通过行使重大事项决定权，推动了全县经济社会各项事业的发展，为全面建成小康社会作出了积极贡献。

（二）着眼于经济社会发展提供组织保障，依法做好人事任免。始终遵循党管干部和依法任免相结合、集体决定和民主审议相结合、严格按照法定程序任免的原则，依法做好人事任免工作，为加快乐业经济社会各方面发展提供了组织保障。五年来，共依法任免国家机关工作人员207人次，其中任命县人大机关工作人员6人，决定任命县人民政府及其职能部门工作人员66人，任命县人民法院工作人员85人、任命县人民检察院工作人员8人，共免职50人，接受辞职25人，许可司法部门采取强制措施1人。

（三）着眼于促进依法行政和公正司法，做好各项监督工作。坚持把事关全县经济社会发展的重大问题、关系人民群众切身利益的热点、难点问题作为监督工作的重点，不断改进监督方式、方法，增强监督实效，不断促进社会公平正义和推动全县经济社会科学稳步发展。

一是以经济监督为纲，全力支持和服务改革发展大局。五年来，县人大常委会特别注重对经济工作的支持和监督，认真听取、审议国民经济和社会发展计划执行情况报告，加强对财政预决算的审查监督，积极为县人民政府创新发展理念，顺应经济新常态，突出绿色发展，强化民生保障，抓好项目建设等工作建言献策。为加快推进我县经济社会发展，确保"十二五"规划目标顺利完成作出了积极贡献。

二是以民生保障为本，努力推动热点、难点问题的解决。坚持把群众普遍关注的热点、难点问题列为专题调研的重点。五年来，先后组织对我县实施危房改造试点工程情况、农业生产资料流通领域安全监管工作情况、工业集中区建设情况开展了3次专题询问。对库区水产养殖、乡镇卫生院队伍建设、县城幼儿园建设和学前教育工作、创建特色旅游名县等工作进行了29次专题调研，并针对调研中发现各项工作存在的问题，向县人民政府及其职能部门提出意见和建议95条，推动相关工作的顺利开展。

三是以司法公正为重，强力推进依法治县进程。加大司法监督力度，切实把对法律法规在我县贯彻实施情况的监督放在突出位置。五年来，先后对我县贯彻执行《中华人民共和国招标投标法》《中华人民共和国土地管理法》《中华人民共和国城乡规划法》《中华人民共和国森林法》《中华人民共和国劳动合同法》等14项法律法规的情况开展了执法检查和调研，听取和审议了县人民法院、人民检察院关于民商事案件审判专项工作、预防和惩治职务犯罪工作、涉法涉诉信访案件办理工作等8项专题工作报告。同时，督促做好"六五"普法工作，推动在全社会营造遵法、守法、学法、用法的浓厚氛围，有力地促进了"一府两院"依法行政、公正司法。

四是以信访监督为基，竭力促进社会和谐稳定发展。切实发挥人大信访机构联系群众、倾听民声、体察民情的纽带和窗口作用，坚持法治原则，做好来信来访办理工作，积极维护人民群众的合理诉求，促进了我县社会和谐稳定。五年来，共受理群众来信184件次、接待来访110批520人次，督办自治区人大、百色市人大转交的信访件16件。

五是以协助配合为补，提升依法监督能力。坚持把协助和配合做好上级人大在我县开展的专题调研、执法检查、代表视察等工作作为县人大常委会拓宽监督面、学习优秀工作方法、提升监督能力的重要补充和途径，并及时向上级人大反映了基层实际情况，积极提出建议，为上级人大提供了有价值的参考依据。五年来，共协助、配合上级人大完成中小学教师编制使用情况、少数民族和文化保护发展情况等专题调研36项；完成《广西中草药实施管理条例》等13项法律法规的立法调研和征求意见建议工作。

三、突出主体，强化服务，激发代表履职的热情

县人大常委会始终把坚持代表主体地位、维护代表履职权力、服务代表履职活动当作一件大事来抓，不断探索和创新代表活动方式，提升和增强代表履职水平，激励和支持代表依法履职。

（一）强化代表培训，提升代表履职能力。采用"请进来，走出去"、履职经验交流、小组带动等方式切实加强代表培训工作，实现了培训对象全覆盖。五年来，县人大常委会举办了两期共240名县十五届人大代表、各乡镇人大工作人员参加的履职培训班，邀请有关专家到班宣讲党的十八届三中、四中、五中全会精神。通过做好代表培训，提高了人大代表的履职能力，增强了广大代表履行职务的责任感和使命感。

（二）强化代表服务，搭建代表履职平台。通过扎实开展乡镇人大规范化建设和创建跨区域代表活动之家等途径，为代表依法履职搭建平台、提供条件，进一步夯实了代表履职基础，拓宽了代表监督渠道。同时，坚持常委会组成成员联系代表制度和组织代表参与专题视察和调研、执法检查、专题询问等各项活动，促进了"一府两院"依法、规范、高效地开展工作。五年来，共组织我县市、县、乡三级人大代表对我县旅游产业发展、城镇建设、生态乡村建设等重点工作进行视察调研13次，支持和推动了政府破解发展难题；组织开展人大代表发展产业"先锋行""人大代表在扶贫"等活动，扶持和培育了一批带头发展产业、带领群众脱贫致富的先进人大代表，促进了农业产业的发展；还先后组织县人大代表298人次参加政风行风评议、违法建筑拆迁、行政事业单位招考等监督活动。

（三）强化跟踪督办，提高代表建议办理水平。坚持把代表建议、批评和意见的办理工作列入常委会的重要议事日程，严格执行有关转办督办制度，推行交办、承办单位和提建议的代表联系制度，坚持常委会组成人员联系督办代表建议制度，扎实开展代表建议办理满意度测评工作，进一步提高了代表建议办理的质量和实效，代表满意度逐年提高。五年来，共收到代表提出建议、批评和意见347件，所有建议都能在规定时限内答复，办复率100%。

四、从严务实，改进作风，加强人大自身建设

五年来，县人大常委会紧紧围绕强化自身建设这一永恒主题，以"转变工作作风，提高依法履职水平"为目标，进一步巩固和深化党的群众路线教育实践活动和"三严三实"专题教育成果，扎实开展"两学一做"专题教育，不断加强人大自身建设，有效地推动了各项工作的开展。

（一）强化党性修养，树立良好形象。县人大常委会及其机关严格按照自治区、市和县委的总体部署，把开展党的群众路线教育实践活动和"三严三实""两学一做"专题教育作为抓好人大及其常委会机关党风廉政建设的重要举措。严格按照县委相关方案的要求，上好专题党课、开好专题学习研讨和专题民主生活会，认真查摆自身存在的"四风"问题和不严不实问题，强化整改措施，抓好整改落实。同时，认真贯彻执行八项规定，严明政治纪律、工作纪律、组织纪律、生活纪律和群众纪律，切实把"群众路线""三严三实"和"两学一做"的要求贯彻到常委会的各项工作中，自觉遵守廉洁自律各项规定，树立了人大常委会及其机关的良好形象。

（二）强化制度建设，转变工作作风。制定和完善了《县人大常委会党组民主生活会制度》《县人大常委会党组成员行为规范》《县人大常委会领导班子集体学习制度》《县人大常委会领导班子调研制度》等规章制度，加强监督管理，用制度管人管事和规范行为得到了较好的落实，进一步扎紧了制度的"笼子"，使县人大常委会的各项工作规范有序地向前推进。

（三）加强联系指导，重视乡镇人大工作。通过扎实开展乡镇人大规范化建设工作，全县8个乡镇全面

完成了“三室一中心”和村级“一家一户一基地”的人大代表活动网络平台建设，建立健全了乡镇人大工作的10项制度和各种软件资料，实现了乡镇人大办公条件的“十有”，乡级人大代表的履职活动平台和乡镇人大制度建设、办公条件、工作水平都得到了明显改善和提高。同时，县人大常委会还积极采取“请上来、走下去”的方式，密切与乡镇人大的工作联系，坚持县人大常委会领导联系乡镇人大和乡镇人大列席常委会会议的制度，强化对乡镇人代会、代表小组活动、制度建设等工作的指导，着力提高乡镇人大工作水平，乡镇人大工作取得了显著成绩。

（四）重视人大宣传，营造良好氛围。五年来，县人大常委会坚持以提升人大宣传工作水平为目标，加强领导，丰富内容，壮大队伍，完善机制，进一步巩固和利用乐业县党政网、百色人大网、代表活动中心等人大宣传阵地，在全县范围内营造了重视、关心和支持人大工作的良好氛围，切实增强了人大系统工作人员做好新时期人大工作的自豪感、责任感和使命感。五年来，共向百色人大网、百色人大刊物网、百色电视台、乐业党政网、乐业电视台等网站和媒体报送各类新闻信息2000余条，在《当代广西》《广西人大》等刊物上刊登理论文章20余篇。

五、依法依规，精心组织，扎实做好县、乡(镇)人大代表换届选举工作

2016年，县人大常委会在县委的高度重视和市人大常委会的指导下，以宪法、选举法、地方组织法、代表法和自治区选举实施细则为依据，经过精心组织和各个选区的努力工作，顺利选出了代表人民的利益和意志，模范遵守宪法和法律，有较强履职能力的县、乡(镇)人大代表。经统计，本次县、乡(镇)人大代表换届选举，选民参选率为93.44%，共选出县人大代表157名，其中，妇女代表50名，占31.84%；党外代表58名，占36.94%；大专以上文化程度的代表71名，占45.22%。乡(镇)人大代表423名，其中，妇女代表120名，占28.37%；党外代表179名，占42.32%；大专以上文化程度的代表115名，占27.19%。

各位代表，五年来，县人大常委会所做的工作和取得的成绩，是县委正确领导和县人大常委会组成成员、全体代表共同努力的结果，是县人民政府、人民法院、人民检察院支持配合的结果，是乡镇人大、全县各族人民以及社会各界人士大力支持的结果。在此，我谨代表县人大常委会向关心和支持人大工作的社会各界人士表示衷心的感谢！

在总结成绩的同时，我们也清醒地看到，我们的工作还有一些不尽人意的地方，审议相关议案的质量有待进一步提高、监督实效有待进一步增强、常委会自身建设还需进一步强化，这些都需要我们在今后的工作中加强研究和改进，使人大工作再迈向一个新的台阶。

今后五年的工作思路

今后五年，是我县全面实施“十三五”规划纲要，深化改革，依法治县和保持经济社会持续健康发展，实现与全国全区全市同步全面建成小康社会目标的关键五年。县人大常委会的工作指导思想和要求是：在党的十八大和十八届三中、四中、五中全会精神指引下，坚定不移地以邓小平理论和“三个代表”重要思想为指导，深入贯彻落实科学发展观，按照县第十二次党代会提出的目标任务和要求，紧紧围绕县委战略部署，依法履行宪法和法律赋予的职责，不断增强工作实效，以正能量推动乐业全面健康发展，为新常态下实现乐业经济社会各项事业发展作出积极贡献。

一、坚持党的领导，切实保证人大工作正确的政治方向

要始终把坚持党的领导贯穿于我县人大工作的各方面、全过程。在思想上、行动上始终与党委保持高度一致，自觉做到思想同心、目标同向、工作同力。坚决维护党总揽全局、协调各方的领导核心地位。紧扣县委重大战略部署，充分行使人大法定职权，坚持定期向县委汇报人大工作情况，及时请示人大工作中涉及全局的重要事项，主动争取县委研究解决人大制度建设和人大工作中的重大问题，确保人大工作始终在党委领导下卓有成效地推进。

二、依法依规，扎实做好重大事项决定和人事任免

一是要进一步完善对重大事项作出决议、决定的制度。对事关全县经济社会发展全局的重大事项，尤其是“十三五”规划中事关全县经济社会发展目标的大事，要加强调研，认真审议，依法作出决议、决定。推动县委的决策部署贯彻落实，并加强决议、决定执行的监督检查，支持“一府两院”的工作。

二是要坚持党管干部原则与人大依法选举任免的有机统一，依法行使好人事任免权。推行拟任命人员任前法律知识考试、情况介绍和向县人大常委会作就职发言、向《宪法》宣誓等制度，增强受任命人员的法治意识、公仆意识和责任意识；建立对政府组成局（办）负责人的工作情况、代表建议办理情况等进行备案跟踪制度，进一步增强人事任免工作的实效性和严肃性；通过完善和规范履职报告、工作评议等制度，加强对人大选举和任命人员的监督。

三、突出重点，切实增强人大监督工作实效

坚持把监督工作作为履行职权的重要手段，紧紧围绕县委提出的目标任务，以全县经济社会发展中的重大问题、民生问题和人民群众反映强烈的突出问题为重点。强化监督措施，改进监督方式，加大监督力度，努力增强监督实效，从而推动我县民生改善和社会和谐，促进和保障我县经济社会各项事业更好更快发展。

一是要不断加强对计划和预算及其执行情况的审查监督工作。紧密结合我县“十三五”规划纲要的执行和“新预算法”的贯彻实施，提前介入、加强沟通、掌握情况，切实加强程序性审查监督，把好计划、预算草案的审查批准关；综合运用听取专项报告、进行专题调研、开展经济类法律法规执法检查等多种监督方式，加强对年度计划、预算执行情况，预算调整，决算等方面的审查监督，扎实做好计划、预算监督的经常性工作；同时，借助并充分发挥审计部门的专业性监督优势，切实提高计划、预算监督实效，确保我县财政经济安全稳定运行。

二是要加强对专项工作的监督。紧紧围绕全县中心工作和人民群众普遍关心的热点、难点问题，认真组织开展专题调研活动，通过调查研究及时发现经济社会发展中存在的矛盾和问题，提出切实可行的意见、建议，努力做到“准确把握重点，敢于触及热点，勇于攻克难点”，助推重点、热点、难点问题的解决。

三是要进一步推进专题询问常态化。充分发挥专题询问在人大监督工作中的独特作用，在开展深入的调查研究和听取、审议专项工作报告的基础上，紧紧围绕关系我县改革发展稳定大局和群众切身利益、社会普遍关注、人民群众期待的重大问题进行专题询问。同时，进一步完善专题询问机制，规范专题询问程序，提高专题询问的问答质量，强化监督力度和效果，实现专题询问常态化、规范化。

四是要强化对法律法规实施情况的监督。法律的生命力在于实施，法律的权威也在于实施，要切实以监督法律法规在我县的贯彻执行为着力点，精心选择事关经济社会事业健康稳定发展以及与人民群众生产生活密切相关的法律法规来开展专题执法检查活动，进一步推进全县依法治理体系和依法治理能力的提升。

五是要加强司法监督，促进司法公正，推进法治进程。围绕法治乐业、平安乐业建设等活动，积极创新司法工作监督举措，切实增强司法监督实效。认真听取和审议县人民法院、县人民检察院的年度工作报告和重要工作部署、重要执法情况等方面的专题工作报告，使司法工作监督常态化；进一步组织好人大代表参加县人民法院、县人民检察院开展的“公众开放日”“阳光司法”“宪法日”等活动，提高人大代表的法治意识，确保人大代表监督权的有效行使；坚持实行人大代表旁听庭审制度，进一步拓展司法监督空间；加大涉法涉诉信访案件的督办力度，提高司法公信力，保障公平正义。

四、深化服务，充分发挥人大代表的职能作用

一是要进一步加强对代表的学习培训。要有计划、有组织、有针对性的做好培训工作，提升代表综合素质，增强代表依法履职能力。

二是要不断拓宽代表参与管理国家事务的渠道，进一步扩大代表参与县人大常委会相关活动的广度和深度。坚持常委会组成人员联系代表、代表联系选民制度，充分发挥代表的桥梁纽带作用。

三是要以县人大代表服务中心为平台，切实做好各级人大代表服务工作。精心组织代表参加调研、视察和执法检查等活动，为代表履职提供条件，支持和规范代表依法履行职责，保障代表的知情权、参与权和监督权。

五是要依法保障人大代表活动经费，积极探索创新代表履职管理办法，加强对各级人大代表的管理，逐步规范和经常性开展代表在闭会期间的活动，更好地发挥各级人大代表依法履职的作用。

六是要进一步完善代表议案、建议办理及考核机制，扎实做好代表议案、建议批评和意见的办理工作。进一步完善代表议案、建议办理工作满意度测评机

制，提高办理质量和水平。

五、强化自身建设，切实提高依法履职能力和水平

一是要进一步巩固党的群众路线教育实践活动和“三严三实”专题教育成果，深入开展“两学一做”专题教育，强化政治理论和人大业务知识学习，以理论武装头脑，提高做好新时期人大工作的能力和水平。

二是要严格执行党风廉政建设各项规定，持续转变工作作风，不断完善人大组织制度、工作制度和议事程序，提高工作效能。

三是要进一步做好人大信访接待工作，提高办理质量，多途径畅通民意渠道，维护群众的合法权益。

四是要进一步加强人大宣传工作，积极发掘和推广我县人大工作和各级人大代表中涌现出来的典型，扩大人大影响力。

五是要加强开展横向联系和对外交流，借鉴学习外地先进经验，推动我县人大工作再上新台阶。

六是要不断加强与乡镇人大的联系，强化业务指导，充分利用乡镇人大规范化建设成果，发挥乡镇人大作用，推进基层民主政治建设沿着规范化、法制化轨道前进。

各位代表：在新的历史征程中，县人大及其常委会肩负的责任重大，面临的任务光荣而艰巨。让我们在中共乐业县委的坚强领导下，团结和依靠全县各族人民，不忘初心，锐意进取，与时俱进，奋发实干，努力开创人大工作新局面，为全县经济和社会事业发展作出新的更大贡献！

政府工作报告

——在乐业县第十六届人民代表大会第一次会议上

县人民政府党组书记、代理县长　李荣能

（2016 年 8 月 22 日）

各位代表：

现在，我代表县人民政府，向大会报告工作，请予审议，并请县政协委员和列席会议的同志提出意见。

一、“十二五”时期工作回顾

“十二五”时期，在上级党委、政府和县委的正确领导下，在县人大、县政协的监督支持下，我们全面贯彻落实中央、自治区、百色市稳增长、促改革、调结构、惠民生、防风险各项决策部署，大力实施“生态立县、旅游旺县、产业强县、文化名县”发展战略，主动作为，克难攻坚，圆满完成“十二五”规划主要目标任务，实现了经济社会持续健康快速发展。

——经济发展稳中有进。“十二五”末，全县生产总值实现 20.87 亿元，是 2010 年的 1.7 倍；财政收入实现 1.8 亿元，是 2010 年的 1.3 倍；全社会固定资产投资完成 28.08 亿元，是 2010 年的 1.2 倍；社会消费品零售总额达 6.3 亿元，是 2010 年的 1.9 倍；工业总产值达 3.84 亿元，工业增加值达 1.38 亿元。

——人民生活明显改善。“十二五”末，全县城镇居民人均可支配收入 24760 元，是 2010 年的 1.6 倍；农民人均纯收入 5428 元，是 2010 年的 1.9 倍。累计建成经济适用房、公共租赁房、廉租住房 1398 套。

——农业经济快速增长。“十二五”末，全县农业总产值 11 亿元，是 2010 年的 1.8 倍，增速排全市第一。

——扶贫开发成效显著。五年共减少贫困人口 51340 人，全县贫困发生率下降 32.7%。

——城乡面貌明显变化。城镇累计投入资金 7.53 亿元，大力改善城乡基础设施，提高城镇管理水平，全县城镇化率达37.28%。

——生态品质不断提升。建成市级以上生态村95个，占全市的37.8%，全县森林覆盖率达77.8%，是全市生态环境质量最好的县份，被列为全国生态文明示范工程试点县。

——旅游发展阔步前进。五年共接待游客419万人次，旅游综合收入28亿元。旅游名声享誉国内外，旅游综合效应显现。

——民生投入持续加大。教育年均投入占财政总支出的20%以上；五年累计投入资金18.12亿元，完成区、市、县为民办实事项目67个。教育、卫生、文化等公共服务设施得以改善，其中教育占总投入20%。

五年来，我县先后荣获世界长寿之乡、中国名茶之乡、全国有机农业示范基地县、全国十大生态产茶县、全国法治创建先进县等荣誉称号，被评为国家园林县城、广西园林县城、广西卫生县城、广西文明县城、广西十佳休闲旅游目的地。

随着2015年主要目标任务的完成，我县“十二五”规划顺利收官，经济社会发展跃上了一个新台阶。

（一）农业产业规模壮大，特色经济提质增效。粮食生产持续稳定，年均产量5万吨。“优果”面积不断扩大，全县种植水果21万亩，投产13万亩。有机产业效益明显，发展有机稻3000亩，有机茶5430亩，年产有机农产品1800吨，产值1.87亿元。林下经济有序发展，年产茶叶6400吨，产值2.8亿元；种植田七、金银花等中药材3万亩；累计完成烟叶种植2.4万亩，创烟叶税1062万元。特色养殖成为全市典范，发展网箱养殖1.7万箱，促进库区移民年人均增收2620元。农村合作经营有新成效，农民专业合作社达138家，新发展小微企业417户。

（二）基础设施不断完善，发展后劲持续增强。乐业至田林二级公路、乐业至纳良、幼平三级公路实现通车。开工建设同乐至大石围至花坪二级路。新增通村硬化道路46条、提级改造163公里，建成屯级道路461公里，硬化屯内道路248公里，全面实现乡乡通三级路、村村通水泥路目标。建成蓄水池、水柜2767座，铺设饮水管路1122公里，解决饮水不安全人口9.2万人，基本解决人畜饮水问题。整治河道18公里，建成水渠120公里，除险加固中小水库11座，治理水土流失面积40平方公里，改善灌溉面积11万亩，水利设施日趋完善。完成田林至乐业、凌云加尤至谐里等输电线路建设，升级改造农村电网317个，供电保障能力进一步提升。

（三）扶贫开发全面推进，到村到户成效明显。整合投入扶贫资金3亿元，大力实施整村推进和到户扶贫项目，新建、硬化贫困村屯级道路160公里，扶持发展中药材、砂糖橘、核桃、猕猴桃等示范产业2万亩，培训贫困户1.5万人次，实现转移就业9000人，全面完成上级历年下达的减贫任务。争取对口帮扶资金2500多万元，援建了7个新农村示范点等项目。全面完成扶贫对象精准识别、建档立卡工作，荣获“全市2014年扶贫对象建档立卡和2015年扶贫开发信息采集工作先进集体”称号。

（四）市政建设力度加大，居住环境更加优美。投入7.53亿元，实施了进城四十米大道立面改造、县城旧城区改造、罗妹公园改造、同乐河道整治等工程，县城供水、污水配套管网、农贸市场、人行道改造、道路绿化、河道美化、夜景亮化等项目顺利实施；不断完善城乡生活垃圾设施建设，初步建立了较为完善的城乡垃圾收运处理系统和卫生保洁长效机制；实施了4期乡（镇）市政综合整治工程、10个城乡风貌改造工程和“美丽乐业”30个生态乡村示范点建设。完成13条巷道改造，开工建设同乐镇棚户区改造项目。人居环境不断改善，连续两届荣获广西市容“南珠杯”竞赛特等奖。

（五）节能减排全面完成，生态环境持续改善。万元GDP能耗等十二五节能减排目标提前一年完成。投入5708万元，实施了“绿满八桂”、石漠化治理和珠江防护林工程。新建成沼气池730座，完成植树造林20万亩，完成665个村屯绿化，新增用材林面积40万亩，发展林下经济25万亩，林下产值达3.9亿元。全县空气质量达到了国家一级标准，水质量达到三类以上标准。

（六）旅游投入力度加大，旅游基础逐渐完善。旅游累计投入2.5亿元。制定完成了乐业县旅游总规等6个旅游规划；成立了旅游投资开发有限公司，实施了大石围景区基础设施、世界地质公园博物馆、红七红八军胜利会师纪念馆、罗妹公园、游客服务中心及旅游公厕、旅游标识标牌、县城至大石围二级公路等项目，旅游基础不断完善，旅游产品逐渐丰富。与中央电视台等省级以上媒体合作推介了国际山地户外运动挑战赛等活动，出台旅游市场营销奖励政策，旅游营销活动不断丰富。乐业·凤山世界地质公园通过联合国教科文组织中期评估。广西特色旅游名县创建活动深入开展，旅游社会效应得以显现，火卖村成为全国特色景观旅游名村，顾式茶至大石围旅游线路获“全国最佳茶之旅线路”之一，龙坪屯入选“广西传统村落名录”，梅家山庄成为全市首家“广西五星级农家乐”。

（七）文体事业蓬勃发展，群众文娱活动精彩纷呈。累计投入1690万元，建设51个村级公共服务中心，88个农村书屋，实现了乡乡有文化站、乡乡有灯光球场。全县广播电视覆盖率达到了98.3%。打造了逻沙唱灯、新化卜隆古歌、甘田壮族龙灯舞、把吉古法造纸术4个非物质文化遗产传承基地，成功入选广西非物质文化遗产名录。成功举办了国际山地户外运动挑战赛、户外嘉年华、“地心之旅”全国徒步大会、山地汽车越野赛、自行车越野赛以及全县运动会、全县文艺汇演等大型文体活动50场次，获得全市文艺汇演金奖，百色市元宵节大型民俗游艺展演一等奖、百色起义80周年唱红歌比赛一等奖。

（八）社会事业加快发展，群众获得感持续提高。累计投入9.23亿元改善民生。教育投入持续加大，教育质量明显提升，其中投入1.3亿元完成乐业高中迁建并通过自治区示范性高中验收。新建了县城一中、县城二幼、县城特殊教育学校，改扩建各类学校97所；学前入园率、九年义务教育巩固率明显提高，学校管理明显增强。卫计覆盖面不断扩大，服务能力有效提高，建成县医院标准化等卫生、计生项目35个，新农合、新农保实现全覆盖，人口计生各项指标均控制在市级目标任务内，连续四年被评为区市两级执行人口计生目标责任制考评先进县。社会保障力度加大，保障能力明显提高，累计发放各类保障金2.42亿元，城乡居民社会养老保险参保率在全区第三批45个试点县中位列第三，在全市位列第一，移民扶持政策全面落实，社会保障得到有力加强。

（九）安全生产责任落实，社会稳定和谐发展。“党政同责、一岗双责、失职追责”等安全生产责任落实到位，食品药品、安全生产监督管理取得实效，安全生产责任体系进一步健全，“打非治违”和隐患排查整治持续开展，全县没有发生重特大安全生产事故。“平安乐业”创建稳步推进，综治工作和网格化管理力度加大，打黑除恶、严打追逃、“百城禁毒”会战等专项斗争深入开展，人民群众社会安全感得到明显提升。信访法治化轨道运行机制深入落实，土地征用、拆迁、企业改制、环境污染等信访问题得到妥善解决，一批信访积案难案得到化解。

（十）依法行政全面推进，政府自身建设不断加强。全面推进依法行政，努力建设法治政府。深入开展党的群众路线教育实践活动和“三严三实”专题教育，坚决落实中央八项规定和国务院“约法三章”，大力开展“四风”问题专项整治。认真执行县人大及其常委会的决议、决定，自觉接受人大、政协和社会监督，广泛听取工商联、无党派人士意见，人大代表议案、建议和政协委员提案办复率100%。完善政府重大决策程序和机制，进一步规范政府权力运行。建立政府法律顾问制度。全面取消非行政许可审批，“三证合一、一照一码”等商事制度改革全面实施，政务服务工作进一步拓展，政务公开和政府信息公开更加透明，受理各类审批事项15.23万件，办结率100%；审计监督力度加大，绩效管理进一步规范。廉政建设和反腐败斗争取得新成效。

各位代表，过去五年的成就来之不易，这是上级党委、政府和县委正确领导的结果，是县人大及其常委会、县政协以及人大代表、政协委员有效监督和大力支持的结果，是各位老领导、老同志关心支持的结果，是社会各界朋友鼎力支持的结果，更是全县各族人民团结奋斗、顽强拼搏的结果。在此，我代表县人民政府，向全县各族人民，向人大代表、政协委员、老领导、老同志，向驻乐业部队全体官兵、政法干警，向所有关心、支持乐业建设发展的各界朋友，致以崇高的敬意和衷心的感谢！

过去五年工作中行之有效的思路和做法，我们要在今后的实践中继续坚持、不断完善。同时，我们也清醒地认识到，在经济发展新常态下，我县改革发展稳定工作面临的形势任务依然复杂、依然艰巨，主要表现在：经济总量小、财政收入少、人均水平低，产业结构不合理，主导产业不大不强不优，保持经济平稳较快发展的压力仍然很大；制约发展的体制机制性问题较多，供给侧改革还需要加快推进；创新驱动发展不足；生态环境质量有待进一步提升；项目推进力度和进度不理想，基础设施和基本公共服务发展滞后，社会保障体系仍不完善,贫困人口多,补齐民生短板和脱贫攻坚任务艰巨,等等。对以上问题,我们决不回避、更不推卸,必将高度重视、全力解决,决不辜负全县各族人民的期望!

二、"十三五"时期的奋斗目标和主要任务

"十三五"既是充满挑战、迎难攻坚的五年,也是充满机遇、大有作为的五年。中央、区、市坚持稳中求进的工作总基调,实施适度扩大总需求,推进供给侧结构性改革,出台了一系列转变政府职能、营造公平市场环境、促进民间投资的措施,以及支持创新、发展新产业的税收金融政策,今后还将继续实施差别化的产业政策,支持新一轮科技革命和产业革命,为发展新产业、新业态提供了广阔空间。随着扶贫攻坚进程不断推进,国家加大对贫困地区特别是国定贫困县的投入,《左右江革命老区规划》《珠江—西江经济带规划》的实施,以及乐业融入巴马长寿养生国际旅游区建设,我们将迎来更多的改革红利和政策红利,迎来更多的发展机遇,通过实施一批重大项目,制约我县发展的瓶颈问题将得到解决和改善。未来五年,乐百高速公路建成通车,乐业通用机场开工建设,县际交通及县乡互联互通更加完善,市、县、乡"一小时交通圈"全面建成,"再造一个乐业新城"目标初步实现,必将推进城镇扩大化、旅游产业化、农业规模化,促进乐业强势崛起、跨越发展。可以预期,乐业即将进入一个大开发、大建设、大发展的新时代。我们将凝聚全县人民的智慧和力量,始终保持开拓创新、奋发向上的精气神,努力在新常态中抢抓新机遇、实现新突破、更上新台阶。

"十三五"时期,全县经济社会发展的总体要求是:高举中国特色社会主义伟大旗帜,全面贯彻落实党的十八大和十八届三中、四中、五中全会精神,以马克思列宁主义、毛泽东思想、邓小平理论、"三个代表"重要思想、科学发展观为指导,深入贯彻习近平总书记系列重要讲话精神,全面贯彻落实中央"五位一体"总体布局和"四个全面"战略布局,紧扣脱贫奔康总目标,牢固树立创新、协调、绿色、开放、共享发展理念,坚持发展第一要务,深入实施生态立县、旅游旺县、产业强县、文化名县"四大战略",全面推进精准脱贫、基础设施、产业升级、旅游富民"四大攻坚战",如期实现脱贫目标,与全国全区全市同步全面建成小康社会。

"十三五"时期的奋斗目标是:生产总值年均增长10%,财政收入年均增长8%,固定资产投资年均增长10%,社会消费品零售总额年均增长11%,城镇居民人均可支配收入年均增长10%,农村居民人均可支配收入年均增长12%;城镇化率达到45%以上,森林覆盖率达78%以上。

要实现上述目标,我们将重点抓好以下工作:

(一)以同步建成小康社会为目标,全力打赢脱贫攻坚战。脱贫攻坚是最大的政治责任、最大的民生工程、最大的发展机遇,我们将坚定信心、精准发力、补齐短板。

全面改善贫困村基础条件。集中整合专项扶贫资金、涉农资金、金融贷款以及社会帮扶资金,加快改善贫困村道路、人饮、电力、住房、公共服务等基础设施,力争新增建设道路253条、水柜334座、危房改造1131户,确保20户以上自然屯100%通达砂石路、85%以上通达硬化路,实现集中居住村寨100%有水喝,全面完成农村电网改造,农网供电能力和供电质量明显提升,贫困户拥有稳固住房,所有贫困村通网络、广播电视,实现村级公共服务设施全面覆盖。

全力打造扶贫产业集群。实施贫困村"一村一品"产业推进行动,坚持"长中短"结合,落实产业资金,支持"龙头企业+合作社+致富能人+贫困户"抱团发展,积极培育特色种养业、传统手工业和乡村旅游业,抓好猕猴桃、砂糖橘、核桃、茶叶、中药材等连片开发,推动水产畜牧业集中养殖。力争在"十三五"期间,全县发展5家以上农产品加工企业,实现"乡(镇)有示范基地、村村有致富产业",全面激发产业"造血"功能,切实解决贫困群众长远发展问题。

全面实施易地扶贫移民搬迁。计划投资10.4亿元,建成同乐上岗、大石围景区以及其他7个乡(镇)集镇安置点项目,完善安置区配套公共服务设施,实现4173户16790名贫困人口搬迁安置目标。大力发展移民产业、转移就业,让贫困群众搬得出、稳得住、能致富。

全面加强贫困户社会保障。完善农村低保制度,实行政策性保障兜底,确保全县低保对象与贫困对象重合率达70%以上,贡献率达60%以上。加大医疗救助、临时救助、慈善救助等帮扶力度,逐年提高救助标准,实现新农合、大病保险全覆盖,解决因病致贫、因病返贫问题。持续加大贫困学生教育帮扶力度,决

不让任何一个义务教育阶段学生因贫辍学。

全力构建“大扶贫”格局。用足用好金融扶贫政策，计划发放扶贫小额信贷资金4.5亿元，让有能力自我发展的贫困户都能获得金融支持，让无能力发展的农户获得贷款入股分红收益。加大对口帮扶、社会帮扶力度。加大驻村帮扶力度，强化结对帮扶考核评价，落实机关单位帮扶责任，促进政策、资金、人才等向贫困村集中倾斜。加强贫困户自力更生思想教育，克服等靠要思想，弘扬自立自强的传统美德，激发贫困户转变观念，变“要我脱贫”为“我要脱贫”，形成强大的脱贫内生动力。

各位代表，脱贫奔康的军令状已经立下，冲锋号已经吹响。我们将以非常措施、非常力度，精准发力，确保到2018年，全县43个贫困村全部出列，3.9万名贫困人口全部脱贫，全县贫困发生率降到2%以下，摘掉“穷帽子”，过上好日子。

（二）以推动经济稳增长为动力，千方百计抓好项目投融资。对乐业来说，投资仍然是促进发展的主要动力，是实现稳增长的重要抓手，我们将千方百计挖潜力、优环境、争项目、强招商、扩投资，全面掀起新一轮项目建设高潮。

坚持政府投资主体。围绕国家扶贫攻坚、革命老区振兴等政策争项目，围绕基础提升、产业发展、民生改善抓项目。“十三五”期间，争取开工建设黄桶经乐业至百色铁路、乐业通用机场项目，实现乐业至百色高速公路2018年竣工通车；推进省际县际公路建设，形成乐业至望谟、罗甸、天峨、东巴凤的交通环线；规划建设百色港雅长作业区、幼平百朗、渡口和雅长库区码头；规划实施花坪至逻沙三级路、逻西至雅长渔业路项目；投入4400万元，建成雅长至蔗香三级路、磨里至仙人桥四级路、蔗香路口至三寨路口道路，打通县域“回头路”“断头路”，构建县乡“一小时”经济圈。推进农田水利基础设施、农村饮水安全、河道治理、水土保持与生态修复等项目建设，实施上岗水库扩容工程，新建岜木水库、吉磨水库。加快逻沙风电场、百朗水电站等能源建设，积极开展光伏电站项目前期工作。全面加大力度推进城镇基础设施、扶贫、教育、卫生等民生项目建设。

深挖民间投资潜能。落实国务院“非公经济36条”“民间投资36条”“鼓励社会投资39条”等政策，坚决取消对民间资本单独设置的附加条件和歧视性条款，去除各类显性和隐性准入门槛，营造民间投资优良环境。创新投融资运营模式，力推PPP等项目模式，挖掘项目商业价值，构建合理有效的投资回报机制，吸引民间资本广泛参与我县新城区开发、养生小镇、养生康体、农业产业化、农产品加工、旅游景区、酒店、餐饮、购物等领域建设。重点实施新区基础设施、养生小区、大石围创5A项目、万亩猕猴桃生产基地、地热温泉开发、四星五星级酒店、特色民居、文化商旅综合体、新化发达工业集中区基础设施等项目，确保“十三五”实现招商引资到位资金25亿元以上。

做好项目要素保障。抓项目就要抓要素保障。一确保土地指标。根据全县“十三五”发展规划要求，“十三五”期间，需新增用地指标1390公顷。要根据项目建设需要，及时申报用地指标。二确保土地储备。我们将全面贯彻国家土地法，依照拆迁条例，大力推进土地征迁工作，做好土地有效储备，为项目落地打下基础。三抓好项目前期。项目前期是项目资金争取的关键。我们将下大力气研究国家政策、产业、资金走向，开展行业项目调研、可研，建立项目库。四要建立项目推进机制。深化重大项目责任包干和协调联系机制，强化“放管服”及商事制度改革，严格执行通报、约谈、绩效考评等问责办法，提高项目工作效率和质量。

各位代表，项目是就是财源，就是后劲，是经济发展的不竭动力。抓项目就是抓发展，没有项目就没有发展。我们要形成人人想项目、研究项目、争取项目、服务项目、推动项目的全新工作局面。

（三）以打造养生休闲度假旅游为目的，促进旅游业全面提质升级。乐业拥有大石围天坑群世界级旅游资源、适合避暑养生的生态气候优势以及世界长寿之乡高端人文品牌，我们要树立“全域旅游”新理念，以核心景区为龙头，以创建广西特色旅游名县为抓手，完善旅游要素，提升旅游产业，把乐业打造成世界知名、全国著名的养生休闲度假旅游目的地和户外运动的天堂。

打造旅游核心品牌。全力以赴推动大石围景区创建国家5A级景区，以更强的措施、更大的力度推进涉及创建活动的征地拆迁、项目融资等协调服务工作，开工建设大石围悬挑观光平台、白洞天坑观光电梯、蒋家坳五星级酒店等重大项目及配套基础设施，增加游客体验性，丰富旅游内涵，完善接待功能，力争2019年成功创建5A景区，以全新的品牌形象、高端的品牌效应，引领全县旅游业发展。

创建特色旅游名县。以纳入广西首批20个特色旅游名县创建县为契机，深度挖掘旅游特色，围绕特色人文、特色景区、特色县城、特色街区、特色村镇、特色建筑、特色美食、特色商品、特色活动、特色服务等十大特色规划建设项目，开展创建活动。强化融资力度，加大旅游基础设施投入。推进布柳河、五台山、火卖、牛坪、黄猄洞等景区景点提级改造；加快甘田特色旅游小镇建设，尽快建成田园骑行道、芳香观光休闲步道，完善乡村旅游配套设施。加快马坪游客集散中心、旅游咨询服务中心建设，改造提升10个景点旅游厕所等配套设施，完善旅游服务功能。建成红七军红八军会师纪念馆、世界地质公园博物馆等项目；开工建设乐业至凤山二级路，打通乐业、巴马两个"世界长寿之乡"的旅游通道。支持发展民宿、精品客栈；出台促进旅游产业发展优惠、激励扶持政策，推动旅游产业成为全县的主导产业，确保2018年成功创建"广西特色旅游名县"。

打造长寿养生产业。彭清华书记在向驻华使节介绍推介广西时说：要探寻人类长寿密码，务必到广西乐业与巴马。我们要用好"世界长寿之乡"这个牌子。首先，实施"巴马长寿养生国际旅游区乐业园区基础设施建设三年行动计划"，力争建成重点项目12个，完成投资4.6亿元。开发建设上岗新区，建成具备养生休闲度假旅游功能的特色小镇，力争成为国际养生高峰论坛永久性会址；打造布柳河、顾式茶山、火卖、牛坪、龙坪、梅家山庄等10个休闲养生度假小区；其次，借力研究乐业阳光、空气、水、食品、药品、文化等，开发矿泉水、野生刺梨、薄壳核桃、猕猴桃等系列养生产品。研究长寿文化，发展长寿文化产品。

提升旅游宣传营销。大力加强跨区域旅游协作，共享客源市场，主动构建滇桂黔生态旅游圈。适时举办无人机航拍节、航拍摄影展。加大重点城市、重要媒体以及旅行社的宣传公关，巩固和扩大旅游客源市场。发展"智慧旅游""电商旅游"项目，建成旅游咨询服务网络系统，开拓在线推广、线上导游、网络预订、电子结算等新的营销方式，提升互联网营销成效。实施大电影元素植入营销策略，全面扩大乐业旅游影响力。

各位代表，当今旅游已步入大众化时代，旅游已经成为国民生活的一大需要，特别是养生休闲度假已经成为一种时尚，海拔适度的乐业、生态的乐业、长寿的乐业一定成为我们经济发展的后发优势，能够吸引世界、全国各地的游客。随着"高速公路"时代即将到来，旅游经济发展蓄势待发，我们要全力改善旅游配套基础配套，全方位打造旅游产业，到2020年，力争实现游客量超670万人次，旅游综合收入达60亿元，努力使旅游业成为我县经济社会发展的主导产业。

（四）以打造宜居县城宜居乡村为目标，加强城乡规划建设与管理。旧城凝聚过去，新区展现未来。我们将全面贯彻全区城市工作会议精神，坚持"绿色生态、开放创新、活力迸发、管理高效、壮韵鲜明"五大理念，开发新城区，完善提升旧城区，巩固清洁乡村、生态乡村建设成果，推动宜居乡村活动，全面打造生态宜居乐业。

规划建设新城区。新区要以养生休闲度假、城市扩容提质为定位，以定位搞规划。坚持科学规划、多规合一，完成上岗新城区整体规划和详细规划编制，彰显乐业地方及民族特色。加快新区建设步伐，年内开工县城至上岗新区隧道项目，五年内完善供水、排水、管线等基础设施；逐步完善养生小镇及相关功能，把上岗新区建成特色鲜明、环境优美、功能齐全、宜居宜业宜游的综合新区，实现再造一个乐业新城目标。到2020年，县城建成区面积力争达3.81平方公里。

改造提升旧城区。加快完善城区路网结构，推进环城路、城北路、高速路连接线等项目建设，建成一批自行车道、步行道、盲人步道，形成慢生活城市系统。统筹抓好房地产开发项目，通过组团建设等方式，加快理顺县城区征地安置历史遗留问题。高标准建设社区公园、城北山体运动公园、河道绿化、棚户区改造等项目，建成特色景观旅游县城。加快地下管网普查，争取建设地下综合管廊。加强环卫设施建设，实施城镇给水系统改扩建、雨污分流污水处理、填埋场提升改造等项目，让旧城区环境更加净美舒爽。

启动建设宜居乡村。加快推动4个重点镇扩容提质，完善8个乡（镇）农贸市场、休闲广场、生态公园建设，全面建成花坪镇广西百镇示范项目和同乐、甘田特色旅游名镇，打造一批特色样板小城镇。加强农村基础设施建设，加大危房改造、污水处理和改厕力度，深化农村垃圾专项治理，力争实现每个乡（镇）均有污水处理厂和垃圾转运处理设施，90%以上村屯生活垃圾得到有效处理。扎实推进生态文明示范区创建工作，完成生态乡村示范点建设65个。大力发展农业循环经济，切实治理农业污染，保障农产品质量安全。

加强城市环境综合治理。全面贯彻依法治国，依法管理治理城市。加强城市规划及城市规划法宣传，严格执行城市规划法。年内成立综合执法局，建立跨部门、跨领域联合执法机制。坚决依法打击违法占地、违章建筑、非法买卖土地等行为。整合市政、交通、人口、政务、公共服务等信息资源，加快智慧城市、数字城市建设。注重消防、地灾等隐患治理，把好城市安全关；加强城区保洁，规范农贸市场、批发市场经营秩序，推进归行入市，让广大市民居住舒适、出行便捷。

各位代表，古人言：安居乐业。先安居，后乐业。建设宜居县城、宜居乡村，是我们生活追求的目标，也是我们实施“旅游旺县”战略、推进全域旅游、打造养生休闲度假旅游目的地的需要，让我们共同规划建设管理好城市，树立依法治市理念，共同遵守城市规划法，共同监督实施城市规划法，共同打击违反城市规划法的违法行为。

（五）以生态有机环保循环为特色，加快农工商旅大融合。随着城乡居民收入的增长和生活水平的提高，人们更加关注自己的身心健康，更加关注食品的安全。发挥生态优势，发展生态农业，生产开发有机农产品、农副产品，是我县今后农业工业工作努力的方向。

做大做优特色农业。坚持“规模化”。不断扩大猕猴桃、核桃、砂糖橘、用材林等种植面积，力争到2020年，全县猕猴桃面积达10万亩，薄壳核桃达6万亩以上，砂糖橘达5万亩，形成产业优势。坚持“品牌化”。开展“三品一标”认证，申报“乐业猕猴桃”“高野刺梨”“高山茶”等国家地理标志产品，争取创建国家地理标志产品保护示范区。坚持“优质化”。以获地理标志产品为核心，坚持典型示范，严格规范生产、加工、包装销售，建立农产品追溯体系，推进质量安全建设，严格控制生长激素过量使用，提升茶叶、板栗、有机米、水产品等农产品质量，五年完成有机茶认证2万亩，有机米认证3万亩。坚持“有序化”。引导发展刺梨、肉牛、生猪、家禽等种养业，到“十三五”末，实现全县肉产品产量超2.8万吨。坚持“园区化”。积极打造农产品仓储、冷链基地，建设有机产品营销展示中心、药兰展示馆、兰花基因库，力争在“十三五”期间，建成各级各类农业示范园区31个，到2020年，全县农牧渔业总产值超13亿元，增加值超8亿元。

做精做细绿色工业。依托生态优势和生态农业优势，借力科研机构、龙头企业，重点开发矿泉水、铁皮石斛、淮山汁、刺梨汁等系列长寿食品、农副产品。挖掘开发地方特色旅游产品。有序发展木材加工、石材、碳酸钙等产业，引导传统工业转型优化。积极推动新能源建设，加快实施逻沙风电场、百朗地下河流域梯级水电站项目。规划建设新化发达等工业园区。加大力度分类帮扶民营企业，重点支持有市场、贡献大的企业扩大生产销售。力争到2020年，全县工业总产值达10亿元，工业增加值达3.3亿元；全县上规上限企业超过50家，外贸出口企业超过3家；培育区市县龙头企业14家，农业产业化经营组织达80家。

做实做强县域电商。大力实施“互联网+”行动计划，推动互联网与农业、旅游等行业深度融合，构建县域电商网络。积极争取电子商务进农村示范项目，规划建设电商服务中心区、聚集区和孵化中心，完善农村电商服务体系，打通“工业品下乡，农产品进城”的双向通道，争取到2017年，全县农村电商覆盖率达85%以上。

（六）以树立生态主体功能区为理念，创建国家生态文明示范县。生态是我们的立县之本，生态优势是我们的资源优势，失去了生态就失去了我们的优势。我们要树立生态环境保护理念，全面创建“国家生态文明示范县”。

加强生态环境保护。严格按照生态功能区定位划分，实行产业准入负面清单，落实限制开发、禁止开发措施。加强对大石围、布柳河、五台山、黄猄洞等地质公园、森林公园、A级景区的保护。实施珠江防护林工程、退耕还林工程、石漠化治理、中央财政森林抚育、村屯绿化、可视坡绿化整治等项目；加快推进生物多样性保护与研究基地、天坑群国家濒危稀有动植物物种保护基地建设；加强水源地保护，实施中小河流治理工程，强化矿山、公路、河道植被恢复治理。坚持最严格的耕地保护制度，积极推进土地整治，确保全县耕地保有量不低于2.51万公顷,基本农田保护面积为2.05万公顷。"十三五"期间,全县力争完成植树造林20万亩,生态公益林管护100万亩,到2020年,25度以上坡耕地全部退耕还林还草,全县森林覆盖率达78%以上,成功创建国家级生态乡(镇)1个以上、区级生态村30个以上。

加强环境污染治理。加大城镇环境和医疗危险物综合治理力度,切实控制建筑工地施工、建材加工、餐饮娱乐场所等噪音污染。加强城镇饮用水源水质、空气质量安全,确保县内主要河流水质指标达国家三类水标准以上,饮用水源水质100%达标,城乡环境空气质量保持国家二级标准。进一步完善环境监测站、城镇生活污水、垃圾处理等环保基础设施。到2020年,实现县城生活污水全部纳管处理,城镇生活污水集中处理率达到85%以上,城镇生活垃圾无害化处理率95%以上;县城危险废物安全处置率达100%。

坚决打击破坏生态行为。坚持依法解决生态环境保护的突出问题,强化环境执法监管,严格责任追究制度,充分发挥公安、环保、国土、林业等部门联动优势,严厉打击违规排污排水、乱砍滥伐、非法采矿等破坏生态环境的违法行为,严格控制大气、水、土壤等污染现象发生,为人民群众提供清新的空气、干净的饮水、安全的食品。

(七)以改善基础挖掘保护为重点,切实提升文化软实力。习近平指出:"一个国家综合实力最核心的还是文化软实力,这事关精气神的凝聚。"我们将加快推进文化改革创新,构建具有传统特色、壮乡风格、和谐兼容、共享发展的民族文化。

加快完善文化设施。积极推进文化体育基础设施建设,建成33个村级公共服务中心,规划建设一批民俗文化、红色文化、户外文化、孝道文化等展示传播载体。积极发展广播电影电视事业,引进社会资本建设县城数字影院。完成农村公益电影放映5000场次,开展送戏下乡150场次以上。

加强文化保护利用。充分挖掘特色民俗、红色旅游、长寿养生等文化底蕴,开发一批文艺(实景)演出节目,积极打造"一乡一特色"文化品牌。加快建设文化旅游产业集聚区,形成古法造纸术、唱灯戏、壮族龙灯舞、卜隆古歌等特色文化产业体系。深化县域合作办赛机制,创新市场化运作理念,继续举办好国际山地户外运动挑战赛、全国攀岩赛、户外运动"嘉年华"等文体赛事活动,积极发展徒步穿越、攀岩速降、探洞漂流、避暑养生等户外运动,力争到2020年,实现"国家攀岩公园"创建目标。

加强文化精品创作。加大人才培养力度,发挥好县、乡综合文化站作用,发现和培养乡土文化能人、民族文化传承人,扶持各类文化协会和人才发展。鼓励原创和现实题材文化创作,不断推出文学、音乐、舞蹈、美术、摄影、书法等艺术精品。

各位代表,文化是软实力,更是硬支撑,乐业有着丰富的文化底蕴,我们不仅要深入挖掘,更要善加利用,大力弘扬,助推乐业经济社会快速发展。

(八)以做好接管服工作为改革重点全面激活发展动力。改革是发展前进的不竭动力。我们要针砭时弊,深化改革,激发活力。

深化"接管服"改革。"接",在国家简政放权中,作为县级政府及部门,更多的是接,重在管。对下放下来的审批事项,在人才、经费、技术、装备上做准备,确保管好用好。"服",要健全县、乡、村便民服务体系,推行"一个窗口"受理、"一站式"审批。规范完善政府权力清单和责任清单,建立统一高效的电子政务平台和政府公共信息服务平台,切实优化服务、提高效能。加快商事制度改革,推进"多证合一",实行电子营业执照和企业注册全程电子化管理。

深化农村金融改革。继续抓好农村土地承包经营权、林权、集体土地所有权、宅基地使用权等确权颁证工作,建立农村产权交易中心,依法流转农村产权,促进多种形式规模经营。加快完善农村信用体系建设,建立农户信用档案,引导金融机构投放小额信用贷款。

推进财税金融改革。加强政府性债务监管,落实国家增值税、个人所得税等税种改革。强化税源分类管理,确保应收尽收;努力盘活国有资产,增加民生投入的资金来源;大力培育新的经济增长点,实现财政增长。鼓励金融机构创新服务,支持扶贫攻坚,"三农"和中小微企业发展。加强政府与社会资本合作,大力推广PPP等投融资模式,鼓励各类民间资本参与投资。规范政府举债融资平台管理,用好政府性债券和一般专项债券等融资工具,不断开辟政府融资新路径。

各位代表,唯有改革,方能破局发展,我们将以重点领域和关键环节的改革突破,带动全面改革开放,进一步破除体制机制障碍，释放改革红利，激发发展活力，全面提升经济社会发展竞争力！

（九）以民生领域投入为重点，让广大民众共享发展改革成果。民之所望，是我们施政所向，我们将坚持把保障和改善民生作为政府工作的出发点和落脚点，多做“雪中送炭”的实事。

大力发展教育事业。全面提高教育水平，确保全县学前三年入园率达到78%，九年义务教育巩固率达到92%，高中阶段教育毛入学率达到90%。计划投入8亿元，继续深入推进学前教育三年行动计划，完成县城第三、第四幼儿园建设；搬迁重建同乐镇中心小学、县中等职业技术学校，新建县城第二高中，实现普及高中阶段教育目标。新建第三小学、第三初级中学，实现乡（镇）初中学生县城集中就读，解决县城公办幼儿园“入园难”、城乡学校“大班额”“大通铺”问题。积极推进教育信息化平台建设，加快实现教育现代化进程，力争2017年顺利通过自治区和国家义务教育均衡发展评估验收，促进教育持续健康均衡发展。

加快建设健康乐业。全面深化医药卫生体制改革，规范药品零差率销售渠道，健全基本医疗卫生制度和大病保险体系，积极推进健康扶贫。完善医疗卫生机构用人机制，配齐配强医疗单位技术人员。着力推进县中医院、妇幼保健院和疾病预防中心标准化建设，进一步完善乡（镇）卫生院标准化建设，完成县妇幼保健院与计生服务站、卫计执法与卫生监督、乡（镇）计生服务所与卫生院的资源整合。坚持计划生育基本国策，实施全面二孩政策。加大投入力度，打造市容整洁、环境优美、设施完善、生态宜居的美丽乐业，成功创建“国家卫生县城”。

切实抓好就业增收。坚持劳动者自主就业、市场调节就业、政府促进就业和鼓励创业方针，五年完成城镇新增就业3750人以上，城镇登记失业率控制在4%以内；完成职业技能培训4000人以上，促进农村富余劳动力就近转移就业1.5万人以上；发放就业小额担保贷款750万元以上，扶持和培养创业75户。深入开展“春风行动”“就业援助月”活动，为贫困劳动力搭建求职平台，让更多的贫困劳动力能够就地就近就业。同时，进一步加大各类专业人才的引进培育力度，逐步形成一定规模、能适应县域经济社会发展的人才资源体系。

深入实施社会保障。着力扩大“五险”覆盖面，稳步提高保障水平，确保全县各项社会保险参保8.76万人以上，征缴基金1.39亿元以上。新建县、乡就业和社会保障服务中心5个。全面开展精准救助年活动，深入推进农村低保与扶贫开发政策有效衔接工作，逐年提高高龄老人补贴标准，切实加强残疾人救助保障。开工建设保障性安居工程1554套、农村危房改造6100户。全面落实龙滩库区淹没耕地长期补偿工作和库区惠民工程，让广大移民群众得到更大保障。

全面创新社会管理。扎实推进“平安乐业”创建活动，深化社会治安防控体系建设，严厉打击“两抢一盗”“黄、赌、毒”及黑恶势力违法犯罪行为，切实提高群众安全感和满意度。继续完善“天网工程”建设，新建网格100个。全面开展“七五普法”。加快信访信息系统建设，加强“农情乡解”工作力度，有序推进“阳光信访”“责任信访”和“法治信访”，使信访问题得到有效解决。牢牢守住安全生产底线，严格执行“党政同责、一岗双责、失职追责”的安全生产责任制，深入开展隐患排查治理专项行动，统筹抓好道路交通、非煤矿山、危化品、职业病健康防治等重点领域安全生产工作，全面推行乡（镇）“四所合一”工作，实施“五安工程”建设，确保社会和谐稳定。

继续实施为民办实事工程。推进实施社会保障、健康养老、教育、水利、扶贫、住房保障、农村危房改造、生态、文化、交通等一批惠民项目，努力补齐民生领域短板。

扎实抓好统计、审计、科技、档案、供销、农机、气象、烟草及公积金管理等工作，继续推进好机构编制、民族宗教、应急管理、国防教育、人民防空、民兵预备役、外事侨务工作，统筹推进老龄、妇女儿童、科协、工会、共青团、文联、工商联、残疾人、红十字等工作，实现社会事业全面协调发展。

各位代表，为政之道，当以民生为本，多谋民生之利、多解民生之忧。虽然财力十分有限，但该给群众办的实事，一件也不能少，真正让年少的得到优质教育，年壮的得到创业支持，年老的得到悉心照顾，生病的得到良好医治，贫困的得到精准帮扶！

三、强化自身锤炼，建设创新法制责任廉洁高效政府

“十三五”是脱贫攻坚的五年，是与全国同步建成小康社会的五年。要完成如此艰巨任务，政府务必担当，务必加强自身锤炼，建设创新、法制、责任、廉洁、高效的政府。

严格依法行政，依法治政，增强法律严肃性。贯彻中央全面依法治国理念，坚持用法治思维履职用权，严格依照法定权限和程序行使权力，履行职责。推行政府法律顾问制度，完善政府重大决策合法性审查制度。政府组成部门、乡（镇）政府及其工作人员都必须尊法、学法、守法、用法。严格执依法全面履行职责，做到所有行政行为都于法有据，所有违法行为依靠法律予以纠正。以成立综合执法局为契机，探索综合执法改革，落实行政执法责任制。

敢于开拓创新，强化服务，提高政府办事效能。思想是行动的先导。政府要主动适应新常态新政策新要求，加强学习，解放思想，创新思维，提高驾驭复杂局面的能力，提高服务水平。基本公共服务尽量采用政府购买服务方式，把第三方可提供的事务性管理服务交给市场或社会去办。积极推进决策科学化民主化。全面实行政务公开，推广电子政务和网上办事。自觉接受人大及其常委会的监督，接受人民政协的民主监督，认真听取人大代表、民主党派、工商联、无党派人士和各人民团体的意见。所有工作都要全面接受人民的监督，充分体现人民的意愿。

坚持规范用权，廉洁从政，保持清正廉洁。认真落实党中央八项规定和《中国共产党廉洁自律准则》等党纪党规。坚决落实党风廉政建设"两个责任"，加强政府系统廉政建设。将权力关进笼子，规范用权。按三严要求，严于用权。严格执行项目法人制、招投标制、监理制、合同制、项目督查制。加强行政监察，发挥审计监督作用，对公共资金、公共资源、国有资产严加监管。强化经济责任审计和重大项目审计，加强对重点领域重点对象和关键环节的监督和制约。

坚持主动作为，狠抓落实，切实做到勤政为民。经济发展进入新常态，精神面貌要有新状态。政府组成人员广大公务员特别是领导干部要全面领会上级党委、上级政府、县委的重大决策决定，主动作为，敢于担当，狠抓落实，始终把为人民谋发展增福祉作为最大责任，始终决战脱贫决胜小康的使命扛在肩上，始终把群众冷暖忧乐放在心头。执政为民，勤政为民。广大干部要切实履行职责，狠抓贯彻落实，创造性开展工作。完善政绩考核评价机制，对实绩突出的，要大力褒奖；对工作不力的，要约谈诫勉；对为官不为、懒政怠政的，要公开曝光、坚决追究责任。

各位代表，不积跬步无以至千里，不积小流无以成江海。我们要谋一事，干一事，干一件，成一件。让我们紧密团结在以习近平为总书记的党中央周围，在县委的坚强领导下，全面贯彻县十二次党代会精神，同心同德，为推动乐业经济社会发展、谱写乐业全面小康新篇章而努力奋斗！

名词解释

1. 五位一体：经济建设、政治建设、文化建设、社会建设、生态文明建设。

2. 四大战略：创新驱动战略、开放带动战略、双核驱动战略、绿色生态战略。

3. 供给侧：全称为供给侧的经济结构性改革，供给侧改革旨在调整经济结构，使要素实现最优配置，提升经济增长的质量和数量。

4.PPP 模式：即 Public—Private—Partnership 的字母缩写，是指政府与私人组织之间，为了合作建设城市基础设施项目，或是为了提供某种公共物品和服务，以特许权协议为基础，彼此之间形成一种伙伴式的合作关系，并通过签署合同来明确双方的权利和义务，以确保合作的顺利完成，最终使合作各方达到比预期单独行动更为有利的结果。

5. 全域旅游：指在一定区域内，以旅游业为优势产业，通过对区域内经济社会资源尤其是旅游资源、相关产业、生态环境、公共服务、体制机制、政策法规、文明素质等进行全方位、系统化的优化提升，实现区域资源有机整合、产业融合发展、社会共建共享，以旅游业带动和促进经济社会协调发展的一种新的区域协调发展理念和模式。

6. 智慧旅游：就是利用移动云计算、互联网等新技术，借助便携的终端上网设备，主动感知旅游相关信息，并及时安排和调整旅游计划。简单地说，就是游客与网络实时互动，让游程安排进入触摸时代。

7. 电商旅游：旅游电子商务是指以网络为主体，以旅游信息库、电子化商务银行为基础，利用最先进的电子手段运作旅游业及其分销系统的商务体系。旅游电子商务就是为广大旅游业同行提供一个互联网的平台。

8. 三品一标：即无公害农产品、绿色食品、有机食品和农产品地理标志。

9. 多证合一：指商事主体的营业执照、组织机构代码证等证照，在商事登记部门"一表申请、一门受理、一次审核、信息互认、五证同发、档案共享"登记模式的基础上，只发放记载有统一社会信用代码的营业执照，不再发放商事主体的组织机构代码证、税务登记证、刻章许可证、社保登记证，赋予营业执照以上证(照)的全部功能。

10. 五险：养老保险、医疗保险、失业保险、生育保险和工伤保险。

11. 四所合一：即将乡(镇)国土资源管理所、村镇规划建设所、环保站和安全生产管理站合并成立国土规建环保安监站。

12. 五安工程：即在安全生产工作领域实施合力保安、依法治安、标准把安、科技强安和创新促安"五大"工程。

13. 一村一品：在一定区域范围内，以村为基本单位，通过大力推进规模化、标准化、品牌化和市场化建设，使一个村(或几个村)拥有一个(或几个)市场潜力大、区域特色明显、附加值高的主导产品和产业，从而大幅度提升农村经济整体实力和综合竞争力的农村经济发展模式。

中国人民政治协商会议
乐业县第八届委员会常务委员会工作报告

——2016年8月21日在政协乐业县第九届委员会第一次会议上

县政协党组书记　刘陶恺

各位委员：

我受中国人民政治协商会议乐业县第八届委员会常务委员会的委托，向大会报告乐业县政协八届以来的工作情况，请予审议，并请列席的同志提出意见。

过去五年工作回顾

五年来，在中共乐业县委的领导下，在县政府的高度重视、积极支持和各方密切配合下，政协乐业县八届委员会紧紧围绕县委、县政府的中心工作，严格遵守政协章程，始终按照"党委想什么，政协就议什么；政府做什么，政协就帮什么；人民群众关心的热点是什么，政协就如实反映什么"的工作要求，坚持打造"合力政协、智力政协、活力政协、给力政协"的工作思路，认真履行政协职能，为推动乐业经济社会又好又快发展发挥了积极作用，作出了重要的贡献，谱写了新的篇章。

一、党委重视，政府支持，政协事业添新动力

五年来，县委、县政府高度重视政协工作，积极推动政协工作融入经济社会建设主战场，形成了"党委重视、政府支持、政协主动、各方配合、群众满意"的工作格局，为全县政协工作的开展增添了新动力。

(一)思想上高度重视。县委、县政府坚持每年至少听取一次县政协常委会的工作汇报，专题研究政协工作，积极参加政协组织的会议及视察活动，听取政协的意见建议，协调解决工作中的实际问题。

(二)政治上充分尊重。坚持政协领导列席党政有关会议制度，县政协主席列席县委书记办公会和县委常委会。县委、县政府召开的一些重要会议和组织的重大活动，都邀请县政协的有关领导同志参加。坚持定期向政协常委会和政协委员通报情况，

就全局性的工作和政协委员关心的重要项目听取意见；对政治、经济和社会生活中的重大问题及时向政协进行通报。

（三）制度上重点保证。县委、县政府先后出台了《关于进一步加强和改进人民政协工作的意见》《关于批转乐业政协关于加强提案工作的意见》等文件，建立健全了协商监督、政情通报等多项制度。

（四）工作上支持到位。县委坚持把政治协商纳入党委决策程序，凡是关系到全县经济社会发展的重大事项，都在决策之前让政协了解情况，决策之中让政协参与意见，决策之后让政协监督落实，促进了决策的民主化和科学化，充分发挥了政治协商的民主监督作用。

二、开拓创新，务求实效，政治协商有新实践

五年来，政协乐业县八届委员会紧紧围绕全县发展目标，充分运用全委会议、常委会议、主席会议等多种形式开展协商活动，积极为经济社会发展建言献策，履行政治协商职能。

（一）全委会议整体协商有新特点。精心组织每年一次的政协全委会议，就“一府两院”及发改、财政等工作报告，县政协常委会工作报告和提案工作报告进行协商。围绕生态、旅游、交通、文化、教育、卫生、环境保护以及民生改善等重要问题进行了广泛协商，以提案等各种形式提出意见和建议。这些建言成果得到了县委、县政府的高度关注，充分发挥了政治协商、民主监督、参政议政职能。

（二）常委会议专题协商有新形式。常委会议是大会闭幕期间政协履职的重要平台。为了增强协商议政的实效，县政协注重把握了“三个环节”：一是精心确定议题，二是组织深入调研，三是充分开展协商。在深入开展调查研究、广泛收集社情民意的基础上，围绕全县的工作重点开展专题协商议政活动，取得了良好的效果。

（三）主席会议重点协商有新成效。主席会议是负责处理常委会日常工作的重要会议。县政协常委会在对主席会议的谋划中，注重做到“议题有针对性、协商具灵活性、调研呈互动性、建议可操作性”。选择事关全县经济社会发展的重大事项积极开展专题协商，保证了每一次协商活动的成效。例如：组织委员对我县创建特色旅游名县工作进行调研，经主席会议对调研情况进行讨论并认真研究对策，形成了综合意见报告县委，反馈给政府，为推动我县创特工作，促进乐业旅游业发展发挥了重要作用，凸显重点协商的成效。

三、拓宽渠道，结合实际，民主监督有新推进

（一）多方面引导委员撰写好提案和大会发言材料。每年都围绕县委、县政府工作重点及人民群众关注的热点问题，精心拟出一系列提案参考题目印发给各位委员，积极发动委员认真撰写提案和大会发言材料，在政协全会上提交。其中，姚俞任委员的《统筹文化与旅游协调发展，创建美丽百色福地》的大会发言材料被安排在百色市政协全会上发言，有效推进了乐业县旅游产业的发展。每年所提交的提案都得到县委、县政府领导的重视，转交相关部门认真落实。如，《关于将甘田镇翠珠山暨龙云茶山列为我县又一旅游景区进行开发建设》的提案，得到县委、县政府的高度重视和采纳，以此作为“旅游旺县”的重要内容加以打造，共筹资近2000万元对甘田镇翠珠山、龙云茶山、天鹅湖景区进行开发建设，使提案建议转化为经济建设成果。

（二）多形式办理委员提案。改进提案交办方式，实行政协领导领衔督办方式，组织人员对提案的办理情况进行全面的督查，从而增强了承办单位办理委员提案的责任感，提高了提案的办理质量。由县政协提案委会同县委督查室、政府督查室以带案视察、现场办案、实地调研等方式进行重点督办，并组织提案人与承办单位面对面座谈交流，提高提案办理效果。五年来，共收到提案315件，立案297件，立案的提案全部办结和回复，提案办结率100%，委员满意率达到98%，使提案在我县的经济社会发展中发挥了积极作用。

（三）多渠道开展视察评议。通过推荐和支持政协委员担任公安、检察、法院、工商、税务、环保等部门和窗口单位的特邀监督员，积极参加各种专项检查和“考、评、聘”监督活动。同时，政协委员还参加了《乐业县旅游总体规划》《乐业县城总体规划》《乐业县国民经济和社会发展第十三个五年规划纲要》的审议工作，进一步拓宽了政协履行民主监督职能的渠道和范围。

五年来，专门组织政协常委、政协委员对水利设施、教育、旅游、污水处理等重点领域、重点项目进行视察，召开视察座谈会，提出合理化的意见和实际可

行的建议，形成视察报告提交给县委、县政府。八届以来，共向县委、县政府提交了7篇视察报告，并得到县委、县政府主要领导的肯定，批示相关部门抓好落实。如：针对县城污水排放问题，委员们对县城污水处理情况进行视察后，提出了“加大资金投入，高标准推进配套管网的建设，强化城镇服务功能；加强舆论引导和监督；加大环境执法力度，强化城区污水管网巡查；落实责任制和问责制”等建议，得到了县委、县政府的高度重视，责成各部门抓好落实，把县城污水处理工作摆到促进社会发展的重要位置，提升了县城污水治理能力。

（四）多角度反映社情民意。发挥人民政协贴近群众、渠道畅通的优势，紧扣社会热点，广泛收集各界群众的意见和要求，及时把群众的呼声传递给党委和政府。五年来，共向百色市政协、乐业县委提交社情民意100余条，反映我县旅游开发、城镇建设、石漠化治理、水利基础设施建设等方面存在的突出问题，为我县经济社会建设发挥了积极的作用。

县政协常委会班子成员还经常深入各自联系乡镇、深入基层了解事关经济社会发展的重要问题和人民群众关心的热点、难点问题，协助党委、政府做好协调关系、理顺情绪、化解矛盾、解疑释惑工作。八届以来，组织委员10批300余人次走进基层开展政策宣传及法律咨询服务活动，促进社会和谐稳定。

四、关注民生，服务发展，参政议政有新起色

（一）扎实开展调研活动。每年年初，县政协就精心选择调研课题，成立了专题调研组，分别由一位副主席牵头负责，对群众普遍关注的热点、难点问题和县委、县政府中心工作、重大项目建设情况进行专题调研，并通过主席会议、常委会议反复讨论，认真分析论证，最终形成调研报告提交给县委、县政府。八届以来，共撰写提交了15篇有见地、有价值、高质量的调研报告，为县委、县政府科学决策提供了重要参考，助推全县经济社会发展。

（二）扎实开展“委员行动工程”，组织委员开展“千千助推”活动（即千名委员联系千家企业助推发展活动）。八届以来，县政协先后组织政协委员近500人（次）深入企业进行走访，召开座谈会90余次，开展技术培训9次，培训企业管理人员300多人；组织外出学习50余人次，帮助企业协调解决问题57个，帮助100多名企业职工解决子女入学、入园难问题，协调有关部门资助12名企业贫困职工子女上大学。共帮助企业解决投（融）资1.65亿元，为7家企业争取到民贸贷款3850万元，获享受国家贴息40.139万元；助推企业争取到非公企业奖励资金187万元，有力地助推了企业发展和地方经济建设。

（三）积极参与中心工作，组织委员实施精准扶贫工程。八届以来，县政协领导从讲政治、顾大局的高度，坚决服从和服务于县委的工作大局，倾力投入全县中心工作，并以强烈的责任感配合县委、县政府领导完成各项工作任务。带领政协机关干部和全县政协委员，积极投身到全县经济社会发展建设中，经常下到各自的联系村和联系单位指导工作，体察民情，排忧解难，服务于全县经济建设和社会发展。

积极参与精准扶贫工作，紧密结合县委、县政府“联乡包村，结对帮扶”工作要求，把“联乡包村帮扶”与开展党的群众路线教育实践活动、“三严三实”专题教育活动结合起来，深入各乡镇、村屯，走访贫困户，看望困难学生。八届以来，政协委员在扶贫、助学、赈灾活动中捐资达1000万元。通过投资办厂、发展产业、安置就业、改造村貌等多种途径参与国家新一轮扶贫开发，共有5家委员企业与贫困村签订对口帮扶协议。

（四）立足岗位，发挥优势，充分发挥委员主体作用。我们十分注重委员主体作用的发挥，团结和带领广大政协委员，立足本职岗位为民服务、建功立业。

广大委员充分发挥聪明才智，在文化、教育、科技、卫生等各条战线上，兢兢业业，无私奉献，为推动乐业科学发展、改善民生做了大量卓有成效的工作，展现了新时期政协委员的风采。例如：工商界顾裕珍、黄招科、王功项等委员，坚持“敬业、诚信、守法、贡献”的宗旨，大力发展非公经济，为繁荣乐业城乡经济、增加财政收入，扩大社会就业、改善人民生活作出了积极的贡献；农林界黄元斌、韦盛院、补祥国、杨秀昕等委员，充分发挥专业技术特长，深入乡村，为群众发展农、林、牧、渔业生产提供技术指导，拓宽农民增收致富渠道；分布在各乡镇的农村委员，带领群众调整产业结构，大力实施“优果工程”，成为贯彻落实党和国家方针政策的带头人，农村脱贫致富奔小康的领头雁。文化界李晋委员克服技术、资金等困难，个人出资创建乐业飞猫网站，发表本县风光风情图片14800多幅，国家级杂志采用43幅、国土部出版的《美丽中国》采用21幅、

自治区展览采用30幅;举办本土户外专题摄影采风活动18次。目前飞猫网已经成为外界了解乐业的重要窗口和联谊外界宣传乐业的重要平台。

五、更新理念,转变作风,自身建设有新加强

(一)宣传文史工作进一步创新。文史委积极开展文史资料收集工作,八届以来,整理出版了《乐业县政协历届会议简介》,完成了《百色西部开发纪实——乐业篇》的图文征集和《神圣使命——百色扶贫开发史(乐业篇)》的收集整理工作,为抢救挖掘地方文化史料、打造文化名县添砖加瓦。

办公室加强对政协工作的宣传报道,利用乐业县政协网站平台,着力抓好政协委员履职的宣传报道,提升了我县政协的知名度。同时加大在《人民政协报》《广西政协报》等主流媒体的投稿力度,连续多年荣获自治区、百色市政协信息宣传表彰,其中,2014年获全区政协信息宣传工作二等奖,2015年获全区政协信息宣传工作三等奖。

(二)联谊交流进一步加强。密切与市政协、兄弟县(区)政协的联系和交流,学习借鉴外地经验,融洽了关系,增进了友谊,推动了政协工作的开展。组织政协委员到自治区政协文史馆参观学习,进一步增强了委员对人民政协性质、地位和作用的认识。组团参加在天峨县召开的黔桂两省(区)沿江十县(市)政协协作会第二十六次会议和在贵州省罗甸县举办的左右江革命老区经济发展论坛暨黔桂两省(区)十四县(市、区)政协第二十二次联席会议,并在左右江革命老区经济发展论坛上作了《打造"黄金水道"旅游经济带,全力构建沿江生态、文化、经济协同发展新格局》的专题发言。

(三)制度建设进一步完善。加强政协机关队伍建设,深入开展党的群众路线教育实践活动和"三严三实"专题教育活动,努力提高政协机关干部队伍素质。认真贯彻中央"八项"规定和区、市、县各项规定,进一步完善各项政协工作制度,对调研视察、会务会风、接待联谊、机关管理等方面作出了详细规定;进一步规范办文、办会、办事程序,使政协工作更加高效、严谨、规范和有序。

各位委员、同志们,过去的五年,是县政协在实践中不断探索前进、履职作用不断得到重视和发挥的五年。五年来,人民政协伴随着乐业的发展而进步,始终与全县各族人民的奋斗紧密联系在一起,风雨同舟、荣辱与共。广大政协委员为实现乐业经济发展、社会进步、人民幸福所作出的贡献,必将载入乐业发展的光辉史册。成绩的取得,彰显了县委的正确领导,凝聚了人大和"一府两院"的大力支持,倾注了县直部门及乡镇的密切配合,饱含着离退休老同志和社会各界的关心帮助,也是广大政协委员团结协作、辛勤工作的结果。在此,我代表县政协常委会,向所有重视、关心、支持政协工作的领导和同志们,向全体政协委员、工商联、各人民团体、社会各界人士致以崇高的敬意和衷心的感谢!

成绩代表过去,奋斗永无止境。当前,乐业正处在加快发展、和谐发展、全面实现脱贫,与全国、全区、全市共同进入小康社会的关键时期。面对进入新常态发展的现状,我们政协工作也有了更高的要求和新的任务,希望全县广大政协委员切实担负起时代的重托,认真履行职能,在全县争先脱贫、实现小康社会的伟大实践中发挥更大作用,作出更大的贡献。

回顾五年来的工作,我们深深地体会到,人民政协要在全县工作大局中干出成效,必须始终坚持党的领导;必须坚持把服务科学发展作为履行职能的第一要务;必须坚持民主与协商相结合,形成和完善"党委重视、政府支持、政协主动、各方配合、社会关注"的良好格局;必须把关注好、维护好、实现好最广大人民群众的根本利益作为政协工作的出发点和落脚点;必须立足政协特点、突出政协优势、创新政协工作、发挥政协作用。这些工作思路和方法,过去是、现在是、今后仍然是人民政协工作必须遵循的原则。

在肯定成绩的同时,我们也清醒地看到,我们的工作与经济发展新常态的要求和人民群众的期望相比,还存在一些需要改进和完善的方面,政治协商的运行机制需要进一步完善,民主监督的力度需要进一步加大,参政议政的制度建设需要进一步加强,调研成果的转化机制需要进一步探索。对此,我们在今后的工作中要认真研究解决,把政协工作做得更好,使政协工作再上新台阶。

今后五年工作意见

各位委员,"十二五"已完美收官,"十三五"正大展宏图。实现全县的发展目标和任务,需要我们统一思想、同心同德、共同奋斗。今后,我县政协工作的总体思路是：高举中国特色社会主义伟大旗帜，全面贯彻落实党的十八大和十八届三中、四中、五中全会精神，深入贯彻习近平总书记系列重要讲话精神，引领新常态，谋求新发展，切实履行政治协商、民主监督、参政议政职能，努力在服务改革发展大局上建睿智之言，在增进民生福祉上谋长远之计，在促进社会和谐稳定上献可行之策，在健全协商民主制度上求创新之举，不断提高政协工作科学化水平，为实现"十三五"规划目标、建设富裕文明和谐乐业作出新的贡献。

一、深入学习贯彻中共十八届五中全会精神和自治区党委、市委、县委全会精神

（一）深刻理解和把握中共中央、自治区党委、市委和县委确立的"十三五"发展目标。把学习贯彻中共十八届五中全会和自治区党委全会、市委全会、县委全会精神作为当前和今后一个时期的首要政治任务切实抓紧抓好。制定学习计划，加强组织领导，通过党组学习、常委会议、专题报告会等多种形式开展学习活动，引导全体政协委员深入学习中共中央、自治区党委、市委和县委提出的系列重大战略思想和理论观点，深刻把握"十三五"时期发展的阶段性特征、指导思想、基本原则和目标要求，切实把思想和行动统一到各级党委的决策部署上来。按照"四个全面"战略布局和"五位一体"总体布局，牢固树立创新、协调、绿色、开放、共享发展理念，围绕乐业"决战扶贫、实现小康"目标，进一步凝聚共识，汇聚力量。

（二）深入学习贯彻中共中央等上级党委关于政协工作的重要精神，贯彻落实"懂政协、会协商、善议政"重要思想。把坚持和发展中国特色社会主义贯彻到政协工作全过程，认真学习贯彻习近平总书记关于人民政协的新思想、新论断、新要求，贯彻落实中共中央、自治区党委和市委关于加强社会主义协商民主建设的决策部署，深入贯彻全县政协工作会议精神，准确把握人民政协的性质定位，夯实各族各界人士团结奋斗的共同思想和政治基础，切实找准政协履职的着力点和切入点，把智慧和力量凝聚到助推"十三五"发展的目标任务上来，使政协始终做到与党委、政府同心同向、同频共振。

深入贯彻习近平总书记关于"懂政协、会协商、善议政"的要求，做到真正了解政协、明白政协，达到"懂"的程度，掌握和运用协商方法，达到"会"的地步，熟悉和擅长议政艺术，达到"善"的层次，从而转化为提高履职能力的有效措施、改进各项工作的强大动力、完善制度机制的科学思路。

二、围绕中心，服务大局，积极为乐业改革发展出实招献良策

围绕中心，服务大局，是政协履职的基本原则。我们要紧扣协调推进"四个全面"战略布局，找准政协履职的着力点，积极为乐业改革发展出实招献良策。

（一）围绕"十三五"规划的实施协商议政。围绕"十三五"规划实施中的重点领域和关键环节，特别是结合产业结构优化升级、推进新型城镇化建设、再造一个乐业新城、推进生态文明建设、保障和改善民生、实施左右江革命老区振兴规划等重大问题深入开展调查研究，努力提出具有前瞻性、战略性、针对性的对策建议。

（二）聚焦全面深化改革添把柴。围绕我县重要改革举措、重大政策贯彻执行情况、法治建设、党风廉政建设和反腐斗争等重要问题开展监督性、批评性活动，坦率提出建议和批评，帮助查找不足、解决问题，推动各项改革发展举措落到实处。

（三）助推打赢脱贫攻坚战助把火。我县有3.9万农村贫困人口，分布在43个贫困村，扶贫攻坚任务繁重。扶贫攻坚也是我们政协履职为民的重中之重。我们要充分发挥政协组织优势，在教育扶贫、产业扶贫、旅游扶贫和生态扶贫上主动作为、发挥作用。每位政协委员和政协机关干部根据各自实际，联系帮扶1名在校就读的贫困家庭学生，让他们都能够接受公平有质量的教育，阻隔贫困现象代际传递。围绕产业扶贫方面积极建言献策，引导有经济实力的政协委员投资置业，积极助推生态旅游、民族文化旅游等旅游扶贫产业发展。组织委员围绕我县旅游产业发展的一系列政策措施落实情况开展民主监督，推动我县加快实现从旅游资源大县向旅游旺县的跨越。助推生态文明建设的政策措施落到实处，多为贫困村群众办实事、做好事、解难事，把精准扶贫工作做实，助推我县啃下扶贫攻坚这块"硬骨头"。

三、进一步改进政协经常性工作方法，提高政协工作科学化水平。

（一）切实提高提案工作科学化水平。贯彻落实

《提案审查工作细则》《重点提案遴选与督办办法》《提案办理协商办法》,提高提案工作科学化水平。加强提案办理协商,完善"五位一体"提案督办机制,开展好提案办理民主评议活动,强化党派、界别重点提案督办,选择部分侧重监督的提案,开展提案办理协商活动。完善提案管理系统、细化提案处理流程,进一步推进信息化建设,推进提案内容与办理结果公开工作。

（二）加强视察调研活动的统筹协调。进一步改进视察调研工作方式,完善课题遴选机制,扩大委员参与面。把视察活动与重要协商、重点提案督办结合起来,对事关乐业发展的重要问题与周边兄弟县联合开展调研,强化咨询论证,提高视察调研质量。完善视察调研成果采纳落实和反馈机制,促进调研成果的转化运用。

（三）加强反映社情民意信息工作。拓展信息来源,畅通信息渠道,进一步突出特色、提高质量,做好各类协商会议和视察调研报告转化为政协信息的工作,强化民意汇集和舆情研判功能,为党委和政府准确及时研判社会舆情提供有益参考,进一步提高信息质量和信息采用率,促进信息成果转化。

四、进一步加强委员队伍建设,充分发挥委员的主体作用

（一）打造"建言践行、行胜于言"的履职模式。引导委员结合各自岗位和履职特点,选择自己熟悉的领域深入开展调查研究,多建有用之言、多献务实之策;积极搭建委员之间、委员与政协常设机构之间、委员与党政部门之间多种形式的交流平台,增进委员对各相关方面工作的了解;引导委员坚持深入基层、把握实情,识民情、接地气,加强与界别群众的联系,倾听群众呼声,关心群众疾苦,反映群众诉求,做群众的贴心人,使建言献策具有更坚实的群众基础;引导委员践行社会责任,积极投身我县改革实践,主动参与精准扶贫和"美丽乐业"乡村建设等活动,在加快实现"两个百年"目标的进程中施展才华、建功立业。

（二）聚人心、增共识,加强对委员的服务和管理。积极搭建委员"连心桥""同心堂",打造团结之家、民主之家、和谐之家,让委员愿进政协门、乐做政协人、爱干政协事,努力让每位政协委员在政协干事有舞台、建言有渠道、工作有作为。要从实际出发健全委员履职评价,激励和约束机制,用制度管人管事,做到严格要求、严格管理,树立委员良好形象。

五、切实加强政协机关自身建设,有效发挥工委的基础性作用

（一）突出工委的不同特点和功能,促进各方面的紧密协作。县政协"一室三委"所涉及的领域有所不同,但工作也有交织。要根据自身的特点和履职的需要,进一步解放思想,创新履职方式,发挥联系部门多、接触委员多的优势,组织开展本领域的调查研究和协商议政活动,不断提高建言献策质量和水平。加强与党政对口部门的沟通,积极争取党委政府的重视支持。加强与各社会团体的合作,加强与各界别的联系,加强各工委的协作,遇事多沟通、多协商,不断增强工委的感召力、凝聚力。

（二）加强政协党组的自身建设。一是认真落实《中国共产党党组工作条例(试行)》规定,进一步加强党对政协工作的领导,发挥好把方向、管大局、保落实的重要作用。要进一步探索加强政协党员队伍建设的有效措施和制度机制,充分发挥共产党员的先锋模范作用。二是认真学习贯彻新修订的《中国共产党廉洁自律准则》《中国共产党纪律处分条例》,深刻领会习近平总书记关于严以用权的一系列重要论述,树立正确的权力观。认真开展"两学一做"学习教育,切实改进工作作风,提升服务质量和水平,为政协履行职能提供有力保障。

各位委员、同志们,新常态赋予政协新的使命。让我们紧密团结在以习近平同志为总书记的党中央周围,高举中国特色社会主义伟大旗帜,深入贯彻习近平总书记系列重要讲话精神,在县委领导下,进一步解放思想,开拓创新,团结协作,努力开创我县政协工作新局面,为共同夺取全面建成小康社会决胜阶段的伟大胜利,高水平实现"全面小康新乐业"宏伟目标作出新的更大的贡献!

乐业县2015年国民经济和社会发展计划执行情况与2016年国民经济和社会发展计划(草案)的报告

——2016年1月14日在乐业县第十五届人民代表大会第六次会议上

县发展和改革局局长　卢红梅

各位代表：

受县人民政府委托，现将乐业县2015年国民经济和社会发展计划执行情况与2016年国民经济和社会发展计划(草案)的报告提请大会审议，并请县政协委员和列席会议的同志提出宝贵意见。

一、2015年国民经济和社会发展计划执行情况

2015年，在面对“速度变化、结构优化、动力转换”的中国经济新常态的大背景下，在县委的正确领导下，在县人大和县政协的监督支持下，全县认真贯彻党的十八届三中、四中、五中全会和中央、自治区、百色市经济工作会议精神，紧紧围绕“生态立县、旅游旺县、产业强县、文化名县”的发展战略，坚持稳中求进总基调，主动适应经济发展新常态，积极应对经济大幅下行的不利局势，在逆水行舟中不断前进，推动形成了经济稳中向好的有利局面。

经济运行全面完成年初目标。预计全年地区生产总值完成19亿元，同比增长9.64%，完成年初目标任务的101.52%。其中，一产、二产和三产分别完成产值6.51亿、4.35亿元、8.14亿元，同比增长4.7%、8.39%、14.24%，产业结构变为34.27∶22.91∶42.83，三产比全市平均水平要高20个百分点以上；财政收入完成1.80亿元，同比增长7.16%，完成年初目标任务的101.22%；固定资产投资完成29.38亿元，同比增长12.50%，完成市级下达目标任务的104.93%；城镇居民人均可支配收入完成24760元，同比增长10.26%，完成年初目标任务的100.23%；农村居民人均可支配收入完成5566元，同比增长13.00%，完成年初目标任务的100.002%；全社会消费品零售总额完成6.31亿元，同比增长12.30%，完成年初目标任务的100.27%。城镇化率、人口自然增长率等其他各项指标都顺利完成年度计划目标或市里下达的计划指标任务。

2015年，全县经济社会发展成效主要体现在以下几个方面：

(一)农业调结构转方式显成效。扎实推进农业基础设施建设，积极推进农村综合改革，全县农业农村经济持续健康发展。一是特色产业迈上新台阶。全县果树种植面积已近10万亩，“优果”面积累计达6万亩，猕猴桃和砂糖橘投产面积达4100亩以上，果农户均增收3万元以上；全国有机农业示范基地评估通过验收，乐业县有机猕猴桃现代特色有机农业(核心)示范区通过区级评审；全县有机认证企业发展到10家，有机茶叶认证面积达到5430亩；全县干茶产量达6400吨，产值2.84亿元，茶农人均收入8700元，分别同比增长13%、26%和28%；我县获得“2015年度全国重点产茶县”称号，龙云山顾式有机茶园荣获“全国最美茶园”称号；全县发展林下中草药种植面积达3.5万亩。全县水产畜牧业实现新突破，产值达8.8亿元，同比增长8.6%，促进农民人均纯增收2780元。农民专业合作社新增加登记41户，注册资金12246万元，同比增长为6.21%、82.80%；“桂丰”猕猴桃、“高野”刺梨汁商标获得广西著名商标，张家湾红心猕猴桃产销合作社等4家企业获得广西名牌称号。二是农民生产生活条件不断改善。全县投入1.68亿元完成农村饮水安全工程等项目11项，解决了农村7000人的饮水不安全问题，促进项目区农业产业增收474.6万元，人均增收452元。完成“美丽乐业·生态乡村”30个示范点通屯道路硬化1.9公里、屯内道路硬化31公里。在农业产业结构调整优化的拉动下，预计全年农业生产总产值完成11.04亿元，同比增长4.76%。

(二)积极推进工业经济不断发展。全县工业经济在震荡上行，预计全县工业总产值和工业增加值分别完成4.73亿元、1.76亿元，同比增长10.01%、10.19%，均超额完成全年目标任务；全县规模以上工

业企业完成工业总产值1.34亿元，同比增长28.90%；完成工业增加值0.451亿元，同比增长26.19%。工业项目投资、技术改造投资、制造业投资分别完成7亿元、5.96亿元、5亿元。完成南宁大石围矿业开发有限公司（乐业林旺金矿）上规入统，我县上规企业达到5家。完成矿山砂石场整合方案、项目选址以及石寨工业园区控规、环评、征地摸底等工作。投入1812万元实施农网改造、新建变电站等项目，实现35千伏变电站乡镇全覆盖，为我县工业经济发展提供能源保障。

（三）旅游事业取得新进展，商贸经济实现新突破。各项旅游工作正如火如荼推进。一是广西旅游特色名县创建工作正在有序推进。投入2.55亿元实施红七红八军会师博物馆、世界地质公园博物馆、火卖全国景观旅游名村等特色旅游项目。今年7月份大石围景区马蜂洞景点正式对外开放，同乐镇十里春风景区10月份开放迎客；完成龙云山景区四星级休闲度假酒店建设，目前正在进行道路维修改造建设；完成五台山景区道路、观景台等一期工程项目建设；完成牛坪四星级休闲度假酒店和上岗湖环湖游览观光步道、观景台建设；开工建设乐业县马坪游客集散中心建设项目；完成甘田天鹅湖景区项目建设，启动甘田河平汽车营地建设。二是乡村休闲观光游再获殊荣。成功纳入巴马长寿养生国际旅游区，创建“世界长寿之乡”通过联合国专家组初评，顾式茶—大石围旅游路线获评“全国最佳茶之旅线路”，龙坪屯入选“广西传统村落名录”，火卖作为全市唯一村落入选全国第三批特色景观旅游名村名单，梅家山庄荣获全市首家“广西五星级农家乐”称号。三是旅游知名度进一步获得提升。成功引进《美丽西江》《蜀山战纪》等剧组到我县取景拍摄，扩大了我县旅游文化知名度。同时通过举办户外挑战赛、相亲交友、户外嘉年华、枫花雪叶旅游节、美食节等系列旅游宣传推广活动，共吸引游客10万多名。全县共接待游客110.66万人次，旅游综合收入达8.74亿元，分别同比增长15.14%和24.46%。

商贸经济实现新突破。商贸流通行业完成固定资产投资2亿元；完成乐业县草王山茶叶有限公司外贸进出口备案登记，11月正式对外贸易，完成外贸进出口136万美元，实现全县对外贸易零突破。乐业商务平台发展新模式迅速涌现，引导入驻淘宝百色馆商家共10家。加快“新网工程”建设，已建成甘田、逻西、雅长3个乡镇综合超市，新增农资服务点5个，全县农资服务网络点增加到61个，占全县88个行政村（社区）的69%。预计全县社会消费品零售总额完成6.31亿元，同比增长12.30%。

（四）投资保持平稳增长。预计全年固定资产投资完成29.38亿元，同比增长12.50%。2015年年初，我县推进实施50万元以上项目209个，总投资43.13亿元，年内累计完成投资8.41亿元，完成年度任务的61.34%，新开工和续建项目分别为99项和42项，分别完成投资5.39亿元和3.12亿元。完成交通投资3.32亿元，乐百高速公路正式开工，纳良公路、同乐至大石围景区公路等项目加快推进。列入市级层面统筹推进重大项目共7项，总投资19.877亿元，年内累计完成投资0.62亿元，超额完成年度投资任务的217%。中央预算内投资项目19项，总投资1.8968亿元，已拨付到项目的中央资金达1.22亿元。完成招投标项目168项，项目总投资4.58亿元；全年审批、核准、备案项目242个，总投资99.96亿元，审批按时办结率达到100%，提前办结率超过90%。今年招商引资项目新签约9个，总投资9亿元，到位资金5亿元，已竣工4个，全口径外资到位127万美元，完成市下达任务的127%。

（五）城镇化有序推进。全力推进城乡一体化各项建设。完成204套保障性住房和2400户农村危房改造建设任务，实施乡镇综合整治四期工程，开工建设1279套棚改项目。城北新政务中心道路项目、乐业高中门前道路改造等市政建设项目顺利推进。编制完成《乐业县城乡总体规划(2014—2030)》《乐业县城区控制性详细规划》和《乐业县县城景观规划设计》等规划。启动城区污水处理设施减排项目建设攻坚战，完成县城污水管网改造41公里，堵截污水直排口50个，改造县城供水管网7.2公里。完成6个重点乡镇污水处理厂可行性研究报告的初步编制。投入1204万元推进农村“一事一议”项目48个，惠及农民1万人。全年城区完成征地面积9.9亩，安置169户，查处县城区内违法用地620户45820平方米，立案查处246户，依法拆除违法建筑10310平方米。全县基本实现84个行政村、村完小通水泥硬化道路目标，完成农村公路养护1127公里。截至目前，县城区绿化覆盖率38.05%、绿地率33.94%、人均公园绿地9.77平方米，成功创建国家园林县城。城镇扩容提质成效显著，吸引全县农村人口向城镇有序集聚，预计全县城镇化率提高到37.5%。

（六）生态文明建设富有成效。目前，我县生态环境质量持续改善，节能减排形势较好，万元GDP能耗为0.8010吨标煤，全面完成百色市下达我县"十二五"目标任务。启动"美丽乐业·生态乡村"活动，成功创建区、市级生态村59个，不断改善农村居住生活环境。不断加大环境保护力度，全县完成植树造林6.2万亩，人工造林3.17万亩，兑现森林生态效益补偿资金930万元，治理水土流失面积13.83平方公里，改善和恢复生态面积8.9平方公里，森林覆盖率达77.84%，覆盖率比全区和全市分别高出15.3和10.3个百分点，全面完成"十二五"目标任务。全面实施《乐业县生态建设详细规划》，完成西部地区生态文明示范工程试点建设实施规划审查。2015年我县获得国家重点生态功能区域转移支付资金6366万元。

（七）社会各项事业取得新成绩。全县投入民生支出达12.87亿元，占财政总支出84.9%。全县教育、科技、人才、文化、卫生、计生、体育等社会事业全面进步，全民教育体系、公共文化服务体系、医疗卫生服务体系、重大疾病防控体系、社会管理体系建设取得积极进展。

——教育事业快速发展。探索教育发展新模式，推进考试招生制度改革，合理划定学校招生范围，建立区域小学和初中对口招生制度。拓宽学前教育办学途径，引导私立幼儿园建设优质普惠性民办幼儿园。探索职业教育联合办学，分别与百色职业学院、百色卫校、百色财校、凌云职校等6所职校签订了联办协议。教育投入达2.17亿元，占全县财政支出的14.3%，连续多年位居全市前列。投入8000多万元实施了55所包含乡镇中心幼儿园、农村义务教育薄弱学校改造、教师周转房等项目，总建筑面积达4.5万平方米。教育教学质量稳步提升，高考上本科线人数、中考科目全A＋特优人数都较去年大有提升。小学毕业水平测试总分及格率、优秀率居全市同类县份前列。新招录中小学教师170名。投入400万元奖励先进教师和先进集体。投入7000多万元共6.1万人次师生享受教育惠民政策。

——卫生计生工作不断优化。全县新农合参合率达98.15%，比上级下达的指标高1.15个百分点。共投入1200多万元建设的县急救中心项目、同乐镇武称卫生院项目、乡镇卫生院公共租赁住房配套设施项目以及56套乡镇卫生院职工周转房项目正在进行扫尾工作。成功创建"全国白内障无障碍县"。计划生育各项指标全面完成。全县人口出生率为12.81‰，人口自然增长率为7.6‰，出生人口性别比为110.82。在全市率先整合村卫生室、计生服务室和"幸福家园"，实现村级卫生计生资源共享。我县计生工作荣获"百色市党政线先进单位一等奖""全区计生优质服务先进示范单位"等称号。

——文化广电事业健康发展。共投入430万元新建村级公共服务中心项目、全民健身工程项目等。首次与凌云县联合举办国际山地户外运动挑战赛系列活动，组团参加全区第十三届运动会获得金牌数位居全市第三名，成功举办乐业县第二届运动会，组织参加广西"农民篮球赛"百色赛区投篮大赛获得第一名，举办甘田舞龙节、滇黔湘桂四省（区）山歌擂台赛、首届乐业新化卜隆古歌节、逻沙唱灯艺术节等，荣获广西歌圩——滇黔桂三省区乐业歌圩称号。完成第一次全国不可移动文物普查和非物质文化遗产普查工作。

——社会保障体系不断完善。2015年，全县新增城镇就业772人，农村劳动力转移就业新增人数3453人，职业资格证书核发人数1177人，城镇登记失业率控制在3.5%以内。城乡居民养老保险参保人数69034人，实现应保尽保。按时按质完成18项就业和社会保障量化指标任务，生育保险费征缴收入指标、农村劳动力转移就业新增和工伤保险费征缴收入等指标完成率名列全市前茅。县人社局荣获"自治区巾帼建功先进集体""百色市三八红旗集体"等荣誉称号。同时，全县8个乡（镇）及所辖的行政村和社区街道均已建立了基层劳动人事争议调解委员会。城乡低保和农村五保标准逐步提高，全年共发放各类社保资金5000万元，惠及群众3.12万人。发放80周岁以上高龄老人生活津贴2257人16.75万元。

——扶贫开发工作取得新进展。整合支农惠农资金5790万元支持贫困村建设，全面完成"十二五"24个贫困村整村推进任务。稳步推进扶贫生态移民工程，搬迁安置群众518户2090人，10个项目点全部开工建设。2015年，全县实现减贫人口1.0075万人，贫困村农民人均纯收入达5281元。

（八）改革开放持续深化。今年以来全面启动实施行政管理、经济体制、农村改革、开放合作、生态文明、扶贫领域以及党的建设等7大领域24项改革。深化医药卫生体制改革。正式启动县级公立医院综合改革工作；今年10月30日零时起，我县两家医院正式启动“一取消两同步”（即取消药品零差率销售，同步调整医疗服务价格和医保支付政策）工作，取消药品加成政策实行进价销售（中药饮片除外），合理调整医疗服务价格。启动公务用车改革。乐业县84个行政和参公单位部门参与车改，整体改革全面推进。推进乡镇“四所合一”改革。新化镇、花坪镇完成乡镇级国土资源、规划建设、环保环卫、安监等机构和职能“四所合一”体制改革试点相关工作任务。深入推进依法行政工作。全面推行部门权力清单制度改革，规范各部门行政权力和职责权限，先后承接自治区、百色市下放、取消和调整行政审批事项共计191项，清理和规范行政许可项目324项、非行政许可项目244项，所有行政审批事项全部进驻县政务大厅办理；在全市率先推行县政府聘请法律顾问团工作，得到了市领导的充分肯定。农村改革有新亮点。林权流转备案面积4.7万亩，新增林权抵押贷款1893万元，实现农村土地流转2万亩以上。新化镇农村土地承包经营权确权登记颁证试点调查工作已全面完成。深化商事制度改革。9月1日起全县全面实施“三证合一、一照一码”登记制度改革，实施“先照后证”改革，降低市场主体准入门槛，促进非公经济健康发展。启动不动产统一登记工作。制定了《不动产统一登记工作方案》、联席会议制度及《不动产登记职责整合》制度等。

在肯定成绩的同时，我们也要清醒地认识到，我县经济社会发展中还存在着不少困难和问题，主要表现在：农村贫困面大，农业基础设施不完善，农产品营销体系不健全，农业产业化程度低，农民增收困难；工业发展基础差，工业总量、企业规模偏小，部分企业融资困难，发展后劲不足；部分交通建设项目因征地、雨季塌方等因素影响推进较慢；县内电子商务基础较弱，相关产业园区、交通物流、服务中心、资金扶持等体系建设还相对滞后；创建广西特色旅游名县各项工作推进缓慢，旅游产业要素体系建设尚不完善。这些问题都需要我们在今后的工作中认真研究，采取有力措施加以解决。

二、2016年国民经济和社会发展目标

2016年是全面实施“十三五”规划的开局之年，是进入全面建成小康社会的关键期，我县要科学认识当前形势，准确研判未来走势，主动适应经济发展新常态，着力稳增长、促改革、调结构、惠民生，推动经济行稳致远，迈向新层次。2016年我县经济和社会发展主要预期目标：

——地区生产总值增长10%；

——财政收入增长7%；

——固定资产投资增长8%；

——社会消费品零售总额增长10%；

——城镇居民人均可支配收入增长10%；

——农村居民人均可支配收入增长12%；

——城镇登记失业率控制在3.5%以内；

——城镇化率达39%；

——人口自然增长率控制在9.2‰以内。

全年要完成上述主要预期目标，重点抓好以下几个方面工作：

（一）全面深化农村改革，加快现代农业发展。2016年全县农业农村工作，要按照“稳粮增收、提质增效、创新驱动”的总要求，进一步深化农村改革，优化农业产业结构，转变农业发展方式，促进农业增产增收，力争实现农业生产总值增长5%，农村居民人均可支配收入增长12%，减贫人口1.2万人以上，减贫率20%以上。大力发展特色产业。一是继续推进“优果工程”产业种植。计划新种猕猴桃10000亩，核桃3000亩，砂糖橘5000亩，抓好乐业现代特色有机农业（核心）示范区建设。二是加快推进有机茶标准化生产基地建设，指导企业顺利实施有机产品再认证工作，注重培育龙头企业，计划打造绿色茶园2万亩，实现新增有机茶认证面积2200亩。全力抓好自治区级出口茶叶质量安全示范区的创建工作，确保通过验收。三是深入推进我县草食动物养殖产业发展，力争新发展草食动物养殖场（小区）20个，实现全县牛羊年出栏、存栏量都稳步增长，打造我县草食动物有机养殖品牌。四是以网箱养殖专业合作社、养殖示范点为核心，推广库区生态健康养殖模式，推动我县库区网箱养殖产业的健康发展，使2016年全县水产品产量达2.1万吨，产值达2.1亿元。同时，计划投入2.42亿元加大农田水利基础设施建设，改善农业生产生活条件。全力推进乐业县同乐镇防洪排涝工程、甘田和逻沙河道治理工程等项目建设；启动建设2016年第六批中央小农水工程、马浪平小流域水土保持等

项目，完成2015年度第六批中央小农水工程和百花小流域水土保持项目；着力抓好上岗水库扩容工程项目，实施好花坪镇南朝河、逻西乡那豆水库、逻沙乡山洲水库等抗旱应急供水工程建设。

继续农民收入增收工作。一是深化农村体制改革，完善改革农村土地产权、集体林权制度，加快推进农村宅基地确权登记颁发证工作，扩大农村土地承包经营权确权登记颁证范围，创新土地承包经营流转机制，计划土地流转万亩以上。二是积极发展农村专业合作组织。组织农产品加工龙头企业与农民合作经济组织结成"企业＋合作组织"新的经济联合体，建立新的农民合作组织，鼓励他们积极参与土地流转、规模生产。三是深化农村金融改革工作，稳妥推进农民住房财产权抵押、担保、转让，推动农民增加财产性收入。四是推进农业经营方式创新，加快构建新型农业经营机制，积极培育新型农业经营主体，促进农业生产经营专业化、品牌化、规模化发展，力争年内新培育市级重点龙头企业2家，新发展农民专业合作社5~10个。五是加快推进扶贫移民开发，统筹推进43个贫困村扶贫开发。计划投资1.6亿元进一步推进扶贫移民搬迁工程，新建扶贫移民搬迁点8个，安置群众800户3200人。以"优果工程"种植、林下种养殖和草食动物养殖基地为重点，培植和扶持特色种植业、养殖业，使产业覆盖全县所有贫困村，增加农民收入。

（二）狠抓特色工业产业建设，增强工业支撑力。一是狠抓园区建设，夯实工业基础。加快同乐、新化工业园区征地、基础设施建设，坚持园区建设与全县工业结构调整、发展民营经济、小城镇建设相结合，完善配套服务，大力招商引资。二是突出优势，壮大企业。围绕旅游资源、林业资源、生态农业、特色产业和农林产品加工等资源优势，做大做强恒森木业和顾式茶、草王山等茶叶企业，大力引进一批有实力企业到我县投资开发，促进产业转型升级，年内力争新增1家以上规上企业。

（三）狠抓旅游特色名县创建工作，增强三产的新引擎作用。全面打响旅游建设提升攻坚战。重点抓好大石围5A级景区，布柳河、龙云山、五台山4A级景区，以及牛坪、穿洞、黄猄洞3A级景区的创建工作，力争全部创建成功。着力打造包装推出同乐十里春风、甘田顾式茶山、新化茶园观赏带、花坪兰花园等乡村休闲生态游线路。新建同乐六为、五台山以及甘田河平等一批服务高端、特色鲜明的度假养生酒店、树屋酒店、集装箱酒店等。完善火卖生态村、百逢山庄、白云山庄等农家乐的基础设施，提升旅游接待服务能力。建成同乐六为自行车道、甘田河平自驾车营地，开发徒步线路，引进户外俱乐部，在攀岩广场、火卖、牛坪、六为等地提供户外攀岩和速降特色服务。积极参与区、市举办的各类旅游宣传促销活动，通过旅投公司，走市场化路子，大力开展主题营销，不断扩大旅游客源市场。邀请电影、电视剧、纪录片剧组到乐业取景拍摄，提升乐业旅游的知名度和影响力。主动融入巴马长寿养生国际旅游圈，畅通乐业至贵州、乐业至河池的旅游线路，逐步实现旅游圈一体化互惠共生的格局。力争年内成功创建"世界长寿之乡"。同时，把服务业发展作为全县经济的重要增长点，重点发展现代物流、金融、电子商务等生产性服务业和文化、教育、医疗卫生、旅游等生活性服务业，支持特色农业企业拓展外贸出口业务，争取新增1家以上外贸出口企业。

（四）狠抓项目建设，增强投资的拉动力。努力保障土地、资金供给，加强征地拆迁工作，争取更多的用地指标和新征一批项目建设用地；着力破解资金建设难题，争取国家、自治区等上级资金比2015年增长10%以上，确保投资稳定增长。一是创新完善项目推进机制。2016年将进一步加大项目及投资工作目标责任管理力度，完善项目建设推进责任、考核、奖惩等措施，增强服务项目建设的合力，确保全年目标责任落实到实处。二是突出战略对接，加强项目申报工作质量。认真找准我县优势与国家、自治区政策的结合点，主动融入《左右江革命老区振兴规划》，全面呼应自治区"双核驱动"战略，争取获得更多的项目落户我县。三是狠抓项目储备。我县要注重加强项目规划。目前经过项目库盘查，2016年中央预算内投资计划草案项目97项，总投资14.56亿元，其中中央预算内资金达12.2亿元，中央资金投资量位居全市前列。四是推进大招商招大商。充分发挥我县在生态、旅游、有机农业等方面的优势，今年力争新签约5000万元以上招商引资项目3个，争取引进区外境内到位资金5亿元以上。

（五）突出以人为核心，积极稳妥推进新型城镇化。一是促进城乡区域协调发展。编制新型城镇化发展规划及实施方案，优化全县城镇化形态及布局。加强乡镇“两违”打击工作；投入2.8亿元全力推进同乐、新化及甘田1416户的棚户改造项目建设工作。同时做好2016年1500户农村危房改造工作，加快推进廉租住房、公共租赁住房、教师周转房和卫生周转房等保障性住房建设；采取有效措施全力推进征地安置工作，加快推进板霞、当站、农贸市场及立新等安置点征地户的安置进度。二是加快市政项目建设。继续强化城市道路及供水、污水配套管网建设力度，2016年计划投资8300万元实施建设一批市政道路项目、综合管线项目、绿化亮化项目。加快推进平寨进城大道、拉里、电业安置点道路的建设。加快推进管道燃气工程，争取建设6个重点乡镇污水处理厂；全力推进城北40米大道建设；推进县城生活垃圾卫生填埋场二期工程。三是完善交通基础设施建设，助推全县城镇化发展。完善“十三五”交通规划，建立公路建设项目库。全面推进农发行8亿元贷款的各项基础设施建设项目。继续推进乐业通用机场项目前期工作，全面启动乐业至百色高速公路征地拆迁工作，配合业主单位按计划完成施工任务。实现同乐至大石围二级公路项目全线开工建设。完成武称至顾式茶场景区道路和蚂蟥坳至幼平公路全部建设任务并竣工验收。全部完成2015年续建项目建设任务。力争申报实施一批县道提级、窄路改造项目。

（六）实施主体功能区规划，扎实推进生态文明全面建设。坚持“生态立县”战略，着力加强生态建设，积极推进生态文明建设。严格落实限制开发的主体功能区规划，坚决执行产业准入负面清单制度。一是做好2016年国家生态功能区的环境质量考评考核，加大生态文明示范工程试点县创建步伐，力保通过国家验收；做好4个乡镇的生态建设规划和40个自治区级生态村称号的申报工作，继续抓好农村环境综合整治工作。二是深入开展新一轮退耕还林工作，实施2015年退耕地还林项目1万亩，抓好后续产业实施和第二期政策补助兑现工作。三是集中力量抓好“美丽乐业·生态乡村”活动，加快打造65个生态乡村示范点，加快推进“三化”建设，深入实施滇桂黔石漠化片区综合治理和“绿满八桂”等绿化造林生态工程，做好全县65万亩生态公益林补偿资金发放工作。四是加强环境基层监测能力建设，加强环境监察执法工作，打击污染环境违法行为。

（七）大力推进社会各项事业，切实保障和改善民生。继续统筹推进各项教育工作。整合资金计划投入2.85亿元实施10所义务教育学校标准化建设，完善乐业高中的硬件软件设施，新建各乡镇中心幼儿园，启动同乐镇中心小学搬迁重建项目，发展特殊教育和职业教育等项目。稳步提升义务教育均衡发展水平，抓好控辍保学工作，确保九年义务教育巩固率93%以上，小学、初中辍学率分别控制在0.6%、1.8%以下，完成市下达的高中招生和中职招（送）生任务。计划新招录170名教师，并投入2000万元实施中小学教师全员培训、小学全科教师免费定向培养计划和教师特设岗位计划，大力提升各类教师文化素质水平。计划投入800万元，深入开展“平安校园”创建活动。加大推进社会保障工作。加大社会保险扩面征缴力度，做好实施全民参保登记工作，实现城乡基本养老保险制度全覆盖。实现“五险合一”，统一办公，为参保对象提供“一站式”服务，推进社会保险信息系统建设，实现社会保障“一卡通”。完善公共文化服务体系。新建一批村级公共服务中心、农民体育健身工程、乡镇无线发射台等，全面开放红七、红八军会师纪念馆和地质公园博物馆。研究出台保护培养壮大舞龙制作、把吉造纸技艺等各类乡土文化能人、民间文化传承人队伍的政策性文件，保存和传承优秀的民族文化。持续开展文化科技卫生“三下乡”“艺术扶贫”“文化走亲”等文化扶贫活动。举办好国际山地户外挑战赛和群众性业余体育运动会等活动。着力完成卫生计生各项任务指标。坚持计划生育基本国策，全面实施一对夫妇可生育两个孩子政策。全县人口总数控制在17.5万人以内，人口自然增长率控制在9.2‰以内，强化出生人口性别比综合治理，促进性别平衡，出生人口性别比控制在111以下，新农合参合率达98%以上。继续以县级公立医院改革为重点，全面推动医药卫生体制改革良性发展。加快县中医院、妇幼保健院项目建设的推进工作。

（八）强化抓改革增活力，释放更多的改革“红利”。深化改革是适应新常态、重塑新动力的根本途径。要强化攻坚，强势推进全面深化改革，突破重点领域体制机制障碍，简政放权，进一步激发释放市场、社会、基层的活力潜力，用市场力量、发展办法解决问题，形成促进发展的强大推动力。一是积极稳妥地推进政府机构改革和职能转变，加快推进投资审批制度改革，进一步改善民间投资环境。二是全面深化农村改革，加大精准扶贫工作力度。要坚持农村基本经营制度，稳定土地承包权，落实集体所有权，放活土地经营权，实现农民土地承包权和经营权分置并行，集全县之力推进精准扶贫工作。三是深化财税改革。实施全面规范、公开透明的预算制度，规范政府举债融资制度。四是加快推进金融改革试点工作。积极探索与金融投资公司的合作，加强政府担保资金平台建设，进一步完善运行机制，扩大担保资金规模，为农业企业、农户发展产业提供贷款担保，助推农业发展；五是推进社会事业相关改革。深化教育、文化、社会保障、收入分配等领域改革，统筹基本公共服务体制机制改革。

（九）全面推进和实施“十三五”规划。围绕全面建成小康社会的总体部署，下功夫挖掘潜能、强化内生动力，培育打造新的战略支点，在深化研究、长远谋划上下功夫，统筹推进并全面实施“十三五”规划和各个专项规划，努力为“十三五”谋好篇、开好局。

各位代表，2016年的发展任务艰巨繁重，责任重大。我们务必进一步增强危机感、紧迫感、责任感和使命感，在县委、县政府的正确领导下，在县人大、县政协的监督支持下，我们要顺应新常态，奋力新作为，攻坚克难，创新实干，努力开创经济社会发展新局面，为实现今年的发展目标，为“十三五”规划开好局，为建设富强、文明、平安、和谐、生态、美丽新乐业而努力奋斗！

乐业县“十二五”财政预算执行情况与“十三五”财政工作计划（草案）的报告

——2016年8月22日在乐业县第十六届人民代表大会第一次会议上

县财政局局长 吴庆斌

各位代表：

受县人民政府的委托，向大会作乐业县“十二五”财政预算执行情况与“十三五”财政工作计划（草案）的报告，请予审议，并请县政协委员和其他列席的同志提出宝贵意见。

一、“十二五”期间的财政工作

“十二五”期间，我县财政工作以邓小平理论、“三个代表”重要思想、科学发展观和党的十八大精神为指导，在市委、市政府和县委的正确领导下，在县人大及其常委会的监督下，在上级财政部门的大力支持和指导下，围绕市委、市政府下达的财政目标任务，实施积极的财政政策，依法加强收入征管，优化财政支出结构，进一步完善公共财政管理制度，强化预算管理，积极支持各项改革和创新，全力以赴保运转、保民生、促发展，确保财政预算收支平衡，确保全县经济和社会各项事业平稳较快的发展。

（一）“十二五”期间财政预算执行情况

1. “十二五”财政收入情况

“十二五”期间，全县财政总收入由2011年的7.8278亿元增加至2015年的17.3915亿元，累计完成60.9357亿元，年均增长25%。其中，县本级组织财政收入由2011年的1.4008亿元增加至2015年的1.8017亿元，累计完成8.3736亿元，年均增长6.8%。具体分年度完成情况：2011年全县完成财政收入14008万元，比上年增长595万元，增长4.4%。其中，完成一般公共预算收入6871万元，比上年减收88万元，下降1.26%。2012年全县完成财政收入16618万元，比上年增收2610万元，增长18.6%。其中，完成一般公共预算收入9802万元，比上年增收2931万元，增长42.65%。2013年全县完成财政收入18280万元，比上年增收1662万元，增长10%。其中，完成一般公共预算收入11197万元，比上年增加1395万元，增长14.23%。2014年全县完成财政收入16813万元，比上年减收1467万元，下降8%。其中，完成一般公共预算收入10614万元，比上年减收583万元，下降5.2%。2015年全县完成财政收入18017万元，比上年增收1204万元，增长7.16%。其中，完成一般公共预算收入10461万元，比上年减收180万元，下降1.69%。

2.“十二五”财政支出情况

“十二五”期间，全县财政总支出由2011年的7.4231亿元增加至2015年的15.8329亿元，累计支出57.4672亿元，年均增长23.3%。全县完成一般预算支出由2011年的73823万元增长到2015年146130万元，增加了72307万元，增长97.95%，比“十一五”末的72595万元增支73535万元，增长101.95%，年均增长20.39%。每年都实现“收支平衡，略有结余”的目标。具体分年度支出情况：2011年全县完成一般公共预算支出73823万元，比上年增支1228万元，增长16.9%；2012年全县完成一般公共预算支出100145万元，比上年增支26322万元，增长35.98%；2013年全县完成一般公共预算支出113468万元，比上年增支13323万元，增长13.3%；2014年全县完成一般公共预算支出126788万元，比上年增支13320万元，增长11.73%。2015年全县完成一般公共预算支出146130万元，比上年增支19342万元，增长15.26%。

（二）“十二五”期间财政工作的主要成绩

“十二五”时期是国内外经济形势更趋复杂、我国经济发展步入“新常态”的五年。在县委的正确领导下，财政工作有效地应对了经济低迷带来的冲击，较好地完成了我县财政发展“十二五”规划确定的主要目标和任务，财政收入也同步得到迅猛增长，财政综合实力显著增强。

1.积极组织财政收入，财政实力明显增强

一是本县组织的可用财政收入总量明显增强。面对宏观经济下行、税收政策性减收和龙滩电站税收锐减等多重因素带来的财政增收困难，我们认真贯彻落实区、市财政工作会议精神，创新思路，适时召开财税分析协调会，加强协作与联系，建立信息沟通、数据交流、情况互通的工作机制，及时协调征管中存在的问题，疏通税款征收渠道，应收尽收，有力促进了财政收入的稳定增长，财政收入由2011年的1.4008亿元增加至2015年的1.8017亿元，累计完成8.3736亿元，年均增长6.8%。二是上级转移支付补助收入增量显著。财政部门积极配合相关部门在2011—2015年共获取上级补助收入52.5621亿元，年平均增长26.87%。具体分年度为：2011年6.6585亿元、2012年9.1841亿元、2013年10.9619亿元、2014年11.3027亿元、2015年14.4549亿元。三是争取政府债券额度总量增加显著。由财政部门牵头，部门协作，努力做好政府债券项目申报，2011年至2015年共争取到政府债券额度为1.3亿元，比“十一五”末0.06亿元增加至2015年1.3亿元，增长2067%。有效缓解了我县项目建设资金困难状况。四是盘活财政存量资金成果显著。按照上级统一布置，共收回结转结余资金为1.8167亿元，用于我县民生领域的急需资金支出，有效缓解我县财政困难状况。五是盘活国有资产成果显著。“十二五”期间共盘活国有资产8256万元。其中，处置布柳河大酒店、金源国际酒店、原乐业饭店资产，取得国有资产处置收益4146万元；盘活已改制企业原县油脂厂、结晶硅厂、外贸站等资产收入4110万元。通过以上途径，十二五期间，我县财政实力明显增强，财政为保障全县改革、发展和稳定提供了有力的资金支撑。

2.财政支持各项事业成效显著

(1)重点支持民生投入，社会民生明显改善。“十二五”期间，我们优化财政支出结构，优先执行民生支出，教育、科技、农林水、医疗保障等方面民生支出持续增加，大部分民生支出的年均增长都高于一般公共服务支出增长。民生支出占地方财政支出的比重也从2010年的72.8%上升到2015年的76.4%，提高了3.6个百分点。农林水、教科文、医疗卫生、社保就业、节能环保、交通运输等重点民生支出年均分别增长26.2%、10%、15.7%、15.7%、14.5%和87.8%，实现较高增幅。一是优先教科文投入。五年来，教科文累计投入12.6亿元，投入比列占全市前列，年均增长17.6%。其中，投入1.3亿元新建乐业高中并成功创建自治区示范性高中，投入2亿元用于农村贫困寄宿制学生生活费；投入1.6亿元新建、改扩建97所学校，新增校舍面积达10万平方米，有效解决了全县中小学生上学难的问题；投入0.2亿元用于乡镇综合文体建设，大大丰富了乡镇业余文体生活。二是注重社会保障投入，社会保障水平明显提高。五年来，全县社会保障和就业累计投入4.9亿元，其中投入1.9亿元用于城乡低保资金，缓解了10万人次生活困难问题，投入2.1亿元用于新型农村合作医疗资金补偿，有效缓解了农民“看病贵、看病难”的问题。三是支农惠农政策得到全面落实。五年来，支农惠农资金共投入8.5亿元，重点支持农村产业化经营、农民创业建设、农村水利设施建设等项目。其中，发放生态公益林补贴0.42亿元，发放良种补贴0.12亿元，发放农机补贴0.07亿元，发放退耕还林补贴0.46亿元，实施巩固退耕还林工程0.42亿元，投入0.7亿元实施72个村级“一事一议”财政奖补公益事业建设和革命老区项目建设等。四是城乡住房保障成效显著。五年来，共投入2.9亿元用于农村危房改造、廉租房、教育、卫生周转房等建设，共完成9270户农村危房项目，大大改善农村居住环境。

(2)生态环境建设取得重大进展。“十二五”期间，投入0.9亿元用于生态环境保护，完成生态公益林68万亩、植树造林21万亩、治理石漠化面积8万亩、村屯绿化665个、沼气池730座，全县森林覆盖率达78%；投入1.2亿元用于美丽乡村、生态乡村建设。

(3)旅游事业发展得到提升。投入2.6亿元用于“广西特色旅游名县”创建，成功举办多届国际山地户外挑战赛、户外嘉年华活动和全国攀岩、山地越野车大赛等重大赛事，成立乐业县旅游投资公司，使我县旅游产业纳入市场化运作迈开了重要一步。

(4)城镇化建设效果显著。投入3.3亿元用于旧城改造、城北开发、罗妹广场、红七红八军会馆、城镇亮化、城镇硬化、城镇绿化、河道治理、生活垃圾处理、生活污水处理等建设，实施8个乡镇四期综合整治、风貌改造等城乡基础设施建设，城镇基础设施建设得到明显改善，城市品位得到较大的提升。

(5)交通设施改善明显。投入公路新建、改建、养护资金3.67亿元，实现了村村通水泥路，使我县的公路交通通行能力大大提升。

3. 积极推行依法理财，财政管理日趋规范

紧紧围绕财政改革和财政管理目标开展工作，开展了一系列专项检查，大力强化外部监督，不断深化财政内部监督，积极构建财政“大监督”机制。一是严格贯彻落实《会计法》和《预算法》。采取多种形式，开展对全县会计人员的培训工作，将会计人员的职业道德教育纳入培训的主要内容，促使会计人员综合素质的提高。五年来共培训会计人员3675人次，较好地提高我县会计人员业务能力和业务水平，提高了财务管理和监督能力。二是严肃财经纪律，认真开展会计信息质量检查，强化会计监督，使我县的财政管理工作逐步走上法制化、规范化管理的健康运行轨道。三是着力加强对行政事业单位国有资产的监管，加大资本的运营力度，盘活了国有资产存量。四是认真履行财政监督职能，强化财政监督检查。重点对全县民生专项资金检查和全县行政事业单位“小金库”和“三公”经费的检查，积极参与全国、全区上下联动对我县各单位各项资金的检查。确保了我县财政资金使用的规范性、安全性、有效性。

4. 围绕目标抓管理，财政改革深入推进

立足新形势新要求，不断推进财政改革创新，努力提升履职能力和财政管理科学化、精细化水平。一是进一步加强部门预算管理、编制及执行工作。遵循国家法律法规、财政预算与经济社会事业发展相适应及公共财政收支平衡的原则，做到各年度的部门预算编制工作早安排、早布置，按时完成部门预算的编制工作；完善财政资金拨付管理办法，加强资金使用监督，严格执行各项预算，及时拨付单位所需各项资金，为部门各项工作顺利开展提供有力保障。二是深化国库集中支付制度改革。按照标准统一、流程规范、上下贯通的财政平台一体化改革原则深入推进，实现了预算单位国库集中支付全覆盖。认真开展财政专户清理撤并工作，财政专户由原来的42个缩减为9个，并按要求顺利进行了移交，实行了专人专管，有效提高财政资金的安全。全面规范财政资金支付申请、审核、支付、清算及核算等操作流程，国库单一账户体系不断健全。“十二五”期间，共支付143277笔，拨付资金43.79亿元，其中财政直接支付85389笔，支出37.49亿元，占总拨付资金85.6%；财政授权支付57888笔，支出6.3亿元，占总拨付资金14.4%。三是积极推进公务卡制度改革试点。制定出台了《乐业县预算单位公务卡管理暂行办法》《乐业县预算单位公务卡强制结算目录》和《乐业县国库集中支付动态监控管理办法》等相关文件，在县直单位和乡镇全面推行公务卡改革，逐步实现使用公务卡办理公务支出，规范单位现金管理。四是安装运行预算执行监控系统，实时监控各个部门的资金运行情况，确保资金使用安全合规。五是严格执行政府采购和财政投资评审制度。“十二五”期间，共组织集中采购1580次，完成政府采购预算15.6亿元，实际支付采购资金14.2亿元，节约资金1.4亿元，综合节约率10%。“十二五”期间，预算投资送审总额为13.6亿元，审减1.61亿元，综合核减率为11.8%。六是完善非税收入管理机制。健全国有资产监管体系，将全县有非税收入的64个预算单位全部纳入非税收入收缴系统管理，全年非税收入100%通过非税系统缴库。七是强化财政监督管理。发挥财政监督职能，开展专项资金和各部门、各

乡镇财务等专项检查，加强廉政风险防控。

5. 干部队伍建设有成效，服务意识进一步加强

按照建设一支适应财政改革与发展要求的高素质干部队伍的目标，切实抓好干部队伍的思想、组织和作风建设，使财政干部职工做到想干事、会干事、能干事，努力提高生财、聚财、用财能力，使广大干部职工树立起五种意识。一是牢固树立大局意识。想问题，办事情，始终以大局出发，自觉将思想和行动统一到完成年度财政工作任务上来；二是牢固树立依法行政意识，把行使职权纳入法制轨道，做到办事权限合法，程序合法，自觉接受全县社会各界和人民群众的监督，全面推进依法理财；三是牢固树立服务意识，想群众之所想、急群众之所急，真心实意为群众服务，为全县经济社会发展服务；四是牢固树立求实意识。说实话、办实事，算实账，求实效，不搞形式主义；五是牢固树立效率意识，紧紧围绕当年财政工作目标，加强沟通、主动协调、简化程序、强化责任，不断提高财政工作效率。

各位代表，五年来，财政工作积极应对经济下行等各种困难和挑战，坚决贯彻县委的决策部署，认真执行县人大及其常委会有关决议，攻坚克难，务实创新，扎实工作，较好地完成了"十二五"规划确定的主要目标任务，财政各项改革实现新突破，财政工作迈上了一个新台阶。

上述成绩的取得，主要得益于县委的正确领导，得益于县人大、县政协的监督指导，得益于全县各部门的理解支持，得益于全县人民的辛勤劳动。在肯定成绩的同时，我们也要清醒看到财政工作存在的困难和问题：一是财政收支矛盾仍十分突出；二是全县财源依然薄弱，支撑财政收入稳定增长的大宗税源仍然较少，财政收入持续快速增长后劲不足；三是全县调整经济结构，加快转变经济发展方式，促进财政可持续发展的任务依然艰巨；四是财政预算管理还没有完全适应新形势，各项财政改革还需要进一步深化，财政管理基础工作有待进一步加强。对此，我们将认真分析研究，切实采取有力措施，努力加以解决。

二、"十三五"财政工作计划

今后五年，我们要在县委的坚强领导下，以经济发展、壮大财政实力为主题，以坚持以人为本、构筑公共财政体制为基础，以实施好积极财政政策、推进改革为动力，着力提高财政资金使用的规范性、安全性和有效性，促进我县国民经济持续协调健康发展和社会全面进步。

（一）"十三五"财政工作的指导思想

高举中国特色社会主义伟大旗帜，全面贯彻党的十八大和十八届三中、四中、五中全会，以及自治区党委十届六次全会精神，以邓小平理论、"三个代表"重要思想、科学发展观为指导，深入贯彻习近平总书记系列重要讲话精神，按照"五位一体"总体布局和"四个全面"战略布局，牢固树立和贯彻落实创新、协调、绿色、开放、共享五大发展理念，围绕自治区"三大定位"、四大战略、三大攻坚战，着力支持我县经济加快转型升级和稳定增长，着力推进我县扶贫攻坚、民生改善和社会事业发展，着力推进开放合作和区域协调发展，着力推进财税体制改革，着力增强财政支撑力，推进各项社会事业可持续发展，实现与全国全区同步全面建成小康社会。

（二）"十三五"财政发展目标

2016年是"十三五"规划的第一年，是承前启后的一年，财政运行情况尤为重要，我县2016年财政收入目标为19280万元，力争完成2亿元奋斗目标。根据全县经济社会发展情况，预计到2020年，全县财政收入达2.72亿元以上，年均递增8%。一般预算收入预计达1.58亿元以上，比2015年增长51.04%。预计至"十三五"末，财政一般预算支出达25.64亿元，比"十二五"末增加9.81亿元以上，年均递增10%。

（三）"十三五"期间，财政主要抓好以下工作

1. 大力发展经济，努力培植财源

把财政工作与经济工作紧密结合起来，以加强财源建设，促进经济发展，全方位开启新的增长点，增强财政发展后劲，实现经济建设和财政收入同步增长。一是着力抓好我县旅游转型升级与第三产业提质并重，打造"多轮驱动、多翼支撑"产业发展新格局。以打造"一个小镇、一个论坛、十个小区、十种养生产品"为抓手，以创建广西特色旅游名县为契机，加快传统观光旅游向休闲度假养生旅游、单一景点旅游向全域旅游转型，统筹第三产业协调发展。二是大力抓好城镇化建设，重点抓好优化布局与提升品位并重，打造"一城一镇、一心两区三轴"城市发展新格局。三是着力抓好建设现代农业与发展绿色工业并重，打造"农业更强、工业更优"农工互补新格局。

2. 着力依法治税，强化征收管理，确保财政收入的稳定增长

坚决以组织收入为中心，加大大宗税源的征管工

作，特别加强对龙滩水电站的税收入库工作。要主动抓好百色到乐业的高速公路税收征管工作。坚持增收节支，运用科学的理财方法，把有限的资金用在刀刃上，做到“生财有道、聚财有方、用财有规”，实现财政收入的稳定增长。建立财政、国税、地税三家联席会议制度，加强对非税收入管理，确立财政分配的主体地位，增强宏观调控能力，认真贯彻“加强管理、堵塞漏洞、惩治腐败、清缴欠税”的工作方针，加强征管，加大税收稽查力度，严肃查处偷、漏、骗税案件，防止税收流失，扎实推进行业纳税评估和税源清查工作，开展收入稽查和专项检查，提高税收征管效率，努力增加财政收入。

3. 着力优化支出结构，确保各项重点支出的需求

按照社会公共需要的标准，科学界定财政支出的供给范围，缓解财政收支矛盾。明确量入为出、集中财力办大事的理财思路，强化支出管理，优化支出结构，将财力主要用于社会公共服务和社会保障，促进地方经济发展。

一是努力实现“三个确保”。确保干部职工工资按时足额发放；确保国家机关正常运转所需经费；确保县委、县政府重大决策所需资金。继续落实增收节支厉行节约工作措施，严格控制和压缩一般性支出，努力降低行政事业单位运行成本，坚持统筹兼顾，有保有压。

二是加大精准扶贫的财政投入，打赢脱贫攻坚战。“十三五”期间，财政工作要服务于乐业经济社会发展全局，加大财政投入，实施精准扶贫、精准脱贫，坚决打赢脱贫攻坚战。财政支持实施“八个一批”精准脱贫计划，到2018底年实现脱贫摘帽。支持精准发展富民产业，带动农民持续增收，支持精准完善基础设施，提升公共服务水平，支持精准实施易地搬迁，优化农村人居环境，支持精准实施社会救助，强化政策兜底保障。

三是加大交通基础设施投入，增强经济社会发展支撑力。“十三五”期间，财政支持完善提升立体交通体系，加大通用机场、高速公路、铁路、码头、城乡路网等基础设施建设领域的财政投入，构建功能配套、智能高效、安全便利的现代化交通网络体系。支持加快实施乐业—百色高速公路建设。支持推进省际县际公路建设，完成纳良—乐业段建设，力争开工建设乐业—凤山公路、乐业雅长—贵州望谟蔗香公路项目，形成乐业—册亨—望谟—罗甸—天(峨)东(兰)巴(马)凤(山)交通环线。支持争取推进乐业通用机场、黄桶铁路前期建设、百色港雅长作业区码头建设等。支持完善对内交通建设。构建县境环绕公路网络，打通各乡镇“回头路”“断头路”“扁担路”，形成乐业县乡“一小时”经济圈。完善县境旅游景区交通环线和步道，重点推进同乐至大石围景区二级公路，提级改造布柳河景区公路，完善县城区旅游公交车网络，增开县城至重点旅游景区旅游公交线路。

四是加大对社会保障和改善民生的投入，促进社会和谐发展。支持推进教育优先发展。落实财政性教育经费支出法定增长要求，稳步提高财政教育经费投入占一般预算支出的比重，保证财政教育拨款增长明显高于财政经常性收入增长。重点支持加快建设县城第三、第四幼儿园和乡镇公办中心幼儿园，搬迁重建同乐镇中心小学、中等职业技术学校，新建县城第二高中、第三小学和第三初级中学，切实解决公办幼儿园“入园难”、县城学校“大班额”问题，实现乡镇初中学生县城集中就读。

支持医药卫生事业发展。逐步提高基本公共卫生服务经费标准，健全城乡基本公共卫生服务经费保障机制，推进基本公共卫生服务均等化。健全县疾病预防控制、卫生监督和城乡医疗急救体系。建立国家基本药物制度，完善实施基本药物制度后财政补偿机制，降低医药费用负担。健全基本医疗保险、补充医疗保险合和城市医疗救助相结合的多层次城镇医疗保障制度，建立科学合理的费用控制机制，保证医疗保险基金收支平衡。逐步规范和完善新型农村合作医疗的组织管理和筹资机制，逐步提高合作医疗筹资水平。加大对城乡医疗救助投入力度，逐步扩大救助范围，提高救助水平。

支持稳步提高社会保障水平。加快健全城乡社会保障体系，推动社保由制度全覆盖变为人员全覆盖。健全完善社会救助保障机制，使困难群众遇急有助、遇困有帮。建立城乡低保动态管理机制，加强农村低保与新型农村社会养老保险以及其他社会救助制度和扶贫政策之间的衔接，优化整合补助资金，增加对城镇居民基本医疗保险、新型农村合作医疗的财政补助。适时调整工伤、失业、城乡居民最低生活保障等社会保障待遇水平，确保全体人民共享经济发展成果。完善失业保险制度，逐步提高失业保险统筹层次，建立领取失业保险金与就业状况挂钩机制。

支持公共文化服务体系建设。引导公共文化资源向基层倾斜,加强文化市场管理,倡导全民健身新时尚。建立健全公共文化服务财政保障机制,加大对公益文化事业投入,引导激励全社会参与文化建设,支持构建覆盖城乡、惠及全民的公共文化服务体系,公共文化服务能力和服务水平显著提高。以农村、基层为重点,统筹推进文化场馆和城乡社区公共文化服务网络建设,提高公共文化设施的服务能力和水平。

支持扩大就业和技能培训。继续实施积极的就业扶助政策,加大就业创业技能培训,全方位促进就业增长。通过扩大政府投资规模和政府购买公益性岗位,尽可能多地提供就业机会,千方百计增加就业岗位。加大政府投入力度,完善职业教育和培训体系。建立促进劳动力流动的体制机制,引导劳动力合理有序流动。进一步优化小额担保贷款政策体系,支持农民工、大学生等群体创业就业。

支持建立健全基本住房保障制度。加大保障性住房建设的投入力度,通过老城区改造和新建、改建、政府购置、租赁等方式增加廉租住房和经济适用住房房源,通过税收优惠政策鼓励和带动社会力量参与保障性安居工程建设,不断加大租赁住房补贴力度,着力解决城市低收入家庭的住房困难。让困难群众生活有保障、有尊严、有希望。

五是加大生态环保财政投入,推动乐业绿色发展。"十三五"期间,加大生态建设和环境保护领域的财政投入,坚持生态优先,加快生态建设,强化环境治理,减少环境污染,促进生态恢复,提升环境质量,保障生态环境安全。一是支持生态环境保护。实施天然林保护和生态公益林工程,大力推进石漠化治理、退耕还林、荒山造林、封山育林、水土流失等生态治理工程,加强森林资源保护,增加森林面积,提高水源林和生态公益林占比,促进生态环境改善。二是支持环境污染防治。加强对水、大气、土壤污染防治。加强水污染防治,全面控制工业、城镇生活、农业农村等污水排放。加强大气污染防治,狠抓整治城市建设工地扬尘,减少烟尘、粉尘和挥发性有机物排放,降低可吸入颗粒物、细颗粒物浓度,明显改善城乡空气环境质量。加强土壤污染防治,开展土壤常规监测,控制农业源污染,减少农药、薄膜对土壤的污染,严防重金属污染,确保土壤环境安全。

4.持续完善预算管理

(1)强化预算管理,健全政府预算编制体系。进一步健全预算编制口径,把公共财政预算、政府性基金预算、国有资本经营预算和社会保险基金预算的统筹衔接起来,着力提高年初预算到位率。继续严控部门预算支出水平,优化部门预算支出结构;完善部门预算基本支出标准,增强部门预算安排的科学性和公正性;加强部门综合预算管理,提高公共资源配置效率和部门预算规范性及约束力。继续完善预算安排和预算执行相结合的机制,努力提高预算执行效率,特别是加大项目资金执行到位率。县本级预算安排的资金,原则上要在本级人大批准预算后30日内细化和下达预算,同时,进一步加强预算资金支付管理,按规定及时拨付资金,及早发挥财政资金使用效益。

(2)推进法制财政建设。进一步强化依法规范理财意识,严格按照新《中华人民共和国预算法》和《广西壮族自治区预算监督条例》等具体规定进行依法理财,并向同级人大报告或备案有关财政工作方面的情况。

(3)推进透明预算。加强财政信息公开,促进各项财政活动在法律规定的框架内规范运作,保障行政管理相对人和利害关系人的知情权、参与权和救济权。一是进一步细化预算公开内容,不断完善预算公开工作机制,强化对预算公开的监督检查,提高预算透明度;二是进一步推进公共财政预算、决算和部门预算决算公开,财政支出公开到项级科目;三是加大政府性基金预算和国有资本经营预算公开力度;做好财政预决算、部门预决算及"三公"经费预决算等预算信息公开。同时,切实加强预算信息公开的应急管理,有效防止预算信息公开可能诱发的不确定因素发生。

(4)盘活财政存量资金。一是建立结余结转资金定期清理机制。对县本级公共财政预算安排形成的结余资金和结转使用一年及以上的结转资金,在预算安排的第二年初启动全面清理工作,全部收回总预算;对上级转移支付资金安排形成的结余资金和连续结转两年及以上的结转资金,其管理办法有具体规定的按规定执行,或据实结算项目外,未作具体规定的全部收回总预算,调剂用于扶贫、民生和急需资金支持领域。

(5)全面推开预算绩效管理。充分借鉴其他县区预算绩效管理的成功经验,按照加强政府绩效管理的要求,不断完善公共财政体制机制,强化部门支出责任和效率,逐步建立以绩效目标的实现为导向,以绩效评价为手段,以结果应用为保障,覆盖所有财政性资金,贯穿预算编制、执行、监督全过程的具有中国特色的预算绩效管理体系,以改进预算管理,优化资源配置,控制节约成本,努力提高公共产品质量和公共服务水平。规范绩效项目考评工作,提高财政资金使用效率。

(6)继续强化政府采购管理。继续紧密围绕政府采购“提速、控价、保质”目标,进一步深化政府采购制度改革,继续落实好《政府采购法实施条例》,推进采购预算执行管理,提高采购规模和效益,完善政府采购体系,提升政府采购透明度,加强政府采购管理,提升服务政府采购当事人和经济社会发展和能务和水平,以实现“十三五”政府采购工作推上一个新的台阶。

(7)加强地方财政风险管理。一是努力争取政府债券。继续争取通过自治区代理发行地方政府债券方式新举借政府债务,合理利用债务融资,缓解项目建设资金需求,确保我县重大投资项目能够顺利实施。同时,充分用足用好政府置换债券政策,加强与债权人协商、谈判,积极申报置换债券资金达70%以上,大力推进存量债务置换工作,大幅降低利息成本,尽早实现全部非政府债券本金的置换,降低县政府债务风险。二是加大债券项目推进力度。继续完善项目储备库,对已立项、签约项目做好后续跟进,优化各项服务,确保项目顺利实施和尽快落地。三是加强对政府债券资金使用的管理。一方面促进资金的安全、规范、有序、高效运行,最大限度发挥其经济效益和社会效益。二方面做好政府债券的还本付息工作,每季度根据自治区财政厅下达的贷款项目还本付息通知单,认真核实涉及的债务数据,及时筹措资金偿还本息,督促有关单位及时偿还本县到期的债务,维护县政府良好的对外形象。

(8)强力推进项目建设。项目是实施“十三五”财政发展财源建设的载体,顺利推进项目建设是实现目标任务的有效保障。项目建设必须全面落实和建立“一个项目、一个分管领导、一个责任单位、一个工作班子、一个倒排工期计划、一竿子抓到底”的“六个一”责任机制,将工作计划、工作目标层层分解、级级落实,确保每一个项目有人负责、有人跟踪、有人协调、有人解决实际问题,形成“人人有任务,事事有人抓,件件有保障”的工作局面,确保项目建设的顺利实施,尽早发挥项目建设带来的经济效益和社会效益。

5. 着力加大与上级部门联系力度,千方百计争取上级对我县财政工作支持

财力薄弱、资金不足是现阶段制约我县发展的一个主要因素,所以必须在争取中央和自治区财政支持方面多动脑子,多花精力,多想办法,多出实招。各部门必须密切关注国家、自治区、市保增长、调结构、促发展、惠民生的政策措施和投资去向,在争取中央、自治区继续加大对我县转移支付支持的同时,进一步加大汇报反映力度,积极做好乐业特色项目申报和争取工作,力争获得更多的资金补助份额,争取上级对我县生态、扶贫、农业、农业、文化、教育、卫生、计生、林业、交通建设、旅游等投入更多的资金支持。同时,积极推进项目实施,加快资金拨付进度,促进项目按期完工,发挥项目效益。

6. 深化财税体制改革

一是大力推进政府购买服务。二是切实加强政府性债务管理。进一步明确各级政府举债权限和用途,强化财政部门政府性债务归口管理职能,对政府性债务实行分类管理和计划控制,切实防控政府性债务风险。三是推动PPP项目的落地实施。四是继续深化和完善国库集中支付和公务卡结算改革。

各位代表,今后我县的财政发展任务十分艰巨,我们要按照自治区党委、市委、自治区政府、市政府的统一部署,在县委的正确领导下,在县人大、县政协的监督和支持下,积极围绕“十三五”财政各项目标任务,主动作为,攻坚克难,支持打赢全县脱贫攻坚战,进一步增强做好财政工作的使命感、责任感和紧迫感,以良好的状态,有力的措施,扎实推进新常态下各项财政工作,为圆满完成“十三五”财政发展目标任务,推动我县经济社会持续健康发展而共同努力。

有关名词及相关情况说明

1. 财政总收入:地方一般公共财政预算收入、转移性收入的总称。

2. 一般公共财政预算收入:通常指“地方财政收入”,它是指按照现行分税制财政体制规定,各级财政、国税、地税部门组织征收的财政收入中属于我县可自主支配的财政收入,这部分资金留解于县国库。

3. 转移性收入:反映政府的转移支付以及不同性质资金之间的调拨收入。具体包括返还性收入、一般性转移支付收入、专项转移支付收入、上年结余收入、调入资金、政府债券收入等。是我县财政支出主要支撑,占财

政总收入90%以上。

4. 专项转移支付收入：反映政府间专项转移支付收入。包项各项专项拨款补助收入。此类补助属于一次性专项补助，每年都有所不同。是转移性收入批标中的主要部分。

5. 财政收入：地方自行组织收入的部分。由县级财政、国税、地税部门组织征收的各项财政收入的总和，反映一个地方综合经济水平高低的主要指标。

6. 税收收入：税收随着国家的产生而产生，是政府实现其职能的重要形式。在现代市场经济条件下，税收具有组织财政收入、调节经济和调节收入分配的基本职能。税收是财政收入的主要来源，18个税种可分为中央税4个、地方税11个和中央地方共享税3个。

7. 非税收入：政府非税收入（以下简称非税收入）是指除税收和政府债务收入以外的财政收入，是由各级政府、国家机关、事业单位、代行政府职能的社会团体及其他组织依法利用政府权力、政府信誉、国家资源、国有资产或提供特定公共服务和准公共服务取得并用于满足社会公共需要或准公共需要的财政资金，具体包括行政事业性收费、政府性基金等10类（政府性基金、以政府名义接受的捐赠收入、主管部门集中收入等目前不纳入财政收入统计范围），社会保险基金、住房公积金不纳入非税收入管理。针对不同类别和性质的非税收入，国务院和财政部制定了相应的管理政策和制度，按照其性质分别纳入公共财政预算、政府性基金预算和国有资本经营预算管理。

8. 政府债券：为积极贯彻实施积极财政政策，增强地方安排配套资金和扩大政府投资的能力，经国务院批准，从2009年起，财政部代地方发行政府债券。

9. 财政总支出：全县财政总支出 = 全县一般财政预算支出 + 转移性支出。其中，转移性支出 = 上解上级支出 + 调出资金 + 地方政府债券还本 + 年终结余。

10. 财政支出：即当年财政支出。指政府为提供公共产品和服务，满足社会共同需要而进行的财政资金的支付。通常指一般预算支出，主要包括一般公共服务、外交、国防、公共安全、教育、科学技术、文化体育与传媒、社会保障和就业、医疗卫生、节能环保、城乡社区事务、农林水事务、交通运输、资源勘探电力信息等事务、商业服务业等事务、金融监管等事务支出、地震灾后恢复重建支出、援助其他地区支出、国土资源气象等事务、住房保障支出、粮油物资储备事务、预备费、国债还本付息支出、其他支出等。

11. 财政经常性收入：包括以下三个方面：一是公共财政预算收入（剔除城市维护建设税、罚没收入、专项收入及国有资产经营收入等一次性收入）；二是中央核定的增值税及消费税税收返还、所得税基数返还、自治区分享“四税”基数返还；三是中央通过所得税分享改革增加的一般性转移支付收入。

12. 法定支出：目前包括三部分：农业法定支出根据《农业法》第四十二条规定：“国家财政每年对农业总投入的增长幅度应当高于财政经常性收入的增长幅度。”科技法定支出根据《科学技术进步法》第四十五条规定：“国家财政用于科学技术的经费的增长幅度，高于国家财政经常性收入的增长幅度。”教育法定支出根据《教育法》第五十五条规定：“各级人民政府教育财政拨款的增长应当高于财政经常性收入的增长。”

13. 公共财政预算：政府凭借国家政治权力，以社会管理者身份筹集以税收为主体的财政收入，用于保障和改善民生、维持国家行政职能正常运转、保障国家安全等方面的收支预算。

14. 政府性基金预算：政府通过向社会征收基金、收费，以及出让土地、发行彩票等方式取得收入，专项用于支持特定基础设施建设和社会事业发展等方面的收支预算。政府性基金预算的管理原则是：基金全额纳入预算，实行“收支两条线”管理；在预算上单独编列，自求平衡，结余结转下年继续使用。

15. 社会保险基金预算：国家为保证社会成员的基本生活权利而提供救助和补给，以便实现国家社会保障职能、建立社会保障制度而编制的预算，是政府预算体系的重要组成部分。

16. 财政预算绩效：为了实现政府财政资源的合理配置。优化财政支出结构，降低政府运行成本，提高财政资金使用的经济性、效益性和效率性，2014年起我县实施财政预算绩效工作，选出部分项目实行绩效考评。

17. 预算信息公开：政府信息公开是指国家行政机关和法律、法规以及规章授权和委托的组织，在行使国家行政管理职权的过程中，通过法定形式和程序，主动将政府信息向社会公众或依申请而向特定的个人或组织公开的制度。《中华人民共和国政府信息公开条例》已经2007年1月17日国务院第165次常务会议通过，自2008年5月1日起施行。

2013年起我县开展了财政预决算公开和“三公”经费公开工作。2014年起开展我县部门预决算公开工作，通过自治区政府信息公开统一平台或县政府网站向社会公开。

概　　述

◎编辑　黎启顺

基本情况

【建置沿革】 乐业县在秦朝时为象郡辖地。汉初，属南越国地。汉元鼎六年(前111年)，县境属交州郁林郡、益州牂牁且兰县地。三国时，县境属郁林郡。晋朝属晋兴郡。南朝宋、齐时期属广州晋兴郡，梁、陈时期属南定州晋兴郡。隋朝属扬州郁林郡地。唐初属岭南道羁縻双城州地，后属岭南西道邕管羁縻黔州道黔州地，五代时，先属楚，后入黔州属后蜀。宋初属广南西路的来安路，磡峒，后属广南西路邕州都督府、右江道横山寨。元朝属广西道田州路泗城土州。明朝属广西布政司泗城土州、庆远府程县。清初属广西行省泗城土州。后属思恩府，直隶右江道。乾隆五年(1740年)置凌云县，属泗城府。民国元年(1912年)，撤销凌云县，直属泗城府。次年，撤销泗城府，改为凌云县公署。民国19年(1930年)改称凌云县政府，属广西省田南道。民国24年(1935年)，从凌云县分出乐业团区成立乐业县，属百色行政监督区。

中华人民共和国成立初期仍为乐业县，1951年8月，乐业县、凌云县合并为凌乐县。1953年，凌乐县属桂西壮族自治区百色专区。1956年3月，属桂西壮族自治州百色地区工作委员会。1958年3月，属广西壮族自治区百色地区专员公署。1961年8月，撤销凌乐县，复设乐业县、凌云县，属百色地区专员公署管辖。2002年，成立地级百色市，乐业县归百色市管辖。

【地理位置】 乐业县位于广西壮族自治区西北部，百色市北面，云贵高原东南麓。南、北盘江在县西北部汇为红水河，成为红水河的起点。县境地处北纬24°30′~25°03′，东经106°10′~106°51′，县城海拔970米，是广西海拔最高的县城。县境东西最大横距71.5公里，南北最大纵距61.5公里，行政区域总面积2633.17平方公里。石山面积占30%，土山面积占70%。东与河池市天峨、凤山县毗邻，南接凌云县，西南傍田林县，西与贵州省册亨县隔南盘江为界，北与贵州省望谟布依族苗族自治县、罗甸县隔红水河相望。县城距国家重点工程龙滩水电站160公里，距百色市168公里，距自治区首府南宁市400公里，距贵州省省会贵阳市370公里，距贵州黄果树风景区300公里，是甘肃、重庆、贵州经龙邦口岸(国家一类口岸)往东盟国家最为便捷的通道之一。

图1 位于花坪镇南干村的黄猄洞天坑（李 晋摄 2016年6月3日）

【自然状况】

地质构造 乐业县境内出露地层有泥盆系至三叠系和第三系、第四系。其中，石岩系和三叠系出露齐全，三叠系分布面积广，约占县境的三分之二。县境所处大地构造位置属华南准地台右江再生地槽桂西拗陷西林——百色断裂带东侧，属广西“山”字形构造前弧西翼西侧和川滇“之”字形构造尾部的北侧及南岭纬向构造带西端三者相互叠加复合部位，构成以乐业“S”形和北西向、北东向断裂交错为主要特征的构造格架。

地貌 县境属桂西北高原斜坡岩溶地貌区，地势南部和中部高，东、西、北三面低。地形为中部丘陵谷地，东、西、北部为砂页岩土蜂山区，中南部为峰丛洼地、丘陵谷地散布。境内最高峰高大坪位于逻沙乡，海拔1982米；最低点红水河谷位于雅长乡，海拔274米。由于古代地壳多次变化，地层褶皱起伏，加上受流水的侵蚀强烈，地表遭受切割，峰高谷深，已失去第三系的始新世—古新世形成的云贵高原地貌景观。如新化(甲里)谷地，始新至新世所堆积的紫红色块状砾岩，已上升到河谷以上 60~120 米，地面抬升幅度 200~300 米，红层砾岩，已被水流切穿基底，到三叠系中统的砂岩、页岩，同时在河流两侧中堆积Ⅰ～Ⅱ级阶地松散堆积物有白泥、砂卵石层。地貌类型主要分为中山、低山、高丘河谷、平地、水域。其中，中山主要分布于中南和西南部，一般海拔 800 米以上，面积 1605.07 平方公里，占总分面积的 61.33%，境内峻岭纵横，沟深坡陡；低山分布于东、西、北三面，主要是幼平乡、逻西乡、新化镇、花坪镇、雅长乡部分村，一般山峰海拔 500~800 米，面积 806.15 平方公里，占总面积 30.8%；高丘河谷主要分布在东、北、西部的布柳河谷和红水河谷，海拔 250~500 米，面积 165.69 平方公里，占总面积的 6.3%；平地主要包括 22 块较大的田坝，面积 25.58 平方公里，占总面积的 0.98%；水域面积 14.5 平方公里，占总面积的 0.55%。

【山脉】 县境多山脉，山脉海拔在 1500 米以上有 23 座。其中，最高海拔是高大坪（海拔 1982 米），盘古王山（1971.2 米）、余家坪（海拔 1877.8 米）、蔡家老山（海拔 1868 米）、九龙山（海拔 1802 米）、草王山（海拔 1784.6 米，地处逻沙乡唐英村东北 1.5 公里）、周家崂山（海拔 1760 米）、谢家老山（海拔 1712 米）、陈家老山（海拔 1708 米）、龙答湾（海拔 1692 米）、文家老山（海拔 1690 米）、五台山（海拔 1657.5 米）、波螺山（海拔 1646.5 米）、改山（海拔 1610 米）、何家山（海拔 1585 米）、草王山（海拔 1583 米，地处雅长乡百康东南 9.2 公里）、狮子口（海拔 1560 米，地处花坪

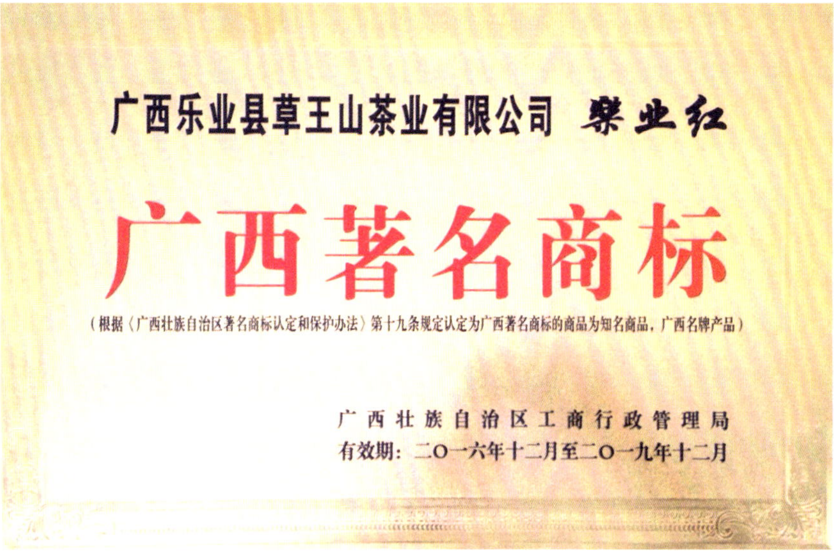

图 2　生产有机茶的乐业县草王山茶业有限公司获广西著名商标（草王山茶业公司供）

镇东南 5 公里）、狗伦山（海拔 1554 米）、老山（海拔 1531 米）、凉风坳（海拔 1523 米）、狮子口（海拔 1522 米，地处花坪镇浪筛北 3 公里）、马鬃岭（海拔 1522 米）、狮子口（海拔 1510 米，地处逻沙乡全英西南 1.7 公里）。（黎启顺）

【气候】 乐业县地处低纬度地区，属亚热带湿润气候区。雨量充沛，气候宜人，四季常花。冬无严寒，夏无酷暑。2016 年，乐业县气温正常偏高，年平均气温为 18.1℃，与历年平均值（16.8℃）偏高 1.3℃；全年总降雨量为 1163.4 毫米，与历年平均值（1327.2 毫米）偏少 163.8 毫米；年日照时数为 1245.0 小时，与历年平均值（1339.0 小时）偏少 94.0 小时。年内县城暴雨（50 毫米以上）日数共 7 天，其中 1 天最大降雨量为 96.5 毫米，出现在 9 月 1 日。（罗新宁）

【水文】 乐业县境内流域面积 10 平方公里以上地表河 14 条，皆属珠江流域西江水系，是西江干流——红水河的起点，即在雅长乡尾沟村与贵州省望谟县蔗香乡双江口的南盘江、北盘江汇合处。主要河流有南盘江、红水河 2 条，流经县域总长 73.6 公里，其中最大河流为红水河，流经境内 51 千米。其他河流有布柳河、甲里河、百康河、个马河、中里河、逻西河、百朗河、雅庭河 8 条，总长 265.9 公里。年平均降雨量 1200 毫米，平均径流深 370 毫米，平均总来水量 132.58 亿立方米，水利资源理论蕴藏量约 6 万千瓦，可开发利用 2 万千瓦以上，已开发和正在开发的水电装机容量近 4350 千瓦。河流汛期 1—9 月，农业用水期 3—10 月。乐业县是西部大开发标志性工程——龙滩水电站库区淹没县，375 米高程涉及雅长乡、花坪镇、幼平乡 3 个乡（镇），县境库区水面 2400 公顷。（龙昌腊）

【资源 物产】

土地资源　2016 年，全县土地

面积26.33万公顷，耕地2.52万公顷，园地1.55万公顷，林地18.26万公顷，草地1.78万公顷，城镇及工矿用地2466.91公顷，交通运输用地1235.57公顷，水域及水利设施用地4789.90公顷，其他土地13704.38公顷。

矿产资源 乐业县矿产资源较丰富，主要矿产资源为金矿和建筑石料用灰岩。至2016年年底，发现煤、铁、磷、水晶、金、锑、铜汞、重晶石、萤石、方解石、黄铁矿、水泥用灰岩、建筑石料用灰岩、黏土、白云岩、石英岩等16种有用矿产。查明资源储量的有煤矿、金矿、压电水晶、熔炼水晶、水泥用灰岩、建筑石料用灰岩、方解石矿、白云岩等8种。矿产资源特点：金矿为主要矿产，预测蕴藏资源量60~90吨；石灰岩等非金属分布面积大，资源量丰富，是发展水泥工业和建筑用石的重要资源；硫铁矿具有一定的找矿前景；煤矿质量差，探明储量少；砂岩和方解石零星分布，储量不明。（廖和骏）

林业资源 全县有2个国有林场：广西壮族自治区直雅长林场和县属同乐林场。2016年，乐业县封山育林面积52964公顷，有自治区级以上生态公益林管护面积4.54万公顷，有林业用地面积235794.7公顷，林地面积188037公顷，灌木林地16092公顷，苗圃地525公顷。年内全县森林面积205277公顷，森林覆盖率77.82%，活立木总蓄积量1417.1万立方米，涉林总产值19亿元。年内全县商品用材林面积59758公顷，其中杉木林面积19742公顷，蓄积1630428立方米，松树林面积7576.9公顷，蓄积598712立方米，桉树林面积1549.7公顷，蓄积1913733立方米，商品经济林面积26486.7公顷，产量14633吨以上。树种以八角、板栗、油茶和油桐为主。主要分布在幼平乡、逻西乡和新化镇。2016年主要林产品中，油茶籽产量1138吨、油桐籽产量1085吨、八角产量2853吨，板栗产量2088吨、核桃产量158吨、茶叶（毛茶）产量2920吨、桃果产量1622吨、柑橘产量3985吨、猕猴桃产量985吨、梨产量307吨。（吴义忠）

旅游资源 乐业属南方典型的卡斯特岩溶群地区，境内群山连绵，山、水、林、石、洞兼备，在方圆20平方公里范围内查明有天坑28个，是世界上最大的天坑群，全世界13个超大型天坑中有7个分布在乐业。县境有庞大复杂的地下河、洞穴系统，有很高的科考、探险、旅游价值，在全球岩溶区中无与伦比，囊括世界上各种类型和规模的天坑精品，被誉为“天坑之都”和“世界天坑博物馆”。2016年，全县有大石围天坑景区（4A级）、罗妹莲花洞景区（3A级）、穿洞天坑景区、布柳河仙人桥景区、火卖生态村、牛坪生态村等6个旅游景区。大石围天坑形成于大约6500万年前，垂直深度613米，东西走向长600米，南北走向宽420米，容积0.8亿立方米，坑底原始森林9.6万平方米，是当今发现世界上最大的地下原始森林，被称为世界“岩溶胜地”；罗妹莲花洞洞长970米，洞内莲花盆有200多个，盆中盆有600多个，最大的莲花盆直径9.4米，称为“莲花盆之王”；布柳河大峡谷被专家誉为“植物王国，鸟类天堂”，布柳河仙人桥的天然石拱横跨河长178米、高165米；穿洞天坑……此外，还有五台山、人头山等风景区，熊家东西洞、冒气洞等溶洞奇观，高山汉族唱灯艺术、壮族龙灯舞、马庄母里屯亚母系民俗文化、把吉古老造纸术、布柳河壮族风情等民族文化风情和人文景观。乐业是革命老区，有保存完好的红七军、红八军胜利会师军部旧址，是全国100个“红色旅游经典景区”之一。（陈毅升）

水资源 县境雨量较充沛，水资源较丰富，多年平均降雨量1200毫米，平均径流深370毫米，平均总来水量132.58亿立方米，水利资源理论蕴藏量约6万千瓦，可开发利用2万千瓦以上，已开发和正在开发的水电装机容量4350千瓦。河流汛期1—9月，农业用水期3—10月。全县流域面积10平方公里以上河流18条，其中地表河过县边境3条，境内河流13条，地下河2条，皆属珠江流域西江水系。主要河流有南盘江、红水河2条，流经边界长73.6公里，其中最大河流为红水河，流经境内51公里。还有布柳河、甲里河、百康河、个马河、中里河、逻西河、百朗河、雅庭河8条，总长265.9公里。乐业县是西部大开发标志性工程——龙滩水电站库淹没县，375米高程涉及雅长乡、花坪镇、幼平乡3个乡（镇），县境库区水面3733.33公顷。（龙昌腊）

兰花资源 2008年4月，中国野生植物保护协会授予乐业县“中国兰花之乡”称号。乐业县属亚热带湿润气候区，适宜兰科植物生长，被称为“野生兰花园”。经专家在乐业县境内野外调查发现兰科植物44属130种，其中全国新记录种1种，广西新记录属1个，

广西新记录种15种。在乐业县雅长兰科植物自然保护区内莎叶兰和大香荚兰野生居群是当今已知全球最大的野生居群。莎叶兰野生居群面积约6000平方米，约有1.2万个植株，大香荚兰野生居群面积5000平方米，约有2000个植株。乐业县还是全国唯一的带叶兜兰野生居群，数量超过10万株。

（王 丽）

【行政区划】 2016年，全县辖同乐镇、甘田镇、新化镇、花坪镇4个镇和逻沙乡、逻西乡、幼平乡、雅长乡4个乡。下辖84个建制村和4个社区、1143个村民小组、1737个自然屯。

（黎启顺）

【人口 民族】 2016年，全县总户数49654户，总人口177418人（其中男性93589人、女性83829人），女性占总人口47.25%，男女性别比为100∶112。非农业人口33036人，占18.62%；乡村人口144382人，占81.38%。人口自然增长率12.53‰。常住人口15.49万人。全县18岁以下48465人，占27.31%；18~35岁51702人，占29.14%；35~60岁56687人，占31.95%；60岁以上20546人，占11.59%；百岁以上老人26人，占0.15‰。各乡镇人口分布：同乐镇14778户46498人，甘田镇5030户17563人，新化镇6386户25611人，逻沙乡5488户19442人，逻西乡5352户21685人，幼平乡5650户21131人，花坪镇4751户16661人，雅长乡2219户8827人。县内居住着壮族、汉族、瑶族、苗族、布依族、侗族6个世居民族。县境居住有壮、汉、瑶、苗、布依、侗、仫佬、黎、土家、回、彝、蒙古、京、满、仡佬15个民族，主要因工作或婚嫁入迁乐业，没有形成少数民族聚成点，零星分布在全县各乡（镇）。乐业县主要方言有壮话、客家话（与桂柳话相近）两种，县城、各乡（镇）两种方言皆用。

（彭治森）

【经济与社会发展】 2016年，乐业县深入贯彻落实中央、自治区、百色市重大战略部署和政策措施，以脱贫攻坚统揽各项工作，紧紧依靠全县人民，主动作为，克难攻坚，较好地完成了年初确定的各项目标任务，实现了“十三五”良好开局。

——脱贫攻坚工作成效显著

2016年，全县县乡干部原则上按“1075”（处级、科级、其他干部分别结对帮扶10户、7户、5户贫困户）要求开展结对帮扶贫困户工作，有2073名干部职工结对帮扶9536户贫困户。严格按照“八有一超”“十一有一低于”脱贫摘帽标准，精准推进脱贫摘帽认定工作。全县7个贫困村1336户5674名贫困人口通过百色市、自治区脱贫核验，脱贫攻坚档案管理成为全市先进典范。年内整合各部门资金3.56亿元，完成村屯道路建设38条140.288公里；新建水池、过滤池127座，铺设管路9.6万米；完成危房改造1500户；实施7个脱贫村村级公共服务设施、电网设施、宽带网络设施等建设，全部达

表1　　2016年乐业县行政区划情况表

乡（镇）名称	驻地	村民委	社区居民委员会	村民小组	村民委、社区名称
同乐镇	三乐街	15	4	274	新业、立新、新兴、三乐、平寨、鱼塘、武称、龙门、达存、上岗、九利、央林、刷把、百龙、石合、常仁、丰洞、六为、龙洋
甘田镇	四合圩	8	—	137	百乐、板洪、夏福、四合、达道、九洞、甲龙、大平
逻沙乡	逻沙圩	11	—	150	仁龙、山洲、汉吉、太平、党雄、逻瓦、黄龙、九龙、龙南、全达、塘英
新化镇	新化圩	14	—	157	仁里、皈里、谐里、百泥、中合、百寸、店平、磨里、伶弄、乐翁、那尾、林立、那社、连篆
逻西乡	逻西圩	13	—	140	民西、民友、巴劳、民权、民享、民治、个马、中停、鱼里、打路、七更、卡伦、平峨
幼平乡	幼平圩	11	—	137	上里、幼里、马三、百安、五寨、渡口、陇那、百中、通曹、达心、扁利
花坪镇	花坪圩	7	—	100	花坪、花岩、烟棚、运赖、南干、岜木、浪筛
雅长乡	雅长圩	5	—	48	尾沟、百康、新场、雅庭、三寨

到贫困村脱贫摘帽认定标准。累计投入产业发展资金1727.2万元，其中557万元用于9个脱贫摘帽贫困村产业开发项目；648万元用于全县面上村脱贫户脱贫产业发展扶持奖补政策，户均补助7000元；522.2万元用于2015年2611户建档立卡退出户产业发展巩固扶持资金，户均扶持资金2000元，扶持退出户发展产业，巩固脱贫成果。年内累计发放扶贫小额信贷2908户1.29亿元，其中入股扶贫龙头企业763户3474万元，获分红316户320.21万元；设立扶贫小额信贷风险补偿资金1000万元，用于偿还扶贫小额信贷的坏账和结转滚存用于下一年度的风险补偿资金筹集；安排2016年第二批中央财政专项扶贫资金(发展资金)按因素法分配到县资金39.429万元，用于全县"十三五"建档立卡贫困人口投保保费，每个贫困人口10元。年内审核通过2016年本科学历教育贫困生168人，职业学历教育贫困生补助509人(含巾帼励志班学生)，共补200余万元，实现应补尽补；启动雨露计划扶贫培训"引擎行动"示范项目，主要项目有汽车驾驶、挖掘机、叉车、电工、焊工等，开班3期，参训贫困群众130名。

——农业产业结构持续优化

在稳定粮食生产的同时，积极推进猕猴桃、核桃、砂糖橘等特色产业发展。全年完成粮食种植17.9万亩；累计完成"优果"种植7.87万亩，其中猕猴桃2.4万亩，砂糖橘2.24万亩，核桃3.23万亩，并结合主题设计，在各乡镇打造了5万亩以油菜花为主的花海景观，有效推进了农旅结合。水产畜牧业不断壮大，累计发展网箱1.77万箱，肉牛出栏1.55万头，山羊出栏6.99万只。广西乐业馆成功入驻杭州中华电商博览园，顾式有机茶、猕猴桃、康辉"一品贡牛"等农产品正式入驻销售。成功创建六为自治区级现代特色猕猴桃产业(核心)示范区。张家湾猕猴桃产销合作社等6家企业完成有机转换产品再认证工作，华东公司有机牛、甜象草等3类产品获得有机认证，"乐业猕猴桃"成功获得国家地理标志产品，全县农业产业质量和效益进一步提升。

图3　乐业县委组织部"两学一做"学习教育"讲道德、有品行，做群众的贴心人"研讨会　（县委组织部供　2016年11月2日）

——旅游品位得到明显提升

牢固树立"全域旅游"理念，以创建"广西特色旅游名县"为抓手，开工建设了大石围景区天梯、天舟、布柳河景区观光游览步道、马坪游客集散中心和大石围景区自驾车营地等项目，完成了五台山创4A级景区一期工程、龙云山顾式茶四星级主题度假酒店、蒋家坳综合服务区建设用地前期工作，打造了六为"十里春风"、牛坪馨兰苑等乡村旅游新亮点。乐业荣获"世界长寿之乡"称号，并在"广西与世界同行"全球推介活动中，得到自治区彭清华书记重点推介。布柳河仙人桥成功创建3A级国家旅游景区。以"公司运作+政府支持"的形式，成功举办户外运动挑战赛、全国徒步大会、全国攀岩锦标赛和户外嘉年华等活动，实现了拉动人气、提升名气、增强元气的综合效应。全年全县共接待游客157.54万人次，同比增长27.33%；旅游综合收入13.57亿元，同比增长39.82%。

——抓好项目建设，带动经济发展

严格实行项目跟踪督查制度，将责任分解落实到每位县领导和相关部门，全年统筹推进项目建设417个，总投资额298.61亿元，累计完成投资10.12亿元。其中，列入自治区级统筹推进项目1项，总投资4.96亿元，完成投资0.2亿元；列入市层面统筹推进重大项目11项，总投资25.89亿元，完成投资4.97亿元。通用机场项目已通过民航局中南分局选址预审，自治区人民政府已发函至南方战区空军司令部,申请出具选址意见。乐百高速路项目(乐业段)已完成征地拆迁协议签订工作,进入补偿款支付阶段。乐业至凤山二级公路工程可行性报告已获得自治区发改委批准,并完成施工图设计招标工作。县乡道联网、通村硬化水泥路等项目扎实推进,同乐至大石围二级公路项目完成路基工程80%。累计完成投资6109万元,顺利实施了河道治理工程、小流域水土保持工程和集中供水工程等水利项目。

——建管并举,城乡协调加快发展

规划启动再造一个乐业新城、十大度假小区建设项目,故事小镇和火卖清凉小镇建设项目有序推进;完成了新车站河堤及房屋立面夜景灯光亮化、大转盘路口改造、24米大道盲道改造和龙角山公园改造等市政建设工程;完成县城天然气中压管网铺设4.1公里,并实施了岜拉小区庭院管网铺设和入户安装100户。创新探索以购代建、以房换地安置方式,加快解决县城征地安置历史遗留问题。进一步理顺城市管理职能,率先在全市成立城市管理综合执法局,持续加大违法建设打击力度,立案调查违法建设98户,依法行政拆除47户。生态乡村活动稳步开展,提前完成2016年度30个示范点、300个面上点村屯绿化任务,进度排在全市第一。"国家卫生县城"创建顺利通过区级考评验收,成功创建"国家园林县城"。

——坚持可持续发展,生态建设富有成效

深入实施"生态立县"战略,全面落实主体功能区规划,"国家生态文明示范工程试点县"创建扎实推进,完成了7个乡镇集中式饮用水源地保护区划分上报和保护工作。重点加强对旅游景区、城镇周边、公路沿线等区域林业生态监管保护力度,不断强化源头管理,全年共受理各类森林案件177起,破获和查处175起,查破率为98.87%,多年来乱砍滥伐、侵占林地的高发势头得到有效控制,查处林业行政案件排全市第一。严格实行木材采伐限额管理制度,深入实施新一轮退耕还林工程、珠江防护林工程和石漠化综合治理工程,全年共获得中央、自治区林业项目补助资金4380万元,完成植树造林5.2万亩,占上级下达任务的116%,全县森林覆盖率提高到77.82%。

——继续深化改革,激发发展内生动力

完成全县涉改的行政和参公单位车改和医药卫生体制改革工作。积极推进百色市政策性金融扶贫资金重大项目,预计全年完成银行贷款、政府债券等融资资金7亿元。农村金融改革工作有序推进,成立乐业县振乐融资担保有限公司和广西乐业县农业投资开发有限公司。创新招商引资方式,全年区外境内到位资金7.15亿元,全口径外资到位资金112万美元,均超额完成市下达的目标任务。

——积极改善民生,社会事业全面发展

全年累计投入资金1.74亿元,实施了校舍改造、幼儿园建设、教师周转房等一批教育项目;同乐镇中心小学迁建等项目前期工作扎实开展。成功举办唱灯文化旅游节、卜隆古歌节等特色活动;竞技体育捷报连连,在全市第四届运动会和第二届残运会中,金牌数排名第一,奖牌榜排名第三;改革、医疗服务质量提质提速,全年没有医疗纠纷发生,全县新农合参合率达98.9%;全面二孩政策扎实稳妥实施,新一轮全国计划生育优质服务先进县得到国家命名,广西诚信计生示范县得到自治区命名。全县38449人纳入低保,百岁以上老龄补贴提高到每人每月1000元,补贴金额创全区县份新高;"平安乐业"创建活动深入推进,乐业法学会工作经验成为全区、全国先进典型。安全生产责任制全面落实,全年没有发生重特大安全生产事故。扎实开展"三大纠纷"调处活动,共受理"三大纠纷"案件45起,调结率91%。深入开展"神剑1号"等专项行动,严厉打击黄赌毒等行为,刑事案件下降4.5%。民调排名保持区市前列,社会保持和谐稳定。

——实出创新务实,自身建设不断加强

严格规范重大行政决策程序,行政执法监督、行政复议应诉等工作进一步加强。全面推行财政预决算、"三公"经费等重点领域政府信息公开。强化行政监察,扎实推进党风廉政建设,深入开展"三严三实"专题教育,严肃查处群众身边的四风和腐败问题,扎实开展扶贫领域监督执纪问责,查处案件11起。坚决执行中央八项规定精神,"三公"经费下降9.65%。自觉接受人大法律监督、工作监督和政协民主监督,办理人大代表建议121件、政协委员提案70件,办复率100%。加强审计整改,完成经济责任审计项目2个,纠正不规范资金1683万元。严格预算管理,严控一般性支出,优先支持重大基础设施建设,从源头控管税款征收。

——乡镇建设亮点纷呈

同乐镇依托区位优势,建成全市规模最大的种草养牛示范基地;积极创建广西特色旅游名镇,火卖作为全市唯一村落入选全国第三批特色景观旅游名村,梅家山庄荣获全市首家"广西五星级农家乐"。甘田镇新增猕猴桃种植2530亩,打造了万亩油菜花种植示范区,成功举办第六届民间舞龙节。逻沙乡创新"自主养殖+合作社代养"的扶贫产业模式,引导贫困户发展黑猪养殖产业。新化镇积极打造格桑花和向日葵观赏园,有效带动乡村旅游业发展;充分利用扶贫小额信贷融资,建成谐里3万羽蛋鸡规模化自动化养殖基地。逻西乡全力配合推进高速公路前期工作,完成征地测量2126亩,迁移坟墓137座,完成率达100%;不断做大优势产业,全乡共发展杉木等经济林30.7万亩。幼平乡新增种植反季节蔬菜2000亩,打造芒果种植示范基地2000亩,发展网箱养鱼6800箱,总产值突破1亿元。花坪镇强力打造全区"百镇建设"示范工程,完成镇东山体公园和新农贸市场建设,开发花岩瑶寨、龙坪古村和裕和山庄休闲农家乐等旅游项目,打造雅英屯1000亩扶贫产业猕猴桃种植示范园。雅长乡利用库区水位落差优势,种植旱玉米、黄瓜等作物2500多亩,积极发展网箱养殖,建成网箱9621箱,年销售成鱼600万公斤,移民生产发展、生活稳定。 (龚仕重)

乐业县党政群机关、企事业单位及其领导人(2016年)

中国共产党乐业县委员会

书　记　农　弘(5月离任)
　　　　方志高(5月任职)
副书记　李艳花(女,5月离任)
　　　　李荣能(5月任职)
　　　　兰田宁
常　委　周少民
　　　　黄茂兵
　　　　刘陶恺(5月离任)
　　　　唐和新(5月离任)
　　　　叶　涛(5月任职)
　　　　韩启强(5月任职)
　　　　黄维新
　　　　王以彦(3月任职)
　　　　梁尚总(3月离任)
　　　　伍艳琳(女,5月离任)
　　　　吴燕翎(女,5月任职)
　　　　谢君柱(5月离任)
　　　　杨小斌(5月任职)
　　　　禤达宇(挂职)

乐业县人民代表大会常务委员会

主　任　陆　海(8月离任)
　　　　黄业山(8月任职)
副主任　庾宏清(8月离任)
　　　　黄景高(8月离任)
　　　　朱凌朵(女,8月离任)
　　　　黎启灵(8月离任)
　　　　黄室程(8月任职)
　　　　吴金霞(女,8月任职)
　　　　吴亨全(8月任职)
　　　　黎明彰(8月任职)

乐业县人民政府

县　长　李艳花(女,6月离任)
　　　　李荣能(8月任职)
副县长　刘陶恺(6月离任)
　　　　黄茂兵(6月任职)
　　　　黄维新
　　　　李勇才
　　　　陈　颖(女,5月任职)
　　　　白玛泽仁(5月任职)
　　　　马天祥(5月任职)
　　　　吴亨全(5月离任)
　　　　黄国春(5月离任)
　　　　黎明彰(5月离任)
　　　　吴燕翎(女,5月离任)
副调研员　黄盛功

中国人民政治协商会议乐业县委员会

主　席　黄业山(8月离任)
　　　　刘陶恺(8月任职)
副主席　黄永福(8月离任)
　　　　黄室程(8月离任)
　　　　吴金霞(女,8月离任)
　　　　姚俞任(女,8月离任)
　　　　朱凌朵(女,8月任职)
　　　　黄国春(8月任职)
　　　　梁　健(8月任职)
　　　　余美琼(女,8月任职)
副调研员　崔德海

中共乐业县纪律检查委员会

书　记　唐和新(5月离任)
　　　　叶　涛(5月任职)
副书记　潘兰英(女,7月离任)
　　　　龙薪州(6月离任)
　　　　李笃练(7月任职)
　　　　谢文俊(7月任职)
常　委　杨利丹(女)
　　　　王仕杰
　　　　陈志壮
　　　　陆道忱(7月任职)

乐业县监察局

局　长　潘兰英(女,10月离任)

李笃练(10月任职)
副局长　谢文俊
杨利丹(女)
韦光杰(6月离任)
黄晓琳(女,6月任职)

乐业县纪委监察局案件审理室

主　任　李其兵(6月任职)

乐业县纪委监察局第一纪检监察室

主　任　李　强(6月任职)

乐业县纪委监察局第二纪检监察室

主　任　曹德杏(6月任职)

乐业县纪委监察局办公室

主　任　陆道忱(6月任职)

乐业县纪委监察局信访室

主　任　田维勇(6月任职)

乐业县纪委监察局党风廉政监督室

主　任　杨再涛(6月任职)

乐业县人民法院

院　长　卢吉宁(5月离任)
黄忠行(8月任职)
副院长　梁　东
吴庆祯
罗昌明
纪检组长　黄珍荣

乐业县人民检察院

检察长　申书敏(5月离任)
陈　行(8月任职)
副检察长　王丰望
杨建华
纪检组长　周全忠
反贪局局长　田宗律

中共乐业县委员会办公室

主　任　谢君柱(5月离任)
杨小斌(5月任职)
副主任　刘　萍(女,6月离任)
陈慧琪(女)
黄洁嫦(女,6月离任)
张承照(6月离任)
郑玲岭(6月任职)
周白阳(6月任职)

乐业县保密委员会办公室、乐业县国家保密局

主任(局长)　黄洁嫦(女)

乐业县委督查室

主　任　缺
副主任　林凤立(女)

乐业县委机要局

局　长　廖和英(8月离任)
吴世乐(8月任职)
副局长　吴世乐(8月离任)
罗海慧(女,8月任职)

中共乐业县委组织部

部　长　梁尚总(3月离任)
王以彦(3月任职)
副部长　龙光毅(6月兼人社局局长)
黄炳京
黄海益
林玉平(兼人社局局长,6月离任)
潘秀珍(女,兼老干部局局长,6月离任)
吴庆锋(6月任职,12月离任)
黎　元(女,6月任职,兼老干部局局长)

乐业县基层组织建设工作办公室

主　任　龙光毅(兼,6月离任)

乐业县组织员办公室

主　任　(缺)

乐业县远程教育办公室

主　任　黄家礼(6月离任)
黄运行(6月任职)
副主任　黄运行(6月离任)
杨　芳(女,6月任职)

乐业县党建办公室

主　任　吴宗航

中共乐业县委宣传部

部　长　黄维新
副部长　黄和欢(6月离任)
吴桂群(女)
黄意恺(6月任职)
黄保程(6月任职)

乐业县精神文明办公室

主　任　吴桂群(女,兼)
副主任　杨海莲(女)

乐业县新闻网络图片中心

主　任　曾富豪

中共乐业县委统一战线工作部

部　长　伍艳琳(女,5月离任)
吴燕翎(女,5月任职)
副部长　张德昌(6月离任)
杨胜池(6月离任)
杨本创(6月任职)

中共乐业县委政法委员会

书　记　黄茂兵(5月离任)
韩启强(5月任职)
副书记　张春念(10月离任)
周学进
李荣华(4月离任)
韦启斌(10月任职)

乐业县防范和处理邪教问题办公室

主　任　周学进(兼)
副主任　杨宗铭(6月离任)
　　　　罗盛献(6月任职)

乐业县治安综合治理办公室

主　任　李荣华(兼,4月离任)
副主任　郭慧洁(女)

乐业县维稳办公室

主　任　张春念(兼,10月离任)
副主任　蒙继福

乐业县机构编制委员会办公室

主　任　杨秀立
副主任　田桂云(女,6月离任)
　　　　颜国伟(6月任职)

乐业县事业单位登记管理局

局　长　付道明

中共乐业县直属机关工作委员会

书　记　牙述伟
副书记　陈明欢(6月离任)
　　　　岑德荣(6月任职)
纪委书记　陈明欢(兼,6月离任)
　　　　　岑德荣(兼,6月任职)
人武部部长　陈明欢(兼,6月离任)
　　　　　　岑德荣(兼,6月任职)

乐业县委政府信访局

局　长　杨顺奇
副局长　王永征
　　　　杨凤英(女)

中共乐业县委老干部局

局　长
　潘秀珍(女,兼任县委组织部副部长,6月离任)
　黎　元(女,兼任县委组织部副部长,6月任职)

乐业县接待办公室

主　任　刘　萍(女)
副主任　黄云丹(女)

中共乐业县委党校

校　长　兰田宁(兼)
副校长　吴庆锋(主持常务工作,6月离任)
　　　　覃　文(主持常务工作,6月任职)
　　　　冉茂进

中共乐业县委党史资料征集办公室

主　任　蒙隆瑞(6月离任)
　　　　黄心红(女,6月任职)
副主任　岑德荣(6月离任)
　　　　李代望(6月任职)

乐业县绩效考评领导小组办公室

主　任　李笃练(6月离任)
　　　　邓晓媚(女,6月任职)
副主任　李迎接(女)

乐业县民族事务局

局　　长　周俞岚(女)
党组书记　周俞岚(女)
副 局 长　颜国伟(6月离任)
　　　　　黄元杰(6月任职)

乐业县外事侨务办公室

主　任　毛雅茜(女)

乐业县人大常委会办公室

主　任　吴鸿根(6月离任)
　　　　罗盛跃(6月任职)
副主任　(缺)

乐业县人大常委会财政经济工作委员会

主　任　王晓明(8月离任)
　　　　张丽玲(女,8月任职)

乐业县人大常委会法制工作委员会

主　任　张远创

乐业县人大常委会代表联络工作委员会

主　任　王世岳(女,10月离任)

乐业县人大常委会信访室

主　任　韦凤业

乐业县人民政府办公室

主　任　陈允刚
副主任　杨本创(6月离任)
　　　　龚茂波(6月离任)
　　　　黄意恺(6月离任)
　　　　唐峻东(6月离任)
　　　　邓晓媚(女,兼,6月离任)
　　　　姚通乾(兼)
　　　　吴显俊(兼,6月离任)
　　　　黄家雷(兼,6月任职)
　　　　庾宏政(6月任职)
　　　　刘玉武(6月任职,兼)
　　　　田维雄(6月任职)
　　　　蒋世贤(6月任职)

乐业县人民政府督查室

主　任　吴显俊(兼县政府办副主任,6月离任)
　　　　黄家雷(6月任职,兼县政府办副主任)
副主任　刘玉武(专职,6月离任)
　　　　田景志(6月任职)

乐业县人民政府应急办公室

主　任　邓晓媚(女,兼县政府办副主任,6月离任)
　　　　刘玉武(6月任职,兼县政府办副主任)
副主任　班毅隆(专职)

乐业县政务服务管理办公室

主　任　姚通乾(兼县政府办副主任)
副主任　(缺)

乐业县发展和改革局

局　长　卢红梅(女)
党组书记　卢红梅(女)
党组副书记　农丰贵
副局长　农丰贵(兼)
　　　　黄文兵
　　　　王庆功

乐业县医疗体制改革办公室

主　任　农丰贵(兼)

乐业县经济局

局　长　蒋树森(10月离任)
　　　　黄培书(10月任职)
党组书记　蒋树森(10月离任)
　　　　黄培书(10月任职)
党组副书记　王远香(女,6月离任)
副局长　吴定峰(6月离任)
　　　　李威兴
　　　　王远香(女,兼,6月离任)
　　　　张　琼(女,6月任职)

乐业县教育局

局　长　杨顺杰(10月离任)
　　　　龙光毅(10月任职)
副局长　陈允杰(6月离任)
　　　　黄世教(6月离任)
　　　　周玉荣(女)
　　　　陈秀琴(女,6月任职)
　　　　覃贵南(8月任职)
工委书记　杨顺杰(10月离任)
　　　　龙光毅(10月任职)
工委纪委书记　周玉荣(女)

乐业县教研室

主　任　张信有

乐业县高级中学

校　长　黄炳众

乐业县职业教育中心

主　任　黎海东(兼职校校长、进修学校校长)

乐业县科学技术局

局　长　农春乾(兼党组书记)
副局长　田维光

乐业县公安局

局　长　李勇才(兼)
政　委　王太兴(5月离任)
　　　　史　前(5月任职)
副政委　田茂裕
副局长　文星贤
　　　　杨轩宗
　　　　黎启洁
　　　　班华春
　　　　史　前(5月离任)
纪委书记　韦定群(女)
政工室主任　黄　帅

乐业县公安局交通警察大队

大队长　杨轩宗(兼,2月离任)
　　　　唐云超(2月任职)
副大队长　姚源创
　　　　黄家群
　　　　杨再吉
教导员　傅宗杰
副教导员　吴　炜

乐业县民政局

局　长　黄和胆
党组书记　黄和胆
党组副书记　莫秀武
副局长　梁应凯
　　　　莫秀武(兼)
纪检组长　杨顺学

乐业县低保中心

主　任　韦俐利(女)

乐业县司法局

局　长　张必毓(10月离任)
　　　　田景明(10月任职)
党组书记　张必毓(10月离任)
　　　　田景明(10月任职)
副局长　向支军(6月离任)
　　　　刘易昕
　　　　李素莲(女,6月任职)
纪检组长　莫文新

乐业县财政局

局　长　吴庆斌
党组书记　吴庆斌
党组副书记　冯耀辉
副局长　冯耀辉(兼)
　　　　欧建弹
　　　　韦贵龙
纪检组长　吴建国(6月离任)
　　　　黄显树(6月任职)

乐业县财政稽查分局

局　长　周臣波

乐业县国库支付中心

主　任　罗雪琴(女)

乐业县财政投资评审中心

主　任　许家领

乐业县政府采购办

主　任　邹　辉

乐业县国有资产管理中心

主　任　罗鹤江(兼乐业县兴乐国有资产投资经营有限责任公司总经理)

乐业县人力资源和社会保障局
局　长　林玉平(兼县委组织部副部长,6月离任)
　　　　龙光毅(兼县委组织部副部长,6月任职,10月离任)
　　　　潘兰英(女,兼县委组织部副部长,10月任职)
党组书记　林玉平(12月任职)
　　　　　龙光毅(兼,6月任职,10月离任)
　　　　　潘兰英(女,兼,10月任职)
党组副书记　周昌权
副局长　梁天文
　　　　黎　元(女,6月离任)
　　　　周昌权
　　　　田桂云(女,6月任职)
纪检组长　王自彬

乐业县就业服务中心
主　任　李千山

乐业县城镇职工基本医疗保险管理中心
主　任　农有表

乐业县人才交流服务管理办公室
主　任　王　克

乐业县城乡居民社会养老保险所
所　长　陆四九

乐业县社会劳动保险事业管理所
所　长　黄荣再

乐业县国土资源局
局　长　韦德义
副局长　杨秀永
　　　　李　智
　　　　邓朝远
纪检组长　杨　慧(女,5月离任)
　　　　　黄　炜(5月任职)

乐业县国土资源执法监察大队
大队长　唐子皓

乐业—凤山世界地质公园乐业县园区管理局
局　长　汪平勇(6月离任)
　　　　黄和欢(6月任职)
副局长　雷兰优(女)
　　　　彭德壮

乐业县环境保护局
局　长　田景明(10月离任)
　　　　蒋树森(10月任职)
党组书记　田景明(10月离任)
　　　　　蒋树森(10月任职)
党组副书记　黎永群
副局长　黄家挺
　　　　黎永群

乐业县环境监察大队
大队长　李胜康

乐业县住房和城乡建设局
局　长　罗应业(10月离任)
　　　　庾宏稳(10月任职)
党组书记　罗应业(10月离任)
　　　　　庾宏稳(10月任职)
党组副书记
　　　黎秀耐(女,6月离任)
副局长　黎秀耐(女,6月离任)
　　　　罗宗权
　　　　黄显福
　　　　金时阳(6月任职)
纪检组长　黄显福(兼)

乐业县人民防空办公室
主　任　张洪滔

乐业县工程质量安全监督站
站　长　潘忠志

乐业县城市管理综合执法局(原乐业县市政管理局)
局　长　黄培书(10月离任)
　　　　王麒翔(10月任职)
副局长　粟周廷
　　　　杨顺业
纪检组长　梁忠峰(6月离任)
　　　　　龙光忠(6月任职)

乐业县城镇建设管理监察大队
大队长　黄光满

乐业县住房制度改革委员会办公室
主　任　李永华
副主任　黄汉升

乐业县交通运输局
局　长　王　磊
党组书记　刘玉球(女)
副局长　吴文平
　　　　杨再勋
　　　　岑国松(4月离任)
　　　　刘玉球(女,兼,6月任职)
纪检组长　黄世忠(6月离任)
　　　　　梁忠峰(6月任职)

乐业县港航管理所
所　长　李　兵

乐业县地方公路管理所、路政大队
所　长(大队长)　陆建勇

乐业县水利局
局　长　李文勇
党组书记　李文勇
副局长　金时阳(6月离任)
　　　　吴林懋(5月离任)
　　　　黎秀耐(6月任职)

郭瑞军(6月任职)
纪检组长 雷文杰

乐业县水利建设管理站

站 长 梁忠岭

乐业县农业局

局 长 杨秀杰
党组书记 杨秀杰
党组副书记 刘昌龙
副局长 刘昌龙(兼)
杨昌勤
韦盛院
纪检组长 黄显树(6月离任)
吴建国(6月任职)

乐业县茶叶办

主 任 杨昌勤(兼)
副主任 张兴思

乐业县农业推广站

站 长 杨光文

乐业县水果生产技术指导站

站 长 补祥国

乐业县林业局

局 长 杨丰羽
党组书记 杨丰羽
副局长 黄立康(兼县八角场场长,6月离任)
郭瑞军(6月离任)
段兴祥(2月离任)
向支军(6月任职)
黄炳业(6月任职)
唐星民(6月任职)
纪检组长 陈善书(6月离任)
黄应战(6月任职)

乐业县森林公安局

局 长 杨秀远
政 委 陈长林

乐业县林业推广站

站 长 杨序思(6月离任)
赵 斌(6月任职)

乐业县农村能源办公室

主 任 黎启文

乐业县林权管理服务中心

主 任 牙韩雍(4月离任)

乐业县林政资源管理办公室

主 任 许再锋(6月离任)

乐业县森防检疫站

站 长 周桃川

国营同乐林场

场 长 张必明
副场长 王正钦
莫佰衡
工会主席 田景维

乐业县扶贫办公室

主 任 杨长周(1月离任)
黄恒国(1月任职,10月离任)
王世岳(女,10月任职)
党组书记
杨长周(1月离任)
黄恒国(1月任职,10月离任)
王世岳(女,10月任职)
副主任 王智永(2月离任)
田维明(6月离任)
龚 芬(女,6月离任)
张继宁(6月任职)
黄世俊(6月任职)
纪检组长 韦秋洁(女,6月任职,12月离任)
牙韩壮(12月任职)

乐业县八角林场

场 长 黄立康
副场长 苏其邦

乐业县核桃场

场 长 刘昌龙
副场长 龙胜学

乐业县板栗场

场 长 王智永(2月离任)
副场长 黄 懿(3月离任)
金时明(1月离任)

乐业县水产畜牧兽医局

局 长 夏宗延(6月离任)
张承照(6月任职)
副局长 黄元斌(6月离任)
黄汉华
王素丹(女,6月任职)
党组书记 夏宗延(6月离任)
张承照(6月任职)
党组副书记 卢毅文(6月离任)
纪检组长 邹革彦

乐业县动物疫控中心

主 任 韦凤能

乐业县动物卫生监督所

所 长 姚通达

乐业县农业机械化管理中心

主 任 莫伯宇
副主任 龙光忠(6月离任)
金兰东(女)
柏世和(6月任职)
党组书记 莫伯宇(12月任职)
党组副书记 金兰东(女,12月任职)

乐业县农机监理站

站 长 柏世和(兼)

乐业县水库移民工作管理局

局　长　黄和炳(6月离任)
　　　　龚茂波(6月任职)
党组书记　黄和炳(6月离任)
　　　　　龚茂波(6月任职)
党组副书记　黄元锋
副局长　黄元锋
　　　　杨镇洲
　　　　陆　锋
纪检组长　岑　喆

乐业县招商促进局

局　长　覃喜盼(女,6月离任)
　　　　黄家礼(6月任职)
党组书记　覃喜盼(女,6月离任)
　　　　　黄家礼(6月任职)
副局长　黄瑞玲(女,6月离任)
　　　　许再锋(6月任职)
　　　　黄　秋(女,6月任职)

乐业县文化和体育广电局

局　长　韦胜亮
党组书记　韦胜亮
副局长　梁秀群
　　　　莫百锐
　　　　陆金明
　　　　何堂敏
纪检组长　周昌智

乐业县文化市场执法大队

大队长　黄瑞萍(女)

乐业县旅游局

局　长　周学立
副局长　杨　德
　　　　杨秀峰
　　　　唐松林

乐业县卫生和计划生育局

局　长　陈德美
工委书记　陈德美(12月任职)
副局长　李素莲(女,6月离任)
　　　　王子源
　　　　韦佑霖
　　　　凌少全
　　　　梁显微(女)
工委纪委书记　吴美莹(女)
计生协会专职副会长
　　　　黄卫荣(女,6月离任)
　　　　王世国(6月任职)
计生服务站站长　毛　舰

乐业县卫生监督所

所　长　孙步武
副所长　曾小乘(女)

乐业县疾病预防控制控中心

主　任　陈志强
副主任　田维猛
　　　　罗雯雯(女)

乐业县人民医院

院　长　吴　勇(8月离任)
副院长　唐创业
　　　　周美宁(女)

乐业县妇幼保健院

院　长　梁世格(1月任职)
副院长　黄仕谦

乐业县新型农村合作医疗管理中心

主　任　李祥照

乐业县食品药品监督管理局

局　长　黄意昌(兼,6月离任)
　　　　龙薪州(6月任职)
副局长　龙秋萍(女,6月离任)
　　　　李大锐(4月离任)
　　　　李　林(兼)
　　　　李来君(6月任职)
　　　　邹鑫铭(女,6月任职)
纪检组长　邓　发

乐业县食品安全办公室

主　任　黄意昌(兼,6月离任)
　　　　龙薪州(兼,6月任职)
副主任　李　林

乐业县审计局

局　长　吴成海
副局长　黄　浩(6月离任)
　　　　杨爱国
党组书记　戴建军
纪检组长　韦秋洁(女)
总审计师　李秀明(女)

乐业县政府投资审计中心

主　任　禤大好

乐业县安全生产监督管理局

局　长　谢原胜(10月离任)
　　　　张春念(10月任职)
党组书记　谢原胜(10月离任)
　　　　　张春念(10月任职)
副局长　杨天雄
　　　　朱占高
纪检组长　韦胜莽

乐业县统计局

局　长　杨水萍(女)
副局长　杨先果(6月离任)
　　　　刘玉泽(6月任职)
　　　　蒙丽珍(女,6月任职)

乐业县法制办公室

主　任　韦跃建
副主任　蒙文岩

乐业县物价局

局　长　黄春景(10月离任)
　　　　谢原胜(10月任职)
副局长　黄镜锡(6月离任)
　　　　杨　君(6月任职)

价格监督检查分局局长
农道玲（女，6月任职）

乐业县粮食局

局 长 韦启斌（10月离任）
罗应业（10月任职）
党组书记 韦启斌（10月离任）
罗应业（10月任职）
副局长 朱国甜
黄意标
纪检组长 黄意凌（6月离任）

乐业县商务局

局 长 王麒翔（10月离任）
副局长 腾先延（4月离任）
补祥灵（女）

乐业县人民政府调解处理土地山林水利纠纷办公室

主 任 覃金辉
副主任 黄炳业（6月离任）
黄显智
熊文献
张宏诏（6月任职）

乐业县机关事务管理局

局 长 韦文胜
副局长 莫天武
金秀团（女）
黄永东（6月离任）
梁小桂（女，6月任职）

乐业县档案局

局 长 王志功
副局长 黄明东

乐业县地方志编纂委员会办公室

主 任 黎启顺
副主任 张富淇（6月离任）
潘盈雪（女，6月任职）

乐业县地震局

局 长 张 葵（女，6月离任）
杨 斌（6月任职）

乐业县供销合作社联合社

理事会主任 李炳岚
副主任 姚 艳（女）
监事会主任 何峰庆
副主任 杨志杰

乐业县市场服务中心

主 任 王麒翔（兼，10月离任）
副主任 文星贤

乐业县烤烟生产管理办公室

主 任 黄心红（女，6月离任）
潘秀珍（女，6月任职）
副主任 何茂贤（6月离任）
黄世俊（6月离任）
杨胜发
张 葵（女，6月任职）

乐业县农村合作经济管理站

站 长 张冬琴（女，6月离任）
彭德根（6月任职）

乐业县乡村建设管理办公室

主 任 （缺）
副主任
金时明（1月任职，5月离任）
陈允杰（5月任职，主持全面工作）

政协乐业县第九届委员会常务委员

（按姓氏笔画排序）
田桂云（女）
杨本创
杨秀峰
杨胜池（兼秘书长）
杨顺业
吴成海
吴林懋
何堂敏
张兴思
罗秀军
黄伯高
黄招科
黄海益
梁 敏（女）
梁 璇（女）
梁冬明（女）

政协乐业县委员会办公室

主 任 陆桂宁（女，6月离任）
杨胜池（6月任职）
副主任 李汉映（6月离任）
李翠莲（女，6月任职）

政协乐业县委员会提案和民族宗教法制工作委员会

主 任 潘俊儒

政协乐业县委员会教科文卫体和学习工作委员会

主 任 杨 斌（6月离任）
罗秀军（6月任职）

政协乐业县委员会经济人口环保和联谊外事工作委员会

主 任 戴顺泽
副主任 罗秀军（6月离任）
王玲潇（女，6月任职）

人民团体 群众团体

乐业县总工会

主 席 朱凌朵（女，兼）
副主席 黄家雷（主持常务工作，6月离任）
林玉平（主持常务工作，6月任职）
韦美兰（女）

共青团乐业县委员会

书　记　郑玲岭(6 月离任)
　　　　杨智显(6 月任职)
副书记　黄光耀(6 月任职)

乐业县妇女联合委员会

主　席　谭敏秋(女,6 月离任)
　　　　覃喜盼(女,6 月任职)
副主席　王美念(女,6 月离任)
　　　　张冬琴(女,6 月任职)

乐业县科学技术协会

主　席　杨明澍(兼党组书记)
副主席　黄世腾
纪检组长　杨薪民(女)

乐业县工商业联合会

主　席　周可建(12 月离任)
　　　　蒙继福(12 月任职)
党组书记　张德昌(6 月离任)
　　　　　杨本创(6 月任职)
副主席　胡瑞高(专职,12 月任职)
　　　　杨本创(兼)
　　　　黄招科(兼)
　　　　黄国俊(兼)
　　　　吴东洋(兼)
　　　　陈长军(兼)
　　　　潘隆春(兼)
　　　　杨昌伦(兼)
　　　　王守福(兼)

乐业县文学艺术界联合会

主　席　姚俞任(女,兼,6 月离任)
　　　　李彦君(6 月任职)
副主席　李彦君(6 月离任)
　　　　黄瑞玲(女,6 月任职)

乐业县残疾人联合会

理事长　陈　倩(女,6 月离任)
　　　　吴鸿根(6 月任职)
副理事长　梁应店(6 月离任)
　　　　　黄意凌(6 月任职)

乐业县社会科学界联合会

主　席　黄艳凤(女)

广西国有雅长林场

场　长　陈青来
党委书记　余春和(10 月任职)
副书记　朱　兵(兼纪委书记)
副场长　黎广星
　　　　许彩洪(女)
　　　　卢志锋(4 月任职)
　　　　白卫国
　　　　胡星隆(10 月离任)
　　　　江志平
调研员　李吉祥(7 月退休)
　　　　潘瑞幸
副调研员　陈俊连

广西雅长兰科植物国家级自然保护区管理局

局　长　黄伯高
党委书记　黄伯高
党委副书记　杨秀星(兼)
纪委书记　杨秀星(兼)
副局长　杨秀星
　　　　韦燕青(女)
副调研员　赵祖壮

乐业县国家税务局

局　长　左明斌(兼党组书记)
副局长　姚通选(兼党组成员)
　　　　杨志盛(兼党组成员)
　　　　吴林高(兼党组成员)
　　　　王　玮(兼党组成员)
纪检组长　黄承志(兼党组成员)

乐业县地方税务局

局　长　何廷兴(兼党组书记)
副局长　黄和军(兼党组成员)
　　　　黄　振(9 月任职)
纪检组长　王丰宏(兼党组成员)

乐业县工商行政管理局

局　长　刘通君
副局长　杨必干
　　　　黄和坚
　　　　邹云朝
纪检组长　林　乐

乐业县质量技术监督局

局　长　杨天武(6 月离任)
　　　　唐峻东(6 月任职)
党组书记　杨天武(月离任)
副局长　胡瑞高(12 月离任)
　　　　陆春荣
纪检组长　陈明欢(6 月任职)

乐业县邮政局(乐业邮政分公司)

局　长(总经理)　陆元栋
副局长(副总经理)　黄立春

乐业县气象局

局　长　(缺)
副局长
　　陆承相(主持单位全面工作)
纪检监察员　罗新宁

乐业县烟草专卖局、烟草公司

局　长　姚　彬(兼经理、支部书记)
副局长　傅宗峰
烟叶副经理
　　宋战锋(兼支部纪检委员、组织委员)
营销副经理　覃尚众

乐业县公路管理局

局　长　罗永生
党总支书记　谭天水(7 月任职)
党总支副书记　黄　格(11 月任职)
副局长　周贵庭(兼纪委委员)
工会主席　王功瑞

乐业县水利电业有限公司

总经理 林 军(3月离任)
副总经理
黄家毅(3月21日起主持全面工作)
黄 文(4月任职)
工会主席 刘序鹏

中国电信股份有限公司乐业分公司

总经理 黄常明
副总经理 岑家耿

中国移动通信集团广西有限公司乐业分公司

总经理 黄青艳(女)
副总经理 熊庙根

中国联合网络通信有限公司乐业分公司

总经理 王芳战
副总经理 王凤贵

中国铁通乐业分公司

经 理 麻建富

中国人民银行乐业县支行

行 长 黄 萍(女)
副行长 农兴关
王建泱

中国农业银行乐业县支行

行 长 黄元青
副行长 姚碧安
杜庆玲(女)

乐业农村商业银行股份有限公司

董事长 雷万刚
行 长 邹建春
监事长 张秋欢
副行长 向忠久
党委委员 李倩伟

中国邮政储蓄银行股份有限公司乐业县三乐街支行

行 长 李转凌

中国人民财产保险股份有限公司乐业支公司

经 理 黄 诚
副经理 岑光飞

中国人寿保险股份有限公司乐业支公司

经 理 何 嘉

中国人民人寿保险股份有限公司乐业县支公司

经 理 郑兰江(女,9月任职)

泰康人寿保险公司乐业营业部

经 理 郑兰江(女,6月离任)

华安财产保险乐业营销服务部

经 理 王 兰(女)

北部湾财产保险股份有限公司乐业综合金融服务中心

经 理 卢朝晖

百色市住房公积金乐业县管理中心

主 任 黄 云

广西广播电视信息网络股份有限公司乐业县分公司

经 理 黎 源
副经理 龚子琼

乐业县新华书店有限公司

经 理 (缺)
副经理 蒙周臣(主持全面工作)

乐业汽车总站

总站长 黄必沁
总站长助理 陈德林

乐业县人民武装部

政 委 王建斌(7月离任)
部 长 周少民
副部长 宋名荃

中国人民武装警察部队乐业中队

中队长 熊瑞林(上尉)
指导员 蒋贤国(上尉)

中国人民武装警察部队乐业消防大队

大队长 官守勇
大队教导员 邓小阳(11月离任)
戚业亮(11月任职)
参 谋 磨尔冰(11月离任)
雷 浩(11月任职)
中队长 李志伟
赵 科(11月离任)
肖时乾(11月任职)
中队指导员 农有贤(11月离任)
丁 臣(11月任职)

乐业旅游投资开发有限公司

总经理 张威明

广西乐业大石围旅游发展有限公司

经 理 卢 峥
副经理 姚星延

自来水厂

厂 长 廖家干
副厂长 金应生
王自祖
韦胜壮

商业总公司

总经理　牙韩鹏

物资公司

经　理　姚源胜

百色建华民用爆炸物品销售有限公司乐业分公司

经　理　姚源胜
副经理　冯前晶

广西金建华爆破有限工程乐业分公司

经　理　黄敏仁
副经理　冯前晶

中国石化股份有限公司乐业石油分公司

经　理　陈长健(10月离任)
　　　　黄　伟(10月任职)
副经理　黄国各

中国石油乐业城南加油站

经　理　蒙志纯

乐业高野刺梨有限公司

总经理　吴通洋
副总经理　田茂杰

乐业县顾式茶有限公司

董事长　顾欲珍
总经理　梁家熙
副总经理　李　玩

乐业县草王山茶业有限公司

总经理　班丰群
副总经理　班　霖

同乐镇

中共同乐镇委员会

书　记　徐广成(1月离任)
　　　　王功华(4月任职)
副书记　张少镔(4月离任)
　　　　岑国松(4月任职)
　　　　覃　文(4月离任)
　　　　龚艳清(女,4月任职)
组织委员　韦盛球(5月离任)
　　　　　吴家龙(5月任职)
宣传委员　杨应飞
纪委书记　姚秀娟(女,4月离任)
　　　　　郑灵敏(女,4月任职)
武装部部长　滕德贤(5月离任)
　　　　　　周胜利(5月任职)

同乐镇人大主席团

主　席　覃　文(7月离任)
　　　　龚艳清(女,7月任职)
副主席　岑佳锦(7月离任)
　　　　杨顺革(7月任职)

同乐镇人民政府

镇　长　张少镔(7月离任)
　　　　岑国松(7月任职)
副镇长　黄保程(7月离任)
　　　　张继宁(7月离任)
　　　　李星华(7月离任)
　　　　岑佳锦(7月任职)
　　　　滕先延(7月任职)
　　　　吴林懋(7月任职)
　　　　杨玉真(女,7月任职)

甘田镇

中共甘田镇委员会

书　记　黄恒国(1月离任)
　　　　龙国芳(4月任职)
副书记　龙国芳(4月离任)
　　　　田维建
　　　　姚秀娟(4月任职)
组织委员　梁建国(5月任职)
　　　　　施国宁(5月任职)
宣传委员　周桂桢(女,5月离任)
　　　　　黄国能(5月任职)
纪委书记　肖天河
武装部部长　麦　波(5月离任)
　　　　　　王　程(5月任职)

甘田镇人大主席团

主　席　田维建(7月离任)
　　　　姚秀娟(女,7月任职)
副主席　农逍玲(女,7月离任)
　　　　韦永治(7月任职)

甘田镇人民政府

镇　长　龙国芳(7月离任)
　　　　田维建(7月任职)
副镇长　张宏诏(7月离任)
　　　　陈维爽(7月离任)
　　　　陈俊霏(7月离任)
　　　　梁建国(7月任职)
　　　　金时明(7月任职)
　　　　田维彬(7月任职)
　　　　岑明株(女7月任职)

新化镇

中共新化镇委员会

书　记　王功华(4月离任)
　　　　黄保锦(4月任职)
副书记　岑彦熠(女)
　　　　庾宏政(4月离任)
　　　　陈维爽(4月任职)
组织委员　蒋世贤(5月离任)
　　　　　郑星伟(5月任职)
宣传委员　黄瑞校(5月离任)
　　　　　韦　娟(女,5月任职)
纪委书记　黄　炜(4月离任)
　　　　　谢少华(4月任职)
武装部部长　谭杰仁

新化镇人大主席团

主　席　庾宏政(7月离任)
　　　　陈维爽(7月任职)
副主席　杨　君(7月离任)
　　　　韦宝健(7月任职)

新化镇人民政府

镇　长　岑彦熠(女)
副镇长　龚艳清(女,7月离任)
　　　　兰　翔
　　　　黄瑞校(7月任职)
　　　　李大锐(7月任职)
　　　　李永顺(7月任职)

花坪镇

中共花坪镇委员会

书　记　白玛泽仁(4月离任)
　　　　孙见阳(女,4月任职)
副书记　孙见阳(女,4月离任)
　　　　吴显俊(4月任职)
　　　　庾宏稳(4月离任)
　　　　郑顺华(4月任职)
组织委员　谭　昂
宣传委员　张　琼(女,5月离任)
　　　　　杨　娜(女,5月任职)
纪委书记　黄应战(4月离任)
　　　　　姚顺琴(女,4月任职)
武装部部长　曾炳铖

花坪镇人大主席团

主　席　庾宏稳(7月离任)
　　　　郑顺华(7月任职)
副主席　杨银和(7月离任)
　　　　李其领(7月任职)

花坪镇人民政府

镇　长　孙见阳(女,7月离任)
　　　　吴显俊(7月任职)
副镇长　田维雄(7月离任)
　　　　龙泳克
　　　　周　涌(7月离任)
　　　　龙昌腊(7月任职)
　　　　唐权钰(7月任职)

逻沙乡

中共逻沙乡委员会

书　记　黄秀珍(女,4月离任)
　　　　张少镔(4月任职)
副书记　陈彦膡
　　　　黄元杰(4月离任)
　　　　刘明高(4月任职)
组织委员　陈善标(3月离任)
　　　　　黄汉发(3月任职)
宣传委员　郑灵敏(女,5月离任)
　　　　　刘伟勇(5月任职)
纪委书记　李其兵(4月离任)
　　　　　黄德锋(4月任职)
武装部部长　王　程

逻沙乡人大主席团

主　席　黄元杰(7月离任)
　　　　刘明高(7月任职)
副主席　刘玉泽(7月离任)
　　　　李志翔(7月任职)

逻沙乡人民政府

乡　长　陈彦膡
副乡长　李自战(7月离任)
　　　　黄晓琳(女,7月离任)
　　　　陈善标
　　　　陈俊霏(7月任职)
　　　　罗　优(女,7月任职)
　　　　吴享呈(7月任职)

逻西乡

中共逻西乡委员会

书　记　李高振
副书记　黄子真(女)
　　　　罗盛跃(4月离任)
　　　　杨胜飞(4月任职)
组织委员　莫佰尚
宣传委员　杨胜飞(5月离任)
　　　　　岑彩凤(女,5月任职)
纪委书记　罗盛献(4月离任)
　　　　　蒙世岛(4月任职)
武装部部长　黄榜超(5月任职)

逻西乡人大主席团

主　席　罗盛跃(7月离任)
　　　　杨胜飞(7月任职)
副主席　王玲潇(女,7月离任)
　　　　黎启云(7月任职)

逻西乡人民政府

乡　长　黄子真(女)
副乡长　李翠莲(7月离任)
　　　　李代望(7月离任)
　　　　杨　振(7月离任)
　　　　黄元鸿(7月任职)
　　　　覃德高(7月任职)
　　　　谭云林(7月任职)
　　　　金雄广(7月任职)

幼平乡

中共幼平乡委员会

书　记　杨小斌(4月离任)
　　　　黄秀珍(女,4月任职)
副书记　陈长会
　　　　潘秀丽(女,4月离任)
　　　　李荣华(4月任职)
组织委员　杨智显(5月离任)
　　　　　毛冬雪(女,5月任职)
宣传委员　李　强(5月离任)
　　　　　韦盛球(5月任职)
纪委书记　林　园(4月离任)
　　　　　杨　溢(4月任职)
武装部部长　黎广军

幼平乡人大主席团

主　席　潘秀丽(女,7月离任)
　　　　李荣华(7月任职)
副主席　田维彬(7月离任)
　　　　岑　源(7月任职)

幼平乡人民政府

乡　长　陈长会
副乡长　郑顺华(7月离任)
　　　　禤仕检
　　　　黄　秋(7月离任)
　　　　周　涌(7月任职)

图 4　乐业县城雪景　　（黎启顺摄　2016 年 1 月 24 日）

周桂桢(女,7 月任职)
余亚燃(女,7 月任职)

雅长乡

中共雅长乡委员会

书　记　黄保锦(4 月离任)
　　　　龚永朝(4 月任职)
副书记　龚永朝(4 月离任)
　　　　王素丹(女,4 月离任)
　　　　刘创新(4 月任职)
　　　　李自战(4 月任职)
组织委员　冯　涛(5 月离任)
　　　　黎柏林(女,5 月任职)
宣传委员　黄德锋(5 月离任)
　　　　卢振朋(5 月任职)
纪委书记　黄凤妮(女)
武装部部长　周胜利(5 月离任)
　　　　冯　涛(5 月任职)

雅长乡人大主席团

主　席　王素丹(女,7 月离任)
　　　　李自战(7 月任职)
副主席　杨　萍(女,7 月离任)
　　　　牙韩雍(7 月任职)

雅长乡人民政府

乡　长　龚永朝(7 月离任)
　　　　刘创新(7 月任职)
副乡长　田宗乾
　　　　刘明高(7 月离任)
　　　　杨先准
　　　　龚　静(7 月任职)
　　　　梁显瓜(女,7 月任职)

注:上述人员 2016 年内有任职或离任的括号注明到月(含女性),全年在位不括注。

（陶星洁）

大 事 记

◎编辑　黎启顺

1月

1日—2日 自治区党委常委、组织部部长喻云林深入乐业县调研扶贫攻坚和基层党建工作。市委常委、组织部部长戴翔，县委书记农弘，县长李艳花，县委常委、县委办主任谢君柱，县委常委、组织部部长梁尚总陪同调研。

4日 乐业县召开乡（镇）党委书记抓基层党建工作和履行党风廉政建设主体责任述职评议会，农弘、兰田宁、刘陶恺、唐和新、伍艳琳、黄维新、梁尚总、徐广成等县领导出席会议，市纪委、市委组织部相关人员到会指导。8个乡（镇）党委书记依次在会上进行述职。

5日 市委常委、纪委书记梁建强到乐业县逻沙乡就发生在群众身边的“四风问题”开展调研工作。县委书记农弘，县委常委、纪委书记唐和新，县委常委、县委办主任谢君柱等陪同调研。

12日—13日 自治区旅发委副主任腾冲、百色市旅发委领导到乐业县，对创建广西特色旅游名县工作、旅游安全生产和旅游绩效考评指标完成情况进行检查指导。县长李艳花陪同检查。

12日 县政协主席黄业山到甘田镇调研龙文化挖掘工作，在甘田镇组织召开座谈会，镇党政主要领导、县龙文化专家和龙文化协会部分会员参加座谈。

13日—14日 中国人民政治协商会议乐业县第八届委员会第六次会议在乐业县文化艺术中心召开。会议通过了《县政协八届六次会议政治决议》《关于常务委员会工作报告的决议》《关于八届五次会议以来提案工作情况报告的决议》；听取政协乐业县第八届委员会提案《关于八届六次会议提案审查情况的报告》。

14日—15日 乐业县第十五届人民代表大会第六次会议在县文体艺术中心召开。会议应出席代表158名，实际出席代表146名。会议表决通过了《关于乐业县人民政府工作报告的决议》《关于乐业县2015年国民经济和社会发展计划执行情况与2016年国民经济和社会发展计划的决议》《关于乐业县2015年财政预算执行情况和2016年财政预算的决议》《关于乐业县人大常委会工作报告的决议》《关于县人民法院工作报告的决议》《关于县人民检察院工作报告的决议》。市人大常委会副主任杨明刚到会指导。

22日—24日 乐业县组织本地书法名手10人赴全县8个各乡（镇）和旅游景区周边村屯，开展“迎新春·创名县”赠春联活动，现场书写政策性春联免费赠送给广大群众。共发放春节楹联5000多副，覆盖100余个村屯。

24日—25日 县政府开展春节安全防范大检查工作，组织工作队深入平寨春运执勤卡点、汽车客运站、烟花爆竹批发公司、广百家超市等重要场所开展安全大检查。

25日 市委常委、宣传部部长、副市长黄建宁率领市红十字会、新华书店、右江报社等单位领导，到乐业县新化镇乐翁村慰问贫困户。县领导黄维新陪同慰问。

25日 乐业县被国家住房城乡建设部命名为“国家园林县城”。

26日 县委常委、统战部部长伍艳琳率驻村干部和残联、直属机关委等部门领导深入社区、村屯开展系列慰问活动。

29日 由乐业、凌云、田林、隆林、西林等桂西北五县共同主办的“一衣带水　共唱和谐”2016年春节联欢晚会第二站在乐业县举行。乐业县社会各界群众1万多人观看联欢晚会。

2月

2日 百色市委副书记欧波到乐业县就扶贫、旅游、特色种养项目开展调研。县领导农弘、李艳花、兰田宁等陪同调研。

14日 县人民政府召开工作务虚会，围绕“坚持提速提质，努力实现良好开局”主题开展讨论。县政府班子成员、县政府办正副主任、各乡（镇）长、县直37个部门主要领导参加会议。会议要求认真贯彻落实“十三五”规划和2016年政府工作报告的部署，大力推进“四大战略”“四大攻坚战”和“五项工程”。抓好6个方面工作，一是依法解决好征地安置问题；二是继续做大做强产业；三是抓好城镇化建设；四是全力推进项目工作；五是解决好人才紧缺问题，完善人才激励导向机制，加大治庸治懒力度，培养好本土人才和专业人才；六是抓好党建工作，充分发挥部门和基层党组织作用。

14日—15日 乐业县委班子召开2016年县委工作务虚会，总结交流上年工作，分析研判当前形势，理清发展思路，科学谋划今年各项工作。县四家班子领导，县委办、政府办、人大办、政协办正副主任，“两院”主要领导、各乡（镇）

三家班子主要领导及县直相关部门主要领导参加了会议。县委书记农弘主持会议并讲话。

23日 乐业县在公安局三楼会议室召开县城区道路交通秩序整治工作座谈会，县委常委、政法委书记黄茂兵，县道路交通安全联席会成员单位领导及县城中小学教师、班主任、学生家长代表、驾驶员代表等58人参会，座谈会由副县长、公安局局长李勇才主持。

23日 上午，百色市委常委、百色军分区司令员李政到甘田镇检查指导武装工作，县长李艳花，县委常委、人武部部长周少民等陪同检查。

25日—26日 自治区旅发委与中国旅游报社组织"2016美丽中国行·聚焦桂西旅游扶贫"大型采风活动媒体记者和旅游达人共37人到乐业采风。县委常委、宣传部部长、副县长黄维新陪同。

29日 县委、县政府召开县扶贫开发工作领导小组会议，部署开展全县精准扶贫工作。县委书记农弘出席会议并讲话，县委副书记兰田宁主持会议。

3月

1日 县委、县政府召开全县农业农村工作会议，认真贯彻落实中央、区、市农村工作会议精神，总结"十二五"以来农业农村工作，研究"十三五"发展工作思路，动员全县领导干部凝心聚力、攻坚克难，为农村全面建成小康社会、实现社会稳定和长治久安而奋斗。县委书记农弘出席会议并讲话。

3日—4日 自治区发改委、自治区扶贫开发领导小组、广西农投集团第一分公司、农业发展银行广西分行、国家开发银行广西分行等部门组成的自治区扶贫移民搬迁工作调研组到乐业县调研指导扶贫移民搬迁工作。县领导刘陶恺、黄茂兵等陪同调研。

15日 县委书记农弘到雅长乡开展工作调研，县委常委、县委办主任谢君柱、雅长乡党政主要领导陪同调研。

15日 百色市考核组到乐业县开展2015年度贫困县党政领导班子和领导干部经济社会发展实绩考核核验工作。县委副书记兰田宁，县委常委、副县长许原彬陪同考核核验并出席反馈会。

21日 县委书记农弘主持召开县委中心组（扩大）会议，集中学习2016年"中央一号文件精神"。县委中心组成员，县委办、人大办、政府办、政协办正副主任，县纪委、县委组织部、县委宣传部、政法委、统战部领导成员，各乡（镇）党委书记和县直单位主要领导参加集中学习活动。

21日 乐业县召开全县人大政协工作会议。学习贯彻中共中央总书记习近平关于人大、政协工作的讲话精神和自治区、百色市人大、政协工作会议精神，研究部署人大、政协工作。

22日 县政协主席黄业山，县委常委、常务副县长刘陶恺率县财政、国土、水利相关单位深入甘田镇检查指导项目建设工作。

23日 自治区就业局副局长黎经宇率工作组到乐业县开展贫困地区公共就业服务工作调研。市就业促进科、乐业县人社局及甘田镇相关领导人员陪同调研。

24日 自治区高级法院纪检组组长罗诗汉率队赴扶贫联系点同乐镇，开展"兴水利、种好树、优生态、惠民生"主题活动。县委常委、政法委书记黄茂兵，县人民法院、同乐镇政府组织干部群众参加活动。

24日 市委常委、宣传部部长、副市长黄建宁率市委宣传部、右江日报社、市文联、市红十字会等市直部门负责人到乐业县调研精准扶贫工作。

28日 乐业县召开2016年经济责任审计工作联席会议。县长李艳花出席会议并讲话。县委

图5 乐业县清明祭英烈活动 （县委宣传部供 2016年4月5日摄）

常委、组织部部长王以彦，县委常委、宣传部部长、政府副县长黄维新，县委常委褟达宇，各乡（镇）主要负责人，县直相关单位主要领导参加会议。

29日　乐业县召开2016年樱花笔会暨文艺志愿者先进个人表彰会。

29日　乐业县召开2016年创建国家卫生县城工作布置会议，县委书记农弘出席会议并作重要讲话，县长李艳花对全县创建国家卫生县城工作进行具体部署。

30日　县委宣传部、县文体广电局、教育局、县文联共同组织的乐业县2016年民族文化进校园活动启动。

30日　乐业县召开电信网络诈骗专题防范宣传培训会，副县长、县公安局局长李勇才出席会议并对与会人员进行培训。县政府部门、企事业单位法人代表和财务人员共87人参加会议。

30日—31日　自治区扶贫办副主任、巡视员莫雁诗率自治区第三考核组到乐业县，对2015年乐业县党政领导班子和领导干部经济社会发展实绩进行考核。

31日　联合国老龄事业可持续发展峰会组委会在北京钓鱼台国宾馆授予乐业县"世界长寿之乡"称号，成为乐业县新一张世界级名片。

31日　由联合国老龄事业可持续发展峰会组委会、广西壮族自治区乐业县委、乐业县人民政府主办的广西乐业县荣获"世界长寿之乡"授牌仪式在北京举行。中国老龄科研中心副主任党俊武、联合国老龄事业可持续发展峰会秘书处执行秘书长杜芳宁、联合国老龄事业可持续发展峰会世界国花艺术推广中心主任兼总监金仁善、广西乐业县委副书记、县长李艳花，乐业县委常委、宣传部部长、副县长黄维新等有关领导和全国各地长寿之乡代表出席活动。

31日　自治区危旧房改造工作组到乐业县同乐林场检查危旧房改造工作。

4月

4日　乐业县召开2016年易地扶贫搬迁工作推进会。县四家班子领导及县发改局、财政局、国土局、住建局、扶贫办等14个县直单位和8个乡镇政府主要领导参加会议。会议主要听取县发改局、各乡镇汇报当前易地扶贫搬迁工作进展情况，并对下一步有关工作进行安排部署。

5日　县委书记农弘到甘田镇检查指导新农村建设工作。

6日　乐业县召开第九届中国·百色国际山地户外运动挑战赛和全国攀岩分站赛（乐业站）暨第二届中国·百色"地心之旅"全国徒步大会活动筹备会，部署活动各项工作。强调各职能部门要积极作为，统筹协调，共同推进办好赛事活动。县四家班子领导出席会议，各乡（镇）、县直各单位、县旅投公司等有关单位负责人参加会议。

7日—8日　广西师范大学组织25名专家到乐业—凤山世界地质公园乐业县园区进行生物多样性调查。

9日　乐业县县长李艳花、县政协主席黄业山到甘田镇达道村龙骨屯检查指导生态园建设工作。县政府办主任陈允刚、顾氏公司主要负责人陪同检查指导。

12日—13日　百色市旅游工作暨旅游扶贫工作会议在乐业县召开。与会领导和人员深入同乐镇六为村、牛坪村考察指导乡村旅游发展工作。市委副书记欧波，市委常委、宣传部部长、副市长黄建宁参加现场会。

16日—24日　第九届中国·百色国际山地户外运动挑战赛暨第二届中国·百色"地心之旅"全国徒步大会和全国攀岩锦标赛在百色市乐业县、凌云县举行。

26日　中纪委派驻国家林业局监察局局长张习文到乐业县开展林业调研工作。自治区纪委派驻林业厅纪检组组长、自治区林业厅党组成员陈泽益，百色市副市长罗试坚，县委副书记兰田宁陪同调研。

29日　中国共产党乐业县第十一届委员会第五次会议在县委六楼会议室召开。会上宣读了《关于召开中国共产党乐业县第十二次代表大会的决议》（草案），县委常委、组织部部长王以彦对该决议（草案）进行说明，与会人员通过讨论、投票，全票决通过该决议。会议由县委书记农弘主持。

5月

1日　第二届新化卜隆歌节在磨里村举行。

4日　县委常委、宣传部部长、副县长黄维新率领县政府办、教育局等相关部门负责人，到逻西乡边远学校检查指导校舍建设工作。

4日　乐业县在县一中开展"法制宣传进校园"暨新团员入团

宣誓仪式活动。由县人民法院法官进行法制教学，开展2016年新团员入团宣誓仪式。

5日　自治区政协人资环委员会副主任、自治区党委巡视组原组长顾荣喜率自治区换届风气巡回督查组到乐业县开展换届风气督查工作，召开乐业县换届工作情况汇报会。百色市委组织部副部长黄英振，乐业县委书记农弘，县委常委、组织部部长王以彦等市县领导参加汇报会。

9日　乐业县举行“创建文明城　争做文明人”——培育和践行社会主义核心价值观演讲比赛。全县共有23名选手参加比赛。

10日　百色市委常委、副市长李强到乐业县就科技农业、科技产业、创业园建设等工作进行调研。

10日　乐业召开全县领导干部大会，会议宣布方志高任中共乐业县委书记，农弘不再担任中共乐业县委书记。市委常委、副市长李强出席会议并讲话。

10日　县委书记方志高到幼平乡检查指导工作，县委常委、纪委书记叶涛，县委常委、县委办主任杨小斌参加调研。

11日　县委书记方志高到逻西乡调研指导工作。县委常委、纪委书记叶涛，县委常委、县委办主任杨小斌，县人大常委会副主任黎明彰参加调研。

12日　县委书记方志高，县委常委、县委办主任杨小斌到甘田镇检查指导工作。

12日　县委书记方志高到逻沙乡检查指导工作，县委常委、县委办主任杨小斌参加调研。

13日　中国共产党乐业县第十二次党代表大会代表选举工作会议在县委一楼会议室召开，就代表选举工作作部署。县委常委、组织部部长王以彦部署代表选举工作。各镇党委书记、组织委员，县直各工委负责人参加会议。

13日　县领导李荣能深入逻西乡就生态乡村、集镇开发、扶贫、生态移民等工作开展调研。县领导黄维新、白马泽仁及相关部门负责人参加调研。

15日　县委书记方志高深入新化镇实地考察新化镇产业发展、扶贫攻坚等工作。县委常委、县委办主任杨小斌参加考察调研。

16日　全国地方戏曲剧种普查工作组深入乐业逻沙乡唱灯艺术传承基地，与逻沙乡唱灯艺术团传承人及群众演员进行交谈、采访，观摩剧目展演，全方位了解乐业逻沙唱灯的形成发展历史、艺术特点、分布和流传地区、演出团体、人才状况、演出剧目等情况。

16日　县领导李荣能、黄维新到甘田镇调研，县政府办、甘田镇主要领导陪同调研。

19日—20日　乐业县举行2016“中国烹饪大师走进乐业农家乐”培训活动。邀请广西烹饪餐饮行业协会烹饪大师，面对面帮扶乐业餐饮企业特别是农家乐经营户提升企业管理和烹饪技术水平。全县27家餐饮单位管理人员和厨师共56人参加培训。

19日　乐业县与广西永恒投资公司旅游工作座谈会在乐业县召开。共同探讨大石围景区创建5A景区、布柳河景区创建4A景区旅游项目建设推进工作，共谋2016年年底迎接创建广西特色旅游名县工作验收。县委书记方志高，县人民政府党组书记、代县长李荣能出席会议。县直创特单位、乡镇、永恒公司下属企业乐业大石围公司、县旅游投资公司参加座谈会。

19日—20日　乐业县在甘田镇举行乡镇党委换届示范观摩会，各乡镇换届工作骨干及8个换届工作督导组成员共70余人参加观摩。

24日　自治区林业行业扶贫座谈会在乐业县召开。自治区林业厅厅长黄显阳，自治区政府副秘书长敖安强，百色市人大常委会副主任杨明刚，乐业县代理县长李荣

图6　乐业县党校工作会议　（县委党校供　2016年4月26日摄）

能、县委副书记兰田宁、县领导马天祥，全区各市林业局分管局长、区直林场分管场长以及厅机关有关处室领导出席会议或参加实地考察。会议由自治区林业厅副厅长邓建华主持。

26日　乐业召开旅游工作汇报会。汇报总结全县近年来旅游工作特别是创建广西特色旅游名县工作，明确工作目标，强力推进旅游各方面工作开展。县委书记方志高、县长李荣能、政协主席刘陶恺等县四家班子在家领导出席会议。

30日　乐业县召开“学党章党规、学系列讲话，做合格党员”专题学习教育活动推进会。县委副书记兰田宁主持会议。

31日　县委方志高书记到县信访局开展工作调研，深入了解群众来信来访情况。县委常委、政法委书记韩启强，县委常委、县委办主任杨小斌，副县长、县公安局长李勇才参加调研。

31日　乐业县召开创建广西特色旅游名县工作会议，深入讨论巴马长寿养生国际旅游区乐业发展纲要，谋划乐业长寿养生旅游发展三年行动计划项目。代理县长李荣能，县委常委、宣传部部长、副县长黄维新，县创建广西特色旅游名县工作成员单位负责人参加会议。

31日　县委副书记兰田宁到新化镇就产业发展、基础设施建设、贫困户脱贫计划进行调研。

6月

3日　乐业县召开全县2016年党风廉政建设工作会议。要求全县党员干部要树立强大信心，严明纪律要求，不断开创党风廉政建设工作新局面。方志高、李荣能、黄业山、兰田宁等县四家班子领导出席会议。

3日　乐业县委学习中心组举行学习(扩大)会，专题学习习近平总书记系列重要讲话精神，科学把握“四个全面”战略布局。县直各单位主要领导和8个乡(镇)党委书记参加专题学习会，县委书记方志高主持会议并做讲话。

3日　乐业县召开全县副科级以上领导干部党风廉政建设工作会议。会议总结2016年以来全县党风廉政建设工作，部署下一步全县党风廉政建设工作，为接下来的各项工作奠定总基调。县委书记方志高出席并讲话。

3日　县委书记方志高代表新一届县委班子在提出今后发展目标后强调，要以全面开展“两学一做”学习教育活动为契机，坚持把纪律和规矩挺在前面，驰而不息纠正“四风”，大力提高干部作风建设，为实现美好新蓝图树立信心、奠定基础。

7日　县人民政府党组书记、代县长李荣能到乐业高中检查高考工作。县委常委、宣传部部长黄维新陪同检查。

8日　百色市人大常委会县乡人大换届选举工作座谈会在乐业县召开。市人大常委会副主任阙建林、市人大常委会副秘书长黄和国，县人大常委会党组书记黄业山参加会议。

8日　乐业县组织召开2016年9个脱贫出列村扶贫工作座谈会，部署脱贫出列村扶贫各项工作。县领导李荣能、兰田宁、许原彬、马天祥出席会议。县直相关单位、各乡镇主要领导，县指挥部各专责小组副组长及县相关企业负责人参加会议。

12日　乐业县召开乐百高速公路(乐业段)“抢种、抢建”专项整治工作推进会，协调推进乐百高速公路(乐业段)“抢种、抢建”专项整治工作。县领导黄茂兵、韩启强、王以彦、白玛泽仁出席会议，乐百高速公路负责人及相关部门参加会议。

13日—17日　由新华社、中新社、中国旅游报社、广西电视台、广西日报社、广西新闻网、广西作协、右江日报社等15家媒体组成的“长寿之乡·探秘地心”大型全媒体采风团到乐业县，先后深入到百岁老人家中、罗妹公园、五台山森林公园、大石围天坑、火卖生态村、顾式有机茶场等地，就我县的气候环境、生态环境、人居环境、有机食品、民俗文化等进行深入挖掘采访，就乐业县荣获的“世界长寿之乡”进行深度采访报道。代理县长李荣能接受采访。

14日—15日　乐业县举办“党旗领航·电商扶贫”电商创业暨“七一红色购物季”培训班。自治区“两新”党工委综合处处长邱海富就电商扶贫“七一红色购物季”活动进行专题培训。

14日　乐业县召开脱贫攻坚工作座谈会，研究部署下一步全县脱贫攻坚工作。县委常委、组织部部长王以彦，县委常委、副县长许原彬及各乡(镇)党委书记，县脱贫攻坚战指挥部综合组成员参加会议。

16日　县委常委、副县长黄茂兵率县农业局、畜牧水产局、统计局主要领导到百色市统计局汇报乐业县2016年上半年经济运行情况。

16日　百色市政府发展研究中心工作组到乐业县，开展建设左右江革命老区区域休闲旅游健康养生中心专题调研，为起草《市党代会报告》工作提供科学依据。县领导黄维新、吴金霞等领导陪同调研。

16日　百色市教育基金会在乐业县同乐小学举行京东集团、京东公益基金会向乐业县农村小学捐赠笔记本电脑发放仪式。百色市教育基金会理事长石卫武、副理事长黄建平出席仪式。

17日　乐业—凤山世界地质公园与王屋山—黛眉山世界地质公园举行缔结姊妹公园签约仪式。

20日　乐业县在同乐镇六为村下六屯讲习所举行"两学一做""书记开讲"——县委书记讲党课活动。县委书记方志高为8个乡（镇）党委书记、县直各党（工）委书记、贫困村党组织第一书记讲党课，并对下一步在全县各级党组织书记中开展"书记开讲"讲党课活动进行安排部署。

图7　2016年6月16日，乐业县人社局举办农民工技能大赛

（县人社局供）

23日　乐业县组织召开"两学一做"学习教育推进会，安排部署全县推进"两学一做"学习教育活动。

26日—27日　自治区旅发委产业促进处和相关的旅游规划专家到乐业开展创建广西特色旅游名县中期检查评估。

27日　联合国世界旅游组织专家、亚太旅游协会（PATA）中国专家委员秘书长、中国国家旅游局改革发展咨询委员会委员贾云峰先生应邀走进乐业接受乐业县聘请为人民政府首席顾问。代理县长李荣能代表县政府向贾云峰颁发聘书。

28日　县委书记方志高走访慰问同乐镇新兴社区和六为村的老党员，县委常委、县委办主任杨小斌陪同。

28日　乐业县举行纪念建党95周年"两学一做"学习教育演讲比赛。

29日　乐业县召开庆祝中国共产党成立95周年大会。县委书记方志高出席会议并讲话，强调全县各级党组织和党员干部要紧密团结在以习近平为总书记的中共中央周围，高举中国特色社会主义旗帜，同心同德、开拓进取，为夺取全面建成小康社会决胜阶段伟大胜利而努力奋斗。

7月

10日　代理县长李荣能到新化镇调研扶贫工作，实地考察新化镇产业扶贫，并深入贫困户家庭了解情况。

10日　代理县长李荣能深入到幼平乡走访结对帮扶贫困户，倾听帮扶需求。并对库区网箱养殖、休闲钓鱼台建设等项目进行调研。

11日—12日　百色市市长周异决率市直相关部门领导到乐业县调研扶贫和旅游开发工作。副市长罗试坚及县领导方志高、李荣能、杨小斌等陪同调研。

14日—16日　中国共产党乐业县第十二次代表大会在县城召开。全县246名党代表出席会议。大会听取和审议中国共产党乐业县第十一届委员会和第十一届纪律检查委员会的工作报告；选举产生中国共产党乐业县第十二届委员会和第十二届纪律检查委员会；选举产生乐业县出席中国共产党百色市第四次代表大会的代表。市委常委、宣传部部长、副市长黄建宁到会指导。大会选举产生了中国共产党乐业县第十二届委员会委员31名、纪委委员17名和乐业县出席中国共产党百色市第四次代表大会代表24名，选举产生中国共产党乐业县十二届委员会候补委员5名。

21日　乐业县委老干部党校

和乐业县老年大学举行揭牌仪式。县委常委、组织部部长王以彦主持揭牌仪式，县委副书记兰田宁出席揭牌仪式并讲话。

24日—25日 由国务院侨务办公室、自治区侨务办公室主办，百色市外事侨务办公室承办的2016年海外华裔青少年“中国寻根之旅”到世界长寿之乡——乐业开展夏令营活动。

26日 乐业县“美丽自然屯”“美丽农户”“美丽保洁员”（即三“美丽”）评比表彰活动在甘田镇举行。

26日 国家一级演员、著名彩调表演艺术家马定强率自治区考评专家组到乐业县逻沙乡，对申请创建“唱灯艺术之乡”进行考察评审。县领导吴金霞及有关人员陪同考察。

27日 乐业县在全县8个乡镇同步召开扶贫小额信贷捆绑龙头企业签约现场会，通过战区领导动员讲话，银行工作人员现场解答金融扶贫政策，贫困户、县农商行以及扶贫龙头企业签订协议等。当日全县签约捆绑龙头企业的贫困户408户，发放贷款资金1748.8万元。

28日 乐业县举办“两学一做”学习教育“争做‘四讲四有’合格党员”专题辅导讲座(第二专题)。邀请广西壮族自治区党校贺先平教授授课，全县副科级以上的党员领导干部参加讲座。

31日 乐业县召开乐业至百色高速公路建设(乐业段)征地拆迁工作动员大会。方志高、李荣能、黄业山、刘陶恺等四家班子领导出席会议，乐百高速公路建设指挥部党委副书记、副指挥长钟能到会指导并作了工作要求。会议要求乐百高速公路沿线各乡（镇）、县直各部门要统一思想，抓住关键，加强领导，形成合力，迅速掀起乐业至百色高速公路乐业段建设征地拆迁热潮。

8月

1日 乐业县召开会议传达自治区年中工作和城市工作会议精神。县委书记方志高，县委副书记、代理县长李荣能，县人大党组书记黄业山，县政协党组书记刘陶恺等县四家班子领导及两院领导出席会议，各乡（镇）及县直各单位党政领导参加会议。

13日 2015年度“广西名牌”产品评选结果，乐业县张家湾猕猴桃产销合作社生产的“桂丰”牌乐业红心猕猴桃荣获“广西名牌产品”称号，结束了乐业没有“广西名牌”的历史。

16日—17日 广东省革命老区建设促进会会长陈开枝率广东省老促会、广西老促会和百色市老促会到乐业县，调研指导革命老区脱贫攻坚工作。县领导黄业山、刘陶恺、黄茂兵陪同调研。

18日 乐业举行广西乐业红心猕猴桃采摘上市启动仪式暨首届“红心猕猴桃长寿果王”评选大会。

21日—23日 中国人民政治协商会议乐业县第九届委员会第一次会议在乐业县城召开。方志高、黄业山、李荣能、刘陶恺等四家班子领导及全体县政协委员出席会议。市政协民族宗教法制委主任罗绍文到会指导。

21日—24日 乐业县第十六届人民代表大会第一次会议在乐业县城召开。方志高、黄业山、李荣能、刘陶恺等四家班子领导及全体县人大代表出席会议。市人大常委会副主任黄瑞琼到会指导。

25日 百色市级宣讲团成员、百色学院原副院长、教授凌绍崇到乐业县作《不忘初心，永跟党走》的专题宣讲报告。县四家班子在家的领导，各乡镇党委书记、组织委员、宣传委员，县直各单位领导班子成员参加报告会。

26日 乐业县在县文化广场举行全民健身运动会活动启动仪式。各乡（镇）、县直各单位、各社会团体、人民群众等7个方阵近1000余人参加。

9月

1日 乐业县组织举行2016年“一户一册一卡”暨脱贫摘帽认定工作培训会。

2日 乐业县召开2016年年中工作会议。县人民政府县长李荣能，县人大常委会主任黄业山，县委常委、常务副县长黄茂兵等县领导出席会议，各乡（镇）及县直各部门负责人参加会议。会议总结全县上半年各项工作，安排部署下半年工作。

4日 联合国老龄事业发展专家学者魏强、冯瑞、王进龙等到乐业县，就“寿景融合”发展进行调研。

6日 乐业县2016年“书香乐业·全民阅读”活动启动仪式在文化广场举行。

5日 自治区审计厅厅长何小聪率工作组到乐业县检查指导审计工作，县委常委、常务副县长黄茂兵陪同检查指导。

6日—8日 自治区高级人民法院院长黄克率高院领导班子党组副书记黄海龙，副院长林金文、林秋会、林玉棠、梁梅等19人，分别到乐业县上岗村、石合村、百龙村、达存村、六为村等开展脱贫攻坚工作。开展走访困难户，调研基地产业发展，在村部召开座谈会，瞻仰中国工农红军红七军、红八军会师旧址，召开自治区高级人民法院赴扶贫联系点开展脱贫攻坚工作推进会等活动。

6日—8日 广西交通投资集团有限公司总经理刘可到乐业县调研指导乐业至百色高速公路项目建设工作。

6日 自治区高级人民法院党组副书记黄海龙率扶贫工作组到同乐镇石合村开展脱贫工作调研，召开座谈会。县委副书记兰田宁陪同调研。

6日 自治区高级法院副院长林秋慧、林玉棠一行三人到同乐镇达存村开展脱贫工作调研，并在村委会召开座谈会。县委常委、宣传部部长、副县长黄维新陪同调研。

8日 乐业县召开2016年党建工作暨“两学一做”学习教育推进会。县委副书记兰田宁，县委常委、宣传部部长、副县长黄维新，县委常委、政法委书记韩启强，县委常委、组织部部长王以彦，县委常委、统战部长吴燕翎出席会议，各乡（镇）以及县直单位主要领导参加会议。

10日 乐业县召开庆祝第三十二个教师节暨教育工作表彰大会。县人民政府县长李荣能，县委副书记兰田宁，县委常委、常务副县长黄茂兵，县委常委、宣传部长、副县长黄维新等县领导出席会议。各乡（镇）、县直各单位主要领导以及受表彰的单位和个人参加会议。

10日 在“2016南宁·东南亚国际旅游美食节”第五届广西民族地方特色美食大赛中，乐业县宏福大酒店获得团体特等奖；乐业长寿簸箕宴、壮家柴把把、牛头王、乐业柴把鸭分别获得单项特金奖；乐业壮乡五色粽、相思扁米、壮乡粽子分别获得单项金奖；黄氏月饼获单项银奖。

13日 百色市宣讲团成员、市社科联副主席兼秘书长陆毅到乐业县作《不忘初心、奋勇前进，坚决夺取决战贫困决胜小康全面胜利》的主题宣讲报告，县四家班子领导，各乡镇党委书记、组织委员、宣传委员，县直各单位领导班子成员300多名党员干部参加报告会。

13日 乐业县召开科级非领导干部集体谈心谈话会议。县委副书记兰田宁，县委常委、纪委书记叶涛，县委常委、组织部部长王以彦出席会议，各乡（镇）、县直单位主要领导及全县科级非领导干部参加会议。

20日 乐业县“小额信贷+龙头企业+贫困户”扶贫小额信贷入股分红发放仪式在县文化广场举行。黄茂兵、马天祥等县领导出席发放仪式，各龙头企业负责人、乡镇领导、金融部门负责人及贫困户代表500余人参加发放仪式。

21日 自治区环境保护厅机关党委专职副书记廖居卫率调研工作组到甘田镇进行扶贫产业调研。县人民政府副县长马天祥，县环保局、农业局、扶贫攻坚办、甘田镇等单位负责人陪同调研。

28日 百色人大常委会副主任杨明刚到乐业县同乐镇考察调研猕猴桃产业发展情况。百色市农业局、市水果办领导和专家，县人大常委会主任黄业山，县委常委、常务副县长黄茂兵等陪同调研。

28日—29日 自治区爱卫办副主任卢贵基带领专家组到乐业县检查评估创建国家卫生县城工作。李荣能、黄业山、刘陶恺、兰田宁等县领导陪同检查或出席反

图8　2016年9月30日，乐业县召开项目推进现场观摩汇报会

（县委宣传部供）

馈会。

30日　乐业县举行“六证合一　一照一码”首张营业执照颁发仪式。开始推行“六证合一　一照一码”登记制度改革，大大缩短了老百姓办理营业执照时间。

30日　乐业县召开重点项目建设现场观摩会，推动道路建设、移民安置、教育事业等重点项目加快发展，确保顺利完成全年工作目标任务。县党政班子成员和县人大、县政协主要领导及分管领导，县直有关部门主要负责人参加会议。与会人员实地观摩逻西乡易地扶贫搬迁工程、同乐镇上岗水库扩容工程、马坪集散中心项目、花坪镇棚户区改造工程等重点项目建设现场。

10月

1日　乐业县在县文化广场举行“爱祖国　迎国庆”升国旗仪式。县四家班子领导、“两院”主要领导，各乡（镇）、县直各单位领导干部职工及群众共1000余人参加活动。

2日　2016年第七届中国·乐业户外嘉年华活动在乐业县甘田镇河平大草甸开幕。县领导李荣能、兰田宁、黄维新、杨小斌、李勇才、余美琼出席开幕仪式，运动员、裁判员、市民近5000人参加开幕式。

3日　2016年第七届中国·乐业户外嘉年华活动——越野e族各项赛事圆满完成，并在乐业县甘田镇河平大草甸举行颁奖仪式。

8日　县委书记方志高到新化镇实地考察寿源农业开发有限公司产业扶贫工作。指出，要积极拓宽扶贫工作思路，优先整合贫困户现有资源，优先吸纳贫困户劳动力，带动贫困户脱贫致富。

9日　县委书记方志高到景区景点督促检查重大旅游项目推进工作。县委常委、宣传部部长、副县长黄维新，县委常委、县委办主任杨小斌，县人大常委会副主任吴金霞随同检查。

9日　乐业县重阳节文艺汇演在县文体中心精彩上演，县委书记方志高等县领导到场观看演出。

10日　县委书记方志高到布柳河创4A景区东拉码头服务区，就旅游项目建设推进情况调研。县委常委、宣传部部长、副县长黄维新，县委常委、副县长许原彬陪同调研。

10日　县委书记方志高到甘田镇检查指导旅游发展工作。县委常委、宣传部部长、副县长黄维新，县委常委、县人民政府副县长许原彬，县旅投公司、甘田镇主要负责人陪同检查。

11日　乐业县召开全县农业农村工作现场推进会。部署推进2016年秋冬种、脱贫攻坚工作、水产畜牧产业发展、“优果工程”等工作。县长李荣能，县农业农村工作领导小组领导，各乡镇、县直有关部门主要领导参加会议。

12日—15日　乐业县举办2016年科级领导干部战略思维和能力提升专题培训班，县委书记方志高，县委常委、组织部部长王以彦出席开班仪式。

13日　广西现代特色农业示范区建设专家组到乐业县广西顾氏有机农业示范园，开展县乡两级现代特色农业示范区考评工作。县委常委、副县长禤达宇陪同考评。

13日　乐业县举行2016年“两学一做”学习教育知识竞赛活动。来自8个乡（镇）、16个县直单位共24个代表队参加了本此知识竞赛。各乡（镇）、县直单位干部职工及群众共380余人观看比赛。雅长林场代表队获得一等奖；逻沙乡政府、甘田镇政府、雅长管理局获得二等奖；县委办、县公安局、国税局、雅长乡政府获得三等奖；宣传系统代表队、县法院代表队、逻西乡人民政府、地税局获得组织奖。

17日　乐业县通过举行扶贫捐赠仪式筹措帮扶资金，开展贫困村脱贫攻坚工作成果展活动，宣传发动干部职工积极参与“扶贫日”活动。

18日—20日　自治区科普示范县检查验收组到乐业县检查验收创建广西科普示范县工作。市科协领导班子，乐业县县长李荣能，县委副书记兰田宁，县委常委、组织部部长王以彦，县委常委、统战部部长吴燕翎陪同检查组开展检查验收工作。

20日　深圳市人力资源保障局党组成员、广东省第二扶贫协作工作组副组长兼工作组百色指挥部指挥长吴军军带领指挥部成员到乐业县开展扶贫考察工作。

21日　乐业县委中心组召开“两学一做”学习教育第三阶段专题研讨会。县委书记方志高主持会议，县四家班子领导、公检法主要领导和四办正副主任及各单位主要领导参加会议。

22日　县长李荣能到幼平乡上里村、渡口村、百安村调研走访贫困户。县畜牧局、乡主要领导陪同。

23日　县长李荣能，县人大常委会主任黄业山，县委常委、常务副县长黄茂兵率县直相关部门负责人到甘田镇就旅游开发和农业产业工作进行调研。

28日　乐业县举行纪念红军长征胜利80周年暨中国工农红军第七军第八军乐业会师纪念馆开馆仪式。县领导黄业山、刘陶恺、叶涛、吴金霞、白玛泽仁、余美琼等出席开馆仪式，参观乐业会师史料展览。

31日　乐业县委学习中心组召开学习党的十八届六中全会精神暨"全面从严治党"专题会议。县四家班子领导，各乡(镇)、县直各单位党政主要领导参加会议，会议由县委书记方志高主持。

图9　2016年11月26日，乐业县第二届逻沙唱灯戏文化旅游节在逻沙乡举办　　（县委宣传部供）

11月

1日　乐业县召开党委巡察工作动员部署会，方志高、李荣能、黄业山、刘陶恺、叶涛等县领导出席会议。县委常委、纪委书记叶涛宣读《乐业县2016年度巡察工作方案》，安排部署下一步巡查工作。

1日　乐业县举办领导干部廉洁从政警示教育专题讲座。邀请百色市纪委副书记梁德勇授课。县四家班子领导成员，各乡(镇)、县直各单位领导班子成员共400余人到场学习讲座。

1日　县长李荣能，县委常委、宣传部部长、副县长黄维新组织县教育、住建、国土、市政及同乐镇等部门负责人对县城新校区进行现场选址。

8日　中央宣讲团党的十八届六中全会报告会在广西壮族自治区党委礼堂举行。县四家班子领导、公检法主要领导、各县直单位领导班子成员、县宣讲团成员、各乡(镇)党政主要领导及基层干部代表在乐业分会场收看会议实况。

13日　中国广核集团公司党组成员、副总经理谭建生率队到乐业县考察扶贫基础设施建设和产业开发等情况。县委书记方志高陪同考察。

15日　自治区林业厅副厅长邓建华率考评组到乐业县，对申报自治区级现代特色农业示范区进行考评验收。市人民政府副秘书长何禧严陪同验收。

16日　南宁市民森数码科技有限公司向百色市教育基金会捐款仪式在乐业县举行，原市人大常委会副主任、百色市教育基金会理事长石卫武，南宁市民森数码科技有限公司总经理娄晓宽，县委常委、宣传部部长、副县长黄维新出席仪式。

21日—22日　百色市委常委、常务副市长谭丕创率市财政局、农业局、旅发委等相关市直部门领导到乐业就经济社会发展情况开展调研。县长李荣能，县委常委、常务副县长黄茂兵陪同调研。

25日　巴马长寿养生国际旅游区(百色)基础设施建设三年行动计划项目推进工作会在乐业召开，右江区、田阳县、凌云县、乐业县和市直相关部门及23个项目业主负责人参加会议。

26日　"广西乐业第二届逻沙唱灯文化旅游节"在唱灯艺术之乡——逻沙乡举办。县委常委、宣传部部长、副县长黄维新，县人大副主任吴金霞、吴享全、黎明彰等领导出席开幕仪式。

29日　深圳市盐田区委书记、区人大常委会主任杜玲率扶贫工作组到乐业县研究对口扶贫协作工作，研究两地在东西部扶贫协作和对口支援中扎实推进扶贫帮扶工作等事项。方志高、刘陶恺、黄茂兵、王以彦、杨小斌等县领导参加扶贫协作会议。

12月

5日—8日　百色市脱贫摘帽核验组深入乐业县新化镇乐翁

村、同乐镇六为村、逻沙乡龙南村、甘田镇达道村等9个2016年脱贫村开展脱贫摘帽核查验收工作。

6日 县委书记方志高到县畜牧局、县水利电业有限公司、县一小、县教育局等调研基层党建工作。县委常委、组织部部长王以彦，县委常委、县委办主任杨小斌随同调研。

6日 自治区考核组到乐业县开展2016年度贫困县党政领导班子和领导干部经济社会发展实绩平时考核工作。县委书记方志高，县委常委、组织部部长王以彦，县委常委、县委办主任杨小斌，县委常委、副县长许原彬等领导陪同考核。

8日 乐业县2016年重大项目建设开竣工活动在同乐镇上岗村易地扶贫搬迁安置点举行。县领导王以彦、黎明彰、朱凌朵出席活动，黄茂兵出席并宣布项目开竣工。

9日 百色市脱贫摘帽核验组在县委六楼会议室召开核查验收工作反馈会，方志高、黄业山、刘陶恺等在家的县四家班子领导出席会议。全县脱贫攻坚各后援单位的主要领导，各乡（镇）党委书记、乡（镇）长、分管扶贫副乡（镇）长和9个脱贫出列贫困村第一书记参加会议。

14日 自治区高级法院党组成员、副院长林玉棠到同乐镇，深入驻点贫困村屯调研脱贫工作，召开座谈会。县委常委、副县长禤达宇陪同调研。

15日 百色市副市长罗试坚到乐业县组织召开乐业至百色高速公路征地拆迁工作推进会。百色市政府副秘书长李正生主持会议，市交通运输局、国土资源局、林业局、水利局、右江区、凌云县、乐百高速公路建设指挥部等领导参加会议。

28日 乐业县在大石围景区白洞服务区举行大石围创建国家5A级旅游景区重点建设项目开工仪式。百色市旅游发展委员会主任杨绍辉，县领导方志高、刘陶恺、兰田宁、黄维新、杨小斌、余美琼出席开工仪式。广西永恒投资有限公司、大石围公司负责人及工作人员参加活动。

中共乐业县委员会

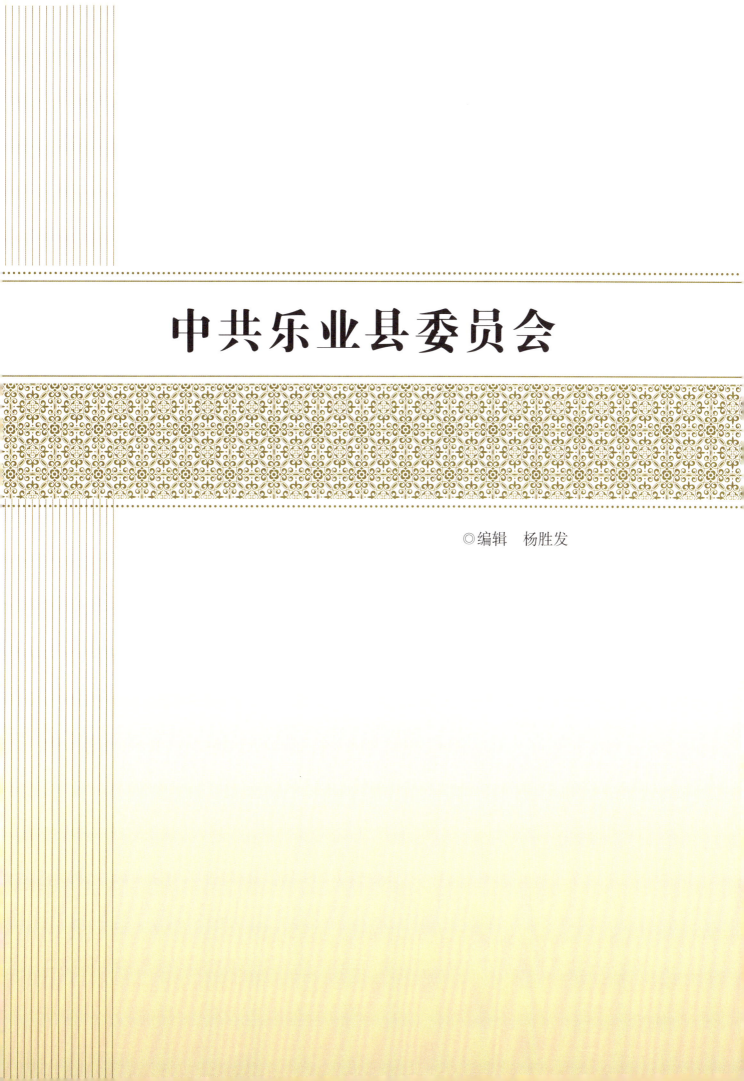

◎编辑　杨胜发

重要会议

【乡(镇)党委书记履行党风廉政建设主体责任述评会】 2016年1月4日,中共乐业县委召开乡(镇)党委书记抓基层党建工作和履行党风廉政建设主体责任述职评议会,农弘、兰田宁、刘陶恺、唐和新、伍艳琳、黄维新、梁尚总、徐广成等县领导出席会议,市纪委、市委组织部相关人员到会指导。8个乡(镇)党委书记依次在会上进行述职。

【2016年县委工作务虚会】 2016年2月14日—15日,中共乐业县委班子召开2016年县委工作务虚会,总结交流上年工作,分析研判当前形势,理清发展思路,科学谋划今年各项工作。县四家班子领导,县委办、政府办、人大办、政协办正副主任,"两院"主要领导、各乡(镇)三家班子主要领导及县直相关部门主要领导参加了会议。县委书记农弘主持会议并讲话。

【农业农村工作会议】 2016年3月1日,中共乐业县委、县政府召开全县农业农村工作会议,认真贯彻落实中央、区、市农村工作会议精神,总结"十二五"规划以来农业农村工作,研究"十三五"规划发展工作思路,动员全县领导干部凝心聚力、攻坚克难,为农村全面建成小康社会、实现社会稳定和长治久安而奋斗。县委书记农弘出席会议并作重要讲话。

【中共乐业县委召开第十一届委员会第五次会议】 2016年4月29日,中共乐业县委召开第十一届委员会第五次会议。会上宣读了《关于召开中国共产党乐业县第十二次代表大会的决议(草案)》,县委常委、组织部部长王以彦对决议(草案)进行说明,与会人员通过讨论、投票,全票通过决议。会议由县委书记农弘主持。

【全县领导干部大会】 2016年5月10日,乐业召开全县领导干部大会,会议宣布方志高任中共乐业县委书记,农弘不再担任中共乐业县委书记。市委常委、副市长李强出席会议并讲话。各乡镇、县直各单位主要领导等参加会议。

【党风廉政建设工作会议】 2016年6月3日,中共乐业县委召开全县2016年党风廉政建设工作会议。要求全县党员干部要树立强大信心,严明纪律要求,不断开创党风廉政建设工作新局面。方志高、李荣能、黄业山、兰田宁等县四家班子领导出席会议。

【县委中心组学习(扩大)会议】 2016年6月3日,中共乐业县委学习中心组举行学习(扩大)会,专题学习中共中央总书记习近平系列重要讲话精神,科学把握"四个全面"战略布局。县直各单位主要领导和8个乡(镇)党委书记参加专题学习会,县委书记方志高主持会议并作讲话。

【庆祝中国共产党成立95周年大会】 2016年6月29日,乐业县召开庆祝中国共产党成立95周年大会。县委书记方志高出席会议并讲话,强调全县各级党组织和党员干部要紧密团结在以习近平为总书记的党中央周围,高举中国特色社会主义旗帜,同心同德、开拓进取,为夺取全面建成小康社会决胜阶段伟大胜利而努力奋斗。

【中共乐业县第十二次代表大会】 2016年7月14日—16日,中国共产党乐业县第十二次代表大会在县城召开。全县246名党代表出席会议。大会听取和审议中国共产党乐业县第十一届委员会和第十一届纪律检查委员会的工作报告;选举产生中国共产党乐业县第十二届委员会和第十二届纪律检查委员会;选举产生乐业县出席中国共产党百色市第四次代表大会的代表。市委常委、宣传部部长、副市长黄建宁到会指导。大会选举产生了中国共产党乐业县第十二届委员会委员31名、纪委委员17名和乐业县出席中国共产党百色市第四次代表大会代表24名,选举产生中国共产党乐业县十二届委员会候补委员5名。

【年中工作会议】 2016年9月2日,乐业县召开2016年年中工作会议。县人民政府县长李荣能,县人大常委会主任黄业山,县委常委、常务副县长黄茂兵等县领导出席会议,各乡(镇)及县直各部门负责人参加会议。会议总结全县上半年各项工作,安排部署下半年工作。

【庆祝第三十二个教师节暨教育工作表彰大会】 2016年9月10日,

乐业县召开庆祝第三十二个教师节暨教育工作表彰大会。县人民政府县长李荣能，县委副书记兰田宁，县委常委、常务副县长黄茂兵，县委常委、宣传部部长、副县长黄维新等县领导出席会议。各乡（镇）、县直各单位主要领导以及受表彰的单位和个人参加会议。

重要决定

【表彰2015年度优秀公务员】 2016年12月18日，乐业县委、县政府作出《关于表彰2015年度优秀公务员的决定》，对2015年年度考核被确定为优秀等次的公务员（参公单位工作人员）予以嘉奖。

【表彰2015年度绩效考评先进单位】 2016年3月15日，乐业县委、县政府作出《关于表彰乐业县2015年度绩效考评先进单位的决定》，对全面完成2015年度绩效考评任务的天等镇等10个乡（镇）和县发改局等82个县直及部分区、市驻乐业县单位予以表彰。

【表彰2015年度党风廉政建设目标管理先进单位】 2016年3月15日，县委决定，对落实2015年党风廉政建设目标管理先进单位的进结镇等8个乡（镇）和县水利局等17个县直单位予以表彰。

【表彰教育系统2015—2016学年度先进集体和先进个人】 2016年9月10日，县委、县政府作出《关于表彰乐业县教育系统2015—2016学年度先进集体和先进个人的决定》，对荣获"学校常规管理先进单位"的乐业中学等26所学校、荣获"'控辍保学'先进单位"的同乐镇第二小学等6所学校、荣获"教育教学改革先进单位"的乐业县民族中学等16所学校（教研室）进行表彰；授予30名个人"先进教育工作者"称号、授予45名个人"模范班主任"称号、授予80名个人"优秀教师"称号。

重要活动

【开展"两学一做"教育活动】 2016年，乐业县委在开展"两学一做"专题教育活动中，重点从突出理论学习、焦点备课、问题导向、党建引领、真抓实干等方面入手，深入基层开展调研、查找问题。5月初，县委专门召开四家班子联席会，传达中央、自治区党委和市委"两学一做"专题教育工作会议精神，县委常委会讨论通过了以县委书记为组长的"两学一做"专题教育领导小组文件，研究审定了《实施方案》，成立了专题教育协调小组，启动了全县"两学一做"专题教育。全县7名县处级领导干部都按照要求上了专题党课。研究制定了《乐业县领导干部践行"两学一做"开展"沉访联促"扶贫攻坚活动实施方案》，印发了《关于在全县科级领导干部中开展"两学一做"专题教育实施方案》，党员人手一册《手抄党章100篇》笔记，还利用七一举办党建知识竞赛，举办了以"两学一做"应知应会知识考试，深化了党员对党章党规和系列讲话精神的学习，按时召开了"讲政治，有信念、讲规矩，有纪律、讲道德，有品行、讲奉献，有作为"等4个专题研讨会。同时，针对征求到的农村基础设施建设有待加强、五保老人生活补助偏低、机关在职党员到社区开展服务活动少等社会民生问题，立行立改，2016年，为老年人发放高龄补贴：80~89周岁每人每月发放65元，90~99周岁每人每月发放100元，100岁以上每人每月发放300元；2016年11月23日政府常务会讨论通过提高老年人高龄补贴标准，80~89周岁每人每月发放65元提高到100元，90~99周岁每人每月发放100元提高到200元，100岁以上每人每月发放300元提高到1000元，从2017年1月正式执行。

【"世界长寿之乡"授牌仪式】 2016年3月31日，由联合国老龄事业可持续发展峰会组委会、广西壮族自治区乐业县委、乐业县人民政府主办的广西乐业县荣获"世界长寿之乡"授牌仪式在北京举行。中国老龄科研中心副主任党俊武，联合国老龄事业可持续发展峰会秘书处执行秘书长杜芳宁，联合国老龄事业可持续发展峰会世界国花艺术推广中心主任兼总监金仁善，广西乐业县委副书记、县长李艳花，乐业县委常委、宣传部部长、副县长黄维新等有关领导和全国各地长寿之乡代表出席活动。

【全国徒步大会和全国攀岩锦标赛】 2016年4月16日—24日，第九届中国·百色国际山地户外运动挑战赛暨第二届中国·百色

"地心之旅"全国徒步大会和全国攀岩锦标赛在百色市乐业县、凌云县举行。

【第七届中国·乐业户外嘉年华活动】 2016年10月2日,"2016第七届中国·乐业户外嘉年华"活动在乐业县甘田镇河平大草甸开幕。县领导李荣能、兰田宁、黄维新、杨小斌、李勇才、余美琼出席开幕仪式,运动员、裁判员、市民近5000人参加开幕式。

主要工作

【农业农村工作】 2016年,乐业县以生态有机环保循环为特色,加快农工商旅大融合。做大做优特色农业。不断扩大猕猴桃、核桃、砂糖橘、用材林等种植面积,力争到2020年,全县猕猴桃面积达10万亩,薄壳核桃达6万亩以上,砂糖橘达5万亩,形成产业优势。坚持"品牌化"。开展"三品一标"认证,申报"乐业猕猴桃""高野刺梨""高山茶"等国家地理标志产品,争取创建国家地理标志产品保护示范区。坚持"优质化"。以获地理标志产品为核心,坚持典型示范,严格规范生产、加工、包装销售,建立农产品追溯体系,推进质量安全建设,严格控制生长激素过量使用,提升茶叶、板栗、有机米、水产品等农产品质量,五年完成有机茶认证2万亩,有机米认证3万亩。坚持"有序化"。引导发展刺梨、肉牛、生猪、家禽等种养业,到"十三五"末,实现全县肉产品产量超2.8万吨。坚持"园区化"。积极打造农产品仓储、冷链基地,建设有机产品营销展示中心、药兰展示馆、兰花基因库,力争在"十三五"期间,建成各级各类农业示范园区31个,到2020年,全县农牧渔业总产值超13亿元,增加值超8亿元。

【招商引资】 2016年,乐业县健全完善管理体制,改善优化投资平台。将原旅游事业管理局调整为县政府组成部门,增加5名行政编制,成立旅游执法大队和旅游监督所,落实11名事业编制;出资1000万元注册组建广西乐业旅游投资开发有限公司,旅游产业融资渠道进一步拓宽。年内,全县招商引资区外境内到位资金7.15亿元,完成市政府下达的目标任务的102%;全口径外资到位资金为112万美元,完成市政府下达的目标任务的112%。在第十三届中国–东盟博览会上,乐业县签约项目有3个,合同投资额达21.4亿元。

【项目推进】 做好项目跟踪和指导工作,促进项目快速落地、快速建设。落实重点项目包保责任制。在建项目实行专人跟踪服务,随时了解和解决项目建设中的困难和问题,确保项目尽早完工投产。2016年,混凝土搅拌站一期5000万建设项目于3月投入生产。认真贯彻落实相关政策法规,努力促进中小企业健康发展。想方设法为中小企业解决实际困难。积极开展工业企业融资需求情况调查,为昌伦茶叶有限公司争取到自治区中小企业发展专项资金50万元。以奖代补形式奖励乐业县张家湾红心猕猴桃产销合作社及高野刺梨有限公司"乐业县民营企业创名牌奖"各10万元,奖励乐业县鑫丰木业有限公司、乐业县百中水电站、广西乐业大石围旅游发展有限公司、乐业县安居物业有限公司等5家企业"乐业县十佳优秀民营企业奖"共29万元。组织天坑药都有限公司、草王山茶业有限公司及乐业高野刺梨有限公司等3家企业参加东盟博览会商品展、巴马建县60周年商品展。

【旅游工作】 2016年,乐业县坚持旅游转型升级与第三产业提质并重,打造"多轮驱动、多翼支撑"产业发展新格局。以打造"一个小镇、一个论坛、十个小区、十种养生产品"为抓手,加大力气创建广西特色旅游名县,加快传统观光旅游向休闲度假养生旅游、单一景点旅游向全域旅游转型,统筹第三产业协调发展。一是打造养生健康长寿小镇。以五台山、上岗为核心,着力探寻乐业长寿养生密码,打造长寿养生国际旅游精品区,通过每年举办一届养生健康长寿高峰论坛,力争建成国际养生高峰论坛永久性会址,打响乐业特色高山长寿养生旅游品牌。二是打造休闲养生度假小区。以组团开发模式,加快实施一批重大项目,打造布柳河、顾式茶山、草王山、火卖、牛坪、蒋家坳、白云山庄、黄猄洞、百朗大峡谷、鱼里大峡谷、龙盘天池等休闲养生度假小区,繁荣"乐业假日旅游经济"。三是全面融入巴马长寿养生国际旅游区,强化滇桂黔、东巴凤旅游合作,主动承接南宁、贵阳、昆明旅游辐射,建立旅游联盟和旅游联合体,实现资源共享、联合促销、互利共赢,推动乐业旅游资源强县向旅游经济强县转变，县域旅游向区域旅游转变。

【美丽乐业·清洁乡村】 2016年，乐业县重点推进县级新农村示范村建设。按照“逐步改造老城，加快建设新区，全面加强管理，提高城市品位”的思路，围绕“生产发展、生活宽裕、乡风文明、村容整洁、管理民主”方针，坚持政府主导、农民主体、社会参与、经济能人资助的原则，高起点启动县城总体规划、控制性详细规划和县域镇村体系规划等编制工作。生态建设持续加强。实施县城污水配套管网四期工程、农业源减排设施建设、机动车污染减排等项目，主要污染物减排均达到上级约束性要求。稳步实施国家生态文明示范工程试点县项目，深入推进石漠化综合治理、退耕还林、“绿满八桂”等工程。全县森林覆盖率提高到77.84%，分别比全区、全市平均覆盖率高出15.3和10.3个百分点。

【扶贫攻坚】 2016年，乐业县坚持扶贫开发与脱贫攻坚并重，举全县之力坚决打赢这场脱贫攻坚战。年内，全县脱贫产业发展资金总投入1727万元，其中，安排1205万元给脱贫户发展产业，户均扶持资金达7000元；安排522万元给全县2015年2611户建档立卡退出户产业发展巩固扶持资金，户均扶持资金2000元。脱贫户和退出户主要用于发展养猪、养鱼、种植等产业，通过产业发展获得稳定收入。投入490万元用于2016年脱贫村集体经济产业发展项目资金。其中，上级扶持资金400万元，地方财政资金90万元，县本级财政资金扶持每个贫困村10万元作为增加村集体经济收入。发放小额信贷1498户，获得小额信贷贫困户占当年脱贫户总89.17%，共发放小额信贷资金7515万元。共投入285万元，用于预脱贫村篮球场、戏台、文化室、宣传栏等公共服务设施建设，解决了预脱贫村无公共服务设施难题，丰富群众的文化生活。增设劳务就业专责小组专抓劳务开发、劳务输出等工作。实施乐业县雨露计划扶贫培训“引擎行动”，为162名贫困人口提供免费驾驶培训。通过技能培训、劳务开发和劳务输出，增加贫困户的务工收入。做好新农合征收工作，年内贫困户群众参合人数1.5万人，参合率为98.90%，贫困户参合率为100%。

【精神文明建设】 2016年，乐业县广泛开展社会主义核心价值观学习教育。大力弘扬广西精神、传承百色起义精神和丰富乐业精神。做好创建广西文明县城工作，提升市民素质。深化群众性精神文明创建活动。深化未成年人思想道德建设。深入推进文明和谐创建实践活动。开展“我们的节日”主题活动。大力开展向道德模范学习宣传教育活动。加大推进公益广告宣传力度。扎实开展群众性精神文明创建活动，深入开展“和谐建设在基层”活动和文明乡镇、文明村屯创建活动，统筹推进城乡精神文明建设，广泛开展农村志愿互助服务活动，加强农村文化活动设施建设，努力为农民提供更多更好的精神文化产品和服务，不断丰富广大农民的精神文化生活，推进农村精神文明建设，促进农村经济和社会各项事业又好又快发展。

【深化改革开放】 2016年，乐业县承接区、市下放、取消和调整行政审批事项191项，清理和规范行政许可项目324项、非行政许可项目244项。乡镇机构改革方面：在全市率先启动乡镇“四所合一”改革试点，整合国土、建设、环保、安监等机构职能，挂牌成立乡镇国土规建环保安监站。完成淘宝百色馆、京东商城一号店微店百色馆乐业展厅建设，入驻网商13家，大力整合县内特色产品在线上销售。从2015年11月1日起，县级两家公立医院所有药品（中药饮片除外）实行“零差率”销售。实施“新网工程”建设，建成甘田、逻西、雅长3个乡镇综合超市；新增农资服务网点5个，全县农资服务网点增加到61个，覆盖全县69%的村和社区。实现林权流转备案面积4.7万亩，新增林权抵押贷款1893万元；积极推进农村土地确权颁证试点工作，加快农村土地流转，流转面积累计达3万余亩。党的建设制度改革取得成效。全面实施了村干部待遇增长机制、机关公务员职务与职级并行制度。将纪检监察机关参与的69个议事协调机构精简调整为14个，将纠风室、执法室、效能室与党风室合并为党风政风监督室，并增加4名行政编制。

（冉岱松）

组织工作

【组织机构概况】 2016年，乐业县有13个基层党（工）委（其中乡镇党委8个，县直机关党委2个，县直机关党工委3个)。有自治区直机关党委1个,34个县直机关党组;全县有247个党(总)支部。全县有党员5766人,其中农村党员2536人。县委组织部内设办公室、干部股、青干股、干部监督股、组织股、干部教育培训股、调查研究室、人才股、档案股等9个股室,县委组织员办公室、县党员干部现代远程教育管理办公室、县基层组织建设协调领导小组办公室、县党建办、县考评办继续在县委组织部挂牌。组织部在职人员21人。

【领导班子和干部队伍建设】 2016年,乐业县严格执行《党政领导干部选拔任用工作条例》和自治区党委、市委有关换届工作的政策规定,在换届中选好配强各级领导班子。严格按照新条例的规定提交县委常委会任免干部340人,其中新提拔科级领导干部81人,挂职34人,其他交流、改非或免职223人,试用期满转正1人,提前退休1人。严格落实"九个严禁,九个一律"换届纪律要求,充分运用警示教育片、"12380"举报平台,组织部部长"绿色信箱",组织部部长"双向约谈"等举措加强对换届纪律的监督,会同县纪委监察局核实处理信访件3件。

【干部教育培训】 2016年,乐业县委组织部创新干部教育培训机制,扎实推进学习型党组织、学习型机关建设。重视干部教育培训工作。在广西大学继续教育学院举办1期新任科级领导暨科级女干部培训班和1期党外干部暨少数民族干部培训班。组织8个乡(镇)三家班子主要领导及县直各单位主要领导共138人在县委党校集中举办科级领导干部战略思维和能力提升专题培训班。会同县妇联、团县委等部门举办村(社区)支书、主任、贫困村第一书记培训班,基层妇女干部培训班以及村(社区)团支书培训班,共计培训360人。全年共选派120多名领导干部选调参加区、市举办的各类专题培训班。在开展"两学一做"学习教育中,通过抓住思想发动,营造浓厚氛围;抓住支部书记,落实主体责任;抓住学习覆盖重点,确保学习教育不留死角;抓住解决问题根本,确保学习教育取得实效;抓住督查指导保障,推动学习教育有序开展。同时,严格落实"三会一课"制度,县委中心组及各基层党(工)委、党组、党(总)支部分别召开"争做'四讲四有'合格党员"4个专题学习研讨会和专题党课。

【基层党组织建设】 2016年,县委组织部盯紧基层党建重点工作任务目标,细化措施要求,认真做好基层党组织建设。一是抓好党员组织关系集中排查。全县共排查出超过6个月未与党组织联系党员228人,已查找到126人,仍失联党员102人。二是做好党代会代表和党员违法违纪未给予相应处理排查清理。由党代表、人大代表、政协委员所在选举单位和党员所在单位进行自查,党员承诺、由支部党员大会自查自纠进行认定。会同县纪委、县人大办、县政协办、县法院等部门,加强对违法违纪的党代表、人大代表和政协委员政治面貌进行识别。共排查出党员违法违纪共计20人,均作相应处理。三是做好基层党组织按期换届工作专项检查。制定基层党组织按期开展换届工作专项督查方案,派出8个工作组对全县15个党(工)委,247个党(总)支部的换届工作进行全面的督查。共排查出需按期换届党支部149个(含6个党总支部),全部完成换届工作。四是做好党费收缴工作专项检查。通过细化专项工作台账清单,制作补交党费登记表核准应缴党费基数,做好对党费收缴中相关问题的解释,严格收缴管理制度,全年共补缴党费62.48万元。

【推进"两新"党建工作】 2016年,县委组织部集中推进非公企业和社会组织"两个覆盖"。建立非公企业和社会组织党建联席会议和党工委班子成员联系点制度,组织工商局、民政局等部门对辖区注册登记的非公企业和社会组织进行"拉网式"摸底。采取单独组建、联合组建、挂靠组建等方式提高"两新"组织党组织的覆盖率。全县非公经济组织单独建立党组织22个,联合党组织5个;社会组织单独建立党组织10个,联合党组织1个。实现党的组织和工作全覆盖。

【创新党建工作】 一是在社区,建立社区联合大党委、创新党员管理服务方式、开展社区"先锋同行、和谐邻里"活动和"社区邻里节"活动等方式,引导全县1000多名在职党员为社区群众开展常态化服务。二是在机关事业单位,深入实施"133"机关党建创新机制,通过机关支部联系村党支部,机关党员结对帮扶贫困户等"双联双帮"形式助力脱贫攻坚。县直各机关事业单位党支部按照规范化建设要求，办公场所做到“七个一”，党员活动室做到“十有”，台账资料做到“7薄4册2计划”，着力抓好机关党建规范化建设。三是在全县各学校中深入实施“党旗映校园”工程，通过实施“师德、提升、文化、结对、培源”五大工程，充分发挥党建引领作用，促进学校的全面、协调、可持续发展。四是在非公领域推进组织建设全覆盖工作，选派43名党建指导员强化党建工作指导，实施“岗位奉献”“党旗领航·电商扶贫”“企村共建”等活动，全县“两新”党组织共建立甘田镇牙意猕猴桃产业扶贫示范园区等“党建+”示范点10个，发展培育特色水果、畜牧养殖、库区养殖等7个亿元支柱产业。

【实施“党建+促脱贫”工程】 2016年，乐业县紧扣脱贫攻坚主题，拓展“民族团结携手先锋行”党建工程，深入开展“脱贫攻坚先锋行”活动。一是深化拓展“三边”党建工作。组建跨区域联合党组织，广泛开展组织联建、学习联促、村务联议、资源联享、产业联兴、稳定联保的“六联”活动。在桂黔跨省区域联合党工委以“产业脱贫先锋行”为工作目标，大力发展库区水产养殖，水面产业覆盖6个村1359户，其中贫困户637户2156人，贫困户年人均增收1050元。二是组建联村联合党委促脱贫。采取“先进村带贫困村”的“联合党组织”设置模式，组建联村联合党委，实现区域间联动发展。在甘田镇组建龙云社区联合党委，引进广西顾式有机农业集团有限公司发展百里党建示范长廊基地万亩有机农业产业园，发展种植有机作物，参与群众达9000余人。

【远程教育】 2016年，县远程办将“两学一做”学习教育内容列入党员干部现代远程教育工作要点中，全县126个终端站点均按照“每周一课”课程要求，结合“三会一课”、民主生活会等学习日，合理安排学习内容。完成68电信模式站点升级改造工作。共向《百色党建》电视栏目《党建播报》板块报送播报15条、《榜样》板块专题5部。结合全县党建促脱贫工作，摄制完成《乐业：“党建+”助推脱贫攻坚》《乐业“党建+精准扶贫”构建双赢新格局》等新闻在电视台《百色新闻》播出；摄制的《为了贫困户》和《中国最户外的小镇》被自治区党委组织部分别评为先进经验类和文化艺术类奖项。在乡镇换届和“七一”期间，组织摄制4部党员专题教育片，在乐业电视台、乐业党政网、乐业党建微信平台、乐业远程平台等媒体播出，用大家身边熟悉的先进事迹让广大党员干部对如何做好一名基层党员、为民办实事有更深的认知。

【党建示范长廊】 2016年，乐业县认真抓好党建示范工作。创建“一河一路一轴一区”百里党建示范长廊。沿布柳河一线和同乐、逻沙、甘田公路沿线，以县城为轴，连幼平、雅长红水河库区，深入实施“党建带产业”“党建+精准扶贫”、机关党建“133”机制创新工作、“党旗领航·电商扶贫”等党建示范点创建活动，着力打造百里党建示范长廊。打造了畜牧局等8个机关党建示范点、百农乐宝有限公司党支部等10个“两新”组织党建示范点、桂黔跨省区域联合党工委等26个村级党建示范点，培养党员致富能人157人，带动发展猕猴桃2.4万亩、有机稻3000亩、有机茶5430亩、中药材3万亩、网箱养殖1.7万箱，带动全县基层党建工作。

【规范党内政治生活】 一是在全县全面推行党员固定活动日制度，探索“党员固定活动日+”模式，扎实推进“两学一做”学习教育，力促党员教育经常化、组织生活规范化、作用发挥常态化。二是推行农村党员设岗定责，建立党员“亮身份、亮职责、亮承诺、亮评比、亮点评”的长效机制，开展农村共产党员户“挂牌”亮身份活动，在农村党员中设岗定责，建立综治维稳岗、政策宣传岗、勤劳致富岗、民生保障岗、卫生监督岗、计生服务岗等党员示范岗，创新党员量化积分制管理制度，进一步调动农村党员干事创业热情。三是全面推行村党组织星级化管理，制定创星方案，落实创星措施，做到一个党委一套创星方案，一个支部一个提升方案。组建县乡考核组，采取“听、查、测、核、定”等方式对村级党组织进行评星。（韦胜泽）

纪检监察

【纪检监察机构概况】 2016年，乐业县纪委监察局核定编制20名，其中行政编制18名，机关后勤编制2名。实际在编人员18人，其中行政编制16人,机关后勤编制2人。内设办公室、信访室、党风政风监督室、第一纪检监察室、第二纪检监察室、案件审理室、反腐倡廉信息教育中心等7个室。不断推进纪检监察体制改革,组建成立县委巡察领导小组办公室,设在县纪委,由纪委负责开展日常工作;根据工作要求,新成立二层机构:乐业县纪委监察局反腐倡廉信息教育中心。不断推进纪检监察体制改革,组建成立县委巡察领导小组办公室,继续实行对内一套工作机构,对外两块牌子,保持纪委、监察局机构原有领导的职责、权利、工作程序不变,共同履行党的纪律检查与行政监督两种职能,实行党政监督一体化。下设8个乡(镇)纪委,34个纪检组(纪工委、纪委)。

【县十一届纪委第六次全体会议】 2016年2月10日,中国共产党乐业县第十一届纪律检查委员会第六次全体会议在县城召开。县纪委常委会主持会议。县纪律检查委员会委员18人出席会议。全会深入贯彻落实中共十八大精神,认真学习贯彻十八届中央纪委五次全会、自治区十届纪委七次全会和市三届纪委七次全会精神,回顾总结2015年全县党风廉政建设和反腐败工作,研究部署2016年党风廉政建设和反腐败工作任务。

【县第十二届纪委第一次全体会议】 2016年7月初,中国共产党乐业县第十二届纪律检查委员会第一次全体会议在县城召开。全会选举产生了新一届县纪委委员13名、纪委书记、副书记各1名和纪委常委7名。新一届纪委在认真总结十一届纪委工作的基础上,深入贯彻落实中共十八大精神,认真学习贯彻十八届中央纪委六次全会、自治区十一届纪委一次全会和市四届纪委一次全会精神。回顾总结了2011年以来全县党风廉政建设和反腐败工作所取得的经验,研究部署2016—2020年党风廉政建设和反腐败工作任务。

【党风廉政建设】 2016年,乐业县纪委监察局坚持把党风廉政建设责任制作为惩防体系建设的重要工作来抓。组织召开全县党风廉政建设工作会议,通报2015年全县各乡(镇)各部门落实党风廉政建设责任制工作情况,总结2015年政府部门廉政建设工作情况,与全县8个乡(镇)和72个县直部门签订2016年度党风廉政建设目标管理责任状,明确工作职责,形成党风廉政建设工作一级抓一级、层层抓落实、齐抓共管的工作格局。研究制定并下发《乐业县2016年党风廉政建设工作要点》,明确工作思路和工作任务。县委主持召开党风廉政建设会议专项工作会议5次,听取纪检监察专项工作汇报4次,研究查办问题9次,督促解决群众反映的突出问题30多起,对100多名乡镇和县直单位主要领导、乡镇纪委书记和县直纪检组长进行廉政约谈。

【查处"四风"和腐败问题、扶贫领域监督执纪问责】 2016年,乐业县纪委监察局认真开展群众身边的"四风"和腐败问题专项工作,共立案50件,给予党政纪处分50人,点名通报28人。纠正不符合享受低保对象977户2889人,涉及资金19.98万元;取消不符合享受寄宿生生活补助对象1007人,涉及资金125.25万元;清退不符合农村危改户4户,涉及金额4.9万元;检查窗口部门10次,发现问题11个,责成及时整改问题5个,限期整改问题4个。开展扶贫领域监督执纪问责工作,共立案查处扶贫领域案件46件,移送司法2人,给予党政纪处分40人。出台《乐业县扶贫攻坚问责办法》,共对扶贫工作推进不力,履职不到位的36个乡镇和单位、186名党员领导干部进行点名通报,对2个乡镇主要领导、12名党员干部进行诫勉谈话,对6名党员干部进行约谈,有力推动全县扶贫攻坚工作的开展。

【违纪违法案件查办】 2016年,县纪委监察局组织开展纪委书记"大接访"活动,坚持值班领导信访接待,建立重要案件包办制、分片负责制;坚持纪严于法,着力抓早抓小,强化线索处置、加强办案协作、强化执纪审查;畅通信访渠道,及时化解各类问题,切实解决群众利益诉求。全年共立案71件(含群众身边的"四风"和腐败问题专项整治案件),比上年增长286.6%,结案69件,结案率为97%。其中违反国家法律法规规定案件48件,违反工作纪律案件6件,违反廉洁自律案件6件,违反群众纪律案件1件,贪污贿赂案件10件;涉及科级领导干部19人,其他党员干部82人;涉案金额640多万元,比上年增长569%,收缴违纪款330多万元,比上年增长628.2%，有效发挥了执纪审查的震慑作用。

【纪检宣传教育】 2016年，县纪委监察局组织全县550多名科级领导干部订阅学习《习近平关于党风廉政建设和反腐败斗争论述摘编》；分类分层次开展对新准则和新条例的学习；邀请自治区高检院反贪局局长张坚为500多名科级领导干部上预防职务犯罪警示教育课，县委书记亲自上落实"两个责任"培训课；组织全县教育系统领导干部到县法院现场旁听职务犯罪庭审并召开教育系统案例分析警示教育会；编发《乐业县党员领导干部党纪法规知识读本》800多本。

【监督检查】 2016年，县纪委监察局坚持抓早抓小，在重要时间节点，加强明察暗访，严肃惩戒问责，狠刹"三公"消费、奢侈浪费、参与赌博和违反工作纪律等不正之风，加强对"两学一做"教育活动的监督检查，重点整治领导干部懒政怠政、为官不为，严肃查处发生在群众身边的"四风"和腐败问题，开展扶贫领域监督执纪问责专项活动。把"三公"经费作为落实八项规定精神监督检查的重点，对全县8个乡镇和61个部门2015年度"三公"经费使用和管理情况进行抽查，检查发现问题32个，发出整改通知55份，收缴违规资金27.5万元。对6个乡（镇）、49个部门主要领导进行约谈，对2个乡镇主要领导进行诫勉谈话，对1个单位主要领导、两名财务人员进行立案查处。在中秋、国庆等重要时段，下发廉政通知，编发廉政短信，通报曝光案件。印发实施《乐业县重大项目实施推进不力问责办法》和《乐业县扶贫攻坚工作问责办法（试行）》等制度，为重点工作推进提供制度保障。狠抓会风会纪，促进作风转变，制定干部职工上班情况督查机制，针对干部职工上班纪律情况、到岗到位情况、上班工作状态情况等方面进行全方位检查。共开展明察暗访活动4次，其中会风会纪督查活动3次、县直部门上班情况暗访督查1次，共有33个县直单位、14人次被全县通报。

【纪检队伍建设】 2016年，县纪委监察局结合换届工作，推进纪检体制改革，配齐配强纪检干部队伍。各乡镇配齐纪委书记及纪委副书记（兼监察室主任），县直单位纪检组（纪委）由原来的32个增加到36个。县纪委监察局执纪监督机构占机构总数的83.3%。全县纪检监察干部45岁以下占85.0%，大学本科以上学历占50%，有办案经历的占45%。全力支持纪检监察队伍"三转"工作。在全县开展纪委书记、纪检组长分管工作自查自纠工作，县纪委书记负责全县纪检监察工作，8个乡镇纪委书记和32个县直纪检组长（纪委书记）不再分管与纪检监察工作无关的其他工作，纪检监察队伍"三转"得到全面落实。加强对纪检监察队伍的监督检查，严格管理、从严要求、加强培训，打造忠诚、干净、担当的队伍。

【党风廉政教育】 2016年，县纪委监察局结合"两学一做"学习教育，将《廉政准则》《纪律处分条例》《问责条例》作为宣传教育的重点，面向全体党员，分层分类、形式多样开展宣传教育，通过中心组学习、党校培训、"讲习所"、专题教育、彩信、微信等形式，重点加强各级党员干部的学习教育。县委中心组带头学习《廉政准则》《纪律处分条例》《问责条例》，纳入党校培训2次，各单位专题学习100多次，发放《条例》《准则》学习资料500多本。围绕换届工作，加强换届纪律的学习宣传，深入宣传换届纪律和换届纪律监督举报方式，营造风清气正换届环境。县委中心组、各单位积极学习警示教育读本，结合换届工作专门学习《南充拉票贿选案》《湖南衡阳破坏选举案》。抓好警示教育，组织全县8个乡镇主要领导、县直40个单位主要领导到县法院开展现场旁听职务犯罪庭审活动，零距离接受警示教育。抓好对外宣传，积极向各种媒体、报刊撰写投送廉洁文化信息，更新乐业纪检监察网站、天坑清风微博的栏目和内容，向中央、自治区、市纪委投稿123篇，采用82篇，其中《广西纪检监察网》23篇，《百色市纪检监察网》38篇，《市纪检监察简讯》2篇，《右江日报》3篇，《广西新闻网》8篇，其他媒体8篇。

【巡察工作】 2016年，县纪委监察局强化党内监督，抓好巡察工作。及时召开巡察动员会，县四家班子，各乡镇、各单位主要领导共100余人参加了会议。完善机构建设，成立全县巡察工作领导小组及办公室，落实工作人员、办公场所及办公设备，使巡察工作能顺利开展。下发巡察工作方案，选准巡察对象。组织4个巡察组，对3个乡镇、13个县直部门开展第一轮巡察工作。通过巡察发现被巡察单位和部门存在的问题26个，线索12条。存在的共性问题是：党建工作比较薄弱，“三会一课”制度坚持不够；党风廉政建设在工作落实不到位，开展不力，制度建设不全，责任不明确；在“两个责任”方面，表现为落实不力，个别干部职工存在不正常上班的问题，工作让别人做，自己照常领工资的现象；在执行八项规定方面，“三公”经费管理依然不够规范，存在公款列支个人通讯费、单位接待无公函、支出手续不完善，村级公务费开支不规范等问题；在开展作风建设情况方面，作风、效能建设弱化，个别领导、干部和职工存在为民服务意识不强，群众办事找不见人，或群众反映的困难问题久拖不决，还存在接待群众态度生硬、不耐心、回避困难矛盾等现象；在民主决策方面，存在一些重大项目、重要事项不经过民主讨论个人说了算，较大经费开支不经民主讨论个人作出决定，用人方面也存在个人说了算现象，等等。（陆道忱）

宣传工作

【宣传机构概况】 2016年，中共乐业县委宣传部共有编制9人，其中行政编7人，工勤编2人。在职行政编7人，工勤编2人，设部长1人（县委常委、宣传部部长、副县长），副部长3人（其中1人兼任文明办主任）。宣传部内设办公室、调研股、宣传股、理论股、新闻股、对外宣传股、网络管理股、县精神文明建设委员会办公室、未成年思想道德建设股和后勤人员2人。

【理论武装】 2016年，县委宣传部坚持推进理论武装工作。一是县委学习中心组专题学习了“中央一号文件精神”“四个全面战略布局”“讲政治、有信仰”等12个专题，各党（工）委、各党（总）支部也开展相应的学习，参学人数达2800多人次。二是召开县委学习中心组扩大会议，专题学习中共十八届六中全会精神和《中国共产党党内监督条例》《新形势下党内政治生活若干准则》；将学习贯彻十八届六中全会精神与“两学一做”学习教育结合起来，建立严肃的党内生活准则和新的行为规范。三是充分利用廉政警示教育周，组织全县干部职工收看《永远在路上》警示教育片，开展讨论，撰写心得体会文章。四是由县委常委领导带头到各乡镇、县直各单位开展上廉政党课活动，共上党课28场（次），受训人员达6000多人（次）。年内，全县领导干部共撰写理论或调研文章40篇。同时以“两学一做”学习教育活动为契机，开展“书记课堂”“微课堂”“空中讲堂”“我为基层讲一课”等理论讲习活动256场次，5000多名党员受益。五是统一为全县党员干部订购《习近平总书记系列重要讲话读本(2016年版)》《乐业县“两学一做”学习教育党章党规学习读本》等学习资料16000余份。

【舆论宣传】 2016年，县委宣传部认真做好新闻舆论宣传报道工作。一是充分利用县内新闻宣传平台以及与中央、自治区、百色市主流媒体宣传合作契机，通过专栏、专题、专版、系列报道等形式，加大对乐业县各项中心工作的宣传报道力度。据统计，年内被中央电视台采用稿件5条，被《人民日报》《中国旅游报》等媒体采用稿件7篇；广西电视台采用稿件14条、《广西日报》采用稿件23篇；百色电视台、《右江日报》采用稿件970余条（篇）。同时，还开通乡镇微信群和微信平台，增加新闻宣传阵地，有效传播乐业好声音。二是做好重点工作宣传报道，围绕全县扶贫攻坚重点工作，定期设定主题，邀请新华社、广西电视台、《广西日报》《右江日报》等媒体记者深入乐业县农村，就乐业县在精准扶贫、精准脱贫工作中的成功经验与做法，以及在工作中涌现出来的典型事迹进行深度报道。据统计，年内在《自治区脱贫攻坚工作简报》上稿2篇，《市脱贫攻坚工作简报》上稿17篇，在各级新闻媒体发表扶贫稿件940多条。其中，由新华社推出的《乐业实施“五大工程”提速扶贫开发攻坚战》，广西电视台推出的《乐业：精准扶贫扶出一片“新天地”》、广西日报社推出的《精准扶贫党领路——探访乐业县首个精准扶贫党支部》、右江日报社推出的《乐业划分战区全力打好精准脱贫攻坚战》等多篇重点稿件成为乐业县重点工作宣传报道的重头戏。同时，以帮扶干部农有表同志因劳成疾倒在扶贫路上的典型事迹，邀请农民日报社、广西日报社等媒体到乐业县进行深入采访，推出了农有表先进事迹报道。

【对外宣传】 2016年，县委宣传部以乐业县荣获“世界长寿之乡”为契机，以自治区委书记彭清华在广西与世界同行·全球推介活动中有关“广西的巴马、乐业以‘世界长寿之乡’闻名于世，如果各位有兴趣探寻长寿‘密码’，不能不去广西”讲话为切入点。在北京召开乐业县获荣世界长寿之乡新闻发布会，组织开展“长寿之乡·探秘地心”全国大型全媒体采访活动，全方位、立体式解析“乐业世界长寿之乡”的密码。以乐业县新打造的5万亩油菜花海为主题，通过电视、报纸、网络、微信、户外广告牌等平台，积极进行宣传推广。其中，广西日报社、右江日报社推出的《世界长寿之乡乐业万亩油菜花海等您来》专版，中国旅游卫视、广西电视台、百色电视台播出的《乐业油菜花宣传片》，广西日报社客户端、百色快曝、乐业天坑、乐业乐旅等微信公众号推出的《元旦哪里玩？乐业万亩油菜花花海等您来》《那个金色传说》《最美乐业田园画，就是天堂的样子》的微信，放大宣传推广了乐业油菜花，引起了社会广泛关注。

【社会宣传】 2016年，县委宣传部加大社会宣传工作力度，充分利用电子显示屏、户外广告牌、手机短信、村级广播站、宣传栏等平台，采取在县党政网、县电视台、县手机资讯平台开设专栏等形式，加大对扶贫攻坚、创建广西特色旅游名县、“两学一做”“三城连创”、乐业5万亩油菜花等重点工作的宣传力度。共制作大型宣传广告牌70余块，张贴、播放宣传标语4000余（条）次，在全县形成了浓厚的社会氛围。在县文化广场新建灯箱广告12块，从经济、民生、党建等方面展示“十二五”期间乐业县所取得的辉煌成就和“十三五”规划宏伟蓝图。

【网络舆情管理】 2016年，乐业县委宣传部加强网络舆情管理，制定《乐业县互联网重大突发事件应急处置预案》，建立网络评论员队伍，加强日常演练，发现舆情信息及时汇报处置，有效引导网上舆论。同时加强日常网络监控，落实24小时值班制度。全力收集有关乐业县的网络舆情信息，积极与相关部门合力做好网络舆情处置引导工作。年内共处置网络敏感信息273条，针对网民反映事关党委、政府形象，事关社会稳定，事关群众切身利益的问题，编制《网络舆情专报》12期，呈送相关县领导阅批，交相关部门承办。

【队伍建设】 2016年，县委宣传部巩固“两学一做”学习教育活动。在全县宣传文化系统巩固拓展“两学一做”学习教育活动，强化宣传文化战线的政治意识和责任意识，提高思想认识，进一步塑造宣传文化干部队伍为民务实清廉新形象。注重培育，不断夯实干部队伍的人才基础。开拓思路，不断提高干部队伍的整体素质。完善机制，激发宣传思想文化队伍整体活力。

（杨海莲）

统一战线工作

【统一战线机构概况】 中国共产党乐业县委员会统一战线工作部（简称县委统战部）是县委主管统一战线工作的职能部门，内设部办公室、爱德项目办公室、乐业县非公有制经济办公室，挂牌机构有县宗教事务局。2016年，县委统战部核定编制4名（其中行政编制3名，机关后勤编1名），爱德项目办公室编制2名（均为事业干部编），乐业县非公有制经济办公室编制4名（均为事业干部编，负责非公办、工商联、宗教局工作），在职干部职工13人。全县8个乡镇党委均配备统战委员（由宣委兼）。

【党外人士工作】 2016年，县委统战部认真贯彻落实中发〔2012〕4号、桂发〔2012〕24号等文件精神。联合县委组织部，于2016年11月1日—5日在广西大学举办乐业县2016年党外干部暨少数民族干部专题培训班，参加培训人数44人。12月份推荐4名党外副科级领导干部参加全市党外无党派科级领导干部培训班。通过培训，全县党外干部及少数民族干部的思想政治素养和综合素质得到提高，参政水平得到提升，有效提高党外干部的综合素质。为储备党外后备干部，准确掌握党外干部情况，及时完善更新党外代表人士后备队伍信息库。认真做好新一届人大代表、政协委员中党外代表、委员的提名和考评工作，为全县“两会”的顺利召开提供保障。在2016年的市、县“两会”上，县工商联界有政协委员11人（其中非公人士8名），进入县政协常委1名。推荐非公人士任市政协委员1名、市人大代表1名。

【“同心”工程】 2016年，县委统战部争取到爱德基金会援助项目资金115.64万元，县政府配套20万元，着力打造“同心”品牌升级版，为“同心同行”大统战格局夯实基础。一是在花坪镇拉岜、田湾、然降屯，雅长乡果麻屯、逻沙乡仁龙村湾头屯实施“同心人畜饮水工程”5处；二是在花坪镇拉岜屯、田湾屯实施“同心灌溉渠道工程”2处；三是在逻沙、花坪、雅长等乡镇部分村屯实施“同心农村实用技术培训”工程，共培训农民工1400人次；四是在花坪镇、雅长乡各个村屯实施“同心玉米良种”工程1200亩；五是成立“同心防灾减灾自助组织”3处并开展村民避险与自救培训1500人次；六是继续抓好“同心孤儿救助”项目，年内为170名孤儿发放救助金25.996万元。

【服务非公经济】 2016年，县委统战部认真做好服务非公有制经济工作。完成县工商联换届工作，选举产生乐业县工商联第四届执委会委员和领导班子。完成“五好”县级工商联和同乐镇“六有”乡镇商会创建工作，顺利通过市、自治区级考评验收。引导非公企业发挥榜样作用。年内，组织引导29个企业和商会参加“千企扶千村”暨“商会扶贫统一行动”，帮扶联系24个村，助力脱贫摘帽工作。先后组织10多家企业为贫困村捐款捐物，折合人民币10万多元。乐业县银隆矿业有限公司董事长潘隆春向百色教育基金捐赠2万元，乐业篮球队赞助5万元；华东投资有限公司董事长陈长军到幼平乡百安村开展“送温暖·献爱心”活动，为百安村村百安小学送上50套课桌椅，价值1万多元，并为10户贫困户送去棉被、大米、油等价值5000元的物品。2016年3月底，全县7家民营企业获得县委授予的“优秀民营企业”称号表彰。2016年7月成立乐业县非公有制经济办公室，核定4名事业编制，为全县非公经济工作的开展和管理提供保障。年内，县工商联荣获百色市工商联先进单位、“五好”工商联创建工作先进单位、组织发动非公企业及商会参与“千企扶千村”扶贫工作先进单位、非公有制经济人士培训工作先进单位等多项荣誉。

【海外统战、党派联谊】 2016年，县委统战部积极做好海外统战和党派联谊工作。组织开展“2016年海外华裔青少年中国寻根之旅夏令营——百色乐业”活动。活动于7月24日—26日开展，来自马来西亚和德国的华裔在校学生共50人参加。继续做好困难归侨的助学、奖学、助困等补助审核发放工作，共争取到上级经费3万元，全部用于困难侨眷的生活和学习补助。开展爱心慰问活动4次。开展新《中华人民共和国归侨侨眷权益保护法》宣传，深入逻沙、新化、幼平等乡镇开展新法宣传3次，共发放宣传资料6000多份。积极配合县委、县政府做好2016年乐业县山地户外挑战赛和攀岩赛涉外活动工作。与民主党派、社会团体开展“同心”实践活动，邀请农工党广州市委常委邓小建率基层支部党员及爱心人士16人到乐业县花坪镇浪筛村小学开展“小书包、大梦想”爱心活动及爱国主义教育活动，为浪筛小学捐赠书包及文具一批、现金2000元。开展“民族团结、共同进步”等活动，通过协办“新化卜隆古歌节”“甘田舞龙节”“逻沙唱灯节”等活动，促进本县民族大团结。

【民族宗教工作】 2016年，县委统战部认真做好民族宗教工作。争取到区、市少数民族发展资金197万元，加大对少数民族群众的扶持力度，全县民族和谐关系的发展得到进一步提升。做好宗教政策及法律法规的宣传工作。积极深入各乡镇开展宣传国家宗教事务条例法律法规，反邪教、反非法传教等知识活动10余次，共印发宣传资料8000多份、各种宣传小册子6000多册、横幅20多条。认真做好全县宗教领域维稳工作。坚持资源共享、信息互通原则，加强与县政法委、公安局等相关维稳部门的沟通与联系，时刻关注信教群众动态，全年全县无因宗教方面因素引发的事件发生。甘田镇天怀寺寺庙恢复重建工作于2015年基本完成，为了完善其管理，引导信奉佛教的周边群众成立并选举产生天怀寺寺庙管理委员会，为寺庙法制化管理提供保障。按照自治区、市相关要求对全县8个乡镇民间信仰工作基本情况进行调查登记，据初步统计全县有民间信仰点82处，其中建筑面积50平方米以下的73处，50~100平方米5处，100~500平方米4处，信教群众约14466人，主要分布在全县8个乡镇的30个村，其中以佛教为主的17处，祖宗崇拜3处，自然崇拜2处，民族崇拜60处。

【理论调研】 2016年，县委统战部制定信息工作奖励机制，以文件形式印发《2016年统战部调研信息工作安排》，明确调研信息任务和奖励力度。共撰写上报统战理论调研文章3篇，撰写并上报各类统战信息30篇，其中《市统战信息》采用刊登4篇，《广西统战信息》采用刊登1篇，《市统调研》采用刊登1篇，《市统创新成果》采用刊登1篇，县党政网采用8篇。

【队伍建设】 2016年，县委统战部按照县委的统一安排和部署，以"三严三实""两学一做"学习教育为契机，精心制定方案，认真组织学习，科学统筹安排，扎实认真推进，统战干部队伍建设取得新成效。在部班子的带领下组织统战系统全体干部职工认真学习《中国共产党统一战线工作条例（试行）》及实施办法等统战工作政策理论和方法以及党的民族宗教等政策文件。年内多次选送统战干部到区、市参加各类培训学习，同时开展经常深入基层，扎实开展调研，将学习成果运用于实践，推动统战各项工作不断取得新进展。

【中心工作】 2016年，县委统战部紧紧围绕县委县政府中心工作，在精准扶贫工作中，统战系统结对帮扶逻沙乡龙南村，是2016年脱贫出列村，贫困面大，贫困原因多。县委统战部8名干部职工联系帮扶贫困户为61户，工作难度大，压力重。经过干部职工的共同努力，全面完成2016年脱贫攻坚工作各项指标任务，并顺利通过市、自治区核验组的核查验收。同时，动员全县26家非公企业联系帮扶24个村。

（毛巧环）

外事侨务和对台工作

【外事侨务及对台事务概况】 乐业县外事侨务办公室与台湾事务办公室合署办公，一套人马两块牌子，外事办属县人民政府组成部门、侨务办属县人民政府直属机构、台湾事务办属县人民政府直属事业单位，是执行国家外交及对台政策和处理重要外事、侨务、对台工作的归口管理部门。

【外事工作】 2016年，县外事侨务工作全面把握"十二五"规划的总体要求，牢牢抓住服务发展主线，努力提高对外交往水平，丰富对外交往内容，拓宽对外交往渠道，拓展经贸合作空间，努力提高对外交往水平。在外事接待和因公出访中，围绕县委县政府中心工作，扩大对外交往渠道，多交、广交、深交国际朋友，有针对性地增加个性化服务，提升乐业影响力。积极主动做好重要团组的接待工作，努力增强外事工作能力。全年共接待外宾来访团组2批6人次。

【涉外服务】 2016年，县外事侨务办公室继续发挥涉外服务功能，全力做好涉外服务。做好组团外出学习1批5人次出访英国、法国各项工作，严格执行上级有关出国（境）管理的规定，加强涉外入境处理工作。对不符合规定的出访团组或入境参访团组坚决予以制止，进一步提高全县对外交流工作的质量和水平。

【外事活动】 2016年，县外事侨务办公室认真做好涉外活动礼宾服务。协助做好2016年第九届中国·百色乐业国际山地户外挑战赛暨全国攀岩精英赛，与市外事侨务办、百色学院联系大学英语教师3人和英语大学生20人，协同做好涉外运动员的接待、翻译、赛事、医疗、安保、交通服务工作，提升外事办在大型涉外活动中的服务水平。做好2016"中国寻根之旅"华裔夏令营活动，活动共有来自马来西亚和德国华裔青少年50人。活动内容有参观大石围景区、品农家菜肴、体验速降、采摘农家菜等。

【侨务法规宣传】 2016年，乐业县外事侨务办公室以《中华人民共和国归侨侨眷权益保护法》颁布15周年为契机，以召开座谈会、张贴悬挂标语、发放宣传资料等方式，营造知侨、爱侨、护侨的良好舆论氛围。制作《归侨侨眷权益保护法》宣传册、宣传栏，利用圩日到新化、逻沙、幼平、雅长等乡镇开展侨法宣传活动3次，发放宣传资料6000多份，并多次到侨眷家中开展侨法宣传工作。

【侨台关爱工作】 2016年，县外事侨务办认真做好掌握老归侨、重要台商、重要华侨科技人才以及侨眷、台属基本情况的工作，摸清困难侨眷、台属住房、就业、低保、子女读书等具体情况，及时更新全县侨情。积极开展中秋、新春慰问困难侨眷活动，共慰问困难侨眷30人，发放慰问金2万元。通过多方

争取，得到自治区侨办资助贫困山区学生15人，每人每月发放生活补助500元。（毛雅茜）

精神文明建设

【精神文明建设概况】 2016年，乐业县精神文明建设紧紧围绕县委工作全局和全县宣传工作部署，着眼培育和践行社会主义核心价值观，树立新风尚，着力提升公民思想道德素质和城乡文明程度。坚持把精神文明建设工作摆上重要位置，及时调整充实县精神文明建设委员会领导小组，统筹推进各项工作。突出自治区文明城市创建龙头，进一步提升城市形象和管理水平，扎实开展迎接自治区级测评工作。

【思想道德建设】 2016年，乐业县精神文明办公室扎实推进社会公德、职业道德、家庭美德和个人品德建设。广泛开展"感恩教育"主题活动和文明单位"道德讲堂"活动。通过开展评议推荐"第二届道德模范"和"身边好人好事"评选活动，在全县形成学习模范、争当模范、敬重模范、关爱模范的浓厚氛围。在部分学校、村屯建设"孝道文化"基地，营造尊敬老人的良好社会风气。2016年12月成功推荐潘隆春为百色市助人为乐类道德模范。

【志愿服务】 启动学雷锋志愿服务活动。联合县医院、团县委、县司法局、县妇联等单位开展以"践行核心价值观、弘扬时代新风尚"的"春风送岗位""疾病预防""法律解答""关爱女孩"等系列主题活动。

【"我们的节日"主题活动】 2016年，县文明办切实做好"我们的节日"主题实践教育活动。春节期间开展"春联大赠送""迎春文艺晚会""亲子迎春游园"等丰富多彩的文化体育活动；清明节期间组织全县2000多名青少年参加"学长征精神·做红色传人"清明祭英烈活动；"五一"劳动节期间，举办游园、拔河、"卜隆"歌节等赛事；以"快乐六一"为主题，中小学校举办文艺演出、书画展、演讲比赛、温暖午餐等活动，让每一名少年儿童都参与到活动中来，让他们都能感受到节日的快乐；"十一"进行"向国旗敬礼"国旗下总动员，组织举行少年儿童举行"向国旗敬礼、做一个有道德的人"宣誓仪式；利用班会课、晨会等引导学生理解活动的重要意义，要求他们在日常生活中融会贯通，养成好习惯，成为一个真正有道德的人。

【践行社会主义核心价值观】 2016年，县文明办扎实推进培育和践行社会主义核心价值观各项工作。充分发挥阵地宣传作用，充分利用电视台、大屏幕、微信公众号、户外广告，在全县广泛宣传社会主义核心价值观"24字"，引导人们熟记、领会社会主义核心价值观基本内容，营造浓厚的宣传文化氛围，扩大市民知晓率。通过开展"创建文明城、争做文明人"演讲比赛、"文化三下乡"巡演、唱灯文化艺术节、"卜隆"古歌节比赛等接地气活动宣传社会主义核心价值观，让市民入脑入心。

【精神文明创建】 2016年，乐业县文明办扎实开展精神文明创建活动。按照《自治区文明城市测评体系》要求，着力解决薄弱环节和难点问题，全力提升创建水平，推动全县文明城市创建由迎检突击向常态化、规范化创建转变。有序推进第四批乐业县文明村镇、文明单位和军（警）民共建精神文明先进单位指导创建工作。通过广泛开展"结对子种文明"活动，明确文明单位对接联系点、主要任务和具体要求，不断巩固文明单位创建成果。年内，乐业县区、市文明单位共为未成年人办好事实事23件。积极申报自治区第十六批文明村镇、文明单位精神文明单位活动，经过评比，同乐镇央林村、县检察院获得表彰。

【未成年人思想道德建设】 2016年，县文明办积极组织未成年人开展主题实践活动，认真做好未成年人思想道德建设各项工作。联合县教育局、团县委、县妇联、县关工委开展"做一个有道德的人"主题实践活动，通过广泛组织开展"美德少年"评选活动，评选县级"美德少年"30名，不断深化"美德少年"创评成果。组织开展"网上祭英烈"活动，利用县党政网、短信、微信等，刊播倡议书，组织青少年学生网上祭英烈，发表感言，营造文明祭祀的良好氛围。扎实做好"乡村学校少年宫"建设工作，对全县"乡村学校少年宫"建设和运行过程中的经费用转、设备采购、活动开展、档案记录等工作进行现场

查看和实地指导，进一步提升“少年宫”的运行效果。（杨海莲）

老干部工作

【老干部机构概况】2016年，中共乐业县委老干部局有行政编制4名，在职人员4人。二层机构老干部服务所在职事业编2人，兼管县关工委、老年大学、老体协、老干部党校等。管理离休干部5名，退休处级干部35名。

【老干部政治待遇】2016年，县委老干部局继续为每位离休干部订阅《老年知音》《中国火炬》各1份，为老干部阅览室订阅党报、党刊和杂志10多种。县委、县政府凡传达重要文件、召开重要会议、举办重大活动等都邀请老干部或老干部代表参加，定期听取老干部的意见、建议。年内，组织老干部参加县委、县政府召开的相关会议和活动6次，参加通报会3次。邀请县委宣传部领导和县委党校教师为老干部学习中共十八届五中全会精神作专题报告2次，参加学习的老干部有50多人次。

【老干部生活待遇】2016年，县委老干部局积极落实老干部生活待遇。坚持实行老干部日常走访、生日祝寿、节假日慰问、住院探视、去世送葬等制度，加强老干部日常管理服务工作。春节、中秋节期间，分别召开老干部代表迎春座谈会和中秋茶话会，开展老干部慰问活动，县四家班子领导慰问原县四家班子老领导、抗战时期的老干部及部分离退休老干部代表，对居住在南宁、百色、凌云等地和因病住院的老干部，采取登门探望或到医院探望的方式进行慰问。5月份组织离休干部及原县四家班子退休干部30多人到百色人民医院公费进行健康检查，并建立老干部健康档案。年内，共走访老干部58人次，为老干部生日祝寿10人，探望生病住院老干部9人次，接待老干部来访17人次，来信6件。为离休干部报销医药费12多万元。

【老干部考察活动】2016年，县委老干部局积极组织老干部开展各项参观考察活动。组织老干部外出疗养，丰富老干部的晚年生活。根据老干部的身体状况，县领导经常关心过问老干部身体、生活，安排老干部在区内疗养。10月份组织部分离休干部、退休的四家班子领导、党建督查组领导等23人前往区外的贵阳、荔波、西江和区内的南丹、天峨等地疗养，通过走出去的疗养方式，让老干部亲身感受到改革开放中取得的辉煌成果，切实体会到祖国的大好形势。

【老干部文体活动】2016年，县委老干部局主动协助县老体协、县离退休干部协会，在春节、中秋节、重阳节等节日开展5次老年门球赛、10次气排球赛、6次地掷球赛，组织老年人文艺汇演11次，并组织到周边县进行交流演出。通过活动有力推动老年文体事业的发展，促进老年人身体健康。

【关心下一代工作】2016年，县委老干部局积极协调关工委各成员单位，充分发挥各级关工委组织力量和“五老”优势，积极开展青少年教育活动，组织“五老”人员进学校、进社区、进村屯、进农户进行社会主义核心价值体系教育，为未成年人办实事、做好事，奉献余热。积极为留守儿童创造健康快乐的成长环境，在全社会营造关爱留守儿童的良好氛围，在“六一”儿童节期间，组织老干部到平寨小学，对106名困难留守儿童进行慰问，为每位留守儿童送书包、送学习文具。（姚本顺）

直属机关党建

【直属机关机构概况】2016年，中共乐业县直属机关工作委员会（简称县直机关工委）核定编制4名，实有人员5人。内设办公室、县直属机关武装部和县直属机关纪工委等。下辖党总支部6个，党支部94个。共有党员1344人，其中男党员1027人，女党员317人；离退休职工党员214人；大专以上学历党员959人。

【党员代表大会】中共乐业县直属机关工委出席中国共产党乐业县第十二次代表大会代表候选人预备人选名单经县委批复后，于2016年6月23日在县委党校报告厅召开中共乐业县直属机关工作委员会党员代表大会，以无记名投票方式，差额选举产生56名中共乐业县直属机关工委党员会出席中国共产党乐业县第十二次代表大会代表，在56名当选代表中，领导干部46名，占82.1%；专业技术人员5名，占8.9%;劳动模范5名，占8.9%；女党员14名，占25%；少数民族32名，占57.1%;45岁以下的中青年40名，占71.4%。

【各项活动】 2016年，县直属机关工委做好推荐评选先进优秀的表彰工作。县直属机关工委对14个先进基层党组织、48名优秀共产党员和10名优秀党务工作者予以表彰。推荐7个党(总)支部、25名优秀共产党员、12名优秀党务工作者上报县委表彰。在“七一”期间，组织各(总)支部深入基层，走访慰问困难党员、老党员、患病党员以及贫困户。开展2016年“扶贫济困日”捐款活动。县直机关各党组织和共产党员积极响应县委、县政府“扶贫济困，共同参与”的号召，开展捐款活动，为贫困群众募集救济和发展资金，为困难党员群众送温暖、献爱心。组织县直属机关新、老党员271人到红七军、红八军会师纪念广场举行重温入党宣誓仪式，开展上党课及其他组织活动。举办专题宣讲会，各党(总)支部结合“两学一做”学习教育工作，以召开座谈会、组织生活会等形式上党课，部分党(总)支部举办庆“七一”知识竞赛、歌咏比赛、演讲比赛，增强党员干部为人民服务的光荣感、责任感和使命感。

【党支部换届选举】 2016年，县直属机关工委认真组织做好党支部换届选举工作。按照《乐业县直属机关党支部委员会换届选举工作实施方案》，全县93个党支部全部到期集中换届。选举产生支部书记93人、副书记12人、支部委员279人。

【党员组织关系排查】 2016年，县直属机关工委认真做好党员组织关系排查工作。按照百组通字〔2016〕74号文件要求，对县直属机关工委对所辖6个党总支，95个党支部，1332名党员的组织关系进行集中排查，工作覆盖每个党支部、每位党员。共排查出失联党员85人，占在册党员总数6.4%。主要分布在离退休老干部党支部、国有企业党支部、部分行政事业单位机构改革合并后党支部。

【党费收缴】 2016年，县直属机关工委严格按照《党费收缴管理制度》的规定，做好党费的征收和上缴工作，做到足额征收，及时上缴，合理使用，年内共征收党费89万元，上缴党费89万元。

【武装工作】 2016年，县直机关武装部重点抓好年度民兵整组、征兵工作，加强民兵应急分队建设，协助维护全县社会稳定工作。健全县直民兵基层组织，调整充实民兵应急分队人员。抓好年度征兵工作，实行征兵对象公示制，严把政审关，做到公开、公正、公平，按要求完成新兵征集任务。（黄明超）

机构编制

【机构编制机构概况】 乐业县机构编制委员会办公室(简称县编委办)为县机构编制委员会的常设办事机构，既是县委工作机构，又是县人民政府工作机构，列为县委工作序列。2016年，县编委办核定行政编制5名，实有在职人员5人，其中主任1人、副主任1人。下设县事业单位登记管理局、县行政审批制度改革办公室2个二层机构。县事业单位登记管理局属参照公务员管理的行政事业单位，机构级别为副科级，核定编制6名，实有5人，其中局长1人。县行政审批制度改革办公室属财政全额拨款事业单位，机构级别为副科级，核定事业编制3名，实有3人。

【推行权力清单制度】 推行政府部门权力清单制度工作是县人民政府2016年的一项重要内容。乐业县及时成立权力清单制度工作领导小组，制定并印发《乐业县人民政府办公室关于印发推行县人民政府部门权力清单制度实施方案的通知》，组织召开全县推行政府部门权力清单制度工作动员培训会，组织相关人员深入各单位开展业务指导。2016年6月30日，县人民政府制定下发《乐业县人民政府关于公布县人民政府部门权力清单和责任清单的通知》(乐政发〔2016〕14号)，率先在全市公布权力清单，公布的权力清单和责任清单共涉及权力事项5064项，其中:清理取消1873项，保留3191项；责任清单483项。

【推行乡镇政府权责清单制度】 根据自治区人民政府办公厅《关于全面推行乡镇政府(街道办事处)权责清单制度的通知》(桂政办电〔2016〕168号)精神，乐业县及时成立以县长为组长的推行乡镇政府权责清单制度工作领导小组，积极谋划相关工作。11月4日，制定印发《乐业县推行乡镇政府权责清单制度工作实施方案的通知》，并开展相关业务培训。12月23日，县人民政府制定下发《乐业县人民政府关于公布同乐镇等8个乡镇人民政府权责清单的通知》，正式公布全县县乡镇权责清单。

【清理规范行政审批中介服务】 2016年，县编委办积极做好清理规范行政审批中介服务工作。按照《国务院关于第一批清理规范89项国务院部门行政审批中介服务事项的决定》（国发〔2015〕58号）、《广西壮族自治区人民政府关于第一批清理规范行政审批中介服务事项的决定》（桂政发〔2016〕10号）规定。全县清理规范第一批63项行政审批中介服务事项，根据《广西壮族自治区人民政府关于第二批清理规范74项行政审批中介服务事项的决定》（桂政发〔2016〕36号）文件精神，全县共清理规范第二批11项行政审批中介服务事项。

【乡镇"四所合一"】 2016年，县编委办认真做好推进乡镇"四所合一"改革工作。按照《自治区党委办公厅自治区人民政府印发〈关于全面推进乡镇"四所合一"改革的指导意见〉的通知》（桂办发〔2016〕20号）精神，于10月12日印发《乐业县关于全面推进乡（镇）"四所合一"改革实施方案》，明确全面推进乡（镇）"四所合一"体制改革工作的指导思想、基本原则、试点范围、改革内容和目标任务等有关要求。借鉴新化镇和花坪镇试点改革的成功经验，重新拟定并印发全县8个乡镇的"三定"规定，明确国土规建环保安监站机构性质、主要职责、人员编制等内容。组织召开培训会，就行政审批事项和其他办事事项的下放和接收工作进行专题培训和部署，确保所有乡（镇）全面完成"四所合一"体制改革工作。

【事业单位登记管理】 2016年，乐业县编委办认真做好视野队伍登记管理工作。按照《事业单位登记管理暂行条例》《事业单位登记管理暂行条例实施细则》有关规定，对全县207个事业单位法人全部通过二维码登录网上登记管理系统的方式提交年度报告，按时完成全县207个事业单位法人年度网上报告公示工作。年内，新设立事业单位登记1个，注销事业单位2个，完成事业单位法人变更登记32个，并严格按档案管理要求，做好归档工作。

【社会信用代码赋码】 2016年，县编委办开展机关、群团、事业单位统一信用代码工作。按照中央、自治区编办文件精神，2016年7月印发《乐业县关于开展机关、事业单位和编办直接管理机构编制的群众团体统一社会信用代码赋码工作的通知》文件，对相关工作进行部署；到年底初步完成182个单位"机关群团、事业单位统一社会信用代码赋码"工作。

【编制实名制管理】 2016年，县编委办提前谋划2016年全县党政机关、事业单位用编计划申报工作。各单位根据空编实际情况，提出年度编制使用申请，经县编委会批准同意使用349名编制进行公开招考或者公开选调。其中，党政机关使用52名行政编制，参公事业单位使用26名参公事业编制，事业单位使用271名事业编制（含教育系统使用102名事业编制、卫生系统使用39名事业编制，自收自支事业编制9名，其余单位使用121名事业编制）。

【综合执法改革】 2016年，县编委办积极探索综合行政执法体制改革工作。组织相关部门负责人分别到天峨县、东兴市进行综合行政执法改革工作考察、学习，借鉴综合行政执法改革工作先进经验，制定印发《乐业县综合行政执法体制改革工作方案》，为推动城市管理综合执法工作提供依据。举行"城市管理综合执法局揭牌仪式"，召开会议部署城市管理综合执法工作，全面启动城市管理综合行政执法体制改革工作。

（颜国伟　何卫师）

党校工作

【党校机构概况】 2016年，党校下设办公室、教研室、财务室等3个职能室；设有学员食堂、学员宿舍、网球场、篮球场等设施。2016年，学校有在职教职员工7人，其中校领导2人、专职教师2人、行政后勤人员1人。学校党支部共有党员6名，支部书记由常务副校长兼任。

【党校改革】 2016年，乐业县委

图10 2016年9月12日，中共百色市委党校乐业分校揭牌仪式在乐业县委党校举行 （县委党校供）

党校认真按照《中共中央关于加强和改进新形势下党校工作的意见》（中发〔2015〕35号）和自治区党委办公厅《关于印发〈全区县级党校设置调整方案〉的通知》（桂办发〔2016〕18号）要求，切实做好党校改革各项工作。按照《百色市县级党校设置调整工作方案》要求，在乐业县委党校设置百色市委党校乐业分校，于2016年9月12日在县委党校举行揭牌仪式，黎坚梅同志兼任中共百色市委党校乐业分校校长。从实际出发，有效整合县域干部教育培训资源，加强基础设施建设，改善办学条件，加强师资队伍建设，全面推进办学体制改革创新，切实提高办学能力和水平。

【宣讲教育】 2016年，县委党校结合实际认真开展“两学一做”学习教育活动，促进党校各项事业发展。组织宣讲团下基层，开展“两学一做”专题宣讲活动，选派2名教师应邀到县工商局、民政局、同乐镇政府等单位宣讲7场次。坚持把集中学习与个人自学结合起来，以支部为基本单位，以落实党员日常教育管理为基本依托，采取集中培训、集中学习、专题讨论、讲党课等形式，组织学习，扎实推进党员队伍的思想建设、组织建设和作风建设，队伍的战斗力显著提高，支部的战斗堡垒作用明显增强。

【干部培训】 2016年，县委党校按照全县干部教育培训计划，紧紧围绕增强培训效果和教育教学质量、培养高素质的干部队伍为目标，以教学为中心，科研为基础，改革为动力，充分发挥“熔炉”和“阵地”作用，加强党的理论学习、研究和宣传，搞好县、乡、村党员干部的培训。年内，共组织举办各类主体班10期，培训1300人次。其中组织村（社区）“两委”干部专题培训班1期、科级领导干部战略思维和能力提升专题培训班2期、“青春引擎 助力脱贫”基层团干部专题培训班1期、党外干部暨少数民族干部专题培训班2期、人大代表履职培训班1期、农村党员，技术骨干人员培训班2期、基层妇女干部培训班1期。协助县直属工委、政协、财政局、教育局、残联、总工会等单位举办各类培训班15期。

【理论研究】 2016年，县委党校坚持教学科研基础地位不动摇，认真做好教学和科研管理工作。分别安排3位教师参与主体班教学授课与管理工作。在科研方面精心组织，狠抓落实，努力提高党校科研服务大局的水平。年内全校共安排1项科研任务，课题任务分配到组，落实到人。全年共收到理论论文4篇，调研报告3篇。

【基础设施建设】 2016年，县委党校积极做好学校基础设施建设工作，重新整修校园围墙；整修和更换投影仪、功放机、音响等教学设备，对办公楼老化的电路电线进行改装更换，有效改善办学条件。

（陈 雯）

乐业县人民代表大会

◎编辑　黎启顺

【县人大机构及工作概况】 2016年,乐业县有各级人民代表大会9个,其中县级人民代表大会1个,乡(镇)级人民代表大会8个。全县有各级人大代表共946人,其中驻乐业县的百色市人大代表24人,县级人大代表157人,乡(镇)级423人。县十五届人大常委会组成人员13人,其中主任1人、副主任4人,委员20人。县人大常委会设有办公室、财政经济工作委员会、法制工作委员会、教科文卫农业农村与环资城建工作委员会、代表联络工作委员会。年内,县人大常委会召开县人民代表大会会议2次,常委会会议12次,主任会议12次,听取和审议"一府两院"专项工作报告7项,提出意见建议33条,作出决议决定6项,任免国家机关工作人66人。组织人大代表开展各种专项调研、视察、执法检查5次。

重要会议

【乐业县第十五届人民代表大会第六次会议】 2016年1月13日至15日,乐业县第十五届人民代表大会第六次会议在县城召开。会议应出席代表158名,实际出席代表146名。会议表决通过了《关于乐业县人民政府工作报告的决议》《关于乐业县2015年国民经济和社会发展计划执行情况与2016年国民经济和社会发展计划的决议》《关于乐业县2015年财政预算执行情况和2016年财政预算的决议》《关于乐业县人大常委会工作报告的决议》《关于县人民法院工作报告的决议》《关于县人民检察院工作报告的决议》。市人大常委会副主任杨明刚到会指导。

图11 2016年10月14日,乐业县第十六届人大常委会第一次会议在县人大常委会二楼会议室举行 (县人大办供)

【乐业县第十六届人民代表大会第一次会议】 2016年8月21日至24日,乐业县第十六届人民代表大会第一次会议在县城召开。大会应出席代表150名,因病因事请假5名,实际到会145名,符合法定人数。会议举行了新当选的乐业县第十六届人大常委会组成人员,县人民政府县长、副县长及县人民法院院长面对宪法宣誓仪式;听取了县人大常委会副主任吴金霞作议案审查情况的报告;表决通过了《关于乐业县人民政府工作报告的决议(草案)》《关于乐业县人大常委会工作报告的决议(草案)》《关于乐业县人民法院工作报告的决议(草案)》《关于乐业县人民检察院工作报告的决议(草案)》4个报告决议。

【县人大常委会会议】

乐业县第十五届人民代表大会常务委员会第三十八次会议 2016年1月12日,在县人大会议室召开。会议听取了县人大常委会陆海就县人大常委会工作报告起草情况及县第十五届人民代表大会第六次会议相关草案作的说明,听取县人大常委会副主任黎启灵作的《关于补选出的县第十五届人民代表大会代表的资格审查报告》。听取了县人大常委会办公就召开县第十五届人民代表大会第六次会议筹备工作情况作的说明。会议表决通过了在县第十五届人民代表大会第六次会议上作的县人大常委会工作报告、关于召开县第十五届人民代表大会第六次会议的决定(草案)、关于县第十五届人民代表大会第六次会议特邀、列席人员的决定(草案),表决通过了县第十五届人民代表大会第六次会议主席团和秘书长建议名单、议案审查委员会建议名单、计划和财政预算审查委员会建议名单,提请县第十五届人民代表大会第六次会议预备会议通过。

乐业县第十五届人民代表大会常务委员会第三十九次会议　2016年2月22日，在县人大会议室召开。会议审议并表决通过了县人民政府提请的有关人事任免事项。举行新任命人员向宪法宣誓仪式，这是县人大常委会首次举行新任命人员向宪法宣誓仪式，标志着人大及其常委会新任命人员向宪法宣誓制度在县的正式实施。

乐业县第十五届人民代表大会常务委员会第四十次会议　2016年4月28日，在县人大会议室召开。会议审议并表决通过了县人民政府提请的有关人事任免事项。

乐业县第十五届人民代表大会常务委员会第四十一次会议　2016年5月19日，在县人大会议室召开。会议审议了县人大常委会主任会议提请的有关人事任免事项。县人大常委会组成人员对相关人事任免职议案进行了审议发言，并经无记名表决分别依法接受了李艳花、刘陶恺、吴享全、黎明彰、黄国春、吴燕翎、卢吉宁7人辞去职务的请求，依法决定任命李荣能为乐业县人民政府副县长、代理县长，陈颖为乐业县人民政府副县长，黄忠行为乐业县人民法院副院长、代理院长。

乐业县第十五届人民代表大会常务委员会第四十二次会议　2016年6月2日，在县人大会议室召开。会议审议通过了县人大常委会2016年工作要点、县人大常委会党组、主任(扩大)会议提请设立乐业县2016年县乡人大换届选举委员会的议案；依法审议并表决通过了乐业县第十五届人大常委会关于县、乡(镇)人民代表大会代表换届选举时间的决定(草案)及县人大常委会主任会议、县人民法院、县人民检察院提请的有关人事任免议案。

乐业县第十五届人民代表大会常务委员会第四十三次会议　2016年6月14日，在县人大会议室召开。会议依法审议并表决通过了各乡镇关于提请设立2016年人大换届选举委员会的议案以及县人大常委会主任会议、县人民政府提请的有关人事任免议案。

乐业县第十五届人大常委会第四十四次会议　2016年7月1日，在县人大会议室召开。会议听取了县人大常委会主任会议关于接受部分人员辞去县选举委员会相关职务和各乡镇部分人员辞去乡镇选举委员会相关职务的报告，依法审议并表决通过了各乡镇关于提请调整充实2016年人大换届选举委员会的议案，分别作出了关于调整充实各乡镇人大换届选举委员会组成成员的决定。

乐业县第十五届人大常委会第四十五次会议　2016年7月29日，在县人大会议室召开。听取和审议县人民政府关于县第十五届人民代表大会第六次会议代表提出批评、意见和建议办理情况的报告；听取县人大常委会调研组关于县第十五届人民代表大会第六次会议代表提出批评、意见和建议办理情况的调研报告；听取和审议县第十五届人大常委会代表资格审查委员会关于对县第十六届人民代表大会代表资格的审查报告。讨论通过《乐业县人大常委会工作报告》。审议关于召开乐业县第十六届人民代表大会第一次会议的相关事项。

乐业县第十五届人民代表大会常务委员会第四十六次会议　2016年8月19日，在县人大会议室召开。会议审议了县人大常委会主任会议关于提请接受林灵等7人辞去乐业县第十六届人民代表大会代表职务的议案，并经无记名表决通过了县人大常委会关于接受林灵、韦光勉、吴通卓、何宗仁、黄凯、陈邦强、杨通华辞去乐业

图12　选民选举县人民代表会场(县委宣传部供　2016年7月6日摄)

县第十六届人民代表大会代表职务的决定。

乐业县第十六届人民代表大会常务委员会第一次会议 2016年10月14日在县人大会议室召开。会议分别听取了县财政局、县审计局、县发改局受县人民政府委托所作的关于县2015年财政决算（草案）的报告、县2015年度县本级预算执行和其他财政收支情况的审计工作报告和2016年上半年国民经济和社会发展计划执行情况的报告、2016年上半年财政预算收支执行情况的报告，会议还听取了县人大财政经济委员会关于县2015年财政决算的审查报告和关于2016年上半年国民经济和社会发展计划执行情况、2016年上半年财政预算收支执行情况的调研报告。会议对几个报告和相关议案进行了集中审议并表决通过了《乐业县人民代表大会常务委员会关于批准乐业县2015年财政决算的决议》。会议还审议并采用投票表决的方式依法表决通过了县人大常委会主任会议、县人民政府提请的有关人事任职议案。

乐业县第十六届人民代表大会常务委员会第二次会议 2016年10月31日，在县人大会议室召开。会议依法审议并表决通过了县人大常委会主任会议、县人民政府提请的接受有关人员辞职请求的议案及有关人事任免职议案。县人大常委会黄业山主任为新任职人员颁发了任命书，全体获得任职的人员向宪法作了庄严、神圣的宣誓，县财政局局长吴庆斌、县住建局局长庾宏稳也分别代表获得连任和新获任命的人员作了表态发言。

乐业县第十六届人民代表大会常务委员会第三次会议 2016年12月9日在县人大会议室召开。会议听取和审议县人民政府《关于要求审议乐业县2016年财政预算调整方案（草案）的报告》，审议通过了《乐业县人民代表大会常务委员会主任会议制度》《乐业县人民代表大会常务委员会议事规则》；审议并表决通过了县人民政府《关于提请审议禤达宇等任免职议案》。

重要决议

【会议决议】 2016年1月13日至15日，乐业县第十五届人民代表大会第六次会议表决通过了《关于乐业县人民政府工作报告的决议》《关于乐业县2015年国民经济和社会发展计划执行情况与2016年国民经济和社会发展计划的决议》《关于乐业县2015年财政预算执行情况和2016年财政预算的决议》《关于乐业县人大常委会工作报告的决议》《关于县人民法院工作报告的决议》《关于县人民检察院工作报告的决议》等6个决议。

2016年8月21日至24日，乐业县第十六届人民代表大会第一次会议表决通过了《关于乐业县人民政府工作报告的决议》《关于乐业县人大常委会工作报告的决议》《关于乐业县人民法院工作报告的决议》《关于乐业县人民检察院工作报告的决议》等4个报告决议。

主要工作

【人大监督】 2016年，县人大常委会围绕全县发展大局确定工作思路，抓住经济社会生活中的重大问题，改进监督方式，强化监督措施，推动全县经济社会发展和各项重点工作的有效落实。加强对经

图13 乐业县"向国旗敬礼，做一个有道德的人"网上签名寄语活动
（县委宣传部供 2016年4月23日摄）

济工作的监督。密切关注全县宏观经济运行态势，听取和审议了县人民政府关于2015年乐业县财政决算情况和2016年上半年财政预算执行情况报告、2015年乐业县财政预算执行和其他财政收支情况的审计报告、2016年上半年国民经济和社会发展计划执行情况的报告。对计划执行中存在的问题进行深入剖析，提出有针对性和可操作性的对策建议，确保全县经济社会的平稳较快发展。

加强对司法工作的监督。围绕维护公平正义，推动解决人民群众反映强烈的突出问题开展监督。听取了县司法部门关于“六五”普法规划实施情况的报告。利用为市人大常委会对《关于开展第七个五年法治宣传教育的决议》征求意见建议的契机，向县法制部门传达市人大常委会决议内容，指导其做好“七五”普法规划实施方案，进一步推进了全县法制宣传教育。积极推荐和组织了县人大常委会组成成员、县人大代表到县人民法院旁听法庭庭审情况，推进司法公开，让群众在具体的司法案件中感受公平正义。

【执法检查】 2016年，县人大常委会加强对法律工作的监督。坚持把法律法规的正确有效实施放在重要位置。协助和配合自治区、百色市人大常委会在乐业县开展《中华人民共和国安全生产法》执法检查，《广西壮族自治区古树名木保护条例》修改意见建议征求，《广西壮族自治区消费者权益保护条例》《百色市百色起义文物保护条例》立法调研等活动。在做好协助配合的同时，就乐业县贯彻实施相关法律法规的情况进行了调研和检查，并针对发现的问题，提出了意见建议，形成了调研报告。在上报区、市人大常委会的同时，将调研报告及相关意见建议反馈到有关部门，要求其及时整改，促进了法律法规在乐业县的有效实施。

【调研活动】 2016年，县人大常委会基金开展调研活动。围绕县委工作部署，把扶贫工作当作全年人大工作的着力点，开展精准扶贫工作专题调研，听取了县人民政府的专项工作报告；开展以决战贫困决胜小康为主题的县人大常委会集中走访代表活动，广泛征求基层一线的市、县人大代表关于精准扶贫工作方面的意见建议；开展以旅游扶贫、产业扶贫为主题的市、县人大代表专题视察活动；协助和配合区、市人大常委会在乐业县开展桑蚕产业发展情况、水产畜牧养殖业发展情况等专题调研。通过专题调研、集中走访、专题视察，形成调研、走访、视察的报告。针对存在困难和问题，提出合理化意见建议，推动全县决战贫困决胜小康，全面打赢精准扶贫攻坚战各项工作。

【审查批准重大事项】 2016年，县人大常委会紧紧围绕全县发展大局，严格工作程序。审查批准了《乐业县人民政府关于2016年县本级预算调整方案》，顺应了县政府中心工作以及年度预算执行中政策方针的调整变化。

【人事任免】 2016年，县人大常委会先后任免国家机关工作人员66名，其中接受辞职14人，免职17人，任命35人。

【代表联络】 2016年，县人大常委会高度重视人大代表的学习培训，积极组织人大代表参加人大各类业务培训，为县人大代表订送人大刊物和资料，开拓代表的工作视野；制定县人大常委会组成成员联系基层人大代表制度，组织开展县人大常委会集中走访代表活动，切实加强人大常委会委

图14　2016年12月6日，县人大常委会组织人大代表视察脱贫攻坚工作。图为视察同乐镇六为村扶贫工作　（县人大办供）

员与代表的联系、沟通;坚持邀请县人大代表列席县人大常委会会议,参加常委会组织的调研、视察等活动,为代表知情知政、履行职责创造良好条件。

【代表视察】 2016年,县人大常委会先后组织市、县人大代表对乐业县精准扶贫、旅游产业发展、非法用地和违章建筑整治、乐百高速公路建设、再造一个新城项目等涉及全县性的、事关百姓利益方面的重要工作开展专题视察。代表们就以上工作提出了许多很好的意见、建议,并形成专题视察报告,供政府部门决策参考。同时,积极推荐人大代表担任人民法院庭审、事业单位招聘考试、企业领导公选等工作监督员,进一步畅通代表反映民意的渠道,丰富代表履职形式和内容。

【代表议案、建议办理】 2016年,县人大常委会把办理代表议案建议作为保障代表民主权利、充分发挥代表作用的重要工作来抓。常委会将代表提出的《关于实施县城至上岗隧道项目的议案》《关于实施再造一个乐业新城项目推进新型城镇化发展的议案》列为重点督办事项。由常委会领导领衔督办,组织相关人员深入乡镇实地调研,对议案建议办理情况进行持续督查。在第4次常委会会议上听取县人民政府关于代表建议办理情况的工作报告。县十六届人大一次会议期间代表提出的121件建议、批评和意见都得到了妥善解决,人大代表对议案建议办理工作的满意度进一步提高。

【乡镇人大规范化建设】 2016年,县人大常委会加强乡镇人大规范化建设。制定县人大常委会领导成员联系和指导乡(镇)人大工作制度。常委会领导每人固定联系两个乡镇人大,指导乡镇人大开展换届选举、召开人民代表大会、组织代表活动等工作;参加乡镇人大召开的重要会议,同乡镇人大保持定期联系;组织乡镇人大主席、副主席参加人大各类业务知识培训,切实提高乡镇人大的履职能力和水平。进一步巩固乡镇人大规范化建设成果,换届后,县人大常委会印发了《关于进一步做好乡镇人大规范化建设工作的方案》,进一步完善和用好乡镇人大办公设备,强化乡镇人大队伍建设,健全乡镇人大工作制度,确保乡镇人大工作有组织、有制度、有队伍、有设施,增强了乡镇人大的活力和工作成效。

【人大信访】 2016年,县人大常委会共接待群众来信来访13件次、113人。通过及时转办和加强督办,群众反映的一些实际问题和困难都得到妥善解决。 (王仕德)

乐业县人民政府

◎编辑　杨胜发

重要会议

【政府常务会议】 2016年,乐业县人民政府共召开19次常务会议。

第十五届人民政府第五十六次常务会议 1月4日召开,会议主要审议《县人民政府工作报告》《乐业县关于2015年财政预算执行情况与2016年财政预算(草案)的报告》《乐业县2015年国民经济和社会发展计划执行情况与2016年国民经济和社会发展计划(草案)的报告》和《乐业县国民经济和社会发展第十三个五年规划纲要(草案)的报告》。

第十五届人民政府第五十七次常务会议 1月7日召开,会议主要审议县民政局等21个业务部门提交的《关于要求审定对在册享受城乡低保对象进行停保的请示》等22项工作请示,组织召开县人民政府党组2016年第1次集体学习。

第十五届人民政府第五十八次常务会议 2月3日召开,县政府领导班子成员,政府办正、副主任,县绩效办、财政局、交通局、移民局、国土局等28个部门领导参加会议。会议主要审议县绩效办等9个业务部门提交的《关于要求预发2015年度机关事业单位绩效考评奖励的请示》等9项工作请示。

第十五届人民政府第五十九次常务会议 2月28日召开,县政府领导班子成员,政府办正、副主任,县兴乐公司、发改局、财政局、公安局等33个部门领导参加会议。会议主要审议县兴乐公司等10个部门提交的《关于要求审定同乐镇棚户区(危旧房)改造项目文化广场东西侧市政工程(补充设计部分)工程招标控制价的请示》等9项工作请示。

第十五届人民政府第六十次常务会议 3月28日召开,县政府领导班子成员,县政府办正、副主任,县发改局、水利局、国土局等40个部门领导参加会议。会议主要审议县发改局、水利局、国土局、农业农村工作组、安委办、扶贫办、机关事务局、旅投公司、质监局、审计局、甘田镇等部门、乡镇提交的16项工作请示。组织召开县十五届人民政府党组2016年第2次集体学习会。

第十五届人民政府第六十一次常务会议 5月3日召开,县政府领导班子成员,县政府办正、副主任,县委组织部、监察局、法制办等部门领导参加会议。会议主要审议县监察局提交的关于给予干部处分的请示。

第十五届人民政府第六十二次常务会议 6月2日召开,县政府领导班子成员,县政府办正、副主任,县发展改革局、国土资源局、卫生和计生局、文化和体育广电局等46个部门领导参加会议。会议主要审议县发展改革局、卫生和计生局、人武部、扶贫办、国土资源局、编委办、文化和体育广电局、旅游局、医改办、兴乐公司、农业银行乐业县支行、经济局、环境保护局、公安消防大队、农业局、交通运输局、综治委、农业农村工作组、教育局、兴捷家政服务有限公司等部门单位提交的28项工作请示。

第十五届人民政府第六十三次常务会议 6月28日召开,县政府领导班子成员,政府办正、副主任,县交通运输局、人力资源和社会保障局、财政局等30个部门领导参加会议。会议主要审议县乡村办、广西国有雅长林场、扶贫开发办公室、交通运输局、人武部、编委办、人社局、扶贫攻坚战指挥部办公室、发改局、兴乐公司、财政局、环保局等单位提交的《乐业县垃圾焚烧炉运行管理方案》等16项工作请示。

第十五届人民政府第六十四次常务会议 7月6日召开,县政府领导班子成员,政府办正、副主任,县委办副主任,县国土资源局、交通运输局等22个部门领导参加会议。会议主要审议县国土资源局《关于要求审定〈乐业县新一轮征地统一年产值标准配套实施的青苗和地上附着物补偿标准方案〉的请示》和《乐业至百色高速公路(乐业段)项目征地拆迁工作方案》,县交通运输局《关于确定乐业绕城线交通设施建设方案》的请示。

第十五届人民政府第六十五次常务会议 7月17日召开,县政府领导班子成员,政府办正、副主任,县发展改革局、国土资源局、财政局等47个部门领导参加会议。会议主要审议《县人民政府工作报告》《乐业县"十二五"国民经济和社会发展计划执行情况与"十三五"国民经济和社会发展计划(草案)报告》《乐业县"十二五"财政工作总结和"十三五"财政规划情况报告》的请示;审议县农业局提交的《乐业县油菜花种植方案》的请示;审议县农业局、发改局、国土局、民政局、农业局、机教育局、扶贫开发攻坚指挥部资金政策专责小组、经济局、法制办等部门提交的《乐业县产业发展扶持奖励办法》等13项工作请示。

第十五届人民政府第六十六次常务会议　8月11日召开，县政府领导班子成员，政府办正、副主任，县商务局、交通运输管理局、教育局等22个部门领导参加会议。会议主要审议县商务局、乐百高速公路建设（乐业段）协调工作指挥部、交通局、教育局、国土局、扶贫办等部门、单位提交的《2016年乐业红心猕猴桃开摘销售活动方案》的10项工作请示。

图15　2016年3月1日，乐业县召开农业农村工作会议　（杨玉琴摄）

第十六届人民政府第一次常务会议　9月14日召开，县政府领导班子成员，政府办正、副主任，县交通运输管理局、国土资源局、粮食局等46个部门领导参加会议。会议主要审议县发展改革局、人武部、教育局、扶贫办、国营同乐林场、粮食局、乐业至百色高速公路建设（乐业段）协调工作指挥部办公室、交通局、房改办、林业局、质监局、水利电业公司、大石围旅游公司、旅游发展委员会、经济局、扶贫攻坚指挥部基础设施专责小组等部门单位提交的《乐业县2016年、2017年项目融资计划》等35项工作请示。

第十六届人民政府第二次常务会议　9月29日召开，县政府领导班子成员，政府办正、副主任，县财政局、安监局、扶贫办等31个部门领导参加会议。会议主要审议县安监局、乡村办、扶贫办、财政局等部门提交的《关于请求下发〈乐业县安全生产“党政同责、一岗双责”考核办法〉的请示》等6项工作请示。

第十六届人民政府第三次常务会议　10月8日召开，县政府领导班子成员，政府办正、副主任，县水利局、农业局、发改局等31个部门领导参加会议。会议主要审议县水利局、农业局、发改局、兴乐公司、旅投公司、水利局、机关事务管理局、监察局、交通运输局、甘田镇等部门、乡镇提交的《乐业县小型水利工程确权发证暂行办法的请示》等9项工作请示。

第十六届人民政府第四次常务会议　10月21日召开，县政府领导班子成员，政府办正、副主任，县发改局、财政局、扶贫办等31个部门领导参加会议。会议主要审议县发展改革局、财政局、扶贫办、旅投公司、林业局、国土资源局等部门提交的《关于要求审定乐业县扶贫基础设施项目融资机构的请示》等7项工作请示。

第十六届人民政府第五次常务会议　11月10日召开，县政府领导班子成员，政府办正、副主任，县水利局、招商局、兴乐公司等30个部门领导参加会议。会议主要审议乐百高速公路建设（乐业段）协调工作指挥部办公室、水利局、扶贫办、招商局、兴乐公司、物价局等部门提交的《关于要求审定〈乐业至百色高速公路建设（乐业段）征地拆迁安置补偿补充方案〉的请示》等7项工作请示。

第十六届人民政府第六次常务会议　11月23日召开，县政府领导班子成员，政府办正、副主任，县公安局、交通局、发改局等42个部门领导参加会议。会议主要审议县地质公园管理局、公安局、总工会、交警大队、乐百高速公路建设（乐业段）协调工作指挥部办公室、交通运输局、编委办、发改局、基层办、民政局、水产畜牧局、水利局、创特办、教育局、财政局、扶贫办、创卫办、宣传部、兴乐公司、扶贫办、卫计局、监察局等部门提交的《关于要求及时补充博物馆工作人员的请示》等26项工作请示。

第十六届人民政府第七次常务会议　12月18日召开，县政府领导班子成员，政府办正、副主任，县人武部、金融办、扶贫办等18个部门领导参加会议。会议主要审议县人武部《关于请求解决武装部常驻民兵应急分队人员工资、服装及伙食经费的请示》、金融办《乐业县2016年至2017年扶贫基础设施建设项目人民币资金银团贷款合同》、县扶贫办《乐业县扶贫龙头企业认定办法(试行)》、县旅投公司《关于要求审定显示屏转让相关协议书的请示》和县综合执法局《关于要求实施乐业县那龙安置点电力工程的请示》。

第十六届人民政府第八次常务会议 12月29日召开,县政府领导班子成员,政府办正、副主任,县委组织部、县旅投公司、质监局等33个部门领导参加会议。会议主要审议县委组织部、旅发委、旅投公司、编委办、质监局、发改局、教育局、房改办、宣传部、供销合作社、财政局、政府办、纪委监察局提交的15项工作请示。

重点工作

【实施基础建设攻坚战】 加快提升交通通达能力,坚持交通先行,统筹跨境、通乡、村屯、旅游、扶贫、产业等领域道路建设。全面启动乐业至百色高速公路征地拆迁工作,配合业主单位按计划完成施工任务。加快同乐至大石围二级公路改造建设,完成全线基层铺装。建成武称至顾式茶场景区道路和蚂蟥坳至幼平公路,全面实施"生态乡村"道路硬化项目,完成续建道路项目收尾工作。加大城镇建设投入,投资2.8亿元实施同乐、新化、甘田1416户棚户区改造项目。完成上岗隧道设计及专业建材市场选址规划,筹备建设混凝土搅拌站;加快推进城北40米大道、垃圾填埋场二期、廉租房、周转房等项目,开工建设教师周转房108套,完成农村危房改造1500户;完成花坪"百镇示范工程"建设,完善乡镇垃圾处理设施,全面完成乡镇第四期市政综合治理项目。

【实施精准脱贫攻坚战】 切实抓好精准识别建档立卡工作,建立扶贫信息系统平台,实行贫困人口动态管理。强化脱贫工作责任,实行领导干部实绩考核制度,加大对扶贫成效的考核考评。创新完善扶贫资源资金整合机制和县级财政稳定投入机制,加大扶贫资金投入,合力推动精准脱贫。加快完善扶贫政策配套,因地因村因户精准施策,做实贫困村帮扶规划和工作措施。加大产业扶贫力度,推进贫困村因地制宜发展猕猴桃、核桃、砂糖橘、茶叶和草食动物养殖等特色优势产业,继续推进"十百千"产业化扶贫示范项目和世行贷款扶贫试点示范项目,提高特色优势产业对贫困群众的覆盖率,增加贫困群众收入。积极推行"公司+基地+合作社+贫困户"产业扶贫发展模式,引导贫困户参与受益。

着力抓好"十三五"规划贫困村整村推进工作,加快推进43个贫困村道路、饮水、电力、人居环境、信息网络等基础设施项目建设,改善贫困村生产生活条件。加大教育帮扶,继续实施好"雨露计划",实行干部职工结对帮扶贫困学生责任制。加大就业帮扶,通过就地转移就业、外出务工实现贫困人口有稳定的工资收入。加大医疗救助,减轻贫困人口就医负担。坚持政府引导、群众自愿的原则,投资1.6亿元,新建扶贫移民搬迁点8个,安置群众800户3200人。积极实施搬迁后续产业扶持政策,引导和扶持移民多渠道创业就业,增强移民自我发展能力。

【实施产业升级攻坚战】 大力实施现代特色农业产业提升行动,发展绿色农业、循环农业、特色农业

图16 收割机收割稻谷 (县农机局供 2016年9月12日摄)

和品牌农业。稳定粮食安全生产，确保全年粮食播种18万亩、秋冬种14万亩以上。继续实施“优果工程”，年内新种砂糖橘5000亩、猕猴桃1万亩、核桃3000亩。加快茶叶提质升级，打造绿色茶园2万亩，新增有机茶园认证2200亩。巩固提升规模养殖水平，新发展草食动物养殖小区20个，年出栏牛羊8.3万头只，外销鲜鱼2.3万吨。深化林权制度改革，引导发展园艺苗圃、珍贵树种等林产品，开发铁皮石斛等中药材，新种及改造油茶6000亩。探索发展富硒农业、生态有机循环农业和休闲农业，打造六为、花坪农业观光旅游点。加快现代特色农业示范区建设，完成区级有机猕猴桃现代农业核心示范园区和茶叶出口农产品质量安全示范区创建。发展2家市级以上农业产业化重点龙头企业，培育10家农民合作社示范社，鼓励农户参与土地流转，加强“互联网+农业”新业态体系建设，推进农产品流通领域电子商务运用。打造农业特色品牌，申报乐业有机茶地理标志保护产品，重点培育猕猴桃、有机茶创建广西名牌产品，提升“乐盘鲜”渔业品牌效应。

加快工业产品升级换代，加大茶叶、石材、木材、矿产等产业技术改造力度。鼓励企业创新创造，研发新产品，拓展新市场。加快同乐、新化工业园区征地及基础设施建设，完善配套服务。积极培育龙头企业，扶持发展中小微企业，推动非公经济加快发展。大力推动电子商务发展，加强专业培训引导，加大电商创业扶持，完善电商服务平台建设，依托百色“一带一馆”、京东一号店微店百色馆等平台，打响乐业特产名气，畅通网络销售渠道。

【实施旅游富民攻坚战】 集中项目资金，重点投向县城至大石围景区沿线景点建设，推动核心景区组团集群式发展。开工建设大石围景区天梯、天眼项目，把县城打造成为AAAA级山城景区，建成火卖民族文化公园，创建牛坪四星级乡村旅游区、春风驿站四星级农家乐，建成马坪游客集散中心，扩散带动周边商贸服务、休闲娱乐等产业发展。完成布柳河景区观光游览步道、东拉码头桥梁等项目建设。竣工龙云山景区公路一期工程，完善县内各旅游景区景点道路、游览步道及饮水等项目建设，新建1000个标识牌、交通路线图、导览图等。加快改善穿洞、黄猄洞、牛坪等旅游设施。积极推进同乐、甘田特色旅游名镇建设，精心包装推出涵盖新化茶园观赏带、甘田顾式茶山、同乐十里春风以及花坪兰花园的乡村休闲、长寿养生旅游线路。加大融资力度，引进社会资本新建牛坪五星级酒店、同乐十里春风四星级酒店等度假养生酒店。推进“旅游厕所建设专项行动”，主动融入巴马长寿养生国际旅游圈，与凌云、田林、天峨、凤山及贵州省的望谟、罗甸等周边县建立政策协调与合作机制，通过相关产业联合形成区域旅游产业联盟，畅通乐业至贵州、乐业至河池的旅游线路。

【实施文化提升工程】 深入创建“国家文明县城”，全方位推进社会主义核心价值观建设，弘扬升华传统家庭美德、职业道德、社会公德，增强干部群众的道德意识、国家意识、法制意识、诚信意识。推动传统媒体与新兴媒体融合发展，强化微信、互联网等管理。广泛弘扬道德模范和先进人物精神，传递正能量。积极推动志愿服务常态化。实施文化惠民工程，加快完善城乡均等的公共文化体育设施，新建成16个村级公共服务中心、2个乡镇农民体育健身工程、2个乡镇广播电视无线覆盖发射台。继续推进城南运动场建设，

图17　2016年10月17日，乐业县在文体艺术中心一楼会议室召开2016年创建国家卫生县城工作整改布置会　　（潘明智摄）

全面对外开放红七红八军乐业会师纪念馆。组团参加第四届全市运动会，组织开展“三下乡”“艺术扶贫”“文化走亲”等活动。建成同乐六为自行车道、甘田河平自驾车营地，开发徒步线路，引进户外俱乐部，在攀岩广场、火卖、牛坪、六为等地提供户外攀岩和速降特色服务。挖掘民族民俗文化品牌，建成火卖民族文化公园，融入母里文化元素，打造火卖母里部落；在牛坪山庄集中展现把吉古法造纸、逻沙唱灯戏等非物质文化；完成红七、红八军会师纪念馆和世界地质公园博物馆建设，提升红色文化和地质公园文化品牌。

【实施民生普惠工程】 统筹推进学前教育、特殊教育、义务教育、高中教育、中等职业教育发展，鼓励社会力量兴办教育。投入2.85亿元，新建逻沙、幼平、逻西公办中心幼儿园和逻西马庄公办幼儿园，实现乡镇公办幼儿园全覆盖。建设标准化中小学校10所，新建乐业高中学生宿舍、教学综合大楼等项目。加强县职教中心基础设施和能力建设，确保中职全日制在校生达450人。落实“家庭经济困难学生全程资助计划”政策，加强师资队伍建设，新招录170名教师。深入创建“国家卫生县城”，加大环境卫生整治，加快推进县中医院、妇幼保健院和花坪、逻西、雅长3个乡镇卫生院业务用房项目建设。加强疾病预防控制，巩固提高艾滋病等疾病防治水平。优化新农合服务保障，全县参合率达98%以上。全面实施一对夫妇可生育两个孩子政策。整合资源，集中财力8.4亿元，为民办好一批实事。安排500万元资金，完善移民新村基础设施，为库区符合参保条件的移民代缴农村社会养老保险金。

投入530万元资金，建设乡村公共文化服务中心、农民体育健身工程、广播电视无线覆盖发射台。继续为全县60岁以上老人、失独老人代缴新农合参合、城镇医保参保费用。实施同乐镇、甘田镇、新化镇棚户区改造项目，续建600户，新建816户；实施农村危房改造1500户，建设教师周转房84套。继续扶持“优果工程”等产业发展，不断扩大特色产业规模。实施中小河流治理、农田水利基础建设等项目。

重大决策

【实施十件惠民实事】 2016年，乐业县除实施自治区、百色市提出的惠民实事外，县级集中财力8.4亿元，实施十件惠民实事项目。一是安排500万元资金，用于扶持移民生产发展，完善移民新村基础设施，为库区符合参保条件的移民代缴农村社会养老保险金，全面实施耕地长期补偿工作。二是投入530万元资金，建设乡村公共文化服务中心、农民体育健身工程、广播电视无线覆盖发射台。三是投入1亿元，新建县城第三小学，实施教育信息化县级云平台项目和乐业高中教育信息化试点项目。四是投入6000万元，实施“美丽乐业·生态乡村”建设，提高农村绿化、净化、硬化水平。五是为全县60岁以上老人、失独老人代缴新农合参合、城镇医保参保费用。六是投入3.9亿元，实施同乐镇、甘田镇、新化镇棚户区改造项目，续建600户，新建816户；实施农村危房改造1500户、教师周转房建设84套。七是投入500万多元，支持电子商务发展。八是投入3000万元，继续扶持“优果工程”等产业发展，不断扩大特色产业规模。九是投入2.4亿元，实施中小河流治理、农田水利基础建设等项

图18　整洁的甘田镇马浪平移民安置点

（甘田镇政府供　2016年7月21日摄）

目。十是投入500万元,实施一批产业、基础等扶贫项目。

【项目投资建设】 2016年,全县统筹推进项目建设417个,总投资额298.61亿元,累计完成投资10.12亿元。其中,列入自治区级统筹推进项目1项,总投资4.96亿元,完成投资0.2亿元;列入市层面统筹推进重大项目11项,总投资25.89亿元,完成投资4.97亿元。乐业通用机场项目已通过民航局中南分局选址预审。乐百高速路项目(乐业段)已完成征地拆迁协议签订工作,进入补偿款支付阶段。乐业至凤山二级公路工程可行性报告已获得自治区发改委批准,并完成施工图设计招标工作。县乡道联网、通村硬化水泥路等项目扎实推进,同乐至大石围二级公路项目完成路基工程80%。实施河道治理工程、小流域水土保持工程和集中供水工程等水利项目,累计完成投资6109万元。

【特色农业产业】 全年完成粮食种植18.14万亩;累计完成"优果"种植7.87万亩,其中猕猴桃2.4万亩,砂糖橘2.24万亩,核桃3.23万亩。在各乡镇打造5万亩以油菜花为主的花海景观。累计发展网箱1.77万箱,肉牛出栏1.55万头,山羊出栏6.99万只。广西乐业馆成功入驻杭州中华电商博览园,顾式有机茶、猕猴桃、康辉"一品贡牛"等农产品正式入驻销售。创建六为自治区级现代特色猕猴桃产业(核心)示范区。张家湾猕猴桃产销合作社等6家企业完成有机转换产品再认证工作,华东公司有机牛、甜象草等3类产品获得有机认证,"乐业猕猴桃"成功获得国家地理标志产品。

【扶贫攻坚】 整合项目资金3.56亿元,完成村屯道路建设38条140公里;新建水池127座,铺设管路9.6万米;实施危房改造1500户,完成7个脱贫村村级公共服务和电网改造。投入产业发展资金1727万元,户均扶持资金达7000元。发放扶贫小额信贷3394户1.54亿元,其中入股扶贫龙头企业775户3474万元,获分红193.82万元。7个贫困村5674名贫困人口顺利通过百色市、自治区脱贫核验,脱贫攻坚档案管理成为全市先进典范。

【生态建设】 深入实施"生态立县"战略,全面落实主体功能区规划,"国家生态文明示范工程试点县"创建扎实推进。完成7个乡镇集中式饮用水源地保护区划分上报和保护工作。重点加强对旅游景区、城镇周边、公路沿线等区域林业生态监管保护。全年共受理各类森林案件177起,破获和查处175起,乱砍滥伐、侵占林地高发势头得到有效控制。严格实行木材采伐限额管理制度,深入实施新一轮退耕还林工程、珠江防护林工程和石漠化综合治理工程。全年共获得中央、自治区林业项目补助资金4380万元,完成植树造林5.2万亩,全县森林覆盖率提高到77.82%。

【旅游推介工作】 牢固树立"全域旅游"理念,以创建"广西特色旅游名县"为抓手,开工建设大石围景区天梯、天舟、布柳河景区观光游览步道、马坪游客集散中心和大石围景区自驾车营地等项目;完成五台山创AAAA级景区一期工程、龙云山顾式茶四星级主题度假酒店、蒋家坳综合服务区建设用地前期工作,打造六为"十里春风"、牛坪馨兰苑等乡村旅游新亮点。乐业荣获"世界长寿之乡"称号,在"广西与世界同行"全球推介活动中,得到自治区彭清华书记重点推介。布柳河仙人桥成功创建AAA级国家旅游景区。成功举办户外运动挑战赛、全国徒步大会、全国攀岩锦标赛和户外嘉年华等活动,实现了拉动人气、提升名气、增强元气综合效应。全年全县共接待游客157万人次,比上年增长26.89%;旅游综合收入13.5亿元,比上年增长39.05%。

【城镇化建设】 规划启动再造一个乐业新城、十大度假小区建设项目,故事小镇和火卖清凉小镇建设项目有序推进;完成新车站河堤及房屋立面夜景灯光亮化、大转盘路口改造、24米大道盲道改造和龙角山公园改造等市政建设工程;完成县城天然气中压管网铺设4.1公里,实施邑拉小区庭院管网铺设和入户安装100户。创新探索以购代建、以房换地安置方式,加快解决县城征地安置历史遗留问题。进一步理顺城市管理职能,率先在全市成立城市管理综合执法局,持续加大违法建设打击力度,立案调查违法建设98户,依法行政拆除47户。完成30个示范点、300个面上点村屯绿化任务,"国家卫生县城"创建顺利通过区级考评验收,成功创建"国家园林县城"。

主要活动

【开展“三城联创”】 2016年，乐业县全力创建国家园林县城、广西文明县城，启动创建国家卫生县城。大力加强市容市貌整治、绿化工程实施、街道路面保洁、亮化维护、污水垃圾处理、市民文明素质提升等工作，“创建国家园林县城”在年内通过自治区初步评审并上报住建部。

【创建“广西特色旅游名县”】 2016年，乐业县深入实施“旅游旺县”发展战略，围绕创建“广西特色旅游名县”目标开展工作。加快推进旅游景区建设、道路改造、特色项目开发、路线打造等工作，“创特”“创5A”工作取得阶段性成果。

【第九届中国·百色乐业“大石围天坑”国际山地户外运动挑战赛暨2016全国攀岩分站赛(乐业站)活动】 4月20日—24日第九届中国·百色乐业“大石围天坑”国际山地户外运动挑战赛暨2016全国攀岩分站赛(乐业站)活动在乐业县举行。户外挑战赛活动设越野跑、山地车、跑骑交替、岩壁速降、划船、漂流、定点穿越、越野技能等项目，有瑞典、英国等国家和地区的世界顶尖队伍参加。全国攀岩界高手参与全国攀岩分站赛(乐业站)比赛。赛事期间，还举办2017年天坑旅游文化活动，包括乐业旅游特色商品展、乐业生态食品美食展、乐业全民健身徒步比赛、乐业旅游精品线路宣传推荐活动等。

【组队参加百色市第四届运动会】 2016年5月11日—23日，百色市第四届运动会(成人组)在平果县举行，乐业县组织运动员参加运动会(成人组)5大项目的比赛，获得6枚金牌4枚银牌2枚铜牌的好成绩。7月18日—31日，组织青少年运动员参加百色市第四届运动会(青少年组)各项比赛，青少年组获得金牌45枚、银牌18枚、铜牌14枚，获得金牌总数排名百色市第三名。

办公室综合事务

【县政府办机构概况】 县政府办公室属正科级行政单位，负责处理县人民政府日常事务性工作。2016年，办公室内设第一秘书股、第二秘书股、综合股、信息股、机要局、保密局、财务股、文印股8个股室和县政府发展研究中心、政府督查室、政务办、应急办和法制办。

【综合协调】 2016年，县政府办公室突出抓好政府重点工作、政府为民办实事工作和重点项目建设中相关事项的协调工作，妥善处理以土地征用、房屋拆迁、企业改制职工为重点的群众上访等事件。

【信息工作】 2016年，县政府办公室做好政务信息采编、报送工作，定期做好“乐业政府门户网站”内容的更新工作。围绕全县中心工作，加强政务信息搜集、研判、整理、报送工作，全面提高信息工作质量。

【督查督办】 2016年，县政府办公室围绕县政府各项中点工作安排和上级专项督查安排，共组织开展督查25次，编发《督查通报》6期。其中，围绕县政府重点项目推进情况开展督查6次，涉及30个单位85个项目；围绕全县年度中心工作开展情况督查5次，涉及20个单位70项工作；围绕当月要点工作督促落实开展督查4次，涉及51个单位179项工作；开展全县重大工作督查统计3次，涉及31个单位83项工作；对领导交办特定事项督查5次，涉及26个单位10个项目；对2016年人大代表建议和政协委员提案办理工作督查1次，涉及40个单位118个建议、提案；联合县委督查室开展综合督查10次，涉及60个单位。 (宋　龙)

扶贫开发

【扶贫开发机构及工作概况】 2016年3月，乐业县扶贫开发办公室由正科级挂牌单位调整为县人民政府工作部门。扶贫开发办公室内设综合股、资金管理股、项目管理股、宣传培训股等4个股室，核定编制6名，实际在岗人员10人；下设县社会扶贫管理中心和扶贫信息管理中心2个二层事业单位，其中社会扶贫管理中心核定编制14名，在职11人；扶贫信息管理中心核定编制7名，在职5人。年初，全县有贫困村43个，总贫困户数

9529户，贫困人口39167人。年内，争取中央财政专项扶贫资金（含债券资金）8951万元，有7个贫困村出列，减少贫困户1336户5674人。

【基础设施建设】 2016年，县扶贫开发办公室切实加强贫困村基础设施建设。年内投入2015年第二批中央专项扶贫资金146万元，新建屯级路6条9.86公里，升级硬化屯级路2条0.72公里；投入2015年中央专项彩票公益金项目800万元，硬化屯级道路11条22.7公里。按照《乐业县财政专项扶贫项目"先建后补""民办公助"管理办法（试行）》规定，采取"民办公助"办法，投入2016年第一批财政专项扶贫资金615万元，新建1条1.7公里的生产道路，升级硬化屯级路12条18.25公里；投入2016"美丽广西·生态乡村"屯级道路项目288万元（自治区专项扶贫资金144万元，县级配套资金144万元），实施升级硬化屯级道路4条9公里；投入2016年县级财政资金屯级道路硬化项目109万元，建设实施出列贫困村甘田镇达道村2条3.53公里屯级道路硬化项目；所建设项目全部通过县级验收。

【产业发展】 2016年，县扶贫开发办公室积极引导扶贫产业发展工作。年内安排2016年第一批财政专项扶贫资金557万元，开展同乐镇六为村、石合村，甘田镇达道村、逻沙乡龙南村、新化镇林立林和乐翁村、幼平乡渡口村、逻西乡平峨村、雅长乡雅庭村等9个脱贫摘帽贫困村产业开发项目；采取"县抓统筹和监管、乡（镇）抓管理、村负责具体实施"方式实施；安排2016年第二批财政专项扶贫资金398万元，并将2015年度"集中力量解决突出贫困问题试点"产业项目资金250万元改项实施，用于2016年度全县面上村脱贫贫困户产业发展扶持奖补资金，采取"以奖代补""先建后补"的形式扶持奖励贫困户发展产业，提高扶贫资金使用精准度。鼓励2016年面上村脱贫贫困户通过发展产业，巩固脱贫摘帽成果；安排522.2万元用于全县2015年2611户建档立卡退出户产业发展巩固扶持资金，户均扶持资金2000元。

【社会扶贫】 2016年，县扶贫开发办公室积极组织实施各项社会扶贫工作。一是完成2014年度广东对口帮扶新化镇百寸村百庭屯新农村示范点建设，投入资金155.92万元，实施房屋立面装修、屯内道路硬化、村级办公楼、篮球场等项目。二是完成2015年度广东对口帮扶幼平乡陇那村陇那屯新农村示范点建设，投入资金142.92万元，实施房屋立面装修、屯内道路硬化、养殖猪舍等项目。三是实施完成2015年度钦州市定点帮扶雅长乡百康村巴维屯新农村示范点建设，投入资金120万元，实施房屋立面装修、屯内道路硬化、养殖猪舍等项目。四是做好2016年广东省帮扶新化镇伶弄村巴雾屯新农村示范点建设，投入资金158.5万元。年末，项目已设计完成进入评审阶段及招投标程序。五是做好2016年钦州市帮扶逻沙乡党雄村2条屯级道路硬化建设项目，投入资金300万元。六是投入100万元，完成中广核集团对口帮扶甘田镇夏福村文昌阁至龙哈屯3.5公里道路硬化项目。

【教育扶贫】 2016年，县扶贫开发办公室积极实施教育扶贫工作，为贫困群众和学生做好培训服务。一是做好"雨露计划"扶贫培训政策宣传。举办全县"雨露计划"扶贫培训政策宣传动员培训班，对各乡（镇）扶贫分管领导及扶贫助理、全县各职业学校、初、高中学校分管领导进行宣传培训。二是收集和审核"雨露计划"贫困家庭学生补助材料。审核通过2016年本科学历教育贫困生168人，职业学历教育贫困生补助514人（含巾帼励志班学生），2015级职业续培生补助395人，共拨付补助资金243.1万元。投入18.43万元，开展贫困家庭"两后生"培训，共培训67人。做好"两广"对口帮扶职业教育协作，组织"两广"对口帮扶职业教育协作广东招生培养模式，组织县内18名学生到校学习。

【扶贫培训】 认真实施培训工作，投入7.1万元，举办农村实用技术培训班24期，培训1420人次。做好扶贫创业致富带头人培训工作。组织8个乡（镇）42个贫困村创业致富带头人132人报名广西扶贫创业致富带头人培训工程。启动雨露计划扶贫培训"引擎行动"示范项目，主要项目有汽车驾驶、挖掘机、叉车、电工、焊工等。开班3期，参训贫困群众233人。

【金融扶贫】 2016年，县扶贫开发办公室组织实施金融扶贫工作，支持贫困村贫困户发展产业。一是积极配合县农商行等部门做好扶贫小额信贷发放工作，有效解决贫困户缺发展资金、增收难的问题,促进贫困户持续性增收脱贫。年内共发放扶贫小额信贷4065户2.01亿元,其中2016年脱贫贫困户1503户7555万元。贫困户自主发展2910户1.49亿元,入股扶贫龙头企业定期获取固定分红1155户5191万元。获得扶贫小额信贷入股分红的403户,共获取分红款193.82万元。获得扶贫小额信贷贴息的3394户,贴息资金共258.55万元。二是设立扶贫小额信贷风险补偿资金1000万元,用于偿还扶贫小额信贷的坏账和结转滚存用于下一年度的风险补偿资金筹集。三是创新金融扶贫机制,提高贫困人口风险保障水平,安排2016年第二批中央财政专项扶贫资金(发展资金)按因素法分配到县资金39.43万元,用于全县"十三五"建档立卡贫困人口投保保费,每个贫困人口10元。

【扶贫资金管理】 2016年,县扶贫办认真做好全县扶贫资金管理工作,确保专项扶贫资金安全运行。一是规范扶贫资金运作。严格按照《财政专项扶贫资金管理办法》的要求进行投放和使用扶贫资金,按项目计划使用扶贫资金,做到资金到项目、管理到项目、核算到项目,按项目进度核拨资金,加强和规范扶贫资金的管理,杜绝扶贫资金在使用过程中违规违纪现象。二是坚持扶贫项目的公示、招标、验收、报账及审计制度,让项目区群众参与和监督,做到群众明白,干部清白,确保项目得到群众的满意认可。三是严格控制办公经费的使用和管理。严格把办公设备、日常办公用品纳入政府采购。

【世行项目实施】 2016年,县扶贫办积极推进世行项目实施前期准备工作。一是全力配合广西中咨投资有限公司做好《乐业世行项目可行性研究报告》和区扶贫外资中心世行项目社会评价与环评测评调研组对乐业完成调研。二是完成世行项目第一批试点2个合作社投资计划书和前18个月采购计划。三是按照"公开、平等、竞争、择优"和德才兼备的原则,公开招聘世行项目农民专业合作社辅导员5名。

【结对帮扶】 2016年,县扶贫办积极协调联系到乐业县贫困村开展帮扶工作的自治区、市直单位,开展结对帮扶工作,县、乡干部原则上按照"1075"的要求,与帮扶村贫困户结成帮扶对子。制定"一帮一联"实施方案,全县2073名干部职工结对帮扶9536户贫困户,做到帮扶贫困户联系贫困生全覆盖。

【扶贫日活动】 2016年10月17日,为贯彻落实中央、国务院设立"扶贫日"号召,按照区、市党委政府要求,县扶贫办积极组织开展"扶贫济困、你我同行"的"扶贫日"系列活动,全县共募捐到捐赠款85万元。 (郑月刚)

政务服务

【政务服务机构概况】 2016年,乐业县政务服务管理办公室负责组织、协调、指导、监督本级人民政府所属各部门、单位的政务服务工作。核定编制6名,在职人员5人。内设政务大厅服务站、综合股、两公开股3个股室。

【政务服务】 2016年,县政务服务中心按照中央、自治区、市、县推行政务公开加强政务服务建设的要求,以加强政务管理为重点,推进并联审批工作,落实"两集中,两到位";通过电子政务大厅建设推行政务公开,提高办事效率和服务水平;加强监察政务服务实施情况,着力打造良好政务环境。年内,共接到行政审批事项和公共服务事项办理咨询100件;办理申请31567件,受理31544件,办结31209件,办结率99.43%。承诺提速69.03%,办理提速70.68%,评议率达89.63%以上。推进"一服务两公开"工作向基层延伸,充分发挥以点带面作用,全县有8个乡镇建立了政务服务中心;有86个村(社区)建立了政务服务中心,建设比率为97.7%。

【政务信息公开】 2016年,县政务服务中心积极推进财政预算决算、重大建设项目批准和实施、社会公益事业建设等领域的政府信息公开,督促县直各部门公开本部门预算和决算。加强教育、医疗卫生、社会保障、征地、拆迁等群众关注的热点问题和重大突发事件的信息公开。按照"先审查后公开""谁审查谁公开""谁公开谁负责"原则,对拟公开发布的政府信息进行审查。指导督促相关部门对财政资金、公共资源配置、重大项目建设、公共服务、国有企业、环境保护、食品药品安全、扶贫领域信息公开和社会组织、中介机构等十大领域信息在自治区政府信息公开统一平台和政府门户网站（乐业县党政网）进行公开。通过坚持每月对各单位重点领域的信息发布情况进行统计通报，短信告知单位主要领导等形式，促进全县在自治区政府信息公开统一平台公开信息内容得到完善。年内全县在自治区政府信息统一平台和乐业县党政网上预计发布信息达11425条，各乡镇通过自治区基层信息化应用平台受理、办结各种事项14904条。

【“政务公开日”活动】 2016年5月19日，县政务服务中心组织县直相关部门开展“推进阳光透明，扩大开放参与”的乐业县第四届“政务公开日”活动。同乐镇政府及40多个县直单位到场摆摊设点直接服务群众，100多名工作人员通过讲解展板、发放宣传单（册）、现场解答等方式对本部门、本单位工作职责职能、便民服务事项、政策咨询等内容进行宣传和讲解。各部门广泛听取群众提出的意见、建议，现场解答群众和企业的疑难问题。活动当天各部门现场接待咨询群众500多人次，解答问题300多个，发放各类宣传单（册）3000余份。（吴晓静）

接待工作

【接待机构概况】 中共乐业县委员会、乐业县人民政府接待办公室为政府管理财政全额拨款事业单位，核定事业编制5名，其中主任1名、副主任2名，在职人员5名。

【接待工作】 2016年，县接待办公室共承接接待任务480余次，接待莅宿检查指导工作的省级以上领导以及区内外各级党政考察团（组）30批次。承接中国·百色乐业国际山地户外挑战赛暨国际攀岩赛、户外运动嘉年华、中外科考人员、各类新闻媒体及区、市机关在乐业县开展的系统会议等多个大型活动宾客。

【协调工作】 2016年，县接待办坚持细节入手，在接待工作中体现乐业特色。在接待安排中从接待用品及菜谱安插都从宣传乐业特色为主，宣传乐业旅游文化，展示乐业新形象。坚持沟通协调，构建大接待格局。接待中做到全班人员共同努力，各相关部门积极支持配合。积极推进与各部门协作联动，构建大接待格局，搭建和谐接待桥梁，推行集中统一接待工作管理模式，在拟定计划时做到先人一步、快人一拍，力求掌握接待工作的主动性。

【内部管理】 2016年，县接待工作坚持规范化和标准化，注重增强凝聚力和战斗力。实施“开门学习、跟踪服务、建章立制”，修订单位各项工作制度，力求用制度管人。年内将工作重点放在各项工作制度的落实上，抓好队伍建设。坚持学习考核，提升综合能力。树立廉洁自律思想，严格遵守接待规定。坚持科学管理，规范各项工作，接待开支在物价上涨、接待量增大的情况下下降近30%。坚持“勤俭节约、优质服务、从严控制”原则，对公务接待经费实行严格管理使用，抓住任务安排、跟踪服务和经费结算3个环节，强化经费管理。重点做好接待工作全过程管理，严格控制接待经费，做到不该用的费用坚决不用，能够节省的开支尽可能节省，确保每项开支都在合法范围内使用。（刘　萍）

招商引资

【招商引资机构及工作概况】 2016年，乐业县招商引资促进局（简称县招商局）核定编制10名，其中局长1名，副局长2名，实际在编9名。年内共引进投资额5000万元以上项目4个，引进投资1.25亿元的乐业县兴业商贸城建设项目、投资6000万元的乐业县姚家湾采石场建设项目、投资7000万元的乐业高寒山区中草药仿野生种植项目及投资8000万元的乐业县安居和园小区建设项目等，总投资额达3.35亿元。

【招商成效】 2016年，上级下达乐业县的招商引资任务为：区外境内到位资金7亿元，全口径外资到位资金100万美元。年内，全县招商引资区外境内到位资金7.15亿元，完成市政府下达目标任务的102%；全口径外资到位资金112万美元，完成市政府下达目标任务的112%。全面超额完成市委、市政府下达的年度招商引资目标任务。

【招商活动】2016年，县招商局积极利用展会节会，着力推介产业项目。充分利用广西名优农产品展销会、广州博览会、第十三届中国-东盟博览会、深圳对口帮扶乐业县举办的央联食品保障分会第三次理事会暨工作交流研讨会等招商推介会平台。积极推介乐业县各种生态、特色农业、旅游项目。通过参加各类展会，共发放乐业县招商引资宣传资料1500余份，在第十三届中国-东盟博览会上，乐业县成功签约项目3个，合同投资总额21.4亿元。

组织驻点招商工作队赴广东开展驻点招商活动。精心筛选包装30个招商项目及宣传资料，参加自治区组织的广西重点投资项目推介洽谈会和百色市组织的百色市旅游项目招商暨旅游产品推介洽谈会。推介洽谈会期间对接9家商会、企业，达成3个考察项目，其中有广州市花都区商会、广东省中山市广西商会、佛山市商会、福建商会、广东国强农业发展有限公司、台中市两广同乡会、广州市海珠区总商会等与乐业县成达成意向性投资或考察项目10个。邀请珠海市瀚祥建设工程有限公司、深圳汇清科技有限公司、广西辰鑫恒投资有限公司等8家公司共40多人次到乐业县考察。与珠海市瀚祥建设工程有限公司就甘田镇休闲养生旅游小区项目达成意向性投资。

【项目签约】2016年，在第十三届中国-东盟博览会上，乐业县共签约3个项目，项目总投资额9.25亿元。签约项目为：广西乐业天坑药都有机中药材科技有限公司在乐业县投资的广西乐业县高寒山区中草药仿野生种植基地项目，计划总投资13.5亿元；广西永恒投资有限公司在同乐镇投资大石围5A景区扩建项目项目，总投资4.9亿；广西地中宝有机油茶发展有限公司在甘田镇、新化镇、逻沙乡、幼平乡投资建设乐业县有机农业综合开发及加工项目，总投资3亿元。 （韦　莹　陆金海）

图19　2016年7月5日，乐业县驻粤招商小组到香港巨人园生物科技集团有限公司考察 （县招商局供）

绩效管理

【绩效管理概况】2016年，乐业县纳入年度绩效考评为8个乡镇、72个县直部门和2个中区市直驻乐业县单位。年内乐业县绩效考评领导小组办公室（简称县绩效办）全面贯彻落实百色市委、市政府和县委、县政府2016年度的各项工作部署，认真开展全县2016年度绩效考评工作，继续开展“全员化”绩效考评，全面推进绩效考评工作。

【考评指标】2016年，县绩效办研究制定《乐业县2016年度机关绩效考评工作方案》，全县设置乡镇考核一级指标8个，二级指标40个，三级指标137个；设置县直考核一级指标4个，二级指标28个，三级指标64个。

【绩效管理】2016年，县绩效办根据自治区、百色市相关文件精神，认真按照2016年乐业县委工作要点、《政府工作报告》等重点规划和重要文件确定的各项目标任务，进行分解细化，制定详细的绩效管理工作计划，分解到各单位、细化到人，明确责任及时限。加强对各乡镇、县直各单位绩效管理工作的领导，明确绩效管理工作责任，分解细化绩效目标任务，组织实施绩效管理工作。

【考评办法】2016年，乐业县绩效考评主要采用指标考核、公众评议、领导评价、察访核验和创新加分以及不良影响扣分相结合的方式进行。考评采用1000分制计分，指标考核、公众评议、领导评价权重分别为75%、15%和10%。对察访核验查实的问题，采取从指标考核中扣分的方法。年终县绩效考评领导小组派出9个考评组分别对全县8个乡镇和72个县直部门开展年度绩效工作进行核验，核验结果于次年进行通报。

信　访

【信访机构概况】 中共乐业县委员会、乐业县人民政府信访局（简称县信访局）核定编制11名，核定科级领导3名，其中局长1名、副局长2名。2016年，县信访局在职干部10人，其中局长1人、副局长2人，其他干部7人。内设办公室、接访股、办信股（投诉受理股）、督查指导股（维稳股）、复查股（政策法规股）和“农情乡解”服务中心。

【信访处理】 2016年，县信访局重点推进信访突出问题和信访积案化解和创全国“三无”（“无进京越级上访”“无大规模集体上访”“无因信访问题引发的极端恶性事件和舆论负面炒作事件发生”）县工作，有效促进全县社会经济发展和谐稳定。年内，共接待群众来访99批737人次，较上年同期144批524人次相比，批次下降31.25%，人次上升40.65%；收到上级转交办信访件25件，与上年同期28件相比，下降10.7%。其中，初信17件，重信8件，转交有权处理机关17件，办结15件，限时办结率100%；受理复查案件2件，办结2件，办结率100%；全年全县没有发生到市赴邕进京非正常上访事件发生。被中共百色市委、市政府信访局评为“百色市2014—2015年度信访工作先进集体”称号，荣获乐业县“综治维稳先进单位”称号。

【信访积案化解】 2016年，县信访局积极化解信访积案。自治区、百色市交办乐业县信访积案4件、“三跨三分离”案件3件。为做好信访积案化解工作，减少积案存量，结合“两学一做”教育活动，制定《乐业县2016年“两学一做”教育活动化解信访积案方案》，对自治区、百色市交办的7件信访件和乐业县排查的14件信访积案，按照“属地管理、分级负责、谁主管、谁负责”和“统一领导、协调联动、统筹兼顾、标本兼治”的工作原则，落实领导包案和责任单位。各单位部门密切配合，形成合力，开展集中化解信访积案活动。到8月底，自治区、百色市交办的信访积案全部化解办结，化解办结率100%。

【信访信息】 2016年，县信访局坚持每月把群众来信来访情况进行汇集研判和综合分析，对突发性的、典型的、大规模的群众上访事项或群众上访情况，及时整理成《信访工作月报》，呈送有关县领导阅示。年内，共编写《信访工作月报》12期、《信访综合分析研判》4期。

【信访网络建设】 2016年，县信访局积极推进全县信访联席办成员单位信访工作网络建设，落实信访专（兼）职干部，建立分级负责、统一协调、上下联动的信访工作网络机制。县信访局每月及时将转交办的信访事项录入信访信息系统，年内共录入来信、来访、上级网信57件，录入率达90%以上。

（刘　晓）

三大纠纷调处

【调处机构概况】 乐业县调解处理土地山林水利纠纷办公室（简称“县调处办”）是县人民政府调解处理土地、山林、水利权属纠纷（简称“三大纠纷”）的职能部门。2016年，县调处办坚持以事实为依据，以法律为准绳，加大“三大纠纷”排查、调处工作力度，及时化解矛盾纠纷，促进全县社会和谐稳定。单位核定编制9名，在职干部职工9名，其中主任1名、副主任3名。

【案件调处】 2016年，县调处办坚持把做好“三大纠纷”调处工作作为维护社会和谐稳定、促进经济发展的一项重要工作来抓。全县“三大纠纷”数量明显增多，调解成功率不断提高。年内，共受理“三大纠纷”案件45起，其中县内土地纠纷案件4起、林地纠纷案件41起，案件调结41起，调结率为91.11%；避免丢荒土地面积1300亩，挽回经济损失98万元。共接待群众来访230人次，处理群众来信32件，有效维护社会和谐稳定。

【目标管理】 2016年，县调处办坚持以事实为依据，以法律为准绳，尊重历史，照顾现实，遵循有利于生产生活，有利于经营管理，有利于安定团结，围绕“化解矛盾，案结事了，定纷止争，和谐共处”主题，以调解结案为主，裁决为辅，按照“属地管理、分级负责”“谁主管、谁负责”的原则开展“三大纠纷”调处工作，实现“小事不出村，一般事不出乡，大事不出县”的目标，全县社会和谐稳定。（赵 斌）

机关事务管理

【机关事务管理机构概况】 乐业县机关事务管理局为参照公务员管理单位，内设办公室、会务股、保卫股、公共机构节能管理股、保洁股5个股室。2016年2月，成立乐业县公务用车服务中心，为县机关事务管理局管理的财政全额拨款事业单位。全局核定事业编制14名、机关后勤服务编制36名，其中局长1名、副局长3名。实有总人数48人。

【公务用车管理】 2016年，县公务用车服务中心切实做好全县公务用车服务管理工作。为县直机关突发事件处置、事故处理、抢险救灾、全县性集体活动、机要、机密等提供用车服务。年内共为全县突发事件处置、抢险救灾、特殊机要专递、全县性集体公务活动等活动调动车辆2488次，在各种大型活动如打击非法采矿、攀岩赛、新化古歌节向社会租赁车辆235次，有效保证全县党政机关工作正常运转。

【会务工作】 2016年，县机关事务管理局重视会务工作，加强对工作人员的管理和业务培训，加强保密宣传教育，积极创造良好的会务环境。圆满完成第九届中国·百色乐业国际山地户外挑战赛暨2016年全国攀岩分站赛（乐业站）、2016广西·乐业猕猴桃采摘上市启动仪式暨第一届“红心猕猴桃长寿果王”评选大会、乐业县卜隆古歌节等大型活动会场的布置工作。年内，共完成四家班子各项大小会议会务服务600多场次，完成县委政府领导交办的其他临时性工作任务。

【安全保卫】 2016年，县机关事务管理局加强县四家班子机关大院的治安管理和安全保卫工作。一是健全岗位职责和奖惩机制，进一步加强保卫人员管理；二是由保卫股配合消防部门开展安全大检查，坚持每星期至少1次开展安全隐患排查和整改，共更换过期灭火器78个、维修政府大楼和城北综合大楼办公区存在安全隐患门窗20个、更换和维修存在安全隐患吊顶120平方米；三是协助有关部门做好上访人员、群体性事件的秩序维护工作，全年共协助处置各类上访事件36次，有效维护县四家班子机关大院的工作秩序。

【后勤保障】 2016年，县机关事务管理局切实加强县四家班子机关大院的后勤保障工作。对办公区各办公楼、办公室的水、电进行维修维护，配合质检部门按期对电梯进行安全检查、保养和维修，保障电梯运行安全，对办公区停车场照明灯和景观灯进行维修更换；定期开展水电设备和线路的安全巡查，及时、有效预防和排除各类安全隐患。保障设备设施的正常运转和水电的正常供应。（李安禄）

政协乐业县委员会

◎编辑　潘盈雪

【政协概况】 2016年是政协乐业县委员会换届之年。1月13日—14日召开政协乐业县第八届委员会第六次会议。8月21日—23日召开政协乐业县第九届委员会第一次全体委员会议，选举产生了政协乐业县第九届委员会主席、副主席、秘书长和常务委员，换届工作圆满结束。新一届政协领导班子及时做好建章立制、新老班子交接工作和领导成员的分工，各项工作得到全面、健康、有序开展。

重要会议

【重要会议概况】 2016年，政协乐业县委员会共召开2次全体委员会议（即政协第八届委员会第六次会议和政协第九届委员会第一次会议），召开政协常委会议4次，召开主席会议10次。

【政协乐业县第八届委员会第六次会议】 2016年1月13日—14日，中国人民政治协商会议乐业县第八届委员会第六次全体委员会议在县城召开。出席会议的委员有124名，13个界别，编为6个组。会议主要议程：(1)听取和审议乐业县第八届委员会常务委员会工作报告；(2)听取和审议政协乐业县第八届委员会常务委员会关于县政协八届五次会议以来提案工作情况报告；(3)表彰政协乐业县第八届委员会第五次会议以来提案工作先进单位和先进个人；(4)列席乐业县第十五届人民代表大会第六次会议；(5)审议通过政协乐业县第八届委员会第六次会议政治决议；(6)审议通过政协乐业县第八届委员会第六次会议关于常务委员会工作报告的决议；(7)审议通过政协乐业县第八届委员会第六次会议关于县政协八届五次会议以来提案工作情况报告的决议；(8)审议通过县政协提案审查委员会关于乐业县政协八届六次会议提案审查情况报告。

【政协乐业县第九届委员会第一次会议】 2016年8月21日—23日，中国人民政治协商会议乐业县第九届委员会第一次全体委员会议在乐业县城召开。根据《中国人民政治协商会议章程》规定，会议经过充分酝酿，民主选举产生了政协乐业县第九届委员会主席、副主席、秘书长和常务委员。大会主要议程：(1)听取和审议政协乐业县第八届委员会常务委员会工作报告；(2)听取和审议政协乐业县第八届委员会提案工作情况报告；(3)听取和审议乐业县“一府两院”工作报告及其他报告；(4)选举政协乐业县第九届委员会主席、副主席、秘书长和常务委员；(5)表彰政协乐业县第八届委员会第六次会议以来提案工作先进单位和先进个人；(6)听取政协乐业县第九届委员会第一次会议委员提案审查情况报告；(7)通过大会有关决议。

【政协常务委员会会议】 简称常委会议，由主席或主席委托的副主席主持，年内每季度至少举行一次或根据需要可以举行多次。会议的日程、议程由主席会议决定。参加会议人员，所有常委会委员除有特殊情况请假外都必须参加。县政协办公室及各工委领导与会议议程有关的其他人员视工作需要列席常委会议。2016年共召开常委会议4次。

【政协主席会议】 县政协主席会议由主席召集并主持，特殊情况下由主席委托1名副主席主持。年内共召开主席会议10次。2016年5月12日下午，政协主席主持召开县政协第八届第二十三次主席会议，会议内容：讨论新一届政协班子领导分工；2016年8月19日下午，召开县政协主席会议，会议主要内容：(1)政协乐业县九届委员调整说明；(2)县政协九届一次会议工作报告人选的确定；(3)县政协九届一次会议主席台就座人员的确定；(4)政协九届一次会议的食宿问题。2016年9月12日，召开县政协主席会议，会议主要内容：(1)讨论提交市政协第四届一次会议提案内容及目录；(2)讨论政协领导分工事宜；(3)讨论新一届政协有关工作规章。

主要工作

【调研活动】 2016年下半年，县政协第九届委员会新的领导班子刚刚换届不久即安排部署开展专题调研活动，形成了《关于推进民居民宿旅馆开发建设的调研报告》。调研报告以旅游开发发展前景入手，介绍全县民居民宿旅馆基本情况和经营现状，查找全县民居民宿旅馆存在的问题，结合对全县开发民居民宿旅馆发展前景分析，对推进民居民宿旅馆开发建设提出合理化建议：一是要转变理念，着力提升民居民宿旅馆产业品质；二是要强化营销，打造民居民宿旅馆精品；三是要加大扶持力度，提高民居民宿旅馆管理服务水平。调研报告送县委、县政府后得到县委政府领导的高度重视和充分肯定，并批转各有关部门参考实施，促进全县民居民宿旅馆助推旅游业发展。

【委员视察】 2016年，为推进乐业县城镇化建设和创建广西特色旅游名县工作，县政协与县人大组成政协委员和人大代表联合视察组，联合县住建、市政、国土、交通、地质公园局等有关部门，对县城及周边的违章建筑情况和甘田镇创特旅游项目建设开展视察。根据2015年9月15日百色市人民政府批复实施的《乐业县城总体规划（2014—2030年）》确定"优化空间功能布局，改善城市生态环境，做好县城建成生态景观区、城乡结合部的规划建设，不断完善城区道路交通网络和生态型、宜游型、宜居型公共服务设施，全力打造生态宜居宜业宜游园林山城"的总体思路和以旅游业、特色农副产品加工为主导，生活、居住协调发展的功能定位，以及"一心三轴四组团"布局结构，实现了规划的超前性和可行性的统一。通过视察发现存在问题有：一是规划滞后，城乡建设管理机制不全。二是违法违规建房问题突出，严重影响城区建设。视察组认真分析问题存在原因后提出建议并形成视察报告报县委、县政府，得到县委、县政府主要领导的充分肯定，并批转相关部门认真研究实施。

【提案办理】 2016年，县政协召开了两次全体委员会议。年初召开的八届六次会议主要是总结八届一次会议以来提案工作情况。县政协八届委员会会议期间，政协提案数量比上届增加54件，增长22.2%，提案数量明显增加，五年间县政协提案委员会共收到提案315件。其中委员提案294件，团体或政协专委会提案21件，提出或参与提出提案的委员达594人次。经审查，立案297件，立案率为94.3%。在立案的提案中，农林水方面的提案有31件，占10.44%；城建国土方面的提案有87件，占29.29%；工交金融环保方面的提案有56件，占18.86%；科教文卫体和旅游社会事业方面的提案有67件，占22.56%；政务管理、促进社会和谐及其他方面的提案有56件，占18.85%。提案质量明显提高，八届一次至第六次会议期间，通过开展政协提案工作评比表彰活动，共有36件优秀提案和12个先进单位及48名先进个人受到表彰。

8月21日—23日召开的九届一次全体委员会议共收到委员提案76件，其中集体提案32件，委员个人或联名提案44件。根据《政协提案工作条例》的规定，大会提案审查委员会对收到的提案进行认真审查，共立案70件，立案率为92.1%，作为意见和建议转送有关部门研究参考2件，并案4件。其中，围绕全县城建国土方面的提案19件，占立案总数的27.14%。主要建议有：关于打造县城城区现代服务升级版，再造一个乐业新城的建议、关于加强打击"两违"行为的建议等。围绕农林水涉农方面的提案11件，占立案总数的15.72%。主要建议有：关于切实保护乐业县森林、河流等自然生态环境的建议、关于进一步深化林权制度改革的建议等。围绕全县公交经济金融环保方面的提案9件，占立案总数的12.86%。主要建议有：关于建设乐业县环城道路，缓解城区交通堵塞的建议、关于深化乐业县商务诚信建设制度化，引入第三方社会征信体系的建议等。围绕科教文卫和旅游等社会事业方面的提案19件，占立案总数的27.14%。主要建议有：关于科学规划长寿旅游度假村的建议、关于要求搬迁乐业县城第二幼儿园的建议等。围绕全县政务管理和促进社会和谐等方面的案件12件，占立案总数的17.14%。主要建议有：关于创新行政管理方式，提高政府公信力和执行力的建议、关于要求减轻群众参合缴费负担的建议等。这些提案重点关注社会发展和民生问题，反映了社会各界人士的愿望和诉求，体现了政协委员掌握民情和为民服务的责任担当。

【扶贫攻坚】 2016年，县政协领导、政协委员及机关干部职工积极投身扶贫攻坚工作，领导挂乡包村包户，干部职工包户甚至多户，积极进村入户开展扶贫政策宣传和各种帮扶行动，帮助农户申领扶贫小额贷款，共同商讨扶贫致富之路。处级领导分别挂的乡（镇）村有新化镇的林立村4户、店坪村4户、磨里村3户；甘田镇九洞村5户、大坪村5户；甘田镇板洪村5户；逻沙乡逻瓦、山州二个村10户；雅长乡三寨村10户；幼平乡幼里、五寨二个村9户；逻西乡过马、民友二个村10户。政协机关联系点新化镇伶弄村，县政协领导、政协委员及干部职工坚持深入村屯、贫困户开展帮扶工作，按时按质按量地完成各个时期、各个阶段的各项扶贫工作任务。

【文史工作】 2016年，乐业县政协继续抓好《乐业县政协历届会议简介》丛书的修编工作，进一步充实、完善、校对书稿内容。该书记载乐业县政协自1984年成立至2016年跨度32年的发展情况和要工作内容，真实地记录乐业县历届政协委员充分行使民主政治权利，履行职责，为乐业县社会和各项事业发展参政议政、建言献策的历程；展示历届政协委员不断加强对人民政协理论的学习，不断提高自身素质和参政议政能力，把政协委员的社会责任和崇高政治荣誉作为神圣使命，为推动科学发展、促进社会和谐贡献智慧和力量；展现历届委员全心全意为人民服务的思想境界。编辑出版该书就是为了把乐业县历届政协委员会资料整理出来，使之成为系统、科学的历史文献，为人们认识、研究并发展和完善政协建设提供翔实、可靠的依据。

【宣传工作】 2016年，乐业县政协认真做好政协宣传工作，积极向《广西政协报》《右江日报》投稿。不断创新工作方法，提高《乐业政协》办刊质量，把《乐业政协》真正办成政治协商的阵地、民主监督的平台、参政议政的渠道。年内，县政协荣获自治区政协报刊宣传工作先进单位二等奖。

重要活动

2016年，乐业政协重要活动频繁，内容丰富，除年初召开八届六次全会及下半年召开的九届一次全会之外，县政协筹备召开政协百色市第三届委员会第十一次主席联席会议，参加百色市政协在那坡县召开的政协百色市第三届委员会第十二次主席联席会议，参加在贵州省安龙县召开的黔桂两省（区）沿江十六县（市）政协联席会第二十七次会议和“滇黔桂三省（区）‘两江一河’（南盘江、北盘江、红水河）二十一县（市）政协联席会第二十七次会议”。

【筹备召开政协百色市第三届委员会第十一次主席联席会议】 5月23日—24日，政协百色市第三届委员会第十一次主席联席会议在乐业县城召开。会议以“研究如何开发和保护优势特色资源，大力发展助推生态旅游产业扶贫发展”为主题进行交流座谈会。号召要围绕促进生态旅游发展履行政协职能，积极助推“千姿百色、红城福地”品牌建设，努力做建设百色旅游强市的推动者，为开发和保护特色旅游资源、推进旅游产业发展做好协调服务，切实发挥政协智力优势，为推动实施生态旅游扶贫开发建真言献良策，为加快全市生态旅游产业发展牵线搭桥。

【参加政协百色市第三届委员会第十二次主席联席会议】 6月7日，县政协主席刘陶恺率团参加政协百色市第三届委员会第十二次主席联席会议。会议要求各县（市、区）政协要紧扣中心，突出重点，认真做好提案征集工作。把促进科学发展作为提案工作的第一要务。要关注民生、体察民情，注重反映社情民意。要关注社会公平正义，维护社会稳定，坚持把维护稳定摆在突出位置，不断提高提案工作水平。

【参加黔桂两省（区）沿江十六县（市）政协联席会第二十七次会议】 7月5日—7日，县政协副主席梁健、余美琼等到贵州省黔西南州安龙县参加黔桂两省（区）沿江十六县（市）政协联席会第二十七次会议。贵州省兴义市、安龙县、罗甸县、册亨县、贞丰县、望谟县和广西乐业县、隆林县、西林县、田林县、天峨县、巴马县、大化县、东兰县、都安县、南丹县政协领导参加会议。会议同意云南省罗平县、师宗县，贵州省兴仁县、晴隆县、普安县加入成新成员。滇黔桂三省（区）21个县（市）地理位置同属于珠江源头，县（市）之间山水相连、民族相近、语言相通、习俗相似，产业相同，经济文化交流悠久。会议审议通过了第二十七次联席会议纪要。

（张德科）

工商联·群众团体

◎编辑　潘盈雪

工商联合会

【工商联机构概况】 2002年7月成立乐业县工商业联合会(简称县工商联)。2016年,县工商业联合会设党组书记1名(县委统战部副部长担任),主席1名,专职副主席1名,兼职副主席7名。核定行政编制2名,在职2名。

【组织建设】 2016年,县工商联认真做好工商联组织建设工作。年内,通过自治区"五好"县级工商联考评验收,甘田镇商会顺利通过自治区、百色市"六有"商会确认。同乐镇商会、乐业县浙江商会被百色市评为2016年度先进商会,同乐镇商会被市评为规范化建设达标商会。12月12日,成立乐业县湖南商会。

【服务会员】 2016年,县工商联积极做好服务会员工作。年内推荐会员参加市委统战部关于"千企扶千村"暨"商会扶贫统一行动"先进单位和先进个人评比;县工商联获先进单位、顾式茶公司和甘田镇夏福获村企联建模范结对单位,杨再芬、黄国俊、黄招科、潘隆春、陈长军获先进个人。推荐会员参加市工商联关于光彩事业突出贡献单位和先进个人,同乐镇商会、浙江商会获先进单位,黄招科、潘隆春、杨再芬获先进个人。推荐民营企业参加县委关于表彰优秀民营企业7家,乐业县鑫丰木业有限公司等5家获"乐业县十佳优秀民营企业奖",乐业县高野刺梨公司等2家获"乐业县民营企业创名牌奖"奖金共49万元。

【光彩事业】 2016年,县工商联积极开展光彩事业。3月17日,组织华东投资有限公司到幼平乡百安村开展"送温暖·献爱心"活动,为百安村村百安小学送上50套课桌椅,价值1万多元,并为10户贫困户送去棉被、大米、油等价值5000元的物品。10月17日"扶贫日"当天,组织非公企业向贫困村、贫困户捐款现金5.4万元,电视机30台,电视接收机14套。

【换届选举工作】 2016年,根据区、市工商联关于县级工商联换届工作的有关要求,12月30日,乐业县工商业联合会第四次会员代表大会和第四届执委会第一次会议在县城召开,会议选举产生乐业县工商联第四届执委会委员和领导班子,并通过了大会决议,县工商联换届工作圆满完成。

【精准扶贫】 2016年,根据县委、县政府关于扶贫攻坚"规划到户、责任到人"工作部署,县工商联结对帮扶逻沙乡龙南村,龙南村是2016年区定的脱贫出例村,贫困面大,贫困原因多。工商联只有3人,联系帮扶贫困户为24户,工作强度大,压力重。认真开展精准扶贫工作,圆满完成各个阶段工作任务。12月6日,通过市核验组的检查核验。12月22日、23日,通过自治区核验组的核查验收。还把扶贫工作与千企扶千村工作结合起来,动员全县26家非公企业联系帮扶24个贫困村。(蒙继福)

总工会

【总工会机构概况】 2016年,乐业县有基层工会组织254家,其中单独基层工会243家,区域性联合工会数8家,行业性联合会工会数3家。全县有职工4143人,入会会员3915人。县总工会内设办公室、组织基层宣传教育部、法律保障生产保护部、职工医疗互助保障部和困难职工帮扶中心。

【组织建设】 2016年,县总工会积极组建工会组织、发展工会会员。全县有职工4143人,入会会员3915人。全县"两新"组织共成立单独工会和工会联合会29家。继续完善8个乡镇工会的有关规章制度和工作计划,认真组织开展各项活动,充分发挥工会组织的作用。认真贯彻落实市总工会关于做好农民工工作的部署和要求,积极开展农民工工会工作站创建工作。创建农民工工作站1个,全县农民工入会8736人。

【职工维权】 2016年,县总工会认真做好职工维权工作。建立由县总工会与县法院、检察院、司法局、人社局等部门组成的农民工维权机制,加大对农民工的维权力度。成立县总工会法律援助工作站,聘请3名律师和法律工作者为职工提供法律咨询和法律援助。加强劳动人事争议协调工作,8个乡镇和县直有关部门都成立劳动人事争议调解委员会。

【职工文体活动】 2016年，县总工会积极组织开展职工问题活动。“五一”期间，组织举办全县干部职工气排球和乒乓球比赛，参加人员共有3000余人次。完成1个“职工书屋”建设任务，把书放到基层工会企业，组织开展读书活动。

【劳模管理】 2016年，县总工会继续建立健全劳模档案，维护好劳模合法权益，做到及时发放劳模“三金”和困难劳模困难补助资金，做到专款专用；按质按量完成全国、自治区劳模和先进工作者的选评、推荐、上报工作。年内组织劳模疗养2个，组织区市劳模体检9人，投入经费0.45万元。

【帮扶工作】 2016年，县总工会积极做好困难职工帮扶工作。对29名困难学子进行助学救助，解决困难职工子女上学难问题，其中考前慰问8人、金秋助学4人、困难职工困难子女助学补助17人，共发放助学资金4.54万元；对4名患有重大疾病的困难职工进行医疗救助，发放救助金1.3万元；春节开展“送温暖”活动，为130名困难职工发放慰问金6.5万元，对46名困难职工进行日常生活救助16.56万元。

【职工医疗互助】 2016年，县总工会认真组织开展职工医疗互助保险工作，积极深入基层，大力宣传医疗互助保险对职工的重要性和必要性。发动新职工参加职工医疗互助保险，共完成职工医疗互助保险2900份。

【厂务公开】 2016年，县总工会围绕“促进企业发展，构建和谐劳动关系、和谐企业、和谐社会”工作，推进全县厂务公开民主管理，巩固和提高厂务公开的覆盖率，保障职工的知情权、参与权、表达权和监督权。一是健全厂务公开民主管理组织机构，明确工作职责，各司其职，推动全县厂务公开民主管理工作的开展。二是建立健全厂务公开规章制度。深化厂务公开内容，增强厂务公开针对性，扩大厂务公开的覆盖面；严格厂务公开操作程序，推动厂务公开规范化；加强厂务公开监督指导，保证厂务公开工作全面落实。三是加强基层民主管理。坚持职工代表大会制度，推动规模以上非公有制企业建制步伐，全面巩固厂务公开制度建制率。全县已建工会的公有制企业、事业单位全部实行厂务公开、非公有制企业建立厂务公开制度建制率93%。（李明星）

共青团乐业县委员会

【团县委机构及工作概况】 2016年，乐业县建有基层团委21个，基层团总支、团支部共202个。专职团干2人、兼职团干120人。登记在册共青团员2715人，占全县14~28周岁青年总数的5%。发展新团员731人，经团组织推荐加入中国共产党的共青团员5人。各级团组织以服务脱贫攻坚，全面建成小康社会为主线，坚持党建带团建，深入开展党的群众路线教育实践活动，在全县继续深入探索创建“青春助力脱贫”青年创业就业示范工程，“美丽乐业·生态乡村，青年在行动”“敬老爱幼关爱帮扶”志愿服务行动，依托学校、希望工程项目，扎实推进人大常委和青少年面对面交流活动和青少年维权行动，了解青少年发展需求和解决青少年生活学习中的疑惑，为青少年身心健康营造良好的社会环境。

【团的自身建设】 2016年，共青团乐业县委员会在团市委、县委、县人民政府的正确领导下，不断加强自身建设。协助和指导县直机关团组织建立和完善制度建设，落实主体责任；对全县各学校少先队辅导员进行调整，充实完善少先队辅导员队伍，建立一支在少先队思想道德教育，身心健康辅导专业化水平高的少先队辅导员队伍。坚持党建带团建，积极探索新时期团建模式，加大对基层团组织建设力度，增强团组织的号召力和向心力。抓好“两新”组织、外出务工青年团建工作。举办乐业县“青春引擎·助力脱贫”基层团干部专题培训班，全县8个乡（镇）88个村（社区）团支书及各乡（镇）分管领导参加培训。坚持青年为本、基层导向，立足“大团委”平台，采取分类指导、统筹管理的办法，推动全县8个乡镇208个直属团组织正常运行，覆盖团员846人、青年2165人；立足青年创业服务之家，帮助青年解决就业创业过程中遇到的问题47个，发放“青年就业创业服务卡”600多张，提供就业创业信息200多条；立足“两新”组织平台建设，乐业县大石围旅游公司团支部、乐业县百农乐宝有限公司团支部等6个非公经济团组织正常运行。组织全县各级团组织负责人开展“团干部如何健康成长”大讨论活动。

【基层组织建设】 2016年,团县委切实加强基层团组织和团干队伍建设。根据上级团委要求通过抓部署推动、抓典型带动、抓督导互动的方式,以区域和功能两种形式把青年人聚集起来。8个乡镇共建立208个直属团组织,完成创建任务的100%,覆盖团员880人,覆盖35岁以下青年2650人。组织举办乐业县2016年“青春引擎 助力脱贫”基层团干部专题培训班,全县8个乡(镇)88个村(社区)团支书及各乡(镇)分管领导参加培训。培训内容包括践行“两学一做”发挥青年创业在精准扶贫中的作用;现代农业发展与精准扶贫;不忘初心、继续前进,立足岗位决战贫困决胜小康——学习中共中央总书记习近平讲话,精准脱贫中如何执纪与监督等。

【思想道德教育】 2016年,团县委不断加强和改进青少年思想道德教育工作,学校少先队组织进一步完善。加强学校少先队工作阵地建设,充分发挥少先队阵地作用。努力办好红领巾广播站、大队部活动室、阅览室等宣传教育和学习阵地。各校红领巾广播站每天定期向全体学生播出,有条件的学校通过实施雏鹰争章活动为基本导向,开设“英语长廊”“巧巧手”“我来说一说”“校园新闻”等版块节目。联合县人民法院到新化小学、达存小学建立爱国主义教育基地。全县学校少先队辅导员配备率达98%,建队率、入队率达到100%。各学校大力抓好“规范化队室”的创建工作。继续办好学校红领巾广播站,开设了《快乐队生活》《语文知识百花园》《童话天地》《健康快车》和《环保与我》等5个栏目。在全县范围内组织学生开展未成年人“学长征精神、做红色传人”清明祭英烈扫墓活动、“我是小小交通员”小黄帽活动、“中华好少年手机客户端网上传唱活动”“学雷锋做好事,我为校园添绿色”主题活动、“经典文化传承——弟子规”和“践行社会主义核心价值观——走进校园文明礼仪”大课间操比赛、“为祖国祝福——千人签名”和少先队建队日“我是向上向善好队员”新队员入队等活动,对青少年进行爱国主义教育、红色文化教育、传统文化教育,教育学生从小养成良好的生活学习习惯,树立正确的价值观。

【捐资助学】 2016年,团县委坚持服务导向,深入推进各项关爱帮扶助学工作,依托节假日开展爱心慰问。春节期间开展“暖冬行动”活动,共得到社会力量捐助暖冬衣物600余套,分别发放给逻西乡卡伦小学,同乐镇石合小学、龙门小学,新化镇皈里小学贫困留守儿童。“六一儿童节”幼平乡百中小学开展“希望工程·情满六一”爱心助学活动。依托返乡大学生开展帮扶引领“1+1”暑期社会实践活动,组织返乡大学生开展送温暖进家庭、进社区系列活动,共走访农村留守儿童家庭100余户,帮助留守儿童135名。联系浙江省长亚资产管理有限公司到乐业高中开展爱心助学活动,为72名贫困学子捐助爱心助学金30万元;同乐镇宝洁希望小学得到中国青少年发展基金会捐赠宝洁护舒宝200盒,佳洁士牙膏168套以及海飞丝洗发水81瓶。

【就业创业行动】 2016年,团县委发挥优势搭好桥梁,大力推进青年就业创业,切实做好青年创业就业服务工作。配合县委组织部、县商务局开展创业政策宣传,解读“三证合一”制度改革政策,鼓励青年创业者积极创业创新,激发市场活力。依托县委组织开展的“党旗领航·电商扶贫”电商创业培训班,联系青年创业致富带头人、大学生村官150人次参加培训班,增长电商脱贫专业知识,推荐电商企业家2人参加团中央农村电商培育工程培训班;11月7日,在县委党校举办“青春引擎·助力脱贫”基层团干部专题培训班,特邀市委党校杨素刚副教授为全县88个村团支书和农村致富带头人讲解青年主力军在精准脱贫工作中的积极带动作用,鼓励青年用电商创业致富,带动地区经济发展,推广地方特色产品。县农业局高级农艺师就“农业产业化结构调整在我县农业产业发展中的作用”宣传党的电商扶贫政策,为广大创业致富带头人详细分析我县的电商发展;邀请农业专家到幼平乡开展砂糖橘秋季管护现场培训,为果农传授砂糖橘管护实用技术,解答果农在砂糖橘种植、管护上遇到的疑难杂症,指导果农科学栽培管理砂糖橘,共发放相关培训资料250余份。

【联谊活动】 2016年,团县委加强青年交流合作平台建设。通过大学生联谊会、关爱农民工子女志愿服务基地在寒暑假开展各式志愿活动，加强青少年之间的交流。暑假期间组织38名返乡大学生和高中学子一起联合开展慰问留守儿童、孤寡老人、学习习近平讲话精神等一系列暑期活动，创造返乡大学生丰富暑期生活，提高实践能力和锻炼自我的平台；组织"青春引擎"培训，加强团干部素质，为全县各级团干部提供交流平台。

【法制宣传教育】 2016年，团县委切实做好预防青少年违法犯罪工作。在"三八"妇女节、"五四"青年节期间，举行青少年法制维权周活动；"六一"期间，联合政法部门专门开展"关爱儿童，反对拐卖"宣传教育活动，向农民工子女讲解"如何防止被拐卖""人贩子常用的拐骗方法""如何报警"等自身保护常识，发放《快乐成长，反对拐卖》等宣传资料1600余份；在6.26禁毒日，联合县禁毒委员会、妇联、公安局开展禁毒宣传，通过设立宣传展板、悬挂宣传横幅、发放《青少年防毒自卫术》《新型毒品危害与防范》宣传手册，直观生动地向青少年宣传毒品危害及禁毒知识。7月，联合司法局到雅长乡中学开展"法制宣传进校园·知法明法助成长"活动，发放《中华人民共和国义务教育法》《中华人民共和国未成年人保护法》《中华人民共和国预防未成年人犯罪法》《中华人民共和国禁毒法》《中华人民共和国道路交通安全法》《中华人民共和国食品安全法》等知识读本300余份，受教育学生500余人。

联合县教育局在全县各中、小学校相继开展"为了明天自护校园行"主题教育活动。通过共青团、少先队组织在校举办"为了明天自护校园行""为了明天自护家长课堂""与法同行·牵手明天"等法制教育活动，做好禁毒宣传和防艾教育工作，深化"青春红丝带行动"，提高广大青少年对艾滋病的认知和预防水平。联合公安局、妇联、司法局、法律援助中心、教育局等有关单位专业力量开展教育矫治管理；建立关爱农民工子女服务基地，加强对留守儿童的教育和帮助。联合有关部门重点开展校园周边环境、文化音响市场和娱乐场所集中整治，对网吧违规接纳未成年人、未按规定核定消费者有效身份证件，出版物经营者出售淫秽书籍、音像制品进行全面排查。组建法制宣传员、网吧监督员、校外辅导员、大学生志愿团队等服务队伍，覆盖全县青少年学习、工作、生活各个领域的青年志愿者队伍日益完善。（黄保创）

妇女联合会

【妇联机构概况】 2016年，乐业县妇女联合会在编干部4人，其中主席1人，副主席1人，办公室人员1人，妇儿工委专干1人。全县共有妇女组织168个，其中县妇联组织1个、乡镇妇联组织8个、村（社区）妇代会组织88个、县直妇委会组织79个；有县、乡（镇）、村（社区）妇女专（兼）职干部188人，其中县妇联3人、乡（镇）妇联8人、村（社区）88人、县直妇委会89人。县妇联内设办公室、权益部、综合部3个部室，县妇女儿童工作委员会办公室设在县妇联。年内共接待群众来信来访8件，办结率100%。

【帮扶妇女创业】 2016年，县妇联积极组织帮扶妇女创业。培养"双学双比"女能人。乐业县妇联积极培养女能人和女经济强人，利用妇女小额贴息贷款大力培养本土致富女能人和女能手，全县共培养女能人12人。与人社局、团委等有关部门在春节期间和"三八"妇女节期间到县汽车站、县文化广场等开展"春风送岗位"宣传活动，为农民工朋友发放各种宣传资料2000余份。充分发挥妇联组织的优势，积极发动符合条件人员申请贷款，为鼓励农村创业妇女带头致富，县信用社为92名为符合条件的妇女办理贷款手续，申请的712万元贷款已全部发放到失业妇女手中。积极与县财政局、人社局和县信用社进行沟通联系，继续向信用社推荐37名符合条件的失业妇女办理好贷款的各项推荐材料，推荐金额为296万元，在9月前完成贷款的发放。

【创先争优】 2016年，县妇联积极开展创先争优活动。积极参与系列评选活动。响应区、市妇联号召，积极参与寻找"美丽家庭""广西三八红旗手"推选活动，围绕"夫妻和睦、尊老爱幼、科学教子、邻里互助、清洁生态"的文明家风，大力弘扬文明家风、传颂家庭美德、学习先进典型热潮。在宣传评选推荐过程中，依托各村（社区）"妇女之家"，发掘一批先进典型，将弘扬中华民族的优秀文化和传统美德，倡导尊老爱攻敬老、敬业爱岗的社会风尚，对妇女儿童进行社会主义核心价值观宣传教育。经评选推荐,花坪镇党委书记孙见阳荣获“广西三八红旗手”。

【“儿童家园”创建】 2016年,县妇联开展“儿童家园(之家)”创建活动。按照《关于印发广西壮族自治区2016—2020年创建“儿童家园(之家)”工作方案的通知》(桂妇通〔2016〕32号)文件要求。对新创建的12个儿童家园建设点进行踩点,积极地与县财政局进行沟通协调,利用县妇女儿童发展专项经费采购儿童家园设备,完成全年建设任务;积极与自治区选派第一书记进行沟通协调,争取挂点单位支持建设挂点村儿童家园(之家),争取到自治区高检院创建同乐镇武称儿童家园,对第一书记所在挂村创建的部分儿童家园进行维修和各种场地设备配置。积极与8个乡镇妇联主席联系业务工作。共完成自治区下达乐业县“儿童家园”创建任务12所,占建设任务的100%,其中在脱贫摘帽贫困村建4所,占脱贫摘帽村建设任务数的100%,完成全年任务目标。

【关爱妇女儿童】 2016年,县妇联积极实施关爱妇女儿童工作。开展丰富多彩的纪念“三八”及“六一”系列活动。“三八”期间组织举行气排球比赛、“三八”维权周暨游园活动,慰问贫困、残疾母亲80余人,通过丰富多彩的“三八”纪念系列活动,展现乐业女性昂扬向上、勇于创新的时代风采。5月30日至6月2日,县妇联组织团县委、教育局、财政局等成员单位到新化镇皈里小学、百垅小学,甘田镇百乐小学、夏福小学,逻西乡民友小学等开展走访、慰问活动。“六一”活动共慰问儿童500人,给他(她)们送去慰问金、生活用品和学习用品等价值50000余元,让他(她)们度过一个愉快的节日。

【妇女儿童权益保护】 2016年,县妇联积极做好妇女儿童权益保护工作。利用“三八”“六一”等节假日,积极宣传党和政府关于妇女儿童工作的方针政策,发放《中华人民共和国妇女权益保障法》《中华人民共和国未成年人保护法》《乐业县妇女儿童发展规划(2010—2020)年》《公民道德建设纲要》等宣传资料3000余份,努力营造全社会关爱妇女儿童的良好氛围。到同乐镇乐翁小学,甘田镇百乐小学,同乐镇大利小学、达村小学等发放《“宝贝—别害怕”——女童防护手册》;邀请县家庭教育骨干教师郑敬文为孩子们开展“青春的秘密”专题讲座,让孩子们学会如何保护自己不受到性侵害。3月8日,组织县法院、公安局、检察院、妇保院、团委、工会等部门在县文化广场开展“拒绝家暴,构建和谐”——乐业县2016年“三八”妇女维权周暨“春风送岗位”活动,共有1000多名参加了本次宣传活动。3月8日—18日,深入8个乡镇开展“三八”维权周和反家庭暴力宣传活动,组织慰问环卫工人、妇女儿童维权代表、下岗职工及贫困单亲母亲代表。“三八”期间,全县8个乡镇慰问贫困、残疾母亲80余人。

【文体活动】 2016年,县妇联积极组织开展各项问题活动。“三八”节期间,组织全县广大妇女在县文化广场开展趣味竞技体育比赛活动,全县40个队伍共320余名妇女参加比赛。比赛的项目有毛毛虫大战、勇往直前、蜈蚣竞走、跑男跑女迎“福”字等项目,进一步提高广大妇女参与体育比赛的兴趣;活动期间,县妇联在县体育馆举行“三八”气排球比赛,共有28个队伍240余名运动员参加气排球比赛。

【妇联信访】 2016年,县妇联共接待来信来访8件,已处理或转办8件,处理率达100%。对于妇女合法权益受到侵害信访案件,县妇联利用在法院成立的“女子巡回法庭”,积极参与家庭纠纷等民事案件审理,为受困妇女儿童排忧解难,帮助她们通过合法的方式表达利益诉求。县妇联参与“女子巡回法庭”受理案件4起,有效帮助妇女儿童维权。 (农千诗)

科学技术协会

【科协概况】 2016年,乐业县科学技术协会(简称县科协)所属县级建有农学会、医学会及水产畜牧协会、林学会、兰花协会、计生协会、老体协会、水电工程学会等10个学会(协会)。有兰花协会、高野刺梨种植协会、火卖生态旅游协会、林立茶叶种植协会、新化洪里烟草种植协会、武称良上桃李种植协会、雅长铁皮石斛种植协会、六为猕猴桃种植基地协会等民间组织协会13个,有会员463人。

【技术培训】 2016年,乐业县结合“城乡联谊,三级联创”“扶贫开发、整村推进”等活动,整合市、县、乡镇三级科技人员进村入队开展农民科技教育培训。派出专家、技术骨干深入村屯举办农村实用技术培训班,开展职业技能培训。县科协在乡镇开展“十月科普大行动”“五个一”农村适用技术培训和“惠农兴村”建设活动。人社局积极开展农民工劳动技能培训。水果局、水产畜牧局、林业局、农机局等也从自身特点出发,积极开展对农民的培训。全县95%以上的农村党员、基层干部掌握了1~2项适用技术和经营管理知识,有258名农民获农民技术职称。培养农村科技示范户835户,科技致富带头人1252名。

结合城镇劳动人口的特点,有针对性地组织开展电脑、美容、美发、维修电工、汽车维修、烹饪等适用技术培训。2016年举办各种培训班36期,培训人员7816人,实现转移就业3675人。在全县组织开展创建科普示范学校活动,推动科普进校园,动员机关单位向各中小学捐赠科技书籍,组织专家到中、小学校举办节能、环保、健康、防灾科普专题讲座。在全县各中、小学全面开展农村远程教育项目。积极组织和支持青少年参加科学实践活动,有86名学生在广西及百色市级以上的各种竞赛活动中获奖。

【科普服务】 全县8个乡镇都建有科协组织。县直机关创建成员单位有一名领导具体抓科普活动。乡、村两级建有科普站,科普活动室,有专人负责科普工作。县级建有农学会、医学会及水产畜牧协会、林学会、兰花协会、计生协会、老体协会等10个学会(协会)。各乡镇都建有各种农村专业技术协会及合作社等经济、技术组织。新组建22人的专家科技服务团队,166个新农村建设指导员和30名第一村支部书记开展科普工作。县、乡镇、村三级都建有科普志愿者队伍,全县80%以上的建制村有科技带头人、科技示范户和科普员。筹措资金建设科普设施。在县城文化广场及周边新建LED电子屏幕4个,科普画廊350米,各乡镇都建有科普活动室、科普站等综合性科普活动场所;在全县88个村、社区有专用或合用科普宣传专栏,科普阅览室,并配备科普书籍。全县有自治区科普教育基地1个,市级科普教育基地2个,农村科普示范基地26个,科普特色学校2所,各中、小学均建有科技活动室。

【科普宣传】 2016年,县科协围绕《科学素质纲要》工作主题,组织开展群众喜闻乐见的科普宣传活动,以“科技进步活动月”“全国科普活动周”和“全国科普日”活动为载体,组织宣传、科技、文化、教育、卫生、农业、林业、水利、供电、气象、消防等单位科技工作者,开展科普图片展、科技培训、科普讲座、科技咨询、义诊、科普文艺晚会、科普知识有奖问答等活动,在学校、社区和乡村宣传科学思想、传授科学方法、普及科学知识,共开展科普活动5次,参与的人数达3万多人次,在报纸、报刊上开辟科普宣传专栏,宣传乐业县科技文化事业的发展。文体广电局、科技局、农业局及部分乡镇政府都在互联网上开辟及建有科普及农业生产信息网站,宣传乐业科技,推销各地大宗农村产品。城镇居民参加科普活动的达到85%以上。

【科普“四进”活动】

科普进校园活动 2016年,县科协积极争取上级科协组织支持。10月21日—23日,百色市科协科普大篷车及县科协科普大篷车先后驶进武称小学、甘田镇小学、甘田大坪小学和安置小学,开展科普大篷车校园行活动,填补边远山区学校中小学生科学体验空白。在活动中,市科协带队领导和指导老师为广大师生展示45台科技模型及120幅3D科普图片,播放《环境保护》等5部科普片。广大师生先后体验“奇妙的通道”“滚出直线”“电磁原理”“人体导电”“太阳能发电”和“3D科普展板”等展品。参与活动学生3800多人。

科普进农村活动 2016年,按照《乐业县“十三五”农村党员基层干部培训规划》《乐业县农民科学素质培训教育五年规划》和《乐业县农业培训转移工作规划》等方案,与县妇联和县关工委联合举办农村妇女干部、创业青年培训班9期,培训人数1400人次,与县委组织部和农业局、畜牧局联合举办农村党员干部培训6期1400人次,与县残联联合举办残疾人农业实用技术培训2期320人次。

科普进社区、进机关活动 协助社区开展社区干部、群众培训600人次;开展待业青年、进城务工人员、下岗职工再就业培训800人次。组织社区科普志愿者以“节能减排”“安全避险”“健康生活”为主题,开展全国环保日、科普宣传活动。举办科普报告会3场次,科普咨询2次,发放科普宣传册,书籍3500余份。协助县委党校将领导干部的科技知识培训纳入了干部理论学习计划和公务员培训

规划，举办公务员、领导干部科技培训班5期，600多人次。

【科普阵地建设】 2016年，县科协突出培育学会、协会，有效提升科技服务成效。年内做好各类协会试点培育、政策咨询、业务指导、宣传培训、登记备案等工作。建有6个县级科技学(协)会、6家农村专业合作社，8个农村专业技术协会。这些组织在普及科学技术、推动农业结构调整、推动农业产业化经营、促进农民增收等方面发挥了积极作用。

（韦胜东）

残疾人联合会

【残联机构概况】 2016年，乐业县残疾人联合会有干部职工15人，设正副理事长各1人，有残疾人干部2人。县残联下设残疾人劳动就业服务管理站、残疾人康复服务中心、残疾人辅助器具供应中心。县残疾人工作委员会办公室设在县残联，全县8个乡(镇)均设残联机构，乡(镇)残联理事长为兼职，各配备专职委员1人。

【残疾人扶贫】 2016年，县残联按照全县精准识别贫困户、贫困村建档立卡工作标准和程序要求，对全县所有农村残疾人进行逐户调查核实，进一步摸清核准农村残疾人贫困户信息。全县已纳入建档立卡残疾人人数1415人，年内全县有224名残疾人脱贫。通过开展党员"一对一"结对帮扶农村贫困残疾人户活动，实施农村基层党组织助残扶贫工程——党员扶持温暖同行项目、农村残疾人实用技术培训项目、阳光助残扶贫基地建设项目、阳光家园计划、贫困残疾人家庭无障碍改造、扶残助学项目等扶残项目，加大对残疾人的扶助力度。继续实施"党员扶残温暖同行"工程，全年共扶持残疾人贫困户110户，每户扶持资金1000元；重点扶持贫困户10户，每户扶持资金5000元，共发放扶持资金15万元。大力推进"阳光助残扶贫基地"建设工作，全县共扶持110户残疾人家庭，发放256头猪苗。组织实施"阳光家园计划——智力、精神和重度肢体残疾人托养服务"项目75人，每人每年资助1500元，共发放扶持资金11.25万元。

【康复工作】 2016年，县残联康复中心认真开展"七彩梦"残疾人儿童辅助器具适配对象筛查及辅具适配工作，为21名残疾人适配了轮椅和助行器；开展"七彩梦"脑瘫、孤独症等残疾儿童筛查工作，经筛查，有5人符合条件，并向平果县残疾人康复中心转介服务工作。开展"社区康复"服务活动，2016年4、5月份，在新化镇残疾人社区康复站开展两期残疾人社区康复服务活动。共接受残疾人及亲属咨询服务750余人次，发放宣传资料500余册，免费发放轮椅、拐杖、低视力助视器等残疾人辅助器具600多件。依托镇卫生院积极为残疾人开展基本检查，掌握辖区残疾人的身体状况，为有需求的残疾人做好康复服务和转介工作。开展辅具发放活动，11月中旬县残联向帮扶村鱼里村免费发坐厕椅、拐杖、助行器等残疾人辅助器具30多件。

【残疾人就业创业服务】 2016年，县残疾人联合会积极做好残疾人就业服务规范化建设工作，指导残疾人托养服务机构开展智力、精神和重度残疾人职业技能培养和职业康复劳动并提供服务；实施职业技能人才培养计划，定期组织残疾人职业技能竞赛；组织残疾人劳动力资源和社会用人单位用工需求调查，发布残疾人求职信息和用人单位用工信息；示范和指导开展残疾人职业培训、职业指导、职业介绍、就业跟踪等服务；加大残疾人就业保障金的征缴力度，提高征缴率和资金使用效益，促进残疾人事业健康快速发展。全县完成财政代扣代缴残疾人就业保障金205.86万元。多渠道、多形式加大残疾人职业技能和农村实用技术培训力度，增强残疾人就业创业能力。年内共举办2期112人的职业技能培训班和3期174人的农村残疾人实用技术培训。新建残疾人就业创业网，提高为残疾人就业创业的服务能力。开展残疾人就业援助和创业补贴工作，年内共扶持10名创业人员。

【组织建设】 2016年，县残联开展基层残疾人组织开展关爱残疾人工作，打造"残疾人之家"。举办残疾人专职委员业务培训班，对2016年新聘任的96名残疾人专职委员进行党员扶残温暖同行、阳光助残扶贫基地、两项补贴、残疾人证核发、康复业务、教育维权等业务培训。抓好残疾人动态更新调查工作，6月31日开始全县同步开展残疾人家庭入户调查，至9月1日完成6780人入户调查工作，入户调查率99.84%。9月20日完成各项调查数据系统录入工作，共录入相关表格6780份，经过系统数据审核，全县残疾人动态更新各项数据录入通过自治区审核。年内共完成残疾人证核发418本(册)。

【残疾人教育】 2016年，县残联实施“阳光助学计划——特殊教育学校资助项目”，为特殊学校残疾学生争取项目资助，共资助贫困在校残疾学生78人，每人资助400元，共发放残疾学生资助金2.8万元。做好2016年普通高考残疾考生服务工作，与教育局和高中的协调，做好残疾考生参加高考和填报志愿的服务，确保残疾考生能顺利考生大中专院校。争取资金对残疾学生和残疾人子女考上大中专院校提供助学金。年内为14名残疾学生和30名残疾人子女申报助学金项目，其中考上本科15人、大专26人、高中3人。组织残疾人参加百色市第二届残疾人运动会，获得金牌10枚、银牌5枚、铜牌2枚，总分名列全市第三名。

【维权和社会保障】 2016年，县残联为全县10至65周岁持有二代残疾人证的残疾人团体办理意外保险，年内投保残疾人数为3809人，每人每年30元保费，共支付保费11.43万元。开展贫困残疾人个体户和灵活就业人员参加基本养老保险补贴工作，为20名残疾人发放每人1200元共2.4万元的养老保险补贴。做好困难残疾人生活补贴和重度残疾人护理补贴审核工作，完成1345名困难残疾人生活补贴及1268名重度残疾人护理补贴审核工作。做好残疾人机动轮椅车燃油补贴项目宣传、审核、申报及资金发放工作，为54名残疾人发放机动轮椅车燃油补贴；开展残疾人家庭无障碍改造工作，完成25户残疾人家庭无障碍改造工作。积极开展第二十六次“全国助残日”，共走访8个乡(镇)18村屯、县特殊学校等，给23名贫困残疾人及其家庭带去关怀与温暖。 (何顺萍)

文学艺术界联合会

【文联机构概况】 2016年乐业县文学艺术界联合会(简称“县文联”)在职人员3人，所属协会13个，即乐业县作家协会、乐业县摄影家协会、乐业县美术家协会、乐业县书法家协会、乐业县山歌学会、乐业县音乐家协会、乐业县舞蹈家协会、乐业县戏剧家协会、乐业县曲艺家协会、乐业县民间文艺家协会、乐业县影视家协会、乐业县奇石根雕协会、乐业县诗联学会。

【文艺志愿活动】 2016年，县文联积极组织开展各种文艺志愿活动。1月25日—29日，组织书法家协会和摄影家协会会员在县文化广场和各乡镇开展为群众“写春联、送祝福”，历时5天共为群众免费书写赠送春联2200多副，免费赠送全家福照片1000余张。4月中旬，组织山歌学会4名文艺志愿者到乐业县一中和乐业县民中开展为期1周的民族文化进校园活动，志愿者为学生详细讲授乐业高山汉族山歌的创作和演唱，使学生们对乐业本土的民族文化有更深的认识，激发学生们对家乡的热爱。5月2日，组织文艺志愿者全程参与乐业新化第二届“卜隆古歌节”志愿服务活动，直接参加服务活动的文艺志愿者达95人。11月26日“广西乐业第二届逻沙唱灯文化旅游节”在乐业逻沙乡举行。

【人才培养与培训】 2016年，县文联认真做好文艺人才培养与培训各种。3月29日，举办2016年樱花笔会，组织文学、摄影、美术、

图20 2016年11月18日，乐业县“广西特色文艺之乡(唱灯戏)”揭牌仪式 (县文联供)

戏剧、山歌等协(学)会38名会员开展以"深入生活、扎根人民"为主题的文艺采风实践活动。表彰2015年度先进文艺家和协会,鼓励本土文艺家通过自己扎实的劳动,挖掘整理出具有弘扬、传承价值的民俗文化,能够紧跟时代步伐,创作出讴歌中国梦的好作品。11月18日,举办以县文学、摄影、美术、书法、戏剧、舞蹈等协会会员参与的金秋笔会活动,参会人数60多人,邀请市文联马元忠副主席在笔会上做写作授课,并对乐业县作者的作品进行点评,搭建交流、沟通、互动平台,进一步提高全县文学创作者的写作水平。

5月26日—28日,组织民间文艺工作者5人参加2016年百色市"千村万户文艺惠民工程"培训班,与其他县区交流互动,培训学员惠民交流演出节目《打鸭牌》也获得市文联领导、授课专家和观众好评。7月8日—10日,组织县书法家协会会员3人参加2016年百色市书法创作提高班;10月21日—22日,组织4名作家协会重点会员参加东西、凡一平、黄佩华文学讲座。

【传统文化传承与宣传】 2016年,县文联认真开展传统文化传承与宣传活动。协助做好2016第九届中国·百色国际山地户外运动挑战赛暨全国攀岩分站赛(乐业站)、2016徒步中国·百色"地心之旅"(乐业站)、滇黔桂三省(区)社会主义核心价值观山歌大赛、乐业旅游特色商品展暨地方特色美食展、2016第七届中国乐业户外嘉年华等活动;参与乐业世界长寿之乡的创建和申报工作,收集大量的文字和图片资料,利用《天坑之都》《乐业诗联报》和《大石围》报纸杂志大力推介宣传。收集整理唱灯文化材料。经过精心收集和整理,将资料和申请材料上报,8月获自治区文联授予"广西特色文艺之乡(唱灯戏)"称号,并在县文化艺术中心举行挂牌仪式。

【文艺阵地建设】 经过细致、艰辛的组稿、编辑和印刷工作,编辑出版《大石围》《天坑之都》和《乐业诗联报》各4期。 (李彦君)

社会科学界联合会

【社科联机构概况】 乐业县社会科学界联合会于2009年7月29日成立。2016年新增加团体学会(协会)10个,会员100余人。县社科联内设3个办公室、学会部、科普部3个机构,有工作人员3人。现任领导机构是第二届委员会(2014年11月后),有常委委员11人。

【学术研究】 2016年,县社科联围绕"生态立县、旅游旺县、产业强县、文化名县"发展战略和县十二次党代会确定的发展目标积极开展学术研究,形成学术成果7篇。其中4篇入选自治区社科联举办的学术论坛论文集,3篇入选市社科联举办的学术论坛论文集。其中,"新形势下社科普及创新思路初探"荣获自治区社会科学普及创新与发展研讨会优秀论文二等奖,"乐业壮族刺绣传承与发展研究"荣获百色市"非物质文化遗产"征文三等奖。

【社会科学活动】 2016年,县社科联围绕"贯彻五大发展理念实现'两个建成'目标"开展以"突出资源优势共享生态环境""社科下基层,理论接地气"等为主题的社科普及周活动。5月7日,社会科学普及周活动启动仪式在县文化广场启动。启动仪式围绕广大干部群众普遍关心的热点、难点等问题进行宣传和讲解;9月18日,乐业县"创建特色名县 共享生态环境"广场科普活动在县文化广场举行。广场科普宣传活动由县委宣传部、社科联、科协主办,县委党校、县创建特色旅游名县办公室承办。活动以"贯彻五大发展理念、实现'两个建成'目标"为主题。共有32个部门参与活动,共展出活动展板41块。主要通过主题宣传、咨询服务、系列解答、展览展演、免费赠送书籍、发放社科普及宣传材料、优惠展销社科读物、社科知识竞猜等多种形式普及社科知识。展板内容涉及广大群众关心的热点问题,如乐业"十三五"规划、特色旅游、城镇建设、社会保障、法律知识、婚姻家庭、长寿养生、家庭教育、食品药品等,展板活动持续一个星期。参加广场科普群众达4000多人次。

【社科刊物】 2016年,县社科联认真做好社科刊物的印发工作。至2016年年末,已经按季度刊印4期。印制《习近平总书记在哲学社会科学工作座谈会上的讲话》宣传手册发放到社科代表和社科工作者手中,向社会宣传社科工作的地位和作用。 (姚再禧)

法治·军事

◎编辑　潘盈雪

政法工作

【政法机构概况】 中共乐业县委政法委员会(简称县委政法委)是县委领导和管理政法工作的职能部门。2016年内设政法办、执法监督室、政工纪检室,负责管理县法学会、流动人口服务和管理办公室、见义勇为促进会、禁毒办公室、国家安全领导小组办公室等单位和部门。县委维稳办、综治办与政法委合署办公。县委政法委设书记1名、副书记3名,核定编制9名(其中行政编制8名,后勤事业编制1名),县法学会核定事业编制8名,县流动人口服务和管理办公室核定事业编制2名。年内在职人员15人。

【矛盾纠纷排查化解】 2016年,县委政法委狠抓矛盾纠纷排查化解工作。坚持矛盾纠纷月排查、重要防护时段集中排查、热点难点问题重点排查三排查制度,对排查出来的问题,逐一梳理,建立台账,落实责任单位和责任人,切实把矛盾纠纷化解在基层,把问题解决在当地。大力加强人民调解、司法调解和行政调解三调联动对接机制,充分发挥人民调解第一道防线作用,完善以人民调解为基础的大调解体系建设。深入开展大排查、大化解活动,制定下发《矛盾纠纷大排查、大化解活动实施方案》,推动矛盾纠纷排查化解深入开展。建立健全调解组织,完善县、乡、村、组四级矛盾纠纷调处网络建设。年内,全县共排查各类矛盾纠纷1332件,调解1332件,调解率100%;调解成功1325件,调解成功率99.5%。

【处理信访突出问题】 2016年,县政法委认真处理信访突出问题。一是开展化解信访积案集中攻坚活动,全面排查梳理信访积案,对排查出的信访积案实行县、乡(镇)领导包案化解体制,做到主要领导负总责、分管领导具体负责、其他领导“一岗双责”,一级抓一级,层层抓落实的领导体制。县委、县政府主要领导主动包大案、难案,有效带动信访问题的解决。成立化解信访积案集中攻坚活动领导小组,实行县领导包案化解责任制,年内共化解、稳控信访积案21件。化解率达100%。二是参与创建“无进京越级上访、无大规模集体上访、无因信访问题引发极端恶性事件和舆论负面炒作”“三无”县活动,对无理缠访、闹访等违法上访行为,坚决依法打击处理,有力维护正常信访秩序。三是完善重大突发事件应急处置机制,建立应急处突队伍,加强应急处突队伍实战演练,保证应急队伍召之即来、来之能战、战之能胜。开展对各级领导干部处置突发事件的培训,提高各级领导干部处置突发事件能力。成功处置幼平乡百中村下停、郎上屯群众因林权纠纷集体到县上访、砂石场优化组合过程中个体老板集体上访等事件,做到没有激化矛盾,没有扩大事态,没有造成不当后果,有力维护社会政治稳定。

【严打整治】 2016年,县委政法委组织政法部门开展严厉打击各类违法犯罪活动,全力维护全县社会政治、安全稳定。一是公安机关组织开展“神剑2号”、危爆物品清理整顿等专项整治行动。共立刑事案件396起,破案195起,破案率为49.24%;发现受理治安案件472起,结案249起;发生命案3起,破案3起,命案全破。抓获各类违法人员327人,刑事拘留170人,逮捕170人,移送起诉案件145起

图21 2016年8月24日,乐业县政法工作暨综治维稳平安建设总结表彰大会在县文化艺术中心一楼会议室召开 (县委政法委供)

178人，治安拘留65人，其他处理85人，抓获在逃人员5人。摧毁各类犯罪团伙3个，成员7人。二是检察机关受理审查批捕案件163件187人，批准逮捕案件153件169人，不批准逮捕案件10件18人，其中办理立案监督案件12件12人；受理审查起诉各类刑事案件171件211人，其中公安机关移送案件165件202人，检察院自侦部门案件移送案件6件9人；审结各类刑事案件163件201人；提起公诉159件195人，不起诉4件6人；抗诉案件1件1人。三是审判机关共受理各类诉讼案件1311件，审结1072件，结案率81.77%。其中受理各类刑事案件183件，审结165件，判处罪犯200人。

【基层基础工作】 2016年，县委政法委认真做好政法综治基础工作。进一步完善和规范乡（镇）综治办建设，调整配齐乡（镇）综治办主任，落实"六个有"标准，建立健全各项规章制度。不断创新社会治理，扎实推进网格化管理服务工作。一是规范组织机构。各乡（镇）、村（居）在原有综治委、办、站基础上，组建人民调解委员会。整合和谐平安联创中心和矛盾纠纷排查调处中心资源力量，统一设立社会管理服务中心，增设群众来访室（值班室）、法律援助岗和矛盾纠纷调处室。二是切实夯实综治基层基础工作力量。通过健全机构、建立平台、完善制度和资料台账、确保经费等基础性工作，实现综治基层基础组织网络健全。三是加强流动人口服务管理工作，整合计生、工商行政管理等部门资源，探索以证管人、以房管人、以业管人、以信息化管人服务管理新模式，着力解决流动人口就业、居住、就医、子女就学等问题，提升流动人口服务管理水平。四是加强刑释解教人员安置帮教和社区矫正工作。成立社区矫正中心，健全统一接收、建档、分派、巡查、奖惩、宣告和审前社会调查、风险评估机制。建立无缝对接措施，落实安置政策。全县共有社区矫正对象在册服刑人员208人，年内接收安置帮教人员138人，安置136人、帮教138人，接收社区服刑人员120人。帮教率100%、安置率98%。五是加强对社会闲散青少年、肇事肇祸精神病人、法轮功人员等重点人群、高危人群的管理，落实有关部门联动管控责任。六是加强对虚拟社会的管理。加强网络监管队伍、网上技术手段和力量建设，积极开展网络舆情监测，对重大舆情，及时发布权威信息，澄清事实真相，组织人员跟帖，抢占网络舆论阵地，牢牢掌握网络虚拟社会管理的主动权。

【社会综合治理】 2016年，县委政法委切实加强社会综合治理工作。一是发展完善政法系统对外宣传平台。深入机关单位、厂矿企业、村组民户，采取干部包户，小手牵大手，巡回办案、以案说法等形式，开展法制宣传和执法为民服务。创新宣讲内容，宣讲政法重大工作举措、群众监督建议途径，提高群众对政法机关的参与率、知晓率和满意度。开展综治宣传月活动，共发放宣传资料15000余份，组织宣传人员350人次，宣传面涉及全县8个乡镇、社区、学校等重点单位。二是推进公正廉洁执法。大力推进执法办案系统建设应用，所有案件全部实现网上录入流转，切实做到执法信息网上录入、执法流程网上管理、执法活动网上监督、执法质量网上考核。检察机关认真开展案件评查，提高执法质量。审判机关完善人民陪审员、当事人权利义务告知和抗诉书说理等制度，全面实行询问、拘押、庭审、监管场所全程录音录像，完善执法监督环节，畅通监督渠道。建立健全执法质量考评通报制度，落实奖惩措施，把执法质量考评结果与干警提拔任用、晋职晋级、评优评先等直接挂钩，推动执法质量考评工作健康、有序开展。三是开展政法民生工程。稳步推进天网工程建设，坚持新旧结合、逐步改善工作步骤，新增监控探头15个，确保城区探头达到70个。加大乡镇视频监控系统建设改造力度，降低司法援助门槛，简化程序；扎实开展预防青少年违法犯罪工作，加强对青少年的法制教育和管理。

【司法制度改革】 2016年11月，乐业县司法体制改革工作正式全面铺开。县法院已通过报名、资格审查、考试考核等程序，研究并提出拟入额初步人选，并上报市中院审核。县法院积极贯彻中央、自治区、市有关司法体制改革要求，积极召开专题研讨会，优化人员管理结构，为深入推进司法体制改革做好各项工作。县检察院积极营造检察改革氛围，院党组先后召开党组会20余次，研究检察改革工作；召开全体干警会议30余次，学习上级检察机关有关司法体制改革会议精神，认真做好

图 22　2016 年 6 月 24 日，县委常委、政法委书记韩启强（后排中）到县人民检察院上课　（县委政法委供）

首批员额检察官遴选考核工作。按照《广西检察机关首批员额检察官内检察官遴选办法》要求，检察院积极发动符合条件 21 名干警报名，经过层层筛选，初步筛选出 13 名首批员额检察官。已完成首批员额检察官考核工作，将符合条件的首批员额检察官相关材料报市检察院审核。

【队伍建设】 2016 年，县委政法委加强政法队伍军建设。全面深入开展“两学一做”教育，进一步增强政治意识、大局意识、核心意识、看齐意识，坚定正确的政治方向；树立清风正气，严守政治纪律和政治规矩；强化宗旨观念，勇于担当作为。结合实际，在懒政怠政专项整治活动中出实招见实效，医治政法队伍中存在理想信念上的“软骨病”、对待群众上的“冷漠病”、履职用权上“擅权病”、工作办案上的“漂浮病”、廉洁自律上的“腐化病”、干事创业上的“慵懒病”、“四风”问题上的“易发病”，加强廉政风险防控机制建设，提高政法干部队伍满意度。　（刘祖振）

政府法制

【法制机构及工作概况】 乐业县法制办公室核定行政编制 4 名，设主任 1 名、副主任 1 名。2016 年，县法治政府建设工作紧紧围绕县委、县政府中心工作，以全面推进依法行政、建设法治政府为目标，按照《2016 年全区法治政府建设工作要点》及《2016 年百色市法治政府建设工作要点》安排部署，强化措施、狠抓落实，切实将全面推进依法行政与履行政府职责有效结合，依法行政取得明显成效。

【政府法律顾问】 2016 年，县人民政府法律顾问室新增加 3 名律师专门从事全县 8 个乡镇政府的法律顾问工作。乡镇政府不承担聘请费用，由县政府支付聘请费，乡镇政府直接接受法律咨询服务，律师承办和代理行政、民事应诉，推进乡镇政府法治建设工作。

【政府规范性文件审查】 2016 年，县法制办公室坚持规范性文件“合法性审查”原则。严格履行职责，按照规定对政府规范性文件草案进行合法性审查，无法律依据的内容予以纠正，确保县政府规范性文件的合法性。年内共审查各部门规范性文件 2 件，要求在发布后全部按规定上报政府备案；审查把关县政府重大合同 4 件；办理法规、规章等草案征求意见函、法制意见 152 件。

【规范执法行为】 2016 年，县法制办公室积极推进行政权力公开透明运行，优化执法环境，规范行政执法工作。依据《广西壮族自治区人民政府办公厅关于建立行政执法公示制度的实施意见》和《百色市人民政府办公室关于印发百色市实施行政执法公示制度工作方案的通知》要求，制定下发《乐业县实施行政执法公示制度工作方案》。各乡镇人民政府及各行政执法部门按照方案积极开展公示，行政执法公示制度全面有序开展。

【行政权力监督】 2016 年，县法制办公室认真按照《广西壮族自治区法制办公室关于开展全区行政执法人员专项清理工作的通知要求》，对乐业县行政执法区域内依法具有行政执法权行政机关、法律法规授权组织和依照法律法规规章规定受委托行使行政执法权的单位,已经取得《广西壮族自治区行政执法证》或者国务院部委统一颁发执法证件的行政执法人员进行全面清理。经清理,保留持有广西壮族自治区行政执法人员297名,国务院部委颁发的执法证件人员87名,收回退休、转岗、没有具体从事执法工作及其他没有在岗等人员执法证件170本。

【行政复议】 2016年,县法制办公室积极完善行政复议立案制度、证据制度、听证制度、调解制度,健全行政复议制度,加强行政复议工作规范化建设。坚持依法公正,严格依据《中华人民共和国行政复议法》及实施条例规定的程序和其他有关法律规定,办理行政复议案件。对于侵犯人民群众合法权益的行政行为,做到该撤销的坚决撤销,该变更的坚决变更。年内收到行政复议申请4件,作出决定维持原具体行政行为1件,决定撤销2件,具体行政行为自行撤销1件。因不服行政复议决定而提起行政诉讼2件。经法院审理,维持判决2件,胜诉率100%。

【出庭应诉工作】 2016年,县法制办公室规范行政诉讼工作,增强领导干部法制观念,推进依法行政。制定下发《乐业县行政机关负责人出庭应诉办法的通知》,要求涉及重大公共利益、社会关注度高,本行政机关上诉或者申请再审的行政诉讼案件,行政机关负责人应当出庭应诉。2016年李勇才副县长代表县政府出庭应诉2次,带动乡镇政府和部门行政机关负责人出庭应诉,增强依法行政意识。

（陆雪锋）

公　安

【公安机构概况】 2016年,乐业县公安局内设5科室、2个中心和13个大队,下辖8个乡镇派出所、县看守所和拘留所。全局共有民警136人,民警数占全县常住人口的万分之八;有职工5人、协(辅)警83人。年内,县公安局有3个集体获县级以上荣誉称号,9名个人立三等功,51名个人获嘉奖。县公安局获得中央级、省部级和厅、市级、县级重要奖励荣誉集体39个、先进个人22人。

【110服务】 2016年,乐业县110报警服务台共接到报警17694次,比上年上升11.1%。其中,警情类报警1198次,受理求助230次;提供咨询1939次,骚扰电话11737次,其他无效报警2590次,无效报警率81%;接警后,出警处理1428次,出动警力3347人次;通过“110”接处警,救助群众230人次。

【维护社会稳定】 2016年,县公安局坚持“稳定压倒一切”的方针,狠抓防恐防暴演练和武装巡逻工作,加大严打暴力恐怖犯罪工作力度。深入分析研究影响社会稳定新情况、新问题,严格落实各项稳控措施,加强情报信息搜集分析、研判,强化对重点目标、重点行业及重点对象的管控,提高及时发现、稳控和应急处置突发性案(事)件能力。全年共收集上报各类维稳信息26条,排查稳控重点工作对象7名,列管可能肇事肇祸等精神病患者52名,排查调处化解各类矛盾纠纷438起。年内,全县无危害国家安全和政治大局稳定的恐怖、爆炸、暴力等案(事)件发生,无重特大群体性和群死群伤事件发生,无重点人员漏管失控赴邕进京上访,无重大聚集闹事,无重大宣传煽动、破坏活动发生。

【打击经济犯罪】 2016年,县公

图23　2016年12月8日,县司法局、县民族局、县宗教局及花坪镇讲习所到花坪镇岜木村开展法制宣传和培训活动　（县司法局供）

图 24　乐业县公安局综合楼建成投入使用
（县方志办供　2016 年 3 月 20 日摄）

安机关围绕经济社会发展大局，积极维护经济运行安全和市场经济秩序，严厉打击非法集资、金融、涉税、商贸和假冒伪劣等各类经济违法犯罪行为，维护全县经济社会大局持续稳定。共受理经济犯罪案件 6 起，立案 5 起，涉案金额 750000 元；侦破经济犯罪案件 5 起，抓获犯罪嫌疑人 3 人，刑事拘留 3 人，逮捕 1 人，移送起诉 2 人，追缴涉案款、物折合 120000 元，挽回经济损失 120000 元。缴获假币 3400 元，立银行卡犯罪案件 2 起，侦破 2 起，抓获犯罪嫌疑人 2 人；立侵犯知识产权和制售伪劣商品犯罪案件 1 起，侦破 1 起，抓获犯罪嫌疑人 1 人；捣毁窝点 1 个，涉案金额 60000 元。年内，全县无重大影响经济犯罪案件。

【打击刑事犯罪】 2016 年，县公安机关坚持“标本兼治、综合治理、齐抓共管、落实责任”工作方针，保持对严重暴力、有组织团伙犯罪、流窜作案，以及盗抢骗多发性侵财犯罪严打高压态势。紧紧围绕“命案必破、黑恶必除、两抢必打、逃犯必抓”总体要求，不断完善快速反应、大案攻坚等长效机制，加强刑侦基础、刑侦技术、阵地控制、刑事犯罪情报信息研判工作，开展“净化社会治安环境大整治”“神剑 2 号”等一系列专项打击和整治行动。年内，县公安局立刑事案件 498 起，侦破 270 起，抓获犯罪嫌疑人 205 人（其中抓获网上逃犯 25 人），刑事拘留 143 人，逮捕 175 人，移送起诉 158 人；打掉犯罪团伙 14 个、抓捕犯罪成员 68 人。立命案 3 起，侦破 3 起，破案率 100%；立“两抢一盗”等侵财犯罪案件 334 起，侦破 172 起，抓获犯罪嫌疑人 113 名，缴获被盗抢摩托车 4 辆及其他赃款赃物一批。县公安局侦破有广泛社会影响刑事案件——姜某杀人案，破获系列跨县跨省盗窃牲畜案等。

【社会治安管理】 2016 年，县公安机关紧紧围绕“发案少、秩序好、社会稳定、群众满意”工作目标，推行“一村一警”警务机制工作，推进治安管理科学新模式，严密构筑社会治安立体化防控体系建设，认真组织开展各项公安管理工作，严厉查处各种违反治安管理行为。年内共受理治安案件 1707 起，查处 1513 起，处理违法嫌疑人 1741 人，其中治安拘留 197 人；侦办管辖刑事案件 201 起，抓获犯罪嫌疑人 872 人，刑事拘留 101 人，逮捕

图 25　2016 年 6 月 3 日，乐业县消防大队在逻西乡中心小学开展消防宣传活动
（县消防大队供）

61人，移送起诉72人。其中，查处赌博案件72起，处理违法犯罪嫌疑人321人；查处卖淫嫖娼等涉黄案件2起，处理违法犯罪嫌疑人4人；立涉枪涉爆案件14起，破案14起，抓获违法犯罪嫌疑人17人，缴获各种枪支17支、炸药145.2千克、雷管1900枚、导火索200米。调解案件192起，调结178起；调处矛盾纠纷483起，调结472起。全县建有社会管理视频监控系统摄像头846个，有二级公安派出所3个、三级公安派出所5个。在街面设有警务工作站1个，配备民警7人、协警22人。推行"一村一警"警务模式，全县建制村"村警"覆盖率100%，派出所驻村民警32人、机关挂村（点）民警57人。全县有帮教小组62个、帮教人员198人，列为帮教对象152人。有治安保卫委员会45个、治安保卫人员225人。

【禁毒缉毒】 2016年，县公安局狠抓禁毒工作，以"遏制毒品来源、遏制毒品危害、遏制新吸毒人员滋生"三个关键问题为抓手，严厉打击社会面零包贩毒、整治娱乐场所吸贩毒，深入开展"百城禁毒会战"和"路上堵、公开查""打零包、端窝点"等专项整治行动，毒品预防教育、禁吸戒毒、缉毒破案、重点整治等各项禁毒工作取得明显成效。共侦破毒品刑事案件16起（其中新型毒品案件4起），皆属一般案件；查处毒品治安案件68起，缴获各类毒品18.01克（其中海洛因15.3克、冰毒2.66克、氯胺酮（K粉）0.05克）；抓获毒品违法犯罪嫌疑人18人，逮捕17人；抓获吸毒人员78人，强制隔离戒毒29人，吸毒人员管控率70%。年内新建社区戒毒、社区康复人员安置就业基地和安置点各1个；集中安置、分散安置、公益性岗位安置社区戒毒、社区康复人员就业20人，自主创业10人。

【户政管理】 2016年，县公安局户政部门和各派出所认真贯彻落实公安部《户籍管理》七项便民利民措施和户籍制度改革。全县辖区常住人口总户数48952户，比上年增加289户；辖区常住总人口173864人，比上年增加1135人，其中壮族等少数民族人口57058人。年内县辖区登记流动人口1907人，比上年减少198人。县户政部门审批各类户口准迁手续225人；办理居民户口簿5329本，办理户口准迁证214张、户口迁移证518张；办理第二代居民身份证8864张、临时居民身份证289张；办理流动人口居住证53张；办理出生登记979人、死亡注销登记853人；登记出租房屋1086户、1086间；投入经费17万元，钉挂门（楼）牌1018块。

【交通管理】 2016年，乐业县机动车保有量16474辆（其中摩托车16209辆、其他车辆265辆），比上年减少3534辆（皆为摩托车辆）。全县办理机动车挂牌入户2357辆，车辆年检3276辆，变更登记120辆，注销登记5810辆，机动车其他业务356项。驾驶证期满换证、补证1904本，注销驾驶证22本，驾驶证审验、驾驶员教育学习530人，驾驶员B、C证无纸化考试1200人。年内，全县辖区发生道路交通事故671起，一般事故56起，死亡20人，受伤70人，直接经济损失45.71万元。查处交通违法行为23860起，教育处罚行人和非机动车交通违法行为212起，暂扣各类违法车辆256辆。立道路交通肇事逃逸案件2起，侦破2起，其中死亡交通肇事逃逸案件1起，侦破1起。整治乡（镇）面包车，检查1350辆次，查处交通违法行为590起。在县城重点路段中小学、幼儿园周边设护学岗2个，配备护学警力8人。查处交通违法行为10814起，教育处罚行人和非机动车交通违法行为1320起，暂扣各类违法车辆2974辆，立道路交通肇事逃逸案件2起，侦破2起。开展道路交通安全宣传教育活动17次，向过往驾驶员发放8000份道路交通安全提示卡，向群众发放宣传资料1万份，发布警示信息4000条。

【消防管理】 2016年，乐业县消防大队（简称县消防大队）认真排查整治火灾隐患、夯实消防工作基础，不断提升消防工作社会化和消防执法规范化水平，确保火灾形势和部队管理"双稳定"。开展消防"七进"宣传工作，提高群众消防安全意识。完善修订重点单位预案30份，类型预案17份，熟悉单位125家次，实战演练56次。共接警出动67次，出动消防车144辆次，消防人员705人次，抢救、疏散遇险群众317人，抢救财产价值2270376元，保护财产价值14920768元。检查单位1512家，发现火灾隐患或有违法行为场所2472处，督促整改2472处，实施行政处罚47起，临时查封24家，责令“三停”(停产或停业、停止使用、停止施工)12家,罚款29500元,拘留6人,强化乡镇专职消防队伍培训,提升乡镇火灾防控能力。落实消防安全责任制,推进消防工作社会化。目前全县已建成微型消防站50个;新建城区部分增设消火栓5具,全县市政消火栓共62个,水源覆盖率达到100%。辖区共发生火灾7起,直接经济损失122821元。

开展火灾防控专项治理等火灾隐患排查治理工作,组成12个消防安全检查组,重点对学校、医院、宾馆、酒店、网吧、超市等单位进行消防安全检查。先后15次组织警力346人(次),到乐业农贸市场、花坪镇等冲洗、清洁路面近20公里。出动消防车辆30余次,出动警力200余人次,为群众义务送水100余吨。 (罗桂勋 罗月娟)

审 判

【审判机构概况】 2016年,乐业县人民法院内设办公室、立案庭、民一庭、民二庭、刑庭、行政庭、审监庭、执行局、纪检监察室、政工科、法警大队等11个庭室科队,下辖花坪、逻西、甘田3个基层人民法庭。全院核定编制56名,其中政法专项编制53名、事业编制2名;实有干部职工55人,其中法官33人、法官助理2人、书记员11人、司法警察9人,其他工作人员1人。有女干警10人,占全院人数25.5%。

【刑事审判】 2016年,县人民法院认真贯彻“宽严相济”刑事政策,始终保持对涉毒、涉枪、涉爆等犯罪的高压严打态势。重点打击“两抢一盗”、涉及周边群体性事件等多发性犯罪,全力维护治安大局稳定;加大审理贪污、贿赂、渎职等职务犯罪案件工作力度,推动反腐败工作深入开展。全年共受理各类刑事案件207件,审结204件,判处罪犯238人,其中判处10年以上15年以下有期徒刑2人,5年以上10年以下有期徒刑5人,3年以上5年以下有期徒刑15人,3年以下有期徒刑及拘役212人。有效惩治各类犯罪分子,增强群众安全感。

【民商事审判】 2016年,县人民法院继续加强民商事审判工作,切实保障人民群众合法权益,依法促进经济平稳较快发展。坚持“调解优先、调判结合”原则,妥善化解矛盾,维护人民群众合法权益。全年共受理民商事案件1138件,审结1016件,以裁判方式结案371件,以调解结案453件,撤诉结案192件,调撤率63.5%。

【行政审判】 2016年,县人民法院坚持监督、维护、协调行政审判原则,支持行政机关依法行政,维护行政机关执法权威性;积极推行诉外沟通、庭前对话、庭中协调工作模式,尽量化解行政机关与行政管理相对人之间的矛盾纠纷,促进群众与行政机关相互理解和信任。年内共受理行政案件18件,审结14件。其中通过协调促成以行政相对人撤诉等方式结案5件。

【案件执行】 2016年,县人民法院切实加强执行工作,充分发挥联运机制和执行指挥中心各项功能,采取公布失信被执行人名单、限制高消费、限制出境等强制措施,打压失信被执行人生存空间,深入开展“春雷”涉民生案件执行大会战、执行案件“集中执行月”、凌晨“猎赖”行动等执行专项活动,破解执行难题。全年共执结218件执行案件,实际到位标的1595.8万元;执行财产保全案件10件,结案10件;共采取查控、司

图26 2016年12月21日,乐业县开展国家宪法日宣传活动

(县法院供)

法拘留等强制执行措施230多次，有效打击各类逃避、抗拒执行行为，有效解决执行难问题。为生活确有困难的申请执行人发放执行救助金20人13.9万元。

【审判监督】 2016年，县人民法院严格执行重大事项党内请示报告制度，确保党的方针政策和重大工作部署在审判机关贯彻落实，自觉接受人大及其常委会监督，适时邀请人大代表、政协委员旁听案件，现场监督执行。年内共开展公众开放日活动2次、案件阳光评议2次，执行案件阳光执行4次，邀请人大代表、政协委员及社会各界代表到法院旁听庭审、参加座谈会等120人次，加大法院工作透明度。加强和完善人民陪审员各项制度，提高人民陪审员陪审率。全年审判监督庭共受理再审2件，全部审结，结案率100%；评查刑事、民事、行政等案件405件，接待来访群众26人次，防控上访2次。

【队伍建设】 2016年，县人民法院坚持以党建带队建促审判，坚持从严教育、从严管理队伍。一是不断完善党组织建设，每个庭室实行支部化管理，通过把党旗插到审判一线，实现党的基层组织和党的工作在法院全覆盖。积极开展"两学一做""人民法官为人民"等专题教育活动；二是严格落实中央八项规定及"五个严禁"精神，组织召开专门部署党风廉政建设工作会议4次，大力开展纪律作风整顿和反腐倡廉教育活动；三是建立岗位廉政风险防控体系，实行廉政风险评估机制，实行廉政谈话，签订党风廉政建设责任状；四是加强案件内外部监督，建立随案廉政监督卡制度，对诉讼当事人进行廉政回访，筑牢廉洁司法防线，全院干警无一人有违法违纪行为。

（李秋香　杨承祖）

检　察

【检察机构概况】 2016年，乐业县人民检察院内设办公室、政工科、纪检组、反贪污贿赂局、反渎职侵权局、侦查监督科、公诉科、控告申诉检察科、民事行政检察科、职务犯罪预防局、检察技术科、法律政策研究室、人民监督员办公室、司法警察大队等14个科室局，下辖派驻甘田、花坪、逻西等3个检察室。全院核定编制40名，其中政法专项编制37名、机关后勤编制3名；配备检察长1人、副检察长2人；有在职干警38人。

【刑事检察】 2016年，县人民检察院坚持以广大群众社会安全感为导向，依法严厉打击影响社会安全稳定的严重刑事犯罪和多发性犯罪，坚持从源头上治理和打击相结合，扎实做好审查批捕、起诉工作。年内共受理公安机关提请批准逮捕案件169件209人，批准逮捕169件190人；受理审查起诉各类刑事案件195件237人，提起公诉184件223人。其中，针对严重暴力犯罪案件有所上升趋势，依法批捕起诉抢劫、强奸、故意伤害等侵犯人身权利的严重暴力犯罪案件18件30人，有力打击犯罪分子的嚣张气焰，维护社会稳定和谐发展。

【控告申诉检察】 2016年，县人民检察院创新信访工作机制，全面落实检察长接待日制度。妥善处理群众来信来访57件（次），其中控告类10件（次），举报线索8件，民事监督10件，一般信访26件。开展刑事被害人救助2件，累计发放救助金16000元。立案复查刑事申诉1件（已办结息诉），办理检察长批办案件12件，开展带案下访10件。开展"举报宣传周""三八"妇女维权咨询等法治宣传活动，累计提供法律咨询500余次，有效引导群众正确行使举报权力和依法依规表达诉求，实现了"零"越级上访案件。

【民事行政检察】 2016年，县人民检察院根据上级检察机关的统一部署和要求，按照"提抗息诉并举，监督服务双行"原则，综合运用抗诉、检察建议等方式，统筹推进生效裁判监督、审判程序监督和执行活动监督。年内共受理民事行政监督案件10件10人，其中提请抗诉案件1件1人，发出检察建议9件9人，达到自治区检察院要求各基层院必须消灭民行案件办理空白点的要求。及时做好息诉服判工作，维护司法权威和社会和谐。

【反贪污贿赂】 2016年，县人民检察院反贪污贿赂局重点查办发生在群众身边的"四风"和腐败问题，特别是重点加强惩治和预防惠农扶贫领域职务犯罪专项工作力度，共立案查处贪污贿赂案件4件7人，切实维护人民群众合法权益。

【反渎职侵权】 2016年,县人民检察院反渎职侵权局充分发挥上下联动办案机制,坚持贪渎并查模式,大力深挖窝案串案。共查办渎职案件3件3人,为国家和集体挽回直接经济损失100余万元。

【预防职务犯罪】 2016年,县人民检察院坚持惩治与预防并重,进一步完善侦防一体化机制,深化预防调查、检察建议、犯罪分析、警示宣传教育、行贿犯罪档案查询工作。共完成预防调查报告12件、检察建议9件、职务犯罪分析13件,警示宣传教育6次、行贿犯罪档案查询557次。通过预防发生在群众身边、损害群众利益的职务犯罪问题,有效推动惩防腐败体系建设,促进干部清正、政府清廉、政治清明,营造和谐稳定的社会环境。

【检察技术】 2016年,县人民检察院检察技术科以深化检察技术应用为核心,不断提升新形势下检察技术工作服务检察执法办案的能力和水平。全年共受理办结各类技术案件40件,其中技术协助案件18件,技术性证据审查案件22件。

【案件管理】 2016年,案件管理办公室严格依照案件管理职责,认真开展“监督、管理、服务、参谋”职能工作,不断提高工作质量和服务水平,进一步提升检察机关司法公信力和群众满意度。全年统一受理接收提请逮捕案件179件208人,移送公安提请逮捕案件182件214人,接收审查起诉223件255人,移送法院起诉187件229人;统一受理法律文书440份,统一监管和移送法律文书470份,接收律师阅卷37次。

【队伍建设】 2016年,县人民检察院紧紧围绕县委和全县工作大局,深化“两学一做”学习教育,不断强化法律监督、强化自身监督、强化队伍建设,各项检察工作取得新进展。先后被授予自治区第十六批“文明单位”、自治区级检察机关“文明接待室”“妇女儿童维权岗”等多项荣誉称号。 (黄 冰)

司法行政

【司法机构概况】 2016年,乐业县司法局内设办公室、法制宣传股、公证律师管理股、基层工作股、矫正帮教工作股、计划财务装备股、政工股等7个职能股室。下辖县法律援助中心(“12348”法律服务热线中心)和同乐、甘田、新化、逻沙、花坪、雅长、幼平、逻西等8个乡镇司法所。管辖乐凯律师事务所和法律服务所。全局核定编制36名,其中中央政法专项编制31名,事业编制5名。在职干部职工34人,具有大学专科以上学历22人,占总人数的66.7%。年内县司法局荣获自治区人社厅、司法厅联合授予集体“二等功”荣誉称号。

【法制宣传教育】 2016年,县司法局认真做好法制宣传教育工作。联合依法治县各成员单位开展日常性法制宣传教育。开展“三八”妇女节、“3·15”消费者权益保护日、“6·26”禁毒日等系列宣传活动。开展以“大力弘扬法治精神,协调推进4个全面战略布局”的“12·4”国家宪法日暨全国法制宣传日宣传教育活动,参加宣传普法成员单位30个,接受法律咨询150人次,发放各种宣传资料6300份、宣传单6100余册。继续抓好“法律六进”各项工作。巩固法治创建工作成果,推动“法治乐业”创建工作深入开展。按计划开展全县普法骨干、普法联络员培训工作和村级普法培训2期。

【人民调解】 2016年,县司法局积极开展人民调解工作,促进社会和谐稳定。坚持开展矛盾纠纷排查调处,共排查矛盾纠纷1419件,调解1419件,调解率100%;调解成功1376件,调解成功率96.9%。推进县、乡、村三级人民调解委员会规范化建设工作,加强人民调解案件材料归档。按照百色市司法局人民调解案件质量评查工作要求,基层股对各人民调解委员会调解的案件质量进行检查,根据回访和检查,8个乡(镇)案件质量全部合格,所有案件全部归档。认真做好基层法律服务管理。完成法律服务所、法律工作者年审工作,法律服务所和21个法律工作者全部通过年检。完成一村一法律顾问挂村工作。21个法律工作者按照部署全部挂到村(社区)开展法律顾问,完成19个村(社区)一村一法律顾问工作。深入村级开展2期人民调解员培训班,村干部和村民小组组长、法律联络员、党员、群众代表等共约438人参加培训。向受训人员发放《以案说法》《农村矛盾纠纷解答》《公证服务指南》《法律援助指南》等书籍2000余册。

【社区矫正和安置帮教】 2016年，县司法局认真做好社区矫正和安置帮教工作。调整充实县社区矫正工作领导小组，召开社区矫正、安置帮教工作领导小组会议并部署工作，确保社区矫正、安置帮教工作落到实处。组织矫正工作人员深入同乐、逻西、花坪、雅长、逻沙等司法所，对辖区内社区服刑对象进行法律法规教育培训。全县累计接收社区服刑人员468人，年内新接收社区服刑人员146人；累计解除社区服刑人员264人，在册服刑204人。接收刑释人员154人，安置率98%，帮教率100%。刑满释放人员重新违法犯罪率控制在3%以内。

【公证服务】 2016年，县司法局公证处切实做好公政服务工作。充分发挥公证机关在预防纠纷，减少诉讼，稳定社会经济、民事秩序，保护公民、法人合法权益等方面的职能作用。着力加强公证处规范化建设，投资8000余元，购买了扫描仪和指纹、身份证识别仪，为办理公证业务提高效率。

全年共受理各类公证事项61件，出证61件。其中，民事公证60件，经济公证1件，公证社会效益涉及金额111.91万元。公证业务收费19080元。提供公证法律援助18件，接待群众来访249人次。

【法律援助】 2016年，县司法局积极做好法律援助工作。共办理法律援助案件79件，援助主要对象为农民工、妇女、未成年人等，涉及请求给付赡养费、抚养费、交通事故、离婚等法律问题。通过援助中心和乡(镇)法律援助工作站及"12348"法律咨询热线，加强法律援助宣传工作，为群众答疑解难，共接受来电法律咨询120余次。为黄某某代理交通事故赔偿案，通过法律援助，得到23万多元的经济赔偿。

【精准扶贫】 2016年，县司法局积极开展挂点扶贫工作。挂点帮扶新化镇皈里村，该村有63户贫困户，派出帮扶干部14人，对贫困户进行对口帮扶，积极为贫困户联系办理小额信贷、发展产业、增加收入。扎实开展2015年12户贫困退出户和2016年4户脱贫户的帮扶工作，顺利通过自治区检查验收。 (申栋宇)

人民武装

【人民武装概况】 2016年，乐业县人民武装部(简称县人武部)内设军事科、政工科、后勤科。县人武部积极开展"两学一做"教育活动，转变作风，扎实推进各项工作落实。年内县民兵武器装备仓库被百色军分区评为先进单位，县人武部荣获自治区"卫生先进单位"称号。

【思想政治教育】 2016年，县人武部深入学习贯彻十八大和十八大五中、六中全会，以及习近平系列重要讲话精神，坚持用强军目标凝聚意志力量，牢牢把握干部职工和民兵预备役人员思想建设，确保人武部人员思想纯洁稳定。认真开展"两学一做"教育实践活动，在着力解决领导班子和党员干部在"四风"方面存在的突出问题。在认真进行思想发动的基础上积极听取意见，查摆问题，抓好整改落实、建章立制。围绕党在新形势下强军目标，按照"三个贯穿始终，一个确保"和"五个进一步"的相关要求，以为民务实清廉为主题，全面深入查找问题，深刻反思剖析问题，从严从紧解决问题。通过教育实践活动，达到思想认识有明显提高，工作作风有明显转变，从思想上、组织上、作风上为推进强军实线和建设全新的人武部提供坚强保证。县人武部干部职工通过视频辅导形式先后对《领导干部要努力掌握马克思主义哲学看家本领》《全面学习习主席关于国防和军队建设论述》等内容的学习教育，围绕如何加强人武部作风建设，如何加强民兵预备役建设进行讨论交流，增强学习成果的转化。

【民兵整组】 3月11日，召开全县民兵整组工作会议，联系武装工作县领导，县人武部全体干部、乡(镇)武装部部长和国防动员委员会成员单位负责人50人参加会议，会议传达学习上级关于民兵整组工作精神。重点开展调查准备、组织实施、总结点验3个阶段。4月17日，百色军分区点验乐业县民兵应急分队，人员到位率98%。

【军事训练】 2016年，县人武部重点抓好民兵军事训练和人武干部军事训练工作。认真开展民兵军事训练，3月24日至4月4日，组织开展民兵应急分队军事训练，

图 27　乐业县 2016 年新兵入伍欢送仪式

（王田光摄　2016 年 9 月 9 日）

实行集中训练、统一管理、按建制编班编排施训。6 月 9 日—18 日，组织民兵应急分队骨干和专武干部集训。组织参训人员进行徒步行军拉练 20 公里。通过对理论辅导、战备拉动、基本队列动作、轻武器操作与使用、综合技能等重点训练，提高民兵整体应急水平。抓好干部军事训练，年内县人武部采取集中训练和个人自训相结合的方式组织干部军事训练，每月集中不少于 4 天时间，重点训练业务基础、战术业务等内容。1 月 2 日、2 月 27 日、3 月 27 日，县人武部干部职工分别负重徒步行军拉练，行军里程在 15 公里以上。7 月 30 日—31 日，组织 3 名人武干部参加百色军分区首长机关军事考核大打排名竞赛，2 人个人总分排在前 10 名，单位(团体)总分成绩列第 5 名。

【征兵工作】 2016 年，县人武部积极做好年度征兵工作。7 月 7 日，召开全县征兵工作会议，安排部署征兵工作。7 月 11 日—30 日，开展宣传发动。8 月 1 日—10 日，进行网上报名。8 月 11 日—25 日，组织初检初审、总检总审、复检。9 月 1 日，召开定名工作会议。征兵期间，县乡两级征兵办广泛进行宣传发动，营造参军报国的浓厚氛围，采取逐级推荐、集中审定办法从严审批定兵、好中选优，保证新兵质量，圆满完成上级赋予乐业县新兵征集任务。

【后勤战备保障】 2016 年，县人武部认真抓好财务大检查迎检工作，战备库室建设达标。投入 17 万元对民兵应急分队进行统一换装，购买棉被床单、头盔警棍等装备；投入 25 万元在营院机关设立防护隔离栏、安设电动门、拒马等安保防暴设施。（王田光）

人民防空

【防空机构概况】 乐业县人民防空工作机构既是县人民政府负责人民防空的行政管理部门，也是县国防动员委员会常设办事机构，即乐业县人民防空办公室、乐业县国防动员委员会人民防空办公室(简称县人防办)。县人防办属正科级单位。2016 年，核定行政编制 1 名，机关后勤服务编制 1 名，设主任 1 名。

【指挥与通信警报】 2016 年，县人防办切实做好指挥与通信警报建设。在全县 3 所初级中学共 32 个班开设人防知识课，受教育的初中学生 1600 多人。9 月 18 日，组织开展防空警报试鸣及人员疏散演练活动，防空警报试鸣鸣响率达到 100%，组织 6000 多人进行疏散演练活动。

【人防易地建设费征缴】 2016 年，县人防办通过开展人防行政执法和易地建设费收缴情况进行执法检查，开工新建防空地下室，依法征收人防易地建设费 153 万元。

（张洪滔）

农业·水利

◎编辑　潘盈雪

农业

【农业概况】 2016年，乐业县围绕“产业强县”战略目标，持续稳定粮食生产，不断做强做大刺梨、猕猴桃等特色产业，扩大发展规模。至年底全县共有2家省级龙头企业、8家市级龙头企业，获得“全国重点产茶县”“全国有机农业示范基地”称号，全县农业产值实现11.74亿元，比上年增长3.81%。

【粮食生产和示范建设】 2016年，乐业县大力推广良种良法，引进适宜乐业当地生产品种8个，整建制推进粮食高产创建工程，全县共完成粮食种植面积17.80万亩，完成年度计划种植任务的100%。其中，种植水稻5.20万亩、玉米11万亩，其他粮食作物1.60万亩。粮食总产量达5.28万吨。在全县各村遴选176户有文化、懂科学、热心农业科技示范推广，交通便利的水稻、玉米、茶叶、水果生产大户培育为科技示范户，做好农业科技示范户的指导培训工作，每个示范户辐射带动15户以上农户。定点落实3个县级和3个乡镇级农业科技试验示范基地建设。

【特色种植】 2016年，乐业县共完成新种刺梨15200亩、猕猴桃8118亩、砂糖橘2000亩。其中在同乐、甘田、逻沙、幼平、逻西、花坪等乡镇完成刺梨种植15200亩，在新化、幼平、同乐3个乡镇完成砂糖橘种植2000亩，在甘田、同乐、逻沙、花坪、逻西完成猕猴桃种植8118亩。抓好全县已种45000余亩和进入采收的15000余亩猕猴桃，砂糖橘果园冬季水肥管理、整形修剪、冬季清园等技术指导培训，为全县猕猴桃、砂糖橘转变生产方式，提高管理质量提供技术支持。

【有机农业】 2016年，乐业县积极抓好有机农业发展工作。乐业县张家湾红心猕猴桃产销合作社960亩基地获得方圆标志认证集团有限公司(CQM)有机转换产品认证。完成猕猴桃和樱桃产品的持续认证工作。乐家家特色农产品开发有限公司、乐业百农原生态食品开发有限公司和乐业县金泉茶业有限公司获得北京中绿华夏有机食品认证中心的有机产品再认证。乐业县茂田农业科技有限公司的逻西乡有机产品野生采集基地获得北京五岳华夏管理技术中心(CMC)的有机产品认证，产品包括八角、山药、板蓝根、何首乌、竹笋和姜黄等6大类产品，野生采集基地总面积5000公顷，年产量达5050吨。乐业华东投资有限公司的有机牧草、有机玉米和有机大豆获得北京中绿华夏有机食品认证中心(COFCC)有机转换产品认证证书，有机肉牛也完成现场检查工作。

按照“抓基地、建体系、创品牌、促发展”工作思路，全面提升茶叶产业发展水平。先后组织多家茶企和合作社参加广西春茶交易会和首次中国(北京)国际茶业和茶艺博览会。乐碧园茶业有限公司产品参加2016年凌云县清明茶市交易会荣获金奖称号，有效提升乐业茶叶品质的知名度。2016年，全县有茶园面积10.86万亩，总产干茶6400吨，茶叶总产值3.16亿元。年内完成秋冬种开发14万亩，其中油菜完成播种6万亩，油菜籽产量达3000余吨。

【农产品质量管理】 2016年，乐业县采用分片管理、不定时抽检等方式，完成全县蔬菜水果农药残留检测1668例，合格1666例，合格率99.9%。县农业局配合执法大队对全县范围内206个农资经营摊点进行全面拉网式检查，未发现甲胺磷等5种高毒农药在市场上销售。与县城10家农资批发商签订经营农药目标责任书，杜绝高毒农药在蔬菜上使用，确保广大人民食品安全。年内辖区内未发生农产品质量安全事故。

【农业执法监管】 2016年，县农业局通过强化业务培训、严格农资市场准入关、规范农资生产经营行为。通过开通投诉举报电话等方式，加强农业执法力度，对农资生产、经营业务和其产品全部进行备案登记。年内共开展专项整治活动2次、大型宣传活动3次，出动执法人员522人次，检查经营门店236个次，立案查处农资违法案件6起。

【土地确权登记】 2016年，县农业局认真做好农村土地承包经营权确权登记工作。开展逻西、幼平两个乡镇农村土地承包经营权确权登记颁证试点工作。6月14日完成两个乡镇的土地确权登记颁证航拍招投标，6月29日完成颁证航拍工作。两个乡镇测绘面积达930公顷，涉及24个村、270个村民小组，涉及8334户农户承包地块指认勾图工作，耕地面积达8万多亩。

【农业科技】 2016年，县农业局实施新品种试验示范推广工作。在上岗建立1个富硒猕猴桃品种筛选试验，参试品种2个；建立不同浓度富硒猕猴桃、富硒大米、富硒有机大米和不同施肥方法有机富硒茶试验各1个。红阳猕猴桃进行含硒肥料效应试验后，采集作物样品送自治区土壤肥料测试中心进行检测，硒含量成倍提高。做好农业技术推广工作，2016年围绕特色主导产业，以“三避技术”“三品一标”、生态种养综合配套技术、测土配方施肥技术、特色种植高产栽培技术和病虫防控技术为重点，大力推广现代农业科技知识及实用、绿色、环保、生态农业标准化生产技术。年内，全县“三避技术”12万亩，推广实施测土配方施肥25万亩。其中粮食作物12.8万亩、经济作物6.7万亩、园艺作物5.5万亩。加强农业技术培训，依托“广西农业综合开发与利用”“基层农技推广体系建设”“农村中等专业技术人才培养”等项目，围绕超级稻栽培、蔬菜无公害病虫害综合防治、砂糖橘高产栽培、茶叶生产等内容。采取邀请专家举办科普宣传和农业技术讲座、现场培训、农广校系统培训等方式，共举办12期讲座、156期培训班，培训1.4万人次，咨询群众3万人次，发放各种技术资料4万余份。

【农业植保】 2016年，县农业局加强农业植保工作。推广病虫害绿色防控技术，县病虫监测站在水果、水稻等农作物上推广应用频振式杀虫灯、诱蛾器、实蝇诱捕器、黄色诱虫板等绿色防控技术，推广应用达3万余亩。在全县8个乡镇举办12期培训班，培训农户1500余人次，发放资料5000余份。做好农作物病虫害综合防治指导，累计发报病虫害预报16期。其中，长期预报2期，中期测报1期，短期预报12期，急报1期，准确率达95%。印发病虫防治资料3500余份，指导粮食防治面积达23万多亩次，挽回粮食损失2101万公斤。（王水保）

农村经济管理

【土地承包管理】 2016年，乐业县农村经济管理站认真开展农村土地承包管理。一是做好土地承包及流转情况调查统计工作，年内全县农户家庭承包土地流转面积28310亩，占家庭承包耕地总面积的30%，涉及农户2971户，占农户总数的7.5%。流转方式有出租、转包、转让等，其中以出租流转方式为主，出租面积23348亩，占总流转面积的82.4%。二是做好农村土地承包经营权确权登记工作，在完成新镇、花坪乡、甘田镇土地承包经营权确权登记的基础上，2016年实施幼平乡、逻西乡两个乡镇的土地承包经营权确权登记工作。到年底经区、市绩效考评组对乐业农村土地确权工作检查，达到可发证率63.2%。三是开展土地承包经营纠纷仲裁基础设施建设项目申报工作。解决乐业县农村土地承包经营纠纷仲裁委员会日常仲裁办公场所，满足案件调解与仲裁需要。

【农民负担监督】 2016年，乐业县农村经济管理站积极做好农民负担监督工作。一是不定期组织干部深入村屯明察暗访，检查各种政策落实情况，发现问题及时纠正。二是按时完成农民负担情况半年报和年报的统计工作，向各乡镇及相关部门下发《关于深入开展涉农乱收费专项治理工作通知》，出现问题及时纠正，坚决遏制农民负担“反弹”，切实维护农民群众合法权益。

【农民专业合作经济组织】 2016年，乐业县农村经济管理站认真做好农民专业合作经济组织建设工作。一是大力宣传《中华人民共和国农民专业合作社法》，引导农业大户和农村能人，积极兴办各类农民专业合作经济组织。年内全县新增农民专业合作社70个。二是做好板洪有机猕猴桃种植专业合作社等7个合作社申报市级示范社工作。通过评选顺利获得市级示范社。三是做好张家湾红心猕猴桃合作社等3个示范社监测指导、材料审核上报工作。四是做好农民专业合作组织和家庭农场能力建设补助实施工作，对符合条件的合作社和家庭农场进行统计、汇总、审核。通过对农民专业合作组织和家庭农场能力补助政策实施，充分调动农民创办新型经营体制的积极性，促进新型经营体制的规范化建设，促进农业的规模化、产业化和集约化，提高产业化经营水平。推进全县农村经济发展。

【农业产业化】 2016年，县农业局认真做好广西乐业华东投资有限公司，申报市级农业产业化重点龙头企业材料的审核等工作，成功获得认证。充分发挥龙头企业带动产业发展的主要作用，一是开展对乡镇农经统计人员的系统培训，全面提高统计工作人员的业务素质，保证农经统计数据的真实、及时、有效，提高统计质量。二是完成全县农村经济经营管理情况统计报表、统计资料的汇总上报、分析工作。三是全面完成2015年全县农经统计资料整理归档工作。四是做好季度农村经营管理季度报表统计填报工作。（潘秀娟）

烤烟生产

【烤烟机构概况】 2016年，乐业县烤烟生产管理办公室核定编制10人，实有工作人员5人。其中主任1名、副主任1名，有助理工程师1名。

【优惠政策】 2016年，乐业县继续执行烟叶税返还乡镇政策，鼓励发展烤烟生产。实行烤烟生产扶持政策，一是鼓励烟农用煤烘烤烟叶，按实际用煤量每吨给予补助150元，补助经费从烟叶税收款结余部分支付。二是继续执行烟叶生产参加农业保险，每亩投保80元，保险金额1000元，保费由区财政厅负担30%、烟草部门负担55%，县财政负担10%，烟农负担5%。烟农投保部分继续由烟办代缴，全年保险赔付烟农因灾损失48.6万元。三是县烟草部门继续执行烟叶收购价外补贴。四是实行种烟补助政策，种植烤烟35亩以上，单产2.6担以上由烟草部门按150元/亩进行补贴。五是实行异地烘烤补贴，凡到异地进行烟叶烘烤的烟农，按照10公里以上距离，补贴20元/担(50公斤)；实行农田深翻冬晒的，每亩补贴机耕费100元。

【科技推广】 2016年，县烤烟生产管理办公室积极做好烟叶生产的科技推广工作，全面提高全县烟叶生产综合能力和抗御自然灾害能力。继续发挥育苗专业户模式管理，保障烟苗质量关。落实大田冬翻，增施生石灰，改良土壤结构，狠抓起大垄，规范移栽标准化，强化田间管理，确保烟叶成功率。推广应用梳式烟荚进行烘烤，减少烟农装烟成本。重视新品种的引进和筛选，适当推广云烟202，示范贵烟201、云烟99等品种。开展提质增香试验，由合作社与深圳易达公司合作，推广使用“金叶香”“肥万钾”等生物制剂，调节烟株营养抗性、增加烟叶钾含量、提高烟叶香气量，推广使用“缉毒”新药，提高烟叶抗花叶病。

【自然灾害】 2016年，乐业县烤烟生产仍然受到自然灾害的侵袭，年内全县种植烟叶2911亩，受雹灾和病灾1380.1亩，占种植面积47.4%，损失烟叶1847.6担(92380公斤)。虽然北部湾保险予以每亩1000元的保险赔付，但烟农收入仍减少。

【经济效益】 2016年，乐业县有2个乡(镇)、10个村、37个自然屯共272户烟农种烟，主要分布在连篆、仁里、皈里、谐里、百泥、中合、磨里、伶弄、百中、幼里等10个。全县计划种植4000亩烟叶，实际落实面积2911亩，比上年减少257亩；收购烟叶5708担，实际交售烟叶比上年增加914担，增长19.1%；烟农售烟收入662.8万元，比上年增加151.55万元，增长29.64%；烟叶均价22.06元/公斤，上等烟比例54.58%（全市最高），创烟叶税138.5万元，种烟大户效益非常明显。（何茂贤）

水果生产

【水果生产机构概况】 2016年，乐业县水果生产技术指导站(简称县水果站)属县农业局管理副科级事业单位，全站核定编制3名，实际在编3人，其中站长1名、副站长1名。

【水果生产】 2016年，乐业县种植水果总面积7.48万亩，水果总产量0.85万吨，分别比上年增长22.09%和0.09%。年内全县完成水果新种面积13410亩，完成计划任务6000亩的224%。果园面积扩大到7.48万亩，比上年增长22.09%。其中，投产面积1.72万亩，比上年投产面积增长17.70%。年内全县水果总产量0.85万吨，实现水果总产值5457万元。在幼平乡上里和新化镇谐里完成2个水果苗圃建设，共培育猕猴桃、桃形李、砂糖橘、板栗、核桃等果苗300多万株。完成对全县猕猴桃嫁接

表 2　　2016 年乐业县水果生产情况一览表

品种	果园面积（亩）	比上年增减(%)	果园投产面积（亩）	比上年增减(%)	水果产量（吨）	比上年增减(%)	水果产值（万元）	比上年增减(%)	单产（公斤 / 亩）
合　计	74815	22.09	17266	17.70	8651	0.09	5457.28	48.93	501.04
柑橘	28511	20.80	5198	-0.29	4086	0.11	1630.36	19.68	786.07
其中:柑	28241	21.83	5105	0.00	3985	0.11	1594	19.67	780.61
柚类	270	0.00	93	0.00	101	0.19	36.36	20.24	1086.02
沙田柚	0	-100.00	0	-100.00	0	-1.00	0	0.00	0.00
蕉类	0	-100.00	0	-100.00	0	-1.00	0	-100.00	0.00
芒果	2784	33.59	29	0.00	20	0.18	10	0.00	689.66
梨	2760	0.00	841	10.37	307	0.10	110.52	18.27	365.04
柿	275	0.00	275	0.00	99	0.00	19.8	0.00	360.00
李	5726	72.16	1977	0.00	816	0.07	244.8	17.92	412.75
桃	17710	2.91	3659	0.00	1622	0.14	567.7	26.23	443.29
猕猴桃	15394	50.27	4000	166.67	985	-0.06	2561	113.42	246.25
葡萄	170	0.00	140	100.00	140	100.00	70	100.00	1000.00
其他水果	760	0.00	660	0.00	254	0.00	114.3	0.00	384.85
百香果	15	100.00	15	100.00	30	100.00	7.2	100.00	2000.00

低产改造 20 余万株，为全县猕猴桃挂果丰产打好基础。

【水果示范种植】 2016 年，县农业局成立砂糖橘生产办公室，水果站成立猕猴桃工作组，对种植大片区示范点安排技术人员定点指导，确保种植和管护质量。通过加强培训，筛选出种植热情高、管护工作效果好的果农和种植大户为农民土专家，重点培训管理技术及嫁接、人工授粉等常用技术。推行“企业 + 农户、合作社 + 农户、大户 + 农户”水果种植模式，全县示范园建设稳步推进，猕猴桃产业得到较快发展，全县 1000 亩以上猕猴桃示范园 4 个、500 亩以上示范园 5 个、100 亩以上 36 个，全县猕猴桃标准化种植水平显著提高。通过自治区科技厅申报乐业“红心猕猴桃”和“乐金猕猴桃”2 个猕猴桃品种，两个品种都在 2012 年获得自治区科技进步奖。雅长乡芒果连片面积 700 亩，全县芒果面积达 2784 亩。

年内成功申报“乐业红心猕猴桃”地理标志，为做强做大猕猴桃产业打好基础。

【特色水果生产】 乐业县位于广西西北部，毗邻云贵高原东南麓，属低纬度、高海拔山区县份，年均气温 16.3℃，年降雨量 1100~1500 毫米，适宜发展种植猕猴桃、薄壳核桃、柑橘等特色优质水果。2016 年乐业县主要特色水果有核桃、猕猴桃、柑橘、板栗等。

【技术推广和品牌申报】 2016 年，县水果生产技术指导站协同发改、基层办、扶贫、妇联等部门加强水果栽培技术推广。针对成花、坐果、病虫防治等问题，举办技术培训 54 期，培训 6000 余人次。重点抓好水果种植管理技术、水果采后处理和冷贮藏技术、集成水肥一体化技术、“三避”技术、低产果林改造技术、病虫害综合防治技术等示范推广。年内，成功完成“乐业猕猴桃”地理标志申报工作。继续对“薄壳核桃”“刺梨”2 个地理标志开展申报工作。

【水果销售】 2016 年，乐业县猕猴桃投产面积 4000 亩，产量 2000 多吨，总产值 6000 多万元。开展第一届乐业猕猴桃采摘上市仪式和乐业果王评比活动，通过淘宝、阿里巴巴、微商等多种形式搭建水果销售平台，提高乐业猕猴桃声誉，猕猴桃销售情况良好，销售价格和销售量为历年最好。

（韦宇晗）

水产畜牧兽医

【水产畜牧兽医机构及工作概况】2016年，乐业县水产畜牧兽医局下设办公室、兽医医政药政股、渔政渔港监督管理站、水产技术推广站、畜牧技术推广站、动物疫病预防控制中心、动物卫生监督所、畜禽品种改良站、畜禽屠宰管理办公室和8个乡（镇）水产畜牧兽医站。全局核定编制55名，实际有干部职工53人，设局长1名、副局长2名，有中级职称技术人员8名、初级职称技术人员8名；高级工2名、中级工4名、初级工人1名。年内全县肉类总产量达2.36万吨，水产品产量达2.2万吨，渔牧业总产值达9.7亿元。水产畜牧业增加农民人均纯收入3034元。

【畜牧生产】2016年，乐业县充分利用山地地势，大力发展林下养殖，完成林下养鸡出栏量210万羽；完成新建年出栏万羽以上规模养鸡场20个。结合乐业地势、气候、环境等资源，编制《乐业县进一步加快牛羊产业发展实施方案》，发展壮大草食动物养殖。全年累计出栏肉羊6.99万只，出栏肉牛1.55万头；新增10头以上养牛规模户20户，新增500头以上规模养羊小区9个。发展规模化生猪养殖，对能繁母猪实行保险，对生猪标准化规模养猪场建设项目给予补贴，认真抓好规模猪场养殖与示范带动，累计完成出栏肉猪19.56万头。完成2016年退耕还林后续产业扶持项目、2015年石漠化综合治理建设项目建设，并通过县级验收。获得南方现代草地畜牧业推进行动项目。实施大水面网箱生态养殖项目。全县引进优良种公羊15只，杂交配种2945只，种公羊存栏1092只。引进外地优良种母猪7430头，能繁母猪存栏18655头，其中二元杂母猪6900头，优良种公猪存栏118头。全年牛杂交改良736头，其中牛人工授精576头。

【水产渔政】2016年，县畜牧水产兽医局认真抓好水产渔政工作。突出抓好生态渔业、高效渔业、品牌渔业三大重点，加快构建“优而特、大而强”现代淡水渔业新格局。全县有池塘、山塘养殖1000余箱，开发稻田水产养殖100亩，网箱养殖1.77万箱。充分利用库区、库汊养鱼，继续免费提供“乐盘鲜”鱼产品商标给合作社和养殖户使用，打造品牌效应，推动全县经济发展。结合百色市地方标准《鳙鱼生态健康养殖技术规程》，大力发展生态健康养殖。

认真履行渔业执法及安全生产管理职责，加大渔业执法检查力度，出动执法人员100余人次，对全县水域进行全面检查。加大渔业安全生产监管力度，认真开展隐患排查、巡查、违法违规查处、水产交通安全整治、渔船管理等监管工作。开展渔船基本数据普查、渔船安全风险隐患排查与整治、渔船船用产品质量监督整治，全县共有343艘渔业船舶接受年度检验及检验执法监督检查。加强渔船集中地区和网箱养殖区的安全生产监督检查，严禁渔船违规载客和违反技术规程操作。年内全县无渔业安全生产事故发生。

【动物防疫】2016年，县畜牧水产兽医局认真做好动物防疫工作。全年共投入动物防疫经费92万元，用于免疫注射、疫苗保管、运输，应急物资储备、免疫副反应死亡畜禽补助经费、村防疫员培训费、村防疫员免疫注射费补助等。全年累计注射猪口蹄疫疫苗28万头，猪瘟疫苗28万头，猪蓝耳病疫苗28万头；注射牛双价口蹄疫疫苗4.3万头（次）、山羊口蹄疫疫苗10.5万只、山羊痘疫苗1.5万只、山羊小反刍兽疫疫苗7.08万只、禽流感疫苗252万羽、鸡新城疫疫苗191万羽；注射牲畜炭疽病疫苗0.02万头（匹）、狂犬病疫苗1万只。经免疫过的畜禽按规定佩戴标识和做好免疫档案登记。

【动物卫生监督】2016年，县畜牧水产兽医局加强动物卫生监督执法工作。全年共办结违法案件13起，其中动物卫生案件10起、兽药案件2起、饲料案件1起。继续开展畜禽、水产品质量安全监督检查，确保食品安全工作长效机制有效运行。年内共完成“瘦肉精”抽检210份猪尿、肉制品20份、水产品20份检测，检测结果均呈阴性，合格率100%。

【农民科技培训】2016年，县畜牧水产兽医局共组织开展水产畜牧科技培训班21期，培训养殖群众2115人（次）。使群众在养殖观念、养殖规模、养殖品种、养殖方式上得到转变，涌现一批养殖标兵、养殖大户，带动和辐射其他群众发展养殖致富。（唐晓薇）

农业机械化管理

【农机机构及工作概况】乐业县农业机械化管理局下辖县农机安全监理站、农机技术推广站、农机化技术学校3个二层机构,在职干部职工17人。2016年,县农机局以建设现代农业,推进新农村建设为工作重点,深入开展农机技术推广、农机购置补贴、农机监理、农机安全生产、农机打假护农、农机社会化服务工作。全县农机装备结构进一步优化,农机化促进农民增收效果显著;农机作业持证率逐年提高,农机监理超额完成指标任务,农机责任事故为零。

【农机作业】2016年,县农机局认真做好农机作业服务工作。年内先后4次派出农机技术维修小组深入田间地头为农民检查调试和维修农业机械213台次,提供农机技术咨询服务234人次,有效确保投入农业生产各类农业机械的正常运转。全年全县水稻机耕面积3201公顷,机械收割面积1939公顷,机插面积193公顷。

【农机推广与供应】2016年,县农机局积极引进适合山区作业的中小型农业机械,全面提高乐业县农业机械化水平。年内全县新增联合收割机10台,新增各类农机具375台。

【农机技术培训】2016年,县农机局积极开展农机技术培训工作。9月2日在新化镇磨里村举办2016年党员农机手实用技术培训班,共培训农村党员农机手68人。通过培训,正确引导农民应用先进适用的农机化新技术、新机具,提高农机手的操作技术水平。全年培训拖拉机驾驶员50人,培训收割机技术员10人;培训乡镇县级农机管理人员8人,农机技术培训210人。认真开展农机监理,全县拖拉机年检150台,全年全县没有发生农机安全生产死亡事故。

【农机购置补贴】2016年,县农机局认真实施农机购置补贴惠民工程。年度全县第一批购机补贴资金85万元,其中中央财政农机购置补贴资金80万元、自治区财政补贴资金5万元。年内完成中央农机购置补贴资金77.82万元、自治区财政补贴资金2.2万元,补贴机具375台(套),受益农机户843户。

【农机安全监管】2016年,县农机局认真做好农机安全监管工作。一是抓农机年检。百色市局下达全县农机年检任务242台,共完成150台农机年检,全县没有农机安全事故发生。其次是抓路查除隐患。做到对重点路段、重点车辆、重点人员的盯防监控。加大重大节假日的农机安全监管,通过各种宣传方式加大对农机安全知识的宣传,让农机安全知识进万家,营造人人参与农机安全宣传的氛围。加大乡村道路的隐患排查和农机安全监控。（黄　猛）

林　业

【林业机构概况】2016年,乐业县林业局内设办公室、计划财物股、法制股(林权调处办公室)、县绿化委员会办公室等4个股室。下辖县森林公安局(含同场林场派出所)、林业技术推广站、林政资源管理办公室、农村能源办公室、森林病虫害防治检疫站、森林防火指挥部办公室、退耕还林(草)工程管理中心、林权管理服务中心、乐翁木材检查站、甘田木材检查站、逻西木材检查站等11个二层单位。全县8个乡(镇)共建有瞭望台7座,有2个国营林场(县直同乐林场和区直雅长林场)、1个森工企业。全县林业系统从业人员245人,其中行政管理人员28人,在职事业编制人员205人,企业从业人员12人。年内全县实现林业生产总值19.05亿元。

【林业生产】2016年,乐业县土地总面积263784.4公顷(含雅长林区),其中林业用地面积235794.7公顷,非林业用地面积27989.7公顷。全县森林面积205277.0公顷,其中有林地188036.6公顷,灌木林地16092.0公顷,农地乔木林地517.0公顷,农地经济林525.9公顷,四旁树绿化面积105.5公顷。年内全县森林覆盖率77.82%,森林活立木蓄积量1311.5万立方米。木材采伐量72462立方米,竹材76万根,核桃158吨,板栗2088吨,八角2853吨,油茶籽1138吨,油桐籽1085吨。

【植树造林】2016年,乐业县共完成植树造林5.45万亩(含封山育林1.05万亩);完成林木育苗450亩,产苗木1000万株。年内,发动全县各部门、各单位干部职工及群众完成义务植树 50 万株。

【林业项目建设】 2016 年，县林业局认真抓好林业项目建设。完成 2015—2016 年 65 个“生态乡村”建设村屯绿化示范点和 550 个面上点种植任务，完成投资 450 万元。完成珠江防护林工程人工造林 1.5 万亩，总投资 506 万元。完成油茶新造林 0.4 万亩，低产林改造 0.9 万亩，总投资 204 万元。完成“优果工程”核桃种植 0.35 万亩。完成石漠化综合治理工程人工造林 0.13 万亩、封山育林 1.05 万亩，总投资 31 万元。完成 2014 年和 2015 年新一轮退耕还林 1.4 万亩的地类核实及检查验收工作，兑现补助资金 1240 万元。完成巩固退耕还林成果后续产业造林 0.3 万亩，补植补造 0.14 万亩，兑现补助资金 131 万元。完成森林抚育割灌除草 5.8 万亩，总投资 500 万元。建设完成巩固退耕还林成果太阳能热水器 400 座。

【森林防火】 2016 年，县林业局切实抓好森林防火工作。共出动防火宣传、巡逻人员 245 人次，出动车辆 78 辆次；发放森林防火宣传画报 6.2 万份、宣传围裙 1000 条，宣传手册 9500 本；发送森林防火短信 10 万条。出动人员扑救森林火灾 176 人次，车辆 32 辆次。年内共发生火灾 4 起，过火面积 682 亩，森林受害面积 166 亩，森林受害率 0.047‰，没有发生重特大森林火灾。

【林政资源管理】 2016 年，县林业局认真做好林政资源管理工作。年内共发放采伐蓄积量 73467 立方米，出材量 53949 立方米；全县木材销售 46899 立方米，其中销售往省(区)外 18740 立方米，销售在区内 28159 立方米。全年共办理征占用林地 7 起，征占用林地面积 43.9456 公顷，征收森林植被恢复费 276.5 万元。

【林业有害生物防治】 2016 年，县林业局积极实施林业有害生物防治工作。共完成森林病虫害监测 152 万亩，发生森林病虫害 8400 亩，通过及时采取无公害防治，有效控制病情的蔓延。年内共完成苗木产地检疫面积 281 亩，木材调运检疫 61045 立方米、药材 181 吨，签发检疫证 1250 份。

【林政执法】 2016 年，乐业县森林公安局积极开展“神剑 2 号 3+X”“国门利剑 2016”“打击非法侵占林地”“夏季打击涉林违法犯罪”等专项行动。全年共受理各类森林案件 177 起，破获和查处 175 起。受理林业行政案件 161 起，查处 160 起，处理 160 人；共收缴罚没款 21.59 万元，挽回国家、集体和个人经济损失 33.59 万元。

【林权制度改革】 2016 年，县林业局认真实施林权制度改革。年内整改并新增核发林权证面积 9480 亩，补办林权证 281 本，更正承包合同 152 份。全县累计发展林下经济面积 41 万亩，产值达 4.35 亿元；新增抵押贷款金额 1921 万元，新增林地流转面积 5091.09 亩，新增林业专业合作社 24 个，完成政策性森林保险 81.75 万亩。共接待群众来信来访 78 人次，接访登记 65 人次；受理并立案涉林案件 25 起，调处 25 起。

【林业扶贫】 2016 年，县林业局认真做好林业扶贫工作。成立乐业县林业局产业扶贫办公室，制定帮扶方案，落实帮扶责任人和帮扶措施。本局普通干部每人帮扶 7 户贫困户、领导班子每人帮扶 9 户，全局共帮扶 483 户贫困户。发展核桃、油茶等特色产业，惠及贫困户 923 户，补助资金 530 万元；向上级争取建档立卡贫困人口生态护林员补助资金 657 万元。 (吴义忠)

水 利

【水利工作概况】 2016 年，乐业县水利局突出防汛抗旱减灾、民生水利建设、小型水利工程管理体制改革等三大重点工作，多措并举，扎实开展各项水利工作，全县水利建设工作有序推进。全县水利水电固定资产投资任务 5300 万元，累计完成水利水电固定资产投资 6210.22 万元，超额完成年度固定资产投资任务。

【防汛抗旱】 2016 年，县水利局调整充实防汛抗旱指挥部机构，落实防汛工作责任制，修订相关预案并落实抢险队伍，及时进行防汛抢险物资储备。实行 24 小时值班制度，开展山洪灾害防御知识培训和演练。全年全县水利工程没有发生险情，工作没有 1 次失误，未受 1 次通报。

【水利管理体制改革】 2016 年，成立乐业县深化小型水利工程管理体制改革工作领导小组，由县人民政府主要领导担任组长、分管副县长担任副组长，召开全县深化小型水利工程管理体制改革工作动员部署暨培训会。制定出台《乐业县深化小型水利工程管理体制改革实施方案》和《乐业县小型水利工程确权发证暂行办法》，完成全县小型水利工程基础数据基础调查和涉及公共安全的15座水库确权发证工作。

【水政水保】 2016年，县水利局积极做好水政水保工作。年内超额完成水利规费征收任务，其中征收水资源费25.91万元，占任务数的199.3%；征收水土保持设施补偿费2.19万元，占任务数的109.5%。充分利用“世界水日”“中国水周”集中开展水法规宣传活动，通过深入乡（镇）、村和用水户广泛宣传水法、水土保持法、防洪法和河道管理等法律法规，增强广大群众水法制意识。联合县相关部门，成功拆除县妇幼保健院附近侵占河道违法建筑物。

【水利项目建设】 2016年，县水利局积极实施水利项目建设工作。实施百朗河同乐镇河段防洪排涝工程，工程总投资2329.99万元，新建车站至西风坳无压排涝隧洞2.2公里，年内隧洞掘进1980米，累计完成投资2096万元，占总投资的90%。实施百朗河甘田—逻沙综合治理工程，总投资3505.87万元，整治河道10.83公里，新建护岸20.1公里。年底完成甘田镇完成护岸建设9850米，完成工程量的90%，累计完成投资3155.28万元。实施脱帽贫困村饮水安全工程，工程总投资601万元，新建9个摘帽贫困村饮水工程，解决8824人贫困户饮水困难问题。2016年9月底全面完成建设任务。

实施第六批中央财政小型农田水利工程，工程总投资2848.83万元，新建塘坝1座、整治塘坝2座、新建引水堰坝11座、改造渠道35.32公里，到年底累计完成投资2160万元，占总投资的90%。

实施第六批中央财政小型农田水利工程，工程投资2538.42万元，新增恢复改善灌溉面积1.5万亩，到年底累计完成投资2030.74万元，占总投资的80%。百花小流域水土保持项目，总投资717.22万元，治理流域面积13.83平方公里。项目于2016年4月月底全面完成建设任务。马贵小流域水土保持项目，总投资714.93万元，治理流域面积13.14平方公里。到年底项目累计完成投资642.44万元，占总投资的90%。抗旱应急引调水项目，2015年度花坪镇、逻西乡、逻沙乡、幼平乡抗旱应急供水工程，工程总投资2121.19万元，到年底项目累计完成投1909.07万元，占总投资的90%。2016年度新化镇抗旱应急供水工程，工程总投资597万元，到年底项目累计完成投资537.3万元，占总投资的90%。上岗水库扩容工程，项目总投资5896万元，实施水库大坝培厚，连通上岗水库和大利水库及乐业水厂，解决乐业县城供水水源单一问题。到年底项目完成隧洞开挖1000米、大坝坝体灌浆1000米、大坝排水棱体1000方、混凝土渠道500方，累计完成投资2358.4万元，占总投资的40%。

【生态乡村建设】 2016年，县水利局认真做好生态乡村建设水利项目建设。实施同乐镇六为村下六屯、甘田镇四合村那伸屯、新化镇谐里村百逢屯等3个自治区级示范点，工程总投资100万元，主要建设蓄水池、管理房、安装引水管路、安装净化及消毒设备等。项目于2016年4月开工建设，10月底全面完成建设任务，12月顺利通过市级验收。实施农村饮水安全工程水质检测中心项目，工程总投资165万元，检测水质指标达42项以上，2016年7月完成相关设备采购，2016年10月全面完成建设任务。

【精准扶贫】 2016年，县水利局认真抓好精准扶贫工作。派出27位领导、干部结对帮扶72户贫困户，顺利完成2016年脱贫9户；投入资金601万元，完成2016年9个脱贫贫困村饮水安全工程，解决9个脱贫贫困村饮水安全问题。

（黄呈宏）

水库移民管理

【水库移民机构概况】 2016年，乐业县水库移民工作管理局内设文秘股（办公室）、计财股、后期扶持股、政策法规股及信访办公室、工程股等5个股室。单位核定编制20人（含后勤事业编制2人），在职人员24人。荣获“2016年全市水库移民信访工作目标管理三等奖”“2016年度党风廉政建设工作目标管理先进单位”。

【龙滩库区淹没情况】 龙滩水电站乐业县库区375米高程线下，淹没涉及乐业县雅长、花坪、幼平3

个乡(镇)、9个村民委、44个村民小组,需要搬迁移民1341户6684人,生产安置人口7344人。库区淹没总面积55956.4亩(含雅长林区)。其中,水域面积13110亩、陆地面积为42735亩;共淹没各类房屋面积22.68万平方米。龙滩水电站乐业库区移民搬迁安置工作自2006年4月开始实施,至2008年4月30日全部完成搬迁及库底清理工作。

【移民资金管理】 2016年,县水库移民局严格遵循"专款专用,专户存储"的管理原则,按照《乐业县移民资金管理办法》等有关规定,不断加强本局财务人员和全县库区各移民村民小组、理财小组业务培训和法律法规知识培训,在资金管理上没有出现重大失误,没有发生挪用、贪污或者外借移民资金等现象。

【惠民办实事】 2016年,乐业县财政继续安排500万元资金解决库区移民实际问题,为民办实事办好事。主要用于改善库区移民基础设施建设、扶持库区移民发展产业贷款贴息和为符合参保条件的移民代缴农村社会养老保险金等工作。通过财政扶持,全县库区共发放贴息贷款3148万元,参加网箱养鱼407户,发展网箱养鱼1.3万箱,年产鱼2万吨,产值达2亿元。种植芒果3600亩,在河滩种植西瓜和黄瓜、旱玉米等短期农作物4500多亩。

【基础设施建设】 2016年,县水库移民局积极实施"美丽广西·生态乡村"水库移民村屯道路硬化建设。筹集项目资金600万元,建设雅长乡三寨村、雅庭村的丁尚至平力至上雅道路硬化建设,道路总长17.1公里。一是完成雅长乡平力—上雅道路硬化(第一段、第二段)工程实施管理工作,完成道路硬化10公里;二是完成雅长乡丁尚—平力道路硬化(第一段、第二段)工程实施管理工作,完成道路硬化7.145公里。2016年第二批大中型水库移民村屯道路硬化(脱贫攻坚)项目资金980万元,建设雅长乡三寨村尾河移民安置点码头道路硬化、雅庭村也号通屯道路硬化;幼平乡陇那村交道通屯道路硬化、陇上通屯道路硬化、交良通屯道路硬化,道路硬化总长27.48公里。

【移民耕地补偿】 2016年,县水库移民局认真做好移民耕地补偿工作。全县库区移民涉及雅长、幼平、花坪等4个乡(镇)、10个村、45个村民小组共1722户参加长期补,确认参加耕地长期补偿面积4455.53亩,其中水田4327.38亩、旱地128.15亩,一次性退回长补资金8811.84万元。年应发放长期补偿资金550.74万元,按照规定,2007年至2016年应兑现长补资金(10年)5507.400万元,作回抵扣后应办理退回参加耕地长期补偿资金3304.44万元。

【移民技术培训】 2016年,县水库移民局积极组织实施库区移民技术培训。共培训移民140人次,其中5人参加电焊技术培训、5人参加电工技术培训、20人参加种养技术培;组织长补培训110人次;并接受广西现代农业技术学校的水库移民培训验收。

【移民信访维稳】 2016年,县水库移民局收到移民信访5件(其中市局转办2件),已在规定时间内完成书面答复。没有出现1例群体性移民到区、市、县政府上访和群体性事件发生。参加全县大接访2次,开展5次库区不稳定因素排查活动,局干部职工经常带案下访,为库区移民解决纠纷问题,确保库区和谐稳定。

【移民后期扶持核查】 至2016年12月,乐业县大中型水库移民后期扶持人口自然减员326人,涉及2个乡(镇)6个村委会30个村民小组。按照自治区核定给乐业县大中型水库移民后期人口7344人,其中登记到人6166人,登记到村民小组1178人。核减后后期扶持人口指标放在各村民小组集体。减员后的后期扶持资金将按照规定拨入相关村民小组集体账户,解决相关村民小组群众基础设施建设需求。2016年共按时兑现大中型水库后期扶持资金440.64万元。

【库区安全度汛】 2016年,县水库移民局联合库区各乡(镇)和县直各挂点单位,对各移民安置点进行全面安全度汛检查。一是抓移民安置点场平高边坡险情排查和处理;二是摸清移民安置点地理环境,排查移民安置点有无造成山洪暴发和山体坍塌的地质因素;三是检查移民安置点住房安全稳定性和移民安置点排洪排涝设施,是否满足防洪度汛的要求;四是加强对移民安置工作点水、电、路工程巡查;五是检查375米以下可能存在的移民临时生产活动,一些未被淹没耕地、园地是否还在继续耕种,一些未被淹没道路是否还在继续使用。不定时在库区内巡回检查,确保库区移民安定和谐。（黄秋莹）

林场·兰花保护

◎编辑　潘盈雪

区直雅长林场

【雅长林场机构及工作概况】广西国有雅长林场成立于1954年，是集资源保护、森林培育、林木采伐、加工利用、多种经营为一体的自治区财政差额拨款事业单位，是自治区林业厅直属生态公益型国有林场，地跨百色市乐业、田林两县，场部设在乐业县花坪镇，机构规格相当县(处)级。2016年年底，在职职工615人、离退休256人，编外聘用117人(不含公司、工厂聘用工人)。林场下设10个机关职能部门、5个二级管理单位及18个二层经营单位。至2016年底，全场资产总值20.56亿元，资产负债率66.52%；总经营面积6.61万公顷，场内有林地面积3.27万公顷，场外有林地面积1.57万公顷，森林总蓄积量为387.35万立方米。2016年实现总收入2.63亿元，其中经营收入1.90亿元，财政补助资金7305.64万元。

【营林生产】2016年，雅长林场完成营造林面积3707.06公顷。其中萌芽林更新2319.02公顷，荒山造林304.44公顷，迹地更新158.26公顷，完成补植872公顷，完成中幼林抚育追肥1902.02公顷。完成木材生产销售27万立方米，其中原木3.84万立方米，活立木23.16万立方米；销售收入1.1亿元。实施造林补贴试点和森林抚育补贴项目，完成2015年度造林补贴试点项目137.72公顷，主要营造秃杉、香椿及细叶云南松等珍贵和乡土树种；完成2015年度森林抚育1.06万公顷，并通过自治区级检查验收。

【林产工业】2016年，雅长林场旗下拥有广西春天木业有限责任公司和云南大山木业有限责任公司。春天木业有限责任公司通过“控两头、包中间”经营模式与有技术、市场的公司合作；云南大山木业有限责任公司以自主经营方式聘请技术专家到工厂指导生产，两家公司于4月底恢复生产。春天木业无醛胶合板、大山木业镂铣板通过技改研发成功并实现量产。年内春天木业获得美国CARB认证，大山木业荣获云南省“省级龙头企业”称号。春天木业公司生产人造板1.80万立方米，其中胶合板(含板坯)1.75万立方米、指接板0.05万立方米。销售1.06万立方米，销售收入1924.74万元。实现毛利润135.34万元。大山木业公司生产人造板4.69万立方米，销售2.59万立方米，销售收入2900万元，比计划成本减亏123.57万元。

【资源保护】2016年，雅长林场有3.65万公顷森林顺利通过国际组织森林管理委员会(FSC)主审认证，并获得CFCC-FM认证证书。积极控制林政执法，与乐业县开展联合执法，烧毁开矿工棚4个、炸毁矿洞12个。查处林业行政案件21起，综合执法3起。加强森林防火队伍建设，招聘1名消防员，充实专业森林消防队扑火力量。新增林海消防水泵车5台、灭火机30台、割灌机4台、高压水抢8支等扑火装备。开展森林防火“进村屯、进农户”宣传活动。发放森林防火宣传画报10200张、宣传袖章120个，制作宣传车大红旗8面、摩托车小红旗120张、祭祀旗300张。开展森林消防扑火安全业务培训下基层活动，对所辖7个营林分场、3个场外造林基地进行森林防火及安全生产全员培训，共培训160人。年内林场共发生森林火灾5起，过火面积27.87公顷，森林受害面积10.97公顷，森林受害率占总控制指标的0.33‰。做好森林病虫害防治，完成监测面积37.22万公顷，森林病虫危害发生面积772.76公顷；林业有害生物成灾面积12.3公顷，成灾率为0.23‰，达到目标管理要求。全年完成松材线虫病春秋季普查工作8822公顷，对发现的97株枯死木进行清理，无松材线虫病发生。

【扶贫工作】2016年，雅长林场切实抓好生态扶贫工作。与乐业县政府联合出台《雅长林区生态扶贫产业发展工作方案》，对被占国有林地联合群众实施生态扶贫造林，规划利用4年时间，完成造林2666.67公顷。到年底方案已进入与群众签订联合造林意向书及部分造林地核实工作阶段。通过科学规划发展范围等方式，扶持职工养羊1000多只，建设羊圈1500多平方米。配合黄冕林场开展对口隆林县新州镇民德村精准扶贫工作，顺利完成扶贫工作任务。

【公司撤并】雅长林场共有独资公司7个、合资公司2个。2016年11月，林场申请注销雅兰科技有限责任公司、广西百雅花卉有限责任公司和益来贸易有限责任公司等3家下属公司。

【花卉产业】 2016年，雅长林场有花卉产业基地总面积20公顷。基地有绿化树、绿化苗、兰花、石斛等。全年销售细叶云南松苗木10250万株、香樟苗2000株、火焰花10000株、扁桃56株、小叶榕27株、海南菜豆47株、黄花梨280株。销售收入15.82万元。

【林下经济】 2016年，雅长林场专门成立林下经济公司筹备办公室，加快林下经济公司的组建，促进林下经济项目有效实施。完成九龙分场核桃基地320亩砍草抚育和扩坑工作，总投资3.84万元。全年八角产量约30万公斤，比上年75万公斤减少了60%。投资12.8万元完成1000株大樱桃示范种植基地项目建设。2014—2016年度实施的林下种植灵芝示范项目、林下养羊示范项目，以及林下种植铁皮石斛示范项目顺利通过林业厅检查验收。

【自营经济】 2016年，雅长林场根据自治区林业厅《关于2016年区直林场干部职工自营林地清理情况的通报》要求，积极开展职工自营地清退工作。全年共完成自营经济林地清理总面积1329.50公顷，涉及干部职工390人，完成清退任务100%。

【民生工程】 2016年，雅长林场认真抓好林场民生工程建设。完成春天花园职工生活小区门、窗及电梯、消防等配套设施建设，年度项目工程投入3889.08万元。除绿化、硬化、亮化部分附属工程尚未完成外，项目基本达到有关部门验收条件，部分业主已开始验房入住。对258名退休职工1—9月养老金73万元补差核算发放到位，12月补发264名离退休(退职)人员艰边津贴24.4万元，补发林下经济人员艰边津贴、薪级工资、调标119人34.4万元。完成783人参加机关事业养老保险资格确认及信息采集，并导入广西机保数据采集系统。全年累计慰问职工95人次，发放中秋节慰问品800份，金额近15万元。

【队伍建设】 2016年，雅长林场切实队伍建设。年内发展积极分子入党3人，为64名党员办理党员关系转接手续(包括保护局党支部51人整体转出)。举办党务工作、财务知识、营林技术等10期培训班，培训664人次。完成2015年度人事考核，参加考核人数608人，评76人为优秀等次，514人为合格等次，1人为基本合格，3人为2015年度新聘用人员不计考核等次，暂不定考核等次2人。通过笔试、面试、场党委委员投票、考察、任前公示等程序，提拔3名中层干部，试用期1年。

【精神文明建设】 2016年，雅长林场深化“两学一做”学习教育，在全场党员干部中开展“手抄党章100天”活动，邀请百色市宣讲团成员、百色市委党校副教授杨素刚进行授课。召开党风廉政建设“两个责任”集体约谈会，由场长和纪委书记针对林场党风廉政建设“两个责任”共同约谈党员干部。全年场属各单位、部门上报稿件613篇，在林场网站发布新闻445篇，《雅林简报》(内部刊物)刊发6期，上报林业厅信息网稿件45篇，采用30篇，向乐业县电视台报送3条动态新闻，制定12期宣传栏板报。开通雅长林场微信公众号，7月，供林场及乐业县、林业厅等高层领导参阅的《雅林动态》创刊。加强职工文化建设，组织开展公文写作、桥牌培训等，开展妇女节活动、职工运动会、重阳节老职工座

图28　林场林下经济项目之一——灵芝仿生种植。图为工作人员正在对灵芝菌棒进行接种前处理　（陈发初摄　2016年12月11日）

谈会等文体活动，丰富职工精神文化生活。（杨必盛）

同乐林场

【同乐林场机构及工作概况】国营同乐林场成立于1957年，前身为个马经营所，1958年将经营所改名为同乐林场。2016年总场设有党政办公室、财务供销股、生产技术股、项目股、林政股、防火办等6个职能股室，下设九洞、核桃、百龙、顶安4个分场和大利坳、交打湾、田坪、蚂蝗坳、内尤5个护林站。建有1座瞭望台和1个木材加工厂。全场土地总面积136066.5亩，林场经营面积98422亩，国有林业用地面积97695亩。其中，生态公益林面积47362.5亩、商品林面积50332.5亩、活林木蓄积量710958立方米，森林覆盖率84.65%。场外与群众联营造林9852.9亩，其中杉木用材林6752.9亩、甜竹3100亩。每年可向社会提供木材15000立方米以上。

【制度建设】2016年，同乐林场通过职代会进一步深化《"三项制度"改革方案》《岗位目标管理制度》及《职工自营经济地经营管理办法》等一系列方案制度，不断深化改革。以"三项制度"为重点，形成一套比较完整的管理体系，实现由"人管人"向"制度管人"转变，林场逐步走向科学化、规范化、制度化轨道，推动林场各项事业建设和发展。

【资源保护】2016年，同乐林场坚持"以林为本、加强保护、合理利用"方针，实施森林分类经营，狠抓育苗造林生产环节，充分利用木材战略储备项目营造珍贵树种和乡土树种，大力发展场外造林，不断增加林场森林资源总量。全年培育杉木良种容器(营养杯)苗木120万株，实际造林地用苗和补苗118万株，实际造林3784.3亩。其中，场内迹地更新造林1185亩，场外造林任务指标2599.3亩。在加大场内造林力度和积极发展场外造林的同时，狠抓封山育林和生态公益林管护，有效保护林区野生动植物资源。

【基础设施建设】2016年，同乐林场大力改善职工办公、居住环境和林区生产、生活条件。全年完成林区水塔安装两座，生活供水排污管网安装24套，维修林区公路21公里，维修防火隔离带13.9公里。

【经济收入】2016年，同乐林场坚持增收节支，经济收入平稳增长，职工生活水平稳步提高。全年林场总收入1619.8万元(含国家各项财政补贴资金1333.1万元)，职工年人均收入达3万元以上。

【公益事业】2016年，同乐林场热心公益事业，积极为林区及周边群众修路、建水池等，累计投资500多万为百龙村、石合村等修建道路硬化，完成利姑岔路至雅央林区公路硬化建设6公里；完成交打湾至石恨屯级公路硬化建设5.5公里，有效改善村民交通环境。积极开展扶贫募捐活动，共捐资26350元，用于修建百龙村什孟屯蓄水池和购买贫困户慰问品，百龙村什孟屯14户共75人饮水困难问题得到解决。

【国有林场改革】2016年，同乐林场根据中央、自治区、百色市关于国有林场改革相关文件精神，认真开展国有林场改革工作。成立国有林场改革工作小组，拟定同乐林场改革实施方案。聘请广西新时代会计师事务所有限公司为同乐林场完成资产清查任务，聘请百色市林业设计院负责完成同乐林场资源清查任务。（田景维）

图29　2016年7月13日，同乐林场场长张必明(左二)到场林区调研水源林保护（同乐林场供）

兰科植物保护

【兰科保护机构及工作概况】 广西雅长兰科植物国家级自然保护区成立于2005年4月，是中国第一个以兰科植物命名并重点保护的自然保护区，总面积22062平方米。管理机构为广西雅长兰科植物国家级自然保护区管理局，属自治区林业厅直属的财政全额拨款参公管理事业单位，机构规格相当正处级。2016年，雅长保护区管理局牢固树立创新、协调、绿色、开放、共享发展理念，紧紧围绕自然保护区“五化”建设要求，党风廉政建设得到加强，林业行政案件查办有新突破，林业生态扶贫有新进展，项目资金管理、科研监测、科普宣教等工作有序推进。管理局设有6个科室(增挂2个)4个管理站，在职在编职工93人。

【党风廉政建设】 2016年，雅长兰科植物保护区管理局加强机构能力建设。召开中共广西雅长保护区管理局第一次党员大会，选举产生第一届党委委员、纪委委员，管理局党委纪委正式组建完成。成立党群办公室、6个党支部。强化政治理论学习。开展新春集中培训，认真开展“两学一做”专题教育活动，全年开展理论学习18次，深入学习中共十八届六中全会精神、自治区第十一次党代会精神，中国共产党廉洁自律准则、问责条例、党内监督条例等，加强党性修养，筑牢拒腐防变思想防线。抓紧抓实廉政建设。上与林业厅、下与各科室站层层签订党风廉政建设责任书，组织开展查处发生在群众身边的“四风”和腐败问题专项工作，严格贯彻落实中央八项规定，认真组织召开民主生活会，开展批评和自我批评。

【制度建设】 2016年，保护区管理局加强管理制度建设，及时修订并完善局管理制度及办法，将各项规章制度汇编印发。加强干部队伍建设，组织安排干部职工到区内外考察学习、参加各类专门业务培训，选拔、聘任中层干部3人、新招录公务员2人、机关科室交流到管理站3人。协助自治区林业厅筹办全区林业行业扶贫工作座谈会、百色市政协主席工作联席会议。办公条件得到很大改善，局机关正式搬迁至乐业新办公楼办公，各管理站配套附属设施进一步完善。2016年7月28日，国家环境保护部等七部委通报国家级自然保护区管理评估中考核评定为优，位列39个国家级保护区第四名，并在全区自然保护区工作会议上作典型发言。

【森林资源管护】 2016年，保护区森林资源保护工作有新突破。全年共办理林业行政案件44起，刑事案件立案13起，破案7起，批捕7人。认真开展专项整治行动，开展破坏森林资源、打击破坏天然林违法违规行为、打击非法占用林地等专项整治行动，共出动宣传人员550人次，进入辖区8个村部、5所学校，悬挂宣传横幅200条，发放宣传资料5000册。组织开展爱鸟周活动、保护野生动植物宣传月活动等，提高社区群众爱护森林资源意识。认真落实中央环保督查整改和环保部部署开展的人类活动遥感监测核查整改精神，狠抓案件查处工作。

【林业生态扶贫】 2016年，保护区认真贯彻中央、自治区的决策部署，积极参与地方脱贫攻坚战工作。主动担当责任，协调落实生态护林员300多名，将社区部分建档立卡贫困户人员就地转为生态护林员；安排科级干部加入当地扶贫

图30　2016年1月28日，广西雅长兰科植物国家级自然保护区管理局办公楼揭牌入驻
（雅长兰科管理局供）

图 31　2016 年 12 月 12 日，兰科管理局技术人员进行青脆李种植技术指导
（兰科管理局供）

工作队，在辖区贫困村结对帮扶，扶持贫困户发展种养业。因地制宜实施还林还果生态扶贫工程。年内扶持社区群众特别是贫困户种植油茶、清脆李等经济果木林 8000 亩，促进增收和生态修复。依托资源优势，发展林下生态产品。继续利用雅长铁皮石斛品牌资源和技术优势，无偿提供种苗，巩固雅长铁皮石斛推广种植成果，引导群众种植玉竹中药材和林下养鸡、生态养殖等种养项目，打造特色生态产品。开展节柴灶建设，完成年度 400 座节柴灶建设目标，为社区居民提供生活便利，降低社区居民对生产生活薪柴需求量。

【项目资金管理】 2016 年，保护区积极争取各项资金。年内共争取中央、自治区财政、基本建设等资金 2140 万元，实施保护区基础设施二期项目建设；认真编制规划，有 8 个项目列入广西林业“十三五”规划。制定完善财务管理制度，明确审批权限，层层把关，保证资金使用合规有效。开展会计基础工作规范化达标工作，通过达标验收。完成 2015 年财务收支审计工作。做好项目验收、固定资产清查工作，确保资产账实相符。

【科研监测】 2016 年，保护区制定出台《广西雅长兰科植物国家级自然保护区科研监测计划》（2016—2020 年），全面部署保护区科研监测工作。到年底，基本完成保护区维管束植物资源调查，已确认的新种有雅长玉凤花和雅长山兰。广西新记录属 4 个、广西新记录种 26 个、雅长保护区新记录种超过 80 个。开展保护区蝶类资源调查，完成 4 次外业调查采集标本工作。多元化组培繁育兰花种苗，共繁育兰花苗 25 种 10 万多丛，申报取得林木种苗生产经营许可证。完成兰科植物种质资源基因园气象站采购安装。

【科普宣教】 2016 年，保护区积极推动兰花科普园建设，年底基本完成山体园路建设，实施兰花回归种植。丰富宣传形式，努力提升保护区形象。编印《广西雅长野生兰科植物彩色图集》《雅兰花开》宣传画册，展示保护区特有的兰科植物及工作成效。完成保护区宣传片外景拍摄、新办公楼宣传展示厅布展工作和兰花文化、廉政文化挂图上墙。加强信息报道，发布信息稿件 100 多篇，向外界传递保护区各类信息。

【安全生产】 2016 年，保护区积极开展安全生产大检查，实现无重大森林火灾和安全生产事故目标。针对春节、“两会一节”“三月三”、清明节等重要时段特点，集中开展节假日和雨季安全生产工作大检查，避免发生安全事故。加强安全生产和森林防火宣传教育工作，认真开展“安全生产月”、秋冬季森林防火宣传月活动，提高干部职工和社区群众安全生产意识。加强防火基础设施建设，维修林区道路 79 公里、防火线 38 公里、防火隔离带 176 公里，为做好森林防火和管护提供保障。

（黄伯高　黄　丽　王　宏）

工　　业

◎编辑　黎启顺

工业综述

【工业机构及工作概况】 2016年，乐业县经济局（简称县经济局）内设4个股室，核定编制6名，实际在编17人。年内县经济局围绕全县各项经济任务和“生态立县、旅游旺县、产业强县、文化名县”发展战略，深入开展“服务企业年”活动，实施“抓大壮小扶微工程”，加强工业企业指导和服务。年内全县实现工业总产值3.4亿元，比上年增长13.3%；规模以上工业总产值1.95亿元，比上年增长22.5%；工业增加值1.2亿元，比上年增长12.86%；规模以上工业增加值0.65亿元，比上年增长22.97%；农林产品加工、电力、矿冶加工三大支柱产业完成规模以上工业总产值1.95亿元，占规模以上工业总产值100%。

【工业生产】 2016年，乐业县积极发展工业经济，以建设生态工业绿色产品为主导，在开发自然资源和农、林、牧产品资源深加工上取得显著成效。张家湾红心猕猴桃“桂丰”牌获得广西名牌产品，工业产品质量大幅提升。年内规模以上工业企业（销售收入2000万元以上）由上年的5家发展到6家；产值超500万元的工业企业由上年的29家发展到31家。初步形成以农林产品加工、电力、矿冶加工三大产业为支撑的工业体系。深化国有企业改制，加快发展非公经济，水电、冶金、农林产品加工等优势产业发展加快；工业集中区建设步伐加快，集中区建设产生较好的经济效益。

【经济运行监测】 2016年，乐业县经济局加强工业经济运行监测与协调。一是分解落实年度工业发展目标任务，将百色市下达乐业县工业发展主要经济指标，分解落实到各企业，每月督促检查目标任务完成情况。二是抓好经济运行情况总结和分析监测，积极参加百色市、乐业县召开的经济运行分析会，及时召开内部经济运行分析会，总结工业运行情况，分析运行质量和存在问题，研究解决对策措施。三是合理安排电力调度，确保重点领域、重点单位、重点企业的电力供应。年内受市场因素影响，部分工业企业处于停产半停产状态，电力供需总体趋于平稳。

【服务中小企业】 2016年，县经济局以“服务企业年”等活动为载体，实施“抓大壮小扶微工程”，促进工业实体经济加快发展。一是深入实施“小型企业上规模工程”。加强培育规模以上企业工作力度，支持小型企业开展项目建设、技术创新、技术改造、联合重组，发展壮大。开展全县中小企业基本情况调查，引导接近上规模的小型企业扩大规模，年内新增规模以上工业企业1家。二是深入实施“扶持微型企业发展工程”。落实各项扶持微型企业发展优惠政策，向金融部门推荐信用良好的小微企业，增加对企业信贷支持。组织企业参加培训，促进微型企业健康发展。三是组织企业管理人员参加培训，全年累计培训企业高管25人次。四是完善激励机制，扶持企业发展壮大。年内奖励各类规模以上工业企业49万多元。五是组织引导符合条件的企业申报各项资金扶持，年内申报自治区级各项扶持发展专项资金项目1个，扶持资金50万元。

【节能降耗】 2016年，乐业县重视节能降耗工作，在明确全县节能降耗工作目标、层层分解基础上提出工业节能具体目标，落实节能降耗工作责任。积极开展节能降耗宣传活动，在“节能宣传周”活动中，各部门高度重视，利用广播、悬挂巨幅标语等多种形式，宣传节能知识，增强全社会节能意识。按照产业结构调整节能方向，突出工业节能工作重点，切实加强对水利电业有限公司等重点能耗企业的服务，实行重点服务和动态管理模式，引导企业进行节能规划等工作，借技术升级改造降低企业能耗。对高耗能企业实施严厉措施，工业节能降耗工作取得好战绩。年内全县规模以上万元工业增加值能耗比上年下降13.36%。

【技术改造和产业升级】 2016年，乐业县重点加强水利电业有限公司、草王山茶业有限公司、同乐油脂厂、昌伦茶业有限公司、林旺金矿有限公司等工业企业实施技术改造项目，坚持以先进适用技术改造传统产业。紧紧抓住西部大开发等重大历史机遇，大力实施“产业强县”战略，坚定不移走结构调整、优化升级道路，实现工业经济又好又快发展。大力发展战略性新兴产业，年内有瑶王中草药有限公司、荣丰中药材科技有限公司、桂华中药材种植加工有限公司3家战略性新兴企业。以市场为导向，重点发展中草药产业，引导企业加大技术创新投入。扶持壮大农林产品加工、电力、冶金三大主导产业。坚持以先进适用技术改造传统产业，坚决依法淘汰落后生产力。

【安全生产】 2016年，县经济局继续抓好企业安全生产工作。年初分别与下属国有企业、集体企业及民爆行业共15个企业签订安全生产目标管理责任状；加强企业安全生产，指导企业开展"安全生产宣传月"、应急救援演练等活动，提高企业职工安全意识。加强安全生产隐患大检查大整治，全年排查事故隐患16处，发出限期整改通知书16份，年内整改16起，全县工业系统及民爆行业实现安全生产管理工作零事故目标。

【应急管理】 2016年，县经济局制定县煤电油运综合协调、生活必需品市场供应突发事件应急预案，安全生产事故应急救援预案、维稳工作应急预案，建立工业系统应急管理工作队，组成应急救援队伍5人，组织开展各种应急演练30多人次，按要求储备应急物资装备。加强值守应急，落实值班人员，节假日和重要时段均落实领导带班和值班人员制度，值班工作落实到位，及时、准确报送相关信息。

【工业项目申报】 2016年，县经济局积极组织辖区内工业企业申报自治区中小企业发展专项资金项目。经过努力以及自治区、市工信委的大力支持，乐业县昌伦茶业有限公司获得2016年自治区中小企业发展专项资金50万元。专项资金的注入大大缓解企业资金紧张问题，为企业发展提供支持。

【表彰优秀民营企业】 为鼓励全县工业企业做大做强做优，推动全县非公经济加快发展。县委、县政府对一批民营企业进行表彰和奖励：授予广西乐业县鑫丰木业有限公司等5家企业"乐业县十佳优秀民营企业"，最高奖励13万元，共奖励资金29万元；授予乐业县张家湾红心猕猴桃产销合作社等2家企业"乐业县民营企业创名牌奖"，奖励20万元。

【工业园区建设】 2016年，乐业县按照"布局集中、用地集约、产业集聚"的原则，规划建设同乐、雅长、百中三个工业集中区，进一步完善交通、通讯、供水、供电、环保等关键性基础设施建设，打造工业发展平台，积极鼓励企业入驻工业集中区，不断提高工业聚集度，扩大集中区经济总量。支持工业集中区项目通过转让经营权、出让股权、兼并重组、资产权益转让等方式吸引外商投资。使工业集中区成为乐业县工业经济新的增长点。年内已有恒森木业有限公司、百中水电站、同乐油脂厂、鑫丰木业有限公司、永华超细粉体有限公司、高野刺梨有限公司等10余家企业入驻。年内，工业集中区完成工业总产值18509万元，比上年增长8.46%；实现工业增加值5405万元，比上年增长8.1%；入区项目完成投资6600万元，比上年增长8.34%；完成基础设施投资330万元，比上年增长8.55%。

特色农产品加工业

【刺梨加工】 2016年，乐业县深入实施"优果工程""有机刺梨种植示范基地""农业科技示范工程"等工程，进一步扩大刺梨种植面积，为刺梨产品精深加工提供充足原材料。全县刺梨种植面积4万亩。乐业县高野刺梨有限公司是县内唯一一家刺梨生产加工企业，公司集种植、生产、加工、销售于一体，在上级党委、政府大力支持下，通过扶贫和退耕还林项目，积极培育刺梨基地，有效发展地方特色产业，帮助当地农户脱贫致富。经广西轻工研究所、高野刺梨公司合作开发。研发高野刺梨浓缩精华液，并增加一套高野刺梨浓缩精华液生产设备。公司获得2016年度广西食品行业优秀企业和中国－东盟现代农产品参展金奖。刺梨产品销售范围扩大至北京、上海、广州、深圳、浙江、山东、河南等地，新增经销商3家。2016年，公司有员工50人，营业收入1400万元。

【农林产品加工】 乐业县农林产品资源丰富，农林产品加工业已成为乐业县工业经济发展的主力军。茶叶加工是乐业县重点发展的特色农产品加工业，是产业结构调整中的优势产业，成为乐业县支柱性产业，是乐业县农民增收、农业增效、旅游增强的主要产业。至2016年底，在龙头企业顾式茶有限公司带动下，全县有2万多户4.8万人种植与管护茶叶。年内全县有茶叶加工厂40家(含个体),茶叶加工企业主要有顾式茶、草王山、昌伦、金泉、天音等5家。年内"顾式"商标获得广西著名商标,"顾式牌"系列有机茶是中国东盟博览会唯一指定绿茶,通过4项有机茶认证,在国内外有很高的声誉,5家企业生产的绿茶、红茶获"国饮杯""中茶杯"特等奖、一等奖等多个奖项。2016年,乐业县茶叶加工产值9000万元,上缴税金480万元,安排当地农民500多人就业。每年直接为农民增收1300万元。

乐业县具有丰富的农林产品资源。全县土山面积广阔,土层深厚,土质肥沃,气候温湿。全县8个乡(镇)盛产核桃、猕猴桃、油茶、板栗、八角、油菜、油桐等农林产品,其中薄壳核桃是乐业县名优特产,获"区首选优质薄壳核桃"称号,在乐业县开发的薄壳核桃农业标准化示范区项目已通过自治区级验收。2016年,全县有恒森木业有限公司、鑫丰木业有限公司、桂丰农业科技开发有限公司、同乐油脂厂、山中来食品有限公司、通志木材加工厂等6家农林产品加工企业。主要产品为指接板、猕猴桃、核桃、桐油等。年内农林产品加工总产值9800万元,上缴税金400多万元,安排当地农民就业700人,直接为农民增收1200万元。 (欧双运)

电力工业

【电力概况】 2016年,乐业县水利电业集团有限公司内设经理工作部、财务部、党群工作部、人力资源管理部、生产技术部、建设部、营销部和安全监察部共8个部门,下设县城客户服务中心、电力调度所、计量检定中心、线路巡修安装班、物资管理站、电力稽查队及110千伏变电站一座。下辖武称、谐里、马庄、果麻、逻西、百中、甘田、幼平、烟棚等9座35千伏变电站和8个供电营业所共24个二层机构。年内有正式职工157人,其中大专及以上文化程度94人,中专及以下63人,具有专业技术高级职称1人、中级职称9人、初级职称25人;有高级技师1人、技师11人;有高级工84人、中级工14人、初级工5人。

【生产经营】 2016年,县水利电业集团有限公司完成供电量1.01亿千瓦时,比上年9408.34万千瓦时增长6.54%。完成售电量8991.01万千瓦时,比上年8359.95万千瓦时增长7.55%。年内应收电费5898.44万元,实收电费5873.94万元,电费回收率为99.58%。综合线损率为10.69%,与上年同期线损率11.14%相比下降0.45个百分点。全年完成营业总收入5113.46万元,比上年4666.79万元增长9.57%。公司实现利润-311.86万元,比上年同期的-455.78万元减亏143.92万元。

【电力设施】 2016年,县水利电业有限公司经营管理的县城电网有110千伏变电站1座,容量28000千瓦时;110千伏输电线路一条80千米;经营管理35千伏变电站9座,35千伏线路238.58公里;经营管理10千伏线路2412.7公里,低压配电线路936.7公里。

【电网建设】 2016年,县水利电业有限公司规范有序推进2015年农网改造升级工程10亿批次(中心变县城Ⅰ、Ⅱ回10千伏出线线路改造工程等48个项目)和30亿元批次工程项目(逻西乡民友村化里台区等68个项目)建设扫尾工作。开展2016年农网改造工程各项工作,完成乐业县2016年农网升级改造工程项目第一批投资1181万元的设计上报,并得到集团公司批复,并按集团公司规定的时间节点对部分项目进行开工建设。 (田 敏)

乐业县重点企业简介

【乐业县水利电业有限公司】 2003年7月9日正式挂牌成立,其前身为乐业县电业公司,是一个以发电、供电为主的综合性企业,属广西水利电业集团有限公司直管。公司注册资金1234万元,其中广西水利电业集团有限公司占92%的股份,乐业县电业公司占8%的股份。2016年,公司有净资产934.97万元,内设经理工作部、财务部、党群工作部、人力资源管理部、生产技术部、营销部和安全监察部等7个部门,下设县城客户服务中心、武称、新化、花坪、逻西、百中供电营业所,电力调度所、计量修校班、电气设备检修班、线路巡修安装班、项目建设办、物资管理站和电力稽查队,110千伏中心变电站、武称、谐里、马庄、果麻、逻西、百中、烟棚35千伏变电站等20个二层机构。2016年公司有正式职工149人,有高级职称1人、中级职称9人、初级职称35人。公司经营管理的县城电网有110千伏变电站1座,110千伏输电线路一条80千米;35千伏变电站7座,35千伏线路11条167.8公里;10千伏线路2410.7公里;低压配电线路923.7公里,配电总容量67260千伏安。年内完成工业总产值4717.4万元,缴纳税金211.7万元。

【乐业林旺金矿】 乐业林旺金矿成立于2001年6月。隶属于广西南宁大石围矿业开发有限责任公司,注册资金1000万元。有职工90人,其中工程师7人、管理员10人。公司投资1.5亿元资金在乐业县进行原生矿开发工作,2016年完成工业总产值2370万元。

【顾式茶有限公司】 广西乐业顾式茶有限公司创建于2004年3月。公司有员工115名,其中高级农艺师3人、企业策划大师1人、中级职称5人、初级职称8人。企业注册资金100万元。生产的顾式牌有机绿茶荣获COFCC、OCIA、USDA、EU和JAS有机茶认证,产品畅销国内外市场。"顾式"商标2014年荣获广西著名商标,2016年实现工业总产值5173.9万元,缴纳税金53.2万元。

【乐业县高野刺梨公司】 乐业县高野刺梨有限公司前身为乐业县国营商业综合加工厂,1983年在广西科委、轻工研究所等科研单位指导下研发刺梨产品,成立国营乐业县刺梨食品厂。1985—1987年主要生产刺梨汁、刺梨酒、刺梨晶等产品,荣获广西轻工产品百花奖、优秀奖,荣获1988年中国优质保健产品奖等。2007年改制为乐业县高野刺梨有限公司。公司地处乐业县城马乐路,占地面积8854平方米,建筑面积2000多平方米,资产2000多万元。有员工50人,其中技术人员23人,有刺梨加工生产线3条,年生产能力3600吨。2016年完成工业总产值1400万元。主要经营"高野"牌刺梨系列产品,"高野"商标2009年、2012年、2015年3次荣获广西著名商标,百色市创品牌企业;2011年度荣获广西工业产品质量信誉良好企业称号。

世界稀有、中国特产"野生刺梨"是广西乐业县"大石围"周边高寒山区名贵特产,堪称"三王"水果,即维C大王、维P王、SOD活力王(防癌抗衰物质),经化验检测维生素C、P及SOD是苹果、橙桔、蔬菜的15~750倍,为"新一代"防癌抗衰老新星。该公司生产的刺梨产品营养丰富,口感独特,没有添加任何食品添加剂,每280毫升刺梨汁含野生维生素相当于12斤苹果或15斤葡萄的维C含量。具有排毒、养颜、开胃、解酒等作用,深受广大消费者青睐,产品市场前景广阔。

【乐业县鑫丰木业有限公司】 乐业县鑫丰木业有限公司于2013年3月成立,注册资本105万元。公司下属由永良、合乐、三乐、鑫盛、通力、鑫联和木材公司等7家木材加工企业组成。主要经营杉、杂原木、锯材、杉木拼板、废材拼板加工、销售。2016年实现工业总产值4205.8万元,缴纳税金53.2万元。

【乐业县恒森木业有限公司】 乐业县恒森木业有限公司于2007年9月成立,是乐业县人民政府招商引资到乐业投资建设的木材加工企业,注册资本400万元,投资人是浙江省杭州市人吴相华。主要经营范围为木材加工及销售。公司位于乐业县同乐镇什岩工业区,占地面积39015平方米,投入基本建设资金2255万多元,建筑面积13752平方米,建成指接板生产线1条、细木工芯板生产线1条、木屑炭生产线1条。主要产品有指接板、细木工板芯板、木屑炭等。年生产能力为产指接板和细木工板芯板2万立方米、木屑炭1000吨。产品主要销往浙江、上海、重庆、广州、南宁等地,产品一直供不应求。该公司是乐业县最大的木材加工企业,至2016年,公司总资产3823万元,有员工178人。完成产值2999.7万元,上缴税金101.6万元。

【乐业县自来水厂】 乐业县自来水厂创建于1978年3月,职工人数43人,其中技术人员10人,工程师4人。企业固定资产718万元。主要经营自来水生产和供应,管道设备安装。兼营水管、水表、水管接头等材料销售。内设办公室、财务科、生产科、安装服务部及净水车间。日供水能力0.75万吨。2016年完成工业总产值600万元。

【百中水电站】 百中水电站由百朗地下河水电有限公司投资建设,属股份制企业。位于乐业县幼平乡百中村,距离县城50多公里。电站拦河坝位于百朗地下河下游的通天溶洞中,距幼平乡百中屯3公里;厂房位于地下河出口下游400米处。2006年2月动工建设,

2007年6月竣工。总投资7300万元。是一座引水式电站，枢纽工程由挡水坝、引水隧洞、压力前池、压力钢管、发电厂房等部分组成。装机容量为8000千瓦，设计年发电量3500万千瓦时。2016年，百中水电站有员工30人，完成产值1250万元，缴纳税金60万元。

【同乐油脂厂】 同乐油脂厂成立于2001年11月，租用乐业县供销社综合加厂作为厂房。2010年另择址自行筹建，新厂区坐落于乐业县同乐镇什岩工业园。该厂秉承“以诚为本，以质为本”的服务理念，专心致力于桐油加工销售领域，每年加工生产桐油500~800吨，所有桐油都经过大灌沉淀后储存，质量达到国家二级以上。2016年有职工25人，完成工业产值780万元。

【草王山茶业有限公司】 乐业县草王山茶业有限公司成立于2007年，位于生态环境优美的逻沙乡全达村。公司发展的有机农业产业主要有茶叶、山茶油、大米等。该公司投资3417万元、建筑面积3000平方米建设的现代化有机茶加工厂竣工并投入使用，设有产品质量检验室、鲜叶摊放区、加工车间、包装车间、仓库等，配备有机茶加工先进设备，年加工能力250吨。2016年，公司有职工138人，管理人员25人，其中硕士研究生1人，大、中专学历20人，有中级以上技术职称资格6人。年内完成产值2054万元，上缴税金70万元。至2016年，已种植优质有机茶5000亩，其中2800亩获得北京中绿华夏有机食品认证中心(COFCC)为有机产品认证。对逻沙乡天坪茶场400亩茶园进行有机转换。

公司开发优质有机软枝油茶基地2500亩，累计带动3200户农户发展有机茶。生产的“乐业红”（红茶）荣获首届“国饮杯”全国茶业评比特等奖、“绿美人”（绿茶）荣获首届“国饮杯”一等奖。山茶油产品经广西著名品牌“增年”商标持有人授权，荣获2009年第三届中国（北京）国际健康营养食用油博览会安全、健康、营养行食用油。产品荣获第五届中国国际有机食品博览会金奖。公司获2010年度全国质量诚信AAA级品牌企业。

【乐业县金泉茶业有限公司】 乐业县金泉茶业有限公司成立于2010年5月，公司厂房占地面积5500平方米。主要经营茶叶种植、加工、销售及中式餐饮业。公司研制生产凌翁牌红茶、绿茶、白茶等多个产品，产品在国内、国际茶叶评比中获得一等奖、特等奖、金奖等荣誉。2012年，公司种植的960亩茶园和6亩加工厂基地向北京中绿华夏有机食品认证中心申请有机认证，获得有机转换期批准。2012年度获市级农业产业化重点龙头企业称号。2016年公司完成产值600万元。

【乐业县昌伦茶业有限公司】 广西乐业县昌伦茶业有限责任公司是在广西乐业县昌伦茶叶加工厂基础上，于2010年8月经工商局批准组建注册成立，是乐业县茶叶生产历史最悠久的企业。公司主要经营茶叶种植、加工、销售。公司建筑面积15800平方米，有独立有机茶园860亩，位于海拔900~1300米高的那社、林立两村。公司从2008年开始对茶园进行有机标准化管理，2011年获得北京中绿华夏有机食品认证中心认定为有机转换产品，2014年获得北京中绿华夏有机食品认证中心认定为有机产品，产品有红茶、绿茶、白茶，注册商标为“布柳河”。产品有金眉、雾露金芽、昌伦红和金毫红茶、银毫绿茶、银狐猴和乐业白白茶等系列有机产品。2016年完成产值650万元。

【广西乐业县天音茶业有限公司】 广西乐业县天音茶叶有限公司前身为1995年由黄家乐投资创办的“广西乐业县甘田镇马浪平茶叶加工厂”。2012年，更名注册为“广西乐业县天音茶业有限公司”，注册资金为人民币100万元，公司地址位于广西乐业县甘田镇九洞村马浪平安置场。公司现主要经营茶叶种植、收购茶叶、加工茶叶、包装茶产品、销售茶成品。2016年，公司有员工13人，有甘田镇九洞村安置点、龙仰有机茶叶基地共5650多亩，主要以收购龙仰、安置等地茶叶为主要原料产地，2016年完成产值550万元。

（欧双运）

旅游业·地质公园

◎编辑　潘盈雪

旅游业

【旅游工作概况】 2016年3月31日，联合国老龄事业可持续发展峰会组委会授予乐业县“世界长寿之乡”称号。8月，乐业县旅游局更名为乐业县旅游发展委员会。12月，牛坪馨兰园通过四星级农家乐星级评定，布柳河仙人桥景区成功创建国家AAA级旅游景区，宏福大酒店成功创建三星级酒店。至2016年年底，全县拥有1个国家AAAA级景区、2个国家AAA级景区，有1个四星级乡村旅游区、1家五星级农家乐、3家四星级农家乐、3家三星级酒店。有红色旅游景点、科普教育景点1处，有广西传统古村落全国特色景观旅游名村各1个。乐业已初步形成了集观光、休闲、避暑、运动、养生、探险、科考为一体的旅游产业集群。2016年，全县共接待游客157.54万人次，比上年增长27.33%；旅游综合收入13.57亿元，比上年增长39.82%。

【旅游规划编制】 2016年，乐业县旅游发展委员会完成《乐业县旅游总体规划》《大石围天坑群旅游详细规划》《乐业县城景观规划》《乐业县牛坪创4A级景区规划》《同乐镇旅游名镇创建规划》《甘田镇旅游名镇创建规划》等一批规划编制。年内，委托规划单位编制《乐业县乡村旅游发展规划》《乐业县旅游发展“十三五”规划》，促进全县旅游业健康发展。

【旅游宣传】 2016年，乐业县投入旅游综合宣传经费300多万元。打造“三个一”旅游宣传精品提升工程。通过网络征求、投票评选出旅游宣传口号；完成拍摄“世界长寿之乡”旅游形象宣传片；精心编制《旅游招商项目册》。在加强报刊、电视、高架广告、户外显示屏等传统媒介宣传的基础上，大力运用互联网、微信等新兴科技媒介平台，全方位多角度立体式宣传乐业旅游。与广西乐业旅游投资有限公司、中国移动乐业分公司、联创天下科技有限公司联合推进乐业县智慧旅游“三网合一”项目。通过“三网合一”平台，游客可以通过微信、手机APP、WEB官网，在手机或者登录电脑网页，获得吃、住、行、游购等服务。借助旅游赛事平台促宣传，通过举办国际山地户外运动挑战赛、五台山相亲交友节、卜隆古歌节、户外嘉年华、汽车越野赛等一系列活动吸引国内外众多游客，扩大节会效应，以节促游。

积极参加区、市组织的“走出去、请进来”营销活动。年内先后参加“第十二届海峡旅游博览会”“中国旅游日防城港分会夏季推广”“北京国际旅游博览会”“2016中国－东盟兰花国际旅游商品展”等旅游推广活动，宣传乐业县旅游线路及特色商品。主动融入巴马长寿养生国际旅游圈，抱团营销。借助巴马长寿养生国际名气，与天峨、凤山、巴马、凌云、田林及贵州省望谟、罗甸等周边县份建立政策协调与合作机制，通过相关产业联合形成区域旅游产业联盟，畅通乐业至贵州、乐业至河池旅游线路，逐步实现旅游圈一体化互惠共生的格局。

图32　2016年10月10日，召开乐业县旅游科教文体组工作会议

（县旅游局供）

【节庆活动】 2016年4月18日—24日，第九届中国·百色国际山地户外运动挑战赛暨第二届中国·百色“地心之旅”全国徒步大会、全国攀岩锦标赛在广西百色市乐业县拉开帷幕。通过活动打造国际户外运动品牌，拓展旅游营销渠道，推动体育旅游业融合发展。国际户外运动挑战赛共有27支队

伍参赛，来自法国、德国、俄罗斯、澳大利亚、新西兰等国家的18支队伍和200多名运动员、技术人员、领队和嘉宾参加赛事活动。挑战赛线路、徒步线路都选择穿越在乐业最秀美的旅游景区，最宏伟的天坑和最雄奇的溶洞中。运动员在挑战自我中享受物华天美，饱览山川胜景。赛事活动尝试引入公司参与介入运营，徒步大会全部外包，在经费投入上逐步实现商业化。体育与旅游、体育与文化、体育与媒体等业态相融相长。体现体育搭台旅游和文化唱戏，活动全力推介当地多姿多彩的民族风情和特色精品旅游线路。举行“初见倾心　再见动心”乐业五台山爱情五部曲活动、旅游特色商品展、地方特色美食展、滇黔桂湘四省（区）山歌擂台赛和摄影大赛等。

2016年5月1日，第二届新化卜隆歌节在美丽的布柳河畔磨里村举行。来自凤山、天峨、凌云、田阳等县壮族卜隆同胞齐聚布柳河畔，共同迎接壮族卜隆盛大节日。活动内容有卜隆古歌演唱、山歌对唱、壮族舞狮、壮族卜隆土布制作技艺、壮族服饰、壮族美食等；有当地壮族群众表演自然攀岩、溜索、独竹漂、水上拔河、5人竹排等民族技艺，吸引3万多名游客慕名参观。

2016年10月1日—4日，第七届中国·乐业户外嘉年华活动暨越野e族广西大队年会越野挑战赛在乐业举行。来自全国80个汽车越野俱乐部500名选手欢聚乐业。活动期间，举办越野e族汽车越野赛、摩托车集结赛、自行车场地障碍赛、骑行天坑、寻找最美乐业摄影、户外露营大会以及音乐晚会等活动。运动员和游客可以在乐业进行原始森林探奇、田园徒步、自驾车乡间游等特色项目。

【项目建设】 2016年，乐业县A级景区创建工作取得较大进展。大石围创AAAAA级景区集中供水工程已竣工，大石围创AAAAA级景区资源评价报告通过专家评审，核心区天梯、天眼获得区发改委批文并举行开工仪式。投资500多万元的五台山创AAAA级景区一期工程已完成，布柳河仙人桥景区成功创建AAA级国家旅游景区，布柳河景区观光游览步道、东拉码头桥梁钻探已开工建设，景区道路翻修提级工程即将竣工。乡村旅游区建设取得突破，成功打造同乐镇“十里春风”葡萄采摘园、自行车道、新化镇油葵花基地、谐里格桑花观赏园、6万亩油菜花观光旅游带、顾式茶园樱花观赏带、猕猴桃基地农业观光旅游区等乡村旅游新名片。吸引众多游客争相前往游览观光，成为旅游经济新的增长点。推进旅游厕所革命，年内完成新建和改建旅游厕所6座。

【业务培训】 2016年，县旅游发展委员会组织举办2期旅游从业人员培训、1期中国烹饪大师走进乐业培训班，举办1期“党旗领航电商扶贫　旅游扶贫”暨“七一”红色购物季培训班，开展2次旅游行业防灾救灾演练活动，累计培训人员500人次。3月份组织县内10家旅游企业举办乐业扶贫专题招聘会。6月27日，邀请联合国世界旅游组织专家、亚太旅游协会（PATA）中国专家委员秘书长、中国国家旅游局改革发展咨询委员会委员贾云峰到乐业进行全域旅游专题讲座，培训人数达200人次。

（陈毅升）

地质公园

【地质公园概况】 中国乐业—凤山世界地质公园位于云贵高原向广西盆地过渡的斜坡地带，由相邻的乐业大石围国家地质公园和凤山岩溶国家地质公园组成，包括大石围天坑景区、穿洞天坑景区、罗妹洞景区、布柳河景区、黄猄天坑景区、鸳鸯泉景区、三门海景区和江洲长廊景区等8大景区和穿龙岩综合地质博物馆和乐业天坑博物馆等2个地质博物馆。地质公园地理跨度为北纬24°18′~24°50′之间，东经106°18′~107°06′，海拔高程274~1500米，总面积930平方公里。2016年，中国乐业—凤山世界地质公园乐业县园区管理局核定事业编制8名，配局长1名、副局长2名，各相关专业技术人员5名。内设办公室、地质遗迹保护与规划股、科普教育股、地质公园博物馆等股室。地质公园博物馆核定事业编制3名，其中主任1名、专业技术人员2名。

【地质遗迹保护与规划】 2016年完成2014年度地质遗迹保护项目工作，总投资796万。完成2015年度地质遗迹保护项目实施工作，项目总投资1990万，年底完成投资1200万。5杆高架大型景观宣传牌建设已完成。地质公园红玫瑰大厅、熊家洞、西洞巡视步道建设、百朗峡谷科考步道及观景平台等基础设施建设项目正在实施，到年底完成总工程量的65%。完成乐业—凤山世界地质公园930平方公里8大景区规划及数据库建设等相关工作。

图33　2016年7月16日，乐业—凤山世界地质公园科普训练营活动开营
（乐业—凤山世界地质公园乐业园区管理局供）

【科研与科普教育】 2016年3月17日—18日，在武汉举办"脚爬客地学科普行·乐业—凤山世界地质公园走进中国地质大学(武汉)、华中师范大学"活动。2016年4月20日—22日，在北京举办"脚爬客地学科普行·乐业—凤山世界地质公园走进中国地质大学(北京)"活动。2016年7月16日—21日，中国乐业—凤山世界地质公园科普志愿者训练营正式开营。来自广西、安徽、湖北、湖南、广东、四川、甘肃、河南、上海十多个省(市)，覆盖中国地质大学(武汉)、华中师范大学、同济大学、兰州交通大学、成都理工大学、中山大学、广西百色学院等14所高校的科普志愿者，齐聚广西乐业—凤山世界地质公园进行为期6天的科普考察，考察与传播乐业—凤山世界地质公园相关地质、生态、人文科学知识。推广喀斯特地质地貌科普知识和乐业—凤山世界地质公园的地球科学价值，激发广大民众了解地球科学、爱护地球家园的热情，吸引更多人群加入热爱科学、传播科学的科普志愿者队伍。组织申报第四批国土资源部科普教育基地并获得成功。

图34　位于乐业县城40米道旁的乐业·凤山世界地质公园博物馆
（黎启顺摄　2016年4月18日）

【旅游宣传】 2016年4月，地质公园组织人员到贵州织金洞世界地质公园，参加2016年度中国世界地质公园会议。6月16日，派人员到王屋山—黛眉山世界地质公园，就地质公园建设管理、再评估检查、地质遗迹保护、科普宣传教育等内容学习考察，签署双方姊妹公园友好合作协议。9月，县委书记方志高带领局领导前往英国参加第七届国际世界地质公园大会，就开展科普教育及户外运动等方面访问法国博日世界地质公园。2016年10月派员前往河南省登封市，参加2016年全国地质公园导游培训和地质公园规划建设管理培训。

【创特及创5A】 2016年，完成地质公园景区公路指示牌、城区道路指示牌、景区导览系统等项目建设安装工作。完成乐业天坑群地质博物馆内部陈展工作，完成地质博物馆3500平方米六大功能区建设，项目总投资1500万元，到年底完成总工程量的85%。

（龙　萍）

乐业大石围旅游发展有限公司

【大石围公司概况】 广西乐业大石围旅游发展有限公司（简称大石围旅游发展公司）于2010年11月30日成立，注册资金2000万元。拥有开发和管理乐业旅游资源经营权，自主经营，自负盈亏。主要经营对旅游业、住宿和餐饮的投资，旅游项目开发，中式餐饮服务；预包装食品、包装食品零售；销售旅游工艺品、农副产品；漂流。公司拥有世界级大石围天坑、罗妹莲花洞、布柳河和穿洞天坑4个景区。拥有一批献身旅游事业、受过高等教育、业务娴熟、爱岗敬业、职业道德高尚、年轻而富有活力的优秀管理人才队伍，有导游资格证书的优秀导游人员和驾驶经验丰富的驾驶员队伍。2016年，公司有员工80余人，设有安全生产办、四个景区管理处、账务部、行政部、人资部、项目部、工程部、营销部等。大石围旅游发展公司是百色市经营景区行业的大型旅游企业之一。从2012年起，公司加大门票收入以外的其他收入经营管理，增加餐饮、商品、土特产、工艺品等特色旅游产品营销，自主开发部分旅游商品，逐步向吃、娱、购等多元化服务景区发展。公司先后获"百色旅游行业先进集体""百色市文明单位""百色市文明风景旅游区""广西十佳旅游景区""国家4A景区""区级精神文明建设单位""世界地质公园""游客最喜爱的广西景区"等荣誉。经过多年的发展，企业初具规模，发展前景巨大。

【景区建设投资】 至2016年年底，大石围景区创AAAAA项目累计投入6550万元。完成的工程项目有：马蜂洞洞内灯光改造、新建天窗观景平台，完成白洞服务区公路路基铺设。

图35　2016年12月31日，广西乐业大石围旅游发展有限公司员工

（大石围公司供）

【景区新建项目】 2016年，乐业大石围天坑景区创国家AAAAA级景区。建设项目内容有蒋家坳服务区、东峰（马蜂洞）服务区、大石围西峰服务区、白洞天坑服务区4个服务区建设，总投资72376.3万元。

（卢　峥）

广西乐业旅游投资开发有限公司

【旅投公司概况】 广西乐业旅游投资开发有限公司（简称县旅投公司）于2015年3月12日成立。该公司是由乐业县委、县人民政府牵头成立的国有独资企业，注册资金1000万元。拥有开发和管理乐业旅游资源经营权。经营范围包括旅游资源整合与开发、旅游投融资、旅游景区与旅游产品开发经营、旅游接待服务、旅游文化产业、酒店、餐饮业及旅游宣传活动策划等。2016年，公司有员工30余人。公司内设办公室、财务部、工程部、开发部、市场部等5个机构。

【景区建设】 2016年，县旅投公司加大景区建设力度。在县旅游发展委员会实施的五台山景区一期建设基础上，完成二期工程重檐六角亭、双重八角亭、厕所、水池、休息凳、垃圾桶等建设，投资205万元建设景区停车场，投资200万元完成4.2公里登山步道、5个观景台、游客中心和5000米空中氧吧步道建设，完成总投资1100万元。

在牛坪馨兰园景区建设民宿酒店，建成占地面积3亩(2000平方米)的住宿区，建有高端客房17间；餐饮区建筑面积800平方米，主要以农家乐为主，可容纳300人同时用餐，酒店总投资3000万元。2016年1月正式营业，建设马坪旅游集散中心，项目总投资3300万元，占地面积为21505.19平方米，规划建筑面积为4256.45平方米。其中，游客集散中心4088.45平方米，公共厕所168平方米；以展览、服务、办公、游客接待为主的综合服务建筑。2016年完成一期建设(主楼一栋，附楼两栋，总占地面积4088.45平方米)，完成投资850万元。做好乐业通用机场项目建设前期工作，通用机场项目总投资10亿元。六为场址位于乐业县城西北30度方向，直线距离约9公里，公路距离约13.5公里，交通较方便，距离景区较近。跑道长度为1200米，宽30米。跑道初定标高1233米。规划占地面积71.5公顷。

建设广西乐业寿源农业养殖示范基地。示范基地是由广西乐业旅游投资开发有限公司为主体、农户参加的产业扶贫基地。与原宏财林下养殖农民专业合作社共同投资新化镇谐里村脱贫蛋鸡养殖产业，经营模式为“公司＋专业合作社＋贫困户”。项目总投资636万元。其中，广西乐业旅游投资开发有限公司持贫困户入股资金507万元，占股79.5%；原宏财林下养殖农民专业合作社入股93万元(评估原有资产)，占股14.5%，持技术股6%，共占股20.5%。11月完成谐里二级路至养鸡场四级硬化路1条，建成第1期1栋全自动化鸡舍，完成仓库、水电等其他配套设施建设。项目占地面积20亩，一期项目采购全自动化罗曼粉蛋鸡32000羽、半自动化罗曼粉蛋鸡2700羽、土鸡3000羽。

【旅游网站平台】 2016年，广西乐业旅游投资开发有限公司与乐业县移动公司、南宁联创天下公司共同进行乐业县“三网合一”智慧旅游开发建设，即“门户网站＋微信＋APP手机客户端”。8月底完成微信公众号运行，9月底APP完成建设手机客户端，具备网上预订、查阅浏览等功能；10月底完成建设旅游门户网站。（韦溢新）

交通运输业·邮电业

◎编辑　黎启顺

交通运输业综述

图 36 百色至乐业二级公路谐里村大桥

（李 晋摄 2016 年 2 月 3 日）

【交通运输机构概况】 乐业县位于广西西北部，地处云贵高原东南麓，距百色市 168 公里，距广西首府南宁市 400 公里。2016 年全县有 3 个镇通二级路、5 个乡（镇）通三级路、82 个建制村通硬化水泥等级路。辖区内在养公路总里程 1289.97 公里。交通系统设有交通运输局、公路管理所、综合规划管理所、港航管理所等 4 个行政、事业单位，有干部职工 37 人。

【交通基础设施建设】 2016 年，乐业县完成公路水路交通固定资产投资 3.04 亿元，完成年度投资目标的 100%。一是乐百高速公路建设，乐业县境内线路长 55.887 公里，同步建设乐业连接线 7.98 公里，总投资约 70 亿元。到年底完成正线测量 354.10 公顷，已签订土地征收协议 50 份共 296.97 公顷；涉及补偿金额为 1.025 亿元，已支付土地补偿金 1069.23 万元。二是实施骨干路网项目，续建同乐至大石围二级公路。共 5 个标段 18 公里，投资 6783 万元。正在进行路基施工，累计完成路基工程 80%，完成项目总投资的 55%。计划新开工乐业至凤山（袍里）二级公路。由两市三县共建，其中乐业段 22.2 公里，投资 2.2 亿元。基本完成前期工作，完成勘察设计招标和初步设计工作。三是实施县乡道联网项目。续建武称至甘田顾氏茶山景区提级改造。线路长 18.32 公里，总投资 2538 万元。一期工程 4.33 公里已完成 3.3 公里路基路面建设。二期工程 13.99 公里，正在做征地拆迁工作，施工队已进场。新开工建设雅长至蔗香三级公路。线路全长 36 公里，总投资 7300 万元（其中上级补助 6080 万元），设计路面宽度 6.5 米。已完成招投标和签订合同工作，施工单位已入场施工。四是实施通村硬化水泥路项目。续建项目马庄至鱼里 24.5 公里和果麻至雅庭公路建设已完工。新建项目逻西昂里至平峨公路 10 公里和雅长三寨村公路 11.55 公里已完工。提前完成全县 84 个村通硬化水泥路目标。

表 3 乐业县交通运输业主要指标

指标名称	2016 年
公路管养里程（里程）	1289.97
营运载货汽车（辆）	809
营运载客汽车（辆）	169
民用运输船（载货吨）	0
公路货运量（万吨）	238
公路客运量（万人）	167
水路货运量（万吨）	0
水路客运量（万人）	2.4

【公路养护】 2016 年，乐业县交通局负责在养公路总里程 947 公里，其中县道 109 公里，占总里程的 11.51%；乡道 57 公里，占总里程的 6.02%；村道 781 公里，占总里程的 82.47%。地方公路在养桥梁共 31 座，无四、五类危桥。全面落实“县道县养、乡道乡养、村道村养”养护机制，日常养护资金到位 300 万元，全县农村公路列养率 100%。完成县道修建挡土墙 160 立方米 /2 处、塌方 17011 立方米 /111 处及水沟涵洞清理；完成乡道塌方 169 立方米 /3 处及上里至六为公路路面坑槽填补、水沟、涵洞和村道 450 立方米 /1 处挡土墙的修建、塌方 187 处共 16357 立方米及水沟、涵洞的清理。全面实施农村公路安全生命

防护工程项目4条71.46公里，完成投资553万元。（吴熙勇）

公路管理

【公路管护】 2016年，乐业公路管理局管养县境内公路总里程152.42公里(X790线0—20公里为县交通局施工路段)，其中S206线(乐业至永乐)41公里，为二级公路；X790线(乐业至雅长)66.422公里，为三级公路；X351线(乐业至芳凌)14.0公里，为等外路；X794线(乐业至河口)31.0公里，为二级公路。年内，乐业公路管理局共完成路面修补65860.5平方米，完成养护工程施工项目10个，其中路基大中修项目2个、路产损失修复工程项目4个、水毁修复工程项目4个。工程质量全部合格。投入606人次，投入车辆、机械160台班，拆除非交通标志21块，清理疏通公路边沟2595延米，清理疏通涵洞103处。

【路政执法】 2016年，乐业公路管理局联合路政、公安、国土、安监、沿路乡镇等多部门执法力量，清理整治X794线公路沿线各种临时违法建筑及非公路标志，铲除公路路肩及公路用地范围内各种种植作物、堆积物等。组织力量对辖区内非交通标志进行强制清理整治，重点对省道S206线沿线非交通标志进行彻底拆除并销毁。年内路政执法大队共完成路政巡查220个工作日，疏通人为堵塞水沟319延米，清理非交通标志31块，拆除"固定永久"无主广告牌10块，清理堆积物42处1172平方米，清理临时搭棚5处24平方米。发生路产赔偿案件1起，查处1起，查处率100%；发生超限运输处罚案件50起，查处50起，查处率100%。

（王引弟）

图37 乐业县进城40米大道（县方志办供 2016年4月18日摄）

运输管理

【道路运输】 2016年，乐业县已建成客运站场8个，其中二级客运站1个、旅游车站1个、乡镇客运站6个，有道路便民候车亭(含简易站)86座。全县有道路运输企业5家，拥有客运车辆216部，其中公交车47部，客车169部；营运货车822辆；物流运输服务业2家；二类维修企业3户；三类维修企业70户；机动车驾驶员培训学校共1家。机动车维修企业22家，拥有客运班线51条，有大小客车115辆，长、短途客车115部。除县城至各乡镇的短途班线外，开通乐业至凤山、天峨、田林、罗甸、望谟、百色、平果、田东、田阳、南宁、广州、深圳、玉林等10余条中长途班线，形成长短结合、四通八达的公路客运网络。年内日均发送230班次，日均发送旅客2450人，完成客运量167万人次，客运周转量18008万人公里。有城市客运车辆97辆，其中公共交通汽车47辆，出租车50辆。有货运车辆809辆，总吨位238万吨，年货运周转量19257万吨公里。

【水路运输管理】 2016年，乐业县认真做好水路运输管理工作。成立春运安全工作小组并制定客运安全管理工作方案。组织签订水上交通安全渡运责任书，对幼平、雅长水上交通渡运进行全面安全检查，加强对渡口渡船的现场监管。开展"渡运安全月"活动。出动车辆5次，检查渡口5道次，检查船舶9艘次。做好"学生渡"的安全监管。

联合百色海事局乐业办事处、

县安监局、水产畜牧兽医局等部门，对雅长乡丁书渡口进行检查。开展水运行业的核查工作，辖区内8艘客圩渡船参加检验，全部检验合格。开展水运行业"六打六治"打非治违专项行动。对辖区内所有渡口进行检查，共检查渡口13座次、运输船舶23艘次。

【安全监管】 2016年，乐业县推进"百乡千村安全畅通工程"，引导各类客运车辆入企管理，开展"道路客运安全年"以及"安全生产月"活动，加强安全监管工作。严格要求客运企业提高责任意识，认真执行"三不进站、五不出站"制度，严格审查进站参营车辆技术状况、驾驶员从业资格和运输车辆保险情况，对从业资格达不到要求，坚决不允许投入春运。深入开展客运站场"三不进站、六不出站"、城市公交安全隐患、道路运输"打非治违"等专项整治行动，严厉打击扰乱道路运输市场秩序的违法行为。全年共出动执法车辆138辆次，执法人员552人次，查处违章274起，纠正各类违章243起，查扣"黑车"87辆次；审验货车265辆、客车58辆、教练车10辆，审验维修企业2家、客运公司1家。（姚　瑶）

中国邮政乐业分公司

【邮政乐业县分公司概况】 2015年5月，乐业县邮政局更名为中国邮政集团公司广西乐业县分公司。2016年，县邮政分公司有职工42人，其中A类工15人、B类工10人、劳务工15人、内退2人。本科学历4人、大专学历31人、中专及高中5人、初中以下2人。有高级职称2人、中职称4人、初级职称22人。年内，分公司完成总收入937.22万元，完成年度预算的99.82%，同比增长-0.18%。

【邮政业务】 2016年，县邮政分公司积极做好各项邮政业务工作。

邮务类业务　公司邮务业务收入为210.34万元，比上年增长22.22%，完成年度预算100.85%。其中函件业务收入31.89万元，完成年度任务25万元的127.56%，比上年增长39.63%。包件业务收入为79.76万元，完成年度预算74万元的108.36%，比上年增长33.5%。报刊业务收入80.40万元，完成年度预算74万元的108.65%，比上年增长33.1%。集邮收入完成18.02万元，完成年度预算29万元的62.15%，比上年增长-38.36%。机要业务完成收入0.27万，完成年度预算0.3万元的89.20%，比上年增长-10.35%。

代理金融和其他业务　完成金融代理收入581.85万元，完成年度预算620万元的93.85%，比上年增长1.1%；增值业务收入21.5万元，完成年度预算21万元的102.36%；比上年增长17.7%。分销与配送业务完成收入80.66万元，完成年度预算50万元的161.32%，比上年增长49.9%。其他业务收入42.87万元，完成年度预算45万元的93.72%；比上年增长-0.6%。2016年，县邮政分公司从业人员生产率为22.3万元。

（黄　丹）

中国电信乐业分公司

【电信乐业分公司概况】 2016年，中国电信股份有限公司乐业分公司（简称中国电信乐业分公司）内设办公室、客户销售服务部、乡镇支局、网络部等4个部门；客户销售服务部下设1个中心2个支局，乡镇支局下设2个农村支局。年末公司用工总量41人，完成税后经营收入1283.12万元，完成收入指标的111.77%，比上年增长10.64%。年末全县手机用户7033户、宽带用户4631户、光纤专线用户101户、固定电话用户3305户。全县共有移动基站85个，网络覆盖率90%以上，全部改造为4G基站。

【服务网点建设】 2016年，中国电信乐业分公司在县城共有3家天翼手机精品店，精品店内设置专门的光纤宽带演示体验区，配置FTTH光纤宽带、智能手机、高清IPTV，为用户展现一个形象的中国电信光纤宽带智能家居应用样板。实现县城主营业厅、乡镇支局营业厅、精品店、合作厅内的Wi-Fi信号覆盖，营业厅设置真机演示区，逐步开展体验式营销，向用户演示智能手机终端应用，以带动智能手机的发展。拓展社会营销渠道，建立代理网点、空中充值点。到年底，全县共有3家天翼手机精品店、1个县城主营业厅、8个乡镇营业厅、3家乡镇手机卖场、5家开放渠道网点。

【网络设施建设】 2016年,中国电信乐业分公司新建CDM网基站27个,全县基站数达85个,所有基站全部改造为4G基站,实现城区和乡镇政府所在地4G网络100%覆盖。加快FTTH光宽带网络建设,全年建设完成193个FTTH项目,新增H端口3760个,光宽带端口到达数为9680个,县城住宅小区、办公楼光网覆盖率达90%,并逐步向农村区域全覆盖;持续扩大公共热点区域无线局域网覆盖,Wi-Fi热点3个。加强全县乡镇中继光环路建设,新建幼平至逻西、新化至甘田、甘田至武称、逻沙至雅长光缆环路,把全县的乡镇传输组网成3个环路,有效解决前端大量业务传输需求和业务稳定性。

【客户服务管理】 2016年,中国电信乐业分公司加强实体渠道服务等各项服务工作,降低用户投诉率,持续提升服务质量水平,提高用户感知。一是加强公司内部管理,规范受理电信客户查询投诉操作流程,坚持实施"首问负责制"。对前往查询、咨询、投诉用户,严格按照首问责任制流程执行接待处理,严格内部服务考核,提高企业整体服务水平。二是规范各销售渠道服务路径,从直接优先推荐融合套餐优化为从宽带和移动等单产品出发。通过融合优惠,间接引导客户选择融合产品,提供宽带、移动等基础业务供客户选择,按要求落实宽带普及和提速工程,满足用户需求。三是重视用户热点问题的解决,加强用户新装及故障单管控,做到一天查障两天装妥,提高客户感知,对光电缆故障原因不能修复的问题,及时做好客户的解释和安抚工作,服务好客户。

（罗建灵）

中国移动乐业分公司

【移动乐业分公司概况】 中国移动通信集团广西有限公司乐业分公司(简称中国移动乐业分公司)隶属于中国移动通信集团广西有限公司百色分公司。负责经营乐业县域所有中国移动通信业务。2016年年末员工总数45人。有营业服务网点43个,其中自营营业厅2个,指定专营店19个,特约代理点22个。

【业务经营】 2016年,中国移动乐业分公司紧密围绕"建网络、稳存量、抓新增、卖终端、促流量、拓集团、做宽带"工作方针,大力发展各项业务,取得较好经营业绩。全年运营收入比上年增长28.98%,移动客户市场份额为73.01%,4G客户份额在县域市场保持主导地位。

【基础网络建设】 2016年,中国移动乐业分公司加大乐业县域通信网络基础建设,全年固定资产投入3000万元。为全面支撑客户需求和市场发展,确保客户网络满意度持续改善。年内公司新增开通LTE基站21个、新建GSM基站1个,已全部开通投入使用。建成GSM基站共123个、TD基站32个、LTE基站176个,逻辑站点总数317个。

【服务管理】 2016年,中国移动乐业分公司以不断提高客户感知为导向,全面推行优质、规范服务。举办"为民服务　创先争优"员工服务技能风采大赛。进一步提升移动服务窗口服务质量,营造良好的服务环境,带动公司整体服务水平提升。年内,公司积极开展通信保障工作,圆满完成各项通信保障任务,积极承担社会责任。顺利完成"第六届民间舞龙文化旅游节"、第二届中国－百色"地心之旅"全国徒步大赛、"映山红"旅游节、第二届卜隆山歌节等5个大型活动的通信保障工作。

【精准扶贫】 2016年,中国移动乐业分公司认真按照县委、县政府精准扶贫结对帮扶的工作要求,积极承担社会责任。一是深入开展贫困户结对帮扶捐款活动,积极组织分公司全体员工、发动社会爱心人士为花坪镇张羽飞、吴胜勇两户贫困家庭伸援手献爱心,募集爱心善款4200元。二是完成精准扶贫村宽带覆盖任务,推动石合村脱贫攻坚工作,积极与同乐镇及后盾单位联动合作,经过报建流程审批、家宽线路覆盖设计、场地协调配建等流程,全面完成同乐镇石合村、雅长乡雅庭村两个贫困村的光纤宽带入户工作,实现"光纤宽带高清电视接入"建档立卡贫困村。

（黄琳虹）

中国联通乐业分公司

【联通乐业分公司概况】 2016年2月,中国联合网络通信有限公司乐业县分公司(简称中国联通乐业分公司)成立综合支撑中心。公司下设综合支撑中心、城区移网渠道中心、集团拓展中心、固网销售中心、新化拓展中心、花坪镇拓展中心、逻西镇拓展中心等7个部门,共设营业服务网点129个,其中自有营业厅9个、专营店4个、代理点49个、空中充值便利点67个。在县城设有5个大卖场、1个一级合作营业厅,拥有世界上最成熟的WCDNA4G网络,有300多款WCDNA制式第七代手机。经营范围包括GSM移动电话、3G/4G移动电话业务、长途、数据电话业务、移动电话增值业务、互联网宽带综合电信业务等。至2016年年底,公司在职员工31人。

【业务发展】 2016年,中国联通乐业分公司各项业务主营收入1450万元,比上年增长11.5%;在网用户40108户,比上年增长2.9%;累计发展用户1.59万户,同比增长6%。建成宽带小区31个,端口数2650个,发展宽带用户1320户。

图38 联通乐业分公司员工参观革命先烈纪念馆

(联通公司供 2016年10月5日摄)

【基站建设】 2016年,中国联通乐业分公司累计建成基站118个,其中GSM(2G)基站70个,WCDMA(3G)基站48个,手机信号覆盖全乐业县区域,实现村村通,WCDMA4G网络覆盖75%以上。

【服务管理】 2016年,中国联通乐业分公司加强营业厅服务质量管理。加快营业厅建设及环境改造,全面提升营业厅服务形象。年内,中心厅、甘田营业厅、花坪营业厅、幼坪营业厅全面装修,营业厅整体形象得到较大提升;客户服务中心增加客服回访人员,收集客户的需求意见,增加派送卡上门服务。公司营业厅服务窗口牢固树立"客户至上,注重细节"的服务理念,为客户提供优质高效的全方位服务。专人引导客户缴费,缓解高龄客户自助缴费难现象,各项业务获得稳健快速增长,综合经营实力得到大幅提升。 (王彩灵)

城乡建设·环境保护

◎编辑　黎启顺

城乡建设与管理

【住建机构及工作概况】 2016年，乐业县住房和城乡规划建设局（简称县住建局），核定行政编制7名，机关后勤服务编制2名。其中局长1名，副局长3名。内设办公室、城乡规划管理股、建设工程管理股、村镇建设管理股、政策法规股等5个股室；辖有县建设工程质量安全监督站、房产管理所、城乡规划监察执法大队、建设工程招投标管理站、墙体材料改革办公室、建设工程劳动保险费管理站、建筑设计院、城市规划技术服务中心等8个二层机构，全住建系统在职人员30人。年内，全面开展创建国家园林县城、国家卫生县城和广西文明县城各项工作。全县城镇化率达到38.2%。

【城乡规划管理】 2016年，县住建局积极开展城乡规划管理，加强许可审批工作。共核发公建项目类用地规划许可证21个、工程规划许可证项目17个。核发私建项目类用地规划许可证93户、核发工程规划许可证22户，查处补办规划许可手续7户。认真做好规划设计及审查工作，完成乐业县同乐镇（棚户区）改造相关图纸审查、中医院用地项目安置规划设计、城北镇小搬迁项目安置规划设计，协助上海同异城市设计公司开展乐业县乡土特色规划设计工作；参与城北那龙小区以南“以地换房”试点项目实施方案、概算编制等工作。

【城乡建设】 2016年，县住建局积极做好农村危房改造、“生态乡村”屯内道路硬化和乡土特色项目建设工作。全面完成自治区下达乐业县2016年农村危房改造1500户的任务。完成投资300万元，建设百仲屯、顶夜屯、百朝屯、百发屯、百棚屯、杨柳屯、田坝屯、万安屯、社上社下屯、长朝屯、雅英屯、院子屯、弄塘屯、母里屯、过仇屯、新寨屯等15条屯内道路硬化共15.96公里。根据上级对全县旅游发展部署要求，结合乐业县地理、环境及其他方面具体情况，通过多方面考察研究，决定以央林村为广西乡土特色建设示范村，打造乐业县央林村民族文化公园。该项目计划投资300万元，其中自治区补助150万元、县自筹150万元。到2016年年底完成项目建设。

图39 乐业县城城南新区 （县住建局供 2016年5月3日摄）

【建筑市场管理】 2016年，县住建局加强对建筑市场全面管理。对符合招投标的房屋建筑和市政项目全部进行招投标，并按建设招标程序履行审批手续。年内，共实行公开招标项目有29项，总建筑面积122932.74平方米，总投资25532.7万元；直接发包项目8项，总投866.6万元，比上年同期增加150.6万元。认真做好工程报建管理工作，共办理施工许可项目有29项，建筑面积135886.58平方米，工程总投资18661.66万元。做好建筑工程报监，年内共有63个在建工程，办理工程质量安全监督登记备案的项目45个，建筑面积10.01万平方米，工程造价17.477亿元。竣工工程7项、建筑面积4.2万平方米，工程造价0.63亿元，验收合格率100%。

加大对建筑市场执法与巡查力度，认真开展建筑市场巡查，严格施工许可制度，严厉查处扰乱建筑市场秩序的违法违规行为。共组织安全生产大检查及隐患排查治理专项活动8次，出动检查人员共80人次，排查一般事故隐患52个。共下发整改通知书52份，下发行政停工整改书3份，督促完成整改42个。加强对建设工程的管理，对未到建设行政主管部门办理相关手续的2家非法生产经营企业进行处罚。全年施工安全监管项目45个,监管覆盖率100%。

【监察执法】 2016年,县住建局加强城乡建设监察执法工作。共巡查发现违法建设案件138件,涉及占地面积9106平方米,建筑面积11200平方米。其中,现场制止不予立案40件,立案调查违法建设98户,下发停建通知书或限期整改通知书138余份;下发限期拆除通知书52份;依法行政强制拆除1户,强制拆除占地面积48平方米,建筑面积48平方米;行政罚款处罚7户,罚款63863元。

(庾宏稳　金时阳　刘国邀)

市政管理

【市政管理机构概况】 乐业县市政管理局于2010年8月20日成立,2012年1月正式独立办公。内设机构办公室、财务室、工程管理股3个股室,下设城镇建设管理监察大队、绿化队、环卫站、路灯所4个二层机构和自来水厂、洁美公司2个归口部门。局机关核定编制11名,配局长1名、副局长2名,专业技术人员3人,2016年在职干部职工12人。

根据《中央编办关于印发开展综合行政执法体制改革试点工作意见的通知》(中央编办〔2015〕15号)精神,2016年10月21日,乐业县将乐业县市政管理局更名为乐业县城市管理综合执法局,为县人民政府管理的财政全额拨款正科级参照公务员法管理事业单位。11月11日,举行挂牌仪式。将原县市政管理局全部职能划入城市管理综合执法局,将住建局、国土资源局、环境保护局、水利局、工商行政管理局、交通运输局、公安局7个部门涉及城乡规划、城镇建设等方面行政执法职能划入城市管理综合执法局。内设机构有5个:办公室、城市建设管理股、市容市貌管理股、执法监督管理股(挂行政审批办公室牌子)、财务股。下属事业单位有5个:城市规划建设管理监察大队、市容市貌管理监察执法大队、环境卫生管理站、城市路灯管理所、园林管理所。乐业县城市管理综合执法局核定事业编制16名(参照公务员管理),后勤服务编制1名,实有17人,其中局长1人,副局长4人。城市规划建设管理监察大队事业编制10名,实有10人,其中大队长1人,副大队长2人;市容市貌管理监察执法大队事业编制23名(参照公务员管理),实有17人,其中大队长1人,副大队长3人;环境卫生管理站事业编制21名,实有19人,其中站长1人,副站长3人;城市路灯管理所事业编制4名,实有4人,其中所长1人;园林管理所事业编制6名,实有6人,其中所长1人。将原市政局管理局的47名协管员、原县拆迁办34名协管员(监察员)划入县城市管理综合执法局管理。年末,县城市管理综合执法局有协管员81人。

【供水和污水处理】 2016年,县自来水厂自筹资金35万元,投入供水设施改造及更新相关管理软件。完成总投资271万元建设平寨屯供水管道工程,新建供水管道6.84公里。工程竣工投入使用,平寨屯用水安全得到保障。年内顺利通过住建部城镇供水规范化管理工作督查,部分生产管理工作成效优于广西同行;全年完成供水总量226万吨,自来水厂供水水质合格率100%。完成总投资160万元建设污水处理厂设施改造工程,设施改造后正常运行,全年出水达标排放。年内

图40　2016年11月11日,乐业县设立城市管理综合执法局并举行挂牌仪式　(县市政局管理供)

污水处理厂完成污水处理170万吨，日均处理水量0.47万吨，设施负荷率94%；全年日均进水COD浓度101.03毫克/升，氨氮浓度18.14毫克/升，日均出水COD浓度13.42毫克/升，氨氮浓度1.21毫克/升，出水达标排放。

【垃圾处理】 2016年，乐业县大力开展农村垃圾治理工作，投入资金930万元实施“美丽乐业·清洁家园”等多个项目。在花坪镇、幼平乡、逻沙乡建立垃圾中转站，总建筑面积561平方米，配备采用5吨水平刮板分离式垃圾压缩机3台、5吨级垃圾转运车3辆。全县8个乡镇各示范村点建设小型焚烧炉58个，购置小型勾臂车9辆及配套箱体165个。在逻西乡个马村和民西村各设立一个环保型焚烧炉，日处理生活垃圾量为6~8吨/个，占地1.5亩左右。全县建有1个垃圾填埋场、10个垃圾中转站、2个中型焚烧炉、58个小型焚烧炉，垃圾处理设施日渐完善，逐步改善群众居住环境。

【供水管网改造】 2016年，县市政管理局积极实施县城供水管网改造工程，改造县城供水管网总长度14525米，其中敷设管径DN500原水管1500米，改造扩建管径DN100~DN500配水管网13025米，项目批复总投资1392万元，实际招投标中标金额1004万元，国家资金到位700万元，累计完成投资873万元。年内，完成自来水生产总量200万立方米，比上年同期增加20万立方米，售水量150万立方米，比上年同期增加11万立方米。

【市政道路管理】 2016年，县市政管理局切实加强市政道路设施维护管理工作。及时对人行道破损、道路硬化损坏、井盖缺损、下水道堵塞等进行排查并及时修补。搞好市政道路、排水管沟、桥梁的日常维护，重点实施对象是市民反映强烈的城区几条破旧道路。投资150万元，改造硬化道路1933米，面积8143平方米。

【燃气管道建设】 2016年，县市政管理局积极协调县城燃气管道建设。由乐业山东奥德燃气有限公司投资建设燃气管道工程，一期计划投资4500万元，建设乐业县天然气储配站一座(LNG)、县城区中压管网铺设、小区庭院管敷设及用户室内管道设施安装、L-CNG汽车加气站一座、综合办公楼等。年内完成中压管网安装3公里，县城中压管网铺设4.1公里。完成景华苑、乐天花园小区庭院设计，完成芭拉小区庭院管网铺设和入户安装100户。

【城市管理】 2016年，乐业县继续深入实施美丽乡村建设工程，加强城区“五乱”治理，规范县城区门店广告牌匾设置，治理车行街道乱摆乱买行为，规范机动车乱停乱放，做好城区清扫保洁工作，加大县城规划区违法违章建设治理力度。年内，开展联合综合整治3次，其间出动执法人员171人次，下发整改通知书100多份，取缔流动摊点18个。开展每月专项整治10次，按月分别对县城内各个路段进行专项整治，出动执法人员500多人次，下发整改通知书200多份，取缔或清理流动、乱摆乱设摊点40多个。督促各部门(单位)、商场、门店限期对责任范围内的“牛皮癣”广告进行彻底清除，出动162多人次，下发整改通知书81多份。对“牛皮癣”广告进行统一清洗，共清理“牛皮癣”广告1200多处。

【城市卫生管理】 2016年，乐业县以创建广西卫生县城、国家卫生县城为契机，加大环卫保洁力度。认真做好城区主次干道43万平方米的清扫保洁和100多个单位垃圾收集等工作，垃圾处理做到日产日清、车走场净。每天平均处理垃圾37吨，生活垃圾无害化处理率达100%。切实做好除“四害”工作，加强垃圾中转站、果皮箱和垃圾放置点管理，减少二次污染，果皮箱每月清洗一次，垃圾箱体每月清洗一次，每个垃圾中转站每天清洗3到4次。真正做到垃圾填埋场安全监管无死角、安全事故零发生。

【园林管理】 2016年，乐业县继续大力实施“绿城计划”。投入95万多元换植进城大道绿化隔离带内小苗、补植河堤斜坡防护绿化带等霜冻枯死苗木，种植西风岰至罗妹公园道路两侧近路坡山脚种植竹子，在红七、红八军会师纪念公园补植红枫大树，在城区河道及人工湖水面种植芦苇、睡莲、荷花等水生植物。年内共补植香樟、桂花、樱花、紫薇、榕树等行道树850株，补植瓜子黄洋、黄素梅、红花继木、吊丝竹等小苗30000余株。为迎接第八届山地户外挑战赛，换植城区主街道375组花箱鲜花，在平寨、各沙交通岛和文化广场摆放种植鲜花，共用盆花18500余盆。完成40名绿化管护工招聘工作，城区绿化养护基本达到一级养护管理标准。

【路灯管理】 2016年，县市政管理局认真做好县城街道路灯管理维护工作。投资500万元，对新车站入口至出口、罗妹洞、汽车客运站、红军纪念馆、天坑博物馆的房屋立面和新车站入口至出口河堤进行夜景灯光亮化，采用十字星光灯、LED洗墙灯及投光灯等点缀建筑立面，制造夜景灯光景观效果。完成平寨大道、40米大道突击更换旧灯罩130个、灯泡316盏，完成老城区大街小巷路灯更换灯泡425盏、灯罩128个、各种配电器113个，更换金属卤化灯35盏、卤化灯镇流器35个、钠灯镇流器154个、更换LED七彩灯管180条。诊断和修复线路短路点9处，处理白天着灯22次，进一步提高县城路灯照明覆盖率；在板霞小区主干道安装60盏道路灯（钠灯）、次干道安装100盏道路平面灯（太阳能、电能）。对登山步道全程60%已损坏的路灯、灯罩及已损线路等路灯线路进行全程抢修，确保登山步道照明正常运行。 （刘红丽）

图41 新化镇连篆村连屯新貌 （黄元鸿摄 2016年4月5日）

乡村建设管理

【乡村建设】 2016年，乐业县乡村建设办公室认真做好乡村各种设施建设。做好村屯绿化，投入专项资金450万元完成33个示范点300个面上点的村屯绿化工作。实施饮水净化和道路硬化项目，投入专项资金601.08万元，建设农村饮用水安全工程10处，划定水源保护区2处；投入专项资金4415万元，建设通村18.3公里、村屯36.25公里、屯内硬化76.96公里，建设建制村便民候车亭13处。投入专项资金150万元，实施三清项目，共清运垃圾13431吨；清洁水源、河流、池塘等1处，投入专项资金1.5万元；投入专项资金50万元，推广生态农业绿色植保技术应用面积0.4万亩、清捡田间生产废弃物0.84吨。整合资金1100万元，实施35个示范点环境设施配套化项目建设，投入1300万元在逻沙乡、幼平乡建设两个垃圾片区处理

图42 幼平乡全貌 （幼平乡政府供 2016年10月18日摄）

中心，在全县8个乡镇建设10个垃圾村级处理终端。全县有74个村屯建设垃圾焚烧炉，在个马村和民西村建设中型环保型焚烧炉。以乡镇、村屯自请和县财政拨款聘请方式增加116名村屯保洁员。

【乡村管理】 2016年，县乡村建设办公室继续巩固提升清洁乡村活动，加大宣传力度，共制作宣传手册5万册、大型户外广告牌13块、宣传牌32块、悬挂条幅10余条。利用全县电子显示屏、县电视台播放《广西壮族自治区乡村清洁条例》宣传课件，强化“清洁乡村”和“生态乡村”2个阶段工作衔接。坚持每月一督查一通报制度。组织各乡镇、县直各相关部门28名领导赴玉林市福绵区石合镇农村垃圾处理设施示范项目、沙田镇六龙村“生态乡村”示范点、玉东新区茂林镇鹿塘社区生态乡村示范点（五彩田园），南宁市西乡塘区石埠街道永安村7队微生物垃圾处理中心考察、观摩富氧环流垃圾汽化处理技术以及微生物垃圾处理技术。 （黄美甲）

房产管理

【房产管理机构概况】 乐业县住房制度改革委员会办公室（简称县房改办）是主管乐业县属国家机关和企事业单位住房制度改革的职能单位。2011年县房改办增挂“乐业县住房保障管理局”牌子，实行一套人马两块牌子的管理体制。2016年，核定编制8名，实有干部职工9名，其中主任1名、副主任1名，主任科员2名，副主任科员3名。

【保障性住房建设】 2016年，上级下达乐业县新建816套棚户区改造项目。其中，同乐镇棚户区（危旧房）改造项目468套，新化镇集镇片区棚户区（综合整治）项目206套，甘田镇四合五队、七队棚户区（综合整治）项目142套，全部开工建设。年内，共建成保障性住房104套。其中，逻西乡马庄卫生院公租房20套、逻沙乡全达小学公租房8套、幼平乡达心小学公租房8套、逻西乡马庄小学公租房24套、新化镇磨里小学公租房8套、新化镇那社小学公租房6套、花坪镇运赖小学公租房8套、逻西乡民权小学公租房8套、逻西乡鱼里小学公租房6套、甘田镇大坪小学公租房8套。

【廉租房分配管理】 2016年，县房改办加强廉租房分配管理。年内共分配入住城北廉租住房15、16、17栋共96户；严格按照有关规定对廉租住房进行年审，执行廉租住房轮候制，一年一审，对不符合入住的家庭以书面形式通知其办理退房，共退出再分配40户。同时督促、监督做好廉租房小区的各项物业管理工作。

【保障性住房分配】 2016年，乐业县共完成保障性住房分配入住206套。其中，2013年廉租住房项目48套、2014年廉租住房项目48套、逻西乡马庄卫生院公租房20套、逻沙乡全达小学公租房8套、幼平乡达心小学公租房8套、逻西乡马庄小学公租房24套、新化镇磨里小学公租房8套、新化镇那社小学公租房6套、花坪镇运赖小学公租房8套。

【租赁补贴发放】 2016年，经个人申请，县房改办会同县民政局、同乐镇和县城4大社区等对申请廉租住房的60家庭户进行初审，符合租赁补贴发放条件39户。年内，完成新增39户、续发105户租赁补贴发放，共发放租赁补贴金127608元。

【商品房开发管理】 2016年，县房改办加强对商品房开发管理工作。对县内新建商品房开发商进行专项检查，对不符合要求的项目及时下整改通知，整顿规范新建商品房开发商市场。

【房地产登记管理】 2016年，县房改办严格按照审批要求和限时办结制开展房产登记办理。累计完成房屋产权初始登记272宗，交易144宗，抵押登记259宗。7月31日后移交不动产登记管理中心办理，房管所受理新建商品房预售审批、网上备案和网签、房屋转让审批工作等工作。受理审批3宗新建商品房预售许可证。 （蒙建德）

住房公积金管理

【住房公积金归集】 2016年，乐业县共有134个单位5880人参加缴存住房公积金，缴存覆盖率为75%。全年共归集住房公积金7414.01万元，比2015年增加归集1242.41万元，完成年计划任务4500万元的164.76%。全县累计归集住房公积金总额31704.21万元，归集余额14900.31万元。

【住房公积金提取】2016年，乐业县干部职工共提取住房公积金6453.5万元，比2015年增加提取3276.4万元，完成年计划任务的71.54%。累计提取住房公积金18796.4万元，提取余额5432.9万元。

【住房公积金贷款】2016年，乐业县共发放住房公积金贷款93户3050万元，比2015年增加发放住房公积金贷款57户2078.1万元，完成年计划1000万元任务的305%。累计发放住房公积金贷款510户9266万元，贷款余额为6289.22万元，个贷率为42.21%。

【政策宣传】2016年，乐业县住房公积金管理部继续根据《百色市人民政府办公室关于在全市非公有制企业全面推行住房公积金制度的通知》文件精神，对非公有制企业全面推行住房公积金制度进行宣传和走访。年内增加3家企业参加缴存住房公积金，1家集体企业积极参加公积金缴存。参加公积金缴存扩面12人，月缴存基数增加2.4万元。

（吴义春）

环境保护

【环境保护机构及工作概况】2016年，乐业县环保局严格落实污染减排政策措施，抓好环境安全隐患整治专项行动及日常环境执法监管，积极组织开展环境监测工作，全面完成主要污染物减排、重金属污染防治、生态功能区环境监测等各项年度任务指标，县域生态环境质量基本稳定；扎实推进生态县建设，不断强化项目服务工作，严格重大项目环保审批手续，注重环保自身能力建设。局机关内设办公室、环境监测站、环境监察大队、自然生态保护股、污染控制股、总量股、监督管理股等7个股室。核定编制13名，实际在编13名，其中局长1名，副局长2名。

存在问题：主要是重大项目业主不够重视项目环评工作，环评跟不上，影响工程验收。环境监察、环境监测标准化建设不到位。执法力量薄弱。缺乏环境监测能力，生态环境和厂矿企业污染物排放监测只能请上级监测机构承担，环境监测力量薄弱。

【环境监测与环境质量】2016年，县环保局认真抓好环境监测和环境质量工作，生态环境质量稳定，主要污染源排放达标。年内，乐业县与百色市环境监测站签订协议，共同对县内环境质量进行监测。开展大气、地表水、县城集中式饮用水源地、交接断面的监测，根据百色市环境监测站2016年1月—12月对乐业县空气、地表水、污染源监测情况，1—12月空气环境优良率100%。水质监测断面2个，为县城饮用水监测断面——大利水库和仙人桥，监测项目为24项，频次分别为每月1次，1—12月监测结果显示：达到Ⅲ类或优于Ⅲ类的为10次，达标率为100%。

【饮用水源地保护】2016年，县环保局切实抓好饮水水源地保护工作。积极争取生态功能区县域转移支付资金，加大县级财政配套资金的投入。年内做好7个乡（镇）集中式饮用水源地保护区划分、上报、评估及全县集中式饮用水水源地标识牌、围栏等保护设施建设。完成7个乡（镇）饮用水水源地保护区划分方案及技术报告编制，乡镇饮用水源保护区10个，保护区面积290.1平方公里。所有集中式饮用水水源地水质保持优良。新增花坪镇水山水库、同乐镇六为水库水源地保护区划分规划。两个水源地保护规划编制并完成上报。全县10个集中式饮用水源地投入37.5万元，共竖标示牌20块，警示牌63块，围栏38900米，围栏桩1310个。做好2016年广西农村环境连片整治项目库更新工作，将甘田镇、新化镇等12个村更新为广西农村环境连片整治项目，预计项目总投资3600万元。加强对区、市两级生态村的督查和检查，成功创建百色市级生态村63个，自治区级生态村33个。

【基层能力建设】2016年，县环保局加大基层环境监测能力建设。积极向自治区环保厅申请购置环境监察、监测设备，为国家生态功能区县级环境监测奠定技术基础，争取自治区财政厅、环保厅拨给乐业县环境监察、监测设备采购经费112万元。年内可通过技术达标验收。从提升业务人员素质入手，加大对环境执法人员培训，派技术人员参加自治区环保厅业务培训12人次，为环境执法提供知识保障。

【污染物减排控制】 2016年，乐业县污水处理厂共处理污水121.24万吨，进水平均COD浓度为91.77毫克/升，出水平均COD浓度15.79毫克/升，进水平均氨氮浓度16.88毫克/升，出水平均氨氮浓度为0.67毫克/升。全年共削减污染物量为COD 92.12吨、氨氮19.66吨。年内全县有规模化畜禽养殖场3个，幼平乡隆鑫养猪场已关闭，有减排任务的规模养殖场为逻沙宏发养猪场和同乐康辉养牛场等2家，已全部完成减排设施建设建设。为使绿标发放工作更加完善，让辖区内所有车主人人知晓，县环保局投入1.2万元宣传经费，与交警部门联合利用手机平台发送办理机动车辆环保标志信息，上路发放机动车辆办理环保标志的宣传资料等。共发放机动车辆绿色环保标志861份，发标率95%。

【环境监察】 2016年，县环保局深入开展各项环境保护工作。对辖区内存在环境安全风险隐患较大的企业进行突击检查，共出动环境执法人员100人次，重点排查相关企业6家，经排查不存在环境安全隐患。加强重点企业监管，确保污染治理设施有效运行。对列入县级重点监管计划的污染源单位进行全面排查，重点检查污水除氮脱磷设施的进展情况和在线监测设备运行情况。消除环境隐患，有效的遏制企业环境违法行为。充分发挥“12369”环保投诉热线作用，实行24小时值班制度，坚持及时处理及时回复，确保群众举报渠道信息畅通，各类环境污染问题得到及时解决，做到“有诉必查，有访必复，查处从严，跟踪到底”。加强污水处理厂监督检查，全年共检查21次，加强污水处理厂进、出水水质以及在线设施的日常监管，全面掌控污水处理厂运行及污染物排放情况。采取跟踪管理，按月进行专人现场督导。年内共接到环境信访案件5起，其中电话投诉2起，来信来访3起，已办结的5起，办结率100%。

【中央环境保护督察】 2016年，县环保局围绕中央环境保护督察组阶段性整改工作重点，制定督查整改方案，明确整改重点任务、措施办法、完成时限、责任部门及责任人。各责任部门、责任单位按照“不查不放过、不查清不放过、不处理不放过、不整改到位不放过、不建立长效机制不放过”要求认真做好整改。对中央环境保护督察组交办的“百色市乐业县花坪镇花岩村达记屯的广西乐业永华超细粉体有限责任公司无证非法大规模开采方解石矿，未做防渗排污工程，盗采区白色泥浆混着机械油污、生活污水大量渗入喀斯特地貌的地下水系；露天盗采过程中产生严重粉尘和噪声污染，非法倾泻上万吨矿渣废土，大规模毁林毁田，造成水土流失等严重的生态破坏”的问题。县国土局已责令达记采石场停止生产。该对广西乐业永华超细粉体有限责任公司在未取得采矿许可证延续的情况下擅自到达记采石场原矿区实施非法盗采行为下发《责令停止违法行为通知书》《限期拆除通知书》《履行行政拆除催告通知》，责令该公司停止非法开采行为并自觉履行清场及复垦工作。于2016年9月30日再次到该矿点巡查，目前该矿山已停止一切开采活动，发现所有的采矿设备及电力设施等已完全拆除。对原有的矿产品进行查封，并作出没收矿产品、建筑物或者其他设施的行政处罚决定。

【“久投未验”项目】 2016年，县环保局根据百色市环保局《关于规范和加强我市下放的建设项目竣工环境保护验收工作管理的通知》要求，乐业县(第一批)未办理验收项目有:(1)乐业县城屠宰加工厂搬迁项目为2010年审批，于2010年12月24日取得环评批复，按照百环管字〔2010〕153号环评批复中第八条“本批复下达之日起项目在5年内建设有效”，因各种原因该项目未征得土地，未能开工建设，所以该批复已失效，项目已整改完成，并按照督察工作要求，并做好现场取证等材料归档工作;(2)乐业县百中水电站工程为2006年审批，水电站建设项目竣工验收报告于2016年5月30日已编制完成，业主于2016年6月1日提交验收申请，现已完成验收工作。

（龚　涵）

财政·税务

◎编辑　黎启顺

财　政

【财政机构概况】 2016年，乐业县财政局内设办公室、综合股、预算股、国库股、行政政法股、教科文股、经建(企业)股、社会保障股、农业股、农村财政财务管理股、金融管理股、会计管理股、行政政法股、非税收入征收管理股、农业综合开发管理办公室、信息中心等16个职能股室，下设国库支付中心、预算绩效管理中心、财政投资评审中心、稽查分局、政府采购管理办公室、国有资产资管理中心、非税收入征收管理中心等7个二层机构和8个乡镇财政所。全县财政系统核定编制96名，2016年年底实有干部职工117人，其中在职在编人员92人，编外人员8人，聘请人员17人。

【财政收入】 2016年，乐业县财政收入完成20192万元，完成年初任务19280万元的104.73%，比上年增长12.07%。其中，一般公共预算收入完成11012万元，比上年增长5.27%；非税收入完成3891万元，占一般公共预算收入比重为35.33%，比上年下降3.85个百分点。

【财政支出】 2016年，乐业县财政一般预算支出完成180016万元，完成年度预算的98.22%，比上年增长23.19%。其中，民生支出147920万元，比上年增长18.39%，民生支出占一般公共预算支出比重达82.17%；财政8项支出完成120156万元，比上年增支39077万元，增长48.2%。扶贫资金支出18057万元，比上年增支13222万元，增长273.46%。

【支持社会事业发展】 2016年，乐业县财政局紧紧围绕县委、县政府的决策部署，积极做好财政支出保障工作。一是继续支持教育优先发展战略，完善义务教育经费保障机制。及时足额安排义务教育公用经费补助，安排义务教育公用经费34175万元。落实库区移民子女和国家扶贫重点县普通高中学生免学费政策，安排普通高中学生免学费补助资金264.22万元。落实农村义务教育阶段家庭经济困难寄宿生生活费补助政策。安排农村义务教育阶段家庭经济困难寄宿生生活费1684.7万元。拨付农村义务教育营养改善计划资金1031.08万元。二是继续支持文化体育、科技、计生发展。全年全县安排用于文化体育、科技、计生事业经费共4340万元。优先保障三农工作支出。全年全县农林水支出34338万元，比上年增长14.88%。其中，发放农业支持保护补贴1126万元，发放农机购置补贴82.64万元、森林生态效益补偿基金911万元、大中型水库移民扶持资金440.64万元。拨付财政扶贫专项资金18057万元。三是重点支持社会保障和就业工作，拨付就业补助资金541万元，发放城市低保资金850万元、农村低保资金4581万元，拨付城乡医疗救助金469万元，拨付新型农村合作医疗资金6753万元，拨付城乡居民养老保险金2174万元。四是做好住房保障工作，全年住房保障支出7783万元。其中，农村危房改造资金支出1457万元。

【财政改革】 2016年，县财政局认真抓好财政改革工作。一是深化预算管理制度改革。完善预算编制程序，细化预算编制内容；强化基本支出管理，推动项目滚动预算编制，建立完善预算编制与预算执行、结余强转资金管理和行政事业单位资产管理有机结合机制。二是深化国库集中收付制度改革，在全县预算单位推行公务卡制度，实行公务消费刷卡报销程序。三是建立健全预算执行动态监控体系，全县所有公共财政预算资金、政府性基金、财政专户资金和单位往来资金全部纳入预算执行动态监控管理系统。

【财政监督】 2016年，县财政局切实抓好财政监督工作。一是进一步加大预算信息公开力度。县级2015年预算执行情况和2016预算安排以及“三公”经费预算，全部在法定时间内公开。二是推进预算绩效管理。2016年全县绩效管理面达到100%，县一级预算单位全部纳入预算绩效管理。全年全县项目绩效申报4.39亿元，整体支出申报3亿元，评价2015年项目资金达3亿元。三是进一步加强政府采购监督管理，全面推行政府向社会力量购买服务，县直各单位(有购买服务项目)同步编制政府向社会力量购买服务预算，使用资金时严格按合同管理和政府采购的程序办理。年内，全县申报政府采购总金额114620.39万元，实际批准采购总额为102905.81万元，节约资金11714.58万元，节约率为10%。四是抓好财政投资评审项目，进一步规范财政投资评审程序，加快重大项目评审。年内共评审项目209个，送审金额为95196.88万元，审定金额84945.34万元，审减10251.53万元，综合审减率为10.77%。五是开展涉农资金专项整治。启动2016年财政涉农资金规范管理年活动，对涉农政策、项目和资金进行专项清理。六是认真贯彻落实中共八项规定精神，严格控制一般性支出。认真落实已出台的出国境经费、培训费、差旅费、会议费、接待费等管理办法。实行一般性支出月报制度，逐月对预算单位“三公”经费等支出进行统计，落实压减目标。七是着力推进财政内部监督工作，加强对各乡镇财政所内部监督检查，保障中央和自治区决策部署落实到位，促进经济平稳较快发展、社会和谐稳定。（郑芝清）

国家税务

【国家税务机构及工作概况】2016年，乐业县国家税务局为隶属于广西百色市国家税务局的正科级局单位，内设办公室、政策法规股、征收管理股、收入核算股、纳税服务股、人事教育股、监察室、机关党办、财务管理股等9个股室；下辖税务稽查局、信息中心和同乐税务分局。年内有在职干部职工38人。国税务部门在册管理纳税人3053户，其中一般纳税人76户、小规模企业纳税人358户、个体工商户2517户。

【组织收入】2016年，县国家税务局狠抓组织收入，共组织各项税收收入10844万元，比上年增收3921万元，同比增长56.64%。

【税收征管】2016年，县国家税务局认真做好税款征收管理工作。严格税务登记制度，强化户籍管理，提高税收管理员工作平台推广应用效率。积极推进四大行业营改增工作。共组织完成对418户“营改增”业户核对确认工作，其中企业户79户（共管户30户），个体户339户（共管户5户）。418户试点纳税人中按行业分：房地产业9户、建筑业33户、金融业6户、生活性服务业176户，其他未列明行业194户。5月1日“营改增”税制转换以来，累计入库“营改增”税收1200万元，占组织收入10304万元（不含车购税）的11.64%。建成启用百色首批联合办税服务厅，实现国税、地税局联合办税服务的目标。

开展县国税局、地税局联合委托邮政代开发票、代征税费等代办项目，至2016年年底，邮政部门累计代开普通发票873份，征收增值税41万元，地方税费4万元。

【依法治税】2016年，县国家税务局坚持依法行政，落实税收执法责任制，推行“税收执法管理信息系统”，明确执法岗责、严格过错追究。认真开展车辆购置税专项检查，防范税收执法风险。年内共依法依规征收车辆2729辆，征收税款613.23万元；为1.6升及以下排量乘用车减征车辆购置税款278.18万元。

2016年全县应参加年度企业所得税汇算清缴纳税人215户，实际参加215户，汇算面达100%。其中企业盈利户数20户，比上年减少6户；享受所得税优惠政策的企业户数15户，比上年减少4户；全额征收企业所得税企业户数4户，比上年减少3户；亏损企业户数65户，比上年增加1户；零申报企业户数129户，比上年增加63户。企业所得税汇算清缴共入库税款98.8万元。共组织相关业务股室核实有效风险6条，共查补企业所得税税款12.54万元。

【纳税服务】2016年，县国家税务局以办税服务标准化建设为切入点，优化办税程序，落实限时服务制、首问负责制、责任追究制等三项制度；推行“一窗式”服务、“一站式”服务，设立首问责任制，实行文明办税“八公开”和值班长制度；扩大办税服务厅自助功能，延伸纳税服务领域，最大限度满足纳税人办税需求；实施税银一体化、财税库横向联网系统，缩短纳税人办税时间；通过专人专门进行业务和操作指导，推行网上申报、网上认证等方式，减轻一线人员和纳税人负担；为纳税人提供“绿色通道”，提供预约服务和提醒服务。不定期在税企邮箱或QQ群中查看纳税人咨询信息，及时宣传税收政策。年内共举办纳税人培训班3期，参加培训学习148（次），召开税企座谈会3次。

【国税稽查】2016年，县国家税务局加强税务稽查，抓好整顿和规范税收秩序工作，严厉查处和打击各类税收违法活动，不断规范稽查执法行为，提高稽查工作的质量和效率。认真开展税务稽查，全面落实稽查工作规程，不断规范稽查执法行为，深入开展稽查“四化建设”，推行稽查绩效管理，大力整顿和规范税收秩序，严厉查处和打击各类税收违法活动，规范稽查执法行为，提高稽查工作的质量和效率。年内共检查纳税人11户（立案查处5户，组织企业自查补报6户），查补收入59.81万元，其中增值税45.85万元，所得税12万元，滞纳金1.2万元，罚款0.41万元。

【税收宣传】 2016年，县国家税务局认真抓好日常税收宣传和税收宣传月活动。围绕“聚焦营改增试点 助力供给侧改革”主题，积极组织税企座谈活动，开展税法宣传进校园、进乡村、进映山红旅游节、进乐业国际山地户外挑战赛等活动，使税法宣传深入农村、深入纳税人、深入社会，努力营造良好的税收法制和政策环境，促进纳税人依法诚信纳税意识。

（刘 平 王俊元）

地方税务

【地方税务机构概况】 乐业县地方税务局成立于1994年。2016年，局机关内设办公室、法规政策股、征管和科技发展股、征收服务股、收入规划核算与财务管理股、人事股、监察室等7个股室，下辖同乐、花坪、新化、幼平、甘田等5个税务分局。配局长1人、副局长2人、纪检组长1人。全地税系统在职干部职工40人，其中行政编制人员32人，机关后勤人员3人、助征员9人、编外用工2人。大专以上学历44人，占总人数的95%，在职党员23人，占总人数的50%。

【税收入库】 2016年，乐业县地税局共组织收入5951万元，完成年度目标任务5000万元的119.02%。在“营改增”主体税源流失的情况下，全面完成年度税收任务，为全县经济社会发展作出积极贡献。

【优惠政策】 2016年，县地税局全面落实国家税收优惠政策，规范减免税审批程序，确保各项结构性减税政策落到实处。全年累计减免税款590余万元，比上年同期增长357.6%，纳税人充分释放政策红利。其中支持小型微利企业发展优惠减免46.67万元，改善民生减免308.78万元，促进区域发展减免4.7万元，节能环保减免0.2万元，支持金融资本市场减免37.2万元，支持其他各项事业减免56.86万元，支持“三农”减免126.62万元，支持文化教育事业减免9.43万元。有效地减轻企业负担，促进全县经济发展。

【征管改革】 2016年，县地税局深入推进税收征管体制改革，联合国税推进营改增试点改革工作，实现新旧税制平稳转换。建成启用国税、地税联合办税厅，实现国税、地税业务一体化管理；大力推进国税、地税征管合作，推进委托邮政“双代”业务，真正将办税服务厅搬到老百姓家门口。推进商事制度改革，企业“三证合一、六证合一”和个体工商户“两证合一”工作顺利开展；提高重点税源管理、重大项目、重点纳税户监控管理水平；强化第三方部门协作、促进社会综合治税体系建设。

【纳税服务】 2016年，县地税局继续开展“便民办税春风行动”，形成长期化、制度化；推进精简审批事项流程，精简涉税资料，提高办税效率，优化服务水平。全年实现零投诉；建成启用国地税联合办税服务厅，实现“进一家门，办两家事”服务目标。落实首问责任制、限时办结制和责任追究制。加强“互联网＋税务”应用管理，优化电子网络服务平台，继续推进网上办税服务功能，实现网上申报纳税率达到90%以上；继续强化税法宣传和政策咨询，抓好办税服务厅政策发布系统建设，形成口径统一、及时更新税法宣传、政策咨询工作机制。

【队伍建设】 2016年，县地税局加强领导班子思想政治、组织、作风建设，领导班子的执政能力进一步提高；优化资源配置，使机构设置和税源分布、职能配置相协调；加强思想政治教育，推进精神文明创建活动；下力气整顿出勤纪律和会风；开展“接地气”谈心活动，防止不良情绪发酵；加强党风廉政建设，坚持标本兼治、综合治理、惩防并举、注重预防的方针，逐步完善符合地税工作实际的教育、制度、监督并重的惩治和预防腐败体系。

【党风廉政】 2016年，县地税局明确落实“两个责任”不力的11种责任追究情形；共开展廉政约谈32人次，签订《党风廉政建设责任状》20份，形成层层抓党风廉政建设工作格局；认真开展党的各项纪律执行情况监督检查，修订差旅费报销、财务管理办法，严格遵守八项规定和财经纪律；严控“三公”经费，降低行政成本，年内“三公”经费下降20%；通过采用指纹机考勤和明察暗访方式，加强执纪问责和监督，落实通报批评制度，强化绩效管理结果应用；签订146份《廉政公约》，推广税企联合开展廉政风险防控管理工作。

（曹彩环）

商贸业

◎编辑　潘盈雪

商　务

【商务机构概况】 乐业县商务局成立于2014年3月6日，是县人民政府管理的财政全额拨款事业单位，成立之前由县经贸局承担商务业务。主要职责是推进全县流通产业发展，拟订全县贸易发展规划，促进城乡市场发展工作。2016年，县商务局内设：办公室、市场建设与市场运行调节股、商贸服务与外经贸管理股、财务股等4个股室。全局核定编制9名，实际在编3人，其中局长1名、副局长2名。

【市场建设与监督】 2016年，县商务局组织拟定全县市场体系发展规划、规章制度和实施细则；推进流通标准化，牵头组织规范零售企业促销行为，研究提出市场体系建设措施；组织指导、推进大宗商品批发市场规划、城市商业网点规划、商业体系建设和商贸物流基地建设；推进农村市场和农产品流通体系建设；对拍卖、典当、租赁、汽车流通和旧货流通行业等进行监督管理。监测、分析市场运行状况、商品供求状况、商品价格信息并进行预测预警和信息引导；建立健全生活必需品市场供应管理工作；承担重要消费品储备(肉类、食糖及部分生活必需品等)管理和市场调控工作。稳步推进商务执法工作，参与组织打击商务领域侵犯知识产权和商业欺诈的专项整治工作。

【商贸服务】 2016年，县商务局积极做好全县商贸服务业(含餐饮业、住宿业)行业管理工作。加强对成品油流通进行监督管理；积极组织县内外会展、参展工作；推进社区商业发展、流通领域节能降耗、再生资源回收工作；认真做好全县商贸流通行业安全管理工作，对商贸流通行业安全防范措施落实情况和安全情况进行检查。

【服务业状况】 2016年，乐业县社会服务业主要以公共设施服务业、居民服务业、旅馆业、娱乐服务业、美容美发保健业、日用品修理业为主，信息咨询业、广告业、计算机应用服务业等也逐步兴起。年内，全县有社会服务业663家，注册资金1943万元；新开业83家，注册资金547万元。其中，个体工商户382家，注册资金1191万元；新开业45家，注册资金413万元。服务业企业281家，注册资金752万元；新开业38家，注册资金134万元。

【电子商务】 2016年，县商务局积极做好电子商务发展工作。组织举办"党旗领航·电商扶贫"电商创业培训班，共培训200人次。开展红心猕猴桃互联网线上销售推广活动，提高乐业猕猴桃文化品牌知名度和影响力，促进红心猕猴桃销售，增加农民收入。主动对接各大平台资源，进行全网营销。全县32家本土网商、微商在淘宝、京东及自由平台和多个手机APP平台销售红心猕猴桃，启动日当天就有网络预售3000件猕猴桃现场快递走货。其中，乐宝电子商务公司通过自有平台乐宝商城及微商城下单件数占总销量的80%以上。乐业花坪庄房合作社第一年通过微商、微店销售，仅电商订单，中秋节期间平均发货量达700~1000件左右，主要发往北京、上海、四川、云南等地。全县网销红心猕猴桃总量超过15万公斤，互联网线上销售总额约为480万元。

【特色美食】 2016年，县商务局积极挖掘和弘扬地方传统饮食文化，打造乐业地方特色旅游美食品牌。引导和促进全县餐饮业健康发展，推动创建广西特色旅游名县。会同县旅游投资公司，举办2016年乐业地方特色美食展暨特色旅游餐馆、特色风味美食评选活动。活动共评选出"十佳特色旅游餐馆""十大特色名菜""十大特色名小吃"和"特色美食奖"等奖项40个，挖掘出一大批独具特色的乐业美食。组织举办2016中国烹饪大师走进乐业农家乐培训活动，邀请广西烹饪餐饮行业协会烹饪大师，通过理论讲解和实际操作演示，面对面指导乐业餐饮企业、农家乐经营户提升企业管理和烹饪技术水平。全县27家餐饮单位管理人员和厨师共56人参加培训。选派5名优秀厨师参加第六届全国饭店业职业技能竞赛(广西赛区)比赛，获得1枚金牌1枚银牌3枚铜牌的好成绩。组织本县3家餐饮企业代表、9名厨师及民间美食制作者参加第五届广西民族地方特色美食大赛，获得1个团体特金奖、4个单项特金奖、3个金奖和1个银奖。乐业县参赛美食全部采用乐业本土的原材料，体现了乐业饮食文化生态、绿色、长寿，其口感、色泽和营养搭配。

【旅馆、餐饮业】 2016年，乐业县

登记注册餐饮业经营户181户，注册资金543万元。其中，私营餐馆、酒楼40家，注册资金210万元；个体饮食点141户。县内旅馆业以个体工商户为主，全县有旅馆业经营户201户，注册资金439万元；集餐饮住宿为一体的宾馆、酒店1家。年内全县旅馆新开业5户，注册资金50万元。

图43　乐业县烟叶分级工培训班

（县烟草局供　2016年3月21日摄）

【物流、废旧回收】 2016年，乐业县注册登记物流信息处理企业有16家。主要从事快递服务。全县有废旧品收购点11个，从业人员86人，主要收购废旧家用电器、废纸、塑料等，多数是上门收购。（黎永兴）

烟草专卖

【烟草专卖机构概况】 乐业县烟草专卖局（营销部）隶属百色市烟草专卖局（公司），负责辖区8个乡（镇）烟草专卖制品生产和经营，行使烟草专卖行政执法、经营卷烟销售和烟叶生产收购业务。2016年，县烟草专卖局下设综合管理办、客服办、物流中转站、专卖股、内管办、烟叶生产办、烟站等7个股室。在岗员工49人，其中领导班子4人。

【卷烟销售】 2016年，县烟草专卖局认真做好卷烟营销工作。全年共销售卷烟4286箱，完成年度任务4450箱的96.31%，比上年增加205箱，增长5.02%；单箱销售额完成年度任务22667元/箱的101.4%，比上年增加1065元/箱，增长4.80%。

【烟叶生产】 2016年，县烟草专卖局积极做好烟叶生产工作。全县共种植烟叶面积2911亩，比上年减少257亩；收购烟叶5708担，实际交售烟叶比上年增加914担，增长19.1%；烟农售烟收入662.8万元，比上年增加151.55万元，增长29.64%；烟叶均价22.06元/公斤，上等烟比例达54.58%。

【专卖管理】 2016年，县烟草专卖局继续加强烟草市场清理整顿工作，确保烟草市场规范有序。年内共查获涉烟案件30起，其中一般案件9起，无证经营和其他案件21起。查获假非私卷烟12.83万支，其中假非烟11.03万支，完成年度任务的110.3%；查获走私烟1.8万支，完成年度任务的100%。罚没款0.45万元；查处1万元以上5万元以下案件9起，其中查获假、非、私烟案件4起，其他案件5起。

【队伍建设与管理】 2016年，县烟草专卖局积极加强队伍建设与管理工作。严格预算管理，围绕“控制成本费用，提高效率”目标，深入开展对标贯标工作。强化民主管理，增强工作透明度，严格规范“三项项目”工作，加强供应商管理，杜绝暗箱操作。加强职工的教育培训工作，制定年度教育培训计划，督促各职能部门积极落实培训计划，将培训工作纳入绩效考核，提升员工综合素质。加强企业文化建设。通过交流学习等活动，增强员工凝聚力和战斗力。春节期间组织慰问老职工、困难员工。开展金秋助学送温暖活动，协助开展精准扶贫工作。加强安全管理，对电子监控、防雷系统定期检测，防范防火、防盗、防交通事故工作，全年安全事故零发生。（黄彦瑞）

供销合作社

【供销合作社机构概况】 2016年，

乐业县供销合作社联合社(简称县供销社)内设办公室、财审统计股、综合业务股等3个职能股室。有参照公务员法管理人员11人、公益性岗位职工2人,下辖5个乡镇基层供销社和县土产公司、农业生产资料公司、供销社农副产品综合加工厂、供销社盛泰资产管理有限公司等4个公司企业。设有农资配送中心1个、加盟店58家、连锁配送网点120个。

【经营销售】 2016年,全县供销系统实现综合经营总额18305万元,比上年增加2050万元,增长12.61%。实现商品购进总额9120万元,比上年增加962万元,增长11.79%。其中,农副产品购进905万元,比上年增加118万元,增长14.99%。实现商品销售总额9185万元,比上年增加1088万元,增长13.44%。其中:农业生产资料销售额1230万元,比上年增加70万元,增长6.03%;消费品零售额7110万元,比上年增加793万元,增长12.55%。实现利润12万元,比上年增加1万元。全年全县供销系统销售各种化肥9010吨,其中尿素1500吨、磷肥1000吨、钾肥650吨、复合肥5860吨;农药96吨、农膜78吨。农资销售金额1230万元,比上年增长6.03%。全县供销系统购进农副产品905万元,销售额1080万元。

【农民合作经济组织】 2016年,乐业县供销系统领办农民专业合作社3家,即逻沙乡党雄乐民种养农民专业合作社、花坪镇花岩村乐丰种养农民专业合作社、花坪镇山林堡惠丰猕猴桃种植专业合作社,为农村产业化经营起引领作用。

【为农服务】 2016年,乐业县供销系统各农资经营单位筹集资金700万元,从区内外组织购进各种优质化肥9000吨,农药、种子、农具等农资商品一大批。以乐业县供销社农资配送中心开展农资连锁配送业务,充分发挥农资商品经营主渠道作用,发展统一配送、统一价格、统一标识、统一服务的农资供应模式。全县建有农资配送中心1个、乡镇农资配送点8家、农资销售农资店58家。建有日用消费品农家店58家、日用消费品综合超市4家。

【安全生产】 2016年,县供销联社认真做好安全工作。做到常抓不懈,层层落实安全生产责任制,层层签订安全责任状。全年共开展安全生产大检查4次,拆除危房1处,投入安全整治资金1万元。全县供销系统全年无安全生产事故发生。 (王功健)

粮食商业

【粮食商业机构概况】 乐业县粮食局是乐业县人民政府主管全县粮食流通和粮食储备的职能部门,负责全县粮食流通宏观调控和行业指导等工作。2016年,县粮食局内设办公室、调控股、监督检查股、流通与发展股、项目建设股等5个股室,局机关在职人员7人。下辖粮食购销管理中心、粮食储备管理中心、粮食市场稽查大队等3个二层机构,其中粮食购销管理中心下设同乐、甘田、逻沙、新化、幼平、逻西、花坪、雅长等8个粮政办。年内粮食系统在职人员45人,其中中级职称2人、初级职称7人。

【粮食购销】 2016年,县粮食局积极组织粮食购销工作。共完成粮食收购(贸易粮)16640吨,完成销售粮食16640吨,比上年减少829吨。

【粮食储备管理】 2016年,县粮食局认真做好粮食储备管理工作。健全地方储备粮管理体系,加强应急网络建设。实行"一符、三专、四落实"的管理模式,县级储备粮仓库全部实行专人、专账、专仓管理。落实储备粮数量、质量,出、入库管理责任,确保账务与实物相符,确保储备粮油安全储存。县级储备粮总规模4700吨(贸易粮),完成储备粮轮出任务1596吨,轮入任务1610吨;年内实际完成储备粮库存4700吨(贸易粮),完成任务的100%。

【粮食应急管理】 2016年,县粮食局加强粮食应急管理工作。制定和完善《乐业县粮食安全应急预案》,建立县级应急成品粮储备、健全应急加工和供应网络。加强粮食市场监测预警,保证急用时能及时组织粮源,迅速投放市场,发挥应急保障作用。

【仓库建设】 2016年,县粮食局加强粮库"危仓老库"维修,提升仓库使用功能。年内中央、自治区、县共投入维修改造粮库资金72万元,全县粮仓完好仓容达6940吨

（原粮）。

【粮食流通管理】 2016年，县粮食局继续加大《粮食流通管理条例》宣传力度，提高粮食法规社会知晓度。利用“6·16”世界粮食日等宣传日开展粮食食品安全宣传活动，发放宣传资料1000余份。认真做好粮食流通行政许可审批，结合机关行政效能建设活动，按照“两集中、两到位”要求规范行政审批流程。年内共办理粮食收购许可证年检20户，其中粮食购销企业2户、个体粮食收购18户。加强监督检查人员的培训，通过参加自治区粮食局粮食监督检查证考试，取得粮食监督检查法证3人。粮食检查过程做到亮证执法、多人执法，程序规范化。加强案件查处力度，维护粮食流通市场秩序。年内联合执法共出动20余人次，加大对无证经营粮食的查处，规范粮食经营户建立台账。

【粮食经济效益】 2016年，乐业县粮食系统实现销售收入34421万元，销售毛利-165.27万元，费用总额110.84万元。申报政策性补贴收入281.46万元，补贴后盈利17.35万元。（黄意军）

市场开发服务

【市场开发机构概况】 2016年，乐业县市场开发服务中心内设办公室、财务股、市场建设规划股、市场管理股等4个股室，下辖同乐、城南、新化、花坪、甘田、幼平、逻西7个市场开发服务站，管辖全县城乡13个市场，市场总面积33371.3平方米。全县有市场开发服务人员21人。

【市场建设】 2016年，县市场开发服务中心积极实施市场建设工作。投入资金13.39万元，对同乐农贸市场内柱子、市场内墙面进行美化亮化改造，对市场下水道进行整改。对市场用电线路进行改造，安装市场不锈钢大门和通道卷闸门；安装市场通道拦车杆，维修市场公共厕所。

【市场安全管理】 2016年，县市场开发服务中心在市场经营管理中，坚持把市场安全工作放在首位。结合各个市场特点，加强和改进市场安全工作，完善市场安全管理制度；落实责任，严格管理，强化监督，防止安全事故发生，积极创造良好的市场交易环境。采取中心股、室人员与各站挂钩，对各乡（镇）市场卫生、秩序及市场安全情况进行监督管理，认真排查和掌握不稳定因素及苗头，主动加强与经营者、消费者经常性沟通，及时妥善处理热点和难点问题，将矛盾化解在萌芽状态，确保市场稳定。

【市场创卫工作】 2016年，县市场开发服务中心认真贯彻执行《乐业县创建国家卫生县城工作实施方案》精神，积极开展市场创卫工作。一是落实主要领导负总责、分管领导具体抓工作责任制，全方位落实责任倒查，实行定人、定位、定成果，各司其职，奖罚分明。组织全体干部、职工投入创卫工作。二是认真抓好县城市场场容场貌秩序管理，加大投入，坚持抓好市场日常保洁工作。三是针对县创卫督查发现农贸市场卫生、经营秩序出现反弹问题进行整改。四是对城区农贸市场开展统一灭“四害”活动；五是严格按照上级领导指示，积极配合各职能部门工作，及时改进工作中存在的问题，防止出现消极、被动、推诿、抵触等现象，确保创卫工作圆满完成。（卢敏霞）

中石化经营

【中石化经营概况】 2016年，中国石化销售有限公司广西百色石油分公司乐业片区（简称中国石化百色公司乐业片区）有在职职工24人，其中正式职工2人、劳务工20人，片区管理人员4人。乐业片区加油站网点主要分布在城南区、城北区和花坪镇，经营加油站3座，其中城区网点有城南加油站、城北加油站2座；乡镇网点有花坪加油站1座。2016年，片区非油品销售业务主要经营烟、酒、食品等。年内非油品销售总额218.31万元。

【石油销售】 2016年，中国石化百色分公司乐业片区销售油品继续由百色分公司统一调拨，主要经营汽油、柴油、润滑油等品种。年内，乐业片区汽油主要销售92号、95号汽油，各种成品油销售量15510吨，其中92号汽油5275.6吨，95号汽油1446.4吨，0号柴油零售8788吨。

【经营管理】 2016年，中国石化

百色分公司乐业片区继续坚持“预防为主,安全第一”的方针。进一步加强对加油站的消防管理及安全监督管理,实行安全工作承诺制度,加强对员工职业道德教育及业务培训,提高员工服务素质。围绕“多卖一吨油”“油非互动”“安全管理提升年”等活动,明确职责,找准差距,克服困难,狠抓落实,主动应对中石油竞争,取得良好的经营业绩和管理业绩,圆满完成各项年度目标任务。（黄国各）

中石油经营

【中石油经营概况】 2016年,中国石油天然气股份有限公司广西百色销售分公司乐业城南加油站有职工9人,其中管理人员1人、合同工5人、劳务工3人。年内共销售成品油4871吨。销售烟、酒、食品等非油品总额48万元。

【石油销售】 2016年,乐业城南加油站成品油、非油品由百色销售分公司统一采购、统一调拨,主要经营汽油、柴油、润滑油等品种。年内主要销售92号、95号汽油。各种成品油销售量共4871吨,销售金额3378.47万元。其中,92号汽油2510吨,销售金额1856.10万元;95号汽油311吨,销售金额26435元;0号柴油2050吨,销售金额1549.73万元。

【经营管理】 2016年,百色销售分公司乐业城南加油站坚持“预防为主,安全第一”的方针。进一步加强对加油站的消防管理及安全监督管理,实行安全工作承诺制度,加强对员工职业道德教育及业务培训,提高员工的服务素质。继续推行IC卡及各项优质服务,IC卡共充值530万元。（蒙隆中）

物资经营

【物资概况】 乐业县物资供应公司属国有独资流通企业,是县政府直属企业,注册资金15万元。公司内设财务股、业务股、金属建材门市部、机电化工产品门市部等。1991年3月,公司在百色市设立“乐业县物资供应公司驻百色办事处”;1992年5月,公司在广西南宁市设立“乐业县物资供应公司南宁分公司”,在雅长乡设立物资供应站。分支机构。于1995年5月前陆续撤销。

【企业改革】 2004年,从乐业县物资供应公司经营的民用爆破器材单项剥离改制成立“乐业县民用爆破器材专营有限责任公司”,注册资金30万元。为独立核算,自主经营、自负盈亏的股份制企业。公司经营范围以乐业县境内所需的民爆产品为主营购销业务。2009年9月停止营业,2013年5月清算注销。2009年9月,由广西金建华民用爆破器材组织成立“百色建华民用爆炸物品销售有限公司”,在百色市各县成立分公司。百色建华民用爆炸物品销售有限公司乐业分公司,以乐业县境内所需民爆产品为主营购销业务。正常营业至今。

【经营状况】 1990年至2016年,钢材等多种建筑材料放开市场经营,打破原来由物资部门多年的垄断经营,加上公司多年经营不善,难以维持公司正常运作,多数员工待业待岗,自谋出路。2016年公司主要靠门面租金收入来维持职工的部分生活费和养老金等缴纳各项社会劳动保险。2016年年底有在职职工人数9人、离休1人、退休5人。年内固定资产总额237万元,负债总额231万元,净资产总额6万元;全年累计亏损87万元,当年上缴各项税金2.1万元。（冯前晶）

经济管理与监督

◎编辑　黎启顺

宏观经济管理

【发展和改革机构概况】 2016年，乐业县发展和改革局(简称县发改局)内设7个股室：办公室、综合规划股、固定资产投资股、农村经济和社会发展事业股、县重大项目办公室、铁路建设办公室、县国防动员委员会国民经济动员办公室。机关行政编制10名，机关后勤2名。在职在编人员18名(包括事业编人员)。下辖3个全额拨款事业单位：县金融工作办公室、县政府投资工程建设项目管理办公室、县医疗体制改革办公室。挂牌机构有县物价局、县招投标领导小组办公室。

【规划编制】 2016年，乐业县发展和改革局认真抓好年度计划目标编制工作。一是完成“十三五”规划。立足县情，高标准、高起点编制完成《乐业县“十三五”规划》，并经县第十五届六次人民代表大会审议通过。二是完成专项规划。编制完成了《易地扶贫搬迁“十三五”规划》《石漠化治理“十三五”规划》。配合完成《乐业县乡村旅游总体规划》《脱贫攻坚“十三五”规划》《新一轮农网改造升级规划》等专项规划。三是草拟完成《乐业县“十二五”年国民经济和社会发展计划执行情况与“十三五”国民经济和社会发展计划草案的报告》。

【固定资产投资】 2016年，县发展和改革局认真做好全县固定资产投资工作。一是全力争取中央预算内补助资金。全年争取到中央预算内项目23个，主要包括乐业县看守所、易地扶贫搬迁、农村饮水工程、以工代赈等项目，项目总投资6287.1万元，获得中央预算补助资金4816.5万元。二是加大融资资金贷款力度。以百色政策性金融扶贫示范区为抓手，大力争取融资贷款资金，全年累计争取到融资资金7.5亿元，改善农村人居环境基础设施建设定点项目、政府债券村屯道路等项目正在加快推进。全年全县累计完成固定资产投资28.21亿元。

【项目管理】 2016年，县发展和改革局切实加强项目管理工作。一是实施重大项目“五定”目标管理责任制，做到分工明确，责任清晰，加强监督检查，推动重大项目建设。2016年，全县统筹推进项目413个，总投资额298.44亿元，共完成投资10.12亿元。其中，列入自治区级统筹推进项目1项，总投资4.96亿元，项目百洞服务区、西风服务区正在推进，完成投资2000万元；列入市层面统筹推进重大项目11项，总投资25.89亿元，完成投资4.97亿元。二是加强在线项目审批平台建设，全县完成备案项目审批58个，立项项目批复277个。加强招投标管理，完成招投标项目330项，总投资10.01亿元。

【重大项目前期准备】 2016年，县发展和改革局围绕国家投向，积极开发储备项目，编制上报项目，全力推进前期工作，努力争取上级政策和资金的支持。完成乐业县2017年中央预算内投资计划草案项目27项，总投资8.76亿元，计划申请中央预算内项目资金7.11亿元。编制完成《巴马长寿养生国际旅游区乐业园区基础设施建设三年行动计划(2017—2019年)》，列入巴马长寿养生国际旅游区项目库5项，计划总投资3.55亿元。围绕健康养老业发展，乐业县长寿养生养老示范基地、乐业县世界长寿养生论坛永久性会址等2个项目进入自治区“大盘子”。以深圳对口扶贫为契机，筛选农业、服务业项目9项成功列入深圳百色产业协作项目，总投资41.1亿元。乐业通用机场、新化镇、花坪镇污水处理厂、城区垃圾填埋场提质改造等项目前期工作顺利推进。

【项目建设】 2016年，县发展和改革局积极做好项目建设工作。完成以工代赈示范工程总投资460万元，改扩建四级道路1条21.68公里；完成道路建设16公里，完成投资350万元，投资完成率80%；2016年以工代赈项目总投资535万元，新建屯级道路8条30.5公里，完成投资480万元，投资完成率达90%。易地扶贫搬迁项目稳步推进。开工建设15个扶贫搬迁项目，建设住房1139套，建成住房250套，搬迁入住936人，完成投资18538万元，完成总投资的61.96%。2015年易地扶贫搬迁项目，完成投资2838万元，占总投资的80.8%，搬迁入住743人。巩固退耕还林成果，完成项目投资1421万元。推进石漠化综合治理项目建设，完成人工造林85.9公顷，封山育林699.6公顷，完成投资650万元，占总投资的100%。

【全面深化改革】2016年，乐业县继续推进全面深化改革工作。实施部门权力清单制度，所有行政审批事项全部进驻县政务大厅办理。组建综合行政执法体制改革，成立城市管理综合执法局，改多头执法为综合执法，着力解决执法力量分散、职责交叉、重复执法等问题。扎实开展农村集体经济组织清产核资和集体资产量化确权改革试点工作，农村土地承包经营权确权登记颁证试点顺利推进。全面完成乡镇“四所合一”改革试点，挂牌成立乡镇国土规建环保安监站。深化医改，深入推进医保、医疗、医药三医联动，建立多方共担的补偿机制，深化编制人事制度改革，继续推行国家基本药物政策。“三证合一、一照一码”及“先照后证”改革深入开展。公车改革顺利推进，公车服务中心正常运转，公务用车拍卖顺利开展。户籍制度改革加快推进，实行“省内一站式”迁移户口，减少了过去群众“两头跑”的现象。全面推进农村金融改革工作，切实加快“推广田东模式，发展普惠金融”工作步伐，创建“三农金融服务室”，实现行政村百分之百全覆盖，打通农村金融服务“最后一公里”。（龚仕重）

国有资产监督管理

【国资监管概况】乐业县国有资产管理中心行使全县国有资产监督管理职责，主要负责拟订行政事业单位国有资产管理规章制度；承担县本级行政事业单位国有资产配置、使用、处置和产权变动的有关工作，监督管理国有资产收益；对行政事业单位国有资产管理工作进行监督、检查。2016年，有干部职工5人，其中主任1人，副主任1人。

【企业改制】2016年，县国有资产管理中心继续做好企业改制工作，认真做好原县印刷厂和原县服装厂的国有资产管理工作。

【国有资产监管】2016年，县国有资产管理中心认真做好国有资产监管工作，积极盘活闲置国有资产，防止国有资产流失。一是配合将部分闲置国有资产注入县旅投公司名下，壮大县旅投公司资产；二是根据县人民政府的工作安排，完成逻西乡民西村委会办公楼房地块公开处置的评估工作，地块土地面积92.99平方米，建筑面积223.78平方米，评估值为17.46万元。

【国有资产营运】2016年，县国有资产管理中心确保国有资产保值增值，加强对经营性国有资产的管理。经县政府同意，将县计生局办公楼一楼5间门面和原县服装厂门面公开招租，租金收入共11.6万元。

【棚户区（危旧房）改造】2016年，县国有资产管理中心积极推进同乐镇棚户区（危旧房）改造项目工作。根据县政府的工作安排，由兴乐公司负责同乐镇棚户区（危旧房）改造项目的建设、用款和项目贷款还款工作。项目改造任务1368户，分3年实施，2015年实施600户，2016年实施468户，2017年实施300户。项目总投资48526万元，其中申请国开行贷款36700万元，自筹11826万元。至2015年6月30日，申请国开行贷款用款到账额度2.8亿元；至2016年12月，累计支出资金总计6341万元，其中2015年支出资金2992万元，2016年支出资金3345万元。（黄建明）

统　计

【统计机构概况】2016年，乐业县统计局是县人民政府的直属局。核定编制9名，其中行政编制5名，事业编制3名，机关后勤编制1名，实际在编9名。其中，局长1名，副局长2名。下设办公室、综合核算与法规统计股、工业交通与能源统计股、农业与城乡居民收入调查统计股、固定资产投资、建筑业与基本单位统计股、社会贸易与服务业统计股等6个职能股室。

【综合统计】2016年，县统计局积极做好各项统计工作。收集整理编印《2015年乐业统计年鉴》、编写统计分析资料，发布《2015年乐业县国民经济和社会发展统计公报》，编印《2016年统计季报》等资料，做好统计数据咨询服务工作。重点加强对月度、季度指标的跟踪，及时、全面分析全县经济运行中出现的新情况、新问题，为各级党委政府决策提供参考。利用掌握的大量统计数据资料，及时、全面、准确地反映全县经济社会发展状况，主动为全县及各部门提供统计数据和咨询服务。加强经济预警动态监测。围绕全县6家重点工业企业总量、效益、投入和企业规模变化的定期监测,准确反映企业经营情况,反映全县规模以上工业整体运营情况;建立和完善县域经济监测体系;组织实施重点耗能企业能耗情况的跟踪监测,动态反映全县节能降耗工作进展情况;进一步完善现代服务业发展统计监测体系和第三产业增加值核算体系。

【县情县力调查】 2016年,县统计局扎实开展重大县情县力调查。围绕国家和自治区、百色市、乐业县统计工作重点,切实抓好重大县情县力调查。一是做好第三次全国经济普查数据利用工作。按照国家、自治区、百色市的统一部署及安排,顺利完成对全部数据进行分析研究、成果汇编出版等工作。二是做好投入产出调查相关工作。切实做好投入产出调查工作。组织开展调查人员的培训、调查表的布置与填报、数据收集、数据审核汇总和处理、投入产出表的编制和分析应用等方面工作。

【第三次全国农业普查】 2016年,县统计局认真开展第三次全国农业普查工作。建立健全县、乡、村三级级农普领导机构。成立乐业县第三次全国农业普查领导小组,领导小组办公室由县统计局局长担任主任,农普办内设综合协调组、业务指导组、数据处理组、宣传报道组和执法检查组等工作组。全县8个乡(镇),88个村(社区)均相应成立农业普查工作小组,落实集中办公场地、设备和人员,县各级普查机构总人数达543人。制定出台《乐业县第三次全国农业普查领导小组办公室工作规则》《乐业县第三次全国农业普查时间安排》,明确工作规则、工作时间表和路线图。落实2016年普查专项经费67.23万元。全县共选聘543名普查指导员和普查员,举办普查区和普查小区划分及绘图业务培训班、农业普查摸底培训班和PDA操作及数据处理程序培训班,培训乡级以下师资160人次。全县共划分88个普查区、367个普查小区,绘制手工图455张。

【人口变动抽样调查】 2016年,县统计局认真开展全国人口变动情况抽样调查,根据国家统计局《人口变动情况抽样调查制度》(2016年统计年报)规定和《自治区统计局办公室关于认真做好2016年人口变动抽样调查工作的通知》(桂统办字〔2016〕144号)文件要求。从11月1日—15日在全县各乡镇抽样小区进行人口变动抽样调查,数据采集方式使用PDA现场采集和直报调查数据。全县人口变动调查工作抽中同乐镇新兴社区第2小区、刷把村第1小区,甘田镇四合村第8小区,新化镇谐里村第4小区,逻西乡巴劳村第2小区、扁利村第5小区等6个小区。11月1日完成正式入户调查表、死亡表填报登记;11月5日完成2016年人口调查村、居委会(社区)基本情况表填报。11月30日,完成全县2016年人口变动情况抽样调查工作。

【统计信息分析】 2016年,县统计局积极组织人员重点对全县工业生产、农业生产、投资项目建设、房地产开发、消费品供需等社会经济状况进行调查研究,向党政领导与有关部门提供进度分析报告46篇。定期召开统计系统经济运行分析会,把脉会诊全县季度经济形势,为各级党政领导和有关部门科学决策提供第一手资料。积极做好全县宏观经济数据库及统计信息化建设基础工作。指导督促企业加强网上直报工作。规范统计数据和资料信息的公布,及时准确发布工作信息、统计分析、统计专题研究报告和工作动态。

【统计执法】 2016年,县统计局加大统计法制宣传和执法力度,增强依法治统能力。一是增强宣传效果,优化宣传手段。在"12·4"全国法制宣传日和"12·8"统计法制宣传日,开展统计法制的宣传活动,充分利用"5·12"防灾减灾宣传和全县政务公开活动的机会加强统计及统计法制工作宣传。二是以查处漏报瞒报为重点,加大统计执法检查的力度。抽调人员组成检查组,深入企业开展统计执法检查。建立、健全和推行统计违法案件公开通报、案卷评查制度和重要案件报告制度。三是创新统计执法模式,切实解决统计执法工作面临的突出矛盾和问题,为统计执法工作开辟新路径。年内,县统计局被自治区统计局评为广西县级统计工作规范示范单位。

【统计年报】 2016年,县统计局认真做好统计年报工作,努力提高统计数据质量,着力推进"诚信统计"建设,保质保量、圆满完成国民经济核算、工业、农业、固定资产投资、建筑业、房地产、住宿和餐饮业、批发零售贸易业、劳动工资、原材料能源、基本单位、贫困监测、畜禽水产监测、城镇住户一体化调查等十多种定期报表和年报的收集整理、汇总上报工作。

【扶贫帮困工作】 2016年，县统计局领导班子按照县委、县政府的统一部署和要求，对帮扶村新化镇乐翁村33户贫困户建档立卡信息进行调查与核对，做好贫困户各项惠农政策的宣传解读，落实贷款入股企业分红、危房改造、移民搬迁、发展产业等扶贫政策措施，帮助贫困户实现脱贫目标。派出1名干部到帮扶村任新农村指导员，通过全局干部职工捐款1900元为4户贫困户购买电视，增强贫困户早日脱贫致富的信心。 （梁　鹤）

审　计

【审计机构及工作概况】 2016年，乐业县审计局核定人员编制20名，其中行政编制6人，事业编制13人，机关后勤编制1人，实有人员20人。内设办公室、行政事业与农业资源环保审计股、经济责任审计股、综合审计股和政府投资审计中心、经济责任审计分局2个二层机构。年内县审计机关完成审计项目65个，查出问题金额2633.67万元，其中应上缴财政1万元，应归还原渠道资金14万元，应调账处理资金2618.67万元；已上缴财政1万元，已调账处理金额1059万元；核减投资审计金额2023万元，挽回（避免）损失2023万元。提交审计工作报告、信息9篇，被采用9篇。

【财政审计】 2016年，县审计局切实加强财政审计工作，对2015年度县本级预算执行情况进行审计。从人民群众所关注的热点、难点、焦点问题及国家法律法规政策执行和各项惠民政策落实的情况为重点，跟住财税改革和管理动向，核实财政预算收支，通过运用筛选比对、实地查看等方法，查出违规骗取补贴、专项资金未按规定退回财政部门统筹管理等多个问题，督促相关单位按时完成审计整改，提出多条审计建议，得到被审计单位的采纳。共完成财政审计项目1个即2015年度县本级财政预算执行及其他财政收入审计，查出主要问题金额45万元。

【经济责任审计】 2016年，县审计局认真做好经济责任审计工作。对县住房和城乡规划建设局原局长、林业局局长进行任职期间经济责任审计。在审计中，按照《广西壮族自治区审计厅关于印发经济责任审计操作规程的通知》要求，进一步创新审计方式。把经济责任审计与财政财务收支审计、重大政策落实跟踪审计相结合，任中审计与离任审计相结合，审计与审计调查相结合等“三个结合”，努力做到资源共享，提高效率。同时与组织人事、纪检监察部门进行交换意见，将审计结果报告内容列入每位被审计领导干部的个人考核档案，作为干部年度考核、奖惩、任免的重要参考依据，充分运用审计结果。

【专项资金审计】 2016年，县审计局加强对专项资金审计工作力度。将审计重点确定为生态乡村的基础设施项目，以项目投资审计为抓手，通过先对施工图纸、施工要求等材料进行前期审核，再进入施工现场进行项目施工进度、施工内容进行核实。后期由投资审计组根据实际施工进度、施工内容进行工程款的计算，由资金审计组对审计核实的工程款、施工合同约定的预付条款与实际支付工程款进行比对，查找问题。对乐业县“美丽乐业·生态乡村”活动领导小组办公室2016年度“美丽广西·生态乡村”活动财政专项资金审计项目进行审计中，查出问题金额891.6万元。

【固定资产投资审计】 2016年，县审计局加强对固定资产投资项目的审计。采取购买社会服务，引进中介参与协审，注重施工现场踏勘，现场审核的办法开展固定资产投资审计，并注重进行多级复核制。实施对同乐镇武称卫生院和逻沙乡、新化镇、幼平乡4个卫生院职工住宿楼工程结算审计及政府临时委托的60个项目投资进行审计，共完成审计投资额1.3亿元，核减投资审计金额2023万元，挽回经济损失2023万元。

【队伍建设】 2016年，县审计局加强党风廉政建设教育，任职开展查处发生在群众身边的“四风”和腐败问题专项治理工作，扎实开展“两学一做”学习教育活动。在党组成员中开展“学党章党规、学系列讲话，做合格党员”的“两学一做”学习教育。在党员干部中开展“四讲四有”做政治上的明白人等专题讨论。采取走出的方式,分批次安排全体审计人员到南京审计大学等院校参加业务培训,注重以骨干带新人的和以老带新的方式培养业务人才。年内从其他单位调入3位年轻专业技术人才,壮大了审计队伍。

(黄艳春　李秀明)

物价管理

【物价机构概况】 2016年,乐业县物价局在县发展和改革局挂牌,内设价格综合办公室、商品和医药价格管理股、收费管理股等3个职能股室和价格监督检查分局、价格认证中心2个二层机构。在职干部职工12人,其中县价格监督检查分局在职干部3人,县价格认证中心空编无人员,岗位人员从物价局和价格监督检查分局抽调兼任。年内,落实价格管理政策,强化民生价格和收费监管,创新价格服务管理,居民消费价格总水平上涨幅控制在3.5%左右。

【收费管理】 2016年,乐业县物价局认真做好全县收费管理工作。一是开展行政事业性收费统计工作,通过"全国收费动态监管系统"网络平台对全县44个单位进行行政事业性收费统计工作。2015年全县行政事业性收费859.48万元,其中行政性收费471.32万元,事业性收费388.16万元。二是认真落实收费减免政策。按照上级关于持续开展"乱收费专项整治"的部署要求,结合收费单位收费情况报告制度,对全县所有收费部门的收费项目和标准进行清理、审核。年内共取消地方性行政事业性收费4项,暂停收费8项,对小微企业免征费42项。

【市场价格监管】 2016年,县物价局切实做好全县市场价格监管工作。一是根据百色市物价局《关于印发百色市价格监测质量考核评比办法(试行)的通知》和县委县政府工作部署,在全县选择有代表性的9个监测点,开展居民生活必需品、农资产品、建材和重要生产资料等151种商品价格动态监测,共报送本级相关职能部门和区、市价格主管部门各类报表50多份,准确率、及时率均为100%,为乐业县工程评审验收和上级进行经济决策提供基础数据。二是加强元旦、春节、清明、"三月三""五一"、端午、中秋、国庆等节假日价格巡查,将县城内从事主要商品销售以及医药、住宿、餐饮、客运、景区经营的价格行为纳入监管范围。在第九届中国·百色国际山地户外运动挑战赛及第七届中国·乐业户外嘉年华活动期间,县物价局全员值班,分组开展市场价格巡查,共出动执法检查人员48人次、检查车辆24辆次,巡查了县城6家超市、2个农贸市场、16家药店、35家酒店、饭店、12家"农家乐"经营场所以及客运站、景区售票点,没有发现趁机涨价、价格欺诈等行为。

【价格检查】 2016年,县物价局围绕群众关切、社会关注的价格热点和消费重点,组织50多人次,开展教育收费、旅游景区价格收费、餐饮行业价格、药品价格、农贸市场明码标价、涉企收费、申请医保定点药店明码标价等价格专项检查。认真拟定专项检查计划,制定检查方案,整治规范价费秩序,净化优化价格环境。通过监督检查和宣传引导,各经营单位依法经营观念增强,诚信自律意识提高,执行价格政策法规的主动性、积极性得到普及。收费行为公开透明、规范有序,商品价格明码标价、阳光公示,构建起诚信、法治、和谐的价格氛围。

【价格认证服务】 2016年,县物价局依法开展涉案财物、应税物等价格认证工作,共受理区域内各类刑事、民事、涉税、经济等价格鉴证认证业务50件,认证标的总额199.74万元。为公、检、法、司机关依法办案、政府征地拆迁补偿等中心工作提供价格依据。

【价格举报服务】 2016年,县物价局以打造"群众满意服务单位"为目标,充分发挥"12358"举报电话作用,认真受理和查处群众反映的各类价格违法违规问题。局领导带头轮流值班、协调指挥,各股室密切配合、对群众投诉或咨询,做到事事有回音,件件有答复,桩桩有落实。

(黄镜锡)

工商行政管理

【工商机构及工作概况】 2016年,乐业县工商行政管理局辖8个乡镇和城区工商所。工商局内设办公室、法制股、经济检查股、市场规范管理股、消费者权益保护股、商标广告监督管理股、企业注册与个体私营经济监督管理股、信息与网络交易监督管理股、经济检查大队等9个股室，全县工商行政管理系统在职在编人员32人。年内被认定为继续保留自治区"文明单位"荣誉称号，获百色市工商行政管理系统消费维权先进集体、红盾护农工作先进集体；完成市场主体年报公示和小微企业党建工作，荣获乐业县扶贫攻坚先进集体、人口和计划生育工作先进单位、质量兴县战略工作先进单位。

【商事制度改革】 2016年，县工商局围绕乐业地方经济发展，不断优化创业环境，全力推动大众创业。实施商事制度改革。按照自治区、市工商局部署，把商事制度改革列为年度全局重点工作，通过实施年检制改为年报制、注册资本由实缴制改为认缴制、"先照后证""三证合一""六证合一"及个体工商户营业执照与税务记证两证整合等改革，努力营造宽松便利的准入环境，大幅提升行政审批效率，降低投资创业成本，节约创业者时间，服务地方经济发展见成果。

【企业登记】 2016年，县工商局按照国家工商总局制定的商事登记制度改革的时间表和路线图，遵循"便捷高效、规范统一、宽进严管"的原则，在注册资本、名称核准、营业执照、信用监管、服务便利化等方面逐步推进改革。全年全县有个体工商户5562户，从业人员6674人，注册资本33818.2万元。其中，新登记个体工商户973户，从业人员1167人，注册资本6745.2万元；实有非公企业496户，从业人员2480人，注册资本105988元。其中，新登记非公有制企业104户，从业人员520人，注册资本36718万元，注册资本比上年增长53%；实有农民专业合作社207户，从业1242人，注册资本39010万元。其中，新登记农民专业合作社70户，从业人员430人，注册资本13820万元，注册资本比上年增长54.9%。

【农村经纪人培训】 2016年，县工商局积极开展农村经纪人培训。6月23日，组织各乡镇60名农村党员经纪人在县党校开展"乐业县2016年农村党员经纪人培训班"，重点向农村党员经纪人培训政策法规、市场经济、网络营销、经纪人管理和农资打假等内容，着力提高经纪人在市场信息采集分析、合同订约履行、农产品网络营销、行业法规应用等能力。

【服务企业】 2016年，县工商局积极服务微型企业发展。8月组织对30户微型企业申办企业的规模、生产设备、投入资金、用工、经营状况等情况进行复查审核，对符合补助条件的25户微型企业拨付75万元企业补助资金。

【商标管理】 2016年，县工商局认真抓好"商标兴桂"活动的实施工作。积极帮助企业提升商标培育、注册、运用、保护和管理能力，深入开展保护注册商标专用权活动，以食品、酒类、药品、保健品、化妆品等为整治重点，开展查处各种商标侵权行为和假冒商标侵权行为。督促企业加强商标注册意识，引导企业和个体工商户使用并注册商标，积极引导经营者利用品牌争创农产品龙头企业。积极开展商标兴企战略，争创广西著名商标。积极培育发展农产品商标、广西著名商标，做好商标富农服务工作，培育申报广西乐业县草王山茶业有限公司"乐业红"商标为广西著名商标，受理咨询商标注册2户。

【市场监管】 2016年，县工商局积极履行监管职责，严厉打击各种市场违法行为。年内共立案查处各类案件92件，案值210万，罚没金额23.99万元。开展"红盾护农"专项整治行动，检查涉农经营户75户；查处农资案件68件，其中涉案企业2户，涉案个体工商66户，案值140万元，罚没金额13.11万元。开展查处取缔无照经营专项行动，共查检个体户910户，发现无照经营或营业执照过期经营43户，下发《限期办理工商营业执照通知书》27份，立案查处22件，案值21.5万元，罚没金额6.1万元。开展质量抽检，没收违法所得不合格"绿澳"牌复混肥料294袋(50斤装/袋)。开展合同监管，立案查处1起，处罚金额0.05万元。开展非煤矿山、危险化学品、烟花爆竹等专项行动33次，立案查处2起无照无证非法运输销售锑矿案，案值达41万元，罚没金额4万元。开展广告日常监管，共检查51户经营主体，下达行政指导书2份，责令整改1个个体户。

【消费者权益保护】 2016年，县工商局结合实际，开展消费教育基地示范点建设，共建设消费教育基地5个，其中老年人消费教育基地1个、青少年消费教育基地2个、农村消费教育基地2个。年内县工商局"12315"消费者投诉举报中心接受消费投诉3起,调解成功3起,挽回经济损失3940元。县工商局"121315"消费者投诉举报中心被百色市工商局评为百色市消费维权先进集体。

【中心工作】2016年,县工商局认真抓好精准扶贫工作。年内,县工商局在产业发展中指导、帮扶岜木村群众发展种植猕猴桃800亩、核桃1500亩、油茶500亩、桑叶200亩;支持建设肉牛养殖场1个、农民专业合作社9家。实现所包村36户157人脱贫摘帽出列。开展在"小个专"经济组织和"两新"组织中开展党团建设"百日攻坚"行动。新建同乐、甘田、新化、逻沙4个"小个专"党支部。(骆小萌)

国土资源管理

【国土资源机构概况】2016年,在乐业县国土资源局加挂县测绘地理信息局和县不动产登记局。国土资源局内设办公室、土地利用股、政策法规股、地籍测绘股、耕地保护股、财务股、规划股、矿管地环股、信访调处股等股室,有土地储备交易中心、地产公司、土地整理中心、国土资源执法监察大队、不动产登记中心等5个二层机构,下辖8个乡镇国土资源管理所,全县国土资源系统在职职工68人(包含编外用工、聘请人员)。

【重大项目用地】2016年,乐业县共上报同乐至大石围景区公路提级改造等10个项目,总用地面积415.53公顷,其中农用地386.52公顷(耕地132.63公顷),建设用地17.33公顷,未利用地11.68公顷;新增建设用地401.0783公顷。年内获批同乐至大石围景区公路提级改造项目建设用地和火卖景区基础设施项目建设用地2个项目,面积33.51公顷,其中农用地24.06公顷(耕地2.88公顷),建设用地9.29公顷,未利用地0.16公顷;新增建设用地24.21公顷。完成扶贫生态移民用地指标上报工作,用地规模84.48公顷(居住用地76.28公顷、交通基础设施用地8.20公顷),已报自治区并通过审核。

【矿产开发管理】2016年,乐业县有各类矿山企业11个,其中金矿开采2个、页岩矿1个、方解石矿3个、石灰岩矿5个。自治区国土资源厅发证2个矿山,应检矿山为2个,实检矿山1个,年检率50%;百色市发证矿山1个,应检矿山1个,实检矿山数1个,年检率100%;县本级发证8个矿山,应检矿山数6个,实检矿山数6个,年检率100%。完成全县第三轮矿产资源总体规划方案初稿工作,通过百色市评审并报自治区国土资源厅审查。

【征地拆迁】2016年,县国土资源局积极做好项目用地征地拆迁工作,完成大石围公路征地拆迁20.45公顷,补偿征地补偿款764万元,未补偿补偿款134万元,有待完善资料后再发放;继续为纳良至乐业公路提级改造工程项目服务,做好二次塌方测量工作,共测量55.25亩。

【案件查处】2016年,县国土资源局认真做好土地违法案件的查处工作。全年全县共发现和制止各类土地违法案件97宗,涉及违法占地面积8912平方米,违法建筑面积12444平方米。依法强制拆除违建户69户,涉及占地面积为3097平方米,违章建筑面积4026平方米;下发《责令停止国土资源违法行为通知书》及《停建通知书》80份,立案查处9宗,结案7宗,收缴罚没款8442元。充分利用6.25土地宣传日制作宣传栏、标语、宣传车巡回宣传等形式,大力宣传有关政策和法律法规,到县城及各乡镇进行横幅宣传并发放宣传资料,共拉宣传横幅30条、发放宣传资料15000份。

【矿政管理】2016年,县国土资源局加大对矿山巡查力度,全年共开展矿山巡查120次,深入开展矿产联合执法行动和"六打六治"打非治违专项行动,立案查处越界开采行为3起。联合打击非法采矿,共烧毁工棚85间、破坏矿洞51个、烧坏发电机、柴油机58组、毁坏水管25000余米、破坏堆淋坝7座、氰化池5个。对无证开采行为进行整治,发现和制止矿产违法行为12起,下发《责令停止违法行为通知书》12份,立案查处3宗,结案3宗,收缴罚没款45000元。

【卫片执法】2016年,县国土资源局切实抓好卫片执法工作。国土资源部下发乐业县2015年度土地变更与遥感监测图斑共17个,图斑面积9.12万平方米,最终经国土资源部确认为新增建设用地图斑11个,11个新增建设用地图斑经内外业核实后,判定为合法图斑6个、违法图斑5个,违法图斑已100%立案查处并结案;国土资源部下发乐业县2015年度遥感监测矿产图斑共15个,经核查15个图斑全部位于乐业县花坪镇运赖村良弄矿山的良弄坡、老鹰嘴、板兰山等3个地方,其中3个图斑为非法盗采金矿、12个图斑为非法盗采锑矿。因图斑属群众盗采造成地表变化形成的图斑,无法确认违法主体,故作非立案处理。报请县政府从相关部门抽调35人组成联合执法组,分成两个小组每周对矿山巡查打击两次,矿山锑矿采洞已全部关闭。全县2015年土地矿产卫片执法检查工作通过土地督察局、自治区和市级的验收。

【耕地保护】 2016年,县国土资源局根据百色市人民政府下达的目标任务,将本年度耕地保护目标任务逐级进行分解,分别与各乡(镇)、各村民委及各乡(镇)国土资源所签订耕地保护责任状,强化领导工作责任制,并列入年度绩效考评内容。一是不断加强耕地和基本农田保护基础工作。在已完成9块基本农田保护标志牌基础上,在全县8个乡镇重新设立全国统一的基本农田保护标志牌,使基本农田保护区更加明确,监督举报更加便捷。二是做好永久性基本农田划定工作,编制完成全域永久基本农田划定方案并通过市级审查,全县共划定基本农田面积19642.51公顷;结合乐业县社会经济发展需要全域永久基本农田划定共划出基本农田647.25公顷,划入较优质的耕地135.57公顷。调整划定后乐业县基本农田面积为20418.33公顷,比百色市下达基本农田保护目标20353.00公顷多65.33公顷。三是抓好基本农田核销工作,年内共核销基本农田97.77公顷,其中2015年第六批次乡镇核销1.37公顷、同乐至大石围景区公路提级改造工程建设项目核销2.95公顷、乐业至百色公路核销93.45公顷。四是全力推进土地开发整理工作,实施幼平乡百安村等41个土地开垦项目,实施总面积为634.74公顷,新增耕地面积为542.82公顷,项目总投资457.39万元;实施新化镇谐里村等3个村旱改水提质改造项目面积40.24公顷,新增"旱改水"耕地质量提升面积(水田)38.85公顷,总投资105.06万元。

【不动产登记】 2016年3月1日,乐业县不动产登记局、不动产登记中心正式挂牌成立,4月1日起正式受理不动产登记业务,实现乐业县不动产统一登记"新开旧停"。比自治区人民政府要求的全面实现不动产统一登记"新开旧停"提前6个月完成,是全市第三个县开展不动产登记业务受理工作。年内共核发不动产权证77本、不动产证明54份,为税务部门出具契税证明200余份。

【地籍管理】 2016年,县国土资源局加强"审管分离"行政审批改革,通过开展"审管分离"行政审批改革,使国土资源办事窗口由"接待型"变成"服务型"。年内共办理日常土地登记发证3宗(国有土地使用权)面积350平方米;办理抵押登记19宗,面积1788.16平方米,抵押金额约380万元;抵押注销登记25宗,面积3125平方米,抵押金额约420万元。

【地质灾害防治】 2016年,县国土资源局认真抓好地质灾害防治工作。年内全县共排查地质灾害隐患点63处,其中崩塌25处、滑坡38处。下发《2016年度汛期地质灾害防治值班制度的通知》,编制《乐业县2016年汛期地质灾害防治工作预案》,组织召开全县2016年地质灾害防治会议,部署地质灾害防治工作,县人民政府与各乡(镇)人民政府签订地质灾害防治工作责任状8份,县国土局与各乡(镇)国土所签订地质灾害防治工作责任状8份,乡镇与各隐患点监测员签订地质灾害防治工作责任状64份。按计划对全县64处地质灾害隐患点监测员发放津贴、补贴5万元。

（瘳和骏）

质量技术监督

【质量技术监督机构概况】 乐业县质量技术监督局(简称县质监局)是主管全县质量、标准化、计量、特种设备、认证认可等工作并行使行政执法职能的行政机关。局机关内设办公室、特种设备监察股、法规监督股、质量计量股、标准化认证认可监管股、产品质量监督股、财务室等7个股室,下辖县计量检定测试所(事业单位)1个直属机构,单位核定编制13名,其中行政编制8名,行政工勤编制1名,事业编制4名。2016年,全局在职干部职工12人，其中局行政8人，工勤人员1人，计量所3人。

【计量监督】 2016年，县质量技术监督局认真抓好计量监督工作。加强全县计量器具的免检和强检工作，免检对象为每个乡镇1个及县城2个农贸市场的额计量器具，强检对象为县辖区内贸易用计量器具及压力表。全县有强检检定计量器具270台件（其中台案称198台，压力表72台）。年内共开展免费检定计量器具225台，强制检定183台，完成压力表检定72台次，监管完成辖区内电表检定工作。六类重点民生计量器具强制检定率达100%，耗能企业帮扶覆盖率达到100%。开展计量宣传日活动20次、计量惠民项目1个；发放宣传小册子200本、宣传单700份；共检查5家食品定量包装商品销售门店。

【产品质量监督】 2016年，县质量技术监督局加强产品质量监督工作。依据《中华人民共和国产品质量法》《中华人民共和国食品安全法》《中华人民共和国标准化法》《中华人民共和国计量法》《生产许可证管理条例》《认证认可条例》等法律法规和规章，加强对农资、建材、棉花及其制品、服装、家用电器、手机、电脑、机电产品、汽车、摩托车、电动车、农用车及有关实行3C认证和生产许可证产品的监督管理工作。坚持开展集中打假保优、专项整治等活动，有效遏制假冒伪劣产品的产销势头。全年共出动执法人员200余人次，出动执法车辆90辆次，检查食品生产单位43家，检查农资经营单位13家、特种设备使用单位52家、涉“CCC”认证产品经销单位23家。办理行政案件50件，其中现场处罚40件，立案查处3件。

【打假行动】 2016年，县质量技术监督局组织开展农资产品、烟花爆竹、燃气、儿童用品、建材等执法检查行动，打击假冒伪劣产品。对全县2家烟花爆竹批发企业进行安全检查，对1家销售不符合强制性标准的烟花爆竹批发单位进行处罚。开展农资产品专项打假行动，组织执法人员深入乡村、田间地头开展“农资打假下乡”行动。出动执法人员33人次，车辆8车次，进村2个，检查农资经营单位23家，未发现制售假劣农资的违法行为。

【特种设备监察】 2016年，县质量技术监督局完成辖区内所有在用特种设备的建档工作，切实加强对重点区域、重点单位和重点设备的监察力度。把日常安全监察工作与“逢节必查”“安全生产月”等专项整治活动有机结合起来，全年共检查特种设备使用单位52家84台次，有效保证特种设备的安全运行，确保辖区内特种设备安全“0事故”。邀请自治区质监局特设处2名专家到乐业县开展特种设备安全监察培训。

【“质监安农”工程】 2016年，县质监局依托质监职能优势，突出“质监安农”主题，开展“标准惠农、服务促农、质量兴农、打假护农”行动和“质监安农”进千村行动，以实际行动服务“三农”。继续做好同乐镇刷把村、逻沙乡山洲村、逻西乡个马村等乐业县辖区6个村委会设立产品质量安全咨询服务站的服务工作，发放“质监安农”小册子700余份、服务联系卡500份，赠送书籍供农民阅读400余本，播放光盘、进村驻站开展咨询服务次数10次，开展宣传化肥和农药等农资产品的辨别知识、标准化种植、名优产品、农资打假等咨询活动，接受群众咨询800人次。

【品牌和标准化建设】 2016年，县质量技术监督局积极做好品牌和标准化建设服务工作。经多方努力，乐业猕猴桃获得国家质量总局批复保护公告(2016年112号)，张家湾猕猴桃农民生产合作社“桂丰”牌猕猴桃获得广西壮族自治区质监局颁发“广西名牌产品”牌匾。牵头组织编制《乐业砂糖橘种植规程》《乐业小果西红柿种植规程》获得百色市质监局批准发布实施。

（田应科）

食品药品监督管理

【食品药品监督管理机构概况】 2016年，乐业县食品药品监督管理局（简称县食药监局）内设办公室、食品安全综合协调与应急管理股、食品生产监管股、食品流通监管股、食品餐饮监管股、药品药械监管股（保健食品化妆品监管股）、行政审批股7个股室。下辖食品药品稽查大队、食品药品检验检测中心和同乐、新化、甘田、花坪、逻西、幼平、逻沙、雅长8个食品药品监督管理所。全局核定编制68名，局机关编制13名，其中行政编制

9名、机关后勤编制4名，领导职数1正、3副；参公编制人员45名，其中食品药品稽查大队17名、各乡镇食药监所合计28名；检验检测中心事业编制10名。实有在职干部职工60名。

【食品生产监管】 2016年，县食品药品监督管理局认真做好食品生产环节监管工作。全年共开展食品生产环节安全共治大行动、“六一”及高考期间食品生产安全专项整治、鲜湿米粉生产企业专项整治、食用植物油小油坊专项整治、省级食品生产监督抽检工作等专项检查工作。共检查食品生产加工单位31家次，监督抽检28批次，合格23批次，合格率82.1%；累计出动车辆30台次，执法人员163人次。

【食品流通监管】 2016年，县食品药品监督管理局切实抓好食品流通环节监管工作。认真开展(元旦、春节、清明节、“五一”、中秋、国庆节)节假日期间食品市场专项检查、春节期间食品批发市场专项整治行动、学园及其周边食品安全专项整治、水产品质量安全专项整治、肉类市场专项整治、越南酸奶专项检查、治理加盐专项检查、生湿面专项检查、防控走私冷冻肉品流入市场专项整治等行动。共出动执法人员336人次，检查食品经营者657户次，检查批发市场、集贸市场等各类市场35个；共开展流通环节食品安全快速检测812个批次，合格806个批次，合格率99.26%；开展食用农产品监督抽检253批次，合格252批次，合格率99.6%；开展奶粉、食用植物油和预包装食品监督抽检14批次，合格14批次，合格率为100%。

【餐饮服务监管】 2016年，县食品药品监督管理局积极开展餐饮服务监管工作。全年共开展元旦、春节期间餐饮服务食品安全专项整治、春秋季学校食堂食品安全专项检查、鲜湿米粉专项检查、餐饮食品非法添加和滥用食品添加剂专项治理、旅游餐饮食品安全专项整治等专项行动。共检查餐饮店、学校食堂等551户次，下达监督意见书283份，责令改正51户次，同时开展监督抽检、风险监测和快速检测工作，共完成餐饮环节快检326次；完成抽检任务3个批次，合格3个批次，合格率为100%。开展春节、壮族“三月三”、清明节等重大节日和百色乐业国际山地户外挑战赛及山地车赛事等重大活动餐饮保障17次，确保了重大节日、活动期间食品安全。

【药品和医疗器械监管】 开展药品流通领域质量安全隐患大检查大整治，开展特殊药品复方制剂专项检查、壮阳产品经营专项检查、中药饮片质量专项检查、打击“两非”药械专项整治行动和疫苗质量专项检查等药品安全专项行动。共出动监督检查执法人员150人次，检查单位53家次，查处简易程序案件2起，结案2起，没有发现严重违法案件。完成药品日常监督抽样检验任务10个批次，收到检验报告10个批次，合格10个批次，合格率为100%；完成基本药物抽样任务4批次，收到检验报告4个批次，合格4个批次，合格率为100%。 （黄仕福）

开展医疗器械专项整治工作，共检查乡镇以上医疗单位13家，药店36家。开展医疗机构医疗器械使用质量专项检查，对二甲以上医院医疗器械购进、使用质量进行检查，完成了县城三家医疗机构的专项检查，没有发现违规问题。

【保健食品和化妆品监管】 开展保健食品“蓝健行动”专项整治工作，对辖区范围内药店保健食品经营企业进行专项检查，共出动监督人员56人次，检查保健食品411批次。对检查发现的问题已全部按要求责令整改完毕。开展化妆品专项监督检查，重点对化妆品流通环节和使用环节进行监督检查。对标签标识不符合要求的化妆品，责令立即下架停止销售使用，并对相关责任人依法进行处理。开展辖区内保健食品、化妆品质量监督抽检工作，完成保健食品抽检任务3批次，收到报告3批次，合格率100%；完成化妆品抽验任务4批次，收到检验报告4个批次，合格率100%。 （黄仕福）

安全生产监督管理

【安全生产监督管理机构概况】 2016年，乐业县安全生产监督管理局(简称县安监局)内设办公室、应急协调股、危化烟爆股，非煤矿山股、职业卫生股、法规宣教股6个股室，核定行政编制7名，实有人员7人。下设安全生产执法监察大队，核定参公事业编制7名，实际在职5人。县安全生产委员会办公室设在

图44　2016年,1月5日,县运管所召开道路运输行业第一季度安全生产例会　（县运管所供）

安监局,负责县安委会日常工作。

【安全生产检查】 2016年,县安监局认真做好安全检查各项工作。开展安全生产检查17次,其中重点节假日安全大检查6次,道路交通、烟花爆竹、非煤矿山、职业健康等专项检查11次。由各乡镇下达到各村、由部门下达到各企事业单位的安全目标管理责任书126份,根据不同行业特点,分类细化考核内容,分别向工矿商贸、娱乐、危化品、交通运输等行业签订安全管理责任书,全面落实"五级五覆盖"要求,建立"横向到边,纵向到底"监管网络。

【重点行业专项整治】 2016年,县安监局按照百色市安全生产委员会印发的《全市标本兼治遏制重特大事故工作实施方案》等相关文件要求,在全县范围内开展安全生产大检查和"打非治违"活动,督促企业进行自查和整改,遏制各类安全生产事故发生。联合国土等部门对非煤矿山企业进行3次"打非治违"专项行动,封堵矿洞10余眼,捣毁工棚6个,现场摧毁一批开采设备。对检查中发现的问题及时督促整改,年内全县非煤矿山无生产事故发生。

对全县三轮车进行专项整治,共查处各类交通违法行为10000余起。对全县5家危险化学品企业进行安全执法检查,加强危化品运输管理,对运输车辆严格检查。对烟花爆竹临时销售点和批发企业进行全面检查,对无证经营和乱摆摊点进行重点整治,整治烟花爆竹非法储藏仓库3个,罚没非法烟花爆竹932件。开展建筑从业人员安全培训,组织建筑施工安全检查。落实施工现场安全管理和施工机具备案及管理制度,对人员培训、现场防护等基础条件不合格的施工单位一律停产整顿。开展涉职业卫生企业摸底排查工作;开展工贸行业涉粉尘爆炸企业安全专项整治工作,组织相关部门对全县砂石场以及涉及职业危害较严重的10家木材加工厂企业进行安全检查。　（白文斗）

金 融 业

◎编辑　杨胜发

人民银行

【人行机构概况】 2016年，乐业县共有银行业金融机构3家，其中国有控股商业银行1家(中国农业银行股份有限公司乐业县支行)，股份制商业银行2家(中国邮政储蓄银行乐业县支行、广西乐业农村商业银行股份有限公司)，全县有金融营业网点21个，从业人员　人。有2家非银行业金融机构，即中国人民财产保险股份有限公司乐业支公司和中国人寿保险股份有限公司乐业支公司。2016年，中国人民银行乐业县支行内设办公室、综合业务股、会计国库股等3个股室，设行长1人、副行长2人(其中1人兼纪检组长)，核定人员编制20名，在职人员19人。

【资金管理】 2016年末，乐业县各银行业金融机构本外币各项存款余额34.72亿元，比年初增加2.53亿元，增长7.84%。其中，城乡居民储蓄存款余额15.88亿元，比年初增加3.42亿元，增长27.40%。全县金融机构本外币各项贷款余额20.65亿元，比年初增加4.05亿元，增长24.36%。至年底，全县共发放扶贫小额信用贷款4072笔，累计发放金额2.02亿元。年末地方法人金融机构在央行存款准备金率为13%，累计向广西乐业农村商业银行股份有限公司发放6000万元扶贫再贷款支持。

【管理与服务】 2016年，人民银行乐业县支行坚持立足地方经济发展实际，大力支持地方经济发展。全县8个乡镇均设有营业网点，设置ATM机48台、POS机392台、助农取款服务点108个。加强银行账户管理，严格人民币银行结算账户制度，规范银行账户管理。年内共核发人民币结算账户许可证192户(其中基本户168户、专户20户、临时户4户)，核准变更93户，撤销账户51户。为55家微型企业做好账户开立金融服务工作。确保账户行政许可和联网核查业务有序开展。完成到期支票影像交换系统(CIS)数字证书换发工作。全县8个乡镇84个村共建成“助农取款服务点”113个，其中惠农支付服务点109个，升级建成综合服务站4个，全面消除“金融服务空白”区域，改善农村支付服务环境。实现全县84个村助农取款服务点全覆盖。

【国库资金管理】 2016年，人民银行乐业县支行强化国库服务和管理，确保国库资金安全。认真做好预算收入的收纳划缴入库工作，全年共办理国库收支业务33746笔，收支金额20.66亿元。其中，收入业务9764笔，收入金额2.36亿万元；支出业务8963笔，支出金额16.24亿元；退库业务65笔，退库金额0.17亿元；更正业务41笔，更正金额1.11亿元；其他业务14913笔，金额0.78亿元。年内办理退库、更正业务分别为20笔、22笔，金额分别为28万元、442万元，确保国库资金安全，TCBS系统如期成功上线运行。

【征信管理】 2016年，人民银行乐业县支行切实加强征信管理与服务工作。加强应收账款融资服务平台建设，开展机构信用代码证的发放和信息维护，全县有2家金融机构和1家企业注册。做好机构信用代码系统信息补充和代码证发放工作。年内共受理个人信用报告查询1445户、企业查询31户；全年发放机构信用代码证178户，补换发3户。加强对各金融机构反洗钱工作的监管和指导，共建打击贪污受贿和洗钱犯罪合作机制，与乐业县人民检察院签署《打击贪污贿赂和洗钱犯罪合作备忘录》，强化信息沟通交流渠道。推进“信用村镇”创建工作，共创建2个信用镇、9个信用村和6个三农金融服务室。年内累计创建“信用村”32个。

【金融机构改革】 2016年，人民银行乐业县支行积极推动农村金融改革工作，支持实体经济、服务民生，切实加强信贷政策管理，全面改进和完善金融服务工作。积极做好农村信用社深化改革、农业银行三农金融事业部改革试点、新型农村金融机构和小额贷款公司发展等工作，推动建立和完善商业性金融、政策性金融和合作性金融融合发展的农村金融服务体系。积极推进农村信用体系建设，以信用村创建为基础，使农村信用社增强支农服务功能，风险控制得到改善，经营管理水平得到提高。继续全面落实小额担保贷款和农民工创业担保贷款工作。发放支持农民工和妇女创业贷款128笔，发放金额993万元。建立扶贫小额贷款奖补基金1000万元，发放贫困农户小额信用贷款1亿元。年内累计发放扶贫小额信用贷款1.66亿元，帮扶建档立卡贫困户3415户，有效推进金融精准扶贫工作。积极做好移民贴息贷款工作，年内共发放移民贷款108笔，贷款余额1080万元。（姚秀荣）

农业银行乐业县支行

【农行机构及工作概况】2016年，中国农业银行股份有限公司乐业县支行（简称农行乐业县支行）内设综合管理部、客户部，下辖支行营业室，全县农行系统员工37个。在全县各乡镇各村屯布放惠农通服务点，安装POS机、转账电话等服务设施，大力发展掌上银行、个人网上银行、短信银行、个人消息服务等电子银行业务，加大金融服务功能建设力度。全年各项存款余额9.07亿元，各项贷款余额2.03亿元，实现拨备后利润1272万元。

【存款业务】2016年，农行乐业县支行加强与当地党委、政府部门特别是财政部门的联系和沟通，加强重点对公客户回访工作，加强大户维护工作。经常深入各网点督导检查，做好金融服务；加强自助设备管理，提高设备出勤，有效分流柜台业务，缓解网点柜台业务量激增问题。年内，全行各项存款余额9.07亿元，比年初增加1.01亿元。其中，对公存款余额5.44亿元，比年初增加0.73亿元；城乡居民储蓄存款余额3.63亿元，比年初增加0.27亿元。

【贷款业务】2016年，农行乐业县支行积极应对经济增长乏力的不利影响，抓好县域金融服务工作。狠抓源头，重点抓好个人按揭贷款营销。全行年末贷款余额2.03亿元，比年初增加4035万元。其中，个人贷款余额1.44亿元，比年初增长1035万元。法人贷款余额6000万元，比年初增加3000万元。

【中间业务】2016年，农行乐业县支行实现中间业务收入270万元。其中，信用卡业务收入36万元，互联网金融业务收入52万元，投资银行业务收入16万元，代理保险业务收入29万元，个金中间业务收入116万元。

【基础管理】2016年，农行乐业县支行强化内控管理，确保安全营运。一是加强内控管理，坚持“细节决定成败”经营理念，追求业务经营精耕细作、内部监管精益求精，持续提高内部管理水平。二是加强会计基础管理。三是抓好安全保卫工作，保持案防高压态势，切实加强对安全设施和技术设备的管理。四是加强员工行为管理，完善内控制度建设，加强各项规章制度执行的检查监督。全年无重大刑事案件和重大事故发生，实现安全运营。（曾建哲）

乐业农村商业银行

【农商行机构及工作概况】广西乐业农村商业银行股份有限公司是具有法人资格的地方金融机构，隶属自治区农村信用社联合社管理。2016年，乐业县农村商业银行下设营业网点12个，网点遍布全县8个乡镇，在职职工126人，实行统一法人管理模式。年末全行资产总额24.94亿元，各项存款余额21.06亿元，比年初增加2.51亿元，增长13.54%；各项贷款余额18.54亿元，比年初增加3.64亿元，增长24.44%；实现财务总收入1.21亿元，比上年增加560万元；实现经营利润5787万元，比上年增盈647万元；资本充足率13.31%；不良贷款率2.01%。

【支持地方经济建设】2016年，乐业农村商业银行支持地方经济建设。全行共依法纳税1270万元，纳税额居全县本土企业第一位、金融同业第一位。加大对中小微企业和当地重点项目的扶持力度，全力支持当地龙头企业发展。支持顾式茶业公司创造乐业第一个“有机”品牌，支持乐业草王山茶业有限公司实现出口创汇136万元；在贷款投放上，实行分类指导，强化市场定位，坚持服务“三农”，对全县的特色产业、特色农业，如板栗、柑橘、核桃、八角、茶叶、烟叶等进行大力扶持，切实发挥农村金融主力军作用。至年末，全行涉农贷款余额17.49亿元，比上年增加3.44亿元，增长24.47%；建立激励约束机制，对各网点小额信贷投放金额及覆盖面进行考核，提高全员支农积极性。突出支农支小重点，完成涉农贷款“两个不低于”和小微企业贷款“三个不低于”目标。扶持妇女、返乡农民工、青年创业增收，开通妇女、返乡农民工、青年创业

图45 参加百色市农村合作金融机构运动会的乐业县运动员获佳绩
（县农商行供 2016年8月21日摄）

金融服务“绿色通道”。至年末，发放妇女创业贷款余额993万元，青年创业贷款余额5662万元；推出房屋按揭贷款，按揭贷款余额达6034万元。

【金融服务】 2016年，乐业农村商业银行充分利用畅通高效支付结算体系，增强服务功能，为客户提供全面、方便、快捷支付结算方式，满足客户金融需求，提供高质量金融服务。在8个乡（镇）安装11台自动取款机、8台存取款一体机、2台查询缴费自动终端，在全县88个村和社区开设了92个便民服务点和安装407台桂盛通（POS刷卡机），便民服务点、自助设备覆盖居全县银行同业第一。至年末，全行各项存款余额21.06亿元，占全县市场份额63.1%，比上年增长2.08个百分点，比年初增25113万元，完成全年任务的209.28%。各项存款存量增量继续保持同业领先，比位列第二的农行多12亿元。

【金融扶贫】 2016年，乐业农村商业银行积极做好金融扶贫工作。6月末完成全县9340户贫困户建档立卡和评级授信工作，完成总贫困农户评级的98.19%，授信贫困农户8744户，授信金额4.53亿元，完成总贫困农户授信的99.6%，实现“两个全覆盖”。至年末，累计向6184户贫困户发放扶贫贴息贷款3.56亿元，扶贫贷款全覆盖88个村。其中当年累计向1505户贫困农户发放扶贫贴息贷款2.02亿元。

【存款业务】 2016年，乐业农村商业银行各项存款余额21.06亿元，比年初增加2.51亿元，其中城乡居民储蓄存款13.43亿元，对公存款7.64亿元。存款总额县内市场占有率为60.67%，其中储蓄存款占有率66.25%，对公存款占有率52.84%。

【贷款业务】 2016年，乐业农村商业银行各项贷款余额为18.54亿元，比年初净增加3.64亿元。累计发放各项贷款9.65亿元，各项贷款余额县内市场占有率为89.77%。

【信贷资产管理】 2016年，乐业农村商业银行大力推进风险管控，做到早计划、早布置、早落实。实行谁受理，谁负责，限期收回办法。对于因资金周转困难形成的不良贷款，经营项目有一定市场前景和发展潜力的，适当给予信贷支持，帮助渡过难关。对确有偿债能力而拒不还款的“钉子户”和赖债户进行重点清收。采取法律清收的办法集中清理，逐步化解贷款风险。至年末，全行不良贷款余额3729万元，不良率2.01%，不良贷款率保持在监管底线内，风险可控。

【财务管理】 一是合理制定全行、各网点财务指标，完善经营管理综合考核办法，明确经营方向和责任目标；二是建立健全财务审批领导小组，对于大额费用开支实行事前申报、上会研究、公开竞价的管理办法，严控各项费用开支；三是规范业务操作，把内控建设列入综合考评，减少或杜绝财务违章违规行为发生；四是减少非生息资金占用，提高资金利用率。对其他应收款账户继续实行“先申报，后列支，谁经手，谁负责清理”的管理办法，减少非生息资金的占用。年内全行实现财务总收入1.21元，比上年同期增收560万元；实现经营利润5787万元，完成任务任务的110.31%，比上年同期增盈647万元。（黄文姝）

邮储银行乐业县支行

【邮储银行机构概况】 2016年，中国邮政储蓄银行乐业县支行内设综合办、营业室、信贷室3个部门，在职员工23人。在三乐街设1个自营网点和1个代理网点，

【存、贷款业务】 2016年，邮政储蓄银行乐业县支行加强市场调研，结合当地市场特点制定发展计划。全行各项存款余额3.22亿元，比上年增加3871万元。从注重发展新型业务入手，积极向贷款到期客户推荐烟草贷、家庭农场贷等新型产品，向客户推荐抵押类贷款，针对性营销，推进信贷业务转型发展。全年发放零售信贷业务余额751万元。

【中间业务】 2016年，邮政储蓄银行乐业县支行积极向广大客户提供多种代发、理财等服务，方便企事业单位资金发放，服务客户金融需求。年内共发放IC卡8886张，期末结存卡户数56691户；发放社保卡371张；代销理财、基金、国债余额2316.98万元，发放信用卡165卡张，年末结存卡量479张；新增网上银行、手机银行4420户。

【金融服务】 2016年，邮政储蓄银行乐业县支行积极做好各项金融服务工作。年内完成个人业务、贷款业务等多功能一体化服务网点建设，自助终端布放增大，排队机、取款机、存取款一体机、查询补登折机多种功能机型齐备。（杨　宇）

中国人寿保险乐业支公司

【人寿保险机构概况】 中国人寿保险股份有限公司乐业支公司是中国人寿保险股份有限公司下设的县级分支机构。2016年，支公司设有客户服务中心、综合部、个险销售部、团体销售部、银行保险部5个部门，下辖新化镇营销服务点，有员工及营销员共计60多人。

【保险业务】 2016年，人寿保险乐业支公司积极配合地方政府实施“新农合”政策，完善农村社会保障体系。借助农合办在各乡镇收缴农村合作医疗费用工作，采用“联动合作模式”，通过新农合30元(保疾病)+农小附加险10元(保意外伤残及意外医疗)产品组合，发动公司员工进村入户宣传，通过小额保险入户提升农民群众保险意识，为促进农村经济发展、社会稳定作出贡献。年内公司有效承保共69405人次，保险业务收入1057万元，纳税总额11.24万元，赔付支出492万元。承保全县爱心保险3464人，保费17.32万元。配合县政府开展“十三五”建档立卡贫困人口承保小额保险工作，承保贫困人口39429人，保费39.43万元。

【理赔服务】 2016年，人寿保险乐业支公司坚持以客户为中心，为客户提供主动、及时、准确、合理的理赔服务。以客户出险到实付理赔时效制定考核机制，从客户出险时爱心探视到协助客户补齐资料办理理赔手续，再到赔付保险金额，真正体现主动、快速理赔服务，发挥保险经济补偿作用，提高客户满意度。年内全县死亡给付31.74万元；开通全国统一客户服务电话:95519，被保险人发生保险责任事故，可在24小时内向公司客户服务电话报案。

（何　嘉　黄　蕤）

人保财险乐业支公司

【人保财险机构及工作概况】 2016年，中国人民财产保险股份有限公司乐业支公司(简称人保财险乐业支公司)有在职员工16名，主要经营财产保险业务、财产损失保险、责任保险、信用保险、农业保险、意外伤害保险等。年内公司保费收入1432万元，赔付725万元，缴纳税款165万元，实际利润161万元。

【保险业务】 2016年，人保财险乐业支公司重点抓好车险业务发展。全年车险业务保费收入936万元，保费净增68万元，比上年增长7.8%。农业保险业务保费收入247万元，比上年增长88万多元。不断拓展保险新领域，开办全县残疾人团体意外保险业务保费收入11万元，全县政法干警团体意外保费收入4万元，县粮食局企财险保费收入4万元，雅长林场团体意外险保费收入2万元等。全年非车险业务保费总收入248万元。

【理赔管理】 2016年，人保财险乐业支公司严格按照“主动、迅速、

合理、准确”的理赔原则，为客户提供各项优质理赔服务，以确保企业运营顺利进行。公司配有公务查勘车3辆、专职理赔查勘员5名。公司总部率先在同行业全国范围内开设24小时保险服务专线“95518”，为客户提供保险咨询、投诉、报险等保险服务功能。年内，人保财险乐业支公司共接到出险报案2611件，赔付金额为725万元。主要为车险、田七种植保险、水稻种植保险、校园险、学生意外险、企财险、能繁母猪保险等。

（黄　诚）

华安保险乐业营销服务部

【华安保险机构及工作概况】 2016年，华安保险乐业营销服务部有在职员工36名（含代理人），公司主要经营机动车辆保险、建筑工程险、人身意外险等业务。年内保费收入380万元，赔付150万元，上缴税款22.8万元，实际利润207.2万元。

【保险业务】 2016年，乐业华安保险积极拓展各项保险业务，重点抓好车险、建筑工程险业务。全年业务保费收入310万元，比上年增长11.8%。人身意外保险业务保费收入70万元。

【理赔服务】 2016年，乐业华安保险严格按照“责任、专业、奋进”“比客户早到3分钟”的理赔原则，为客户提供各项优质理赔服务，以确保企业运营顺利进行。有公务查勘车1辆、专职理赔查勘员1名。公司总部率先在同行业全国范围内开设24小时保险服务专线“95556”，为客户提供保险咨询、投诉、报险等保险服务功能。2016年公司赔付总额150万元，主要为车险、学生意外险、工程险等。

（王　兰）

北部湾保险乐业中心

【北部湾保险概况】 北部湾财产保险股份有限公司乐业中心成立于2013年5月，主要从事财产保险、意外险、责任险、健康险、农业险、政策性农业险等业务。2016年，有在编员工人数7人、个人代理业务员6人。其中，总经理1人、查勘员2名、业务员10名。配置查勘车及公务车各1辆。

【保险业务】 2016年度，北部湾保险乐业中心主要开展车险、企业财产险、贷款抵押物保险、借款人意外险、学生险、团体意外险等商业保险及农房险、烟叶保险、政策性森林保险等政策性保险业务。年内完成各项保费收入410.93万元，比上年增长37.8%。其中，政策性农业险收入136.25万元，政策性农房险收入48.66万元，车险收入167.01万元，非车险收入59.02万元。

【理赔】 2016年，北部湾保险乐业中心认真做好各项保险理赔工作。年内共处理理赔案件542起（包括政策性农房保险、政策性农业险、学生险、车险）。其中，农房保险案件45起，理赔额245.78万元。

（卢朝晖）

教育·科技

◎编辑　潘盈雪

教　育

【教育概况】 2016年，乐业县有各级各类学校157所。其中，普通高中1所、职业教育中心1所、特殊教育学校1所、县直初中3所、乡镇初中9所、县直小学2所、乡镇中心小学10所、村级完小53所、教学点19个；在校中小学生总人数27617人，其中：小学在校生16133人、初中在校生8394人、高中在校生2617人、职业学校在校生473人。有公办幼儿园3所、社会力量办幼儿园65所。有小学专任教师1020人，师生比为1∶15.82；初中专任教师569人，师生比为1∶14.75；高中专任教师168人，师生比为1∶15.57；中等职业学校专任教师15人，师生比为1∶31.5。全县每万人在校幼儿园508人，在校小学生921人，在校普通初中480人，在校普通高中254人、中等职业技术学校135人。

2015—2016学年度，乐业县小学适龄儿童入学率达99.82%，初中入学率达98.36%；小学生辍学率在0.21%以内；初中生辍学率在0.79%以内；特殊教育四类残疾儿童适龄人口(7~15周岁)入学率达86.92%。小学毕业生升学率100%，初中毕业生升学率80%。

【教育教学质量】 2016年，乐业县高考上本科线167人(其中一本2人，普通本科165人)；中考全县A+等成绩154人，A等成绩355人。乐业一中荣获百色市城区类学校一等奖，乐业二中荣获百色市城区类学校二等奖。小学毕业水平测试双科成绩180分以上特优生有499人，特优率19.3%；160分以上优秀生1404人，优秀率54.4%；120分以上及格人数20168人，及格率84.03%。及格率、优秀率均超过预定目标。

【教育经费】 2016年，乐业县教育经费总收入3.89亿元，比上年多收入1.20亿元，增长44.7%。其中，财政拨款收入3.76亿元，比上年多收入1.18亿元，增长45.5%；事业收入1181.9万元，比上年多收入283.3万元，增长25.3%。教育经费总支出3.72亿元，比上年多支出1.04亿元，增长38.7%。其中，财政拨款支出36008万元，比上年多支出1.02亿元，增长39.5%。总支出中人员经费支出2.48亿元，公用经费支出4361万元，基建支出8076万元。

表4　　2016年高校录取乐业高中考生一览表(一本)

序号	学生姓名	文理	性别	家长姓名	家庭详细住址	上线情况	录取院校
1	潘加论	理科	男	潘启根	花坪镇运赖村羊场屯	本科第一批	武汉大学
2	邓佳岷	理科	男	杨艳端	同乐镇六为村杨柳屯	本科第一批	中国农业大学(北京)

表5　　2016年乐业县中考全A+考生一览表

序号	姓名	性别	家庭地址	初中就读学校	录取学校
1	韦乐一	男	同乐镇三乐社区	乐业一中	百色高中
2	农志勇	男	同乐镇新业社区	乐业一中	百色高中
3	韦治邦	男	同乐镇立新社区	乐业一中	百色高中
4	张柳英	女	同乐镇当站小区	乐业一中	百色高中
5	黄福坤	男	新化镇百泥村百爱屯	乐业一中	百色民族高中
6	岑德映	女	逻西乡巴劳村所细屯	乐业一中	百色高中
7	邓朝廷	男	甘田镇四合村	乐业一中	百色高中
8	杨玉雪	女	田林县浪平乡达妹村	乐业二中	百色祈福高中
9	何秀举	男	甘田镇板洪村利乐屯	乐业二中	百色民族高中
10	陈　娜	女	幼平乡百中村	乐业二中	百色民族高中
11	田静怡	女	同乐镇鱼塘村什龙屯	乐业二中	百色民族高中
12	岑德美	女	逻西乡民权村弄塘屯	乐业二中	百色民族高中

表 6　　乐业县 2016 年校园、校舍面积、生均情况表

学校	在校生人数（人）	校园面积（平方米）	生均面积（平方米／人）	校舍面积（平方米）	生均面积（平方米／人）
高中	2617			60624	23.20
职校	473			7371	15.58
特校	70			2599	37.10
初中	8394			110240	13.10
小学	16133			262760.5	16.30

【学校基础设施建设】 2016 年，乐业县共实施 2014 年度全面改善贫困地区义务教育薄弱学校基本办学条件项目、2014 年高中建设项目、2015 年农村义务教育薄弱学校改造项目、2015 年农村义务教育经费保障机制校舍维修改造项目、2014 年度学前教育新建（迁建）幼儿园奖补资金项目、2015 年度学前教育新建（迁建）幼儿园奖补资金项目、2015 年教师周转房建设项目、2015 年农村边远艰苦地区学校教师周转宿舍建设项目、自治区农村初中校舍改造工程 2015 年中央预算内投资计划项目、2015 年预算内资金学前教育推进工程项目、2015 年贫困地区薄弱高中建设项目、2015 年改善普通高中办学条件中央补助资金项目、2015 年农村义务教育薄弱学校改造计划第二批资金项目、2015 年第二批农村中小学校舍维修改造资金项目、2016 年农村义务教育薄弱学校改造计划第二批资金项目、2016 年中央和自治区支持学前教育发展专项资金预算指标项目、2016 年农村义务教育学校校舍维修改造项目等 17 大类项目。新建、改扩建校舍等总面积 95272.5 平方米，总投入 1.74 亿元。争取到改善农村义务教育薄弱学校计划教学仪器、信息化设备项目资金 1000 万元，购置图书 11.1 万册，安装电脑网络教室 21 间（1280 台电脑），安装多多功能教室（录播室）教学设备 6 套。

图 46　乐业中学教学楼　　（县教育局供　2016 年 9 月 8 日摄）

【教师培训】 2016 年，县教育局认真做好教师培训工作。选派中小学校长 8 人、中小学骨干教师 15 人参加“国培计划”培训；选派中小学校长 3 人、中小学骨干教师 5 人参加“区培计划”培训。选派花坪镇中小学教师参加广西“双师教学”模式改革培训 25 人。组织中小学教师参加“国培计划”信息化教育资源应用能力提升工程培训 222 人。选派拉逢教学点黄玉涛教师代表百色参加全区教学点数字教育资源运用录课展播，40 人次参加 2016 年全区中小学信息技术与学科教学深度融合优秀课例展示观摩评选活动（百色分赛区）。举办乐业县 2016 年中小学校（园）长及层干部综合能力提升高级研修班，参训教师 335 人。举办乐业县 2016 年“特岗教师”培训班，参训人数 100 人。举办乐业县 2016 年中小学各学科教师培训班，参训人数 467 人。举办乐业县电子白板和云计算机运用培训班、乐业县畅言智能语音培训班和乐业县智能平板一体机运用培训班，培训教师 400 余人。组织全县中小学中层领导干部参加由全国知名校长、专家前来授

课的“能力提升高级研修班”学习活动。组织中小学骨干教师361人次开展送教下乡活动。组织全县中小学教师2000多人参加“讲规矩、有纪律,做合格教师”专题教育大会。组织全县各中小学组织开展校本培训1320人次。

【职业教育】 2016年,县教育局认真抓好职业教育工作。一是与百色职业学院联办“五年制”大专班,共招得大专班学生138人。二是积极开展农民工和转移就业培训工作。先后进行退耕还林区域农民工职业技能培训、贫困村劳动力培训项目、下岗职工再就业等培训,年培训完成1500人次。三是认真做好中职招生宣传工作,共完成中职招生1220人。四是进行校园提质工程,先后铺设2个塑胶篮球场和2个排球场,新建建筑工程实训室1个、酒店培训实训室1个、远程多功能教室1个、食堂电气化改造、校园监控和广播系统,改善学校办学条件。

【常规管理】 2016年,县教育局切实抓好学校教育教学常规管理。一是完善教育局领导和干部职工挂点联系乡镇学校工作责任制,建立完善教育督导制度,加强教育督导机构和队伍建设。进一步完善督学责任区制度,开展督学责任区建设和中小学校挂牌督导工作的督导检查。二是出台《乐业县2016年幼儿园安全及保教常规工作检查实施方案》。三是督促各级各类学校重点围绕防控食物中毒、交通事故、校园及周边暴力事件、溺水事故、火灾、自然灾害、传染疾病、违法犯罪等,加强中小学安全教育和应急避险演练,落实安全工作责任,强化安全督导检查。

【教学研究】 2016年,县教育局认真组织教学研究工作。一是邀请广西招生考试院刘振林教授等到乐业高中作如何抓好高考备考讲学。到凌云中学与高三年级教师共同研读《2016年高考考纲》及《2016年考试说明》。开展对教师教学课堂督查活动,“新老”教师师徒结对帮扶活动及对青年教师进行高考综合能力测试,与成都七中联合办学组建网校班。邀请市教科所相关学科教研人员、市直名校校长及专家到乐业县作中考备考专题讲座,深入各级学校视导复习工作的实施。二是推进教学改革,不断提高教师业务素质。组织开展2016年“乐业县中小学骨干教师‘361’有效课堂教学观摩活动比赛”,初中各学科备考工作研讨会和小学数学复习课(练习课)教学观摩评比活动。充分利用市、县特级教师工作坊平台,组织工作坊人员到有关学校进行送教活动。三是完善《乐业县中小学教育教学质量奖励办法》,县委、县政府拨出奖励资金430万元,组织召开乐业县庆祝第三十二个教师节暨教育表彰大会,调动广大教师工作的积极性和主动性。

【教育惠民】 2016年,全县义务教育阶段学生25083人全部免除学杂费,总金额为1676.88万元;全部享受免费提供教科书,总金额为292.72万元;14326名贫困寄宿生享受生活补助,总金额为1618.33万元。全面实施国家农村义务教育学生营养改善计划,全县14943名学生受益,总金额为1195.44万元。乐业高中2016年春季有2256名学生全部免除学费,总金额为121.82万元;秋季有2637名学生全部免除学费142.40万元。2016年春季有937名家庭经济困难学生获得高中国家助学金,总金额为89.63万元;秋季有1342名家庭经济困难学生获得高中国家助学金,总金额为177.23万元。共为1427名贫困大学生办理助学贷款,资金达965.71万元。

图47 2016年10月28日,乐业县举行纪念红军长征胜利80周年暨中国红军第七军第八军乐业会师纪念馆开馆仪式 （杨玉琴摄）

【控辍保学】 2016年，县教育局认真做好控辍保学工作。一是成立“控辍保学”领导小组，负责全县“控辍保学”工作，保证少年儿童的正常入学；二是建立学生流失报告制度，及时掌握学生动态，采取有效措施及时解决学生辍学问题；三是坚持把入学率、巩固率、辍学率、完成率作为考评学校的重要指标。通过落实上述措施，全县普及程度得到进一步巩固和提高，小学辍学率为0.592%，初中辍学率为0.79%。各项指标均达到自治区、市规定标准。

【教育精准扶贫】 2016年，县教育局积极落实教育精准扶贫工作。一是成立局主要领导担任组长，分管领导担任副组长，局股室领导和各级各类学校校（园）长为成员的教育精准扶贫工作领导小组。制定《乐业县教育局精准扶贫工作实施方案》《乐业县教育局精准扶贫教育支持计划实施方案》。二是精准识别，建档立卡。组织帮扶工作队入户调查，进村入户采集信息、田间地头实地察看、与村组干部及农户谈话交流等方法掌握每个贫困户家庭收入来源，贫困程度状况，分析致贫原因，了解脱贫致富需求，帮助贫困户制定脱贫计划。县学生资助管理办公室根据民政部门和扶贫部门认定的农村建档立卡贫困户信息系统，识别认定建档立卡贫困户学生，把系统信息分别发到各乡镇学校，再由学校分到各班级，由各班主任统计汇总学校上报资助办，将资助信息载入学生资助管理系统进行管理。

【教育队伍建设】 2016年，乐业县扎实抓好教师队伍建设，促进教育教学质量稳步提升。一是做好农村小学全科教师、壮汉双语教师和中职专业教师定向培养计划，其中定向培养小学全科教师50名、初中起点30名、高中起点20名，壮汉双语教师6名（高中起点）。二是竞聘县直学校教师岗位106名。三是组织教师参加区、市、县各级各类业务培训达625人次。四是公开招考中小学教师30名，招聘义务教育特岗教师100名。

【文体活动】 2016年，乐业县教育局积极举办中小学问题活动。一是举办2016年乐业县教育系统春节联欢晚会；二是举办乐业县“五四”校园歌手大赛；三是举办乐业县幼儿舞蹈大赛和小学生文艺汇演；四是举办乐业县2016年小学生篮球赛；五是举办乐业县第八届“园丁杯”篮球赛和第四届“园丁杯”气排球赛；六是与县妇联联合举办“弘扬传统美德　寻找最美家庭”少儿讲故事比赛；七是与县妇联联合举办“弘扬传统美德　寻找最美家庭”青少年书画比赛；八是与县公安消防大队联合举办乐业县“我是小小消防员”儿童消防作文、绘画竞赛。

（龙光毅　周荣义）

科学技术

【科技概况】 2016年，乐业县科学技术局（简称县科技局）内设办公室、综合业务股、科技管理股3个股室，在职干部职工14人。下辖县科技项目办公室、县科技情报研究所。年内，全县申请专利33项，其中发明专利申请30项，专利申请量比上年增长30%。

【特派员管理】 2016年，乐业县实施第一批科技特派员选派工作。根据实际情况，科技特派员选派实行双向选择（即科技特派员选择企业，企业根据需要也有权选择适合自己的科技特派员）。根据县猕猴桃、茶叶、水稻、畜牧、水产养殖、林果等产业发展的实际需要，选择一批具有较高素质、有实践经验的专业技术人员对应下派人选，直接与农业企业、合作社、种养专业大户实行双向选择。全县共选派特派专业技术人员22名，下派到各企业、农业产业合作社、种养大户，并签订服务合作合同，为群众解决种养中的技术问题。

【知识产权保护】 2016年，乐业县申请专利件、专利申请量比上年增长28%。其中申请发明专利30件，申请实用新型专利3件。

【科技宣传】 2016年，乐业县科技宣传培训工作以“培养新农民，服务新农村”为目标，坚持实际、实用、实效的原则，采取多项措施开展新型农民科技宣传培训工作。启动“十百千万”科技培训工程，组织开展“4·26世界知识产权日”；全国“科技活动周”、广西“科技活动周”活动；开展“全国科普日”和科技、文化、卫生“三下乡”、农民创业培训等活动。年内共接受群众技术咨询18000多人次，发放科技宣传资料3100多份、科普图书300多册。

【科技培训】 2016年，县科技局

认真抓好科技培训工作。组织举办科技培训班37场(次)、技术讲座17场,科技特派员深入基层培训600多人次,培训农民9000人(次),培训农民技术员90多人。

(韦盛豪)

气　象

【气象机构及工作概况】 乐业县气象局是百色市气象局主管的下属单位,也是乐业县政府主管气象工作的部门,实行以气象部门领导为主,气象部门与地方政府双重领导的管理体制和双重计划财务体制。下设气象台、办公室、监测预警中心、气象服务与防雷中心。有在职职工5人、外聘职工3人,其中大专学历1人、本科学历7人,工程师2人。2016年,乐业县气温正常偏高,年平均气温为18.1℃,与历年平均值(16.8℃)偏高1.3℃;全年总降雨量为1163.4毫米,与历年平均值(1327.2毫米)偏少163.8毫米;年日照时数为1245.0小时,与历年平均值(1339.0小时)偏少94.0小时。全年县城暴雨(50毫米以上)日数共有7天,其中一日最大降雨量为96.5毫米,出现在9月1日。

【气象服务】 2016年,县气象局积极做好面向社会公众的气象服务为党委政府的决策提供气象服务,为各级领导指挥部署防灾减灾提供准确科学的决策依据。年内共发布预警信号46期,向各级党委、政府和各有关单位报送《气象服务信息》62份、《专项气象服务》15份,《重大气象专报》5份,通过手机短信发布预警信号4万余条。做好人工影响天气服务工作,人工影响天气基础设施建设得到改善,作业设备得到更新、补充,新化镇人工影响天气作业点正式启用。组织开展人工影响天气作业3次,成功在炮点发射增雨防雹火箭弹8枚,有效推进农业生产顺利开展。做好防雷减灾服务,参与社会管理,积极与县教科局加强沟通联系,认真开展全县中小学校防雷安全整改工作,对不符合防雷规范和存在安全隐患的中小学校舍检查整改。加强对新建、改建、扩建建(构)筑物的图纸审核和竣工验收管理,有效地消除防雷安全隐患,最大限度保护人民群众生命财产安全。

图48　2016年投入使用的新化镇人工影响天气作业基地

(隆振宇摄　2016年12月29日)

【气象灾害】 2016年,乐业县主要气候事件有低温雨雪、强对流、暴雨洪涝和寒露风等灾害,气象灾害属偏轻的一年。2016年1月23日—24日,受强冷空气影响,全县普降小雪,因低温冰冻造成灾害。据统计,逻西乡民西村、民权村、民友村和巴劳村等种植的甘蔗被冻损坏20公顷,新化镇种植的砂糖橘不同程度损坏15公顷,同乐镇、逻沙乡、花坪镇种植的冬种蔬菜等作物幼苗不同程度损坏18公顷;灾害造成2567人受灾,农业经济财产损失20万元。4月20日—21日,县内局部出现大雨、大风等强对流天气。逻西乡、幼平乡、雅长乡遭受不同程度灾害。造成逻西乡农业、林业受灾面积55公顷,绝收41公顷。其中,板栗损坏面积40公顷,绝收40公顷;八角损坏面积1公顷,杉木受灾面积7公顷,桉树受灾面积5公顷,玉米受灾面积1公顷,芭蕉受灾面积1公顷,绝收1公顷。造成幼平乡渔船沉船7艘,网箱破烂2箱共1024立方米,芭蕉受灾面积2公顷。雅长乡部分房屋玻璃被风吹损坏,受灾人口约200人,经济损失约2万元。共造成大约2800人受灾,造成农业、渔业、林业、家庭财产等经济损失127万多元,其中农业损坏大约65万元。6月11日—12日，县内大部乡镇出强降雨天气，强降雨天气造成农作物受损4990余亩，其中农田被淹没3645亩，玉米受灾面积1011亩，砂糖橘100亩，其他农作物受损119亩。强降雨造成道路塌方55处，260余户群众房屋受影响或受损。造成经济损失900万多元。

【气象基础设施建设】 2016年，县气象局加强气象基础设施建设。

一是做好气象服务业务系统建设，加强气象防灾减灾体系建设，把气象防灾减灾工作纳入政府绩效考核工作，编制出台气象灾害防御规划，严格执行重大气象信息报告党政主要负责人的规定。强化基层气象信息服务站在农业农村信息化建设中的作用；不断深化部门合作，开展新型农业经营主体直通式气象服务，加大对特色农业的气象服务力度。

二是抓好综合气象观测业务建设，承担气象灾害预警信息发布和部门联动工作，开展气象灾情收集上报和气象灾害调查工作。开展气象灾害风险普查、风险评估和气候可行性论证等工作。做好当地重大社会活动、重大工程建设等气象保障服务。开展气象防灾减灾科普宣传。加强灾害性天气和气象灾害的实时监测预警业务，及时发布各类气象灾害预警信号。

【气象执法】 2016年，县气象局加大气象法律法规的宣传力度和贯彻落实力度，及时制止和查处违法违规行为，依法规范全社会气象活动。加强与县直相关部门沟通协调，气象探测环境得到有效保护。年内开展气象行政执法检查2次。全年共审批气象行政许可84件，其中防雷设计审核许可51件，防雷工程竣工验收许可33件。

（罗新宁）

地震预防

【防震工作概况】 乐业县地震局为县政府直属的副科级事业单位，承担县域内防震减灾工作行政管理职能，依法履行防震减灾各项职责。2016年，县地震局紧紧围绕防震减灾三大工作体系，着力加强群测群防网络体系建设；扎实开展防震减灾宣传教育，普及防震减灾法律法规、地震科普知识，增强全社会防震减灾意识和能力。至年底，全县建成7个地震监测基本(准)台站和1座地震监测基准台。

【地震监测预报】 2016年，县地震局认真做好地震监测预报工作。加强地震监测工作，加强与周边县及相关乡镇的沟通和联系，密切关注红水河流域地震活动，做好震情监测与汇报工作，加强资料收集分析，对一些前兆异常进行及时报送和跟踪核实，协助维护龙滩库区遥测强震台网凉风坳子台。加强群测群防网络管理和队伍的建设。成立各乡(镇)防震减灾工作领导机构，乡镇国土所所长为防震减灾助理员，选取全县88个村屯支书或书记作为地震灾情速报员，选取8个养殖场作为地震宏观观测点。指导农村民居安居工程建设，负责防震减灾知识宣传、宏观资料收集核实、地震灾情收集上报。新建成7个地震监测基本(准)台站，分布在7个乡镇。在县职业教育中心东面建成一座永久性数字地震监测台，全县共有地震监测台8个。

【地震应急与震情跟踪】 一是建立和完善地震应急体系，修订完善《乐业县地震应急预案》，制定全

图49 建设中的广西地震监测台网乐业花坪基本站

（县地震局供 2016年12月3日摄）

年工作计划和短临跟踪工作方案。二是认真做好地震监测预报和震情跟踪监视工作，加强资料收集分析。加强与市地震局及周边县的震情交流；坚持对乐业县辖区内实施每日异常跟踪零报告制度，建立24小时值班制；印发特殊节日值班安排表，向上级和社会及相关部门公布值班电话和电子联系方式，保证信息报送渠道畅通，确保社会稳定。

【震害防御】 2016年，县地震局积极做好地震灾害防御工作。将抗震设防纳入建设工程的审批程序。按照《中华人民共和国防震减灾法》《广西壮族自治区防震减灾条例》等法律、法规的规定，确定本行政区域内一般工程与民用建设项目的抗震设防要求。在县域范围内新建、扩建、改建的工程，在项目可行性论证阶段或规划、设计前，工程业主必须到地震主管部门办理建设工程抗震设防要求的审批手续。根据自治区行政审批许可简化，地震安全性评估不再接受业主申请，并取消全部行政审批收费，保留"建设工程抗震设防要求的确定"行政许可项目，促进建设工程抗震设防管理工作顺利开展。

【地震科普宣传】 2016年，县地震局认真做好防震减灾宣传，不断提高公众防震减灾意识。充分利用"国家防灾减灾日"，广泛开展《中华人民共和国防震减灾法》和防震减灾科普知识"进机关、进学校、进社区、进企业、进农村"宣传活动。联合民政局、公安消防大队等部门开展"科学减灾、依法应对"科普宣传咨询活动，通过悬挂横幅、摆放防灾减灾知识展板图片和设立咨询台，向群众进行现场讲解，共发放《广西壮族自治区防震减灾条例》宣传单200份、《防震减灾科普知识》折页400份、《防震减灾农民读本》300册，展出宣传板报1块，接受群众咨询150人次。积极组织开展地震应急演练。联合县教育局分别在中小学校开展地震应急避险疏散演练活动。

（陆启东）

文化·体育

◎编辑　黎启顺

文　化

【文化机构概况】 2016年，乐业县文化和体育广电局机关内设办公室、财务室、广播电视社会管理股、群众体育股、社会文化艺术股、文化市场产业股、文化市场管理办公室7个股室；下辖文化市场综合执法大队、文化馆、图书馆、博物馆、业余体校、户外运动管理中心、唱灯戏保护传承中心、电视台等8个独立法人事业单位和县电影放映发行公司。有在编干部64人。年内获得自治区“县级播出机构电视剧播出秩序先进单位”“百色市第四届文艺汇演综合艺术金奖”“百色市第四届运动会县区组竞技体育成绩优秀奖”、乐业县“2016年脱贫攻坚工作先进集体”等称号。

【文化惠民工程】 2016年，县文广局积极实施文化惠民工程。通过多种途径筹集文化惠民工程资金700万元，完成县电视台播控室设备更新，建设12个村级公共文化服务中心，完成红七军、红八军会师纪念馆内部布展，建成2座乡镇广播电视无线发射转播站和3套全民健身路径工程安装，完成46个农家书屋出版物更新。建立图书馆流动站10个，新设文化信息资源共享工程基层服务点10个，基本实现县、乡（镇）、村三级公共文化基层设施全覆盖；“四馆一站”和88个农家书屋全部实现免费对外开放。

【群众文化与艺术创作】 2016年，县文广局认真组织文化与艺术创作。创新推动传承保护地方戏。新作品层出不穷，唱灯传承中心编写群众喜闻乐见的好作品100余曲（支）、优秀歌曲4首、优秀曲艺3曲、优秀舞蹈5支。政策宣传演出好戏连台，唱灯传承中心完成政策性文艺宣传巡回演出25场，完成民族文艺演出15场，完成接待礼仪工作20次。先后组织策划民间舞龙文化旅游节、山歌擂台赛、卜隆古歌节、唱灯戏文化旅游节等13台大型文艺活动；走出乐业参加百色市第四届专业文艺汇演等群众文艺演出20场，开展非物质文化遗产保护传承培训开班1次；积极参加2017年第五届百色桂西北5县春节联欢晚会巡回演出等大型活动演出。启动群众文化辅导员进社区活动，文艺惠民送到家。县文化馆为24个社区（乡村）业余文艺团体培训文艺骨干100余人，带动全县10000人次以上群众参与广场舞蹈、社会文艺活动，丰富群众生活和提升文化品位。其中，康乐质国标舞队参加全区广场舞大赛获得第四名的好成绩。组织免费赠送春联100次，费赠送图书活动64次，开展民族文化进校园活动6次、暑期免费艺术培训2期、红歌大赛1次、“天坑深度行”拍摄系列活动8次。

【大型文体活动】 2016年，年内成功举办第9届中国·百色户外挑战赛、第2届中国·百色“地心之旅”全国徒步大会、第5届滇黔桂接边地区山歌擂台赛，举办第2届乐业映山红旅游节、乐业新化卜隆古歌艺术旅游节、逻沙唱灯艺术节和第6届甘田舞龙文化。

【文化传承与保护】 2016年，乐业县文广局在保护的基础上，深挖乡土文化资源，完成自治区下达的戏曲普查工作，完成逻沙乡业余唱灯剧团和县唱灯戏保护传承中心各类资源数据的采集、摄制及文档资料的录入整理、上报工作，成功申报新化卜隆古歌、乐业唱灯戏、甘田舞龙、壮族纺织技艺、把吉古法造纸技艺等5项为自治区级非物质文化遗产名录。申报歌圩1个、申报特色文化之乡1个，完成申报壮族刺绣、壮族纺织非遗项目2项，建成传习基地1个。

【文物保护】 2016年，乐业县文广局注重做好文物保护工作。成立县文物巡查小组，年内开展20次文物点巡查。开展巡回宣传20次，累计发放文物宣传资料3000多份，征集到文物20件套。开展可移动文物普查50次，完成编写乐业县文物普查报告1份。完成红七军红八军乐业会师纪念馆馆内布展，10月28日开展对外开放。年内共接待游客参观1万多人次。

【公共图书】 2016年，乐业县图书馆共征订各种报刊240种，购置新书5500册，装订2016年报刊合订本820册，现馆藏图书90379册次。全年书刊流通55000册，共接待到馆读者62580人次。认真做好图书惠民工作，组织开展元旦游园活动、楹联文化展、“世界读书日”系列读书活动、送书送科技资料下乡、图书服务宣传周等系列活动。在学校开展百科知识竞赛等20次，发放图书馆宣传单1500多份，发放科技图书800册次，发放杂志1000多册次，发放科技资料2000多份，发放读书倡议书900多份。开展图书宣传活动20次，制作图书宣传展板4次、举办图书讲座4次、楹联文化展3次、暑期培训班7期、经典诵读1次。利用共享设备为广大市民和学生播放电影15场。

【文化市场管理】 2016年，乐业县文广局切实做好文化市场管理工作。全县有互联网上网服务营业场所11家，完成1家网吧转型升级工作；有娱乐场所(KTV)经营单位4家、出版物经营单位6家、打字复印经营单位11家。完成10家印刷、复印打印企业和4家出版物的年检工作，更换11家互联网上网服务营业场所，4家娱乐场所(KTV)新版文化经营许可证。开展全县2016年春节期间文化市场专项整治行动，检查文化经营场所18家(处、所)。开展文化市场安全生产工作，先后组织网吧、娱乐场所业主召开安全生产会议，开展安全生产知识培训班。开展安全生产执法、公众聚集场所易燃可燃材料消防安全专项整治行动3次，出动文化执法人员20余人次，检查歌舞娱乐场所3家，网吧5家次。联合公安消防等部门开展安全生产执法、公众聚集场所易燃可燃材料消防安全专项整治行动，检查歌舞娱乐场所3家、网吧5家次。

开展"6·16"全国安全生产宣传咨询日活动，解答群众关心的问题100次，检查各类文化经营场所47家(次)。开展春季中小学教辅材料出版发行专项检查工作，检查初级中学3所、检查小学3所、经营教辅教材书店2家、打字复印店3家，抽查学生各类教辅材料8种，全县中小学未发现使用盗版图书现象。加强文化市场日常管理，检查经营单位283家次，取缔2家非法从事出版物发行业务的摊点，共收缴出版书刊23册。对1家销售非法出版物的出版物经营单位给予警告，没收出版物29册。组织出动执法检查人员8人次，检查9个电器销售单位，收缴2台卫星电视广播地面接收设施违规接收设施。对3个非法安装使用卫星电视广播地面接收设施小区，责令20户自行拆除。

【广电宣传报道】 2016年，县文广局做好宣传报道工作。一是按照县委、县政府工作要求，组织记者深入宣传报道各行业先进事迹、先进人物，为全县各项工作开展创造良好社会环境。二是在《乐业新闻》开设"两学一做"、扶贫攻坚等专栏，宣传报道各级部门开展"两学一做"活动情况，为推动全县"两学一做"活动营造良好宣传氛围。三是开展"走、转、改"活动，组织记者深入基层、群众，关注民生，开辟《加油鼓劲　打赢脱贫攻坚战》《书记联考面对面》等2个专题节目报道全县重点工作。全年编播乐业新闻近400期，播发新闻稿件2000余条。

【广电户户通】 2016年，县文广局切实做好广播电视户户通工作。共派出技术人员更换、维修户户通设备60台次，维修村村通农户故障设备102台次，解决排除村村通、户户通设备在使用中遇见的各种问题，解答各种技术咨询500多次。

【公益电影下乡】 2016年，县文广局认真实施农村电影放映工程，做到一村一月放映一场电影。组织人员深入乡、村利用农时、村情，采取"科教短片+故事片"放映模式，播放电影1008场(次)，涉及84个建制村，受惠群众达8万人。为广大群众送去先进科技文化、农业科学技术等精神食粮。

【广电安全播出】 2016年，县文广局做好安全和电视广告播出管理工作，履行对辖区内广播电台、电视台播出秩序监听、监看责任，查处纠正播出机构违规播放广告行为，清理"五性"类医药品广告，确保广播电视广告播出无违规现象，同时做好重大会议、节假日和国家重大活动期间双岗值班制，确保无重大播出事故发生。

(韦永凌　罗小妹)

广播电视信息网络

【电视信息网络概况】 2016年，广西广播电视信息网络股份有限公司乐业分公司(简称广电网络公司乐业分公司)管理全县有线电视用户11721户、宽带用户3388户。其中城市网络电视用户7573户，城市宽带用户3066户；农村网络电视用户4148户，农网宽带用户322户。全县网络电视覆盖率85%。

【城网业务】 2016年，广电网络

公司乐业分公司开展多种促销活动，采用体验营销方式，通过给用户体验付费节目、缴费送礼品等方式，吸引用户缴费；采取电话、短信以及上门催缴等形式，提高收费率和保有率，挽留用户减少流失。加大城网网络建设和发展力度，增加安装费收入，全年安装费收入比上年增长68%，弥补城网收视费收入缺口。促进城网基础业务收入，全年共完成业务收入146.55万元。

【专网业务】 2016年，广电网络公司乐业分公司年度专网业务收入任务31万元，共完成30.88万元业务收入，比上年增长7.7%。年内与县自来水、综治办、机要局等单位签订专网新增合同3个，新增传播线路37条，合同总额23.2万元。

【农网工作】 2016年，广电网络公司乐业分公司加强农网人员管理，按照一村一策办法，针对各村情况分别制定数转收费套餐，有计划逐步开展村屯数转和数转回头看工作，完成农网经济任务和农网数转模工作。年内农网基础任务完成69万元，比上年增加1.5万元。

【安全播出管理】 2016年，广电网络乐业分公司加强安全管理，严格落实安全播出操作规程，落实专门人员对机房、播出平台和技术维护安全检查及线路巡查工作，对存在问题，落实专门技术人员及时处理解决，确保播出传输线路信号运行稳定、可靠。加强相关人员业务培训，制订完善值班制度、汇报制度、应急预案制度，定期开展应急演练。年内安全播出工作状态良好，无电视广播安全播出事故和安全生产事故。 （黄东方）

体　　育

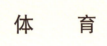

【体育概况】 2016年，县文广局积极组织开展各项体育工作。组织举办春节期间举办系列文体活动，认真开展全民健身和各项户外运动。年内荣获"百色市第四届运动会县区组竞技体育成绩优秀奖"称号，在百色市第四届运动会上获得金牌52枚、银牌22枚、铜牌16枚，在百色市第二届残运会上获得金牌10枚、银牌6枚、铜牌3枚。

【全民健身】 乐业县共有9个单项体育协会，2016年县文广局组织举办了"三八"节气排球赛、汽车越野户外嘉年华活动、全民健身走活动、首届西北五县乒乓球赛、首届"兴乐"杯篮球大奖赛等6个重大赛事和活动。

【户外运动宣传】 2016年，县文广局完成了寻找乐业户外特色地貌户外运动路线，完成拍摄乐业季节特色资源和民俗风情图片宣传报道，在《世界遗产地理》杂志发表乐业天坑洞穴图片7幅，《广西日报》发表天坑佛光、兰花等图片5幅，在《广西新闻网》和《百色新闻网》发表了10多个专题高清图集近200幅；积极配合香港TVB电视台在大石围天坑群溶洞地下大厅的探险拍摄工作；协作《中国国家地理》户外探秘活动在乐业开展，促成了《中国国家地理》马自达CX-4"秘境探秘"乐业天坑站的落实。 （韦永凌　罗小妹）

党史编研

【党史编研机构概况】 2016年，中共乐业县委员会党史资料征集小组办公室（简称县党史办）积极开展党史研究、资料征编、党史宣传和党史队伍建设工作。内设党史编辑室和征集股，核定编制3名，实际在职4人，其中主任1人、副主任1人、主任科员2人。年内退休1人。

【党史资料征编纂】 2016年，乐业县加快推进《中国共产党乐业历史（1926—1949年）》第一卷编纂和第二卷资料的征集工作。2月19日，县党史办召开全办工作会议，对全县一卷本编写进展进行通报和部署。4月11日，召开专题会议，协调和督促党史编纂工作，分工撰写进展有序，初步合成资料汇编，加强对一卷本初稿进行补充修改，增加篇幅1万余字。年内乐业县党史正本第二卷资料征集到资料60万字。县党史办还开展新民主主义时期党史料抢救工作，完成滇黔桂、机要交通史、抗战资料3个课题资料征编和调研工作，完成书稿3册10万字的资料汇编。此外，县委党史办加强业务学习，主要领导参加了全区党史写作培训。

【党史宣传教育】 2016年，县党史办牵头组织举办全县党史知识竞赛，与县直属机关党委、文广局共同组织参加全县庆"七一"党史党建知识竞赛活动，全县有23个队参赛。积极组织和参与全县“七一”歌咏比赛活动。通过上党课等多种形式开展党史教育，向县档案馆、图书馆、学校图书室赠送党史专著100册，让更多读者了解地方党史和县情，激发广大群众热爱党、热爱社会主义、热爱家乡的热情。年内县党史办、组织部在“两学一做”学习教育活动期间，开展全县领导干部党史教育日和党史宣传月活动，指导各地各部门开展全市第7个领导干部党史教育日活动。6月28日—29日，与百色市委组织部在乐业县文化广场联合举办“党的光辉历程——从一大到十八大”党史专题图片展，向广大群众宣传中国共产党的光辉历史，观展人数3000多人次。

【中国工农红军第七军、第八军乐业会师纪念馆新址开馆】 中国工农红军第七军、第八军乐业会师纪念馆原址在乐业县城龙角山旁，新馆迁至县城罗妹莲花洞广场旁，于2010年10月开工建设，2016年10月23日竣工，总投资1500万。2016年10月28日开馆。展厅大楼为三层共3000平方米，文物布展分为序厅、左右江革命运动、红七军红八军建立和转战、乐业会师、红旗不倒、英豪谱6个展示部分。布展采用传统技术与现代科学技术相结合，通过实物、雕塑、实景还原、影像、图片、绘画等，再现中国工农红军第七军第八军在乐业会师的历史画面。

【中央党史研究室副主任李蓉到乐业调研】 2016年11月13日—14日，中央党史研究室研究员李蓉在中央党校教授叶成林、自治区党史研究室副巡视员庾新顺等领导专家陪同下到乐业县开展滇黔桂边革命根据地课题调研，先后到乐业县同乐镇上岗村红军会师桥、幼平乡陇那屯金锁关等地进行调研。（黄心红）

地方志编纂

【地方志机构概况】 2016年，乐业县地方志编纂委员会办公室（简称县方志办）内设综合股、编辑股2个股室。办公室核定编制4名，其中主任1名、副主任1名、综合股1名、编辑股1名；实际在编6人，有编外用工1人。

【县志编修】 2016年，县方志办继续加强第二轮《乐业县志》编纂工作。至年底，全县116个承修单位中，累计有68个单位提交二轮志书初稿。年内县方志办对21个志稿内容较简单的单位进行指导和补充，编辑加工形成初审稿件13万字。

【年鉴编纂】 2016年5月，乐业县第三部年鉴——《乐业年鉴(2014)》公开出版发行，印数600册。该部年鉴是乐业县首部全彩年鉴，也是百色市第一部全彩年鉴。2016年11月，乐业县第四部年鉴——《乐业年鉴(2015)》公开出版发行，印数600册。2部年鉴除设有书前彩页外，内文做到图文并茂，增加直观性和可读性。免费赠送县领导、县直各单位、乡（镇）和企事业单位，让各级领导干部群众全面地了解乐业县年度内自然、政治、经济、文化、社会等各项社会事业的发展变化情况。成为领导决策的参考书、专家研究的资料书、能人创业的指导书和百姓办事的工具书。年内，县政府办印发《乐业年鉴·2016》编纂方案给各乡镇和各单位，县地方志办公室完成年鉴编辑60%。

【地情网站建设】 2016年，乐业县方志办在广西地情网站乐业频道开通的基础上，安排专人负责网站工作，围绕网站建设要求、地域特点、工作重点采集信息，不断充实所设的10个栏目内容。

【地情文化服务】 2016年，是县乡换届年，县地方志办公室为全县各级党政领导、社会各界提供志鉴和地情资料500余部，为各方面人员提供地情资料咨询、查询、查证50多人次。

【自治区方志办主任李秋洪到乐业督查修志工作】 2016年12月13日—14日，自治区地方志编纂委员会办公室主任李秋洪一行到乐业县督查修志工作。在乐业县召开座谈会，到县地方志办看望干部职工。就加快乐业县地方志修编工作提出5点意见：一要紧紧依靠当地县委县政府加快推进二轮修志工作，加强部门协作，尽早拿出高质量的二轮志书评议稿。二要不断提高年鉴编撰质量和水平，体现地方和时代特色。三要进一步充实广西地情网站乐业子站频道内容，发挥好网站文化窗口作用。四要加强修志队伍建设，提升修志队伍的整体素质。五要落实好修志专项经费。督查组各位修志专家就编修志书、编纂年鉴、网站建设、旧志整理等提出意见和建议。

（黎启顺）

档　案

【档案机构概况】 2016年，乐业县档案局维持局（馆）合一体制，是辖区档案行政管理机关。负责对行政区内机关、团体、企事业单位、民营企业、乡（镇）、村级档案工作进行监督、检查和业务指导。县档案馆是乐业县唯一集档案收集、整理、保管、提供利用服务多功能于一体综合性档案馆，馆藏档案内容丰富，门类齐全，结构合理。局机关核定编制7名，在职人员9人，超编2人；设局长1人、副局长1人。

【档案管理】 2016年，县档案局认真贯彻执行《中华人民共和国档案法》和《广西壮族自治区档案管理条例》，加大行政执法力度，坚持依法管理档案事业。馆内置有铁皮柜、电风扇、泡沫灭火器、去湿机、温湿度自动记录仪、吸尘器、报警器、工作电脑、复印机、打印机、扫描仪、传真机、数码相机、空调机等，保管设备添加良好。档案管理实行凡查阅、利用档案的人员，须持有单位介绍信、本人身份证、户口簿，并说明利用目的，方可查阅。档案保管除经常加强防火、防潮、防虫、防盗外，馆内还编有全宗档案目录，并进行全宗档案目录数据库录入工作和档案存放地址索引；档案箱、柜都标有档案产生年度、保管期限、案卷号标签等；每个案卷都标明档号（全宗号、目录号、案卷号、页号）。每个全宗内案卷都排列编号，按形成的重要程度和时间先后顺序排列，分永久、长期(30年）、短期(10年）。

【档案编研】 2016年，县档案局根据馆藏的档案材料，编制完成《乐业县档案馆指南》《乐业县历届人代会简介》《乐业县历届党代会简介》。认真做好档案宣传工作，在国家档案信息网、广西档案报社、广西档案信息网、百色档案信息网、乐业党政网等刊登档案信息文章36篇。

【档案利用】 2016年，乐业县档案局共编制了8种检索工具和小型参考资料以及“GD2000”软件，利用者可凭检索工具查到自己所需的档案资料。年内共向社会提供档案资料997人次1980卷(册)。

（黎显庭）

卫　　生

◎编辑　黎启顺

卫生综述

【卫生机构概况】 2016年，乐业县卫生和人口计划生育局（简称县卫计局）管辖的医疗卫生机构有101个。其中，有县人民医院、妇幼保健院、疾病预防控制中心、卫生监督所、新农合管理中心、防治艾滋病办公室、健康教育所等县级医疗卫生机构7个；有乡（镇）卫生院10个，其中中心卫生院3个、普通卫生院7个，有村卫生室84个。全县有乡（镇）以上医疗卫生机构人员591名。2016年荣获“自治区卫生县城”和“新一轮全优质服务先进县”。

【公立医院综合改革】 2016年，县卫计局积极推进公立医院综合改革及完善，深入推进医保、医疗、医药三医联动，建立调整我县医疗技术服务价格和落实政府补助、医院加强核算、节约运行成本等多方共担的补偿机制。深化编制人事制度改革，逐步实行编制备案制，完善聘用人员管理办法。建立完善公立医院绩效评价指标体系，加强对公立医院综合改革的督查和改革效果评价。

【项目建设】 2016年，县卫计局认真实施乡镇卫生院基础设施建设。实施县妇幼保健院业务用房建设项目，项目位于县城北开发区，规划占地约6亩，总投资800万元（其中中央预算内投资630万元、自治区配套126万元、县财政配套44万元），总建筑面积3180平方米。项目于2016年10月份开工建设，到年底地上第三层主体在建，完成工程量50%。实施4个乡镇卫生院业务用房建设项目，2015年上级下达花坪、雅长、逻西3个乡镇卫生院业务用房及污垃、配电处理系统，总建筑面积1800平方米，总投资375万元（中央预算内投资300万元，地方配套75万元）；利用财政资金建设马庄卫生院业务楼，总投资约80万元，总建筑面积425平方米。到年底4个乡镇卫生院业务用房项目建设完成等待验收。实施逻西、马庄、雅长、花坪、甘田等5个乡镇卫生院庭院硬化、绿化等附属设施建设项目，总投资150万元，项目正在建设中。实施花坪、新化2个乡镇卫生院中医馆建设项目总投资60万元，改装花坪、新化2个乡镇卫生院业务楼作为中医馆。 （李凤萍）

医政管理

【医疗质量管理】 2016年，县卫计局认真抓好医疗质量管理工作，开展医院管理年、“创建平安医院”和三好一满意等活动。县级医疗机构开展电话、短信、诊间和门诊服务台预约等便民惠民服务措施，简化挂号、就诊、检查、收费、取药等医疗服务流程。县级医院开展临床路径管理试点工作，对病毒性脑炎、急性单纯性阑尾炎、支原体肺炎等29种临床路径病种进行管理。县级医疗单位以电子病历和医院管理为核心，推进公立医院信息化建设。鼓励具有资质人员依法开办诊所，年内批准开办私立医疗机构1家，个体诊所5家。

【药品集中招标采购】 2016年，乐业县各乡镇卫生院严格执行国家基本药物制度，合理使用基本药物。所有药物采购均经单位药事管理委员会商讨编制药品采购目录，按规定统一网上进行采购。采购流程合理，没有擅自采购非中标药品替代中标药品的现象，严格按中标价采购、严格执行零差价销售。各卫生院均建立健全药事管理制度、编制药品采购目录，制作发送采购订单，对到货药品进行检查验收并进行网上确认。药品储存严格按照养护要求进行管理。全县乡镇卫生院基本药物网上采购率100%。

【行风建设】 2016年，县卫计局深化行风建设，结合“三好一满意”活动，加强长效机制建设。一是推行医德考评制度，组织开展医药购销领域商业贿赂专项治理，加强医药购销商业贿赂防范教育，推行医疗机构收费公示制度，纠正医疗价格和服务收费不规范等问题。二是推行“一把手”不直接分管财务、基建、招投标和药品采购工作，提升廉洁风险防控工作。三是加强对医疗服务、质量管理、医德医风和行风建设工作进行指导和检查。年内，出动执法人员1685人次，车辆28辆次，检查医疗机构43家，查处非法行医案件13起，结案10起，没收器械、药品7批，价值3万多元。四是开展单位负责人约谈活动，提高法制和自律意识，规范医疗服务市场。五是狠抓基层党风廉政、行风建设和信访维稳工作，处理医疗纠纷事件3件，促进卫生事业健康发展。

【突发事件应急】 2016年，县卫计局做好突发事件应急各项工作。一是组织开展食物中毒应急处置演练1次，提高突发事件应变、处理能力。二是加强手足口病、麻疹应急防控，开展麻疹疫苗应急接种、补种工作，防止疫情蔓延和传播。三是做好县委、县政府重要会议、重大活动和重点接待的医疗卫生应急保障任务。

【血液管理】 2016年，县卫计局加强对医疗机构临床用血进行监督和检查，对县人民医院、妇幼保健院等用血医疗机构临床合理、节约用血督导2次，未发生紧急情况下应急用血，无自采自供行为。广泛开展无偿献血宣传和采血活动，全县参与无偿献血单位120多个，完成年度献血任务100%。

（李凤萍）

农村卫生管理

【新型农村合作医疗】 2016年，乐业县有农业人口151431人，全县参加新农合149760人(其中60岁以上老人17772人、民政补助对象396人、计生扶助对象4001人)，参合率达到98.9%。截至11月底，全县得到基金补偿的有63387人次，总发生费用9502.38万元，获得补偿基金为5156.10万元。其中，住院补偿24617人次，住院总发生费用8827.79万元，获得补偿金4813.82万元，门诊补偿37735人次，门诊总发生费用397.76万元，获得补偿金为290.30万元，其他补偿1035人次，总发生费用276.83万元，获得补偿金51.98万元，大病保险支出总额264.03万元，基金使用率为59.33%，参合农民受益率为42.33%，住院平均补偿率54.53%，政策范围内住院补偿比例为76.83%。

【新农合资金管理】 2016年，县卫计局做好新农合“提标扩面”工作，修订完善《乐业县2016年新型农村合作医疗基金补偿技术方案》。严格控制乡镇、县级医疗机构新农合自付药品比例，将宫颈癌、食道癌等27种病种纳入大病补偿范围内，提高补偿比例。在乡镇卫生院、因患精神病在百色市第二人民医院住院和县妇幼保健院住院补偿比例为92%；在县妇幼保健院、县人民医院住院补偿为75%，在定点的其他县级医疗机构住院补偿比例为70%；在定点市级医疗机构为55%，定点自治区级医疗机构50%；慢性病门诊费用补偿实行分类定额补偿。

加强新农合基金管理，对县外住院补偿费用实行集中审核审批，规范新农合报销补偿管理，保障基金安全。继续严格执行转诊制度，明确相关单位责任。乡镇卫生院普通门诊补偿个人年度封顶线150元，单次门诊按70%比例给予补偿。年内住院补偿封顶线为15万元。年内全县共有79010人次得到基金补偿，获得补偿基金为6013.07万元。其中，住院补偿28974人次，获得补偿金5518.77万元；门诊补偿48826人次，获得补偿金为433.57万元；其他补偿1210人次，获得补偿金60.73万元；为参合农村居民149760人购买大病保险支出359.42万元。

【乡村卫生管理】 2016年，乐业县卫计局积极推进乡村卫生服务一体化管理，实行乡村医生聘用制、绩效考核制、养老保险制；基本医疗工作看病有登记、用药有处方、诊疗收费有票据、病人转诊有记录有登记；业务工作统一药品和器械管理、统一实行基本公共卫生服务项目、统一财务管理、统一人员调配、统一管理制度。全县由县政府投资建设的80个村卫生室中，68个划归乡镇卫生院管理，建立一体化管理工作制度和台账，每月召开乡村医生例会1次，对卫生室督查1次以上，并按考核标准加强对一体化卫生室乡村医生的考核。

【爱国卫生】 2016年，县卫计局组织开展爱国卫生运动、农村改厕、农村生活饮用水质监测和除“四害”工作。完成4个乡(镇)15个监测点200份土壤监测，对60户居民、8所学校环境卫生开展调查，完成率100%。组织人员到2个乡(镇)、3个县直卫生单位开展环境消杀工作，降低病媒生物密度、杀灭致病菌，预防虫媒传染病、肠道传染病传播。

（李凤萍）

疾病预防控制

【疾病防控工作概况】 2016年，乐业县发现乙、丙类传染病12种，发现患者3279例、死亡3例。全年无甲类传染病发生。乙类传染病报告7种，报告发病239例、报告死亡2例，年报告发病率、死亡率和病死率分别为154.44/10万、1.29/10万和0.83%。报告居前5位病种为肺结核、肝炎、淋病、梅毒、痢疾。与上年相比乙类传染病报告发病率上升36.77%、死亡率下降50%、病死率下降0.23%；与上年同期相比报告发病率下降的有：乙脑、麻疹、淋病、肝炎等；报告发病率上升的病种为：淋病、肺结核、痢疾、肝炎等。丙类传染病报告5种，报告发病3040例，报告死亡1例，年报告发病率为1964.47/10万。与上年同期相比报告发病率上升18.33%。与上年同期相比报告发病率上升病种为手足口病，报告发病率下降病种为流行性感冒、急性出血性结膜炎、流行性腮腺炎、其他感染性腹泻等。

【艾滋病防治】 2016年，乐业县新报告艾滋病病毒感染者/病人12例。至年底全县累计报告艾滋病病毒感染者/病人83例，现存活57例，对57例艾滋病感染者/病人已全部随访，对53例进行采血做CD4检测；积极开展阳性者配偶检测，年内发现新感染患者4例的配偶全部进行HIV抗体检测，完成率100%，无异常者。全县各医疗机构共完成艾滋病抗体筛查10684人份，检出阳性5人，阳性率0.05%；对新发现12例艾滋病病毒感染者/病人全部开展流调工作，流调率100%。对符合治疗的转介治疗，全县应治疗艾滋病病毒感染者和病人57例，实际治疗40例，治疗率70.18%。加强防艾宣教工作，11月举办乐业县农村防艾宣传与防艾知识培训班，受培人员78人。

【疟疾防控】 2016年度，全县常住人口“三热”病人血检共124例，血检率0.69‰，未检出疟原虫阳性者，年带虫发病率为0；流动人口血检194人，其中外来流动人口“三热”病人血检62例，普查131人；外出回归“三热”病人血检1人，均未发现疟原虫阳性者。

【手足口病防控】 2016年，全县报告手足口病发病2184例，其中重症病例6例，实验室诊断74例，EV71病毒36例、CoxA16病毒9例、其他肠道病毒29例，死亡病例报告1例。与上年相比报告发病率上升64.90%。全县各乡（镇）均有病例报告，报告发病数居前5位的乡（镇）是同乐镇(766例)、幼平乡(228例)、新化镇(301例)、逻沙乡(218例)、甘田镇(214例)，乡镇报告发病数占总报告发病数的79.08%。职业分布以散居儿童(1768例)为主，占发病总数的80.95%，其次为幼托儿童(356例)，占发病总数的16.3%；病例主要集中在0~5岁之间，占总发病数的95.38%，(其中0~2岁共报告发病1543例，占总发病数的70.65%)，男女性别比为1.82：1。全年各月均有病例报告，以6月份(453例)报告发病较多，病例以散发为主。

【鼠疫监测】 2016年，县疾控中心积极开展鼠疫监测工作。开展宿主动物监测，全县选择7个乡镇的7个村设7个监测点，共开展监测18次，布鼠笼7750个、捕获鼠411只。其中，黄胸鼠175只、褐家鼠116只、小家鼠120只；开展血清学监测，共采集鼠血清411份检验，结果均为阴性；进行病原学监测，共采集标本210份检验，结果均为阴性；进行媒介蚤监测，7个点捕获411只鼠进行检蚤，共收集寄生蚤38匹，其中分类印鼠客蚤35匹、缓慢细蚤3匹、人蚤0匹；鼠密度为5.3%，鼠体染蚤率9.25%；指示动物血清抗体监测51份，结果均为阴性。

【结核病防治】 2016年，县疾控中心开展结核病防治工作。全县肺结核可疑症状者因症就诊、转诊、推荐和追踪共到位就诊468人，经过查谈、拍胸片确诊发现活动性肺结核69例。其中新涂阳病人20例、复治涂阳病1例、重症涂阴19例、涂阴90例。对发现的90例活动性病人进行督导治疗管理，督导治疗管理覆盖率100%；2015年病人治疗转归，涂阳病人治愈率97.7%；涂阴病人完成疗程率100%。完成对10个乡镇卫生院6次督导的83%。加强结核防治宣教工作，全县共广播12次、发放宣传单30000份、宣传手册10000本、其他宣传资料5000份，设街头咨询服务点14个、出动宣传车辆14辆次，宣传覆盖达县城和8个乡（镇）88个村（社区）、受教育人口13万多人。

【儿童计划免疫】 2016年，县疾控中心积极开展儿童计划免疫工作。全县各种免疫规划疫苗报告接种率为：卡介苗99.93%，糖丸99.72%，百白破99.77%，麻风99.79%，乙肝99.88%；乙肝首针及时接种率96.43%，A群流脑99.61%，A+C流脑99.78%，乙脑99.77%，甲肝99.75%。加强免疫接种，免疫接种情况为糖丸99.75%、百白破99.84%、含麻腮风99.84%、A群流脑99.69%、A+C流脑99.67%、乙脑99.84%、百破99.64%。各种疫苗接种率稳步提高，达到自治区各项疫苗单苗接种报告率95%以上的要求。年内统计上报AEFI个案7例，均已治愈，无死亡。

【地方病防治】 2016年，县疾控中心认真开展地方病防治工作。4月份选择新化、逻沙、逻西、同乐、花坪5个乡镇为监测点，每个乡镇随机抽取1所寄宿学校、40名学生进行B超甲肿调查。监测发现8岁阶段儿童肿大4人，肿大率为5.13%，9岁阶段儿童肿大3人，肿大率为4.55%，10岁儿童阶段未查出。每个乡镇抽取4个村，每个村抽取15户居民盐样各50克，共300份进行检测。测出碘含量最高为30.90mg/kg，最低为17.8mg/kg，合格碘盐294份，合格率98%。对8~10岁儿童尿碘水平调查的200份尿样和孕妇尿碘水平调查100份尿样中，中位数为149.6ug/L。采集49份居民饮用水进行水碘含量检测，除1份为适碘水外，其余48份均为低碘水。

【食品安全风险监测】 2016年，县疾控中心按照《2016年食品安全风险监测实施方案》开展食品安全风险监测工作。从5月起，分期分批进行食品食源性致病菌、食品化学性污染物和有害因素检测。共抽检食品食源性致病菌污染样品95份，完成监测任务100%；检出致病菌株2份（烧鸭和卤牛皮各一份）；共抽检食品化学性污染物和有害因素样品70份，检测结果均未超标。

【城乡饮用水水质监测】 2016年，县疾控中心切实做好城乡饮用水水质监测工作。共对8个县城市政供水点和35个农村饮用水取水点基本情况进行调查。分别对每个取水点枯水期和丰水期的出厂水、末梢水取水样，共取水样86份进行检验。其中，农村饮用水枯水期抽检35份，合格27份，合格率77.14%；丰水期抽检35份，合格21份，合格率60%，总合格率为68.57%。不合格的项目有枯水期大肠菌群超标3个、浑浊度超标1个、余氯量不足4个；丰水期大肠菌群超标10个、余氯不足8个。市政供水枯水期抽检8份，合格2份，合格率25%；丰水期抽检8份，合格8份，合格率100%，总合格率为62.5%。不合格的项目有枯水期余氯量不足6个，丰水期全部合格。 （罗盛珍）

妇幼保健

【妇女保健管理】 2016年，乐业县切实加强妇女保健管理工作。全县活产2239人，产妇总数2233人，获得孕产期保健系统管理孕产妇2229人，系统管理率为99.55%；到各级医疗保健机构住院分娩活产2239人，住院分娩率为100%，全县发现高危孕产妇268人，获得管理268人，高危管理率为100%，高危孕产妇住院分娩268人，高危住院分娩率为100%。

【儿童保健管理】 2016年，乐业县认真做好儿童保健管理工作。全县有7岁以下儿童17663人，15481人获得保健管理，保健管理率为87.65%；3岁以下系统管理儿童7824人，系统管理儿童7060人，系统管理率为90.24%。出生低体重（低于2500克）儿童108人，出生低体儿发生率为4.82%，控制在任务指标5%内。全县5岁以下儿童死亡10例，死亡率为4.47‰，控制任务指标15‰内。婴儿死亡7例，死亡率为3.13‰，控制在任务指标12‰内。新生儿死亡4例，死亡率为1.79‰，控制在任务指标10‰内。全年无新生儿破伤风发生。

【“一免二补”幸福工程】 2016年，乐业县共登记结婚3756人，实际婚前检查3694人，婚前医学检查率为98.35%，达到任务指标城市婚检率90%以上。年内孕产妇产前疾病筛查和新生儿疾病筛查（简称“二补”）情况为：产筛1900人，产筛率85.09%；新生儿疾病筛查2157人，新筛率96.34%。通过“一免二补”幸福工程的实施，全县的婚姻生育人口质量得到有效提高。

【地中海贫血防治】 2016年，乐业县共有孕产妇建卡2538人，孕检地贫筛3216人，其中女性2510人、男性706人。孕检地贫双阳54对，转诊45对，转诊率86.53%；转诊补助45对，转诊补助率100%。实行婚前检查3694人，婚检地贫筛查3694人，呈阳性718人。通过实施地中海贫血防治工作，全县地中海贫血患儿的出生率得到有效控制。

【降消项目实施】 2016年，县妇幼保健院组织举办县乡级产科、保健专业技术人员“三基”知识强化培训和县乡级信息管理培训班4期，共培训206人次。全年全县活产数2239人，住院分娩活产数为2239人，住院分娩率为100%；全县农村活产数2213人，农村住院分娩活产数为2213人，农村住院分娩率为100%；孕产妇死亡率为0。

【育龄妇女叶酸补服】 2016年，县妇幼保健院加强叶酸项目宣传、培训技术人员、动员服务对象按时补服叶酸片。全年应服用人数2175人，共发放叶酸2104人，叶酸补服率96.74%。

【预防“三病”母婴传播】 2016年，县妇幼保健院全面开展预防“三病”母婴传播工作，加强人员知识培训。年内全县产妇2165人，“三病”检测2159人，检测率99.72%；发现乙肝表面抗原阳性产妇有95人，所生婴儿完全能及时注射乙肝表面抗原球蛋白。　（阳大勇）

公共卫生监督

【卫生监督机构概况】 乐业县卫生监督所于2005年11月9日成立。2016年，全所核定编制8人，实有人员8人，编外用工4人。其中，有中级职称2人、初级职称2人。内设办公室、综合执法科、办证科、财务室等科室；有办公用房建筑总面积300平方米，其中业务用房面积300平方米。

【卫生行政许可】 2016年，县卫生监督所严格卫生行政许可程序，规范卫生行政许可管理，把好卫生许可质量关。年内共受理卫生行政许可67件次，其中换发卫生许可证10本，年度校验卫生许可证57家，办结率达100%。

【公共场所卫生监督】 2016年，县卫生监督所积极推进公共场所卫生监督量化分级管理，制定《乐业县公共场所专项整治工作方案》，对小旅馆、小美容美发、小歌厅进行卫生专项整治。年内共对155家公共场所经营单位进行卫生监督检查。对县城79家住宿业推行公共场所量化分级管理，量化率100%；培训从业人员307人。共检查填写检查记录表406份，现场下达监督意见书208份，出动监督车辆286辆次，出动卫生监督员858人次。

开展公共场所艾滋病防控管理监督执法工作。开展2016年“3·15”卫生监督执法周专项行动和世界艾滋病日卫生行政执法周专项行动，组织对从业人员集中统一培训，发放宣传资料5800余份；规范公共场所艾滋病防控管理，增强公共场所经营业主艾滋病防控的责任意识。对全县各中小学校、托幼机构共147所的学校传染病防控管理措施、饮用水卫生管理等进行全面监督检查，填写现场检查表285份，下达监督意见书254份。有效降低和防止学校传染病、突发性公共事件发生，保障全县师生健康安全，学校卫生安全得到保障。

【医疗服务卫生监督】 2016年，县卫生监督所认真做好医疗服务卫生监督。组织卫生监督人员对全县33家各类医疗机构进行卫生监督检查2次，对存在问题现场下达书面整改意见书限期整改，进一步规范医疗服务秩序。加强对医疗机构负责人和疫情报告人员的培训工作。开展打击“两非”专项行动，对20家医疗机构进行“两非”专项整治督查，未发现利用B超非法鉴定胎儿性别和选择性别终止妊娠手术行为。打击非法行医，积极组织卫生监督员深入各医疗卫生单位、村卫生室、个体诊所、农贸市场和集市游医行医行为进行监督检查，查出违规行为5起，违法案件1起，对危害性不大违规行为，下达书面意见书限期整改。对全县各中小学校、托幼机构和12家公立医院、6家个体诊所进行全面监督检查和清理整顿，共制作现场检查笔录128份，下达整改意见书128份。通过现场监督检查和培训指导，各学校和各医疗卫生单位增强对传染病的防控意识。

【生活饮用水与消毒服务卫生监督】 2016年，县卫生监督所加强对全县生活饮用水与消毒服务进行卫生监督。对县直、各乡镇共9家供水单位、乡镇中小学校学校自建供水和涉水产品进行全面检查。对3家涉水产品经营店进行监督检查，发现均未对所经营的产品建立台账和索证，以书面形式令其限期整改；共制作现场检查笔录56份、下达卫生监督意见书56份。共对2家消毒产品批发店、3家消毒服务机构进行日常巡回监督检查，监督覆盖率100%；发现2家消毒产品批发店所经营的消毒产品未建立台账和索证，针对存在问题制作现场检查笔录5份，下达卫生监督意见书5份，责令各经营单位限期整改，规范消毒产品经营市场。

【食品安全保障】 2016年，县卫生监督所切实抓好食品安全保障工作。保障在县内举办各种比赛活动的食品、饮用水、公共场所卫生安全。确保各嘉宾、运动员及游客的卫生安全，使活动顺利进行，举办成功。做好高考、中考食品、饮用水，公共场所卫生安全检查和监督工作，深入全县各乡镇对食品、饮用水、公共场所卫生进行安全检查，在考试期间派员蹲点在各考点进行监督，对检查发现的问题现场下达书面意见限期整改，确保高考、中考顺利开展。做好在召开的重要会议和节假期间食品、饮用水、公共场所卫生安全监督工作。共协助县食品药品监督局完成3次重大接待活动卫生监督工作，确保重大接待活动饮用水、公共场所安全得到保障。

【卫生监督协管服务】 2016年，县卫生监督所加强对各乡镇卫生监督协管站的卫生监督协管业务指导和培训工作。年内共派出卫生监督员56人次，到各乡镇卫生监督协管站指导业务工作，对每个乡镇卫生监督协管站业务指导平均达到3次以上。全年共举办卫生监督协管员培训班两期，培训卫生监督协管员66人次。通过理论培训和现场指导，全县卫生监督协管服务工作得到正常开展，充分保障基层群众的各项卫生安全。

【监督所内部稽查】 2016年，县卫生监督所切实加强监督所内部稽查工作。成立稽查工作领导小组，制定《2016年乐业县卫生监督稽查工作计划》，按月对各科室工作和监督员风纪风貌进行稽查。对存在问题及时下达稽查意见书，责令相关科室或个人限期整改。共提出稽查整改意见28条，落实稽查整改意见28条；发放各类稽查问卷465份，满意率均在90%以上。

【队伍建设】 2016年，县卫生监督所认真抓好队伍建设，切实提高卫生执法人员素质，培养高效文明的卫生执法队伍。共派出监督员到自治区培训20人次，市级培训18人次，县级培训12人次。通过学习培训，进一步提高卫生监督所卫生监督执法人员的卫生综合执法素质，充分保障人民群众各项卫生安全。

（高世永　黄　毅）

乐业县人民医院

【县医院概况】 2016年，乐业县人民医院是县内唯一以医疗为主，兼科研、教学、预防、保健、“120”急救中心为一体的二级综合性医院。建有功能完善、运行正常以电子病历为核心的医院信息化管理系统。有在岗职工295名，其中卫生技术人员250人，其他技术人员10名，工勤人员35名。有离退休人员39名；卫生技术人员中本科学历68名、大专学历115名、中专以下112名；获得副高职称5名、中级

图50　2016年9月8日，县医院医务人员参加义诊活动

（县医院供）

职称78名;医院自聘员工173名。医院有编制病床200张,实际开放床位300张;全年医院门诊量13万人次,住院病人1.3万人次,年手术量1500例,床位使用率93%。年内,县医院外科病区获得自治区"五一"巾帼标兵岗荣誉称号。

【医疗业务】2016年,全院实现医疗业务总收入比上年增长3%,门急诊量比上年增长3%,住院人次比上年下降2%,手术比上年下降2%。全年出诊425次,临床路径管理完成850例,门诊病人每张处方平均医药费93元,出院病人人均费用2352元,住院人日均费用471元;按照自治区药招办规定,县医院执行100%统一招标采购,药品收入占全院业务总收入控制在36%以内。年内病人满意度调查为95%,职工对组织机构满意度调查为96%。医院危重病人抢救成功率94%以上,术前与术后诊断符合率99%以上;CT检查阳性率71%,开展成分输血比例达到98%以上,入出院诊断符合率98%,治愈好转率91.3%;病床周转次数28.1次,病床使用率92%;病历书写甲级率90%,院内感染率3.3%,传染病报告率100%。

【义诊活动】2016年9月8日,县卫生计生系统"服务百姓健康行动"大型义诊活动在县福联超市门前举行,县城6家医疗机构多位专家和志愿者为市民进行义诊和健康知识宣传,讲授、传播健康知识,引导群众科学就医。县人民医院派出10名专家和志愿者参加义诊活动。

【对口支援乡镇卫生院】2016年,县人民医院积极开展对口支援逻沙乡、逻西乡卫生院工作。派出业务技术骨干6人到卫生院进行业务技术指导,免费短期培训4人,开展专题讲座8次,建立完善规章制度12项;核拨帮扶资金、卫生院院内基础设施。与乡镇卫生院签订支援项目协议书,共商对口支援工作。协助受援医院建立健全各项规章制度和技术规范,使受援医院业务工作管理逐步走向规范化、制度化,提高受援医院综合能力和管理水平。

【手足口病救治】2016年,县人民医院积极做好手足口病救治。县医院贮备所需救治设备和药品,按照《预检分诊管理办法》要求,严格进行发热预检分诊,指定专人负责预检分诊工作,设立专门发热门诊,设置单独隔离观察室,随时准备隔离观察病人。强化对医护人员的培训,确保做到对病人早发现、早诊断、早报告、早隔离、早治疗。年内,县医院共收治临床诊断普通手足口病病例2191例,网络疫情直报2191例,无重症病例。

【医疗新项目】2016年,县人民医院开展中医理疗和外科业务新项目。新开展的医疗项目有:无痛精针刀疗法、共振疗法、三部六病整体协调疗法。外科开展业务新项目有:胸、腰骨折并截瘫前路切开复位减压术,股骨、胫骨带锁髓内钉内固定,股骨粗隆间骨折锁定板内固定,股骨粗隆间骨折动力髋内固定,肩胛骨骨折内固定术,肋骨骨折肋骨爪内固定,肺大疱切除术等。（姚秀芬）

民族事务・社会生活

◎编辑　潘盈雪

民族事务

【民族事务机构概况】 2016年,乐业县民族事务局属县政府所辖的正科级事业单位。内设办公室、民族经济政法文教股2个股(室);核定编制6人、实有人员9人,超编3人。建立少数民族顾问(专家)组,配备3名少数民族知名人士,各乡镇配备民族专干。县民族局紧紧围绕"各民族共同团结奋斗、共同繁荣发展"主题,扎实开展各项民族工作,推动全县民族事业发展。

【民族政策法规宣传】 2016年,县民族事务局认真做好民族政策法规宣传工作。一是集中开展"民族团结进步宣传月"活动,围绕"团结奋斗促跨域和谐发展奔小康"主题,通过印发《中国公民民族成分登记管理办法》《民族政策工作手册》、民族政策手提袋等宣传资料,利用板报、宣传栏、召开座谈会、悬挂标语和电子显示屏等多种形式,向全县干部职工、居民和青少年学生宣传民族团结工作政策法规;宣传乐业少数民族聚居区在经济社会各方面所取得的辉煌成就,在建设生态乡村、美丽广西、建设民族团结进步模范区、帮助少数民族脱贫济困中取得的新变化和新成就,在全县营造浓厚的宣传氛围。组织干部职工到各乡镇(社区)街圩日发放宣传资料10000余份、举办交流座谈会1次,更换固定标语1幅,电子显示屏滚动宣传标语30幅(次),做到民族政策、法规知识家喻户晓、深入人心。二是做好少数民族群众信访和服务工作。共接待少数民族事务事项咨询120人次,为群众出具民族成分证明98人次。

【民族经济项目】 2016年,县民族事务局积极实施民族经济项目工作。一是认真组织开展2015年少数民族发展资金项目实施和验收。2015年全县实施4个少数民族发展项目,资金总额63万元。其中花坪镇花岩村拉岜屯特色村寨建设项目30万元,花坪镇浪筛村斑鸠井屯道路硬化建设项目17万元,新化镇连篆村篆屯管水坝建设项目10万元,项目已竣工验收;新化镇百坭村百爱屯管水坝建设项目6万元,项目已竣工验收。管水坝项目的实施,解决了2个村4个屯114户、561人少数民族群众过河难问题。二是争取到2016年少数民族发展资金201万元,其中中央资金191万、自治区本级资金10万元。第一批项目资金30万用于实施新化镇伶弄村百福至伶弄屯道路硬化项目和同乐镇九利村鲁莽屯道路硬化项目;第二批项目资金171万用于7个乡镇10个村的屯级道路硬化和饮水项目建设,这些项目的实施,解决了全县贫困地区少数民族群众行路难和饮水难问题。三是深入在册13家民贸企业调研,为"十三五"开展民贸企业优惠政策推进落实工作打基础。

【民族文化】 2016年,县民族事务局认真抓好民族文化发展工作。一是做好2016年少数民族优秀特困学生调查摸底和入学补助经费及时发放工作,年内共争取到少数民族优秀特困生补助经费2.4万元,共补助建档立卡贫困户学生24名,每人一次性补助1000元,解决24个贫困户学生入学难问题;二是积极组织开展民族节庆活动。年内争取到民族节庆活动经费1.5万元,为幼平乡幼里村、新化镇仁里村、同乐上岗屯开展春节民风民俗活动、壮族"三月三"、第二届乐业"卜隆古歌节"等节庆活动给予经费支持,为新化镇磨里村老年协会购置一套音响等活动设备;借助开展活动进行民族政策、法律法规宣传。三是抓好民族调研政务信息工作。年内没有出现重大信息漏报缺报问题,共上报信息8条,被自治区《民委网站》采用3条。

【城市民族工作】 2016年,县民族事务局抓好城市民族工作。开展组织召开社区、涉及城市民族工作相关部门和县直有关部门负责人座谈会,研究开展城市民族工作;深入同乐镇立新、三乐、新业、新兴4个社区,对涉及城市民族的部分县直单位开展专题调研;认真组织撰写调研报告,完成全年调研任务。

【干部教育培训】 2016年,县民族事务局切实抓好干部教育培训工作。认真按照市委组织部、市人力资源和社会保障局《关于做好2016年全市公务员全员培训工作的通知》要求,组织单位6名干部进行网络学习培训和考试。二是联合县委组织部,到广西大学举办乐业县2016年党外干部暨少数民族干部培训班,参加学习学员为60人。使少数民族干部有了更高的学习平台,开阔了视野,提升少数民族干部的综合素质和干事动力。共选派5名干部参加区、市、县举办的各种培训班和学习班，加强干部党性修养，增强用政治的眼光、全局的眼光、时代的眼光去观察和处理问题的能力。

【中心工作】 2016年，县民族事务局积极完成各项中心工作任务。把扶贫攻坚工作摆在重要议事日程，深入挂点村新化镇林立村开展帮扶工作，为2016年村出列、户脱贫、人销号打基础。深入挂点村开展“六一”儿童节关爱留守儿童活动，组织干部职工到挂点村新化镇林立村林立小学慰问20名留守儿童，给每名留守儿童发放书包、笔盒、笔、作业本等一批学习用具及篮球、羽毛球拍、羽毛球等，为留守儿童送去温暖。

（彭治森）

人口与计划生育

【人口与计划生育概况】 2016年，乐业县继续执行计划生育工作“三线”目标管理考核责任制。县、乡（镇）两级党委、政府与人口计生部门层层签订目标责任书，把信息员报酬、流动人口计划生育管理与服务、农业人口独生子女保健费兑现、诚信计生和优质服务工作纳入“责任书”进行考核。年内全县总人口177513人，已婚育龄妇女34174人，全县新出生人口2181人（其中男孩1161人，女孩1020人），出生政策符合率93.4%，人口自然增长率为7.82‰，政策外多孩率1.56%，出生人口性别比为113.82。全县实现无政策外多孩生育乡（镇）4个，实现无政策外生育村（社区）48个，实现率达54.55%。全县计生工作荣获“百色人口和计划生育目标管理创新奖”和“2016年度广西诚信计生示范县”称号。

【二孩政策宣传实施】 2016年，县卫生和计划生育局积极宣传实施二孩政策。全县先后举办县、乡、村实施单独二孩政策培训班3期，对政策实施进行全面培训。通过宣传板报、广播、电子显示屏等方式向群众解读政策，使广大基层群众了解并响应两孩政策。年内全县新生儿2181人，其中二孩出生人数1128人，二孩率达到51.72%。

【出生人口性别比综合治理】 2016年，县卫生和计划生育局认真做好全县出生人口性别比综合治理工作。及时召开全县出生人口性别比综合治理专题会议，通报全县出生人口性别比情况，安排部署综合治理工作。对出生人口性别比波动较大的乡（镇）进行专题调研，查找存在的问题，提出整改措施。组织对辖区内20家医疗保健单位和诊所进行3次拉网式排查，3次例行检查，查处“两非”行为典型案件5件，发现大月份孕情消失案件16件。全年全县人口出生率为12.37‰，人口自然增长率为7.82‰，出生人口性别比为113.82。

【精准帮扶计划生育贫困家庭】 2016年，县卫生和计划生育局积极开展精准帮扶计划生育贫困家庭工作。在全面精准识别贫困户的基础上，甄别出农村贫困计划生育家庭3062户11690人。在精准扶贫工作中，县委、县政府提出要让全县计划生育贫困家庭和贫困人口要比农村其他一般贫困户和贫困人口提前一年脱贫。一是采取分类帮扶、结对帮扶的方式，在产业规划，技能培训，务工信息等方面制定务实管用、行之有效的脱贫措施。二是实行双承诺、双认定、双确认，“十个到村到户”工作措施，增强广大计生贫困家庭脱贫致富奔小康的决心和信心。三是从技术、资金、信息入手找准贫困症结，量身定制扶贫套餐拔“穷根”，注重扶贫信贷资金倾斜，优先扶持计生贫困户脱贫。对因灾因病因突发意外伤害致贫的贫困计生家庭，采取临时救助、阳光助学、结对帮扶、“兜底”保障等帮扶措施，确保计生贫困家庭精准脱贫。

【计划生育奖励扶助】 2016年，县卫生和计划生育局继续把保障和改善民生作为诚信计生工作的出发点和落脚点，建立国家、自治区和市级利益导向政策以外的奖励、保障、救助、优惠等制度，保证执行计划生育家庭优先享受改革发展成果。年内，全县共兑现计划生育奖励政策4974户11015人，奖励金额199.39万元。其中：大学生考取大学奖励62户62人，奖励9.1万元；计划生育家庭户失独资金扶助9户14人，奖励8.4万元；广西一次性奖励扶助75户75人，奖励扶助1.14万元；国家农村部分计划生育家庭奖励扶助371户371人，奖励扶助53.42万元；国家计划生育特别扶助17户17人，扶助资金17.54万元；独生子女、双女代缴新农合1424户4002人，代缴资金48.02万元；独生子女保健费1289户3494人，发放资金15.47万元；代缴独生子女、双女户新型养老保险815户1437人，代缴资金14.37万元；为失独家庭户在生产生活养老方面扶持资金9户18人，扶持1.8万元；城镇居民年老奖励71户71人，奖励5.11万元；代缴新型养老保险(45~59岁)，815户1437人，代缴金额12.93万元；非财政拨款实行计划生育退休人员提高5%，17户17人，2.08万元。及时审核上报特别扶助材料，建立完善9户14人计生特殊家庭基本信息及联系帮扶档案。

做好计划生育系列保险工作，全县共为3554户实行计划生育家庭投保“计划生育家庭爱心保险”，投入保费171500元，投保率达104%。在实施“爱心保险”以后，出险家庭都能得到及时理赔，全年共理赔46件，赔付金额103900元，赔付率为63%。做好农村部分计划生育家庭小额贴息贷款工作，全年全县应完成贷款户数31户，实际完成贷款户数57户，完成率183.87%。全县应完成贴息资金发放178800元，完成贴息178800元，完成率达100%。

【流动人口管理】 2016年，县卫生和计划生育局认真落实《流动人口计划生育工作条例》。制作《流动人口住户人员登记册》和《流动人口已婚育龄妇女卡》，坚持每月查验一次，使卡册“人来登记，人走注销”。坚持“共享平等”原则，每季度为流动人口育龄妇女进行免费妇科检查和健康检查1次，使常住流动人口享有略高于户籍人口的优质服务。全县流入已婚育龄妇女《婚育证明》查验率达99.63%，流入已婚育龄妇女计划生育建档率为100%，流动人口免费技术服务率、免费药具发放率均为100%。

（王世国）

人力资源和社会保障

【人力资源和社会保障机构概况】 2016年，乐业县人力资源和社会保障局(简称县人社局)，内设办公室、工资福利与退休股、专业技术人员管理股、调解仲裁管理股、就业促进与职业能力建设股、社会保险管理与基金监督股、事业单位人事管理股、公务员管理办公室8个职能股室，下辖县就业服务中心、社会劳动保险事业管理所、失业保险管理所、机关事业单位职工养老保险管理所、城乡居民社会养老保险所、社会医疗保险管理中心、劳动保障监察大队、劳动人事争议仲裁院等8个参照公务员管理单位。全县人力资源和社会保障系统核定编制44名，实际在职干部职工45名。

【公务员管理】 2016年，县人社局认真做好公务员管理工作。做好人事调配工作，共办理公务员及参照公务员法管理单位工作人员调动手续136起。完成全县55名公务员登记工作(其中公务员登记15人、参公人员登记40人)。做好公务员公开招录工作，完成全县2016年公务员(参照公务员法管理单位工作人员)36个职位共38人招录工作。完成年度35名公务员转正定级工作。

【人才交流服务】 2016年，县人社局坚持规范人事代理、档案管理、人才推荐等人才服务，加强机关事业单位编外用工管理，贯彻落实国家人才政策，推动人才事业发展。认真做好大中专毕业生档案托管及人事代理工作。共接收大中专毕业生档案458份，办理大中专毕业生改派708人，办理转正定级20人；推荐指导毕业生就业156人，指导就业率72%。切实规范编外工作人员管理。为各单位补聘编外工作人员2人，办理编外人员辞职41人。

【事业单位管理】 2016年，县人社局积极做好事业单位管理工作。年内共办理事业单位工作人员调动365人，其中县内调动334人、县外调入6人、调出县外25人。做好事业单位公开招聘工作人员工作。全县共招聘79名事业单位工作人员，其中通过事业单位公开招聘70人，通过“双选会”招聘9人。积极做好事业单位岗位设置工作。全县有81名失业单位人员申请岗位变动，符合条件并完成岗位变动81名。为全县129个单位办理2015年干部年度考核。

【职称管理】 2016年，县人社局做好职称管理工作。做好专业技术人员资格证书管理，为上年取得专业技术资格的人员办理资格证书，共发放初级证书179本。做好专业技术人员晋升资格推荐申报，共推荐298名专业技术人员晋升资格。共推荐高级职称56名，其中教育系列47人、农业系列3人、卫生系列5人、工程系列1人。

【工资福利和军转安置】2016年，县人社局认真做好工资福利和军转安置工作。一是严格执行工资政策，积极推进工资制度改革，兑现乡镇机关事业单位工作人员乡镇工作补贴，落实职务与职级并行工资待遇政策，调整新晋升公务员工资标准，核发事业单位2014年奖励性绩效工资。健全工资制度，规范收入分配秩序。二是做好退休人员管理工作。完成对142位到龄退休机关事业单位工作人员退休审批工作，完成对118名机关事业单位工作人员、离退休人员及68户困难遗属生活补助费审批工作。三是调整行政事业单位工作人员及离退休人员艰苦边远地区津贴标准5110人次，办理基本工资标准调整4518人次，对符合享受特殊岗位津贴人员审批工作共1150人次，调整规范全县机关事业单位绩效工资4117人次。四是落实各项解困政策，妥善安置军转干部，发放企业军转干部解困资金19008元，接收军转士兵2人。

【就业、再就业工作】2016年，乐业县城镇新增就业769人，下岗失业人员实现再就业145人，就业困难人员实现就业40人；农村劳动力转移新增就业3066人，核发职业资格证书393人；新增高技能人才15人；全县城镇登记失业率3%，低于3.8%的年度控制目标。

【农民工就业培训】2016年，乐业县完成农村劳动力转移输出3066人，举办农村劳动力技能培训20期、培训947人，举办创业培训2期、培训60人，发放职业资格证书393人。加强村级信息网络建设，为全县8个建制村购买电脑及办公室用品一批，逐步完善就业服务体系。与县残联合作开展就业援助活动，分发宣传材料1000多份，走访就业困难人员和零就业家庭66户，登记认定未就业困难人员53人，帮助40位就业困难人员实现就业，帮助45位就业困难人员享受就业援助政策。与县扶贫办等部门开展春风行动，组织专场招聘活动9场，提供免费就业服务1850人；当地企业吸纳农村劳动力就业人员45人、达成意向就业186人。组织参加职业技能培训502人，提供劳动维权服务和法律援助15人，推荐用工规范诚信企业5个，推荐诚信服务机构2个。

【农村劳动力就业创业】2016年，乐业县积极做好农村劳动力就业创业工作。建成全县8个乡镇及10个村互联互通培训就业信息网，完成年度农村劳动力资源调查登记和数据录入工作。全县有农村劳动力人口175508人，其中农村劳动力(16~60岁)97501人；免调查人数25562人，应调查人数71939人，完成调查农村劳动力71939人，系统录入人数71939人。组织举办广西第三届农民工技能大赛乐业县初赛，增强农民工就业竞争力。全县共有180名农民工参加中式烹调师、焊工、砌筑工、钢筋工、家政服务、汽修等6个职业工种比赛，有36名农民工获得各工种比赛奖项；选派18名选手参加百色市复赛，有2名复赛参赛选手分别获得中式烹调师二等奖、汽修二等奖。

【劳动保障执法】2016年，县人社局认真做好劳动保障执法工作。一是联合县公安局、总工会等部门开展专项检查，加大日常巡查工作力度，切实维护农民工合法权益和社会稳定。二是稳步推进劳动监察工作，共接待群众来访230多人次，办理农民工工资保障金业务92笔，涉及金额490.725万元。新受理劳动用工合同备案276人；受理申请工伤认定案件10起，已结案10起。三是建立完善基层劳动人事争议调解委员会，严格审理劳动仲裁案件，共接收劳动人事争议案件9件，结案9件，结案率100%，涉及金额33.63万元。成立基层劳动人事争议调解委员会21个，接通并启用劳动人事争议调解仲裁办案信息系统。

【城乡居民基本养老保险】2016年，乐业县城乡居民基本养老保险实际参保人数73654人，参保率为100.4%。其中，参保缴费人数56591人，完成基金征缴506.24万元；发放养老金待遇17063人，累计发放养老金1534.53万元，发放率100%。

【城镇职工基本养老保险】2016年，乐业县参加城镇职工基本养老保险2896人，完成率100.6%，累计征缴养老保险费2291万元，完成年度任务的102.3%。

【城镇基本医疗保险】2016年，

乐业县参加城镇基本医疗保险14975人,完成率106%;基金征缴收入2612万元,完成年度任务的124%。

【工伤、生育保险】 2016年,乐业县参加工伤保险6013人,完成基金征缴收入115万元,完成年度任务的104.5%。全县参加生育保险4740人,完成基金征缴收入105万元,完成年度任务的131.25%。

【失业保险】 2016年,乐业县参加失业保险3210人,完成基金征缴收入187万元,完成年度任务的124%。 (杨冬琳)

民政工作

【民政机构概况】 2016年,乐业县民政局内设办公室、救灾救济股、优抚安置办、地名普查办、老龄办、社会事务和社会福利股、基层政权股、低保中心、法制股、核对中心、婚姻登记处11个股室,核定编制19名。其中,行政编制7名,低保中心参公编制3名,核对中心事业编制6名,机关后勤事业编制2名。实有干部职工22人,其中公务员11人、参公人员4人、事业单位人员6人、工勤人员1人。

【社会救助】 2016年,县民政局认真做好社会救助各项工作。一是接待流浪乞讨共145人次,累计支出流浪乞讨人员救助资金44763.6元。二是每月按600元标准足额发放孤儿基本生活费,共发放79名孤儿基本生活费52.56万元。三是接待有关收养咨询20人次,办理收养申请2宗。四是做好重度残疾人护理补贴、困难残疾人生活补贴的审批和资金发放。全县有重度残疾人1171名、困难残疾人1376名,共发放两项补贴2574人,发放补贴资金98.53万元。

【救济救灾】 2016年,县民政局积极实施救济救灾工作。共开展灾害应急救助53次,涉及农户1232户5367人。为全县4.26万户农房投保,缴纳保险费486586.2元。做好农村住房政策性保险工作,共报案29起,理赔29户。做好贫困户倒房重建,共完成贫困户倒房重建64户,拨付重建资金96万元。发放受灾人员冬春救助7252人。做好农房统保工作,全县参加农村住房政策性保险农房4.26万户,应缴纳保险费486586.2元,县财政负担121378.82元。全年有43户因灾活动赔付金额50.25万元。

【最低生活保障】 2016年,县民政局积极落实城乡居民最低生活保障政策。全县城镇低保标准提高到410元/(人·月),农村低保标准提高到每人2592元/年。农村低保补助标准为:一类160元/(人·月)、二类140元/(人·月)、三类130元/(人·月);城镇低保补助标准为:一类325元/(人·月)、二类300元/(人·月)、三类290月/(人·月)。全县共清退不符合低保条件2945户9648人,新增6433户26513人;累计发放低保金3765.9215万元。按时足额发放率为100%。

【优抚安置】 2016年,县民政局认真做好优抚安置工作。全县有优抚对象328人,为全县优抚对象发放抚恤和生活补助金147.7万元。做好退役士兵安置,对符合政府安排工作条件2名退役士兵实行安排工作。为10人次发放住院医疗补助金3.94万元。

【老龄工作】 2016年,县民政局认真做好老龄工作。一是撰写“世界长寿之乡”申报基础材料和评分材料,做好乐业县“世界长寿之乡”授牌仪式相关工做。二是为全县80岁及以上老年人发放高龄补贴,共发放高龄补贴2394人,发放金额17.20万元。三是做好养老服务工作,全县有高龄老人2431人。提高高龄老人健康补贴,80~89岁老年人高龄补贴由人均补贴65元/月提高100元/月,90~99岁老年人补贴100元/月提高200元/月,100岁以上老年人补贴300元/月提高1000元/月。全年共发放高龄补贴199.39万元。

【地名普查】 2016年,县民政局积极开展地名普查工作。一是加强村务政务公开、民主管理,巩固基层民主。二是完成对全县11大类共4600条地名普查、地图绘制工作,完成地名来历、含义、历史沿革和地理实体概况等重点内容的调查、整理补充完善;完整填写乐业县第二次全国地名普查成果表填写,并录入国家地名数据库。三是完成乐业县与天峨、凤山两县市级行政区域164公里界线勘界。开展乐业县与凌云县52

公里市内行政区域界线(界桩)联合检查,签订平安边界协议。四是完成全县40个社团和30个民办非企业的年度检查。严格依法办理社会组织登记。（杨顺教）

居民生活

【城镇职工工资收入】2016年,乐业县城镇非私营单位在岗职工平均工资57866元,比上年增长24.76%;城镇国有单位在岗职工平均工资58630元,比上年增长25.90%;城镇集体单位在岗职工平均工资32592元,比上年增长13.88;城镇其他单位在岗职工平均工资51870元,比比上年增长6.28%。

【城镇居民收入】2016年,乐业县城镇居民人均可支配收入25438元,比上年增长8.2%。其中工资性收入16265元,占人均可支配收入的63.94%,比上年增长7.65%;经营净收入5076元,占人均可支配收入的19.96%,比上年增长13.16%;财产净收入1735元,占人均可支配收入的6.82%,比上年增长2.11%;人均转移净收入2362元,占人均可支配收入的9.29%,比上年增长6.59%。

【农村居民收入】2016年,乐业县农村居民人均可支配收入7533元,比上年增长11.5%。其中,工资性收入2785元,占居民人均可支配收入的36.98%,比上年增长12.14%;家庭经营性净收入3588元,占居民人均可支配收入的47.64%,比上年增长12.65%;财产净收入29元,占居民人均可支配收入的0.38%,比上年增长5.51%;转移净收入1130元,占居民人均可支配收入的15%,比上年增长6.72%。

【城镇居民消费性支出】2016年,乐业县城镇居民人均消费性支出13520元,比上年增长7.46%。其中食品消费支出4316元,比上年增长6.49%;衣着类支出1151元,比上年增长4.73%;居住类支出2475元,比上年增长6.06%;家庭设备用品及服务支出1098元,比上年增长11.41%;医疗保健支出859元,比上年下降1.27%;交通和通讯支出1827元,比上年增长10.4%;教育文化娱乐服务支出1630元,比上年增长15.27%;其他商品和服务支出164元,比上年下降4.34%。

【农村居民生活消费支出】2016年,全县农村居民人均生活消费支出6130元,比上年增长11.86%。其中,食品消费支出1994元,比上年增长9.61%;衣着消费支出361元,比上年增长8.36%;居住类支出1033元,比上年增长12.01%;家庭设备用品及服务支出393元,比上年增长6.44%;交通和通讯消费支出679元,比上年增长10.79%;文化教育娱乐服务支出1068元,上年增长18.1%;医疗保健消费支409元,比上年增长14.73%;其他商品和服务支出193元,比上年增长18.72%。

（陈允斌　劳美慧）

百岁老人

2016年年底,乐业县有百岁以上老人26人。其中,100~105岁23人,106岁以上3人。百岁老人以生活在农村为主。女性百岁老人23人,占百岁老人的88.5%。百岁老人在全县总人口中占比为1.49人/万人。

百岁老人简介

1. 覃美容　女,1903年3月19日生,乐业县逻西乡民权村拉纳屯人。

2. 岑妈金　女,1910年2月16日生,乐业县雅长乡新场村龙明寨屯人。

3. 吴彩红　女,1911年3月5日生,乐业县逻沙乡汉吉村马贵屯人。

4. 陈华昌　男,1912年6月17日生,乐业县逻沙乡九龙村黄泥皮屯人。

5. 卢妈良　女,1913年7月10日生,乐业县雅长乡百康村赖林屯人。

6. 黄妈棉　女,1913年10月14日生,乐业县甘田镇九洞村达别屯人。

7. 黄氏太　女　1914年2月7日生,乐业县新化镇皈里村百王屯人。

8. 牙妈杨　女,1914年7月17日生,乐业县新化镇连篆村百合屯人。

9. 简秀英　女,1914年8月9日生,乐业县幼平乡马三村甘洞屯人。

10.陈桥妹　女,1914年8月25日生,乐业县逻沙乡汉吉村坑挡屯人。

11.雇氏明　女,1915年1月18日生,乐业县新化镇磨里村把场屯人。

12.韦　云　女,1915年3月20日生,乐业县逻西乡民友村广里屯人。

13.张红春　女,1915年4月25日生,乐业县同乐镇上岗村拉逢屯人。

14.罗奶法　女,1915年7月21日生,乐业县逻西乡民治村可周屯人。

15.黎汉高　男,1915年7月20日生,乐业县同乐镇武称村场坝屯人。

16.周彩云　女,1915年8月7日生,乐业县同乐镇龙门村水洞屯人。

17.方桂洪　女,1915年8月9日生,乐业县同乐镇央林村排逢屯人。

18.田　凤　女,1915年10月15日生,乐业县甘田镇板洪村宋家屯人。

19.简月花　女,1916年1月1日生,乐业县新华镇伶弄村九组屯人。

20.冯银花　女,1916年1月2日生,乐业县逻沙乡黄龙村八古屯人。

21.黄妈走　女,1916年1月9日生,乐业县逻西乡打路村可类屯人。

22.黄正月　女,1916年1月20日生,乐业县同乐镇武称村场坝屯人。

23.黄妈亮　女,1916年2月3日生,乐业县逻西乡卡伦村卡伦屯人。

24.姚祖贻　男,1916年2月14日生,乐业县逻沙乡仁龙村场坝屯人。

25.杨　兰　女,1916年2月21日生,乐业县逻沙乡黄龙村申家屯人。

26.张银秋　女,1916年4月24日生,乐业县同乐镇央林村六路坪屯人。　（韦光磊）

乡镇概况

◎编辑　黎启顺

同乐镇

【同乐镇概况】 同乐镇位于乐业县中东部，为乐业县政府所在地，镇政府驻县城新兴社区。是全县经济、政治、文化中心和交通枢纽．全镇总面积355平方公里。地处北纬24° 37′ 59″ ~24° 51′ 51″，东经106° 26′ 07″ ~106° 40′ 15″之间。东与河池市天峨、凤山县相邻，南与新化镇接壤，西与花坪镇和逻沙乡毗连，北接幼平乡。2016年年末，辖新业、新兴、三乐、立新4个社区居委会和常仁、石合、百龙、九利、上岗、六为、刷把、央林、丰洞、龙洋、平寨、武称、鱼塘、达存、龙门15个建制村，有274个村(居)民小组、330个自然屯，共14493户(其中农村有8916户)，总人口44754人，有壮、汉、瑶、苗、布衣5个世居民族。有耕地面积45309公顷，其中水田18441公顷、旱地26868公顷。镇辖区内旅游资源丰富，有世界级大石围天坑群，世界第一大莲花盆——罗妹莲花盆，拥有世界天坑博物馆、国际溶岩洞穴探险科考基地、国家地质公园等称号；镇境内有五台山森林公园映山红景区、上岗红枫湖、西凤坳红枫、六为水库红枫湖、六为“十里春风”、火卖特色景观旅游名村和清凉小镇、牛坪馨阑苑等景区景点；梅家山庄荣获“广西五星级农家乐”。有等级公路里程45.6公里，其中二级以上公路29.6公里。全镇耕地面积45389亩，山塘、水库和河流水域面积186.5亩，农田有效灌溉面积18590亩。林地面积320210亩，其中经济林种植面积18000亩。

2016年，同乐镇实现生产总值8.27亿元，比上年增长10.12%；固定资产投资完成2.4亿元，比上年增长2.13%；社会消费品零售总额完成1.74亿元，比上年增长15.23%；农民人均纯收入完成6300元，比上年增长12.48%。

【农业生产】 2016年，同乐镇积极支持贫困村、贫困户连片开发猕猴桃、砂糖橘、核桃、三叶青、食用菌等产业，推动生猪、肉牛、林下鸡、清水鸭等畜牧业规模化养殖；粮食播种面积保持在2万亩左右，总产量达0.6万吨以上。累计完成油菜、小麦、绿肥等秋冬种产业2.4万亩。完成870亩核桃种植任务，落实800亩种植面积；完成800亩猕猴桃种植任务；落实1000亩刺梨、1000亩砂糖橘种植面积，完成县级下达任务指标。全镇肉类总产量完成3549吨，畜牧业实现产值8613万元。全镇经济综合实力稳居全县乡镇首位。

【环境保护】 2016年，同乐镇环境保护建设工作顺利推进。实施珠江防护林造林工程、石漠化治理工程、村屯绿化等项目，加大对五台山等重点生态区域的保护管理力度；推进城镇周边、公路沿线可视坡环境绿化整治．加强与环保等县直部门对接，切实解决县城屠宰场等污染问题．完成了850亩珠江防护林造林、1000亩面上荒山造林和1000亩采伐迹地更新造林验收工作、完成退耕还林造林600亩。

【民生保障】 2016年，同乐镇民政优抚工作有序开展，城乡居民社会养老保险参保率达119%，发放率达100%。全镇共有1795人享受城镇低保、4945人享受农村低保、527人享受高龄老人补助、170人享受五保养老，全镇累计发放各类救济金、抚恤金、慰问金共700多万元。惠农政策全面落实，共发放生态林、综合直补等各类涉农补贴600多万元。

【脱贫攻坚】 2016年，同乐镇扶贫开发深入推进，19个村(社区)配备了扶贫专干，刷把甲坳、六为把吉等扶贫移民点建设有序推进。以“企业带农户”等方式，在六为村打造了2个产业示范基地，覆盖贫困户86户，贫困人口337人。因地制宜打造贫困村“一村一品”产业，用足用好扶贫小额信贷政策，通过“企业＋合作社＋基地＋贫困户”等模式，引导贫困户自主发展、入股分红。推动生猪、肉牛、林下鸡、清水鸭等畜牧业规模化养殖，引导贫困户就近就地转移就业。年内，全镇产业扶持共投资金268.2万元，覆盖贫困户384户，覆盖率100%；共有1589户贫困户享受低保政策，涵盖人口6112人，贫困人口覆盖率70%；已有793户授信贫困户获得贷款，放款4033.78万元，放款率达90%；对2065户贫困户家庭在校生情况进行调查，通过实施“雨露计划”等措施，确保符合“九年制义务教育”年龄段的青少年都能上学。实现六为、石合两个村脱贫出列，279户1128人脱贫摘帽。

大力实施上岗、武称场坝等易地扶贫移民搬迁安置点项目，完善配套公共设施，实现273户1102名贫困人口搬迁目标。完善农村低保制度，将所有符合条件的贫困家庭纳入低保范围。加大医疗救助、临时救助、教育资助等帮扶力度，切实解决因病致贫、因病返贫问题，决不让任何一个义务教育阶段学生因贫辍学。

图51　往同乐镇石合村石恨屯级道

（县方志办供　2016年8月6日摄）

【优化产业结构】 2016年，全镇猕猴桃种植面积达2万亩、有机米认证0.5万亩、中药材面积1000亩，新增一批畜禽标准化养殖场，全镇水产畜牧业产值超过0.4亿元。提升上岗有机米、刷把生态牛、六为葡萄以及猕猴桃、林下鸡等品牌形象，申报具有同乐标识的产品商标，打造一批无公害农产品、绿色食品特色品牌，通过品牌带动实现效益提升。通过土地流转，整合利用集体资源，引导发展家庭农场、专业合作社等经营主体，每个村成立一个以上专业合作社并拥有集体经济收入。

【人口与计划生育】 2016年，全镇已婚育妇女数8524人，出生592人，计划生育率95.10%，人口自然增长率为9.17‰，性别比为115.27，综合节育率为88.18%，药具占综合节育率为7.5%。同时完成月量化管理和奖励扶助政策兑现：完成全国计划生育家庭奖励费发放69120元；完成广西农村计划生育家庭奖励费发放23000元；发入计划生育家庭户考取大学奖励20000元；完成特息贷款发放13户，共计17487.22元；完成诚信计生参保1700人次；加强流动人口管理和保证计生奖励扶助政策及时兑现，强化政策引导抓奖扶，让育龄群众得实惠。

【社会稳定与安全】 2016年，同乐镇积极组织开展平安社会创建活动，建立健全镇村社会综治网络，逐步形成“防范、控制、打击”的工作体系。坚持安全生产检查经常化，每季度组织开展全面性的安全生产检查1次，发现和消除安全隐患。加强对山林、土地和水利纠纷等矛盾纠纷调处化解，实行“领导包案和一抓到底”的工作机制，及时处理各种来信来访。开展禁毒、盗窃、勒索、杀人等恶性案件专项严打整治斗争和查禁“六合彩”等赌博活动。投入资金在主要路口、城区街道口安装治安监控摄像头和视频监控系统。年内，全镇共发生综治维稳突出问题等各类纠纷45起，调处43起，调结率为100%；解答法律咨询885人次，提供法律服务1581人次，代写法律文书8件份，避免和防止因纠纷导致群体械斗3起，制止群众上访3件30人次。严厉打击“两抢一盗”“黄、赌、毒”及黑恶势力违法犯罪行为，提高群众安全感和满意度。加强“农情乡解”工作力度，统筹抓好道路交通、非煤矿山安全生产工作，全面推行乡镇“四所合一”工作，实施“五安”工程建设，确保社会和谐稳定。

【基础设施建设】 2016年，同乐镇基础设施日趋完善，城镇建设有序推进。全镇新建提级村级道路10条24.3公里，所有建制村所在地全部通达水泥硬化路；完成危房改造180户，受益群众600多人；修建饮用水池22座，水管长度39千米，解决760户贫困户，3550人的饮水困难问题。打造生态乡村县级示范点16个。火卖屯被评为全区清洁乡村“百佳村屯”，下六屯成为全市、全区社会主义新农村建设的典范，鱼塘、九利、龙门等行政村先后被评为自治区级和市级生态村。

【科技兴农】 2016年，同乐镇增加科技投入，强化科技研究工作，围绕农业发展中的关键技术进行组织攻关，有重点落实各项措施，一年来，共组织实施生态有机米

1000亩;猕猴桃生产1000亩;大面积推广秋冬种植蔬菜1000亩、油菜5000亩的种植新技术;科学养牛、养羊、养猪及家禽等技术知识,使这些项目中取得较好的成效。

【征地拆迁】 2016年,同乐镇围绕县委政府的统一部署,对乐业至凤山二级公路;五台山景区基础设施;马坪旅客集散中心及上岗湖环湖游览步道,观景台等设施;乐业县城至大石围二级路;乐业至百色高速路、武称生态移民安置点等项目的征地拆迁工作,努力化解征地安置历史遗留问题,稳步推进板霞、当站、武称等5个县城安置点建设,妥善解决安置农户300多户,安置面积1.6万平方米;全面加强县城开发服务,配合完成当站大道、同乐河道治理等城建项目。坚决打击违章建筑、违法用地行为,依法查处违章建筑3处500多平方米,为项目建设提供了用地保障。

【文教卫生事业】 2016年,同乐镇教育文体事业全面发展。全镇有中小学校23所,在校中小学生3337人。其中,高中1所,初中3所,小学3所,公办幼儿园4所,民办幼儿园14所,农村小学35所。学校基础设施建设进一步加强,惠及学生的"两免一补""营养工程"资金得到有效监督和使用。全镇小学适龄儿童入学率、巩固率均达98%以上;初中入学率、巩固率分别达95%和97%;配合完成同乐中心小学搬迁重建、县城第三小学、第三初中新建项目,解决学校"大班额""大通铺"问题,促进教育持续健康均衡发展。区域内有县级医院1家、妇幼保健院1家,卫生院2所,村(社区)卫生室19个,个体诊所26个,药店8家。卫生院床位52张,卫生技术人员42人,其中执业医师和执业助理医师22人、医士5人、护士等13人。全镇新农合参合率达98%以上。镇内有文化休闲广场2个,村(社区)委会图书室15个,老人休闲活动中心2个,五保新村5个,镇敬老院1所;电视覆盖率100%,有线电视普及率80%以上。群众性文体活动正常开展,在"春节"文化娱乐活动中,全镇16个村(社区)都不同程度举办民间文艺汇演,如平寨村举办山歌演出,三乐社区狮子队舞狮等节目。协助县政府成功举办2016年第十届中国·百色国际山地户外运动挑战赛暨第二届中国·百色"地心之旅"全国徒步大会等活动,丰富干部群众文化生活。

【特色旅游】 2016年,同乐镇大力创建广西特色旅游名镇,积极推进马坪游客集散中心、火卖休闲度假酒店、火卖清凉小镇、大石围二级公路等项目;牛坪、五台山、上岗湖、"十里春风"等景区先后开门迎客,成为全县最重要的旅游集聚区、中心区和示范区。重点打造"一山两湖三村",推进五台山、上岗湖、六为湖等景区建设,积极引进社会投资,建设精品客栈、民宿,提升景区内涵及接待功能。积极推进长寿养生国际旅游区项目建设,协助办好养生健康长寿高峰论坛,成功打造火卖、牛坪等休闲养生度假小区,包装开发野生刺梨、猕猴桃等养生产品。

【美丽乡村建设】 2016年,同乐镇进一步落实好保洁员制度和村规民约制度,巩固提升清洁乡村、生态乡村建设成果,突出农村环境综合整治,围绕治脏、治乱、治污、治差"四大"重点,开展公路沿线、集镇街道、水库山塘、田间地头等点线面结合的综合保洁活动,防止环境卫生反弹。打造一批生态乡村示范点,提升村屯绿化、道路硬化、路灯亮化、环境设施配套化水平,全面创建宜居乡村、幸福乡村、美丽乡村;积极打造县镇级综合示范点,不断优化乡村环境,推进城乡一体化发展。

【同乐镇建制村(社区)概况】

立新社区　立新社区位于乐业县城西南部,2016年全社区总面积2平方公里,由9个村民小组2个自然屯组成,共636户2361人,罗妹洞风景区坐落其辖区内。社区有耕地面积87.75亩,其中水田47.4亩,旱地40.35亩。2016年,农民人居均收入6150元。社区于2002年6月由原来的三乐街和大挽村居民及县直机关单位分片划块,并以立新大屯而定名为立新社区,下辖乐业农贸市场,乐业汽车站,罗妹洞风景区,同乐镇小学等19个单位和晚霞、立新、罗妹3个大自然屯,是乐业县政治、文化、经济活动中心,是乐业县城人口流动量最大的区域。

新兴社区　新兴社区地处县城所在地,是县城政治、经济、文化的活动中心。2016年,全社区总面积1.5平方公里,东以同乐北路为界,南以振乐路为界,西至板霞山脚,北以农科所对面河为界,辖区内有电影公司、同乐镇政府、交通局等16个机关事业单位及3个自然屯，辖13个居民小组，共有居民712户2780人。2016年，农民人均纯收入6186元。有耕地面积250.05亩，其中水田248.1亩，旱地1.95亩。居民委员会办公楼设在县妇幼保健院旁，办公楼建筑面积480平方米，社区居民主要收入来源以门面出租、开办砂石场、砖场、种植反季节蔬菜、餐饮服务业，经商为主。

三乐社区　三乐社区位于乐业县城东南面。2016年，全社区总面积约4.5平方公里，下辖30个居民小组10个自然屯，共1157户7821人。2016年，农民人均纯收入6160元。社区有耕地面积934.2亩，其中水田548.7亩，旱地385.5亩。社区居委会办公室设在三乐安置区，社区是2002年8月由原来的三乐街和内外当站、那黑、上下甲伏、各沙、岜拉居民及45个机关单位组成，北以振乐街为界，南至岜拉山脚，西以同乐中路为界，东至水泥厂山脚，是县城经济、政治、文化的活动中心。辖区有文化广场，红七、红八会师纪念馆等景点。

新业社区　新业社区总面积1.5平方公里，南以振乐街为界，北至农科所，东至各立山脚为界，西以同乐北路为界。新业社区是2002年8月由原来的三乐街和各立、大挽居民及全县的大多数单位机关单位组成，是人口最多的社区。2016年，全社区辖23个村民小组2个自然屯，共有1021户4710人，其中农业人口904人，有耕地面积409.35亩，水田259.8亩，旱地149.55亩。2016年，农民人均纯收入6126元。社区居委会办公室设在城北小区。社区基础设施建设较完善，通闭路电视，信息网络覆盖全社区。社区居民主要以无公害蔬菜种植、有机畜牧养殖、果树栽培为主的农业生产为主，还参与经商、运输、建筑业等活动。

龙洋村　龙洋村位于同乐镇西南部，东与同乐镇鱼塘村接壤，西接同乐丰洞村，南与同乐龙门村相邻，北接同乐平寨、央林村，是典型的石山区。全村总面积15平方公里，下辖12个村民小组16个自然屯，共498户1696人，居住有壮、汉两个民族，其中汉族占98%。2016年，农民人均纯收入5949元。全村有耕地面积2196.45亩，其中水田面积198亩，旱地1998.45亩。村部设在三乐社区岜拉屯，办公设备及党中员电教设备配套齐全，设有村党支书1人（兼村委主任），支委5人，村委5人。屯级路畅通率达50%，当地村民主要种植核桃、玉米等产业。

平寨村　平寨村位于乐业县城南面，属大石山区，东邻常仁村，南接达存村、鱼塘村，西连龙洋村，北抵立新社区、三乐社区，村部距镇政府驻地3公里。2016年，全村行政区域面积10平方公里，下辖11个村民小组，9个自然屯，共606户2064人。2016年，农民人均纯收入6005元。主要由平寨、石寨、什岩3个大屯组成，居住壮、汉、瑶、布衣、苗5个民族，其中壮族占60%，瑶、布衣、苗3个民族占1%。全村有耕地面积2150.55亩，其中水田面积1163.7亩，旱地986.85亩，村部设在平寨屯。农民收入来源有种植、养殖、运输、建筑、跑市场经商等，充分利用距县城近的地里优势，大力发展种养产业，增加农民收入。

龙门村　龙门村位于同乐镇西南部，东与同乐镇鱼塘、达存村接壤，西与逻沙乡仁龙、花坪镇浪筛相邻，南与同乐镇武称、甘田镇百乐村接壤，北接同乐镇丰洞、龙洋村，属于石山区。2016年，全村行政区域面积18.3平方公里，下辖21个村民小组，36个自然屯，668户2265人，居住汉、壮、瑶、苗4个民族，其中壮族占10%，瑶族占0.3%，苗族占0.3%。2016年农民人均纯收入5965元。村部设在山甲屯，村部基础设施配套较为齐全，设有医疗卫生室及群众来访接待室。全村总耕地面积3631.35亩，其中水田288.75亩、旱地3342.6亩。屯级路覆盖率达85%，农民主要收入来源是种植桃果、核桃，共有桃果250亩，核桃720亩。

六为村　六为村位于同乐镇西面，东与上岗村相邻，南与央林村接壤，属亚热带高山气候，距离县城9公里，距离大石围景区3公里，乐业—大石围景区公路穿越其境内。2016年，全村总面积27.09平方公里，辖15个村民小组，36个自然屯，共684户2547人，居住着壮、汉两个民族，其中汉族占75%。村委会驻乐雅公路旁的中寨屯。2016年，农民人均纯收入6139元；全村耕地面积4229.1亩，其中水田2700亩，旱地1529.1亩；六为村全村用材林2200亩，经济林2500亩；乐业县万亩猕猴桃生产基地位于六为村，现有1000多亩猕猴桃；交通方便，盛产杉木、八角、白凤桃、李果。把吉屯至今还沿用魏晋时期古老传统的造纸术生产草纸。当地人称之为“火纸”，主要用于祭奠祖宗烧纸钱用，也可用于毛笔用纸。造纸法与明代科学家宋应星在《天工开物》卷十三中记载的造纸法大体相同。

刷把村　刷把村位于同乐镇西面,世界级景区大石围天坑位于村境内。东与同乐六为村相接,北与花坪镇烟棚村交界,南与同乐丰洞相邻,西与花坪浪筛村接壤,属石山地区。2016年,全村总面积18平方公里,下辖13个村民小组37个自然屯,共527户1791人。2016年农民人均纯收入5858元。全村有耕地面积4071.15亩,其中水田697.05亩,旱地3374.1亩。村部设在郭家坡屯。乐业—贵州望谟二级公路穿越辖区。刷把村石山片适宜发展种植花椒、核桃、桃果、猕猴桃等特色产业,有花椒300亩,核桃800亩,桃果300亩,猕猴桃550亩。依托穿洞石围景区和熊家溶洞的有利条件,全力打造以“农家乐”为主的旅游业,增加群众收入。

武称村　武称村位于同乐镇南部,与鱼塘村毗邻,村部距镇政府住地13公里,属大石山区,是原乐业县武称乡政府所在地。2016年,全村总面积18.5平方公里,下辖22个村民小组,26个自然屯,共738户,总人口2508人。2016年,农民人均纯收入6049元。全村有耕地面积4207.95亩,其中水田面积1672.2亩,旱地2535.75亩,居住壮、汉2个民族,村部设在场坝屯。乐业至田林二级公路穿越境内。农民收入来源有运输、种植、养殖、建筑、跑市场经商、劳务输出等。每年冬种油菜1000亩、小麦200亩。有1个养猪场,年产值15万元,2个养鸡场,年产值15万元。谷里沟盛产白凤桃500亩,有桃花岛之称,每年3月份吸引众多游客。

上岗村　上岗村位于同乐镇西北面。2016年,全村总面积2804公顷,下辖14个村民小组16个自然屯,共760户2666人。居住有壮、汉、瑶3个民族,其中壮族占60%,瑶族占0.1%。2016年农民人均纯收入6176元。村部设在罗肥屯,设有村党支书1人、村委主任1人,支委5人,村委5人,共有32名党员。全村耕地面积3768.15亩,其中水田2935.35亩,旱地832.8亩。上岗村是一个具有唱山歌、拔河等传统活动的大村,每年春节初一至初三的上岗村拉逢屯文化体育节活动拉开了帷幕,开展了以山歌、小品、舞蹈、唱灯等内容的文艺节目和以篮球赛、象棋、拔河、乒乓球等内容的体育活动。主要发展有猕猴桃和有机米种植,上岗猕猴桃种植是乐业县猕猴桃产业主要生产基地,万安屯是乐业县有机米生产唯一主要基地。种植猕猴桃基地800多亩,有机米1000多亩。旅游资源丰富,1930年红七、红八军会师于上岗桥旧址,五台山原始森林风景旅游区坐落于该村万安屯。

央林村　央林村位于同乐镇西面,与同乐镇龙洋村、丰洞村、刷把村、六为村、上岗村、立新社区等接壤,属石山区。2016年,全村总面积19.55平方公里,下辖16个村民小组22个自然屯,共有426户2215人,居住有壮、汉两个民族。全村耕地面积1452亩,其中水田220亩,旱地1232亩。村部设在火卖屯。2016年农民人均纯收入6004元。交通便利,自然植被丰富,气候四季宜人,以“农家乐”生态旅游和有机蔬菜等绿色食品种植、有机畜牧养殖等生态农业为主导产业。辖区内有珍贵的兰花、苏铁和飞猫等珍稀动植物以及大曹天坑、世界第二大地下大厅——红玫瑰大厅及飞虎洞、老虎洞、迷魂洞等神奇的岩溶景观,保存了独具特色的自然生态和纯朴古雅的民风民俗而成为集探险、度假、避暑、观光、旅游、会议接待为一体的新型旅游景区。

九利村　九利村位于同乐镇北部,与县城接壤。2016年,全村总面积6平方公里,下辖8个村民小组5个自然屯,全村共有275户959人,居住有壮、汉两个民族,其中壮族占95%。有耕地面积955.05亩,其中水田761.85亩,旱地193.2亩,已实施退耕还林261亩,封山育林面积达3070亩。2016年农民人均纯收入6053元。村部设在九利屯。村民收入主要来源是蔬菜种植和养殖业。全村发展杉木育苗150亩,种植蔬菜达800亩,产量98000公斤,产值150000元;养殖业发展迅速,2016年牛存栏198头、马存栏57匹、猪出栏520头、家禽出栏13170只,总收入181700元。屯级路覆盖率95%。

常仁村　常仁村位于同乐镇东南部,与新化镇谐里、同乐镇达存、平寨、石合等村接壤,属于土山区。2016年,全村总面积8.5平方公里,下辖10个村民小组,15个自然屯,共349户,1220人,居住着壮、汉2个民族,其中壮族占45%,居住较分散。村部设在常仁屯。2016年农民人均纯收入5968元。全村耕地面积为2388.15亩,其中水田1211.25亩、旱地1176.9亩;常仁村气象适合发展猕猴桃、茶叶、八角、油茶、杉木等产业。现全村已发展猕猴桃110亩，成为同乐镇猕猴桃种植的重要产地；茶叶面积1000亩，是同乐镇茶叶生产基地之一。发展油茶1000亩，八角2000亩。

丰洞村　丰洞村位于同乐镇西部，东与龙洋村接壤，西与逻沙乡龙南村相邻，南与龙门村接壤，北与刷把村接壤。2016年，全村辖9个村民小组，18个自然屯，共有235户，1088人。居住着壮、汉两个民族，其中汉族占98%。全村有耕地586亩，其中水田172亩，旱地414亩，是典型的大石山村。2016年农民人均纯收入5930元。村部设在大坪屯。由于地处偏远，屯级路覆盖率低，致使经济发展较为单一，主要以种植、养殖的传统农业生产为主，运输、建筑、劳务输出为辅。近两年受毗邻村央林村的"农家乐"旅游业的不断升温的辐射作用，也带动了该村有机养殖、畜牧业的发展。主要有15户养山羊，共有880只；种植薄核桃568亩、成规模的土鸡养殖有650羽。

鱼塘村　鱼塘村位于同乐镇南部，东与达存村相邻，西与武称村接壤，南接龙洋村，北抵平寨村，属石山区，距镇政府住地7公里。2016年，全村总面积15.65平方公里，下辖9个村民小组10个自然屯，共415户1405人。2016年农民人均纯收入5884元。全村有耕地面积1974亩，其中水田面积682亩，旱地1292亩，居住有壮、汉两个民族，壮族占60%。村部设在鱼塘屯。主要发展种植蔬菜、养鸡、养羊。屯级路覆盖率达100%，乐业—田林二级公路穿越其辖区。

达存村　达存村位于同乐镇东南部，东与甘田镇板洪村相邻，西与同乐镇平寨村、常仁村接壤，南与同乐镇鱼塘村接壤，北与新化镇仁里村接壤，村部距镇政府住地16公里。2016年，全村总面积25.5平方公里，下辖21个村民小组38个自然屯，全村共有855户共2927人，居住有汉、壮两个民族，人口各占一半。全村有耕地面积6098.4亩，其中水田2528.55亩，旱地3569.85亩；2016年农民人均纯收入为5938元；村部设在达存屯，办公设备及党员电教设备配套齐全，设有医疗卫生室及群众来访接待室。达存村气候适合发展茶叶、油茶、八角、板栗等特色产业。现达存村茶树面积达2500多亩，成为同乐镇茶叶生产主要基地。油茶产业达1300亩，八角面积达1350亩，板栗面积5100亩，成为当地居民的主要收入来源。

石合村　石合村位于同乐镇东面，东面与百龙村相邻，西邻新业、三乐社区，南面与新化镇接壤，北与九利村相邻，属于土山区。2016年，全村总面积8平方公里，下辖8个村民小组16个自然屯，共250户872人，居住着壮、汉两个民族，其中壮族占65%。2016年农民人均纯收入6065元。全村有耕地面积1723.05亩，其中水田1040.7亩，旱地682.35亩。村部设在那闷屯。适宜发展八角、板栗、杉木、竹笋等产业，有八角2200亩、板栗150亩、杉木5500亩、竹笋500亩。

百龙村　百龙村位于同乐镇北面，与天峨县，乐业县逻西乡中亭村、新化镇百泥村接壤，属于土山区。2016年，全村总面积21.6平方公里，下辖10个村民小组，13个自然屯，共368户1272人，居住有汉族、壮族两个民族，其中壮族占80%，居住较集中，汉族居住比较分散。村部设在百家屯。全村耕地面积3085.8亩，其中水田1482.15亩，旱地1603.65亩；2016年农民人均纯收入5971元；百龙村气候条件为亚热带高山气候，非常适合杉木、八角等经济林木生长，适宜发展桐果、油茶等特色作物。已发展杉木7000亩、八角3000亩、桐果300亩、油茶210亩。屯级路覆盖率达96%，广播卫星电视覆盖率达98%。（岑春徽）

甘田镇

【甘田镇概况】甘田镇位于乐业县南部，东接新化镇，西邻逻沙乡，南与凌云县玉洪乡、田林县浪平乡相连，北靠同乐镇。地处北纬24°33′00″~24°39′57″，东经106°22′27″~106°32′55″之间。境内为半石山半丘陵地区，地势西北高东南低。1952年属凌乐县八区，1959年设甘田区（属凌乐县），1962年设甘田公社（属乐业县），1984年改为甘田镇。2005年6月，增辖原属武称乡的板洪、百乐2个建制村。总面积154.66平方公里。镇政府驻四合村，距乐业县城25公里，距百色市165公里，离南昆铁路田林站90公里，省道206线及田林—乐业二级公路过境。全镇辖8个建制村，143个村民小组。2016年全镇人口17598人。居住壮、汉、洞3个民族。全镇辖百乐、板洪、夏福、四合、达道、九洞、甲龙、大坪8个建制村。石山、土山、田坝各占三分之一，有耕地12784亩，其中水田6516亩，旱地6268亩。有林地14.74万亩。镇域有水库2座，其中板洪水库容量21万立方米，达波寨水库容量175万立方米。

2016年，甘田镇依托牙意猕猴桃产业示范基地，按照“联合党支部+N+贫困户”的“党建+”发展模式，全镇种植猕猴桃6000亩，猕猴桃产业成为脱贫致富的“铁杆庄稼”，牙意“党建+”助推脱贫攻坚模式得到自治区、市、县领导高度肯定；龙云山四星级酒店建设基本完成，龙云山十里茶廊休闲度假观光带取得明显成效，旅游基础设施进一步完善，特色旅游名镇建设取得新的突破。全镇地区生产总值完成16487.6万元，比上年增长15%；固定资产投资完成22396.6万元，比上年增长18%；农民人均纯收入6361.9元，比上年增长13%。人口自然增长率为4.78‰，控制在预期目标以内。

【脱贫攻坚】 2016年，甘田镇充分利用甘田镇8个村田坝，完成1.8万亩油菜花种植任务；大力实施“3511”产业扶贫工程(即围绕发展猕猴桃、茶叶、中草药、生态养殖等扶贫产业，创建3个产业扶贫示范园区捆绑500户贫困户，培育100户种养大户捆绑1000户贫困户共同发展扶贫产业)；提前完成达道村整村脱贫，并通过自治区级验收；完成达道村龙骨生态园创建工作并投入使用；依托牙意猕猴桃产业示范基地，按照“联合党支部+N+贫困户”的“党建+”发展模式，全镇种植猕猴桃6000亩，猕猴桃产业成为脱贫致富的“铁杆庄稼”。全镇贫困人口从2015年378人减少到2016年的17人，实现减少贫困户88户361人，贫困发生率从2015年的25.85%降低到2016年的1.2%，贫困发生率下降了24.65个百分点。通过产业项目实施，全镇已形成以杉木、八角、茶叶、猕猴桃及生态养殖为主导产业，为农户实现持续增收上足后劲。通过完善基础设施建，贫困村村容得到改善，群众生产生活条件得到提高。

【农业生产】 2016年，甘田镇农业产业规模不断壮大。在稳定粮食生产的同时，新种猕猴桃2530亩，全镇猕猴桃面积达7000亩；完成种植刺梨地块5000亩；完成有机高端茶园3000亩，特色水果1500亩，有机蔬菜100亩，有机养殖、花卉和农业观光约3000亩；完成全镇田坝1.8万亩油菜花播种工作；完成九洞村5000亩中草药基地培植管护工作；建成龙骨生态养殖园，年内建成规模生态养殖场5处。全镇形成了以有机麦稻、有机茶叶、猕猴桃、中草药、刺梨、油菜、生态畜牧养殖等有机农业为主导、其他产业齐头共进的产业发展新格局。

【特色旅游建设】 2016年，甘田镇完成天鹅湖景区至天怀寺景区6公里河道治理工程，天鹅湖国家级3A级景区完成申报工作；投资8500万元建设龙云山顾氏茶四星级酒店和别墅区项目，年末已基本建成；全镇完成1.8万亩油菜花种植工作，核心区安水坝金龙图案、百乐青龙、达坡寨太极图吸引了近3万人现场观看。2月4日(农历正月初八)成功举办了第七届民间舞龙文化旅游节，已吸引区内外游客前来观光达5万人次。

【项目建设】 2016年，甘田镇积极做好项目建设工作，完成投资490万元实施棚户区改造项目，实现集镇硬化、美化、亮化，集镇功能得到进一步提升；完成垮龙坡至利么屯、九浪路口至小牛洞屯2条共9.5公里道路硬化工程；投资7000万元实施异地扶贫搬迁工程，拟安置建档立卡贫困户150户，预计2017年底前完成新建住房主体建设；12公里河道观光步道建设顺利推进，顾式茶公路提及改造完成路基建设；完成达道村村部篮球场、戏台、水电等维修工作，通过危房改造解决无稳固住房120户482人；投资396万元新建幼儿园项目，年末已经完成主体建设和装修，正在等待验收。

【社会事业】 2016年，全镇参加城乡居民社会养老保险人数达8466人，参保率95%；新农合筹资183.48万元，参合率达98%，民政低保与贫困户有效衔接，年末累计发放补助100.037万元6690人次。全镇中小学入学率均为100%；计生工作月量化管理进一步规范，人口自然增长率4.78‰，各项指标有效控制在县级下达的指标任务内。征兵工作圆满完成，民族宗教、工青妇、档案、统计、老龄等工作取得新业绩。

【安全维稳】 2016年，甘田镇认真做好安全维稳工作，坚持依法治理、稳平优先，强化立体化防控机制，狠抓“打、防、控、管、宣、奖”工作。年内,共接待来访群众256人131件次,调处各类矛盾纠纷128件,调解成功率98%,有效维护了全镇社会和谐稳定。

【甘田镇建制村概况】

百乐村　百乐村位于甘田镇北部,东部与逻沙乡接壤,村部距镇政府驻地5.5公里,逻沙乡至乐业三级油路贯穿其中。2016年,有耕地面积2892亩,林地12153亩,旱地815亩。2005年5月武称撤乡后,百乐村归甘田镇管辖,全村辖13个村民小组22个自然屯,共有383户1641人,其中贫困人口96户370人,2016年全村农民人均纯收入6400元。全村设有1个党支部,2016年有党员42人。有百乐村小学1所,学校设在拉谷屯。

板洪村　板洪村位于甘田镇北部,村部距镇政府驻地8公里。2016年,总面积19.9平方公里,有耕地面积5735亩,林地面积22569亩。2005年5月武称撤乡后,板洪村归甘田镇管辖,全村辖18个村民小组,37个自然屯,共有716户2713人,其中贫困人口172户746人。全村设有1个党支部,2016年有党员47人。有板洪村小学1所,在校学生156人。板洪村以种植业为主导产业,全村种有猕猴桃6000余亩(其中牙意屯猕猴桃种植示范基地5000亩)、核桃250亩、八角2300多亩、茶叶1000多亩、板栗3000多亩、杉木3000多亩。当地劳动力很大一部分收入来自劳务输出。2016年,全村农民人均纯收入6865元。

夏福村　夏福村位于甘田镇北部,村部距镇政府驻地2公里,距县城20公里。2016年,全村总面积13.6平方公里,集体所有农用地总面积21709亩,其中耕地面积4953亩,林地12049亩。辖23个村民小组26个自然屯,有668户,总人口2627人,其中贫困人口224户927人。全村设有一个党支部,2016年有党员58人。有夏福村小学1所,在校学生39人,学校设在村部对面。形成以顾氏茶为基地的茶叶种植、加工基地,种植面积达2000多亩,年收入300多万元;2013年甘田镇被百色市列为25个重点打造的旅游名镇之一。夏福村是甘田镇旅游业发展的主要集中地,在甘田镇旅游发展总体格局的“两带、两基地、三景区”中的甘田田园景观观光带、龙云山十里茶廊休闲度假观光带、舞龙活动基地、越野赛车基地、文昌阁佛文化景区都位于夏福村辖区内。2016年全村农民人均纯收入6400元。

四合村　四合村地处甘田镇中部,是镇政府所在地。距离乐业县城24公里,交通便利。地处岩溶地貌向侵蚀地貌过渡带,东部为土山,西部是大石山。最高处海拔1800米。2016年,四合村总面积17.9平方公里,全村集体所有农用地总面积30982亩,其中耕地面积2549亩,林地22146亩。辖24个村民小组35个自然屯,全村972户共3569人,其中贫困人口127户480人。依托地处公路沿线等优势,积极招商引资,以打造无公害品牌蔬菜、小麦、油菜花等有机农业为目标,打造万亩有机农业产业园,实现农业增效,农民增收;以打造百色市特色旅游名镇为契机,积极修建天鹅湖垂钓休闲景区和喀斯特地貌特色集镇景区,带动旅游业的快速发展。2016年全村农民人均纯收入6555元。

达道村　达道村位于甘田镇南部,村部距镇政府驻地2公里。2016年,全村辖15个村民小组,23个自然屯,共396户1508人(其中朗英屯51户310人、社上屯33户137人),贫困人口96户386人。全村土地面积18.4平方公里,有耕地面积1633亩,其中水田面积1169亩,旱地面积463亩,果园463亩。该村以种植业为主导产业。农民收入主要来源有田七、稻谷、玉米、劳务输出等渠道。2016年,农民人均收入6362元,达道村作为全县唯一一个提前脱贫村顺利通过自治区验收组验收,实现脱帽目标。

九洞村　九洞村位于甘田镇的南部,与凌云县玉洪乡、田林县浪平乡接壤,村部距镇政府驻地4.5公里,845县道贯穿其中。2016年,全村总面积13.6平方公里,辖16个村民小组,全村共有384户1677人,其中贫困人口117户520人。全村有耕地面积1296亩,其中水田905亩,旱地391亩;人均耕地0.8亩。九洞村在安置设有1所小学,在校学生79人。农民收入主要来源有八角、茶叶、五加皮、板栗、养殖业、劳务输出和加工运输等,茶叶、板栗产业是该村的支柱产业。该村基础设施日益完善,共建有地头水柜150座,全村通电率100%,自然屯通路率94%。2016年全村农民人均纯收入6000元。

甲龙村　甲龙村位于甘田镇西南部,村部距镇政府驻地8公里。2016年,全村总面积17.2平方公里,辖18个村民小组30个自然屯,有耕地面积1843亩(其中水田面积494亩,旱地1349亩)。全村共有436户,总人口1957人,其中贫困人口142户564人。有甲龙小学1所,在校学生29人。甲龙村地处大石山区,土地资源缺乏,交通闭塞,生产生活条件十分恶劣,主要以发展种植业(玉米、水稻)、养殖业(家畜、家禽)、劳务输出经济为主,群众经济收入来源少,增收缓慢,属全县贫困村之一。2016年全村农民人均纯收入5906元。

大坪村　大坪村位于甘田镇西南部,东靠甲龙村,北临逻沙乡,西、南两面与田林县平山乡相接,地处两县三乡交界处,甘田至大坪乡村公路直通村部,是自治区级特困石山村之一。2016年,全村总面积14.5平方公里,集体所有农用地总面积12097亩,其中耕地面积2002亩。共8个村民小组13个自然屯246户960人,其中贫困人口114户486人。设有大坪小学1所,在校学生129人。全村经济来源主要靠种植业、养殖业和劳务输出。种植枇杷50亩800株、核桃250亩,桃果65亩、刺梨300亩,竹子86亩。2016年全村农民人均纯收入6010元。

(龚秀铭)

新化镇

【新化镇概况】 新化镇位于乐业县东南部,东与河池市凤山县接壤,西接甘田镇,南靠凌云县,北依同乐镇。地处北纬24°33′58″~24°47′13″,东经106°31′52″~106°48′57″之间。省道206线、布柳河、甲里河过境。境内为半石山半丘陵地区,地势西北高东南低。2002年5月,新化乡改为新化镇。镇政府驻地仁里村,距县城25公里。全镇总面积371.46平方公里,有耕地面积2633公顷,其中水田面积847公顷。境内旅游资源丰富,有世界上最大的水上天生桥——仙人桥和风景优美的布柳河,布柳河漂流被专家称为"桂西第一漂"。境内多属土山,森林密布,气候温和,年平均气温18℃,雨量充沛,年降雨量约1400毫米,具有发展农业优越的自然地理条件。2016年年末,辖仁里、皈里、谐里、百坭、中合、百寸、店坪、磨里、伶弄、乐翁、林立、那社、连篆14个建制村,有157个村民小组,343个自然屯,6386户(其中农村有5643户),总人口25611人。有壮、汉、瑶3个世居民族。全镇完成地区生产总值12996万元,比上年增长15%;农民人均收入5316元,比上年增长10%。

【农业工作】 2016年,新化镇完成种植粮食面积3.4万亩,实现粮食总产量1.35万吨。发展烤烟面积3000亩,干烟产量共4831担,收购总金额达564.25万元;茶叶种植面积6.1万亩,其中有机茶叶面积新增3000亩,年产值360万元。砂糖橘种植面积累计10974亩,年鲜果产量达630吨,产值378万元。新种植桑叶面积1000亩,蔬菜面积300亩。全镇完成造林面积0.35万亩,森林抚育面积0.35万亩,生态公益林补偿7万亩,政策性森林保险10万亩。完成肉类总产量0.25万吨。生猪出栏1.95万头,肉牛出栏0.12万头,肉羊出栏0.31万只,林下肉鸡出栏28万羽,清水鸭出栏8.5万羽;水产品总产量达80吨。广西乐业县天森宝有机农业养牛项目落户百坭村者乐屯,项目计划投资2亿元,目前已完成牛舍建设

图52　新化镇磨里村烟叶　(新化镇政府供　2016年5月5日摄)

5000平方米。改扩建广西寿源农业开发有限公司蛋鸡养殖基地。养殖基地目前存栏蛋鸡35000羽，肉鸡3000羽，日产蛋量32000余枚，年收益达到600万元。

在二级公路沿线的谐里村和皈里村种植格桑花、向日葵等花卉100多亩，带动周边农家乐乡村旅游产业发展。完成油菜花核心区种植面积1250亩。

【基础设施建设】2016年，新化镇积极推进基础设施建设。完成新修水渠16公里、新建水池49座，有效解决乐翁、林立两个村群众饮水难问题。投入资金194.87万元，完成9个屯的屯内建设，硬化屯内道路3200平方米。人民广场项目建成并投入使用，小城镇开发项目建设有序推进。实施完成弄流屯、伶弄屯、百豆屯3个生态乡村示范点的前期设计工作，完成村屯道路绿化工作，新种桂花树300株。完成乐百高速路征地测量2159.72亩，完成房屋拆迁测量80户，完成杆线迁移66根，完成坟墓搬迁254座；与农户签订协议215份，发放补偿款1399.33万元。按时完成那伟村那六屯移民安置点水电路三通和住房建设，新建住房14户840平方米，新建蓄水池100立方米，安装引水管1.5公里，硬化屯内外道路0.8公里。集镇开发区扶贫移民工程完成征地85亩，扶贫移民将安置198户792人，其中贫困对象164户656人，项目场平投资1500万元。完成磨里村东拉布柳河景区游客中心征地69.89亩。

【脱贫攻坚】2016年，新化镇扎实开展脱贫攻坚各项工作。组织全镇干部职工，对照贫困户“八有一超”、贫困村“十一有一低于”脱贫标准，进村入户开展帮扶工作。全镇共有204户939人脱贫，顺利完成年度脱贫攻坚任务。利用乐翁村现有5000亩茶叶和90%贫困户有茶叶产业优势，落实支持低产茶叶提级改造助农增收工程；协调指导乐翁村成立养殖专业合作社，引导68户贫困户以产业扶持资金入股发展清水鸭、能繁母猪等养殖业，每户年分得红利2500多元。整合林立村油桃、茶叶等优势资源，成立“广西乐业县林立种养农民专业合作社”，引导120户贫困户利用产业资金85万元抱团发展生态猪养殖。推进砂糖橘、油桃等水果种植和提级改造，增加群众收入。完成集镇开发区扶贫移民工程征地85亩，扶贫移民将安置198户792人，项目场平投资1500万元，预计2017年完成建设并投入使用。完成1347户贫困户评级授信工作，为490户贫困户办理扶贫小额贴息贷款，共发放贷款2007.5万元。动员204户贫困户与县旅游投资公司签约，到年底有133户贫困户分得红利共51.46万元。完成6条屯级泥结砂石道路共31.95公里建设任务。建成19座蓄水池，完成57户贫困户危房改造任务。

【文教卫生】2016年，新化镇积极落实各项惠民政策。文体事业发展良好，5月份成功举办第二届卜隆古歌节大型文化节庆活动，地区文化形象和民族文化品牌得到提升。教育事业进一步巩固，“两免一补”政策有效落实，小学入学率100%，巩固率100%，双合格率85%，初中入学率98%，巩固率98%。卫生保障能力提升，镇村医疗卫生改革有序推进，伤寒、疟疾、麻疹、霍乱等传染病的监测得到加强。计生工作得到优化，全年新生儿323人，符合政策生育319人，政策生育率98.7%，人口出生率12.3‰，人口出生性别比例113，人口自然增长率8.37‰。

图53 2016年11月2日，新化镇召开贫困户、贫困村脱贫摘帽工作推进会 （韦 娟摄）

【民生工作】 2016年，新化镇认真做好民生各项工作。农村住房保障力度加大，实施农村危房改造210户，补助资金420万元。新农合新农保平稳发展，全年参加新农合23306人、新农保11230人，参保率分别达98%和96%。特殊群众生活保障加强，全年发放“低保”4286人760万元，“五保”救济金188人74520元，灾民生活救济粮食16吨。

【土地确权】 2016年，新化镇土地确权工作稳步推进，全镇涉及土地确权5579户，进入“二轮承包”合同耕地的总面积有12812亩，农村土地经营权发包单位157个。年内完成14个村的土地摸底调查、外业航拍、两轮公示和农户确认签字工作，下一步将做好材料归档工作并向农户发放新的土地承包证。

【信访维稳】 2016年，新化镇认真抓好“安全社区”创建工作，调整充实镇安全生产委员会，落实专职工作人员，进一步完善镇村应急救援预案等工作，制定安全生产各项工作制度、机制，做到经常排查安全隐患，定期督查，发现问题及时整改。及时与机动车辆主签订责任状100多份，在主要路口设立道路交通安全宣传点，安排专人负责。认真落实防汛抗灾工作，坚持24小时值班机制，通过村民大会、村务公开栏、横幅等媒介宣传，群众防范意识有效提高。详细准确地调查信访事实，及时有效督办或转办信访案件。进一步深化“农情乡解”模式，充分发挥法律顾问作用，优化司法服务。全年受理各类矛盾纠纷29起，目前已解决11起，还有18起正在进一步调解中。

【政务服务】 2016年，新化镇完善政务服务中心大厅服务功能，实现各站所人员集中办公，每月及时完善基层信息化应用平台和政府信息公开统一平台信息的录入和维护工作，为群众提供方便快捷的政务服务体系。不断完善效能问责办法，开展懒政怠政专项整治活动，加大效能问责力度，进一步提高行政效能。继续减少和下放一批审批事项，简化办事程序，创新审批方式，提高审批效率。加强廉政监察和审计监督。加大违纪违法案件查处力度，全年共配合县纪委等部门查处违法案件2起，违纪案件2起，严肃惩治不正之风和腐败行为。

【新化镇建制村概况】

仁里村 仁里村位于新化镇西部，镇政府驻仁里村，省道206线过境。全村面积21平方公里，有耕地面积4242亩。2016年，全村辖16个村民小组，有人口3191人，居住壮、汉2个民族。全村以粮食生产为主，主导产业有柑果、八角、烟叶、杉木和茶叶。年内农民人均纯收入5482元。

皈里村 皈里村位于新化镇东中部，距镇政府驻地1.2公里，省道206线过境。2016年，全村面积22平方公里。2016年，辖13个村民小组，有1483人。有耕地面积3935亩。年内全村农民人均纯收入从2011年3767元增加到5416元，是全镇经济发展较快的村。

谐里村 谐里村位于新化镇西北部，距镇政府8公里，省道206线过境7公里。2016年，辖15个村民小组26个自然屯，有383户2044人。居住壮、汉、瑶3个民族。全村面积28平方公里，耕地面积2431亩，其中水田面积864亩。全村实现屯屯通水、电、路和电话。有村完小1所，教职工27名，在校生423名。全村以粮食生产为主，主导产业有柑果、草莓、八角、杉木和茶叶。年内人均收入5620元，位居全镇各村前列。

百坭村 百坭村位于新化镇中北部，距镇政府16公里。2016年，辖13个村民小组，有人口1840人。居住壮、汉2个民族。全村面积21平方公里，耕地面积4580亩，其中水田681亩。主导产业有烤烟、茶叶、柑果。年内全村烤烟种植面积250亩，有茶叶面积1100亩，柑果面积3200亩。

中合村 中合村位于新化镇中北部，距镇政府23公里。2016年，有489户2115人。全村以种植为主，主要农作物有水稻、烟叶、玉米，经济林有杉木、八角、油茶等。全村水田面积693亩，旱地面积205亩。年内人均纯收入4850元。

百寸村 百寸村位于新化镇西部，距镇政府26公里，与河池市天峨县更新乡假里村相邻。2016年，辖9个村民小组，有242户1076人。全村面积14平方公里，耕地面积124.4亩，其中水田面积124.4亩。全村以农业生产为主，主导产业有烤烟、茶油。年内全村烤烟种植面积60亩，茶油林2500亩。

伶弄村 伶弄村位于新化镇东南部，距镇政府15公里，距县城40公里，布柳河过境8公里。2016年，辖7个村民小组22个自然屯，有331户1475人。居住壮、汉2个民族。有党支部1个，有党员27名。有村完小1所，在校师生147人。全村耕地面积1009亩，其中水田面积562亩。

磨里村　磨里村位于新化镇东部，距镇政府25公里，距乐业县城55公里。2016年，辖11个村民小组，有441户2063人。设1个党支部，党员54名。全村耕地面积1892亩，其中水田960亩，旱地932亩。年内全村人均纯收入5210元。全村所有村屯实现通水、通路。

店坪村　店坪村位于新化镇东部，距镇政府32公里，北与百寸村相连，南与磨里村相接。乐业至仙人桥旅游景区三级路穿越该村6个屯。村部驻上半屯，建于2003年，有两层楼，建筑面积120平方米。2016年，辖9个村民小组33个自然屯，有人口1394人，汉族占60%，有贫困户200户850人。全村面积12平方公里，耕地865公顷，旱地59.2公顷，山林335公顷，其中公益林33公顷，果林100公顷，经济林71公顷，用材林131公顷。农作物主要有水稻、玉米，经济作物有杉木、八角、油茶。大部分村屯通水泥路。

林立村　林立村位于新化镇南部，距镇政府5公里。全村面积12平方公里。2016年，辖9个村民小组19个自然屯，有323户1475人，居住壮、汉、瑶3个民族。有村完小1所，教职工6名，在校生185名。全村耕地面积746亩，其中水田426亩，旱地320亩。全村屯屯通电、水、路。主导产业有油桃、柑果、茶叶、八角和杉木。年内全村经济总收入670万元，农民人均纯收入4898元。

那社村　那社村位于新化集镇南部。2016年，辖13个村民小组59个自然屯，有人口1755人，其中从业妇女386人。全村面积24平方公里，皆为土山区。主导产业有八角、茶叶、茶油和杉木。

那伟村　那伟村位于新化镇南部，处乐业、凌云边界，距镇政府13公里，距县城38公里。全村皆属土山区，最高海拔910米，最低海拔380米。2016年，辖7个村民小组216户968人，有壮、汉2个民族，汉族居多。全村面积18.5平方公里。全村有耕地36.3公顷，其中水田13公顷，旱地23.3公顷，山林450公顷，果林266公顷，经济林300公顷。全村山多地少，林地、可利用荒地较多。属自治区定贫困村。年内有村完小1所，在校师生25人。

乐翁村　乐翁村位于镇政府中南部，距镇政府10公里，省道206线及布柳河过境。2016年，全村有257户1218人，居住壮、汉2个民族。主导产业有油桃、柑果、茶叶、八角和杉木。年内人均收入5200元。

连篆村　连篆村位于新化镇西南部，处甲里河上游，距镇政府8公里，属县百里茶廊区域。2016年全村面积28平方公里，耕地面积4281.4亩，其中水田1432.7亩，旱地2848.7亩。2016年，辖13个村民小组，24个自然屯，有406户2185人。全村有茶叶林6000亩，有5家中、小规模茶叶加工厂。年内全村人均纯收入5126元。有党支部1个，有党员24人。全村14个自然屯通水、电、路和广播电视。

（黄瑞校）

花坪镇

【花坪镇概况】　位于乐业县城西北部，东接同乐镇刷把村，西与雅长乡相连，南邻逻沙乡，北靠幼平乡。地处北纬24°43′21″~25°00′07″，东经106°17′10″~107°28′42″之间。境内为半石山、半丘陵地区，地势西南高，东北低。2002年8月，花坪乡改为花坪镇。镇政府驻花坪村，距乐业县城30公里。全镇总面积325.36平方公里，耕地面积58965公顷，其中水田12892公顷，旱地46073公顷。森林面积1.27万公顷，森林覆盖率75.8%，是乐业县木材的主要产地。2016年年末，辖花坪、花岩、运赖、南干、岜木、浪筛、烟棚7个村委会，有100个村民小组，150个自然屯，4491户人15868人，居住着壮、汉、瑶3个民族。

2016年，花坪镇紧紧围绕“生态美镇、产业强镇、文化兴镇、和谐稳镇”总体目标要求，全力以赴稳增长、促改革、调结构、惠民生、防风险，完成生产总值8163.88万元，比上年增长14.3%；农民人均纯收入5188.9元，比上年增长4.3%。境内旅游景点有黄猄洞国家森林公园、风岩洞天坑、达记天坑等。主要特产有核桃、板栗，盛产油桐、八角、茶叶等；林木主要有云南松、椿木、杉木等。蕴藏有煤、金、锑、钛、水晶等矿产。

图 54　乐业县花坪镇人民政府庭院

（花坪镇人民政府供　2016 年 5 月 21 日摄）

【产业发展】 2016 年，花坪镇继续按照"一花三桃"的农业产业发展思路，全镇农业产业种植规模不断扩大，已完成粮食种植面积 1.4 万亩。筹建 1500 亩猕猴桃产业园示范基地，全年新增种植猕猴桃 1600 亩，艳红水蜜桃 1200 亩，清脆李 4000 亩，刺梨 4400 亩。林业方面，完成"优果工程"项目核桃种植 1000 亩，完成年度村屯绿化示范点 4 个，面上点补植补造工作 80 个；完成生态公益林补偿工作 7.1 万亩，面上造林杉木新增种植 500 亩；完成森林抚育面积 1300 亩，退耕还林 4525 亩；新增油茶种植 600 亩。畜牧方面，全镇肉类总产量达 0.31 万吨，完成林下养鸡出栏量 23 万羽，出栏肉牛 2200 头，出栏肉羊 12000 头，生猪 27000 头。

【基础设施建设】 2016 年，花坪镇投入 1800 万元修建容积为 120 万立方的南朝水库抗旱引调工程，完成 3.1 公里管道铺设工作，安装净水设备及山塘变更项目，完成总工程量的 90%，预计到 2017 年中旬可解决岜木村、南干村和花坪村共 1.2 万人饮水安全问题和 2 万亩耕地灌溉。继续加快推进"百镇建设"示范工程，累计投入 5800 万元，建设内容包括集镇综合建设项目、民俗资源保护项目、生态旅游开发项目。完成镇东山体公园凉亭、绿化、健身步道等建设，完成新农贸市场建设，农村危房改造项目落实到户 230 户。投资 350 万元完成南干村山林堡新农村建设，田湾生态移民搬迁点 41 户全部搬迁入住；投入 298.67 万元实施棚户区改造项目，已全面竣工。2015—2016 年，易地扶贫搬迁工程总投资 3817.46 万元，完成场地规划，实施房屋主体建设。投入 298 万元完成全镇污水管网改造一期工程 3.6 公里，堵截污水直排口 15 个，人居环境日趋优美。

【社会事业】 2016 年，花坪镇积极改善社会民生，群众幸福感全面提升。一是教育教学工作。全镇有中小学校 8 所，适龄儿童入学率达到 98.3%，教育设施逐步完善，教师队伍素质普遍提高，办学体制改革进一步深化，校点布局更加科学合理。镇公立幼儿园全面落实，已完成 30% 工程建设，预计 2017 年年底实现全面启用。二是人口计生工作。全镇有卫生院 8 所（含村卫生室）。总出生人口 253 人，人口性别比 107：100，其中政策内生育 248 人，计划生育率 97.51%，人口自然增长率 8.82‰；孕情跟踪服务率达 93% 以上；诚信计生参与率达 98%；全员人口信息数据完整率达 99.62%；免费为 90 对夫妇开展了孕前优生健康检查。三是惠民工作。全面落实粮食直补、良种补贴、退耕还林、两免一补、危房改造、移民搬迁等惠农政策。全镇五保集中供养 11 人，落实五保供养、农村低保、大病医疗救助及民政救灾救济资金 600 多万元，新农合完成缴费 152 万元，参合率达 98.14%。实施农村危房改造 230 户，全年共投入危房改造资金 345 万元。四是社会稳定方面。强化社会治安综合治理，建立健全群众信访工作机制，畅通群众诉求渠道，扎实开展积案化解工作，共排查调处纠纷 14 件，调结 13 件，调结率 93%，群众来信来访件 4 次、来访人次大幅下降。全镇没有发生重特大安全生产事故，没有发生进京、赴邕、到市非正常上访事件，社会保持和谐稳定。

【精准扶贫】 2016 年，花坪镇积极做好精准脱贫攻坚工作，大力实施扶贫小额信贷、低保救助、教育补助、危房改造等系列扶贫惠民政策，统筹推进基础设施建设、产业扶持、易地扶贫搬迁等工作。探索推行4个"+"产业发展路子,即"公司(合作社)+产业、强村+弱村、电商+农业、致富能人+贫困户",以"种养并举、村企并进、提效富民"快速脱贫奔小康的原则,打造产业共赢之路,加快全镇脱贫奔小康步伐。成立扶贫攻坚指挥部,创新打造脱贫攻坚战亮点,全面实现全镇2016年183户778人贫困人口脱贫,打赢了"十三五"脱贫攻坚开局之战。

【精神文明建设】 2016年,花坪镇文化体育广电事业健康发展,村级文化图书室软硬件设施建设日趋完善,镇新添电脑5台,投影仪1台,摄像机1台,舞台音响设备1套,图书500册,满足了群众的文化活动需求。以镇文化活动中心为龙头,带动各村文化活动室及农民健身工程建设,全镇7个建制村有5个村有标准篮球场,7个村建有农家书屋及新文化书屋,7个村建有远程教育学习室。镇村文化娱乐活动有序开展,元旦、春节等重大节日先后组织开展花坪村、南干村篮球联谊赛、花岩村春节联欢晚会、"三八"妇女联谊活动、"七一"建党庆祝等活动。各村开展"文明卫生村""星级文明户""善行义举榜""十星级文明户"评比活动,农户参与率达到95%以上。建成两个村级讲习所试点,结合群众需求开展瑶话讲习、农家夜话、道德讲堂等宣讲活动。学校结合社会主义核心价值观的学习,组织开展中华经典诵读比赛、广播体操比赛、庆元旦文艺演出等系列活动。利用春节、"六一""七一""八一"等节日对老党员、留守儿童、困难户进行慰问。

【安全维稳工作】 2016年,花坪镇全面落实社会治安综合管理责任制,做好基层信访工作,开展书记大接访活动,不定期组织干部下村走访排查,及时排查化解矛盾纠纷,切实把矛盾纠纷解决在基层、化解在萌芽状态。高度重视安全生产工作,加大矿山整治工作力度。印发和张贴矿山安全生产通告,与矿山有关人员签订安全生产责任书,对非法矿点进行依法清理整治3次。加强交通安全大检查,加大对无证驾驶、酒后驾驶、疲劳驾驶及超载等情况的检查力度,与7个村、有关镇直单位签订安全生产责任状,与机动车车主签订道路交通车辆安全管理责任书,明确相关责任人。以"三盯"工作方式将各条线路、车辆细化分解到分管领导、包村干部和各村干部监管,做到线路有人管,车辆、司机有人包。在节假日和周末组织领导干部会同公安、司法上路执勤检查,保障全镇交通安全。加强食品卫生安全。积极组织食药监所、工商行政管理、畜牧、卫生等部门经常深入到学校食堂,私营饮食店等相关场所开展检查,杜绝食品卫生安全隐患。年内,利用街日宣传安全生产达30次,发放宣传单3000余份,干部下村屯开展安全生产宣传教育21余次,组织相关工作人员上路检查道路交通安全生产380多人(次),整治非法矿点2处,消防安全检查26人(次),食品卫生安全检查192人(次)。

【旅游开发】 2016年,花坪镇继续以生态乡村活动为契机,打造山林堡、拉岜、龙坪、立坪4个生态乡村示范屯建设,以点带面全面推进生态乡村建设,打造宜居舒适小镇。坚持规划先行原则,按照"一村一特色"发展标准,组织旅游规划设计单位对花岩、花坪、南干等村,制定旅游发展规划。开发建设花岩拉岜瑶寨(铜鼓文化)、龙坪古村(高山汉族)、大石围至黄猄洞桃花带旅游观光、白云山庄、裕和山庄休闲农家乐等旅游项目。广西雅长兰科植物国家级自然保护区计划投资3000万元建设兰花科普园,建成后,科普园也将成为一个旅游景点。因地制宜将花坪庄房300亩猕猴桃生态水果基地打造成生态农业观光旅游品牌。公路沿线可视坡及南干山林堡新农村建设点播撒了共60亩的格桑花(波斯菊)。打造形成一条一路过来赏桃花,吃农家饭,观花海,品兰花,体验民俗风情、采摘有机猕猴桃的集观赏、游玩于一体的精品旅游路线。

【花坪镇建制村概况】

花坪村　花坪村位于花坪镇中部,是镇政府和区直雅长林场总场驻地。东南临烟棚村,西与南干村和雅长乡新场相接,南接岜木村,北靠花岩村。距大石围天坑旅游景点13公里,距国家森林公园黄猄洞天坑10公里。2016年辖14个村民小组,有968户4035人。全村农民人均纯收入5227元,经济发展排在全镇前列。村域土山与石山面积比例为4∶6。南部、西部自然屯较密集,人口多。中部为集镇所在地,交通较便利,基础设施较好,人口流动较多,常年流动量6000人以上。全村90%自然屯修通屯道公路,各屯拉通高压线。村委会驻花坪镇街上。

浪筛村　浪筛村位于花坪镇东南面,东与同乐镇刷把村接壤,西与南干相依,南与逻沙乡龙南村连接,北与烟棚村毗邻。村部距大石围天坑景区1公里。2016年辖13个自然屯,有439户1467人。该村为典型的大石山区,自然条件差,资源较缺乏,是自治区特困村之一。年内全村农民人均纯收入5223元。全村各屯通路率50%,各屯拉通高压线。村委会驻南山坳。

南干村　南干村位于花坪镇西南面。东西两面与花坪村接壤,南接逻沙乡塘英村,西与雅长乡百康村和新场村交界。村部距国家森林公园黄猄洞天坑1公里。2016年,辖10个自然屯,有556户1441人。有村干部6名。全村90%面积为土山区。全村农民人均纯收入5281元。店子上、山林堡、落花生、十字路等屯通硬化道路,各屯已拉通高压电。村委会驻十字路屯。

花岩村　花岩村位于花坪镇北部,全村皆为瑶族村寨,村部距镇政府6公里。东与烟棚村接壤,西接雅长乡新场村,南与花坪村相毗邻,北面为幼坪乡通曹村。全村总面积48平方公里。2016年,辖13个自然屯,有758户2670人。全村土山与石山比例为4∶6,有耕地面积2126亩(其中水田489亩,旱地1637亩),东、南、西部的各自然屯基本开通公路,北部的陇矮、东南坪、大坪3个自然屯已通公路。全村各屯已经拉通高压线。年内农民人均纯收入5255元,列入贫困村。村委会驻毛草寨屯。

烟棚村　烟棚村位于花坪镇东部,村部距镇政府11公里。东与同乐镇刷把村接壤,西接花坪村,南与浪筛村毗邻,北连幼坪乡通曹村。2016年,辖16个自然屯,有545户1927人。全村均为土山区,有耕地面积1792亩(其中水田413亩,旱地1379亩)。该村资源较丰富,矿产主要有黄金和锑矿,特产主要有核桃、板栗、油桐、油茶、八角和高山无公害白毛茶等。全村90%自然屯开通公路,各屯已拉通高压线。年内农民人均纯收入5439元。村委会驻二台坪屯。

岜木村　岜木村位于花坪镇南部,村部距镇政府15公里。东与浪筛村相邻,西南连逻沙乡,北接花坪村。2016年,辖15个自然屯,有640户2183人。全村均为土山区,有耕地面积1610亩(其中水田318亩、旱地1292亩),主要特产有核桃、板栗、油桐等,核桃在全县很有名气。全村有90%自然屯开通公路。各屯已经拉通高压线。年内农民人均纯收入5223元。乐业县最高山峰——高大坪(海拔1982米)位于该村西南面。村委会驻岜木屯。

运赖村　运赖村位于花坪镇北部,村部距镇政府20公里。东与幼平乡相连,西与雅长乡接壤,南与花岩村毗邻,北与贵州省望谟县隔红水河相望。2016年,辖10个自然屯,全村皆为壮族村寨,有752户2989人。全村均为土山区,有耕地面积2435亩(其中水田736亩,旱地1699亩)。年内农民人均纯收入5426元。村委会驻雅英屯。

（杨　娜）

逻沙乡

【逻沙乡概况】 逻沙乡位于乐业县西南部,东临同乐镇,西与田林县的百乐乡接壤,南靠甘田镇及田林县浪平乡,北与花坪镇、雅长乡相连。地处北纬24°35′20″~24°47′26″,东经106°16′32″~106°27′34″之间。地势东高西低。1984年,甘田公社撤销时,分设逻沙乡。全乡总面积231.34平方公里,石山面积占67%。乡政府驻仁龙村,距乐业县城26公里。有壮、汉、瑶、布依4个世居民族。2016年年末,辖仁龙、山洲、汉吉、太平、党雄、逻瓦、黄龙、九龙、龙南、全达、塘英11个建制村,有150个村民小组,205个自然屯,5292户(其中农村有5292户),总人口18998人。全乡有耕地面积4.38万亩,农民人均有耕地2.3亩。全乡完成农村经济总收入6311万元,比上年增长4.8%,完成固定资产投资7917万元,比上年增长9%,农民人均纯收入5307元,比上年增长12.75%;人口自然增长率控制在8.5‰以内。2016年减贫294户1201人。

2016年,全乡有3500亩茶叶基地,其中全达村草王山有2500亩,山洲村天平有1000亩。主要产物有稻谷、玉米、核桃、板栗、蔬菜、水果和木材,兼有八角、油桐、油茶、刺梨等土特产品。酸菖头头驰誉区内外,盛产核桃和板栗,以农业种植为主。经探明,在山洲村沙洲屯水碾坡(地名)和逻瓦村八轮坡（地名）蕴含着数量较大且品质较高的金矿，境内还有铁矿、锑矿和冰洲石。

【农业产业】 2016年，逻沙乡粮食播种面积稳定在19000亩以上，其中水稻6760亩，玉米12240亩，完成粮食总产量5500吨。秋冬种5000亩，其中油菜3500亩、小麦1500亩。依托“优果工程”，建成仁龙白竹洞至巴行朝、汉洁沙浪坪至党雄保上、黄龙下毛洞至龙南大河地共32公里21200亩核桃种植长廊，人均种植核桃1.11亩28株；挂果面积8000亩，产值达7000万元。全乡猕猴桃种植面积2130亩，挂果面积1000亩，每亩产果800斤，产值约900多万元。在逻瓦村高标准种植刺梨200亩。春秋两季动物防疫密度达100%，辖区内无重大动物疫病发生，年末大牲畜存栏8327头，年出栏5663头；生猪年末存栏4.2万头，出栏3.68头；家禽年末存栏10.042万羽，出栏33万羽；山羊年末存栏10214只，出栏9000只。2016年，草王山茶叶有限公司出口一批茶叶到马来西亚，完成出口额160万美元，超额完成市级下达的“外贸进出口”任务，开创了百色市茶叶自营出口的先河。

【乡村建设】 2016年，逻沙乡积极配合县水利局实施逻沙坝河道治理工程，完成项目征地45亩。投资1710万元新建逻沙中坝1.2公里渠道，新建地头水柜30座，硬化逻沙坝机耕路3公里。投资2010万元完成龙南村烟占、仁龙村半坡、黄龙村高瓦、全达村坟山、塘英村下棚共14个屯25公里通屯道路硬化。投入220万实施仁龙村青刚林、汉吉村沙浪坪、全达村茶树林等10个屯“一事一议”财政奖补项目硬化屯内道路项目。实施综合整治四期工程，打通集镇断头路，新街与老街最后一条要道得到连接，有效解决集镇交通拥堵现象。在逻沙老街新安装高杆灯20盏，安装高杆路灯42盏，太阳能路灯15盏，墙灯14盏，实现两条主街道亮化，为群众出行提供方便。整合各级各部门近10万元资金，对全乡11个村级活动场所进行规范化建设，仁龙村、汉吉村、龙南村成功打造为星级村部。成功举办第二届广西乐业逻沙唱灯文化旅游节，不断扩大逻沙唱灯文化知名度。

【社会事业】 2016年11月26日，成功举办第二届广西乐业逻沙唱灯文化旅游节，不断扩大逻沙唱灯文化知名度，逻沙唱灯文化入选自治区非物质文化遗产目录，并获准申报国家级非物质文化遗产。中心小学扩建工程圆满完成，教育教学质量不断提升，中、初考成绩优异，教育水平迈向全县前列。2016年，逻沙乡有初级中学1所，教师28人，学生368人；小学10所，教师78人，学生998人；私人幼儿园3所，公办逻沙乡幼儿园教学楼已建成，预计2017年秋季学期开始招生。九年义务教育普及率100%，中学入学率达98%，残疾儿童，入学率达70%以上。乡计生办代表县里迎接“国优”“区优”检查组，验收顺利通过，落实二孩政策、人口自然增长率控制在8.5‰以内，低生育水平得到巩固。

【生态建设】 2016年，逻沙乡实施《乐业县生态建设详细规划》，实施植树造林、石漠化治理项目，兑现生态公益林金96万元，完成植树造林500亩，石漠化治理730亩，全乡森林覆盖率达40%。完成汉吉村毛洞屯、山洲村沙洲屯、仁龙村田坝屯三个示范点的屯内道路硬化、村屯绿化、亮化工程，种植桂花树1176株，安装路灯58盏；汉吉沙浪坪、山洲上寨、全达茶树林三个示范点建设项目完成设计和预算工作。划分片区建立了10座焚烧炉及15个垃圾池，有效改善周边群众生活生产环境。打击“两违”工作有序开展，对违章建房、非法采砂、非法砍伐等进行专项整治，打击违法采砂2处，处理林权纠纷案件20起。

【民生工作】 2016年，逻沙乡共有低保对象1521户5226人，全年共发放农村低保金358.8万元，城镇低保金15.5万元，优抚待遇金40.7万元，高龄补贴金31.4万元，重度残疾补贴6.2万元，困难残疾补贴5.8万元，医疗大病救助金和临时救助10.9万元。共有2221人领取养老金，共发放养老金239.9万元，全乡有6015人缴纳各档次养老保险费77.3万元。为五保户、重度残疾户及残疾贫困户等特殊人群共359人代缴养老保险费3.59万元。农村劳动力新增转移就业638人，农村劳动力登记并录入系统8300人。全乡完成危房改造290户，超额完成上级下达270户的指标，拨付危改资金551万元。组织举办各类就业技能培训班5场次，对1000多人次进行技能培训，帮助农民群众实现人均增收550元。

【社会管理】2016年,逻沙乡完善应急管理规范化建设,修订完善专项应急预案3个,全年没有发生较大以上的突发事故,全乡安全生产形势保持稳定。严厉打击违法犯罪行动,刑事案件发案率下降25%,治安案件查处率18%,群众安全感、满意度进一步提升。深入推进"七五"普法,全乡共排查各类矛盾纠纷32起,其中成功调处20起。组织开展了4次专项排查活动,共排查出敏感案件12件,敏感人员3人。全年无赴邕进京上访人员,无危害国家安全和影响社会政治稳定的重大事件发生,全乡社会发展大局稳定。

【党建工作】2016年,逻沙乡党委坚决贯彻上级党委文件精神,严查发生在群众身边的"四风"问题5起,进行纪律处分6人,深入开展"两学一做"教育活动,核查全乡411名党员身份及档案信息,专项检查党费收缴使用管理情况,推进非公企业和社会组织党的组织覆盖和工作覆盖,组建2个"两新"党组织,"党建+精准扶贫"富民党建模式助推全乡经济发展。

【逻沙乡建制村概况】

仁龙村　仁龙村位于逻沙乡境东部,是典型的石山村,为逻沙乡人民政府所在地,距乐业县城26公里。东与汉吉村、同乐镇交界,西同山洲村相连,南与汉吉村相接,北和逻瓦村相邻。2016年,全村总面积约30平方公里,石山面积占67%。有耕地面积2830亩,其中水田1460亩,旱地1370亩。2016年辖31个村民小组、48个自然屯,1110户共3864人,居住壮、汉、布依3个世居民族。有村级卫生室1个(约70平方米),村级小学1所。农民人均纯收入5307元。该村有独特的传统民俗文化——唱灯戏,春节期间或吉庆节日,常常组织唱灯队走村串户进行表演。仁龙村主要特产有优质薄壳核桃,种植薄壳核桃3000多亩。田坝屯获广西"绿色村屯"称号。

山洲村　山洲村位于逻沙乡政府所在地西南面,距乐业县城30公里。东与仁龙村相连,南与汉吉村、太坪村相望,西同九龙村相依,北与逻瓦村相邻。村委会驻上寨屯,距乡政府2公里。2016年,全村有耕地面积1611.9亩,其中保水田827.9亩,旱地784亩,荒山草地22312亩。有15个村民小组,11个自然屯,318户1637人。全村以汉、壮族居民为主,有布依、仡佬、瑶族少数民族杂居。年内全村农民人均收入纯5305元。有村完小1所,村级卫生室1个(约70平方米),群众公共文化活动场所1个,逻沙敬老院设在上寨屯。山洲水库是逻沙大坝饮水和灌溉主要水源。全村主要产业是农业和畜牧业,农业以种植水稻、玉米、核桃、油茶、李果、板栗、杉木为主;畜牧业以养殖有机牛羊为主,有专业有机养牛合作社1个,牛存栏300多头,有机山羊存栏1000多头。剩余劳动力大部分外出务工。

汉吉村　汉吉村位于逻沙乡政府所在地东南面,距逻沙乡政府3公里,距乐业县城27公里。东与甘田镇百乐村相接,南与太坪村相邻,西与山洲村相连,北与仁龙村相连。2016年,全村有耕地面积1073亩,其中水田136亩,旱地937亩。有11个村民小组,19个自然屯,267户1263人。农民人均纯收入4672元。有卫生室1个(约50平方米)。主要产业是种植优质薄壳核桃,全村种植优质薄壳核桃1300多亩。

太坪村　太坪村位于逻沙乡政府所在地东北部,村部距乡政府13公里,东与仁龙村、汉吉村交界,西同党雄村相接,南与甘田镇甲龙村相连,北和山洲村相邻。2016年,全村有15个村民小组,18个自然屯,398户1558人,有劳动力776人,外出务工162人。2016年,农民人均纯收入5540元。有耕地面积2947亩,林地1800亩,粮食播种面积1875亩,粮食总产量450吨,人均有粮295公斤。全村基础设施完美,屯屯通水、通电、通广播电视,通宽带网络,16个自然屯已通硬化路,建有村完小1所,村部所在地建有卫生室、篮球场、健身器材和宣传栏。连片种植优质薄壳核桃2400亩,成为全乡核桃种植产业示范村。

党雄村　党雄村位于逻沙乡政府所在地西面,地处两县三乡四村交界处,村部距乡政府29公里,距乐业县城59公里。东与太平村相连,西与田林县八号村相接,南与田林县弄鞋村相靠,北与九龙相村相邻。2016年,辖16个村民小组、29个自然屯,有465户、1920人。全村耕地面积1576亩,其中水田100亩,旱田280亩,荒山草地面积14860亩。全村以种植水稻、玉米为主,并发展其他种养业,有核桃面积2600多亩;零散养鸡1万多羽、母猪460头、零散养猪680头、黄牛480多头、养羊2800只。年内全村农民人均纯收入5304元。有村完小1所,卫生室1个(约80平方米)。

逻瓦村　逻瓦村位于逻沙乡政府西北面,村部距乡政府6公里,距乐业县城34公里。东与山洲村相连,西与全达、塘英村比邻,南与九龙村接壤,北与龙南、黄龙村相邻。2016年,全村总面积2.08平方公里,有耕地面积1175亩,其中保水田662亩,旱地604亩,荒山草地21500亩,森林面积18929亩。辖12个村民小组、12个自然屯,有395户1510人。全村以汉族为主,壮族少数。全村主要以种植水稻、玉米、八角、薄壳核桃、刺梨、油茶、白凤桃为主导产业,连片种植200亩刺梨基地成为全县刺梨种植示范点,大力发展薄壳核桃种植600亩,450亩猕猴桃种植成为全乡产业结构调整一大亮点。全村农民人均收入5303元。有村完小1所,卫生室1个(约60平方米)。全村12个屯均通公路和完成农网改造,有10个屯通硬化道路。村委会驻麻力山屯。

黄龙村　黄龙村位于逻沙乡政府所在地北部,属典型的大石山区,村部距乡政府15公里,距乐业县城41公里。东与仁龙村相连,西与龙南、逻瓦两村接壤,南与仁龙村相连,北与仁龙村相邻。2016年辖11个村民小组,有286户1457人,劳动力556人,贫困人口756人。全村有耕地面积1290亩,其中水田323亩,旱地967亩,林地面积1250亩。全村通四级沙石公路1条6公里,通屯级公路5条9公里。村委办公楼80平方米,培训室40平方米。有村完小1所,卫生室1个(约80平方米)。种植有水稻、玉米,部分群众外出务工经商,部分留在村内参与种植、养殖发展。全村种植核桃1050亩,林下养鸡3000羽,养猪200头,养有山羊800只,养有黄牛50头。

九龙村　九龙村位于逻沙乡政府所在地西部,全村以山地为主,村部距乡政府19公里,距乐业县城41公里。东与山洲村相接壤,西与田林县相邻,南与党雄村相邻,北与全达村接壤。2016年,辖7个自然屯,有256户1114人,有劳动力480人,贫困人口616人。全村耕地面积1854亩,其中水田550亩,旱地1304亩,林地面积1210亩。全村农民人均纯收入5307元。传统产业是种植水稻、玉米、油茶、桐果、杉木等。主要产业是种植优质薄壳核桃,年内全村有优质薄壳核桃1600亩。发展有400亩猕猴桃。有村完小1所,有卫生室1个(约80平方米)。

龙南村　龙南村位于逻沙乡政府所在地北面,属大石山区,村部距乡政府9公里。东与黄龙村、龙门村接壤,南至逻瓦村,西至全达村,北与花坪镇岜木村、浪筛村接壤。2016年,辖10个村民小组,有364户1389人。全村农民人均纯收入5830元。全村有公路26公里,已硬化20公里。全村修建家庭水柜350个,基本解决饮水问题。屯屯通广播电视。全村总面积1.6平方公里,耕地1233亩,其中田327亩,旱地906亩,林地面积442亩,果园20亩。粮食作物以水稻、玉米为主,养殖业以猪、牛为主,主导产业以种植核桃为主。全村种植核桃1300余亩,种植三豆根、玉竹中药材60亩,杉木400亩,沙梨50亩,猕猴桃150亩。2016年7月,成立丰顺黑猪养殖合作社,养殖黑母猪246头。村部田家湾已接通宽带网络并建成文化室、戏台、篮球场等公共服务设施。2016年顺利通过自治区脱贫核验,实现整村脱贫。

全达村　全达村位于逻沙乡政府西北面,距乡政府20公里,距乐业县城47公里。东接逻瓦、黄龙、龙南村,西接塘英村及雅长乡百康村,南靠九龙村,北连花坪岜木村。全村皆为崇山峻岭,山高林密,村境有乐业县第二高峰——盘古王山,海拔1978米。2016年辖11个村民小组,8个自然屯,有363户1439人。有壮、汉2个世居民族。全村水田面积2000余亩,旱地1000余亩,林地1400余亩,牧草面积4000余亩,森林覆盖率80%。有村完小1所,村卫生室2个(约110平方米)。有通乡公路1条25公里,屯级道路4条26公里。有2个风力发电测试点。传统农业有水稻、玉米,主导产业为种植茶叶,乐业草王山有机茶有限公司坐落该村,公司生产的红绿茶畅销国内外,有机茶园面积发展到3500多亩。2016年全村农民人均纯收入6100元。建有生态肉牛养殖基地2个、生态放养猪基地1个。

塘英村　塘英村位于逻沙乡政府西北面,距乡政府28公里。东与花坪镇交界,西与西林县毗邻,南与全达村相连,北与雅长乡接壤。村境属区直雅长林场林区。2016年,辖10个自然屯,有378户1580人。有汉、壮、瑶3个世居民族。全村有耕地面积1596亩,其中水田1416亩。农民人均纯收入5313元。全村主要以种植水稻、玉米为主。全村种植有优质薄壳核桃1780亩,柑橘150亩,八角100亩,猕猴桃1300亩,大户养牛

6户150多头、养羊30户2650只，5户大户发展生态放养猪200多头。林下养殖渐成规模。有村完小1所、村卫生室3个(约180平方米)。2016年进行村部扩建，建成3层办公楼1栋、篮球场1个，并对院内绿化。 （刘伟勇）

逻西乡

【逻西乡概况】 逻西乡位于乐业县东北部，为黔桂两省(区)三县四乡边陲结合部，东与河池市天峨县接壤，西与幼平乡相连，南与同乐镇相邻，北与贵州省罗甸县红水河镇隔河相望。地处北纬24°47′18″~25°06′07″，东经106°32′50″~106°50′48″之间。境内为半石山半土山地区，地势西北高东南低。2005年6月，撤销马庄乡，扁利村划归幼平乡，余下7个村并入逻西乡。全乡总面积482.47平方公里，是乐业县地域面积最大的乡(镇)。乡政府驻民西村，距乐业县城54公里。逻西乡位于国家重点水利枢纽工程龙滩电站上游，距龙滩库区7公里，省道206线过境，是乐业县通往贵州省、云南省和河池市的便捷通道，素有乐业县“北大门”之称。2016年，辖民西、民友、民享、民权、民治、巴劳、七更、个马、卡伦、中停、鱼里、打路、平峨13个建制村，有140个村民小组，204个自然屯，4793户(其中农村有4319户)，总人口20795人，有壮、汉、瑶、苗4个世居民族，壮族人口占95%。乡村劳动力1.24万人。逻西乡属于亚热带温湿气候，森林覆盖率81%以上。全乡有林地面积59.5万亩，主要经济作物有杉木、板栗、八角、油茶等，是全县最大的板栗、八角生产基地。全乡地区生产总值完成1.25亿元，比上年增长12%；固定资产投资完成4080.57万元，比上年增长10%；农民人均纯收入6453.8元。人口自然增长率为4.78‰，控制在预期目标以内。

【农业生产】 2016年，逻西乡完成粮食种植面积3.5万亩，秋冬种种植面积1.5万亩，粮食总产量1107万公斤；年内新增杉木种植面积1.1万亩，杉木林种植20万亩；板栗新增种植0.1万亩，种植面积5.8万亩，年促销1.4万吨，产值约6200万元；八角种植面积5万亩，产量1.4万吨，产值4010万元；油茶种植面积2万亩，产量0.4万吨，产值3000万元。砂糖橘种植面积1000多亩，产值500万元。农业产业发展实现多样化，为促农增收奠定基础。在平峨村成立黑山羊养殖合作社，存栏2080只。全乡存栏大牲畜6855头(匹)，其中牛4820头、马(骡)2035匹，大牲畜全年出栏1537头(匹)；生猪存栏17500头，能繁母猪1293头，肉猪出栏17850头；家禽存栏64954羽，其中鸡41122羽、鸭5632羽、鹅200羽，家禽年出栏512290羽；山羊年存栏5670只，能繁母羊3327只，全年山羊出栏4021只，全年肉类总产量1755吨。全乡动物强制免疫率100%。

【脱贫攻坚】 2016年，逻西乡全力做好脱贫攻坚工作。一是认真开展干部结对帮扶工作。全乡有146名干部(包括后援单位)与贫困户730户3086人实现结对帮扶。二是完善脱贫村基础设施建设。投资704.88万元实施昂里至平峨村四级道路硬化项目，完成5个屯屯级道路硬化，建成引用水池13个，完成平峨村级公共服务场所建设。三是扶持发展脱贫产业。在贫困村平峨村扶持发展养殖项目，全村养殖猪300只、鸡400羽、黑山羊2080多只；种植三叶青种植50亩，珍珠李150亩。四是加强小额信贷工作。按照评级授信、材料审核、贷款发放“三个步骤”，确保指标落实、帮扶带动、审核发放“三个到户”。全乡办理小额信贷332户，贷款金额1571.2万元，其中入股企业29户119.1万元。五是认真开展农村低保与扶贫开发政策有效衔接工作。全乡有640户贫困户2565人纳入低保对象。全乡减贫人口为86户394人，贫困发生率从15.02%降至13.1%，其中平峨村减贫22户98人，贫困发生率从8.9%降至0.9%。

【落实惠农政策】 2016年，逻西乡积极落实各项惠农政策，共发放各类补贴资金687.85万元。其中农资综合直补资金129.77万元，扶贫贷款贴息157.12万元，库区移民后期扶持基金0.6万元，森林生态公益金44.39万元，农村“一事一议”财政奖补89.6万元，农村危房改造资金457万元，完善退耕还林补助163.23万元，新一轮退耕还林补助131.44万元，家电下乡补贴4.06万元，砂糖橘种植补助10.53万元，财政扶贫产业发展资金15.24万元，2016年面上村脱贫产业扶持奖励资金

图 55　2016 年 11 月 3 日，县委常委、纪委书记叶涛（左一），县委常委、组织部长王以彦（右二）到逻西乡个马村、平峨村对脱贫及党建工作进行检查指导　（黄鸿兴摄）

64.56 万元。

【基础设施建设】 2016 年，逻西乡加大农村基础设施建设力度。一是加快 2016 年脱贫村道路建设。投资 704.88 万元，完成平峨村顶贯洞至八哈、那闹至那平、龚家塘至陇坳、上大坪至下院、院子至平峨、昂里至那闹等线路共 21.47 公里建设，全村实现所有自然屯统砂石路的目标，6 个自然屯通上硬化路；投资 96.6 万完善水利设施建设，新建 60m³ 水池 13 座（贫困户 11 座），过滤池 4 座，铺设输、配水管 6500 米，有效解决饮水困难问题；投资 41 万元修建村级有线宽带，结束平峨村无宽带网络的历史；投资 27.3 万元完善公共服务设施，修建平峨村篮球场、戏台、文化室、宣传栏等公共服务实施。二是推进安居工程，争取得到危房改造指标 200 户，其中建档立卡贫困户 112 户。三是扎实推进乐百高速公路（乐业逻西段）建设。完成征地测量面积 2126 亩，征地测量完成率 100%，征地协议签订完成 92%；迁移坟墓 137 座，完成 100%。四是投资 90.25 万元实施 4 条"一事一议"财政奖补道路硬化项目。五是加强水利建设。完成集镇供水管道的铺设，修建水渠 20 公里，受益农田 1000 亩。六是推进基层政权建设。面积为 350 平方米的乡级劳动保障所办公楼顺利完工，修建政府围墙 500 米。通过实施道路、水利、危房改造、宽带网络和公共服务建设，村级基础设施有了明显改善，人民生活水平进一步提高。

【民生保障】 2016 年，逻西乡有农村低保 910 户 3138 人，全年累计发放生活救助金 4624.16 万元；城镇低保 57 户 72 人，发放金额 21.168 万元；城乡大病医疗实施分类救助，救助大病患者 23 人，发放救助金 10.33 万元；全乡有五保户 140 人，全年累计共发放五保供养资金 53.76 万元；发放高龄补助金 2.54 万元；发放救灾救济粮 1.5 万公斤，解决 280 户 1128 人缺粮问题。全乡共有 60 岁以上退伍军人 34 人，年累计发放优抚资金 52.8 万元。全乡有敬老院 1 所，参加城乡养老保险人数 2762 人，参保率达 93%；办理残疾人补助 120 人。

【文教卫生】 2016 年，逻西乡认真做好各项文教卫生工作。积极组织各村举办多形式的迎春文体活动，参加全县举办的唱山歌、篮球比赛，荣获乐业县庆祝建党 95 周年"唱红歌、颂党恩、跟党走"歌咏比赛三等奖。全乡有初中 2 所，中心小学 2 所，村完小 10 所，中小学在校生 1698 人；公办幼儿园 1 所，民办幼儿园 7 所；积极推进教育硬件设施建设，逻西幼儿园、马庄幼儿园教学楼正在紧张施工中。有卫生院 2 所，村卫生室 11 个，卫生技术人员 58 人。全乡电视覆盖率 100%。

【人口计生】 2016 年，逻西乡积极开展人口核查工作，大力宣传落实二孩政策。全年全乡出生 222 人（一孩 95 人、二孩 117 人），计划内出生 210 人，人口出生率为 10.2‰，死亡 87 人，死亡率 4‰，人口自然增长率 6.2‰。年内上报爱心保险代缴名单共 131 户 387 人；为独生子女户代缴新农合 154 户 433 人、双女户 38 户 154 人；为独生子女父母发放保健费 87 户 87 人；为 13 户计生家庭办理小额贴息贷款。人口计生各项指标均控制在县下达任务范围内，荣获全国计划生育协会先进单位。

【生态乡村建设】2016年，逻西乡积极实施生态乡村建设，全乡完成退耕还林1900亩，实施35个面上点的村屯绿化工程。完善生态乡村硬件设施建设，发放村级生态乡村道路硬化补助33.4万元，完成个马村八赖屯、民享村周福屯两个生态乡村示范点的停车场、步行道、文体活动场、亮化、绿化等环境配套设施建设，民享村荣获自治区“绿色村屯”称号。个马、逻西两个集镇焚烧炉投入使用，有效解决垃圾处理难的问题。

【安全和综治工作】2016年，逻西乡强化综治维稳及三大纠纷调处工作。加强信访接待工作，成立纠纷调处工作组，加强对“三大纠纷”、民间纠纷的排查工作，重视和化解矛盾纠纷。全年接待来访群众236人142件次，排查各类矛盾纠纷26起，成功调处24件。加大对复员军人、公路征地、进京上访人员等重点人员和高危人员的排查和监测，有效维护社会稳定。加强安全隐患排查和开展安全生产大排查，落实“六打六治，打非治违”工作。组成13个防汛抗旱工作组，对辖区内1座水库及15处易发生滑坡、塌方、泥石流区域，进行隐患排查，做好地质灾害防范工作。认真开展道路“三盯”工作，乡分管领导及安监办人员会同乡派出所定期上路检查，对各种违章车辆进行处罚教育，维护正常的交通秩序。全面检查汽油、烟花爆竹等易燃易爆物品经营点13家，检查学校食堂食品安全17所。深入村屯开展禁毒宣传教育活动，提升全民拒毒、防毒、识毒意识。

【逻西乡建制村概况】

民西村　民西村位于逻西乡中部，乡政府驻民西村。东与民治村相邻，西与民友村广里交界，南与民享村巴羊屯相接，北与巴劳村浪风屯毗邻。区域面积22.83平方公里。2016年，辖7个村民小组，年末总户数316户，人口1619人。中心小学1所，13个教学班，学生433人，教职员工27人；初级中学1所，7个班，学生302人，教职员工27人；卫生院1个，设有妇产、防疫、工会、化验等7个科室，职工24人。耕地面积2559亩，林地面积27690亩。粮食播种面积1580亩，经济作物种植面积695亩。特产有板栗、油茶等。年内农民人均纯收入5398元。村委会驻逻西街上农村商业银行附近。

民友村　民友村位于逻西乡政府西面，村部距乡政府4公里。东与民西屯、巴劳村相邻，西与幼平乡五寨村交界，南与民享村、幼平乡上里村相接，北与天峨乡下老乡圭里村毗邻。区域面积37.26平方公里。2016年，辖8个村民小组，年末总户数473户，人口1831人。村完小1所，6个教学班，学生94人，教职员工5人；卫生室1个。特产有板栗、油茶等。耕地面积3516亩，林地面积47579亩。粮食播种面积2982亩，经济作物种植面积785亩。种植砂糖橘91.1亩，对低产板栗嫁接150亩，成立板栗种植合作社1个。年内农民人均纯收入7689元。村委会驻故里屯。

民享村　民享村位于逻西乡政府南面，村部距乡政府8公里。东与民治、七更村相邻，西与民友村、幼平乡五寨村交界，南与个马村相接，北与民西村毗邻。区域面积28.26平方公里。2016年，辖9个村民小组，年末总户数308户，人口1223人。村完小1所，4个教学班，学生32人，教职员工4人；卫生室1个。特产有板栗、杉木、八角、油茶等。耕地面积2395亩，林地面积35765亩。粮食播种面积2030亩，经济作物种植面积4243亩。农民人均纯收入5339元。村委会驻周福屯。

民治村　民治村位于逻西乡政府东面，村部距乡政府5公里。东与巴劳村、天峨县下老乡那赖村相邻，西与民西村交界，南与民享村相接，北与巴劳村毗邻。区域面积36.1平方公里。2016年，辖11个村民小组，年末总户数380户，人口1560人。村完小1所，适龄学生到中心校就学；卫生室1个。特产有板栗、八角、油茶等。耕地面积2577亩，林地面积46829亩。粮食播种面积2230亩，经济作物种植面积657亩。年内，完成村部指天峨道路提级改造。人均村收入5436元。村委会驻百仲屯。

巴劳村　巴劳村位于逻西乡政府北面，村部距乡政府4公里。东与民治村相邻，西与民友村交界，南与民西村相接，北与民权、天峨县下老乡圭里村毗邻。区域面积18.7平方公里。2016年，辖7个村民小组，年末总户数308户，人口1272人。卫生室1个。特产有板栗、油茶等。耕地面积2307亩，林地面积21675亩。粮食播种面积1368亩，经济作物种植面积489亩。引进试种黑皮甘蔗120亩，种植砂糖橘50亩，养猪场1个。年内完成巴里屯指交来屯提级改造通屯项目。村委会驻巴里屯。

民权村　民权村位于逻西乡

政府北面,村部距乡政府25公里。东与天峨县下老乡那赖村相邻,西与天峨县下老乡圭里村交界,南与天峨县下老乡那赖村相接,北与天峨县下老乡下老村毗邻。区域面积39.53平方公里。2016年,辖17个村民小组,年末总户数648户,总人口2805人。村完小1所,6个教学班,学生138人,教职员工7人;卫生室1个。特产有板栗等。耕地面积3184亩,林地面积51089亩。粮食播种面积2765亩,经济作物种植面积951亩。农民人均纯收入5043元。村委会驻弄塘屯。

个马村　个马村位于逻西乡政府南面,村部距乡政府27公里。东与中停村相邻,西与幼平乡扁利村交界,南与中停村、同乐镇百龙村村相接,北民享毗邻。区域面积39.532平方公里。2016年,辖17个村民小组,年末总户数538户,人口2476人。村中心小学1所,10个教学班,学生338人,教职员工28人;初级中学1所,10个教学班,学生443人,教职工28人;卫生院1个,设有妇产、防疫、工会、化验等7个科室,职工22人。特产有杉木、八角、油茶等。耕地面积3184亩,林地面积51089亩。粮食播种面积2765亩,经济作物种植面积951亩。年内,水泥硬化2个自然屯,接二级路至下周屯内硬化道路1225平方米;接二级路至八赖屯道路硬化3586平方米。年内农民人均纯收入5081元。村委会驻弄塘屯。

中停村　中停村位于逻西乡政府东南面,村部距乡政府40公里。东与鱼里村相邻,西与个马村交界,南与天峨县更新向边里村相接,北七更村毗邻。区域面积49.24平方公里。2016年,辖11个村民小组,年末总户数451户,人口2016人。村完小1所,6个教学班,学生93人,教职员工7人;特产有杉木等。耕地面积3587亩,林地面积65087亩。粮食播种面积2768亩,经济作物种植面积584亩。农民人均纯收入5092元。村委会驻中停屯。

鱼里村　鱼里村位于逻西乡政府东南面,村部距乡政府54公里。东与天峨县那直那里村相邻,西与中停村交界,南与天峨县更新乡加里村、边里村相接,北与打路村毗邻。区域面积29.24平方公里。2016年,辖8个村民小组,年末总户数220户,人口992人。中心小学1所,6个教学班,学生88人,教职员工5人;卫生室1个。特产有杉木、八角、油茶等。耕地面积1936亩,林地面积37525亩。粮食播种面积1352亩,经济作物种植面积289亩。年内腊里坳至化里屯4.645公里硬化路建设,农民人均纯收入5141元。村委会驻八言屯。

打路村　打路村位于逻西乡政府东南面,村部距乡政府44公里。东与天峨县纳直乡那里村、向阳镇龙鱼村相邻,西与鱼里村、平峨村交界,南与天峨县纳直乡那里村、鱼里村相接,北与卡伦村毗邻。区域面积41.14平方公里。2016年,辖13个村民小组,年末总户数314户,人口1276人。村完小1所,6个教学班,学生164人,教职员工11人;卫生室1个。特产有杉木、八角、油茶、板栗等。耕地面积3124亩,林地面积53503亩。粮食播种面积2642亩,经济作物种植面积686亩。农民人均纯收入5572元。村委会驻下林合屯。

卡伦村　卡伦村位于逻西乡政府东南面,村部距乡政府35公里。东与打路村相邻,西与七更村交界,南与平峨村、中停村相接,北与天峨县下老榜龙毗邻。区域面积35平方公里。2016年,辖13个村民小组,年末总户数277户,人口1282人。村完小1所,6个教学班,学生24人,教职员工4人;卫生室1个。有特色文化母里屯亚母氏族文化,特产有杉木、八角、油茶等。耕地面积1936亩,林地面积37525亩。粮食播种面积1352亩,经济作物种植面积289亩。年内,岩门坳至综合厂至巴伟屯6.18公里硬化路建设、村部至福规屯3.256公里公路硬化路建设、凉风坳至周爱至八伦屯至那岸、4.25公里硬化路建设。农民人均纯收入5452元。村委会驻伟麻屯。

平峨村　平峨村位于逻西乡政府东南面,村部距乡政府46公里。东与打路村相邻,西与中停村交界,南与鱼里村相接,北与卡伦毗邻。区域面积34.4平方公里。2016年,辖7个村民小组,年末总户数271户,人口1227。村完小1所,4个教学班,学生16人,教职员工4人;卫生室1个。特产有杉木、八角、油茶等。耕地面积2882亩,林地面积43312亩。粮食播种面积1865亩,经济作物种植面积159亩。成立乐业飞翔养殖合作社,存栏黑山羊2080只,养猪、养鸡专业户3户。年内完成平峨村顶贯洞至八哈、那闹至那平、龚家塘至陇坳、上大坪至下院、院子至平峨、昂里至那闹等线路共21.47公里建设、龚家塘至陇坳6.37公里砂石道化路建设、新建60m³水池13

座(贫困户 11 座),过滤池 4 座,铺设输、配水管 6500 米、投资 41 万元修建村级有线宽带,结束平峨村无宽带网络的历史;投资 27.3 万元完善公共服务设施,修建平峨村篮球场、戏台、文化室、宣传栏等公共服务实施,2016 年平峨村顺利通过自治区脱贫摘帽核查验收,实现脱贫摘帽。农民人均纯收入 5518 元。村委会驻院子屯。

七更村　七更村位于逻西乡政府东南面,村部距乡政府 22 公里。东与民治村相邻,西与个马村交界,南与卡伦村相接,北与民享村毗邻。区域面积 35 平方公里。2016 年,辖 12 个村民小组,年末总户数 289 户,人口 1056 人。村完小 1 所,6 个教学班,学生 45 人,教职员工 4 人;卫生室 1 个。特产有杉木、八角等。耕地面积 2639 亩,林地面积 45202 亩。粮食播种面积 1942 亩,经济作物种植面积 264 亩。年内农民人均纯收入 5947 元。村委会驻七设坳。

(田宗朝)

幼平乡

【幼平乡概况】 幼平乡位于乐业县北部,东与逻西乡、河池市天峨县下老乡接壤,南邻同乐镇,西与花坪镇、雅长乡相连,北隔红水河与贵州省望谟县、罗甸县相望。地处北纬 24° 51′ 08″ ~25° 05′ 16″,东经 106° 21′ 57″ ~106° 36′ 43″。境内多为土山,西部为石山区,地势东南高,西北低。2005 年 6 月,马庄乡撤销,扁利村划归幼平乡。全乡总面积 450.27 平方公里。乡政府驻幼里村,距乐业县城 26 公里。2016 年末,辖上里、幼里、马三、百安、五寨、渡口、陇那、百中、通曹、达心、扁利 11 个建制村,有 137 个村民小组,183 个自然屯,5638 户,总人口 22095 人。有壮、汉、瑶、苗、布依 5 个世居民族。耕地面积 32086 亩(其中水田 6036 亩,旱地 26050 亩)。人口和行政区域面积居乐业县乡(镇)第二。属国家重点工程——龙滩水电站建设淹没移民乡,淹没百安、渡口、五寨、陇那 4 个村,搬迁 627 户 2986 人。2016 年全乡生产总值达 1.73 亿元,上年比增长 11%;社会固定资产投资完成 2.9 亿元,比上年增长 3.5%;粮食总产量达 913 万公斤,比上年增长 5%;社会消费品零售总额 6148 万元,比上年增长 10%;农民人均纯收入 6649 元,比上年增长 12%。

幼平乡资源丰富,境内有黄金、冰洲石、锑矿等多种矿产资源,有林旺金矿、百中地下河水电站、百社金矿、湾里金矿等多家工矿企业落户,是全县 8 个乡(镇)中工矿企业较多的乡镇之一。主要物产有水稻、玉米、杉木、油桐、蔬菜、烟叶等。旅游资源有百朗天然大峡谷,有保护完好的生态风景区——五台山,有时尚休闲垂钓游玩点——龙滩水库风景区,有保存完好的文物古迹——接龙桥,有壮汉山歌、唢呐等悠久独特的民族文化风情。

【农业产业】 2016 年,幼平乡紧紧围绕"产业强乡"发展战略,深入实施"优果、烟叶、水产养殖"三大生态特色产业发展工程。不断壮大果业种植规模,通过示范引进、典型带动,提升群众参与发展果业的积极性。加强对种植砂糖橘技术的培训,培养种植能手,规范果业种植管护规程,确保产业增效、果农增收。完成砂糖橘种植 3700 亩,全乡种植砂糖橘面积达 11000 多亩。年内全乡砂糖橘挂果面积 1700 亩,产果 6 万公斤,产值 35 多万元。以大户带动方式在五寨村试种 2000 余亩芒果。渔业规模

图 56　2016 年 8 月 20 日,乐业县水利局深入幼平乡幼里村开展"关爱留守儿童·播洒爱心阳光"活动　　(县水利局供)

养殖突破万亩。引导库区渔民实行“集约化”和“生态”双线养殖，推动库区水产养殖业转型取得成功，全乡共有“集约化”网箱养鱼4900箱、“生态”网箱养鱼1900箱，占水域10000余亩，投放各种鱼苗近千万尾，年产鱼量突破1万吨。成立“乐业县幼平乡钓友之家”含总部及五个单独的沿河钓鱼房，每天可接待35人次，进一步拓宽渔民增收渠道。优质烟叶规模稳中有升。百中、幼里两个烟区种植优质烟叶1200亩，总产值300多万，创税收入30多万元，促进烟农持续增收。传统优势产业平稳发展。在上里村和马三村种植反季节蔬菜400多亩、秋冬季农业开发20000余亩、植杉木5000多亩。

【基础设施建设】 2016年，幼平乡继续认真实施农村基础设施建设。一是市政基础设施逐步健全，给力城镇快速发展。在一期、二期、三期综合治理的基础上，年内完成总投资161多万元的四期综合治理。共硬化街道5.6公里、修建排水沟11.2公里、安装路灯107盏、种植绿化树500余棵；完成投资378多万元棚户区改造项目，投资473多万元的生态移民扶贫搬迁项目建设进度已完成80%，集镇面貌有了历史性改变。二是水陆交通网络进一步完善，蚂蝗坳至幼平三级路基本建成，年内完成中里—林英屯—顶夜屯、打荣安置—大寨、百安村那务坳—黄龙屯、养牛场—当顶猕猴桃基地等4条25.9公里脱贫攻坚屯级道路硬化，完成上里村、幼里村、马三村、达心村、百中村16条通屯砂石路的维修，继续完善百朗、百寒、渡口、百安4座简易码头各项配套设施。三是农田水利设施改造促进产业增收提速。完成百中拦水坝3座，灌溉渠道12公里；完成上里至幼里至马三30余公里农田排灌水渠；34个屯集中供水项目竣工投入使用，完成那桂水库、鸡公岭水库除险加固工程。四是公共服务设施得到改善，政府政务服务中心已竣工投入使用，提高公共服务效率。

【民生保障】 2016年，幼平乡认真做好民生保障工作。完成实施100户农村危房改造任务，178户易地扶贫搬迁项目施工进度已达80%；严格按程序审核把关农村低保和城镇居民低保保障群体，年内全乡有1006户3612人享受农村最低生活保障，发放农村最低生活保障金365.3万元，发放救灾粮食8000多公斤，发放救灾衣物、棉被、蚊帐等1315多件套，发放低保、五保、优抚等各项补助资金470万元。乡敬老院和百安、百中两个五保村规范运行，对18位孤寡老人实行集中供养；各项惠农政策落实到位，发放优果种植补助53万元，粮食直补105万元、移民后期扶持资金220万元；2016年全乡新农合参合率达98%，养老保险参保率完成92%；举办新型农民工技能培训3000多人次，实现劳务输出2000人。

【文化教育卫生】 2016年，幼平乡认真抓好文化教育卫生计生工作。继续推行计生工作重心下移、人口动态核查、经常性的结对帮扶等新型计生工作方式，积极宣传两孩政策，确保两孩政策扎实稳妥推进实施。全年组织开展普法宣传、法制教育5场，发放学习资料3500多册，全乡无重大刑事案件发生。认真排查各种纠纷，调处纠纷50余起。按照道路交通“三盯”责任工作要求做好监控，确保辖区范围内道路交通安全及水上交通安全。做好辖区内3座矿山、2个砂石场、3处地灾点安全隐患排查、监控和整改工作。全乡没有发生重大安全事故。认真贯彻落实“营养工程”“雨露计划”项目，全乡2000多名寄宿制中小学生生活得到解决；以文化站为宣传阵地，开展各种群众喜闻乐见的文娱活动，在“三八”“五一”“六一”等开展篮球赛、气排球赛、拔河等8场次，丰富群众业余生活。进一步加强食品药品监管综合监管。保障“从农田到餐桌”的食品安全，让人民群众吃得放心。

【生态乡村建设】 2016年，幼平乡积极开展生态乡村建设工作。大力推进生态乡村宣传动员，积极开展6号行动，每月6号坚持到村屯组织村民开展集中清洁活动，制作发放各类清洁乡村、生态乡村建设宣传资料3万余份，制作各类大型户外宣传栏125块，全方位对群众进行了宣传动员。大力推进垃圾处理设施建设，保障村屯保洁常态化。新建垃圾中转站1座、垃圾焚烧炉8座、购买安放垃圾箱300个、为群众发放垃圾桶5000余个，配备垃圾运输车24辆，全乡聘请保洁员20名，严格执行村收、乡运、县处理的垃圾处置方式，保障全乡清洁。大力发展生态经济，做好“生态+休闲旅游”融合发展文章。加强生活垃圾的回收处理，大力开展打非治违行动，严厉打击毁林开荒、滥砍滥伐行为，深入推进“宜居幼平”

工程,制定完善村屯保洁制度。

【党建工作】2016年,幼平乡完善乡政务服务中心和上里、幼里、马三、百安、百中、陇那6个村级政务服务中心配套建设,发挥职能作用,将服务窗口及工作重心前移,改“群众上访为干部下访”、变“坐机关办公为登门服务”,提高服务水平和办事效率。全面整顿软弱涣散村级党组织,配齐配强村“两委”班子成员,抓好村级后备干部队伍建设,建立完善后备干部库。继续推行“村事联议”机制,助推产业发展,充分发挥桂黔渡安联合党总支部作用,带动库区水产养殖产业发展。抓好“农事村办”“一办三中心”提档晋级,把“农事村办”“一办三中心”服务与综治信访维稳、安全生产、人口计生、新农村建设、产业发展、群众需要办理的社会事务结合起来,充分发挥“农事村办”和“农情乡解”阵地作用。

【幼平乡建制村概况】

上里村　上里村位于乡政府驻地南面,村部距乡政府3公里、距县城24公里。全村总面积45.94平方公里,下辖19个村民小组23个自然屯。2016年,全村共有524户2506人,总耕地面积3035亩(其中:保水田762亩),主要种植水稻、玉米、砂糖橘、反季节蔬菜。上里村因地制宜,扩大反季节蔬菜面积,打造成乐业县最大的菜篮子工程基地,反季节蔬菜产业逐渐成为上里村的支柱产业之一。2016年,上里村连片发展反季节西红柿、辣椒、豆角、茄子等蔬菜400亩,亩产达5000元以上,总产值200多万元,菜农户均收入15000元以上。扩大砂糖橘产业种植规模,年内种植870亩,上里村里龙屯、介上、兴隆坡等7个村民小组120户493名群众参与,其中精准识别贫困户46户168人。上里屯完成生态示范村建设,人居环境得到较大改善。

幼里村　幼里村位于乡政府驻地,村部距县城26公里。全村总面积31.2平方公里,2016年,下辖13个村民小组16个自然屯,2016年全村共有533户2169人,全村耕地面积5649亩,其中水田2439亩,旱地3210亩,主要种植水稻、玉米、砂糖橘、烟叶。幼里村根据自然条件和得天独厚的区位优势,大力发展烟叶和砂糖橘种植,逐渐成为幼里村的支柱产业。优化调整产业结构,加快发展烟叶种植和砂糖橘优果产业,在发展烟叶的同时,发动群众种植砂糖橘400亩。

马三村　马三村位于乡政府驻地北面,村部距乡政府3公里、距县城29公里。全村总面积44.98平方公里。2016年,下辖14个村民小组17个自然屯,全村共有441户2068人。全村耕地面积6415亩,其中水田2388亩,旱地4027亩,主要种植水稻、玉米、砂糖橘。马三村抓“优果工程”,打造水果产业带。在马三那肥片建立砂糖橘种植示范点,联合上里、幼里形成上里至马三砂糖橘水果产业带。抓果蔬种植产业,打造上里—马三—百安果蔬种植基地。争取秋冬季农业产业项目扶持,重点在马三发展辣椒、番茄、油菜、黄瓜、马铃薯、甜玉米和西瓜等反季节果菜,建立示范点。

百安村　百安村位于乡政府驻地北面,村部距乡政府18公里、距县城44公里。全村总面积41.83平方公里。2016年,下辖9个村民小组、10个自然屯,全村共有423户2108人。全村耕地面积4336亩,其中水田1383亩,旱地2953亩。2006年,由于龙滩水电站建设,百安屯涉及淹没,举寨搬迁,已建成新址居住,是全乡重点移民村屯之一。该村网箱养殖产业发展较为迅速。

五寨村　五寨村位于乡政府驻地东北面,村部距乡政府22公里、距县城48公里。全村总面积34.09平方公里。2016年,下辖7个村民小组8个自然屯,全村共有276户1304人,全村耕地面积2749亩,其中水田1526亩,旱地1223亩,主要种植杉木、板栗、八角、油茶、水稻、玉米等传统农作物。

渡口村　渡口村位于乡政府驻地北面,村部距乡政府24公里、距县城50公里。全村总面积35.91平方公里,2016年下辖7个村民小组2个自然屯,全村共有212户1498人,2006年移民搬迁后全村居民搬迁至渡口场平、百寒场平、幼里村等居住。全村耕地面积1995亩,耕地几乎为旱地。龙滩水电站下砸蓄水后,渡口村村民充分利用库区水资源优势大力发展水产养殖业,逐年扩大养殖规模,现有42M*42M网箱养鱼150箱,年产鱼150多吨,年总产值200多万元,水产养殖业逐渐成为库区支柱产业,移民逐步向渔民转型。

陇那村　陇那村位于乡政府驻地西北面,村部距乡政府20公里、距县城46公里。全村总面积45.39平方公里,2016年下辖10个村民小组8个自然屯,全村共有

332户1580人。全村人口大部分是壮族,全村耕地面积2490亩,退耕还林面积1156亩,草地2100亩,可利用水域面积3000亩,属龙滩库区移民村屯。主要种植玉米、砂糖橘、网箱养鱼。龙滩库区下闸蓄水后,陇那、百朗、陇上、交良等屯农田和大部分土地受淹,其中百朗屯104户487人全部搬迁至百朗场平,是移民村之一。陇那村村民根据自然条件和得天独厚的区位优势,大力发展水产养殖业,逐年扩大规模。网箱养鱼逐渐成为村内的支柱产业。

百中村　百中村位于乡政府驻地西面,村部距乡政府20公里、距县城38公里。全村总面积41.49平方公里。2016年,下辖15个村民小组30个自然屯,全村共有517户2449人。有耕地面积3961亩,其中水田1248亩,旱地2713亩,主要种植玉米、水稻、砂糖橘、烟叶。乡党委政府建立百中"农事村办"服务站,服务站辐射覆盖百中、达心、通曹、陇那4村72屯1500户7226人,年接待办事群众1650多人次,受理群众申请事项300余件。围绕新农村建设烤烟产业规划,百中积极争取上级党委政府和烟草等部门支持,走煤电结合,密集型大烤房烘烤的生态生产之路。

通曹村　通曹村位于乡政府驻地西面,村部距乡政府35公里、距县城52公里。全村总面积48.88平方公里。2016年,下辖12个村民小组17个自然屯,2016年全村共有282户1547人。全村耕地面积7330亩,其中水田340亩,保水田290亩,旱地1148亩,轮歇地1148亩。全村总面积四分之三是石山,居住着壮、汉、瑶三个民族。以前因全村基础设施较差,村民经济来源是外出务工,极少部分靠养殖维持家庭生活,近几年随着道路硬化进程加快,使通曹村农业生产经济快速增长。

达心村　达心村位于乡政府驻地西南面,村部距乡政府12公里、距县城38公里。全村总面积28.56平方公里,下辖15个村民小组31个自然屯,2016年全村共有343户1670人。达心村绝大多数为土山,土壤肥沃,气候条件优越。现主要种植杉木、玉米、水稻等传统产业。积极发展砂糖橘产业,使达心村产业结构不断优化、多元化。

扁利村　扁利村位于乡政府驻地东南面,村部距乡政府16公里、距县城19公里。全村总面积15.33平方公里,2016年,下辖14个村民小组27个自然屯,全村共有338户1609人,全村耕地面积2721亩,其中水田1537亩,旱地1185亩。扁利村属热带季风性气候,自然资源丰富,水量充足,土地肥沃,适宜发展特色农业产业,盛产玉米、杉木、油桐、八角等。随着乐业至纳良公路提级改造完成,扁利村交通得到极大改善,使杉木等产品对外输出更加便利,人民生活水平不断提高。（王汉果）

雅长乡

【雅长乡概况】　雅长乡位于乐业县西北部,黔桂两省四县五乡(镇)结合部。东与花坪镇、逻沙乡相连,西与贵州省册亨县红水河镇毗邻,南与田林县百乐乡相连,北与贵州省望谟县蔗香镇隔河相望。地处北纬24°51′08″~25°05′16″之间,东经106°21′57″~106°36′43″。南盘江自南向北流经雅长的尾沟、三寨、雅庭3个村,红水河岸线42公里。地势东南高,西北低。1950年5月,雅长乡划归逻沙乡设逻雅区,1952年属凌乐县第十三区,1955年改为雅长区,1958年8月,设雅长公社,1984年,改为雅长乡。处于国家重点水利枢纽工程——龙滩电站尾部,2006年,全乡进行龙滩库区移民大搬迁。乡政府驻丁书集镇距乐业县城54公里。全乡总面积308.66平方公里(含区直雅长林场5个分场)。2016年末,辖尾沟、百康、新场、三寨、雅庭5个建制村(新场、雅庭、三寨3个村为贫困村),有33个自然屯,48个村民小组,2218户(其中农村有2116户),总人口8977人。有壮、汉、布依3个世居民族,壮族占总人口的95%以上。有耕地面积5896公顷,其中水田7896公顷,旱地51065公顷。境内旅游资源有"龙盘天池"、龙滩库区水上观光。

【农业农村工作】　2016年,雅长乡农业和农村经济得到全面发展。全部完成各项水利项目设施建设。利用林区优势,多次与兰花保护局座谈协商,成功争取到兰花保护局每亩500元的果林经济补助。借助雅长林场新一轮生态帮扶种植政策,鼓励群众与雅长林场联营种植经济林,签订种植板栗2000多亩、油茶2000多亩、芒果1000多亩的联营合同,调运板栗、油茶苗木25万珠。积极保护森林资源,严防森林火灾，全年未发生毁林或重大森林火灾事故。年内，全乡完成社会固定资产投资2.6万万元，比上年增长46%；经济实力稳步提升，农村经济生产总值达29268.48万元，比上年增长11%；农业总收入2022万元，牧业收入4098万元，渔业收入17560万元；粮食总产量稳定在4311吨，其中玉米产量2811吨，水稻产量1500吨，人均占有粮食998公斤。人民生活进一步改善，农民人均纯收入6213元，比上年增长11%。

【社会事业】 2016年，雅长乡社会事业全面发展，民生保障进一步提升。继续落实教育惠民政策，大力实施营养改善工程和温暖工程，共发放营养餐63.76万元，共发放寄宿生补助资金80.225万元。通过在尾沟村举办"春节"文艺活动和在雅庭村举办场群联谊文体活动，进一步改善场群关系，丰富农民群众业余文化生活；积极参加全县篮球比赛，取得全县男子组第二名。全乡参加新农合人数8353人，收缴资金100.236万元，参合率达98.3%。全乡已婚育龄妇女1657人，新出生人口100人，出生人口性别比为117.39，人口出生率11.29‰；人口自然增长率5.76‰。完成免费孕前优生健康检查63对，完成农村计划生育家庭小额贴息贷款项目10户。在尾沟、百康、新场三个村挂牌成立科普示范村，充分利用科普书籍、科技培训、实践基地带动群众发家致富。全乡低保户数616户，人数2091人，共发放低保资金210.696万元，发放救济粮1万公斤，发放棉被150床、衣服150套；全乡五保人数60人，发放资金共21.12万元；优抚对象6人，发放抚恤金3.4万元。全乡有中小学校3所，在校中小学生770人。有卫生院6所（包括村卫生室），卫生技术人员30人。

【脱贫攻坚】 2016年，雅长乡坚持以扶贫攻坚工作为中心，全面落实各项扶贫攻坚政策。一是挂图作战，精准帮扶。每户贫困户都由县或者乡干部职工结对帮扶，县直五个后援单位分别包村联系，做到户户有帮扶干部、村村有后援单位的精准帮贫。二是按照"十一有一低于"和"九有一超"的脱贫标准，制定贫困村脱贫摘帽实施方案和贫困户销号实施方案、贫困村产业发展规划。年内投资1820万元建设果麻至雅庭村祖肥屯通村道路硬化项目，完成巴福、巴立、巴秋、上雅四条屯级砂石路项目建设。利用县级产业扶贫资金59万元统一做好产业基础设施，在巴秋片、上雅片和祖肥片共实施3个专项养殖集中区，发展网箱养鱼36户、养牛23户、养羊19户、养猪3户。三是大力发展雅庭村集体经济。利用县财政扶贫资金10万元入股县旅游投资公司，年分红1万元；利用上级扶持的雅庭村集体资金100万元与有实力的经济能人合作联营种植芒果500亩。四是以雅长乡劳务输出办公室为依托，组织贫困户到雅长林场在百色春天木业公司考察，逐户动员贫困户劳动力就近就业脱贫。全乡贫困发生率由原来的18%降至14.2%，顺利完成2016年脱贫攻坚工作任务。

【产业发展】 2016年，雅长乡全面落实惠农政策，加大资金投入力度，优化产业结构。全年种植水稻1.34万亩，总产量达1500吨，种植玉米9870亩。利用龙滩库区水位落差优势，春季种植早玉米、西红柿、黄瓜、辣椒、西瓜等经济作物达2500多亩，种植芒果1000余亩、青脆李987亩、油茶300亩、板栗2500亩，冬季种植油菜512亩，增加农民收入。引导鼓励农民群众发展林下草食动物养殖，大力发展牧草种植，确保生态平衡，多渠道解决群众经济收入，全年全乡肉鸡养殖存栏25.3万羽，出栏18.1万羽；生猪存栏1.05万头，牛存栏0.63万头，出栏0.25万头；马存栏0.3125万匹；山羊存栏2.65万只，出栏1.6万只。积极发展网箱养殖，建成网箱9621箱，428户参与网箱养殖，全年销售成鱼1200万斤。全乡实现人均0.5亩果林经济，4只山羊，1头牛，1个网箱的目标。

【基础设施建设】 2016年，雅长乡继续认真做好农村基础设施建设。实施易地扶贫搬迁项目，一期工程总投资1599万元，年内完成工程总任务的60%。投资181.5万元完成2015年棚户区改造项目，建成六角亭、地面铺砖、挡土墙、照明、绿化等工程。做好百康村巴扛屯地质灾害点建设，涉及搬迁12户48人，群众已经建好房并入住；巴奖易地扶贫搬迁点涉及22户、165人，项目总投资315.78万元，有10户建好入住；那成地质灾害点涉及搬迁58户、264人，安置点场平基础设施基本完善，等待群众进场建房。完成总投资650万元集镇供水工程，已建成投入使用，解决了集镇及周边群众的缺水难题。投资30万元完成新场村拉丫屯1.4公里屯内道路硬化。投资54.3万元完成新场村岜岩屯一组、二组屯内道路硬化。完成总投资362万元的龙明寨屯级道路硬化4.28公里、过仇屯级道路硬化1.86公里、平风屯级道路硬化3.06公里。加快各项移民惠民工程建设，投资560万元的伟河路口至丁尚道路项目已全部竣工。完成投资60万元的集镇公园观光步道码头项目建设。

【生态乡村建设】 2016年，雅长乡实施生态乡村建设示范点4个，巴扛、伟龙、新寨、八坝4个示范点总投资325万元，各示范屯屯内绿化工程全部完工。完成对百康村巴维老道班进行房屋外墙装修，村容村貌得到改善。定期组织各村、乡直单位，集中开展卫生整治行动，加大对沿街、沿路、市场等重点区域的环境卫生整治力度。全年共整治45次，出动2000多人，累计清理垃圾190辆300余吨。

【安全维稳】 2016年，雅长乡认真做好安全生产工作，加强水上交通和道路交通安全监管，对全乡所有船舶和车辆进行登记造册，签订责任状。组织派出所、安监办、海事等相关部门开展安全生产及交通安全大检查活动，共出动检查人员300余人次，检查各类车辆300多辆次，检查各类船只100多艘次，在事故易发路口、河面增加警示牌10块，在重要路口、河面设置交通安全监管责任牌8块，设置交通安全宣传牌16余块。加强对经营危险化学物品、非煤矿山、爆炸物品、地质灾害点以及学校食堂卫生等进行安全检查，有效预防安全生产责任事故的发生。严格落实上级维稳工作精神，精心研究安排部署信访维稳工作，深入排查、调处各类社会矛盾纠纷，严厉打击各种违法犯罪行为；国防后备力量建设和民兵预备役工作稳步推进。完成兵员征集任务2名，自建民兵应急排一支，有力推行各项急难险重任务。

【移民保障】 2016年雅长乡积极做好移民保障各项工作。移民基础设施建设日趋完善，集镇街道硬化绿化率达100%，完成7.83公里的集镇供水管路维修项目，确保集镇移民群众安全饮用水。落实好154户网箱养鱼产业资金贴息贷款发放工作，年内累计发放贴息贷款1302万元，贴息金额57万元，为群众发展网箱养鱼解决后顾之忧。落实支农惠农政策，全年共发放库区移民后期扶持221.64万元，移民耕地长期补偿489.568万元。全面实施移民养老保险核补服务，争取到每人100元的县财政专项资金补助，涉及全乡参加养老保险移民群众961户，共2550人。

【旅游景点】 雅长乡“龙盘天池”旅游景点距县城50公里，是大石围天坑群景区的延伸，景点距龙滩电站坝首148公里。“龙盘天池”景区旅游项目有水上娱乐、水上观光、水上垂钓及水上竞技游乐等项目。

【雅长乡建制村概况】

百康村　百康村位于雅长乡东面，村部距乡政府所在地2公里。全村面积66.5平方公里。2016年，辖14个村民小组10个自然屯，有556户2582人，其中贫困户108户428人。居住有壮、汉2个民族，其中壮族占96%。有耕地面积2505亩，其中水田841亩，旱地1664亩。生产生活林地面积7107.5亩。粮食播种面积825亩。经济作物种植面积840亩。该村的农业产业主要是种蔬菜、黄瓜、西瓜、玉米、甘蔗、油茶、砂糖橘、桐果、板栗、杉木等，养殖以养黄牛、黑山羊为主。2016年农民人均纯收入5342元。百康村所有适龄儿童集中到乡初级中学、乡中心小学就读。有敬老院1所，五保老人10人。有村卫生室1个，村医生1人。村委会驻奖理屯。

尾沟村　尾沟村位于雅长乡中部，乡政府驻尾沟村，地处两省（区）四县四乡（镇）结合部，东与百康村相连，西与贵州省册享县双江镇隔河相望，南与田林县百乐乡毗邻，北与三寨村接壤。村部所在地距乐业县城46公里，距集镇码头2公里，距贵州省双江镇平华村3.3公里。全村总面积55.7平方公里。2016年，辖11个村民小组5个自然屯，有432户2018人，其中贫困户50户216人。居住有壮、汉2个民族，其中壮族占95%。有耕地面积1900亩，其中水田700亩，旱地1200亩。生产生活林地面积7553亩。粮食播种面积625亩。经济作物种植面积2500亩。农业产业主要是种蔬菜、黄瓜、玉米、龙眼、芒果等，养殖以网箱养鱼、养山羊为主。2016年农民人均纯收入5685元。有乡初级中学1所、乡中心小学1所、乡中心幼儿园1所。有村卫生室1个，村医生1人。村委会驻丁书集镇。

三寨村　三寨村位于雅长乡

东南面，属龙滩库区移民搬迁村，村部距乡政府所在地35公里。2016年，全村总面积4.7平方公里，辖4个村民小组4个自然屯，有192户894人，其中贫困户41户166人，五保户2户2人。居住有壮、汉、布依3个民族，其中壮族占98%。全村水田90%已被淹没，生活生产用地6500亩。粮食播种面积250亩。经济作物种植面积320亩。农业产业主要是种玉米、油茶、板栗等，养殖以网箱养鱼、养黑山羊为主，网箱养鱼水上面积1269亩，成立水上养殖合作社1个。2016年农民人均纯收入5352元。三寨村所有适龄儿童集中到乡初级中学、乡中心小学就读。有村卫生室1个，村医生1人。村委会驻丁尚屯。

新场村　新场村位于雅长乡东南面，村部距乡政府所在地12公里。全村总面积60平方公里。2016年，辖11个村民小组11个自然屯，有314户1592人，其中贫困户97户395人。居住有壮、汉2个民族，其中壮族占97%。有耕地面积1437亩，其中水田378亩，旱地1059亩。生产生活林地面积7835亩。粮食播种面积350亩，经济作物种植面积820亩。农业产业主要是种玉米、山油茶、板栗等，养殖以养山羊、土鸡为主。2016年农民人均纯收入5542元。有村完小1所，在校学生97人。有村卫生室1个，村医生1人。村委会驻巴岩屯。

雅庭村　雅庭村位于雅长乡北面，村部距乡政府50公里。与贵州省望谟县蔗香镇毗邻，红水河岸线过境10公里。全村总面积60平方公里。2016年，辖10个村民小组8个自然屯401户1891人，其中贫困户82户348人。居住有壮、汉2个民族，其中壮族占97%。有耕地面积2452亩，其中水田418亩，旱地2034亩，生产生活林地面积7142亩。粮食播种面积400亩，经济作物种植面积1500亩。农业产业主要是种玉米、西瓜、荔枝、龙眼、板栗等，养殖以网箱养鱼、养黄牛、黑山羊为主。2016年农民人均纯收入5562元。雅庭村所有适龄儿童集中到乡初级中学、乡中心小学就读。有村卫生室1个，村医生1人。村委会驻祖肥屯。

（卢振朋）

人　　物

◎编辑　黎启顺

乐业县领导简介

方志高 中共乐业县委书记。男，1968年1月生，壮族，广西田阳县人，在职研究生学历。1986年7月参加工作，1993年2月加入中国共产党。1983年9月—1986年7月在百色地区田东师范学校普通师范专业学习；1986年7月—1993年10月任田阳县田州实验学校教师（其间，1991年9月—1993年7月在广西壮族自治区团校青少年管理大专班脱产学习）；1993年10月—1996年8月任田阳县团委干事、副书记；1996年8月—1997年9月任田阳县坡洪镇党委副书记；1997年9月—2000年7月任田阳县坡洪镇镇长（1996年8月—1998年12月在中央党校函授学院政法专业本科班学习）；2000年7月—2002年5月任田阳县政府办公室主任；2002年5月—2003年4月任中共乐业县委常委、县委办公室主任；2003年4月—2006年7月任中共乐业县委常委、组织部部长；2006年7月—2007年10月任中共乐业县委副书记（2004年9月—2006年12月在广西壮族自治区委党校国民经济研究生班学习）；2007年10月—2009年12月任百色市委副秘书长（正处级）、办公室副主任、党组成员；2011年6月—2014年1月任百色市政府秘书长、党组成员、办公室主任、政府办党组书记；2014年1月—2016年1月任百色市政府秘书长、党组成员、政府办党组书记；2016年1月—2016年5月任百色市政府秘书长、党组成员、政府办主任、政府办党组书记；2016年5月任中共乐业县委书记。

李荣能 中共乐业县委副书记，县政府党组书记、县长。男，1966年6月生，壮族，广西百色人，在职研究生学历。1989年7月参加工作，1995年12月加入中国共产党。1985年9月—1989年7月在广西师范大学中文专业学习；1989年7月—1996年9月任百色市（县级）一中教师；1996年9月—1998年9月任百色市百色镇人民政府副镇长；1998年9月—1999年2月任百色市百色镇党委副书记；1992年2月—2002年7月任百色市教委副主任、百色中学校长；2002年7月—2002年12月任百色市教育局党组书记、副局长；2002年12月—2004年1月任百色市右江区教育局党组书记、局长；2004年1月—2005年6月任百色市右江区百色镇党委书记（2004年5月—7月参加百色市委组织部举办青年干部培训班）；2005年6月—2006年7月任百色市右江区百城街道工委书记（2003年9月—2005年12月在广西大学技术经济专业研究生班学习）；2006年7月—2010年3月任中共西林县委常委、宣传部部长、副县长；2010年3月—2011年6月任中共西林县委常委、副县长；2011年6月—2014年1月任中共西林县委副书记；2014年1月—2015年5月任百色市委副秘书长（正处长级）、办公室副主任、百色起义纪念公园管理委员；2015年5月—2016年5月任百色市旅游发展委员会党组书记、主任；2016年5月任中共乐业县委副书记，县政府党组书记、副县长、代理县长。2016年8月任乐业县政府县长。

黄业山 乐业县人大常委会主任。男，1962年6月生，壮族，广西乐业县甘田镇人，在职大学学历。1981年12月参加工作，1985年8月加入中国共产党。1981年12月任乐业县委林业“三定”工作队队员；1982年6月任乐业县同乐公社司法助理员；1984年12月任乐业县武称乡司法助理员；1987年7月任乐业县编委办公室秘书；1990年8月任乐业县委组织员、组织部干审科科长；1996年4月任乐业县甘田镇党委副书记兼纪委书记；1998年5任乐业县同乐镇党委副书记；1998年8月任乐业县武称乡党委书记；2001年8月任乐业县同乐镇党委书记；2003年4月任乐业县委常委、办公室主任兼同乐镇党委书记；2004年1月任乐业县委常委、办公室主任；2006年7月任中共乐业县委常委、宣传部部长、县人民政府副县长；2011年6月—2016年5月任乐业县政协党组书记、主席，政协

百色市第三届委员会委员；2016年5月任乐业县人大常委会党组书记。2016年8月任乐业县人大常委会主任。

刘陶恺 政协乐业县委员会主席。男，1971年10月生，汉族，广西博白县人，在职研究生学历。1993年7月参加工作，1992年11月加入中国共产党。1989年7月—1993年7月在长沙交通学院管理系学习；1993年7月—1996年8月任百色运输管理处办事员（其间1993年7月—1993年10月在百色汽车总站实习锻炼）；1996年8月至1998年7月任百色运输管理处陆运科副科长；1998年7月—1998年12月任百色运输管理处客运科副科长；1998年12月—2003年8月任百色运输管理处陆运科科长；2003年8月—2005年11月任百色市运输管理处副主任；2005年11月—2007年7月任百色市招商促进局副局长；2007年7月—2013年7月任百色市招商促进局党组成员、副局长；2013年7月—2014年1月任百色市投资促进局副局长、党组成员；2014年1月—2016年5月任中共乐业县委常委、常务副县长；2016年5月任政协乐业县委员会党组书记。2016年8月任政协乐业县第九届委员会主席。

兰田宁 中共乐业县委员会副书记。男，1976年8月生，瑶族，广西都安县人，在职研究生学历。1999年7月参加工作，2003年4月加入中国共产党。1994年9月—1999年7月在南开大学旅游系应用英语专业学习；1999年7月—2002年10月任百色地区旅游局科员；2002年10月—2003年1月任百色市旅游局办公室副主任；2003年1月—2004年5月任百色市旅游局综合科副科长；2004年5月—2007年3月任百色市旅游局综合管理科科长（其间2003年10月—2005年10月挂任乐业县旅游局副局长）；2007年3月—2007年11月任百色市旅游局规划与法规科科长；2007年11月—2010年12月任百色市旅游局办公室主任（其间2008年6月获管理学硕士学位；2008年8月挂任玉林北流市白马镇副书记）；2010年12月—2014年1月任百色市旅游局党组成员、副局长；2014年1月任中共乐业县委副书记、县委党校校长。

黄茂兵 中共乐业县委常委、常务副县长。男，1973年5月生，壮族，广西右江区人，研究生学历。1995年7月参加工作，1999年7月加入中国共产党。1992年9月—1995年7月在广西百色右江民族师专英语专业学习；1995年7月—1996年10月任田林县人民法院八桂法庭书记员；1996年10月—2002年8月任田林县人民法院助理审判员、办公室副主任；2002年8月—2006年3月任田林县委秘书、办公室副主任；2006年3月—2006年8月任田林县六隆镇党委副书记（主持镇政府全面工作）；2006年8月—2008年5月任田林县六隆镇镇长、党委书记（其间，兼任田林县六隆八渡笋有限公司总经理、六隆八渡笋总场场长）；2008年5月—2010年9月任田林县乐里镇党委书记；2010年10月—2014年2月任百色市扶贫开发办公室党组成员、副主任（2010年参加全区乡镇党委书记公选区、市机关副处级领导岗位考试入选；2007年8月—2010年6月在西南大学法学专业学习毕业并获法学学士学位；2008年9月—2010年9月在桂林理工大学中国少数民族经济研究生班学习并毕业；2011年9月—11月在广西壮族自治区党校少数民族领导干部培训班学习）；2014年2月—2016年5月任中共乐业县委常委、政法委书记；2016年5月任乐业县委常委、县人民政府党组副书记、副县长。

黄维新 中共乐业县委常委、宣传部部长、县人民政府副县长。男，1970年10月生，壮族，广西隆安县人，在职大学学历。1992年7月参加工作，1997年6月加入中国共产党。1992年9月—1995年9月任田林县浪平中学教师兼校团委书记；1995年9月—1996年8月任田林县利周中学教师兼校团委书记；1996年8月—1999年4月任田林中学教师兼校团委书记；1999

年4月—2002年7月任田林县政府秘书、科长(其间1997年5月—2000年5月兼任共青团田林县委员会副书记;1997年9月—2000年8月参加广西教育学院政治经济专业本科班函授学习;2000年9月参加广西师范大学学位考试获法学学士学位);2002年7月—2003年3月任田林县福达瑶族乡人民政府任常务副乡长;2003年3月—2007年1月任百色市委讲师团副主任科员(其间2006年3月—12月在自治区党委宣传部跟班学习);2007年1月—2010年12月任百色市精神文明建设委员会办公室副主任(正科长级),兼市委宣传部党总支第一支部书记;2010年12月—2011年6月任百色市委宣传部办公室主任兼市委宣传部党总支第一支部书记;2011年6月任中共乐业县委常委、宣传部部长、县人民政府副县长。

叶涛 中共乐业县委常委、纪委书记。男,1978年10月生,汉族,广西梧州市人,在职大学学历。1998年7月参加工作,2000年4月加入中国共产党。1994年9月—1998年7月在南宁化工学校化工机械专业学习;1998年7月—2001年9月任西林县西平乡政府干部;2001年9月—2004年4月任西林县委秘书;2004年4月—2006年5月任西林县委办公室副主任、县委保密委办公室副主任;2006年5月—2009年3月任西林县委办公室副主任、县委保密委办公室主任(正科级);2009年3月—2011年5月任西林县那劳乡党委书记;2011年5月—6月任西林县委办公室副主任(正科长级);2011年6月—9月任凌云县政府副县长人选;2011年9月—2014年1月任凌云县政府副县长;2014年1月—2016年5月任凌云县委常委、宣传部部长、副县长;2016年5月任中共乐业县委常委、纪委书记。

王以彦 中共乐业县委常委、组织部部长。男,1980年2月生,汉族,湖北监利县人,在职研究生学历。2003年7月参加工作,2003年4月加入中国共产党。1998年9月—2003年7月在武汉大学公共管理学院公共事业管理专业学习;2003年7月—2005年1月任广西右江民族医学院附属医院干事;2005年1月—9月任右江民族医学院人文社科部教师;2005年9月—2006年3月任右江民族医学院人事处干部;2006年3月—2008年2月任右江民族医学院人事处师资培训科副科长;2008年2月—2011年3月任右江民族医学院人事处师资培训科科长(2007年9月—2010年6月在武汉理工大学管理学院,在职攻读管理科学与工程专业研究生,获管理学硕士学位);2011年3月—2012年2月任百色市委组织部办公室副主任;2012年2月—2013年1月任百色市委组织部办副主任(正科长级),兼市委组织部办公室副主任;2013年1月—2014年1月任百色市委组织部人才科科长;2014年1月—2015年11月任中共靖西县委常委、地州乡党委书记;2015年11月—2016年3月任中共靖西市委常委、地州乡党委书记;2016年3月任中共乐业县委常委、组织部部长。

周少民 中共乐业县委常委、县人民武装部部长。男,1970年11月生,汉族,湖北孝感人,大学文化,大校军衔。2014年2月个人荣立三等功三次。1990年12月入伍,1995年3月加入中国共产党。历任战士、班长、军校学员、车管助理、汽车队长、运输股长、团装备处处长、分区司令部装备科长。1990年12月—1991年2月在守备五师十三团三营十连(新兵连);1990年2月—1990年3月在守备五师十三团二营七连;1990年4月—1992年10月在守备五师后勤部汽训队;1992年10月—1993年8月在边防五团一营四连;1993年9月—1995年7月在中国人民解放军汽车管理学院;1995年8月—1997年7月任边防五团二营营部车辆管理员;1997年8月—2002年12月任边防五团汽车队队长;2003年1月—2006年3月任边防五团运输油料股股长;2006年4月—2010年3月任边防五团装备处处长;2010年4月—2014年1月任百色军分区司令部装备科长;2014年2月任中共乐业县委常委、乐业县人民武装部部长。

韩启强 乐业县委常委、政法委书

记。男,1977年8月生,汉族,广西合浦县人,在职研究生学历。2000年7月参加工作,2000年6月加入中国共产党。1996年9月—2000年7月广西工学院食品科学与工程专业学习;2000年7月—2001年8月任平果县四塘镇党政办副主任;2001年8月—2002年10月任平果县四塘镇书记助理(副科级);2002年10月—2006年4月任平果县四塘镇副镇长(2005年4月—2007年7月在北京航空航天大学工业工程专业脱产学习获工程硕士学位);2006年4月—2008年2月任共青团平果县委员会书记(2007年9月—2009年12月在广西壮族自治区党校公共管理专业学习获研究生学历);2008年2月—3月任平果县坡造镇党委副书记;2008年3月—2009年6月任平果县坡造镇党委副书记、镇长;2009年6月—2013年1月任平果县坡造镇党委书记;2013年1月—2014年2月任百色市食品药品监督管理局副局长、党组成员;2014年2月—2016年5月任百色国家农业科技园区管理委员会副主任、党工委委员;2016年5月任中共乐业县委常委、政法委书记。

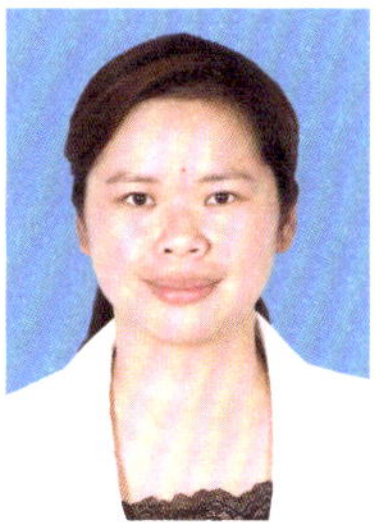

吴燕翎 中共乐业县委常委、统战部部长。女,1979年6月生,壮族,乐业县新化镇人,在职大学学历。1999年12月参加工作,2002年8月加入中国共产党。1999年12月—2003年12月任乐业县花坪乡(镇)人民政府干部;2003年12月—2006年4月任乐业县花坪镇妇联主席(其间2002年9月—2005年7月参加广西政法干部管理学院法学专业大专班函授学习);2006年4月—2008年5月任乐业县逻西乡党委委员、纪委书记;2008年5月—2009年12月先后任乐业县同乐镇党委委员、镇人民政府镇长助理、纪委书记(其间2005年9月—2008年7月参加中南民族大学法学专业本科班函授学习);2009年12月—2010年3月任乐业县甘田镇党委副书记,主持镇政府全面工作;2010年3月—2011年4月任乐业县甘田镇党委副书记、政府镇长;2011年4月—2014年2月任乐业县甘田镇党委书记;2014年2月—2016年5月任乐业县人民政府副县长;2016年5月任中共乐业县委常委、统战部部长。

杨小斌 中共乐业县委常委、县委办公室主任。男,1979年10月生,瑶族,广西乐业县花坪人,在职大学学历。2000年11月参加工作,2001年4月加入中国共产党。1995年9月—1999年7月在广西百色民族工业中专学习;1999年7月—2000年1月待业;2000年1月—11月乐业县花坪乡政府企业办干部;2000年11月—2002年8月任乐业县花坪乡团委书记;2002年8月—2006年4月任共青团乐业县委员会副书记(2000年9月—2003年7月参加广西区党校行政管理大专班函授学习);2006年4月—8月任乐业县甘田镇党委宣传委员、政府镇长助理;2006年8月—2009年4月任乐业县甘田镇党委宣传委员、政府副镇长(2005年9月—2008年7月参加兰州大学行政管理专业本科函授学习);2009年4月—2011年4月任乐业县委办公室副主任;2011年4月—7月任乐业县同乐镇党委副书记(主持人民镇政府全面工作);2011年7月—2013年5月任乐业县同乐镇党委副书记、镇长;2013年5月—2016年5月任中共幼平乡党委书记(2015年7月—12月在广州海珠区滨江街道挂任主任助理);2016年5月任中共乐业县委常委、县委办公室主任。

吴金霞 乐业县人大常委会副主任。女,1964年4月生,广西凌云县泗城镇人。1985年9月加入中国共产党,在职大学学历。1982年10月任解放军玉林一八三医院院务处战士、通讯班班长;1985年12月任乐业县委工作人员、机要干事;1991年3月任乐业县人事局科员、调配股股长;1996年7月任乐业县人事局副局长;1997年3月任乐业县人事与劳动局副局长;1999年10月任乐业县同乐镇党委副书记、镇长;2002年4月任乐业县委组织部副部长;2002年9

月任隆林县政府副县长；2006年10月任政协乐业县第七届委员会副主席；2011年9月—2016年5月任政协乐业县第八届委员会副主席；政协百色市第二届委员会委员。2016年8月任乐业县人大常委会副主任。

吴享全 乐业县人大常委会副主任。男，1963年6月生，汉族，广西乐业县逻沙乡人，在职大学学历。1984年7月参加工作，1989年9月加入中国共产党。1984年7月—1985年10月任乐业县幼平乡林业站技术员；1985年10月—1992年4月任乐业县甘田镇林业站技术员、助理工程师；1992年4月—1993年2月任乐业县甘田镇政府副镇长；1993年2月—1996年7月任乐业县国有同乐林场场长；1996年7年—2005年11月任乐业县林业局局长（其间1996年9月—1999年7月参加广西壮族自治区党校经济管理大专班学习）；2005年11月—2006年10月任乐业县移民安置办公室主任（其间2003年9月—2005年12月参加中央党校法律专业本科班函授学习）；2006年10月—2011年9月任乐业县第十四届人大常委会副主任；2011年9月—2016年5月任乐业县第十五届人民政府副县长；2016年8月任第十六届乐业县人大常委会副主任。

黄室程 乐业县人大常委会副主任。男，1964年10月生，壮族，广西乐业县逻沙乡人，在职大学学历。1985年7月参加工作，无党派。1985年7月任乐业县财政局干部；1996年4月任乐业县审计局副局长；1999年1月任乐业县人大常委会副主任、乐业县审计局副局长；2006年10月任政协乐业县第七届委员会副主席、县审计局副局长；2006年11月任政协乐业县第七届委员会副主席、县扶贫开发办主任；2009年4月任政协乐业县第七届委员会副主席；2011年9月—2016年5月任政协乐业县第八届委员会副主席；2016年8月任乐业县人大常委会副主任。

黎明彰 乐业县人大常委会副主任。男，1968年11月生，汉族，广西乐业县逻沙乡人，在职大学学历。1990年7月参加工作，1993年7月加入中国共产党。1990年7月—1994年6月任乐业县武称乡畜牧兽医站技术员；1994年6月—1996年7月任乐业县同乐镇畜牧兽医站技术员（其间1994年9月—1996年7月在广西农业大学乡镇经济管理专业大专班脱产学习）；1996年7月—1997年4月任乐业县同乐镇劳动人事编制助理、镇纪委委员；1997年4月—1999年10月任乐业县同乐镇党委组织委员；1999年10月—2001年9月任乐业县同乐镇党委副书记；2001年9月—2002年4月任乐业县武称乡党委副书记，主持乡人民政府全面工作；2002年4月—8月任乐业县武称乡党委副书记、政府乡长；2002年8月—2004年1月先后任乐业县同乐镇党委副书记、镇人民政府镇长（其间2000年8月—2002年12月参加中央党校法律专业本科班函授学习）；2004年1月—2011年6月任乐业县同乐镇党委书记；2011年6月—2016年5月任乐业县人民政府副县长；2016年8月任乐业县人大常委会副主任。

李勇才 乐业县人民政府副县长、公安局局长。男，1971年11月生，壮族，广西田东县人，大学学历。1994年9月参加工作，2000年3月加入中国共产党。1990年7月—1994年7月在广西大学法律系法学专业学习；1994年7月—9月待业；1994年9月—2000年3月任百色地区公安局管理干部学校干部；2000年3月—2002年11月任百色地区公安局法制科科员；2002年11月—2006年7月任百色市公安局法制科副科长；2006年7月—2010年8月任百色市公安局法制科科长；2010年8月—2011年6月任西林县公安局政委；2011年6月—2014年2月任西林县公安局党委副书记、政委；2014年2月任乐业县政府副县长、公安局局长。

马天祥 乐业县人民政府党组成员、副县长。男，1982年10月生，壮族，广西隆安县人，在职研究生学历。2006年7月参加工作，2006年4月加入中国共产党。2001年9月—2004年7月在广西民族学院国防教育与管理专业学习；2004年7月—2006年7月在广西民族大学行政管理专业学习；2006年7月—2007年6月任田林县百乐乡人民政府秘书；2007年6月—2008年6月任田林县百乐乡团委书记兼乡政府秘书(2007年11月—2008年6月借调到田林县委办公室工作)；2008年6月—2010年3月任田林县委办公室副主任科员、秘书；2010年3月—2011年5月任田林县委办公室副主任；2011年5月—2013年1月任田林县委办公室副主任(期间：2011年9月—2013年12月在广西壮族自治区党校行政学院公共管理专业在职研究生学习；2011年11月参加百色市2011年青年干部培训班；2012年6月—2012年12月挂任广州从化市太平镇党委委员；2013年1月—2013年4月挂任广西百色市委组织部调研室副主任)；2013年10月—2014年1月任田林县委组织部副部长；2014年1月—2016年5月任田林县委组织部副部长，挂任乐业县人民政府副县长、党组成员；2016年5月任乐业县人民政府副县长。

白玛泽仁 乐业县政府党组成员、副县长。男，1984年2月生，藏族，四川九龙县人，在职研究生学历。2006年9月参加工作，2006年4月加入中国共产党。2002年9月—2006年7月在西南民族大学管理学院工商管理系学习；2006年7月—9月待业；2006年9月—2009年2月乐业县招商促进局干部(2008年5月—2009年2月借调到共青团乐业县委员会工作)；2009年2月—2010年3月共青团乐业县委员会干部；2010年3月—2011年5月任乐业县新化镇党委委员、宣传委员；2011年5月—2012年4月任乐业县委办公室副主任；2012年4月—2013年5月任乐业县委办公室副主任、县委县人民政府督查室主任；2013年5月—2016年5月任乐业县花坪镇党委书记(2012年9月—2014年12月参加广西壮族自治区委党校法学专业研究生班学习)；2016年5月任乐业县政府副县长。

陈颖 乐业县人民政府副县长。女，1974年6月生，汉族，四川内江市人，大学学历。1995年7月参加工作，无党派。1991年9月—1995年7月在上海财经大学财政系财政学专业学习；1995年7月—2002年5月任百色市财政局预算科科员；2002年5月—2003年8月任百色市财政局预算科副主任科员；2003年8月—2004年4月任百色市财政局经济建设科副主任科员；2004年4月—2009年2月任百色市财政局经济建设科副科长；2009年2月—2011年6月任百色市财政局统计评价科科长(2011年3月—2011年5月参加第十二期广西党外中青年干部培训班学习)；2011年6月—2014年2月任百色市财政局经济建设科科长；2014年2月—2016年5月任百色市财政局农业科科长(2012年10月—2013年10月挂任右江区政府区长助理)；2016年5月任乐业县政府副县长。

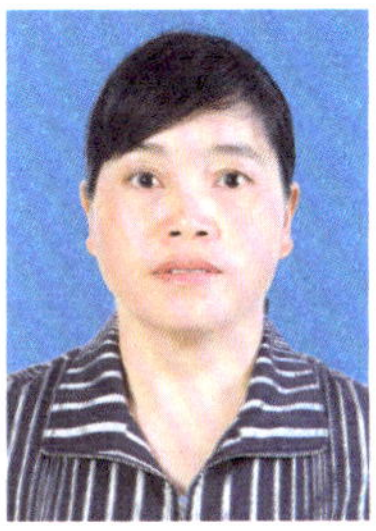

朱凌朵 政协乐业县委员会副主席。女，1966年8月生，汉族，广西乐业县逻沙乡人，在职大学学历。1990年11月参加工作，1993年3月加入中国共产党。1990年11月—1993年6月任乐业县甘田镇妇联干事；1993年6月—1996年9月任乐业县甘田镇妇联主任；1996年9月—1999年5月任乐业县甘田镇政府镇长助理、副镇长；1999年5月—2001年9月任乐业县甘田镇党委副书记(其间1996年9月—1999年8月参加广西区党校经济管理专业大专班函授学习)；2001年9月—2002年4月任乐业县甘田镇党委副书记，主持镇政府全面工作；2002年4月—9月任乐业县甘田镇党委副书记、政府镇长；2002年9月—2006年5月任乐业县甘田镇党委书记(其间2003年4月—6月挂任钟山县钟山镇党委副书记；2004年5月—

7月参加百色市委组织部举办的中青年干部学习班培训学习）；2006年5月—7月任乐业县民政局局长；2006年7月—2011年6月任乐业县委常委、统战部部长（其间2005年9月—2008年7月参加北京航空航天大学法学专业本科班函授学习）；2011年6月任乐业县人大常委会党组成员。2011年9月—2016年8月任乐业县第十五届人大常委会副主任。政协百色市第二届委员会委员。2016年8月任政协乐业县第九届委员会副主席。

余美琼 政协乐业县委员会副主席。女，1971年9月生，汉族，四川大邑县人，在职大学学历。1990年7月参加工作，2010年3月加入中国民主同盟。1987年9月—1990年7月任四川省成都幼儿师范学校幼教专业学习；1990年7月—1993年7月四川大邑县东街幼儿园教师；1993年7月—1999年12月任乐业县物价局出纳员、物价检查员；1999年12月—2007年10月任百色市教育科学研究所教研员（2000年7月—2003年6月参加右江师专英语专业大专班函授学习）；2007年10月—2010年10月任百色市高等学校招生委员会办公室、高等教育自学考试工作委员会办公室副主任（2005年7月—2008年1月参加中南民族大学汉语言文学专业本科班函授学习）；2010年10月—2011年11月任百色市教育局办公室副主任；2011年11月—2016年5月任百色市语言文字工作委员会办公室主任；2016年8月任政协乐业县第九届委员会副主席。

黄国春 政协乐业县委员会副主席。男，1972年10月生，壮族，乐业县新化镇人，在职大学学历。1990年7月参加工作，1996年9月加入中国共产党。1987年9月—1990年7月田东师范学生。1990年7月—1993年9月任乐业县新化小学教师；1993年9月—1999年9月任乐业县新化初中教师（其间参加广西师范大学汉语言文学专业自学考试，1996年9月大专毕业）；1999年9月—2000年8月任乐业县职业中学教师（其间1996年9月—2000年7月参加广西师范大学汉语言文学专业本科班函授学习）；2000年8月—2001年11月任乐业县计划生育局干部；2001年11月—2002年8月任乐业县人民政府办公室干部；2002年8月—12月任乐业县人民政府秘书（副科级）；2002年12月—2006年4月任乐业县人民政府办公室副主任；2006年4月—8月任乐业县花坪镇党委副书记，主持镇政府全面工作；2006年8月—2009年4月任乐业县花坪镇党委副书记、镇人民政府镇长；2009年4月—2011年4月任乐业县花坪镇党委书记；2011年4月任乐业县同乐镇党委书记；2014年2月—2016年8月任乐业县人民政府副县长；2016年8月任政协乐业县第九届委员会副主席。

梁健 政协乐业县委员会副主席。男，1971年7月生，汉族，广西百色人，在职大学学历。1994年7月参加工作，无党派。1992年9月—1994年7月在桂林工学院水资源与环境保护专业学习；1994年7月—1998年8月任百色市（县级）环保局环境监察员；1998年8月—1999年10月任百色市（县级）环境监测站副站长；1999年10月—2002年10月任百色市（县级）环保局管理股股长；2002年10月—2004年3月任百色市（县级）环境监理所所长；2004年3月—2010年11月任百色市环境监察支队副支队长（2006年4月—2009年1月在北京航空航天大学法学专业本科班学习）；2010年11月—2014年12月任百色市环境监察支队支队长；2014年12月—2016年5月任百色市环境监察支队副支队长（主持全面工作）；2016年8月任政协乐业县第九届委员会副主席。

黄忠行 乐业县人民法院院长。男，1964年4月生，壮族，广西田阳县人，在职大学学历。1985年4月参加工作，1995年1月加入中国共产党。1981年9月—1984年7月广

西凌云中学学生；1984年7月—1985年4月待业；1985年4月—1989年5月凌云县人民法院书记员（1985年9月—1988年9月参加全国法院干部业余法律大学函授学习）；1989年5月—1992年5月任凌云县人民法院助理审判员；1992年5月—1996年6月任凌云县人民法院审判员；1996年6月—1999年6月任凌云县人民法院民庭副庭长；1999年6月—2002年7月任凌云县人民法院民庭庭长、审判委员会委员；2002年7月—2006年7月任凌云县人民法院党组成员、副院长（2001年8月—2003年12月参加中央党校法律专业本科函授学习）；2006年7月—2011年6月任西林县人民法院党组书记、院长；2011年6月—9月提名为广西靖西县人民法院院长；2011年9月—2015年11月任靖西县人民法院党组书记、院长；2015年11月—2016年5月任靖西市县级人民法院党组书记、院长；2016年5月任乐业县人民法院党组书记、代理院长。2016年8月任乐业县人民法院院长。

陈行 乐业县人民检察院检察长。男，1973年10月生，壮族，广西平果县人，在职大学学历。1993年7月参加工作，1998年10月加入中国共产党。1989年9月—1993年7月在广西右江民族商业学校经营管理专业学习；1993年7月—1996年3月任平果县饮食服务公司业务员；1996年3月—2003年3月任平果县人民检察院反贪局助理检察员（1998年9月通过自学考试取得广西电大经济法专业专科学历）；2003年3月—2003年12月任平果县人民检察院反贪局检察员；2003年12月—2008年1月任平果县人民检察院检察员、反贪污贿赂局副局长（2001年9月—2004年6月参加广西大学法学专业函授学习获大学学历）；2008年1月—2010年11月任平果县人民检察院检察员、法律政策研究室主任；2010年11月—12月任平果县人民检察院党组成员；2010年12月—2016年5月任平果县人民检察院副检党组成员、察长、检察委员会委员；2016年5月任乐业县人民检察院党组书记、检察长。2016年8月任乐业县人民检察院检察长。

王建斌 任乐业县人民武装部政治委员。上校军衔。男，1970年8月生，汉族，广东电白县人，在职大学学历。1989年3月参加工作，1992年6月加入中国共产党。1989年3月任广州军区联勤部19分部新兵连战士；1989年7月至1989年12月在广州军区联勤部19分部技工大队学习；1989年12月任广州军区联勤部19分部东安车材仓库保管员；1992年9月至1994年7月在安徽汽车管理学院学习；1994年7月至2001年1月先后任广西军区南宁军分区司训队排长、副队长、队长；2001年1月至2007年3月先后任广西军区司机训练大队分队长、教员、代理中队长、中队长；2007年3月任广西那坡县人武部副部长兼军事科长；2011年4月任广西平果县人武部副部长兼军事科长；2013年3月任广西乐业县人民武装部政治委员。

史前 任乐业县公安局党委副书记、政委。男，1976年1月生，汉族，广西北海市合浦县人。研究生硕士学历。1998年10月参加工作，2004年12月加入中国共产党。1996年9月—1998年6月在广西师范大学体育系就读；1998年10月—2003年8月任乐业县公安局同乐派出所民警；2003年8月—2004年9月任乐业县公安局刑侦大队民警；2004年9月—2008年3月任乐业县公安局逻沙派出所所长；2008年3月—2012年8月任乐业县公安局同乐派出所所长；2012年8月—2016年4月任乐业县公安局副局长；2016年5月任乐业县公安局党委副书记、政委。

注：县领导只记述2016年12月在职领导简介，其他处级干部不记述。

（陶星洁）

表 7

乐业县副高级以上专业技术职称人员一览表

（2016 年度）

姓名	性别	民族	出生年月	籍贯	文化程度	获得职称时工作单位及职务	证书级别	职称系列	职称名称	专业	授予职称单位	取得职称时间
廖景堂	男	汉	1955 年 8 月	乐业	大专	乐业县武称初中副校长	副高	中小学	中学高级教师	数学	广西人力资源和社会保障厅	1995 年 12 月 1 日
周明兴	男	汉	1955 年 12 月	乐业	大学	乐业县教师进修学校教师	副高	中小学	中学高级教师	中文	广西人力资源和社会保障厅	1996 年 12 月 1 日
吴胜亮	男	汉	1957 年 4 月	乐业	大专	乐业二中副校长	副高	中小学	中学高级教师	化学	广西人力资源和社会保障厅	1996 年 12 月 1 日
曾宪宁	男	汉	1957 年 11 月	乐业	大专	乐业县花坪初中总务主任	副高	中小学	中学高级教师	中文	广西人力资源和社会保障厅	1996 年 12 月 1 日
杨秀健	男	汉	1962 年 6 月	乐业	大学	乐业二中党支部书记	副高	中小学	中学高级教师	英语	广西人力资源和社会保障厅	1997 年 12 月 1 日
梁耀祥	男	壮	1962 年 5 月	乐业	大专	乐业中学教师	副高	中小学	中学高级教师	数学	广西人力资源和社会保障厅	1999 年 12 月 1 日
张必宣	男	汉	1957 年 4 月	乐业	大专	乐业二中校长	副高	中小学	中学高级教师	英语	广西人力资源和社会保障厅	2000 年 12 月 1 日
牙家祥	男	壮	1957 年 9 月	乐业	大专	乐业中学教务处主任	副高	中小学	中学高级教师	化学	广西人力资源和社会保障厅	2000 年 12 月 1 日
吴永田	男	汉	1957 年 9 月	乐业	大专	乐业县教育局教研室副主任	副高	中小学	小学中的中学高级教师	行管	广西人力资源和社会保障厅	2001 年 12 月 1 日
唐世念	男	壮	1968 年 11 月	乐业	大学	乐业县民族中学政教处主任	副高	中小学	中学高级教师	英语	广西人力资源和社会保障厅	2005 年 12 月 1 日

续表

姓名	性别	民族	出生年月	籍贯	文化程度	获得职称时工作单位及职务	证书级别	职称系列	职称名称	专业	授予职称单位	取得职称时间
文星利	男	汉	1968年11月	乐业	大学	乐业县民族中学副校长	副高	中小学	中学高级教师	政治	广西人力资源和社会保障厅	2008年12月1日
冼维平	男	汉	1968年9月	乐业	大学	乐业中学副校长	副高	中小学	中学高级教师	物理	广西人力资源和社会保障厅	2010年12月1日
黄奇功	男	壮	1959年2月	乐业	大专	乐业二中总务处副主任	副高	中小学	中学高级教师	政治	广西人力资源和社会保障厅	2010年12月1日
黎显赫	男	壮	1968年8月	乐业	大学	乐业县民族中学校长	副高	中小学	中学高级教师	政治	广西人力资源和社会保障厅	2010年12月1日
杨四新	男	布衣	1967年2月	乐业	大学	乐业县民族中学教师	副高	中小学	中学高级教师	化学	广西人力资源和社会保障厅	2010年12月1日
周秀敏	男	汉	1958年3月	乐业	大专	乐业县同乐镇中心小学校长	副高	中小学	小学中的中学高级教师	语文	广西人力资源和社会保障厅	2011年12月1日
颜孟刚	男	壮	1958年9月	乐业	大专	乐业县教育局电教站站长	副高	中小学	中学高级教师	信息技术	广西人力资源和社会保障厅	2011年12月1日
韦运平	女	壮	1974年9月	乐业	大学	乐业县民族中学德育处主任	副高	中小学	中学高级教师	数学	广西人力资源和社会保障厅	2011年12月1日
黄炳情	男	壮	1970年6月	乐业	大学	乐业二中教师	副高	中小学	中学高级教师	政治	广西人力资源和社会保障厅	2011年12月1日
黄仕碧	男	壮	1969年7月	乐业	大学	乐业二中教师	副高	中小学	中学高级教师	物理	广西人力资源和社会保障厅	2012年12月1日

续表

姓名	性别	民族	出生年月	籍贯	文化程度	获得职称时工作单位及职务	证书级别	职称系列	职称名称	专业	授予职称单位	取得职称时间
黄炳众	男	壮	1968年12月	乐业	大学	乐业中学副校长	副高	中小学	中学高级教师	英语	广西人力资源和社会保障厅	2012年12月1日
谢君恒	男	汉	1964年11月	乐业	大学	乐业中学办公室主任	副高	中小学	中学高级教师	英语	广西人力资源和社会保障厅	2013年12月1日
张信有	男	汉	1967年5月	乐业	大学	乐业县教育局教研室主任	副高	中小学	中学高级教师	物理	广西人力资源和社会保障厅	2013年12月1日
牙韩冲	男	壮	1972年10月	乐业	大学	乐业高中教办主任	副高	中小学	中学高级教师	语文	广西人力资源和社会保障厅	2013年12月1日
黄晓玲	女	壮	1971年10月	乐业	大学	乐业高中副校长	副高	中小学	中学高级教师	生物	广西人力资源和社会保障厅	2013年12月1日
杨秀密	男	汉	1955年7月	乐业	大专	乐业县教育局教研员	副高	中小学	中学高级教师	体育	广西人力资源和社会保障厅	2013年12月1日
覃贵南	男	布衣	1975年7月	乐业	大学	乐业县教育局教研员	副高	中小学	中学高级教师	政治	广西人力资源和社会保障厅	2013年12月1日
黄炳宿	男	壮	1968年12月	乐业	大学	乐业县甘田初中教师	副高	中小学	中学高级教师	化学	广西人力资源和社会保障厅	2013年12月1日
黄秋金	女	壮	1967年11月	平果	大学	乐业二中教务处副主任	副高	中小学	中学高级教师	语文	广西人力资源和社会保障厅	2014年12月1日
补拥军	男	汉	1967年12月	乐业	大专	乐业县同乐镇中心小学校长	副高	中小学	小学中的中学高级教师	语文	广西人力资源和社会保障厅	2014年12月1日

续表

姓名	性别	民族	出生年月	籍贯	文化程度	获得职称时工作单位及职务	证书级别	职称系列	职称名称	专业	授予职称单位	取得职称时间
涂建华	女	汉	1977年12月	南宁青秀区	大学	乐业县教育局教研员	副高	中小学	中学高级教师	英语	广西人力资源和社会保障厅	2014年12月1日
文　龙	男	汉	1962年11月	桂林	大学	乐业高中教师	副高	中小学	中学高级教师	数学	广西人力资源和社会保障厅	2014年12月1日
冉大芬	女	壮	1968年5月	乐业	大学	乐业高中教师	副高	中小学	中学高级教师	英语	广西人力资源和社会保障厅	2014年12月1日
黄家深	男	壮	1970年1月	乐业	大学	乐业高中德育处主任	副高	中小学	中学高级教师	数学	广西人力资源和社会保障厅	2014年12月1日
陆道国	男	壮	1972年9月	乐业	大学	乐业高中科研处主任	副高	中小学	中学高级教师	政治	广西人力资源和社会保障厅	2014年12月1日
王华琴	女	布衣	1966年6月	乐业	大学	乐业高中教师	副高	中小学	中学高级教师	化学	广西人力资源和社会保障厅	2014年12月1日
陈德标	男	汉	1973年9月	乐业	大学	乐业一中校长	副高	中小学	中学高级教师	物理	广西人力资源和社会保障厅	2014年12月1日
李应国	男	汉	1969年12月	乐业	大学	乐业二中副校长	副高	中小学	中学高级教师	英语	广西人力资源和社会保障厅	2014年12月1日
文月川	女	汉	1977年6月	乐业	大学	乐业二中备课组组长	副高	中小学	中学高级教师	语文	广西人力资源和社会保障厅	2014年12月1日
吴昌品	男	汉	1960年11月	乐业	大专	乐业二中后勤主任	副高	中小学	中学高级教师	地理	广西人力资源和社会保障厅	2014年12月1日

续表

姓名	性别	民族	出生年月	籍贯	文化程度	获得职称时工作单位及职务	证书级别	职称系列	职称名称	专业	授予职称单位	取得职称时间
尚祖文	男	汉	1955年11月	乐业	大专	乐业县医院中医外科副主任	副高	卫生	中医外科副主任医师	医疗	广西人力资源和社会保障厅	1995年12月1日
金雄章	男	壮	1956年10月	乐业	大专	乐业县防疫站干部	副高	卫生	卫生防疫副主任医师	防疫	广西人力资源和社会保障厅	1995年12月1日
黄梅霜	女	壮	1957年4月	乐业	大学	乐业县医院妇产科主任	副高	卫生	妇产科副主任医师	妇产科医疗	广西人力资源和社会保障厅	1996年12月1日
黄光祥	男	壮	1955年7月	乐业	大专	乐业县防疫站站长	副高	卫生	卫生防疫副主任医师	医疗	广西人力资源和社会保障厅	1999年12月1日
杨新月	女	汉	1964年8月	乐业	大专	乐业县医院妇产科副主任护师	副高	卫生	副主任护师	妇产科	广西人力资源和社会保障厅	2011年12月1日
黄永亮	男	壮	1976年4月	平果	大学	乐业县疾控中心化验员	正高	卫生	主任技师	检验技术	广西人力资源和社会保障厅	2012年12月1日
岑美娟	女	壮	1968年9月	乐业	大专	乐业县医院妇产科副主任	副高	卫生	副主任医师	妇产科	广西人力资源和社会保障厅	2013年12月1日
黄桂阳	女	壮	1973年6月	乐业	大学	乐业县医院护理部主任	副高	卫生	副主任护师	护理学	广西人力资源和社会保障厅	2013年12月1日
吴越剑	男	壮	1974年9月	乐业	大学	乐业县花坪卫生院院长	副高	卫生	副主任医师	健康教育	广西人力资源和社会保障厅	2013年12月1日
杨飞羽	女	壮	1976年4月	乐业	大专	乐业县医院护士	副高	卫生	副主任护师	护理学	广西人力资源和社会保障厅	2014年12月1日
陆　锋	男	壮	1968年9月	平果	大学	广西百色市老山林场生产科科长	副高	工程	高级工程师	林学	广西人力资源和社会保障厅	2005年12月1日
张兴思	男	汉	1968年8月	乐业	研究生	乐业县茶叶办主任	副高	农业	高级农艺师	园艺	广西人力资源和社会保障厅	2012年12月1日
黄朝桂	男	壮	1965年1月	乐业	大专	乐业县农业局经济作物站站长	副高	农业	高级农艺师	园艺	广西人力资源和社会保障厅	2013年12月1日
吴昌华	男	汉	1958年5月	乐业	大专	乐业县烟办干部	副高	农业	高级农艺师	农学	广西人力资源和社会保障厅	2013年12月1日
王　磊	男	汉	1979年10月	乐业	研究生	乐业县幼平乡政府副乡长	副高	工程	高级工程师	建筑工程	广西人力资源和社会保障厅	2012年12月1日

重要文件选登

◎编辑　黎启顺

中共乐业县委员会、乐业县人民政府关于印发《乐业县优秀民营企业奖励办法》的通知

乐发〔2016〕22号

各乡(镇)党委、政府,县直各有关单位:

现将《乐业县优秀民营企业奖励办法》印发给你们,请认真组织实施。

2016年8月12日

乐业县优秀民营企业奖励办法

第一章 总则

第一条 为鼓励我县民营企业做大做强做优,进一步促进地方经济发展,根据《广西壮族自治区人民政府关于印发〈进一步促进民营经济发展的若干措施〉的通知》(桂政发〔2010〕76号)和自治区、百色市有关促进民营经济发展的政策精神,结合乐业实际,制定本办法。

第二条 本办法所称民营企业,是指在我县行政区域内依法注册登记,具有独立法人资格,除国有企业、国有控股企业之外的企业。

第三条 本办法奖励的对象是优秀民营企业,是指从事生产性、服务性经营,具有可持续发展特点,经营规模大、财税贡献大、创名牌成效显著的民营企业。

第四条 乐业县委、县人民政府为优秀民营企业设立下列奖项:

(一)乐业县十佳优秀民营企业奖;

(二)乐业县民营企业创名牌奖;

(三)乐业县民营企业上规模奖;

(四)乐业县民营企业外贸优秀奖。

第五条 乐业县优秀民营企业奖励每年评选一次。

第六条 乐业县优秀民营企业奖励评选工作按照公开、公平、公正的原则进行。

第七条 乐业县优秀民营企业奖励经费由县财政预算列支。

第二章 评选条件

第八条 乐业县优秀民营企业评选基本条件:

(一)符合政策。企业属于国家鼓励发展类型,符合国家产业政策、环保政策,符合乐业生态县建设环保要求、规划布局及产业导向。

建筑、房地产、矿产等不具有可持续发展性质的企业上规后方可参与申报评选。

(二)守法经营。企业合法经营手续完备,遵守国家有关法律法规,无生产和经销假冒伪劣商品,无偷税、骗税、抗税和逃税,无违反劳动保障法律法规及其他违法违规行为。

(三)管理良好。建立规范的企业组织制度,财务管理制度完善,积极履行安全生产各项制度,有效防范各种事故,当年无一般安全生产事故、环境污染事故、产品质量事故发生,无计生、综治等"一票否决"行为。

(四)效益显著。企业经营状况良好,拥有自有商标或形成自主品牌,上年度是规上企业的当年上缴税金比上年增长5%以上,上年度是规下企业的当年上缴税金比上年增长10%以上。

(五)贡献社会。能积极资助公益事业、参与扶贫救灾,带动就业。

(六)服从管理。企业在自主经营的过程中,服从本县有关主管部门的管理,当年没有受到工商、税务、公安、消防及其他有关主管部门处罚,按时向有关主管部门上报各类统计报表。

第九条 评选"乐业县十佳优秀民营企业奖",除符合本办法第八条规定的基本条件外,该企业全年上缴税金总额要在全县生产性、服务性排名前20名,以上交税金总额多少排序取名次。

第十条 符合本办法第八条规定的基本条件,按照《百色市人民政府关于实施名牌战略的意见》(百政发〔2008〕20号)的规定,对获得中国名牌产品、中国驰名商标、国家地理标志产品、广西名牌产品、广西著名商标、广西优质农产品的民营企业,授予"乐业县民营企业创名牌奖"。

第十一条 完成对外贸易经营者备案登记,全年

外贸进出口总额达到50万美元以上，或全年外贸进出口总额比上年度增长10%以上的自营性民营企业，授予“乐业县民营企业外贸优秀奖”。

第十二条 评选“乐业县民营企业上规模奖”除符合本办法第八条规定的基本条件外，企业主营业务收入、从业人员、上缴税金等指标要达到统计主管部门规定要求。规模以上工业企业和限额以上贸易企业年主营业务收入标准为：

（一）年主营业务收入2000万元及以上的工业法人企业；

（二）年主营业务收入2000万元及以上的批发业；

（三）年主营业务收入500万元及以上的零售业；

（四）年主营业务收入200万元及以上的住宿业；

（五）年主营业务收入200万元及以上的餐饮业；

（六）上年度获得规模以上工业企业没有给予奖励的企业，符合“乐业县民营企业上规模奖”评选条件的，纳入下一年度进行表彰奖励。

第三章 评选办法

第十三条 乐业县优秀民营企业评选工作由县评选工作领导小组负责，领导小组组长由县委、县人民政府分管领导担任，领导小组成员由各有关部门负责人组成。领导小组办公室设在县经济局，县经济局局长担任办公室主任，办公室负责领导小组日常工作。

第十四条 各有关部门按照职责分工，配合做好评选审核工作：

县工商局负责审核申报企业性质、营业执照注册登记和年度报告情况、有无违反工商管理行为发生等；

县国税局、地税局负责审核申报企业税务登记证注册登记和年度报告情况、依法纳税情况；

县公安局、环保局、安监局、质监局、统计局、商务局、经济局、工商联等各有关部门，根据本部门工作职责，对申报企业有关情况进行审核。

第十五条 评选程序

（一）企业申报。每年2月1日—3日，由有关企业如实填写《乐业县优秀民营企业评选申报表》一式二份，备齐证书、文件等证明材料原件及其复印件送县经济局审核。

（二）部门审核。2月4日—14日，县经济局对各种证书和文件原件核实后退回申报企业，留存复印件。由县评选工作领导小组办公室负责牵头召集各有关部门进行审核，并将审核结果报县人民政府。

（三）政府审定。2月15日—21日，县人民政府召开会议，对乐业县优秀民营企业评选结果进行审定。

（四）社会公示。2月22日—28日，对拟奖励企业名单通过“乐业县党政网”“乐业县有线电视台”、政府信息公开栏等多种方式进行公示，公示7个工作日。在公示期有提出异议的，如经调查属实，则取消对该企业的奖励。

（五）县委批准。对公示后无异议的拟奖励企业名单，报县委批准，给予奖励。

第四章 表彰奖励

第十六条 乐业县委、县人民政府每年在3月份召开“乐业县优秀民营企业表彰大会”，对获奖的企业授予荣誉称号并颁发证书。

第十七条 获得“乐业县十佳优秀民营企业奖”的，按该企业上年度上缴税金总额的15%为依据支付奖金。

第十八条 获得“乐业县民营企业创名牌奖”的，支付相应的奖金：

（一）对获得中国名牌产品、中国驰名商标的企业，奖励人民币25万元；

（二）对获得中华人民共和国生态原产地保护产品、国家地理标志产品的企业，奖励人民币15万元；

（三）对获得广西名牌产品、广西著名商标的企业，奖励人民币10万元；

（四）对获得自治区级以上（含自治区级）政府部门授予的其他荣誉称号的企业，奖励人民币5万元。

第十九条 首次获得“乐业县民营企业外贸优秀奖”的企业，奖励人民币10万元；再次获得“乐业县民营企业外贸优秀奖”的企业按进出口总额年增长率奖励，每增长10个百分点奖励人民币2万元，最高奖励人民币10万元。

第二十条 获得“乐业县民营企业上规模奖”的，支付相应奖金：

（一）属于规模以上工业企业的，奖励人民币30万元；

（二）属于限额以上批发业类贸易企业的，奖励人民币15万元；

（三）属于限额以上零售业类贸易企业的，奖励人民币10万元；

（四）属于限额以上住宿业类贸易企业的，奖励人民币5万元；

（五）属于限额以上餐饮业类贸易企业的，奖励人民币5万元。

第二十一条 县财政局按财政国库集中支付的有关规定，将奖金直接拨付到获奖企业账户。

第五章 监督管理

第二十二条 县审计局对奖励资金分配和拨付进行审计监督。

第二十三条 行政机关及其工作人员在开展评选工作过程中，要依法依规审核，严禁徇私舞弊、刻意刁难、推诿拖延，违者按《广西壮族自治区行政过错责任追究办法》（广西壮族自治区人民政府令第24号）处理。

第二十四条 凡弄虚作假、骗取财政资金的企业，经调查属实的，按《财政违法行为处罚处分条例》（国务院令第427号）规定处理，并且三年内该企业不得申报乐业县优秀民营企业奖励。

第六章 附则

第二十五条 本办法所称上缴税金，是指企业缴纳的所得税、增值税、消费税、营业税、资源税、城市维护建设税、城镇土地使用税、土地增值税、契税、印花税、房产税、车船使用税、耕地占用税等所有各项税金，以自然年度计。

第二十六条 国有企业、国有控股企业从事非专营性业务，符合本办法奖励条件的，参照本办法给予奖励。

第二十七条 本办法自发文之日起执行。原《乐业县优秀民营企业奖励办法（试行）》（乐办发〔2013〕6号）同时终止执行。

中共乐业县委办公室、乐业县人民政府办公室关于印发《乐业县干部职工结对帮扶贫困村贫困户实施方案》的通知

乐办发〔2016〕38号

各乡（镇）党委、政府，县直各机关、企事业单位：

经县委、县人民政府同意，现将《乐业县干部职工结对帮扶贫困村贫困户实施方案》印发给你们，请结合本乡（镇）、本单位工作实际，认真贯彻执行。

2016年6月18日

乐业县干部职工结对帮扶贫困村贫困户实施方案

根据《自治区党委办公厅、政府办公厅关于精准识别贫困户贫困村实施方案》文件和全区贫困村党组织第一书记、工作队长脱贫攻坚精准帮扶培训会议精神，为使我县贫困人口得到精准结对帮扶，加快贫困人口生活水平、综合素质和自我发展能力明显提升，及早走出贫困奔小康，特制定本方案。

一、指导思想

以党的十八大和十八届三中、四中、五中全会精神，以及习近平总书记系列重要讲话精神为指导，紧紧围绕中央、自治区、市关于精准扶贫、精准脱贫的重大决策部署，以改善贫困户生产生活条件为重点，以帮助贫困户脱贫致富为目标，充分发挥党员干部职工扶贫帮困的积极性，加大扶持工作力度，精准扶贫到户，精准脱贫到人，确保2018年实现“县摘帽、村出列、户脱贫、人销号”。

二、目标任务

通过精准结对帮扶，进一步加强机关作风建设，建立健全“一对一”结对帮扶工作长效机制，发挥我县各单位资源优势，落实具体帮扶举措，确保每户贫困户和建档立卡户至少有一名干部帮扶，2018年前全县实现扶贫对象家庭年人均收入达到国家现行扶贫标准以上，贫困群众生产生活条件显著改善，扶贫对象自我发展能力显著增强的目标。

三、基本原则

（一）领导带头，率先垂范原则。搞好帮扶活动，关键在领导。党员领导干部特别是“一把手”要以身作则、率先垂范，通过上级带下级、主要领导带班子成员、领导干部带普通干部，一级抓一级、层层抓落实。

（二）实事求是，因地制宜原则。各帮扶单位和干部职工在开展帮扶工作过程中，坚持从本单位、帮扶村、帮扶户的实际情况出发，充分尊重自然规律、市场规律，扬长避短，量力而行，科学制定帮扶村和帮扶户

的主导产业、发展目标和帮扶措施。

(三)自力更生为主,外界扶持为辅原则。各帮扶单位和干部职工在开展帮扶工作中,要做好思想和组织动员工作,引导教育扶贫对象克服“等、靠、要”思想,树立自力更生、自我解困意识,力求在外力的必要扶持下,通过贫困群众自身不懈努力实现脱贫致富。

(四)相对稳定,接力帮扶原则。结对帮扶不受干部(职工)工作调动影响,结对帮扶对象一旦确定,原则上3年之内不再调整。由于工作岗位变动或者退休的干部由所在单位自行调整;调离辖区的干部职工,其帮扶对象由接任其工作岗位的人员继续帮扶。

四、工作措施

(一)落实包村包户。

1.单位包村。各乡(镇)、各单位按照“十三五”时期定点帮扶贫困村和非贫困村的贫困户进行包村帮扶,结合“美丽广西”乡村建设(扶贫)工作队的选派,驻村、进屯、入户开展帮扶工作。

2.干部包户。各帮扶单位要按照定点帮扶村建档立卡贫困户数将本单位干部与贫困户进行结对,开展结对帮扶,做到帮扶结对贫困户不漏一户,干部不漏一人。原则上按照“1075”开展结对帮扶,即:处级干部结对帮扶10户贫困农户,科级领导干部结对帮扶7户贫困农户,普通干部职工(含非领导职务人员)结对帮扶5户贫困农户。抽调和借调人员在原单位开展结对帮扶工作。(详见附件:乐业县干部职工结对帮扶贫困户责任安排表)

(二)开展分类指导帮扶。坚持“因户施策、因人施策”原则,按照“八个一批”“十大行动”要求,指导定点联系贫困村、结对帮扶贫困户因人因地、因贫困原因、因贫困类型进行施策,做到对“症”下“药”,全力帮助困难群众解决生产生活、就医、就学、就业等生产生活方面的实际困难和问题。

1.对有发展能力的贫困户,根据帮扶对象的实际情况,因地制宜帮助贫困户发展至少有一项增收项目。如:发展一项种养殖业、种植一种高效经济作物、引进一项以上新技术、开发一项非农项目等。

2.对有劳动能力但受制于当地发展条件的贫困户,协调相关部门,帮助解决贫困户劳动力接受技能培训、转移务工。

3.对因学负担过重的贫困户,根据教育资助政策,积极帮助解决学龄儿童入学及完成九年义务教育,帮助解决贫困学生读高中、上大学等方面的问题,鼓励其完成学业。

4.对因病致贫、因病返贫的贫困人口,积极帮助解决贫困户看病就医方面的问题,通过帮助解决医疗费用,发展生产和外出务工实现脱贫。

5.对无法依靠产业扶持和就业帮助脱贫的家庭,要积极与社会保障有效衔接,使其享受政策性保障兜底,解决其吃饭、穿衣、住房、饮水等基本生活方面存在的问题。

(三)实施帮扶工作步骤。

1.建立帮扶台账。定点结对帮扶单位、干部职工要协助建立好帮扶台账,村、乡、县要逐级汇总台账并报上一级脱贫攻坚战指挥部备案。结对帮扶到村到户台账要落实帮扶责任人(单位)、帮扶措施、年度目标、帮扶投入、脱贫对象户收入变动等内容和指标,并及时做好帮扶到村到户工作的监测评价,使帮扶工作做到贫困村、贫困户档案“一户一表、一村一册”。

2.制定帮扶规划。各乡(镇)、各单位要针对定点联系贫困村经济社会发展实际和现实需求,以解决定点联系贫困村经济社会发展中的突出矛盾和问题为工作重点,制定定点帮扶工作规划和贫困村“十三五”脱贫规划,并报县脱贫攻坚战指挥部备案;各定点帮扶干部职工要深入结对的贫困户家中面对面地了解家庭基本情况、收支情况、住房情况、生产生活情况、产业发展情况、致贫原因等情况,找准贫困原因和发展瓶颈,根据贫困户的意愿和当地实际,帮助贫困户选择发展路子,制定结对帮扶规划,明确帮扶内容,并报县脱贫攻坚战指挥部备案。

3.搭建帮扶平台。定点帮扶单位和驻村工作队员要拓展思路,积极为帮扶村招商引资,引进、培植经济能人、企业和爱心人士,开发有利资源,帮助贫困村、贫困户解决生产、生活上的困难和问题。

4.定期走访沟通。结对帮扶干部要定期走访帮扶对象,促膝交谈,耐心倾听帮扶对象生产生活的困难,心中的烦恼、渴望和期盼,积极宣传中央、自治区党委、市委、县委关于脱贫攻坚的政策措施,指导帮扶对象转变观念,树立艰苦创业精神,坚定脱贫致富信心,准确评估帮扶对象是否能按期脱贫,用真心、献爱心、聚民心、出点子、指路子。

5.帮扶动态监测。做好贫困户帮扶动态监测,随时掌握贫困户发展情况、脱贫动态。每年6月30日、12月30日上报贫困户脱贫动态情况至县扶贫攻坚战指挥部脱贫监测专责小组。

6. 进行脱贫销号。在进行系列结对帮扶后,对达到脱贫的村和户,经县组成脱贫识别工作组进村入户识别确认,与贫困户完成脱贫“双认定”后,进行脱贫登记销号。

五、工作要求

(一)强化组织领导。结对帮扶是精准扶贫、精准脱贫战略的重要抓手,更是党员干部职工义不容辞的责任。各乡(镇)、各单位要高度重视、加强领导,要把结对帮扶工作纳入重要议事日程,专题研究部署,认真组织实施,层层传导压力,突出帮扶实效,确保完成脱贫攻坚目标任务。各帮扶责任人要充分发挥主观能动性,用行动提振信心,用真情赢得民心,增强贫困户力拔穷根、致富奔小康的自觉性和主动性。

(二)搞好统筹兼顾。各乡(镇)、各单位要制定具体的实施方案,及时组织本单位党员干部职工进村入户开展工作。要把开展结对帮扶工作同开展“双联双促”和培养锻炼干部结合起来,做到科学统筹、合理安排、共同推进、协调发展。

(三)强化督办考核。把结对帮扶工作作为督查工作的重点,纳入县乡精准脱贫考核、干部考核的重要内容。各乡(镇)、县直各单位要把帮助贫困户脱贫作为对在职党员干部职工的硬性要求,强化平时考核和检查督办,搞好年终考核兑现,督促党员干部职工认真履责、落实措施、完成任务。县扶贫攻坚办、县委县政府督查室要不定期对结对帮扶情况进行督查,及时掌握情况、发现问题、督促整改,并在全县范围内通报。督查情况将作为各乡(镇)各单位年度精准扶贫、精准脱贫目标责任考核的重要依据。

(四)做好总结宣传。加大宣传工作力度,充分利用电视、网络等媒体,宣传全县党员干部职工结对帮扶贫困户的进展情况和工作成效。对帮扶中涌现出来的好做法、好经验、好典型,要及时发现,认真总结,大力宣传推广,为党员干部职工结对帮扶工作营造良好的社会舆论氛围。

乐业县人民政府办公室关于印发《乐业县2016年农村危房改造暨脱贫攻坚建档立卡贫困户危房改造实施方案》的通知

乐政办发〔2016〕79号

各乡(镇)人民政府,县直各有关单位:

经县人民政府同意,现将《乐业县2016年农村危房改造暨脱贫攻坚建档立卡贫困户危房改造实施方案》印发给你们,请认真组织实施。

乐业县人民政府办公室

2016年11月4日

乐业县2016年农村危房改造暨脱贫攻坚建档立卡贫困户危房改造实施方案

为大力实施农村危房改造(含建档立卡贫困户危房改造,下同),解决我县农村贫困群众最基本的安全住房需求,确保脱贫攻坚任务的顺利完成,根据广西壮族自治区人民政府办公厅《关于印发2016年广西农村危房改造暨脱贫攻坚建档立卡贫困户危房改造实施方案的通知》(桂政办发〔2016〕102号)精神,结合我县实际,特制定本方案。

一、农村危房改造实施范围

2016年我县农村危房改造范围为有农村危房的8个乡(镇),重点是对2016年脱贫摘帽9个贫困村和全县建档立卡贫困户的危房实施改造。

二、农村危房改造任务

2016年,自治区下达我县农村危房改造任务为1500户(其中2016年建档立卡贫困户的危房改造任务为270户)。遵循“脱贫摘帽村优先、建档立卡贫困户优先、自愿申报优先”等原则,按照各乡(镇)现存危房量占全县危房总量比例和申请危房改造的任务量,在确保完成2016年脱贫摘帽的9个贫困村和其他村(社区)2016年脱贫摘帽建档立卡贫困户危房改造的基础上,综合考虑各乡(镇)上一年度任务完成情况等因素,将1500户任务分解落实到全县8个乡(镇)。其中:同乐镇180户(2016年建档立卡贫困户65户),新化镇210户(2016年建档立卡贫困户30户),甘田镇150户

(2016年建档立卡贫困户25户),花坪镇230户(2016年建档立卡贫困户40户),逻沙乡290户(2016年建档立卡贫困户65户),逻西乡200户(2016年建档立卡贫困户20户),幼平乡170户(2016年建档立卡贫困户11户),雅长乡70户(2016年建档立卡贫困户14户)。

三、农村危房改造遵循的原则

(一)坚持政府主导、农民主体。县人民政府是实施农村危房改造工作的领导者,要加强领导和指导,整合各方资源,调动各方积极性,形成工作合力;县住房和城乡规划建设局、发展和改革局、财政局(以下简称"县危改部门",在县住房和城乡规划建设局设办公室,简称"县危改办",办公室成员从相关部门抽调组成)及乡(镇)人民政府是农村危房改造工作的组织者,要加强组织和引导,做好服务,尊重群众意愿,引导群众积极、主动建设美好家园;农民是农村危房改造的具体承担者和主体,要发挥农民群众互帮互建的主体作用,自主开展建设。

(二)坚持公平公正、阳光操作。农村危房改造是自治区、市、县三级政府的一项重大为民办实事项目,是重要的民生工程、惠民工程和德政工程,涉及千家万户危房改造农户的切身利益,县危改部门和各乡(镇)人民政府要严格规范农村危房等级评定和农村危房改造申请、审批、建设等条件和程序,公开补助标准等危房改造政策、申请审批程序、审批结果,认真接受群众监督,实现阳光操作。

(三)坚持规划先行、突出特色。科学编制村庄规划,统筹农村危房改造和基础设施配套,合理安排宅基地,按照房屋危险程度、轻重缓急、先易后难、有计划分步骤地实施改造。要结合乡土特色建设,组织制定农房设计方案,引导危房改造农户根据经济条件分阶段建房;引导农民尽可能选用当地建筑材料,形成各县特色的建筑风貌。

(四)坚持因地制宜、集约节约。要按照村庄规划,优先利用原宅基地、闲置宅基地和村内空闲地,引导群众适当集中建房,尽可能节约用地。农村危房改造必须从农村实际出发,量力而行,按照既经济、适用、安全、节能、卫生,又美观大方的要求建设新农居,避免大拆大建和盲目攀比致贫。

(五)坚持重点优先、兼顾一般。农村危房改造要优先帮助住房最危险、经济最贫困的农户解决最基本的安全住房需求,重点优先安排建档立卡贫困户、低保户、农村分散供养特困人员、贫困残疾人家庭和建档立卡危房户,其次是农村其他贫困户,在同等条件下优先安排危房较集中的村屯;对"等靠要"现象严重,组织工作不力,推进农村危房改造积极性不高的地方,适当调减农村危房改造量。

四、农村危房改造工作内容

(一)抓好规划和房屋设计。一是规划编制。对处于地质灾害危险地带或自然村寨危房连片超过10户以上的村屯,特别是整村搬迁的村屯,要编制村庄规划,依规划集中连片建设,统筹协调好宅基地和道路、供水、沼气、环卫等设施建设;以县人民政府行文制定农村危房改造实施方案,将农村危房改造任务分解落实到具体的乡(镇)、村和危房改造农户,分阶段组织实施。二是农房设计。按抗震安全等要求做好房屋设计提供农民使用,并为有扩建需求的危房改造农户预留好接口,或引导农民选用县级以上住房城乡建设部门推荐使用的通用图集及有相应设计资质单位的设计方案。

(二)抓好危房改造对象的审批。县危改部门和各乡(镇)人民政府要严格按照国家和自治区的要求,开展农村危房等级评定,按农户自愿申请、村民会议或村民代表会议民主评议、乡(镇)审核、县级审批的程序做好危房改造对象的审核、审定和把关。

(三)抓好危房改造的实施。要因地制宜、实事求是,分别采取结构加固修复以达到安全要求,或拆除集中重建、分散重建等不同的改造形式,尽量就地维修或拆建房屋,避免异地大规模迁建。各乡(镇)人民政府要发挥组织、协调作用,组织好与经批准的危房改造农户签订合同或协议工作。危房改造以分散分户改造为主,农户自建房屋确有困难且有统建意愿的,要帮助其选择有资质的施工队伍进行统建。

(四)抓好危房改造农户"一户一档"建设。县危改部门和各乡(镇)人民政府要把危房等级评定结果、补助标准政策、补助对象基本信息和各审批环节、审批结果等按国家和自治区的要求张榜公示,并将这些信息进行归档,建立危房改造农户"一户一档"信息档案,将有关内容录入全国农村危房改造农户档案管理信息系统。

(五)抓好危房改造的抗震设防。县住房和城乡规划建设局、乡(镇)人民政府要抓好危房改造农户的房屋质量安全宣传教育,提高他们的安全意识、质量意识和抗震意识；抓好改造房屋设计和施工的检查和指导，确保工程质量安全；抓好农村危房改造抗震安全的指导服务，农村危房改造应符合住房城乡建设部《关于印发农村危房改造抗震安全基本要求（试行）的通知》（建村〔2011〕115号）要求，各乡（镇）人民政府要引导农户做好抗震设防设计施工，原则要求新建房屋必须按7度抗震设防标准设置地梁、圈梁和构造柱等，以达到我县抗震设防标准要求。

（六）抓好危房改造的建设管理。我县的危房改造，原则上以原址翻建为主，确需异址新建的，原则应拆除危旧住房，严格执行国家和自治区有关农村宅基地"一户一宅"的规定。改造后的农房要体现地域特色、民族特色和时代风貌，注重保持田园和传统特色。要按照"美丽广西·宜居乡村"建设要求配套建设卫生厕所和标准化厨房。要结合危房改造开展道路、饮水、供电等基础设施建设，整体改善农村人居环境。对传统村落和特色景观旅游名村，以及其他村落内传统风貌特色保存较完整的文物建筑、历史建筑和其他重要的传统建筑等，不得拆建（可异地新建），主要以维修加固为主。对在自治区级以上传统村落（花坪镇花坪村龙坪屯）核心保护区内的历史建筑、重要传统建筑（经县级以上人民政府认定公布）中居住的危房户，可按照房屋结构加固修复的形式申请农村危房改造维修指标，两年后在不拆旧房的前提下可申请异地重建危房改造指标，以保持原有的传统村落格局和建筑风貌，避免大拆大建。

五、农村危房改造工作要求

（一）农村危房改造补助对象。重点是优先确保2016年脱贫摘帽的9个贫困村和其他村（社区）2016年脱贫摘帽的建档立卡贫困户，其次是优先全县2017—2019年脱贫摘帽的建档立卡贫困户；再次是照顾其他已建档立卡危房户中的低保户、分散供养特困人员（含孤儿）、贫困残疾人家庭、水库移民危房贫困户、农村计划生育家庭和诚信计生家庭、农村贫困无房户和其他贫困户，以及属于农村危房贫困户的复员军人、带病回乡退伍军人、退役残疾军人、烈士遗属、因公牺牲军人遗属、病故军人遗属、参战参试退役人员等；最后考虑其他贫困户。

（二）农村危房改造建设标准。危房改造建设标准应符合住房城乡建设部《关于印发农村危房改造最低建设要求（试行）的通知》（建村〔2013〕104号）和自治区的有关要求。其中，农村危房改造形式为新建的，原则上改造后住房建筑面积要达到人均13平方米以上；五保户的建筑面积宜控制在40平方米以内，3人（含3人）以下农户的建筑面积原则上控制在60平方米以内（不含储藏谷物间、放置农具间、过堂间、楼梯间、卫厨间等辅助用房面积），4人（含4人）以上农户的人均建筑面积原则不得超过18平方米（以家庭实际人口计算，不含储藏谷物间、放置农具间、过堂间、楼梯间、卫厨间等辅助用房面积）；无资金自筹能力农户的建筑面积宜控制在60平方米以内；纳入农村危房改造维修加固范畴的，其建筑面积不受上述限制。各地应结合当地农村乡土特色、民族风俗习惯等，严格控制建设面积标准，坚决防止因盲目攀比、超标准建设导致农户贫困加剧的现象发生。

（三）农村危房改造补助标准。对农村危房改造农户的补助标准，2016年各级财政补助资金平均补助标准为1.85万元／户（其中中央补助0.75万元／户、自治区本级补助0.75万元／户、市补助0.15万元／户、县补助0.20万元／户）。对建档立卡贫困户危房改造补助标准，自治区将按年度建档立卡贫困户危房改造任务数给予适当追加，我县对建档立卡贫困户危房改造补助实行分类补助标准，具体补助到户的补助标准，由县危改部门根据自治区和百色市的有关要求，结合我县2016年农村危房改造对象实际情况制定，经公示无异议后报县人民政府研究确定再另行下文执行，同时报百色市农村危房改造工作领导小组办公室备案。

（四）财政补助资金的管理。农村危房改造补助资金实行专项管理、专账核算、专款专用、封闭运行。补助资金拨付要严格执行"一卡（折）通"形式进行发放，不得采取现金形式发放。到农户的补助资金由县财政直接拨入乡（镇）人民政府（银行代发账户）后，由乡（镇）人民政府逐户审核合格后直接通过银行及时拨付到农户。全县2016年度农村危房改造补助资金的拨付原则按项目进度分批拨付，其中主体工程完工经乡（镇）人民政府验收合格且相关材料基本齐全的原则上可拨付80%的补助资金；项目竣工验收后，经县人民政府组织竣工验收后及时付清补助资金；对验收不合格的，须整改合格后方能全额拨付补助款项。

（五）易地搬迁和建档立卡户危房改造。一是与易地搬迁做好衔接。对符合农村危房改造条件又未享受国家易地扶贫搬迁补助的移民户，可纳入农村危房改造范畴进行改造建设。二是整合力量和资金。要充分发挥基层组织作用，采取自建、援建和帮建相结合的方式，发动亲帮亲、邻帮邻，调动村、组积极性，开展社会互助，动员机关单位、工商企业、社会各界捐款捐物，帮助农村易地搬迁和建档立卡贫困户进行危房改造。对于建档立卡贫困户自筹资金确有困难的，本着“渠道不改、投向不变、统筹安排、各负其责”的原则，按照国家确保“两不愁、三保障”的要求，整合自治区相关部门资源，集中资金投入，不足部分由县人民政府和危房改造农户兜底解决，以保障建档立卡贫困户最基本的安全住房需求。

（六）农村危房改造工作步骤。

1. 前期工作阶段。鉴于农村危房改造点多、布点分散、单体量小等实际，按照（桂政办发〔2016〕102号）文件统一要求，我县2016年农村危房改造的项目采取经县人民政府批准的农村危房改造实施方案代替可研报告的办法确定。各乡（镇）人民政府要结合本方案制定和细化农村危房改造工程实施方案，将本乡（镇）农村危房改造任务分解落实到具体的村、屯和危房改造户，并将实施方案及危房改造户名册报县危改办备案。

2. 开工建设阶段。要求在2016年底前全面开工，2017年3月底全面竣工（一层建筑封顶即视为竣工）。其中，属于2016年脱贫摘帽建档立卡贫困户的危房改造任务，务必在2016年11月底前全面完成。

3. 竣工验收阶段。各乡（镇）要在农村危房改造项目竣工后及时组织竣工验收，验收一户投入使用一户。各乡（镇）要在2016年11月20日前完成本乡（镇）2016年脱贫摘帽贫困村和其他村（社区）2016年脱贫摘帽建档立卡贫困户的危房改造验收，2017年3月20前全面完成其他危房改造户的验收。县人民政府在2016年11月30日前完成2016年脱贫摘帽9个贫困村和其他村（社区）2016年脱贫摘帽建档立卡贫困户的危房改造验收；2017年3月31日前全面完成其他危房改造户的验收。

六、投资估算及资金筹措使用

（一）投资估算。经测算，农村危房改造拆除重建每平方米平均造价约750元，按每户建房80平方米计算，每户平均约需6万元。2016年全县农村危房改造1500户（2016年建档立卡贫困户危房改造任务270户），约需投资9000万元。

（二）资金筹措与安排。采取“争取国家支持一点，自治区级补助一点，市县补助一点，农户自筹一点，社会捐助一点”的办法，多渠道筹集农村危房改造资金。

1. 中央2016年安排我县农村危房改造补助资金共1146.07万元。其中：

（1）1500户农村危房改造任务，中央按0.75万元/户补助标准给予安排补助资金，共安排中央补助资金1125万元。

（2）中央对贫困地区的先期补助资金中，安排我县21.07万元，全部用于建档立卡贫困户危房改造。

2. 自治区本级按照与中央资金1∶1配套，安排我县2016年农村危房改造补助自治区本级配套资金1134.26万元。其中：

（1）1500户农村危房改造任务，自治区按0.75万元/户补助标准进行补助，共安排自治区本级补助资金1125万元。

（2）自治区从与中央配套剩余的自治区本级补助资金中，安排我县9.26万元，用于建档立卡贫困户危房改造。

（3）自治区安排我县农村危房改造核查等工作经费16.7万元。考虑到每年农村危房等级评定和危房改造工作繁杂，特别是建档立卡危房户的再核实工作量大，以及国家布置从2014年开始每年均开展农村危房现状和人居环境调查并做好动态管理的工作要求，自治区本级安排16.7万元农村危房核查和人居环境调查工作经费，用于县、乡（镇）、村农村危房等级评定、档案资料调查整理入库、建档立卡贫困户信息核实和房屋竣工验收购买服务，以及农村人居环境调查等工作。自治区安排的农村危房改造核查工作经费由住房城乡规划建设和财政部门共同使用［县危改办可根据各乡（镇）实施农村危房改造的工作实际，适当调剂用于乡（镇）人民政府开展专项工作］，县本级也应按照与自治区1∶1安排相应的工作经费，确保农村危房改造工作顺利推进。

3. 市、县配套资金。2016年市级配套资金按照户均不低于1500元/户的标准进行，则1500户农村危房改造市级配套资金为225万元；县级结合财力情况进行配套，原则上户均补助不低于2000元，我县2016年县级配套资金仍按2000元/户的标准，则1500户农村危房改造县级配套资金为300万元。

4. 其他资金。中央和自治区对建档立卡贫困户危房改造任务数追加的补助资金，全部用于建档立卡贫困户危房改造，并实行分类补助标准直接补助到户。

七、农村危房改造保障措施

（一）加强领导，落实责任。县各有关部门要高度重视，加强组织领导，明确责任分工，强化协调合作，共同推进农村危房改造工作。

1. 县人民政府工作职责。承担全县农村危房改造工作的直接组织领导责任，负责工作方案的制定和组织实施，协调解决有关问题，整合落实县级配套资金投入项目建设，统筹工作进度，加强督促检查，开展工程质量监督，组织竣工验收。

2. 县农村危房改造工作领导小组成员单位工作职责。

县住房和城乡规划建设局牵头负责改造项目的指导和协调，并会同有关部门负责编制农村危房改造实施方案，制定农村危房改造范围，组织对农村危房的评定工作，核查农村危房改造规模、数量；统筹安排项目补助资金，制定农村危房改造补助标准，指导各乡（镇）严格按农村危房改造建设标准和补助标准推进农村危房改造工程建设；指导和协助抓好农村建筑工匠、村庄规划协管员的培训工作

县发展和改革局负责与相关部门共同争取国家和自治区对口补助资金，统筹项目建设资金投入危房改造工程；检查、指导各乡（镇）农村危房改造工作。

县财政局负责与相关部门共同争取国家和自治区补助资金，筹措县级配套资金，统筹、审核和分配有关补助资金，并对补助资金的安排和使用情况进行监督检查。

县民政局、水库移民局、卫生和计划生育局、残联等部门协助住房城乡规划建设部门共同做好农村危房改造项目的实施和管理工作。民政局负责核定农村危房改造工程项目中五保户、农村低保户的身份。水库移民局负责做好农村水库移民危房核查统计报送工作，在此基础上，配合住房城乡规划建设部门对统计上报的危房进行核查、评定。卫生和计划生育局负责做好农村计划生育家庭和诚信计生家庭困难户的核查统计工作。残联负责做好农村残疾人困难家庭的核查统计报送工作，在此基础上，配合住房城乡规划建设部门对统计上报的危房进行核查、评定。

县扶贫开发办公室负责做好建档立卡贫困户中的危房户核查统计工作，并与相关部门共同争取国家和自治区对口危房改造补助资金投入农村危房改造项目，对贫困村及贫困发生率在25%以上的非贫困村中20户以上未通路的自然屯通屯道路建设给予扶持，并按扶贫资金、项目管理规定进行资金安排和项目管理，配合做好农村危房改造项目实施工作。

县审计局负责对农村危房改造资金的筹集、分配、管理和使用情况进行审计。

县地震局负责指导农村危房改造农户建房的抗震设防工作。

县国土资源局负责协调解决农村危房改造项目中涉及的宅基地安排、置换、调整等相关工作。

3. 相关乡（镇）人民政府工作职责。负责具体组织实施本辖区范围内的农村危房改造项目。负责做好农村危房的核查统计、数据上报等工作，做好农村危房改造农户的思想动员、组织实施、项目推进、工作协调等工作，协助开展农村建筑工匠、村庄规划协管员培训，落实建房审批、技术服务等相关工作，以及相关配合工作。

在项目实施过程中，各乡（镇）要努力构建“党委政府统一领导、部门齐抓共管、村民委员会组织管理、广大群众共同参与”的农村危房改造工作机制，县直相关部门也要明确主要领导亲自抓，形成“一把手”亲自抓，分管领导具体抓，层层抓落实的工作格局，加快项目推进。

（二）整合资源，形成合力。本着“渠道不改、投向不变、统筹安排、各负其责”的原则，整合发展改革、财政、民族、民政、国土资源、住房城乡规划建设、农业、水利、扶贫、林业、水库移民、广播电视、残联、电力等部门资源，形成资金集中投入的合力。各有关部门按照本方案确定的分工安排开展援建帮建工作。同时，按照国家“两不愁、三保障”要求和自治区有关政策要求，县人民政府可以整合资金支持农村危房改造和易地扶贫搬迁，特别是建档立卡贫困户危房改造。

（三）强化服务，确保进度。进一步加强包括农民工匠在内的技术培训，整体提高县、乡（镇）技术人员的管理水平和农民工匠的建设技术水平；县危改部门和各乡（镇）要成立技术指导组，走村入户对危房改造进行指导服务，及时解决危房改造过程中遇到的问题，确保工程质量安全；要制定分月的倒排工期计划，并将每一户任务落实到具体责任人，通过每月进度的过程检查来保证结果、保证进度。

（四）加强监督，安全高效。宣传部门要充分利用新闻媒体，大力宣传农村危房改造政策、做法和经验，

以及违反廉政纪律的索贿、受贿的典型案例，强化舆论监督。同时，审计、财政、民政、扶贫、住房城乡规划建设等相关部门要切实加强资金使用过程的监管，严肃财经纪律，确保财政补助资金使用安全、高效。

八、工作总结

各乡（镇）要分别在2016年11月25日、2017年3月25日前，分别将本乡（镇）2016年脱贫摘帽建档立卡贫困户危房改造工作验收总结、2016年度农村危房改造工作验收总结报送县危改办；县危改办要分别在2016年12月5日、2017年4月10日前，分别将全县2016年脱贫摘帽建档立卡贫困户危房改造工作验收总结、2016年度农村危房改造工作验收总结上报市住房和城乡规划建设委员会和县人民政府。

附件：乐业县2016年农村危房改造暨脱贫攻坚建档立卡贫困户危房改造任务分解及投资计划表

附件

乐业县2016年农村危房改造暨脱贫攻坚建档立卡贫困户危房改造任务分解及投资计划表

序号	乡（镇）	总任务户数		计划总投资（万元）	各级财政补助资金（万元）					农户自筹（万元）	备注
			其中：2016年建档立卡贫困户数		小计	中央	自治区	百色市	乐业县		
1	同乐镇	180	65	1080	333	135	135	27	36	747	
2	新化镇	210	30	1200	388.5	157.5	157.5	31.5	42	871.5	
3	甘田镇	150	25	900	277.5	112.5	112.5	22.5	30	622.5	
4	花坪镇	230	40	1380	425.5	172.5	172.5	34.5	46	954.5	
5	逻沙乡	290	65	1740	536.5	217.5	217.5	43.5	58	1203.5	
6	逻西乡	200	20	1260	370	150	150	30	40	830	
7	幼平乡	170	11	1020	314.5	127.5	127.5	25.5	34	705.5	
8	雅长乡	70	14	420	129.5	52.5	52.5	10.5	14	290.5	
合计		1500	270	9000	2775	1125	1125	225	300	6225	

说明：本投资计划按户均6万元预计（不含中央和自治区追加建档立卡贫困户补助部分），各级财政补助资金具体补助到农户按经县人民政府审定的补助标准执行。

乐业县人民政府办公室
关于印发《乐业县全面推进政务公开工作实施方案》的通知

乐政办发〔2016〕83号

各乡（镇）人民政府，县直各单位：

经县人民政府同意，现将《乐业县全面推进政务公开工作实施方案》印发给你们，请认真组织实施。

乐业县人民政府办公室

2016年11月20日

乐业县全面推进政务公开工作实施方案

为贯彻落实《关于全面推进政务公开工作的意见》（中办发〔2016〕8号）《关于全面推进政务公开工作的意见》实施细则的通知（国办发〔2016〕80号）

和《关于全面推进政务公开的实施意见》(桂办发〔2016〕39号)文件精神,进一步做好我县政务公开工作,特制定本方案。

一、总体要求

(一)指导思想。认真落实党的十八大和十八届三中、四中、五中全会精神,深入贯彻习近平总书记系列重要讲话精神,按照"四个全面"战略布局,树立创新、协调、绿色、开放、共享的发展理念,围绕加快实现我区"两个建成"目标,深入推进依法行政,全面推进行政决策公开、执行公开、管理公开、服务公开和结果公开,推动简政放权、放管结合、优化服务,充分激发市场活力和社会创造力,打造法治政府、创新政府、廉洁政府和服务型政府。

(二)基本原则。坚持以公开为常态、不公开为例外的原则,全面推权力运行全流程、政务服务全过程公开,以公开促落实,以公开促规范,以公开促服务。坚持开放合作原则,加强政府与社会各界沟通合作,创新公开方式方法,以社会需求为导向,以新闻媒体为载体,推行"互联网+政务",扩大公众参与,促进政府有效施政。坚持高效便民原则,紧紧围绕经济社会发展和人民群众关注关切,依法依规明确公开的主体、内容、标准、方式、程序,注重精细化和可操作性,务求公开实效,让群众看得到、听得懂、能监督、好参与。

(三)任务目标。推行权力清单、责任清单、市场准入负面清单,规范行政权力运行透明,推进行政过程全面公开,深化重点领域政务公开,扩大公众参与和回应社会关切,加快"互联网+政务"发展,经过3~5年的努力,使阳光政府建设有明显进展,政务开放参与有新的突破,政务公开能力有较大提高。政务公开成为政府工作的一项制度安排,公开体制机制比较健全,相关制度规范比较完善;政务公开成为行政机关的一种行动自觉,公开意识不断增强,公开能力和水平普遍提高,行政行为更加透明规范;政务公开成为政府联系服务群众的桥梁和纽带,搭建起政民互动平台,汇众智定政策抓落实,有效解决为民服务"最后一公里"问题。

二、具体任务

(四)推进经济社会政策公开透明。各单位制定的涉及公共利益、公众权益、社会关切及需要社会广泛知晓的政策性文件,凡不属于国家秘密的,都要全面、准确、及时地予以公开。对公开的重大政策,要分专题进行梳理、汇总,通过在政府网站开设专栏等方式集中发布,增强政策公开的系统性、针对性、可读性。(县政府办牵头落实)

(五)推进决策公开。公开重大决策部署落实结果,加大对上级决策部署贯彻落实结果的公开力度。推进发展规划、政府工作报告、政府决定事项落实情况的公开,重点公开发展目标、改革任务、民生举措等落实结果。将政府重大决策督查、重大项目审计结果和政府年度目标任务完成情况、绩效考核结果面向社会公开,主动接受社会监督,提升行政管理工作透明度。建立健全重大决策跟踪反馈和评估制度,注重运用第三方评估、专业机构鉴定、社情民意调查等多种方式,科学评价政策落实效果,增强结果公开的可信度,以实际成效取信于民。(县政府办牵头落实)

(六)推进执行公开。要紧紧围绕重点改革任务、重要政策、重大工程项目和政府工作报告,县委、县政府部署的改革任务、民生举措,细化公开执行措施、实施步骤、责任分工、监督方式等,实事求是公布进展和完成情况。进一步加大对督查发现问题及整改落实、奖惩情况的公开力度。(县政府办牵头落实)

(七)推进预算公开。扩大部门预决算公开范围,除涉密信息外,所有使用财政资金的部门均应公开本部门预决算。细化部门预决算公开内容,逐步将部门预决算公开到基本支出和项目支出。按经济分类公开政府预决算和部门预决算。加大"三公"经费公开力度,细化公开内容,除涉密信息外,所有财政资金安排的"三公"经费都要公开。对预决算公开过程中社会关切的问题,要规范整改、完善制度。(县财政局牵头落实)

(八)推进市场监管信息公开。坚持"重点突出,全面公开"的原则,除涉及机密事项不宜公开外,及时公开食品、药品、化妆品、医疗器械许可证发放、监督检查、食品药品质量抽检抽验结果、风险监测、风险警示等信用信息,将食品药品行政许可、一般程序行政处罚案件、食品药品安全"黑名单"等信用信息在网站上进行公示,同时将实施行政权力的依据、公开形式、公开范围、公开时间、主办单位及人员等一一进行公示。(县食药监局牵头落实)

(九)推进扶贫工作信息公开。围绕实施精准扶贫、精准脱贫,加大扶贫政策、扶贫成效、贫困退出、扶贫资金、项目安排等信息公开力度。进一步完善政府信息公开网各栏目内容,切实增强政务公开主动性,及时准确发布涉及群众切身利益、需要社会公众广泛知晓或者参与的政府信息，确保应公开尽公开。严格落实管理监督制度，严格执行一次性告知、首问首办、限时办结、服务对象回访测评等制度，促进办事人员尽职、尽责、尽心服务。（县扶贫办牵头落实）

（十）推进社会救助信息公开。坚持以“公开为原则，不公开为例外”的要求，细化公开内容，进一步增强城乡低保、特困人员供养、医疗救助、临时救助等信息公开的针对性和有效性，提高公开率。低保和特困人员供养方面，重点公开城乡低保对象人数、特困供养人员人数、低保标准、补助水平、资金支出等情况；医疗救助和临时救助方面，重点公开救助对象的人次数、资金支出等情况。做好减灾救灾信息公开，及时公开灾情、救灾工作进展、救灾资金物资调拨使用等情况。（县民政局牵头落实）

（十一）推进环境保护信息公开。进一步审核现有管理职能和审批事项，梳理行政权力，规范审批程序，推进审批过程和结果公开。进一步建立和完善网上审批系统，形成行政审批许可网络化受理、办理和答复的工作程序。对涉及群众切身利益的重大项目，要扩大公示范围，广泛听取社会公众意见。发布违法排污企业名单，定期公布环保不达标生产企业名单，开重点行业环境整治信息。（县环保局牵头落实）

（十二）推进教育信息公开。深化校务公开、促进依法治校、提高管理水平的重要举措，主动接受群众监督、提高教育工作透明度，保障师生员工和社会公众的知情权、参与权、表达权和监督权，办好人民满意教育的重要内容。推进义务教育划片工作程序、内容、结果，随迁子女入学办法、入学流程、证件要求和办理方式公开，接受社会监督。（县教育局牵头落实）

（十三）推进重点建设项目和政府投资项目信息公开。围绕高速公路、水利、市政等基础设施，以及教育、卫生、文化事业建设、易地扶贫搬迁等工程，做好审批、核准、备案、实施等信息的公开，加大在线监测、项目稽查、执法检查等执法信息的公开力度，以公开促进公共产品供给质量提升。做好重大建设项目批准和实施信息公开的试点工作，加快研究起草相关指导意见，明确公开的范围、程序、标准等。（县发展改革局、县财政局牵头落实）

（十四）推进食品药品监管信息公开。落实食品药品监管机构组建工作，加强基层监管执法和技术力量，健全食品药品风险预警、检验检测，确保食品药品监管机构有足够力量和资源有效履行职责。做好食品药品监管信息、抽检抽验、违法广告等信息的公开工作，及时发布处罚信息、消费警示信息和产生重大影响的典型案件信息，积极回应社会关切。（县食药监局牵头落实）

（十五）推进信用信息公开。建立统一的社会信用信息基础数据库，完善企业信用信息公示系统，对企业作出的行政许可准予、变更、延续、撤销，以及行政处罚、抽查检查和企业严重违法失信等信息通过该系统进行归集并公示。（县工商局牵头落实）

（十六）推进棚户区改造、农村危房改造和保障性住房信息公开。做好棚户区改造政策及相关任务完成情况信息公开工作，主动发布和准确解读政策措施，积极引导棚户区居民参与改造，为棚改工作营造良好社会氛围。强化农村危房改造政策、对象认定过程、补助资金分配、改造结果公开，提高工作的精准化水平。深入推进保障性住房分配和退出信息公开。（县住房城乡规划建设局、县房改办牵头落实）

（十七）推进户籍改革信息公开。推进面向转移落户人员的服务公开，及时公开户口迁移政策，明确户口迁移程序和具体要求；公开居住证申领条件及程序、居住证持有人享有的基本公共服务和便利等信息。（县公安局负责落实）

（十八）推进权力清单和责任清单公开。完善政府工作部门权力清单和责任清单，并通过政务服务网和县政府门户网站集中公布，建立健全清单动态调整机制。做好政府部门取消、下放、保留行政审批、职业资格等事项的公开工作，重点公开行政许可事项清单以及清理规范后保留为行政审批受理条件的中介服务事项清单。（县编委办牵头落实）

（十九）推进税收优惠信息公开。加大对支持小微企业、促进就业创业、兼并重组等方面的税收优惠和减免政策落实情况公开力度，充分发挥新媒体的主动推送功能，提高政策知晓度和传播率。（县财政局、县地税局、县国税局、县文化和体育广电局牵头落实）

（二十）推进国有企业运营监管信息公开。依法依规公开国有资本整体运营情况、企业国有资产保值增值及经营业绩考核有关情况、国有资产监管制度和监督检查情况等。推动国有企业改制重组、产权交易、增资扩股等方面的信息公开和结果公示。及时公开县属企业改革重组、公司治理及管理架构、重要人事变

动、企业负责人薪酬等信息。(县国资中心牵头落实)

三、加强政务参与和回应关切

(二十一)加强政民互动。做好领导信箱群众来信的收集、整理、转办、督办和回复情况的工作。对带有普遍性、倾向性的问题,人民群众反映强烈、社会关注度高的重要信件要注意审核把关、督促检查,推动问题得到妥善解决。及时通过门户网站公开领导接访日程安排。(县政府办、各相关部门负责)

(二十二)推进政策解读。各相关部门出台的涉及公民、法人,或其他组织权利义务的规范性文件,牵头起草单位应将文件和解读材料一并报批,相关解读材料在文件公开后及时在政府门户网站上公开发布。解读的重点为政策措施的背景、执行口径及注意事项、关键词释义、惠民利民举措等。牵头单位要为专家学者了解政策提供便利,更好发挥专家的解读作用。(县政府办、各相关部门)

(二十三)回应社会关切。各相关部门要组织做好本部门本系统的政务舆情监测工作,扩大舆情收集范围,及时了解各方关切,有针对性地做好回应工作。对涉及本部门的重要政务舆情、媒体关切等热点问题,要认真研判处置,及时借助媒体、网站等渠道发布准确权威信息,讲清事实真相、有关政策措施、处置结果等。遇有重大突发事件时,负责处置的单位是信息发布的第一责任单位,要快速反应、及时发声。针对涉及突发事件的各种虚假不实信息,要迅速澄清事实,消除不良影响。

四、保障措施

(二十四)加强组织领导。各相关部门要高度重视政务公开工作,主要负责人每年至少听取一次专题工作汇报,研究部署推进工作。要明确一位负责人分管政务公开工作,列入工作分工,并对外公布。适当提高政务公开工作纳入考绩的权重。加强经费保障,配齐配全专职工作人员,保障必要的人员力量。

(二十五)加强规范化建设。推进政府信息公开基本目录建设,进一步明确重点领域、重点行业公开的主体、内容、时限、方式等。提升主动公开的规范化水平。探索组建政务公开法律顾问团队,提高公开工作专业化、法制化水平。严格执行保密审查、协调发布等规定。

(二十六)加强平台建设。推进全县各级政府网站向集约化平台迁移,充分发挥政府网站信息公开的第一平台作用。增强信息发布、政策解读、回应关切、舆论引导的功能。加强政府数据资源库建设,完善搜索查询功能,提升公开信息的集中度,方便公众获取。强化与新闻网站等的联动,增强信息传播效果。

(二十七)加强依申请公开工作。进一步畅通受理渠道,方便群众提出公开申请。强化信息公开受理点人员配备和制度建设,明确工作标准,做好现场解疑释惑工作。健全政府信息公开申请接收、登记、办理、审核、答复、归档等环节的制度规范。建立依申请公开向主动公开转换机制,对需要社会广泛知晓的信息,作出申请答复的同时,通过主动公开渠道予以公开。建立健全依申请公开促进依法行政工作机制。规范信息公开申请秩序,保障公民、法人和其他组织依法获取政府信息,推动依申请公开制度良性运转。

(二十八)加强工作队伍建设。围绕全县政务公开工作,制定业务培训计划,精心安排培训科目和内容,邀请相关领域专家学者,开展授课培训活动,切实提高相关工作人员的理论水平和专业素养,强化公开理念,提升工作能力,为全县政务公开工作的深入实施提供保障。

乐业县人民政府办公室
关于印发《乐业县医疗卫生服务体系规划(2015—2020)》的通知

乐政办发〔2016〕21号

各乡(镇)人民政府,县直各有关单位:

经县人民政府同意,现将《乐业县医疗卫生服务体系规划(2015—2020)》印发给你们,请认真贯彻执行。

乐业县人民政府办公室

2016年5月9日

乐业县医疗卫生服务体系规划(2015—2020)

为贯彻落实《中共中央关于全面深化改革若干重

大问题的决定》《自治区党委、自治区人民政府关于深化医药卫生体制改革的实施意见》《广西壮族自治区人民政府关于促进健康服务业发展的实施意见》等文件精神，促进我县医疗卫生资源进一步优化配置，提高服务可及性、能力和资源利用效率，根据《全国医疗卫生服务体系规划纲要(2015—2020年)》(下称《纲要》)，结合我县实际，制定本规划。

一、医疗卫生"十二五"规划实施情况

(一)"十二五"取得的成绩

1. 医疗卫生服务体系进一步健全和完善，医疗卫生服务能力明显增强。

(1)卫生队伍力量逐步壮大，卫生技术人才素质进一步提高。"十二五"期间，我们紧紧抓住国家医药综合改革的机构和人事制度改革机遇，加强全县各医疗卫生机构的机构建设和人员增编核编工作，新增独立设置县中医院、防治艾滋病办公室、健康教育所等3个县级医疗卫生机构；全县各医疗卫生机构的总编制由"十一五"末的392名增加到"十二五"末的496名，其中乡(镇)卫生院新增编制65名，县疾控中心新增编制6名，县妇幼保健院新增编制3名，4个县级医疗卫生机构共新设编制38名；全县通过医改过渡、公开招聘等途径，为全县各医疗卫生机构新增各类卫生服务在编人员149人，全县各医疗卫生机构总卫生服务人员从"十一五"末的347人增加到"十二五"末的496人；各医疗机构设有病床从"十一五"末的235张增加到"十二五"末的441张，平均每千人口拥有病床数从"十一五"末的1.5张增加到"十二五"末的2.6张。

(2)卫生基础设施条件日益完善，进一步满足群众医疗卫生保健需求。"十二五"期间通过各级财政加大卫生基础建设资金投入，使各级医疗卫生机构的基础设施改造提级建设取得一系列新的成果。一是91%的行政村建成自治区规定的标准化村卫生室。投资600多万元对全县84个行政村中的77个村建成自治区规定的标准化村卫生室，每个村卫生室面积约81㎡，设候诊室、药房、检查室、注射室等六个功能区。目前，有31个村卫生室实施乡镇一体化管理并投入运行，实行国家基本药物销售制度；二是乡镇卫生院业务用房和职工住房条件全面提升。"十二五"期间，通过新建、改造等方式，对8个乡镇的10家卫生院新增建设业务用房，并完善配电、污水、垃圾处理系统建设。目前，全县各卫生院均建有独立的住院楼和门诊楼；为全县10家卫生院建成224套总面积约14000㎡的职工保障性住房，解决基层卫生院职工长期无住房难题；三是县级医疗卫生机构基础设施功能更加完善。经过近5年的建设，投入2900多万元建设资金的县人民医院标准化住院大楼已于2014年5月份竣工并投入使用。该项目总建筑面积22707㎡，业务用房20171㎡，设独立的内科、外科、妇产科、儿科、手麻科和ICU病房(重症监护室)。住院病床从"十一五"末的160张上升到现有的300张，大大缓解群众就医住院难的问题。投资209万元新建面积为275㎡的乐业县急救中心已竣工并投入使用，项目同时配备应急车辆2辆及相关应急医疗设备、调度设备等。该项目的建成，彻底改变我县无120急救中心的历史，医疗应急处置能力明显提高。

(3)医疗设备不断更新，诊疗服务条件更优越。县人民医院新增数字化X线摄影系统(DR)、彩色B超机、经颅多普勒血流分析仪、脉动真空灭菌器等多种大型诊疗仪器，各乡镇卫生院均相继配备了救护车及普通B超、自动生化分析仪等诊疗仪器，为80多个村卫生室配备了医用冰箱和急救药箱。诊疗设备的不断更新和完善，进一步满足了群众的就医、疾病预防和卫生保健需求。

(4)突发公共卫生事件应急机制进一步健全和完善。进一步调整充实全县卫生应急队伍，卫生应急储备物资不断充实，重大传染病、重大食物中毒等突发公共卫生事件的信息网络报告系统的建设和管理更加完善，各级突发公共卫生事件的应急处置能力明显增强。

2. 农村医疗保障体系进一步完善，群众医疗保障力度明显提高。

严格按照《广西壮族自治区"十二五"期间农村基本医疗卫生保障工作方案》要求，大力推进以新型农村合作医疗制度为主体的农村医疗保障制度建设。进一步建立和完善新农合管理制度和补偿措施，加大农民参合建设，加强报销程序和基金监管，确保农合制度得以健康运行和发展。全县参合率由2010年的93.43%上升到2014年的98%，维持新农合参合全覆盖。大病救助最高救助额度从2010年的5万元上升到2014年的15万元，根据参合基金适时调整参合农民的住院报销比例，最大程度地减轻农民群众医药负

担,让广大群众有病可医,最大限度地有效控制群众因病返贫、因病致病的社会不良现象发生。经过四年多进一步实践证明,抓好新型农村合作医疗制度这项可持续性发展的农村惠民医疗保障制度建设,对于促进社会经济的和谐发展功不可没。

3. 爱国卫生运动工作取得新成效,社会环境卫生全面提升,群众健康生活质量明显提高。

以创建"广西卫生县城"为契机,加强爱国卫生运动宣传教育,通过正确的社会舆论引导,广泛动员社会群众自觉参与爱国卫生运动。每年组织开展春秋两季灭"四害"病媒生物防治工作,将"四害"密度有效控制在国家规定标准范围内。大力推行农村卫生厕所改造工作,经过四年的建设,共实施农村卫生厕所改造3000多座,使全县农村卫生厕所普及率由2010年的49%提高到2014年的70%。在县城区全面推行周五清洁制度,加大城市环境卫生整治和环境保护工作力度,加强社区卫生管理,积极开展自治区卫生创建工作。经过2012年和2013年两年的卫生县城创建工作,我县于2013年年底成功获得"广西卫生县城"荣誉。同乐镇的六为村和央林村也于2013年获得"自治区卫生村"荣誉。为我县2014年3月正式启动实施创建"国家卫生县城"工作奠定了坚实的基础。自治区卫生县城和卫生村的成功创建,我们获得的不仅是荣誉,更重要的是群众的卫生意识以及群众健康知识知晓率和健康行为形成率明显提高,县城区环境卫生和市容市貌质量有了质的改善和提升,群众健康生活质量明显提高。

4. 疾病预防控制工作重点突出,成效明显。

进一步加强了疾病预防控制机构和队伍建设,全面提高传染病预防控制能力和水平。一是制订完善各种重点传染病疫情和急性中毒污染等突发公共卫生事件的应急处置预案,组织开展各种应急业务培训,全面提升疾病预防控制队伍的应急反应能力和应急处置水平。二是加强和完善疫情监测及疫情报告网络建设,加强医疗卫生机构对重大传染病病例的监测报告,强化传染病疫情监测网络直报管理,确保传染病疫情的实时监控和及时处置。传染病的发病率由2010年的858.91/10万上升至2014年的1820.5/10万,在2010年的基础上(2010:1418,2014:2842)上升了100.42%;保持无甲、乙类重大传染病报告。地方病、慢性病等疾病的发病率进一步下降,其中肝炎发病率由2010年的275.06/10万下降至2014年的118.30/10万,在2010年的基础上(2010:455,2014:180)下降了60.44%;麻疹发病率由2010年的0.61/10万下降至2014年的9.86/10万,在2010年的基础上(2010:1,2014:15)上升了1400%;肺结核发病率由2010年的95.70/10万下降至2014年的87.41/10万,在2010年的基础上(2010:158,2014:133)下降了15.82%。三是加强国家免疫规划工作的实施力度。以巩固消灭脊髓灰质炎和基本消灭疟疾工作成果为重点,严格按照自治区规定到2020年消灭麻疹的工作目标,认真抓好儿童可免性传染病的基础免疫工作的实施,保证了全县以乡为单位儿童免疫规划疫苗接种率保持在规定比例范围。四是加大艾滋病防治工作力度,有效控制艾滋病在我县蔓延和发展。认真贯彻执行国家《艾滋病防治条例》和《广西壮族自治区艾滋病防治条例》,积极落实国家"四免一关怀"政策,根据自治区防治艾滋病攻坚工程工作要求,层层落实防治艾滋病责任,实行一级抓一级,层层抓落实,保证艾滋病防治各项工作顺利开展。通过加强防治艾滋病宣传教育、依法治理性与毒品传播艾滋病、预防艾滋病推广使用安全套、防治艾滋病健康干预与传染源管理、艾滋病监测能力建设、艾滋病医疗救治、预防艾滋病母婴传播、监管场所防治艾滋病、艾滋病社会救助和防治艾滋病科学研究与技术推广等10大攻坚工程的实施,防治艾滋病工作取得积极成效,完成自治区规定到2014年城市居民对防治艾滋病知识知晓率达90%以上,农村居民达80%以上,流动人口达到85%以上,校内青少年达到98%以上,校外青少年达到80%以上,高危行为人群达到95%以上,新报告感染艾滋病感染者/病人新发感染率逐年下降5%,病死率也逐年下降5%的工作目标。

5. 卫生监督机制进一步完善,群众的医疗卫生健康安全保障度明显提高。

进一步完善公共场所卫生、饮用水卫生、职业病防治、传染病防控等重大公共卫生监督管理措施,积极推行公共场所分级量化管理,规范公共场所和医疗机构的准入,深入开展公共场所卫生安全和医疗服务市场的整治工作,实现公共场所分级量化管理率达100%,成功组织完成全县中考、高考和在我县举办的国际山地户外挑战赛、全国攀岩赛等各类重大活动以及领导活动的卫生监督安全保障工作任务,为各项重大活动的顺利实施提供卫生安全保障后盾，有效提高社会群众的医疗卫生健康安全保障程度。

6. 妇幼卫生保健服务工作进一步加强，妇女儿童的健康保健水平明显提高，全县出生人口素质逐年提升。

一是强化妇幼保健工作的法制化建设。依据《母婴保健法》，依法规范妇幼保健工作，完善妇幼保健工作的例会制度、孕产妇死亡评审和婴幼儿死亡评审制度、高危妊娠管理制度、出生医学证明发放等制度建设。加大妇幼保健执法检查工作力度，规范妇幼保健技术机构和人员的准入管理。二是加大县、乡、村三级妇幼保健网络建设，不断充实妇幼卫生保健服务队伍。三是加强妇幼卫生保健实施，妇女和婴幼儿的卫生保健保障度明显提升。在抓好妇女和婴幼儿常规卫生保健的基础上，认真推行国家“一免二补”幸福工程即免费婚前医学检查及孕产妇产前疾病筛查和新生儿疾病筛查项目，同时推进降低孕产妇死亡率和消除新生儿破伤风(降消)、地中海贫血防治、育龄妇女孕前和孕早期补服叶酸等项目的实施，孕产妇住院分娩率从2010年的65%提高到2014年的98%；2013年建成婚育综合服务平台后，婚检率明显提升，到2014年全县婚检率已达97%。全县婚育质量和出生人口素质有了质的保障。

7. 中医民族医药事业不断发展。

一是成立以县政府分管领导为组长的县级中医药民族医药发展领导小组，为全县中医药工作的开展提供强有力的组织保障。二是县委、县人民政府高度重视中医药民族医药事业发展工作，县编制办于2012年成立“乐业县中医院”并落实30个编制。三是按照自治区有关基层医疗卫生机构中医壮瑶医科能力建设工作要求，完成全县10个基层卫生院的中医壮瑶医科科室设置、人员配置、设备配备、中医药文化等功能建设并投入使用，全面向广大基层群众提供便捷、价廉的中医民族医特色诊疗服务。四是组织卫生医务工作人员积极配合自治区中药资源普查专家组，深入部分中药资源丰富的乡镇完成阶段性的中药资源普查工作。为挖掘、保护、开发利用和发展好我县中医药资源，促进全县中医事业的发展夯实基础。

8. 狠抓卫生队伍技术教育培训，队伍的专业技术水平和素质明显提高，服务能力明显增强。

“十二五”期间，共安排临床进修35人；组织乡村医生中专学历教育学习107人，组织参加成人函授继续教育133人，举办县域各类卫生专业技术培训19期，共培训1887人次，组织乡镇卫生院全科医生转型培训52人，卫生管理人员岗位培训率和持证上岗率达到100%。接受自治区人民医院、市人民医院、市中医院派出各类专家26人次到我县开展城市对口支援农村卫生进行传、帮、带帮扶，共培训我县卫生技术人员800多人次。通过各种教育培训工作的开展，卫生医技人员的技术水平有质的飞跃，全县各医疗卫生机构的医疗卫生服务能力明显增强。

9. 全面实施国家基本药物制度，减轻基层群众医药负担。

自2011年5月1日起，我县8个乡镇的10个基层卫生院全部实行基本药物制度，2013年和2014年陆续有31个村卫生室纳入乡村一体化管理，同样实行基本药物制度，统一实行药品零差率销售，向社会公布药品采购价格，严格控制医疗药品费用的不合理增长，有效降低医药消费成本，切实减轻基层群众用药负担。

10. 积极推进基本公共卫生服务均等化进程，逐年提高全县城乡居民的基本公共卫生服务均等化程度。

我县自2010年开始实施建立居民健康档案、健康教育、预防接种、传染病防治及儿童保健和孕产妇保健、老年人保健、慢性病管理、重性精神病管理、卫生监督协管服务、中医药服务等11类国家基本公共卫生服务项目的组织实施。截至2014年底，累计为妇女、儿童、60岁以上老人、残疾人和慢性病人等城乡居民建立健康档案，电子建档人数为123714人，建档率为82%，比上级下达居民健康档案电子建档人数65%任务目标高17个百分点；实现高血压慢性病患者累计管理7344人，慢性病规范管理7005人，完成上级下达高血压患者系统管理人数达6682人任务的104.83%；2型糖尿病慢性病患者管理累计2029人，规范管理1929人，完成上级下达糖尿病患者管理人数达1873人任务的102.99%；积极开展重性精神病患者排查、建档，对全县所排查确认的643名重性精神病患者实行规范化管理，完成上级下达重性精神病患者规范化管理599人的任务的107.35%。

11. 党风廉政建设工作取得新成绩。

认真贯彻执行党中央、国务院关于党风廉政建设和反腐败斗争的一系列指示，统一思想，提高认识，及时组织收看有关党风廉政、反腐败斗争的典型先进人物的事迹，制定出严格的纪律和制度，规范了各项规章制度，建立健全了长效管理机制，层层签订了《党风廉政建设责任书》，成立以局长任组长，副局长任副组长，各医疗卫生单位的相关人员为成员的党风廉政建设领导小组、纪律检查领导小组和治理医药购销商业贿赂专项工作领导小组，制定了学习制度，开创了我县卫生系统党风廉政建设的新局面。

12. 精神文明和行风建设工作迈上新台阶。

从解决广大群众反映强烈的“热点”“难点”问题入手抓好精神文明和行风建设工作。一是强化对医务人员职业道德教育和有关卫生法律、法规的学习，增强医务人员依法行医意识，确保医疗安全，改善医疗服务。二是深入开展治理商业贿赂自查自纠和查处整改工作，探索预防医药购销不正之风和腐败行为的长效机制。三是深入开展以病人为中心，以提高医疗服务质量为主题的医院管理年活动，进一步加强医疗单位各项规章制度建设和完善工作，严格各项诊疗操作常规和技术规范，不断提高医疗服务质量和水平。

（二）主要做法及经验

1. 以邓小平理论、“三个代表”重要思想为指导，认真贯彻落实科学发展观，认真学习习近平总书记系列讲话精神，贯彻党的十八大和十八届四中、五中全会精神，认真贯彻落实国家各项卫生方针、政策。

2. 紧紧围绕医药卫生综合改革机遇，结合本县县情和卫生工作实际，积极探索，不断改革创新卫生发展新思路，开创卫生事业发展新局面。

3. 统筹兼顾，整合卫生资源，抓重点，抓难点，保常规，促进全县卫生医疗、疾病预防、妇幼卫生保健、新农合、卫生监督、爱国卫生运动、红十字救援以及中医民族医药事业等各领域的综合协调发展。

4. 抓教育学习，提高队伍素质，提高服务质量。一是抓好卫生计生队伍的政治思想和工作作风教育，提高队伍的思想觉悟，树立正确的人生观、价值观，养成贡献在前索取在后的无私精神。二是抓技术人员的专业技术学习培训，掌握系统的专业理论知识，练就过硬的专业技术，为社会群众提供优质服务。

（三）存在的主要问题和困难

在“十二五”规划建设中，在县委、县政府的正确领导下，经过全县广大医务工作人员的共同努力，我县卫生事业迈向新的台阶，医疗卫生服务环境条件更加完善，群众的医疗卫生保障水平明显提高，但由于受历史、人文和地理环境等因素的影响，我们必须看到成绩的背后还存在着许多的困难和问题亟待进一步解决和提高，如公共卫生体系建设能力还不足，农村卫生基础整体上还比较薄弱，医疗卫生服务能力还有待提高，制约卫生事业发展的体制性、机制性和结构性矛盾还没有从根本上解决，广大群众对看病难、看病贵问题反应还比较强烈，很多工作还需要狠抓落实。具体情况如下：

1. 全县医疗卫生专业技术人员不足，队伍素质有待提高。全县县、乡、村三级医疗卫生机构编制不足，人员短缺，现有专业技术人员素质偏低。县人民医院、县妇幼保健院的编制还是20世纪90年代核定的编制，大部分村医生还是五六十年代的高中以下学历，随着老技术人员的退休和流失，因编制限制，卫生队伍不能及时补充和更新，加上随着社会经济的发展和人口数量的增加，人民群众的医疗卫生服务需求明显提高，现有卫生技术队伍已无法满足卫生事业发展需要。

2. 医疗卫生机构业务用房不足、医疗设备落后，限制了各项卫生事业的发展。

3. 村医生待遇和养老保障机制不健全，影响村医生队伍的持续稳定发展。村医生每月待遇仅有300元，而且没有建立可行的养老保障措施，致使现村医生队伍严重流失，新毕业的卫生专业技术人员不愿应聘到村医生岗位，影响了农村卫生队伍的建设和发展。

4. 新农合参合缴费额度逐年提高，群众参与的支持度下降。

5. 卫生工作联动机制有待完善。防治艾滋病和基本公共卫生服务项目工作任务繁重，涉及面广，需要社会多部门共同参与，增强工作合力才能提高卫生工作效率。

6. 中医民族医事业发展有待加强。我县县中医院基础设施落后，未配备相应专业队伍，缺少对全县中医民族医等传统中医的挖掘、技术指导和综合利用的专业力量，直接限制我县中医药事业的发展。

二、“十三五”规划

（一）“十三五”规划的发展目标

坚持预防为主、中西医并重、依靠科技与教育的方针，遵循政府组织、部门协作、全社会共同参与的原则。加强城乡医疗卫生基础设施建设和卫生专业技术队伍建设，逐步缩小城乡差距。到2020年基本建成覆盖城乡、结构合理、功能完善、机制健全、运行高效，持续发展的疾病预防控制体系、信息与应急体系、公共卫生医疗救治体系、卫生监督体系、妇幼卫生体系、社区卫生体系和农村卫生体系，建成政府主导、社会参与的比较健全的公共卫生体系，有效保障公共卫生安全。

（二）“十三五”规划重点任务

1. 居民主要健康指标。

(1) 人均期望寿命 75 岁；

(2) 婴儿死亡率控制在 12‰以内；

(3) 孕产妇死亡率控制在 15/10 万以内。

2. 疾病预防和预防保健控制指标。

(1) 法定传染病年发病率控制在 150/10 万以内。

(2) 主要传染病控制：到 2020 年，巩固基本消灭脊髓灰质炎、疟疾、麻风、新生儿破伤风成果；控制艾滋病、性病、结核病、肝炎、霍乱、伤寒、菌痢、出血热、乙型脑炎等重大传染性疾病的发病率。

(3) 计划免疫：全面实施一类疫苗免费接种，儿童免疫规划基础免疫覆盖率保持在 95% 以上，积极稳妥地推广使用各类有价疫苗，使疫苗针对的相应疾病得到有效控制。

(4) 寄生虫病和地方病控制：肠道蠕虫病控制在法定控制指标，巩固消除碘缺乏病和基本消除疟疾、丝虫病、血吸虫病成果。

(5) 慢性病防治：开展对慢性非传染性疾病的社区综合防治工作，实施对恶性肿瘤、心血管疾病及糖尿病等重点慢性病的有效干预措施，提高对高血压等慢性病的管理覆盖率，逐步控制慢性病发病率的上升趋势。

(6) 妇幼保健：孕产妇住院分娩率达 98% 以上，婚前医学检查率达 95%。孕产妇保健管理率达 95% 以上，7 岁以下儿童保健管理率达 95% 以上，低体重新生儿发生率不超过 5%，4~6 个月婴儿母乳喂养率达到 85% 以上，城镇注册托幼机构儿童健康建档率达 95% 以上，符合卫生保健要求的托幼机构达 100%。巩固发展爱婴医院创建成果。到 2020 年，力争实现妇幼卫生基本现代化。

3. 社会卫生工作指标。

(1) 农村卫生改厕：农村卫生改厕普及率达 85% 以上，其中无害化厕所占 80% 以上。

(2) 除“四害”工作：鼠、蚊、蝇、蟑螂等“四害”密度控制在国家规定标准指标内。

(3) 卫生监督监测：健全和完善卫生监督、监测体系。对食品生产经营单位、公共场所、医疗机构、采供血机构等卫生监督、监测覆盖率 90% 以上。

(4) 居民健康知识知晓率和卫生行为形成率：城乡居民健康知识知晓率和卫生行为形成率分别达 80% 以上。

4. 卫生资源配置。

(1) 医疗卫生机构配置：按照保障基本医疗供给和履行公共卫生职能和总体要求，合理确定政府举办医疗机构的规模和数量，优化卫生资源配置。政府继续举办疾病预防控制、妇幼保健、卫生应急、卫生监督、精神病、传染病医院、采供血机构、乡镇卫生院及村（居委）社区卫生室或服务站。着力加强县、乡、村三级医疗卫生保健网络建设，让居民步行 15 分钟内就可得到基本医疗卫生服务。到 2020 年实现拥有一家“二甲”县级医院，一家“二甲”县级妇幼保健院、一家“二甲”县级中医院，8 个乡镇拥有“一甲”卫生院 8 所，完善“120”急救指挥调度中心、县疾病预防控制中心。全县 84 个行政村 100% 建有达国家“四室”规定标准的村卫生室；城区的 4 个社区卫生服务机构以每个居民小区为单位，人口在 0.5 万人以上设立一个社区卫生服务站。到 2020 年建成三乐社区、立新社区、新业社区、新兴社区等 4 个社区卫生服务站。加强全县新型农村合作医疗信息化平台建设，实现县、乡、村三级定点机构无缝链接，结算及时，方便群众；积极创造条件，使新农合与城镇职工医疗保险实现资源共享。

(2) 卫生技术人员队伍配置：加强卫生人才队伍引进培育，到 2020 年实现每千人口拥有卫生技术人员 4.2 人、每千人口拥有执业（助理）医师 1.5 人、每千人口拥有注册护士 2.2 人；每个村卫生室配备至少 1 名医生、1 名护士和一名药学专业人员。

(3) 床位配置：到 2020 年实现每千人口拥有病床位数 4 张。基本满足全县卫生事业服务需求。

5. 卫生服务水平与质量指标。

(1) 全县各级医疗机构开展的诊疗技术项目达到国家规定标准。

(2) 实施医院基本现代化等级创建工程。县人民医院、县中医院、县妇幼保健院通过“二级甲等”等级验收，同乐镇卫生院、甘田镇中心卫生院、新化镇中心卫生院、幼平乡中心卫生院、雅长乡卫生院、花坪镇卫生院、逻西乡卫生院、逻沙乡卫生院、同乐镇武称卫生院、逻西乡马庄卫生院通过“一级甲等”卫生院验收，各等级医疗机构医疗质量指标达到颁布标准。

(3)卫生技术人员队伍建设。通过临床进修、学历教育、乡村医生适宜技术培训、继续医学教育1000人次。卫生技术人员符合规范学历,其中县级医疗卫生机构卫技人员应达到大学本科以上,一级医院卫技人员达到大学专科以上,中医药卫技人员应达到大学专科以上水平,新任乡村保健医生起点学历达中专以上。

6.医疗卫生保障指标。

(1)农村居民合作医疗保险:全县农村居民参加新型农村合作医疗覆盖率达98%以上,形成较为完善的惠民医疗、农民医疗大病救助体系与农村医疗保障体系。

(2)疾病预防控制体系:依托县疾病预防控制中心、乡镇卫生院和村卫生室,健全和完善全县疾病预防控制体系,提高应对突发公共卫生事件的监测预警、调查处置和防控能力。

(3)应急医疗救治体系:健全和完善由急救中心、综合性医院、传染病救治机构、中医医疗机构组成的突发公共卫生事件应急医疗救治体系。

(4)妇幼保健体系:妇幼保健保障性覆盖率保持在90%以上。

(5)卫生监督体系:加强卫生监督所建设,按国家规定配置执法人员,向中心乡镇派出监督机构,提高执法力度。

(6)农村中医建设:到2020年乡镇以上医疗机构全部设置中医科目,配备中医专业人员并正常开展中医诊疗项目满足群众中医就医需求。

(7)公共卫生信息网络体系:构建覆盖全县卫生计生行政及县、乡、村三级医疗卫生机构的网络系统,实现三级信息报告联网。提高突发事件的实时报告速度、组织指挥能力、应急处置效率和科学防治水平。

7.卫生基础设施建设规划。

(1)乐业县中医院标准化建设项目。在县城北新建乐业县中医院,建筑面积14800 ㎡,总投资2480万元;含综合门诊部、住院部、医技、药剂、行政管理等系统为一体的综合楼,含配电、污水、垃圾等处理系统。

(2)乐业县疾病预防控制中心突发公共卫生事件应急处置能力建设项目。总建筑面积3000 ㎡,总投资500万元(含:应急处置办公综合楼、检验楼、配电、污水、垃圾等处理系统)。

(3)乐业县妇幼保健院搬迁新建项目。在"十二五"期间对乐业县妇幼保健院实施搬迁新建,新建规模为建筑面积4000 ㎡,总投资800万元。

(4)乐业县同乐镇卫生院建设项目。新建规模为建筑面积5000 ㎡,总投资1000万元。

8.卫生设备更新规划。在"十三五"期间逐年对县、乡、村各级医疗机构的医疗设备根据添平补齐的原则进行更新与补充。

(1)乐业县人民医院设备更新计划:CT机、CR机、彩超、脑电图机、耳鼻喉科手术显微镜、纤维镜、支气管镜、手术腹腔镜、呼吸机、麻醉机等设备各1台及救护车(越野车型)5辆。共计1000万元。

(2)乐业县中医院设备更新计划:CT机、彩超、脑电图机、耳鼻喉科手术显微镜、纤维镜、支气管镜、手术腹腔镜、呼吸机、麻醉机等设备各1台及救护车(越野车型)3辆。共计600万元。

(3)乐业县妇幼保健院设备更新计划:500maX光机、呼吸机、洗胃机、新生儿辐射台、新生儿培养箱、婴儿复苏器、新生儿黄疸治疗仪各1台,计算机10台。共计300万元。

(4)乐业县各乡镇卫生院设备更新计划:乐业县8个乡镇的10个卫生院所需设备为500maX光机、彩超、全自动生化分析仪各1台,外科手术室器材(无影灯、麻醉机、呼吸机、手术床、外科手术器械包)各1套。10个乡镇卫生院共计7种、63台件,共计3000万元。

9.人才培养。通过各种专业培训和学习,努力提高卫生专业队伍的整体素质,以临床进修和适宜技术的培训为主,加强学历教育和继续教育工作,提高卫生队伍的理论知识和实际操作技能,从而提高为广大人民群众服务的能力。"十三五"期间计划临床进修、学历教育、乡村医生适宜技术培训、继续医学教育1000人次、投资60万元。

(三)"十三五"规划建设实施措施

1.加强政府对公共卫生事业的领导。

在县政府"十二五"规划实施计划领导小组领导下,统筹规划全县公共卫生体系建设工作,协调有关部门共同落实各项任务。以邓小平理论和"三个代表"重要思想为指导,坚持科学发展观,提高对"预防为主"卫生工作方针的认识,进一步明确政府对加强公共卫生建设的重要责任,把加强公共卫生能力建设、加强农村和城市社区卫生工作作为重点，把公共卫生建设纳入国民经济和社会发展规划及各级政府的工作目标责任制考评体系中，切实落实政府加强公共卫生建设的责任。

2. 完善公共卫生投入机制，改善业务设施和装备。

完善公共卫生服务和重大传染病防治经费保障机制，将妇幼保健、精神卫生和传染病救治工作纳入公共卫生范畴和财政保障体系。各级财政应保证公共卫生机构人员经费、日常性的公务费、业务费、培训费以及艾滋病、结核病等重大疾病及慢性病防治和计划免疫、免费婚检等专项经费。对承担传染病防治任务的医疗机构，给予相应的人员经费、公用经费及专项业务经费等补助。

加快县疾病预防控制中心、急救中心建设进度，尽快解决疾病预防控制中心、妇幼保健院业务用房建设问题。县政府应根据国家和省、市的有关标准和要求，把公共卫生监测预警和报告信息网络、基本建设资金和仪器装备资金列入基本建设和专项资金投资计划，以保证基本建设和装备达到标准要求。

3. 健全完善三级预防保健网。

建立和完善疾病控制、公共卫生及相关危害因素的三级监测网络体系，全面提高各级公共卫生机构的整体业务技术水平和综合服务能力。要在合理划分县、乡镇（街道）各级管理权限和职责的基础上，建立县、乡镇（街道）、村三级疾病综合防治网络，打破业务工作条块分割的格局，积极探索和建立公共卫生、疾病和行为因素监测市、县、乡镇（街道）一体化管理体系，合理配置资源，提高工作效率。

4. 加快农村公共卫生体系建设步伐。

加大对农村卫生工作的投入，进一步提高农村医疗卫生水平和初级卫生保健水平。加大对农村卫生工作的扶持力度，安排足够经费用于农村卫生事业投入。

5. 建立健全多部门合作协调机制，实行公共卫生综合管理。

各有关部门和单位应立足于本身的工作职责，全力支持公共卫生体系建设工作。县政府积极协调地方卫生、公安、劳动保障、教育等部门，共同研究、协调解决外来流动人口的公共卫生管理问题，制定出一套切实可行的管理办法，将流动人口孕产妇和儿童纳入我县妇幼保健和计划免疫管理体系。卫计、民政、公安、司法等部门要明确责任，分工协作，密切配合，采取有效的预防和控制措施，做好精神卫生管理工作。

6. 加强公共卫生服务机构队伍建设。

认真贯彻和落实卫生部、人事部颁发的有关文件规定，加大卫生人才引进工作，逐步解决各医疗卫生机构的人员编制不足的问题。要切实抓好农村卫生服务人才队伍的建设，重视和加快全科医师的培养，发挥全科医师在公共卫生工作中的作用，强化临床医务人员的预防医学知识培训。

7. 加大科技兴医力度，开展对外协作交流。

重点围绕严重威胁人民群众身体健康和生命安全的各种传染病、地方病、慢性病以及涉及全县公共卫生体系建设、突发公共卫生事件应急处理、公共卫生资源配置等课题，有计划地布局一批重点科研项目，集中全县卫生科研力量和经费协作攻关，力争取得实效和突破性进展。

8. 强化卫生监督执法工作。

认真贯彻执行国家、区、市有关卫生法律、法规和规章，强化依法行政，加大执法力度，制定完善卫生监督执法、卫生许可的规范程序和制度，提高卫生监督的执法水平和能力。认真贯彻实施卫生部食品卫生监督量化分级管理制度，抓好食品放心工程建设，开展餐桌污染治理工作。

9. 加强突发公共卫生事件应急机制和能力建设。

加强对突发公共卫生事件的预警、报告、指挥、各部门职责、相应措施的研究论证工作，不断完善相应的应急处置预案。建立和完善信息传输畅通、监测预警准确、指挥协调统一的疾病和公共卫生事件监测信息收集、分析、报告和管理网络体系及预警机制，进一步健全应急处置队伍和专家委员会。

附件：乐业县公共卫生服务项目“十二五”规划土建工程建设项目表

附件

乐业县公共卫生服务项目“十二五”规划土建工程建设项目表

序号	项目名称	布局地点	建设内容及重点	起止年限	投资额度（万元）
1	广西乐业县中医院标准化建设项目	乐业县城北	业务用房总建筑14800平方米(含门诊、住院、医技、药剂、行政管理等综合楼)、配电、污水、垃圾处理系统等。	2010年至2015年	2480
2	乐业县疾病预防控制中心突发公共卫生事件应急处置能力建设项目	乐业县城北	总建筑面积3000㎡(含:应急处置办公综合楼、检验楼、配电、污水、垃圾等处理系统)	2010年至2015年	1500
3	广西乐业县乡镇卫生院周转房建设项目	各项目乡镇卫生院	总建筑面积16800㎡,共196套用房包括:新化镇中心卫生院技术人员周转房2000㎡,共34套;幼平乡中心卫生院技术人员周转房2000㎡,共24套;甘田镇中心卫生院技术人员周转房1600㎡,共24套;逻西乡卫生院技术人员周转房1600㎡,共12套;雅长乡卫生院技术人员周转房1600㎡,共20套;花坪镇卫生院技术人员周转房1600㎡,共24套;逻沙乡卫生院技术人员周转房1600㎡,共24套;同乐镇武称卫生院技术人员周转房1600㎡,共18套;逻西乡马庄卫生院技术人员周转房1600㎡,共20套。	2010年至2015年	2016
4	乐业县乡镇卫生院基础设施建设项目	各项目乡镇卫生院	全县10个卫生院总建筑面积8600㎡包括:1.乐业县同乐镇卫生院、新化镇中心卫生院、幼平乡中心卫生院3个业务综合楼建筑面积(每个1000㎡)共3000㎡,总投资360万元;2.乐业县甘田镇卫生院、花坪镇卫生院、逻沙乡卫生院、雅长乡卫生院、逻西乡卫生院、同乐镇武称卫生院、逻西乡马庄卫生院7个业务综合楼建筑面积(每个800㎡)共5600㎡。	2010年至2015年	1060
5	乐业县村级卫生室建设项目	各乡镇行政村	84个行政村卫生室总建筑面积6720㎡(平均每个村卫生室建筑面积80㎡,每个投资9万元)。	2010年至2011年	756
6	乐业县妇幼保健院搬迁新建工程项目	乐业县城北	总建筑面积4000㎡(包括:门诊综合部、住院部、保健楼、医技楼及配电、污水、垃圾处理系统等)。	2010年至2015年	800
7	乐业县120急救中心	乐业县城北	总建筑面积275㎡(包括:办公室、指挥调度科、急救及配电、污水、垃圾处理系统等)。	2010年至2015年	209
8	乐业县卫生监督所办公楼	乐业县城北	总建筑面积1000㎡(含:办公室、检验室、配电系统等)。	2010年至2015年	200

乐业县人民政府关于印发《乐业县推进义务教育均衡发展工作实施方案》的通知

乐政发〔2016〕22号

各乡(镇)人民政府,县直各有关部门:

现将《乐业县推进义务教育均衡发展工作实施方案》印发给你们,请认真组织实施。

2016年9月28日

乐业县推进义务教育均衡发展工作实施方案

按照《国务院关于深入推进义务教育均衡发展的意见》(国发〔2012〕48号),教育部《关于印发〈县域义务教育均衡发展督导评估暂行办法〉的通知》(教督〔2012〕3号)、自治区人民政府《关于印发广西壮族自治区县域义务教育均衡发展督导评估实施办法的通知》(桂政办发〔2012〕153号),以及《广西壮族自治区人民政府关于深入推进义务教育均衡发展的实施意见》(桂政发〔2014〕7号),《百色市人民政府关于贯彻落实自治区实现县域义务教育均衡发展(2012—2020年)的实施意见》(百政发〔2012〕4号),以及广西壮族自治区人民政府教育督导委员会《关于对百色市人民政府调整平果等4县义务教育均衡发展省级督导评估时间有关事项的函》(桂教督委办〔2016〕1号)要求,为保障适龄少年儿童平等接受义务教育,加快推进我县义务教育发展基本均衡步伐,进一步缩小城乡之间、校际之间教育水平差距,到2017年年底通过自治区县域义务教育发展基本均衡县的评估验收,结合我县实际,特制定如下方案:

一、指导思想

以党的十八届五中全会精神和科学发展观、习近平总书记系列讲话精神为指导,以“政府主导、县域推进、统筹规划、突出重点、分步实施”为原则,以推进义务教育学校标准化建设、提升教育素质、规范办学行为和提高教育教学质量为重点,以办好每一所学校、关注每一个学生为目标,以加强学校教师队伍建设为核心,均衡配置教育资源,切实把义务教育均衡发展作为教育工作的重中之重抓紧抓好。

二、工作目标

深化城乡教育改革,实现城乡教育一体化,统筹城乡教育发展,逐步缩小城乡教育差距,实现全县义务教育学校办学条件、师资水平、经费投入、管理水平和教育质量基本均衡,促进城乡教育公平,确保2017年底顺利通过自治区县域义务教育发展基本均衡县的督导评估验收。

三、具体工作任务

(一)办学基本条件均衡。

以《广西壮族自治区义务教育学校办学条件基本标准(试行)》(桂政办发〔2011〕164号)为依据,到2017年7月使全县生均教学及辅助用房建筑面积、体育运动场地面积、科学和数理化生等仪器、信息技术装备(生机比)、体育卫生音乐美术器材、生均图书、教职工与学生比、中级及以上教师所占比例高于规定学历教师所占比例达标情况等9个核心指标达标。基本形成满足适龄儿童少年就近入学需求的学校布局结构;完成中小学校标准化建设任务,办学经费得到保障;教育资源满足学校教育教学需要,学校班额符合国家规定标准,消除“大班额”现象。

(二)县域内义务教育校际间均衡。

重点推进县域内均衡配置教育资源。以生均教学及辅助用房建筑面积、生均体育运动场馆面积、生均教学仪器设备值、每百名学生拥有计算机台数、生均图书册数、师生比、生均高于规定学历教师数、生均中级及以上专业技术职务教师数,分别计算小学、初中综合差异系数。评估标准是小学、初中综合差异系数分别小于或等于0.65、0.55,计算差异系数的8项指标数据来源于国家教育事业统计数据。

(三)教育机会基本均衡。

适龄儿童少年就近入学得到切实保障,九年义务教育小学阶段巩固率达99%以上,初中阶段巩固率达94%以上。三类残疾儿童少年入学率不低于80%。

农民工等流动就业人口子女在全日制公办学校接受免费义务教育得到保证，残疾儿童少年和农村留守儿童义务教育权益得到保障。

（四）经费投入基本均衡。

健全义务教育经费保障制度，将义务教育全面纳入财政保障范围，足额预算，及时拨付上级义务教育资金和本级财政配套资金全额用于义务教育。近三年教育经费达到“三个增长”；地方财政教育支出占一般预算支出的比例达到自治区规定的比例；依法足额征收教育费附加和地方教育附加并按规定全部用于教育；农村税费改革转移支付资金用于教育的比例不低于65%；从土地出让收益中按10%比例足额计提教育资金，并全部用于教育。

（五）师资力量基本均衡。

所有教师具备教师资格和达到学历要求，高一级学历教师所占比例明显提高，学校按照自治区定标准配齐国家课程标准规定学科的各类教师，基本实现县域内所有学校均衡配置教师，学校内学科、班级教师配备合理。学校之间教师学历水平、高级职务教师比例无明显差异；城乡之间、校际之间优秀校长、教师定期交流；校长、教师培训经费得到保障。

（六）办学水平基本均衡。

学校按照广西义务教育课程标准规定开齐开足课程并达到教学基本要求，校际之间教学质量差距不明显，无任意增减课时、增加学生课业负担行为，不将学生考试成绩公开排队、没有举办重点校（班）现象，择校问题得到有效缓解；校园安全卫生责任措施落实到位，无重大安全、卫生责任事故；形成优良的班风、校风。校园文化积极向上，校园周边环境安全有序。校际间、城乡间办学水平无明显差异，学生综合素质基本均衡，学生和家长对学校、班级和教师的满意度较高。

（七）公众满意度测评。

在创建过程中对照《评估验收指标体系》内容，通过媒体、网络、电视等对规范办学行为、教职工待遇，政府经费投入、教师交流等方面进行宣传，提高创建义务教育均衡发展知晓度。同时通过座谈会、随机访谈、问卷调查等方式对当地人大代表、政协委员、义务教育学校校长、教师、家长、学生以及其他群众等不同群体征求意见，公众满意率达到85%以上。

四、评估认定程序

县域义务教育均衡发展督导评估分两个阶段进行，第一阶段为义务教育学校办学基本标准达标学校评估，第二阶段为义务教育发展基本均衡县督导评估。

义务教育学校办学基本标准达标学校评估程序：县人民政府根据《广西壮族自治区义务教育学校办学基本标准（试行）》，按照《广西壮族自治区义务教育学校办学基本标准达标评估指标体系》，对义务教育学校达标情况逐校进行评估。自评达标后报百色市人民政府，由百色市人民政府教育督导部门组织评估，自治区人民政府教育督导部门在开展义务教育发展基本均衡县督导评估中进行复核。

义务教育发展基本均衡县督导评估程序：县人民政府根据自治区制定的县域义务教育均衡发展督导评估实施办法和评估标准，对本县义务教育均衡发展状况进行自评。自评达标后报百色市人民政府，百色市人民政府教育督导部门组织对申报县的自查情况进行复核，并结合义务教育学校办学基本标准达标评估情况，确认该县申请自治区评估的资格，由百色市人民政府向自治区人民政府教育督导团提出评估申请，同时报送自评报告和复核报告。自治区人民政府教育督导团组织对申请评估的县进行教育经费审计、对学校间均衡状况的差异系数进行测算和督导评估。

五、组织机构

为加快推进义务教育基本均衡发展，确保2017年顺利通过自治区检查验收，特成立乐业县推进义务教育均衡发展工作领导小组（以下简称“领导小组”），其成员名单如下：

组　长：李荣能　县人民政府县长
副组长：黄茂兵　县委常委、县人民政府副县长
　　　　黄维新　县委常委、宣传部部长、县人民政府副县长
　　　　杨小斌　县委常委、县委办公室主任
　　　　许原彬　县委常委、县人民政府副县长
　　　　吴金霞　县人大常委会副主任
　　　　李勇才　县人民政府副县长、县公安局局长
　　　　陈　颖　县人民政府副县长
　　　　余美琼　县政协副主席
成　员：陈允刚　县人民政府办公室主任
　　　　郑玲岭　县委办公室副主任
　　　　庾宏政　县人民政府办公室副主任
　　　　李笃练　县纪委副书记（主持县监察局全面工作）

龙光毅　县委组织部副部长、县人力资源社会保障局局长
卢红梅　县发展改革局局长
吴庆斌　县财政局局长
吴成海　县审计局局长
韦德义　县国土资源局局长
罗应业　县住房城乡规划建设局局长
王　磊　县交通运输局局长
陈德美　县卫生和计生局局长
韦胜亮　县文化和体育广电局局长
龙薪州　县食品药品监管局局长
刘通君　县工商管理局局长
黄春景　县物价局局长
何廷兴　县地方税务局局长
文星贤　县公安局副局长
杨秀立　县编委办主任
罗鹤江　县国资中心主任
杨智显　团县委书记
覃喜盼　县妇联主席
吴鸿根　县残联理事长
孙步武　县卫生监督所所长
陈志强　县疾控中心主任
周玉荣　县教育工委纪委书记、县教育局副局长（主持全面工作）
陈秀琴　县教育局副局长
郭慧洁　县综治办副主任
岑国松　同乐镇人民政府镇长
田维建　甘田镇人民政府镇长
陈彦滕　逻沙乡人民政府乡长
岑彦熠　新化镇人民政府镇长
黄子真　逻西乡人民政府乡长
陈长会　幼平乡人民政府乡长
吴显俊　花坪镇人民政府镇长
刘创新　雅长乡人民政府乡长

领导小组下设义务教育均衡发展推进工作办公室（简称“均衡办”），办公室设在县教育局，办公室主任由黄维新同志兼任，副主任由庾宏政、周玉荣和陈秀琴同志担任，成员从有关单位抽调组成，具体负责全县义务教育均衡发展的日常事务工作和具体实施工作。

各乡（镇）、县直各有关单位要在领导小组的统一领导下，明确职责、目标和任务，共同做好推进义务教育基本均衡发展各项工作。

1. 县人民政府办公室：按照“目标明确、思路清晰、举措得力、效果明显”的要求，将义务教育均衡发展纳入县域经济社会发展和教育事业发展规划。完善“以县为主”义务教育管理体制，形成分工明确、齐抓共管的工作格局。健全义务教育均衡发展监督问责机制。负责召集专题会议，听取义务教育均衡发展工作汇报，及时研究解决义务教育均衡发展遇到的困难和问题。定期组织对县直相关部门和乡（镇）人民政府履职情况进行考核。

2. 县公安局：切实加强校车安全监管，依法维护校园及周边秩序，指导学校做好校园保卫和消防安全工作，及时依法查处扰乱校园秩序、侵害师生人身安全案件，协助学校处理校园突发事件，选派法制副校长，为学校提供安全保障。

3. 县教育局：负责全县义务教育均衡发展迎检工作的统筹协调。按照县域义务教育均衡发展的要求，合理规划义务教育学校布局。实施全面“改薄”项目工程建设，改善办学条件，使城乡义务教育学校建设用地、校舍建筑面积、教学仪器、图书等设施设备达到规定标准。推进义务教育学校校长、教师定期轮岗交流，确保师资均衡配置。实行就近、免试入学制度，义务教育学校“择校”问题明显改善；义务教育学校班额符合规定，全面落实课程计划，规范办学行为，减轻学生课业负担。落实经济困难子女资助政策，保障进城务工人员随迁子女、适龄残疾儿童、少年平等接受义务教育的权利；建立义务教育均衡发展督导检查制度和质量均衡考核评价机制；负责抓好校园硬化、绿化、文化、美化、净化的管理工作；加强对义务教育均衡发展迎检工作的组织实施、指导和日常监管，并做好宣传报道及氛围的营造等工作。

4. 县人民政府教育督导室：为政府和有关部门提供义务教育均衡发展评估验收标准及法律、法规、政策依据，按照区市要求，对县有关各部门和乡（镇）人民政府、学校义务教育均衡发展推进工作进行指导督查，对推进工作不力、进度缓慢的单位和个人，进行通报并责令限期整改。

5. 县发展改革局：将义务教育均衡发展纳入全县国民经济和社会发展总体规划，指导相关部门将义务教育优先发展、均衡发展、促进教育公平纳入经济社会发展规划；做好各类教育基建项目的立项、审批

工作，会同教育、财政部门做好中小学布局调整工作。积极协调项目建设资金，加大对义务教育发展的投入力度。

6. 县财政局：充分发挥公共财政的保障职能，安排好义务教育均衡发展专项资金。依法保障教育投入，确保教育经费达到“三个增长”。将义务教育全面纳入财政保障范围，足额预算，及时拨付上级义务教育资金和本级财政配套资金全额用于义务教育，并加强指导，监督教育经费的合理使用。负责依法管理教育费附加及地方教育费附加，全部用于教育。

7. 县国资中心：负责对全县教育建设项目所需建设资金进行金融融资。

8. 县住房城乡规划建设局：负责按照有关规定，减免中小学校舍建设城市配套费用。依据中小学办学标准和中小学改建、扩建、新建标准，搞好规划审批，加强工程质量监管。在编制城市规划时，将中小学和幼儿园建设纳入新建居住区公共服务设施同步规划。优先审批、办理义务教育建设项目，简化相关手续。

9. 县食品药品监管局：按照许可条件审核、发放学校食堂《餐饮服务许可证》；加强对校园食品安全的日常监督管理和学校食堂相关负责人的培训，加大对义务教育学校食堂的指导和检查力度，发现问题及时提出整改意见。

10. 县卫生和计生局、县卫生监督所、县疾控中心：负责监督指导中小学卫生保健、卫生监督和疾病防控工作，核发学校餐饮服务从业人员健康证。

11. 县文化和体育广电局：加强对学校周边文化市场的管理。会同公安、工商、教育等部门对电子游戏厅、网吧、歌舞厅进行严格检查，依法查处违法经营行为。对义务教育的法律、法规、政策进行宣传，积极营造全社会关心、支持义务教育均衡发展的良好氛围。

12. 县审计局：对义务教育经费投入、基建项目实施审计。指导教育内部审计，对学校经费定期进行审计监督。督促财政部门依法增加教育投入，查处和纠正教育经费挪作他用行为。

13. 县人力资源社会保障局：完善和落实义务教育学校教职工的人事(劳动)、工资待遇、社会保障和技术职称(职务)评聘政策。教师职务评聘和教师待遇等向农村地区和薄弱学校倾斜。全面落实义务教育学校教职工绩效工资制度。城乡学校教职工各项社保政策按同一标准落实到位。

14. 县编委办：按照自治区教育厅《关于转发广西壮族自治区中小学校教职工编制标准的通知》(桂编发〔2012〕5号)和《自治区编办、教育厅、财政厅、人社厅关于统一城乡中小学教职工编制标准有关工作的通知》(桂编办发〔2015〕85号)等编制文件规定的标准核定中小学校教职工编制，并按规定配备教师。

15. 县综治办：组织落实校园治安综合治理目标管理责任制，选派、管理好学校法制副校长。对校内公共场所加强管理，联合工商、税务、物价、城管、文化等部门依法查处、取缔扰乱校园秩序、无照经营摊点，协调当地政府、公安等部门做好校园周边的综合治理工作，预防和打击各种犯罪行为。

16. 县交通运输局：对全县的营运车辆进行监督管理，开展经常性路查，对全县通往学校的道路进行维修与管理，确保学生上下学安全。

17. 县国土资源局：把中小学建设用地纳入全县城乡基础设施建设用地整体规划，优先解决中小学建设用地，并依法及时为中小学校办理有关用地手续。在编制土地利用总体规划时，结合本地需要和教育发展实际，将新建、改建、扩建校舍用地纳入总体规划之中。优先保障教育项目建设用地，做好义务教育建设用地的审核和报批工作。

18. 县地方税务局：足额征收地方教育费附加和城市教育费附加。

19. 县物价局：核定义务教育学校收费标准，加强对义务教育学校收费监管，查处义务教育乱收费行为。

20. 县残联：做好全县残疾儿童少年摸底调查、确认登记和发放残疾证等工作，对适龄残疾儿童少年给予生活扶持，并协调有关部门、企事业单位优先安排有劳动能力的成年残疾毕业生就业。

21. 团县委：会同县直有关部门加强青少年学生的思想道德教育，做好预防和减少青少年违法犯罪工作以及青少年学生维权和保护工作；积极开展“手拉手”关爱行动，努力构筑留守儿童教育监护网络和贫困学生帮扶救助体系，维护农村留守儿童的权益。

22. 县妇联：加强家庭教育，做好中小学生家长及监护人的劝学工作及女学生、女教师的维权工作；积极利用和整合社会资源，创建“留守儿童之家”等服务机构，帮助孤儿、留守儿童解决生活、学习中的实际困难，配合有关部门督促指导各乡（镇）建立以乡（镇）政府为主导，学校和社会各界广泛参与的留守儿童关爱体系和动态监测机制。

23. 县监察局：对义务教育基本均衡发展工作涉及的部门、单位履职情况进行监督检查，对认识不到位、工作不落实的单位和责任人进行问责。

24. 县工商管理局：加强对校园周边经营服务场所及校外托管机构的管理和监督，会同有关部门对中小学周边环境进行治理，依法取缔校园周边的无证照摊点，制止危害中小学生身心健康的经营行为发生，保护中小学生健康成长。

25. 各乡（镇）人民政府：按照县人民政府规划，协调有关部门落实义务教育学校建设用地。依法组织辖区内适龄儿童、少年入学，建立和完善控辍保学长效工作机制。加强留守儿童教育和管理，把关爱留守儿童工作落到实处。关爱“三残”儿童，把“三残”儿童入学就读工作落到实处。加强校园周边环境和安全卫生等方面的综合治理。

26. 各中小学：加强学校内部管理，规范办学行为，提高学校管理的制度化、精细化水平；加强校园文化建设，建设平安校园、优美校园、书香校园；按照要求开齐开足课程课时，促进学生全面发展；突出办学特色，加强校本课程建设，促进学生个性发展；推进课堂教学改革，构建高效课堂，加强校本教研，提升教师业务水平；切实改进德育工作，培养学生健全人格，提高德育工作的有效性；加强学校安全工作，落实责任确保无安全责任事故发生；做好“控辍保学”工作，平等对待学生，帮助困难少年儿童完成学业；规范建立健全义务教育均衡发展工作资料。

六、实施步骤

（一）宣传发动阶段(2016 年 1 月—4 月)。

各乡（镇）、县直有关部门、义务教育阶段学校成立推进工作领导小组，制定实施方案，召开工作动员会，明确工作责任，分解目标任务。大力宣传我县义务教育均衡发展的形势、任务、要求和先进经验、先进典型，为推进工作营造舆论氛围。各中小学利用会议、专栏、橱窗、手册等强化义务教育均衡发展政策及知识宣传。

（二）调查摸底阶段(2016 年 5 月—6 月)。

1. 开展自查，摸清情况(2016 年 5 月完成)。各乡（镇）、县直各有关部门和学校根据工作责任分解情况，对照《广西壮族自治区义务教育学校办学基本标准达标评估指标体系》，县域义务教育校际间均衡状况的 9 项监测指标以及县级人民政府推进义务教育均衡发展工作情况的 18 个 B 级评估标准，逐块逐项深入全面地展开自查，认真查找存在的问题，摸清实际情况。

2. 整理资料，建立台账(2016 年 6 月中旬完成)。教育及相关部门根据自查结果，认真统计分析，针对现有数据及评估标准找出差距，抓住重点、科学规划，建立工作明细台账，明确整改责任人和整改时间。

3. 对照标准，科学谋划(2016 年 6 月底前完成)。在认真自查的基础上，以整理出的实际数据为依据，根据自治区农村义务教育学校办学基本标准，对全县义务教育阶段学校的办学条件做出科学合理规划，报县人民政府审批后实施。

（三）整体推进阶段(2016 年 7 月—2017 年 4 月)。

1. 召开会议，专题部署。召开乐业县推进义务教育均衡发展专题工作会议，分解任务目标，明确部门职责，全面作出部署。各乡（镇）、县直各有关部门及各中小学对照国家、自治区和市县域义务教育基本均衡发展督导评估有关规定，完善工作措施，落实工作责任。

2. 试点先行，全面推进。在全面调研并深刻分析后，确定村小、乡（镇）中心小学、初中各一所学校为乐业县推进义务教育均衡发展工作试点学校，积极总结经验和做法，为全面推进义务教育基本均衡发展工作提供参考。全县实行“领导小组成员带头指导，县教育局班子成员分片包干，股室人员包点挂校”制度。

3. 狠抓落实，推进均衡。紧扣广西县域义务教育发展基本均衡县督导评估内容和标准，制定工作日程安排表，通过落实经费投入保障机制，推进学校标准化建设、教育质量提高、教师队伍建设、义务教育关爱“四大工程”，促进办学条件、教育质量、师资配置、入学机会“四个均衡”。

推进学校标准化建设工程完成：一是加快实施教育项目工程，建设教学及教学辅助用房，完善体育运动场地。二是筹措资金为各缺额中小学校采购图书、仪器、装备等。三是加快推进搬迁重建同乐镇中心小学，新建乐业第三初级中学、乐业县城第三小学项目建设，优化学校布局结构，进行集中办学，解决城区学校办学规模过大、大班额突出问题。

4. 收集数据，完善资料。各乡(镇)、县直各有关部门及各中小学要根据县均衡办提供的档案目录，按职能收集完善相关材料，全面完善迎接自治区县域义务教育均衡发展督导评估档案资料，做到目录清晰、资料翔实、数据准确、装帧美观、一目了然。完善全县推进县域义务教育均衡发展工作专题片脚本的编写、摄制工作。制作展板、宣传手册，做好迎接自治区督导评估的各项准备工作。

5. 加强督查，确保落实。县推进工作领导小组组织人员深入责任单位，对核心指标的达标情况进行专项检查，及时发现、解决工作中的困难与问题，实行重点工作台账制、典型事例通报制和限期整改责任制，及时通报督查结果，逐一提出整改意见，并对整改项目进行跟踪，保证各项工作落实到位。

(四)评估认定阶段(2017年5月—12月)。

1. 义务教育学校办学基本标准达标县级自查自评(2017年5月)。县均衡办要对照《广西壮族自治区义务教育学校办学基本标准达标评估表》的指标体系，组成若干评估组，对全县义务教育学校进行县级评估，针对存在的主要问题，及时研究解决办法。县教育局要及时跟踪指导，积极协调配合相关部门做好整改工作。经县级自评后，学校对存在的问题必须在市级评估验收前完成整改。

2. 申请并接受市级评估验收(2017年6月)。义务教育学校办学基本标准县级自评达标后，书面申请市人民政府教育督团对我县进行义务教育学校办学基本标准达标评估认定。县、校两级都要认真做好迎检工作。

3. 做好迎接自治区督导评估认定各项准备工作(2017年7月—9月)。结合百色市督导评估团反馈意见，总结经验，查漏补缺，进一步巩固提高工作成果，确保各项指标达到自治区县域义务教育基本均衡发展县标准要求。县、校两级对市级督导评估组提出的问题必须于自治区督导评估认定前完成整改。继续加快学校基础设施建设和校园文化建设。聘请专家到我县亲临指导。

4. 申请并接受自治区督导评估验收(2017年10月—12月)。县推进工作领导小组根据自治区制定的县域义务教育均衡发展督导评估实施办法和评估标准，组织人员对本县义务教育均衡发展状况进行自评。自评达标后，报市人民政府，市人民政府教育督导团组织对自查情况进行复核，并结合义务教育学校办学基本标准达标评估情况，确认我县申请自治区评估的资格，由市人民政府向自治区人民政府教育督导团提出评估申请，同时报送自评报告和复核报告。

在自治区督导评估认定前，县、校都要全力做好各项准备工作。

5. 继续做好查漏补缺、整改完善工作，迎接国家督查组的评估认定。

七、工作措施

(一)保障入学机会均等。

1. 认真贯彻《未成年人保护法》，积极推进中小学教育惠民工程；将进城务工人员随迁子女、转户居民子女就学纳入当地教育发展规划，纳入财政保障体系；完善义务教育学校“划片招生、免试就近入学”制度，严禁择优录取，遏制择校风，促进校际生源均衡。

2. 建立由县相关部门和乡(镇)人民政府齐抓共管的留守儿童工作机制，有效解决农村留守儿童问题。学校建立留守儿童登记、结对帮扶制度，设立亲情电话，加强与留守儿童家长、监护人的联系。开通寄宿学校“新一千零一夜”睡前故事广播，为乡村留守儿童带来欢乐，推动农村寄宿学生的成长教育；加强对寄宿制学校教师培训工作，提高管理水平和服务质量。

3. 确保全县适龄儿童少年依法接受义务教育。小学、初中入学率分别保持在99.5%以上、96%以上，小学阶段巩固率达99%以上，初中阶段巩固率达94%以上；三类残疾儿童少年入学率不低于80%；自治区示范性普通高中指令性招生指标按自治区当年规定的比例分配到县域内初中学校。

4. 建立扶贫助学长效机制，大力推进学生资助政策。从县建档立卡贫困户数据库中筛选出在校贫困学生，积极主动与辖区政府、村干、组干对接，逐校、逐村、逐人核对登记统计信息，全面摸清教育精准扶贫对象情况，建立贫困生数据档案，在“精准资助、应助尽助”原则上，用足国家惠民政策，扎实开展精准扶贫“一对一”帮扶活动，保证贫困学生顺利完成学业，确保学生不因学返贫、因学致贫、因贫辍学。

(二)保障经费投入。

将义务教育全面纳入财政保障范围，足额预算，及时拨付上级义务教育资金和本级财政配套资金全额用于义务教育。逐年提高县级财政支出中教育支出所占比重，确保教育经费“三个增长”“一个比例”、农村税费改革转移支付资金用于义务教育的比例，教育费附加及地方教育费附加全额用于教育。优先落实教育用地指标，优先建设教育事业扶贫项目。认真落实各项资金投入政策，保障义务教育学校发展教师培训经费，土地出让金净收益中按10%比例计提教育资金，并全部用于教育。同时，增加教育经费向薄弱学校和农村学校倾斜，重点用于农村义务教育学校基本建设和设备配置。

（三）改善办学条件。

1. 按照《广西壮族自治区义务教育学校办学条件基本标准》《广西壮族自治区人民政府办公厅关于进一步规范农村义务教育学校布局调整的实施意见(征求意见稿)》精神，优化学校布局结构，全面推进学校标准化建设，制定并有效实施薄弱学校改造计划，优先解决县直初中学校和县城小学办学容量不足、农村寄宿制学校学生生活设施不配套、乡村学校办学条件简陋等突出问题，切实缩小城乡、校际之间办学条件差距，努力建成一批标准化学校。

(1)搬迁重建同乐镇中心小学项目，计划容纳3000名学生，分流部分县城一、二小学生，腾出因学生太多需安置而挤占了的各种功能室。

(2)新建乐业县城第三小学，计划容纳3000名学生，分流县城一、二小的大班额学生，解决进城务工随迁子女及其他流动人员子女就近入学。

(3)新建乐业第三初级中学，计划容纳3000名学生，全寄宿制。把部分乡(镇)初中并入乐业县第三初级中学，将原初中旧址划给乡(镇)中心小学。

(4)对全县部分农村中小学实施学校标准化建设，使每一所学校达到自治区办学基本标准，解决“农村弱”“县镇挤”“超大班额”“大通铺”等突出问题，明显缩小县域内学校之间差距。

(5)将各乡(镇)村级不足100人的小学的四至六年级学生全部调整到所在乡(镇)中心小学就读，不足100人的村小学原则上只保留一至三年级和开设幼儿园。

2. 根据《广西壮族自治区义务教育学校教学仪器、图书及卫生(保健)配备标准(试行)》(桂教基教〔2015〕48号)的要求，配齐配足全县义务教育学校教学仪器设备，提高义务教育学校标准化水平。统筹安排教育信息建设资金，进一步推进农村中小学实施现代远程教育，分步实现“校校通”与“班班通”的目标，不断提高教育信息化的普及水平和应用水平。

（四）加强师资队伍建设。

1. 按照自治区教育厅《关于转发广西壮族自治区中小学校、幼儿园、特殊教育学校教职工编制标准的通知》(桂编发〔2012〕5、6、7号)和《自治区编办、教育厅、财政厅、人社厅关于统一城乡中小学教职工编制标准有关工作的通知》(桂编办发〔2015〕85号)等编制文件规定的标准核定教师编制，合理配备义务教育学校学科教师，使生师比达到自治区编制标准。建立健全教师补充机制，及时补充中小学空出的教师编制，通过公开招考、双选会招聘、定向培养、招募特岗教师等方式多渠道招聘教师，重点招聘英语、地理、历史、政治、化学、音乐、美术、体育、信息技术等紧缺科目教师。优先考虑配备乡(镇)中心学校、村级小学等规模较小学校的专职教师，确保开齐开足国家规定的课程。

2. 建立和完善校长、教师轮岗交流制度，促进教师在区域内合理流动。贯彻落实乐业县教育局、编委办、财政局、人力资源社会保障局联合下发的《乐业县校长教师交流轮岗实施办法(实行)》(乐教人〔2016〕1号)文件精神，校长每届任期5年，任满两届必须交流；凡男55周岁，女50周岁以下，在同一所学校连续任教满12年以上的教师必须交流轮岗。县直学校校长教师交流主要采用对口帮扶的方式进行；乡(镇)小学校长教师交流轮岗主要采用学区一体化管理的方式进行。利用职称申报、骨干教师评选、薪酬福利、评优表彰等比例分配向偏远学校倾斜的办法，引导县直学校、乡(镇)中心小学教师积极主动地向偏远村级学校流动。

3. 制定中小学教师中长期培训规划，抓好岗位培训、新任教师培训和班主任培训，落实教师培训“国培计划”“区培计划”。鼓励教师参加学历提高培训，组织骨干教师参加高层次研修，教师培训经费按照学校年度公用经费预算的5%安排。到2017年，全县小学、初中专任教师全部具有相应的教师资格，学历合格率全部达标。

（五）提高育人质量。

1. 加强教学常规管理。进一步落实义务教育学校常规管理工作,将自治区义务教育学校常规管理各项规定落实到每一所学校、学校的每一个部门,全面提高依法规范管理学校工作水平。严格执行国家课程计划,按照义务教育课程标准开齐课程、开足课时;小学、初中学生体质健康及格率达到自治区规定标准。

2. 实施课堂教学改革。积极探索构建以“自学、交流、反馈”为主要要素的“有效课堂”教学模式;全面提高教师教育信息化应用能力,使体现素质教育的新型课堂常规得以确立,城乡师生平等、同伴互助、关注弱势、促进公平的课堂氛围得以形成。逐步缩小城乡学生在学习态度、学习能力以及学习成绩等方面的差距,具有初步的科学与人文素养、环境意识、创新精神与实践能力;城乡学生独立性和自主性得到提高,个性特点得到发展,具有终身学习的愿望和能力。

3. 加强学校文化建设。把精神文化建设、管理文化建设、物质文化建设和行为文化建设有机地统一起来,结合校风、教风、学风“三风”的建设,在制度化、规范化、精细化的管理建设,在校园净化、绿化、美化和文化“四化”物质建设及在以行为习惯和学习习惯的师生养成教育建设上,形成新的工作特色和亮点,引领各学校健康发展。

4. 加强招生管理和学籍管理。义务教育阶段学校坚持免试就近入学原则,不得违规提前招生和举行任何形式的选拔性考试。教育部门要制止各种学科竞赛、特长评级与义务教育阶段学校录取相挂钩。要及时根据生源变化情况合理调整学校招生范围,每学年向社会公布行政区域内各义务教育阶段学校招生范围、招生时间、招生计划及有关要求。进一步规范中小学生学籍电子化管理,强化“控流防辍”监控措施,保证小学阶段巩固率达 99% 以上;初中阶段巩固率达到 94% 以上。

5. 规范办学行为。淡化升学竞争,不下达升学指标,不公布升学率信息,不依据升学考试成绩进行排名,不以升学考试成绩奖惩学校和教师,不设重点校,学校不以学生文化课成绩分快慢班、重点班。

6. 减轻课业负担。学校不利用节假日补课,无向学生收取补课费用现象,严格执行有关文件要求,无滥订滥发教辅材料现象。课内外作业量、考试次数合理,切实减轻学生课业负担。

八、工作要求

(一)统一认识。推进义务教育均衡发展是当前和今后一个时期全县教育工作的重点之一,是贯彻实施《国家中长期教育改革和发展规划纲(2010—2020年)》,统筹城乡教育发展,满足人民群众对教育公平和教育质量需求的重要任务;是促进我县加快实施科教兴县战略、落实教育优先发展战略地位、依法履行教育管理职责的一项重要举措。各乡(镇)、县直相关单位一定要充分认识义务教育均衡发展督导评估工作的重要性和必要性,切实抓紧抓实抓好此项工作,形成浓厚的迎检氛围。

(二)加强领导。县推进义务教育基本均衡发展工作领导小组,负责对推进工作的组织、部署、督促和检查。各乡(镇)、县直相关单位、各学校要充分认识推进义务教育均衡发展的重要性和紧迫性,根据工作责任分解情况,认真研究自身职责和任务,主要领导要亲自抓,要落实专人具体抓,确保各项工作落实到位。

(三)落实责任。建立推进义务教育均衡发展工作职责分工(详见附件)、部门联席会议、定期汇报工作和责任追究等制度。各级各部门要按照统一口径、实事求是、规范翔实、精简高效的原则,全面收集整理资料,建立规范的档案。义务教育均衡发展推进工作领导小组根据工作需要,适时召开成员单位联席会议,了解掌握工作进展情况,研究解决工作中的困难和问题。各乡(镇)、单位和各级各类学校要定期书面向均衡办报送有关工作进展情况。义务教育均衡发展推进工作实行“一把手”负责制,形成“一把手”负总责、分管领导负直接责任、具体工作人员负具体责任的工作格局。

(四)严格奖惩。县人民政府将该项工作的完成情况作为各乡(镇)、部门年终目标考核的重要内容进行严格考核。同时,建立各乡(镇)、各有关单位和学校“一把手”为第一责任人的推进工作责任制和责任追究制。对创建工作中自查整改扎实、表现突出、成绩显著的乡(镇)、单位和个人,给予表彰奖励;对不按标准推进工作进程的乡(镇)、单位,予以通报批评;对推进工作不力,进展缓慢或失职、渎职,造成重大过失,影响全县创建工作大局的,要严肃追究有关乡(镇)、单位和责任人的责任。

乐业县人民政府
关于印发《乐业县县长质量奖评审管理办法》的通知

乐政发〔2016〕26号

各乡(镇)人民政府,县直各有关单位:

经县人民政府研究,现将《乐业县县长质量奖评审管理办法》印发给你们,请认真贯彻实行。

乐业县人民政府

2016年10月31日

乐业县县长质量奖评审管理办法

第一章 总 则

第一条 为深入贯彻落实科学发展观,大力实施质量兴县战略,加快转变经济发展方式,不断提高社会质量意识,引导和激励全县各行各业加强质量管理,提高产品质量、工程质量、服务质量、生态与环境质量总体水平,促进产业振兴,不断推进全县经济增长方式的转变和经济综合竞争力的提升。根据《中华人民共和国产品质量法》《中共广西壮族自治区委员会、广西壮族自治区人民政府关于实施质量兴桂战略的决定》(桂发〔2009〕37号)、《百色市人民政府办公室关于印发百色市实施质量兴市战略工作方案的通知》(百政办发〔2010〕138号)和《乐业县人民政府办公室关于印发乐业县实施质量兴县战略工作方案的通知》(乐政办发〔2010〕178号)等有关文件的规定,结合我县实际,制定本办法。

第二条 本办法所称"乐业县县长质量奖"(以下简称县长质量奖)是县政府设立的质量管理最高荣誉,主要授予本县具有独立法人资格,实施卓越绩效经营管理模式,在行业内处于领先地位,社会效益和经济效益显著的企业或组织,以及提供公共服务的非政府机构。

第三条 县长质量奖的推荐、评审和授予,遵循以下基本原则:

(一)科学、公正、公平、公开;

(二)企业自愿;

(三)总量控制,好中选优。

第四条 县长质量奖每年评审一次,原则上获得县长质量奖的单位每年不超过2家。达不到奖励条件的可以空缺。企业或组织在获奖之日起5年内不得再次申报该奖项。

第二章 组织管理

第五条 乐业县实施质量兴县战略工作领导小组负责县长质量奖评审的组织管理工作,并设立"乐业县县长质量奖评审委员会"(以下简称县长质量奖评审委员会),日常工作由乐业县实施质量兴县战略工作领导小组办公室(以下简称县质量兴县办)负责。

第六条 县长质量奖评审委员会主要职责:

(一)组织、推动、指导和监督县长质量奖评审活动的开展,研究决定县长质量奖评审过程中出现的重大事项;

(二)审定县长质量奖评审通则等重要工作规范;

(三)审查、公示评审结果,提请乐业县政府和县长批准县长质量奖拟奖企业或组织名单。

第七条 县长质量奖评审委员会成员由具有广泛代表性和权威性的知名学者、质量专家、企业管理专家、行业人士、政府及政府有关部门人员等组成。县长质量奖评审委员会主任委员由县政府县长或委托分管质量工作的副县长担任,副主任委员由县政府办公室副主任和县质量兴县办主任担任,其他成员由实施质量兴县战略工作领导小组成员单位提出名单,县质量兴县办汇总报县长质量奖评审委员会主任委员或副主任委员审定。

第八条 县质量兴县办承担县长质量奖的日常工作,主要职责是:

(一)组织制(修)订县长质量奖的评审通则等;

(二)组织制(修)定县长质量奖评审细则、评审员管理制度,建立评审员专家库,组成各专项评审组;

(三)组织编制县长质量奖年度工作计划,组织开展区内外及国内质量奖评审标准和评审工作的跟踪研究；

（四）负责县长质量奖的申报受理、组织评审以及宣传推广工作；

（五）组织专家或第三方机构调查、核实申报企业或组织的质量工作业绩及社会反映；

（六）汇总并向县长质量奖评审委员会报告县长质量奖各专项评审组的评审结果，提请审议候选名单；

（七）组织考核、监督县长质量奖评审人员职责履行情况；

（八）承担县长质量奖评审委员会交办的其他工作。

第九条 县质量兴县办组织建立县长质量奖评审员专家库，组成各相关专项评审组。各专项评审组由3~5名评审员组成，专项评审组实行组长负责制。评审组主要职责是：

（一）对企业或组织的申报材料进行评审，提出建议现场评审的企业或者组织名单；

（二）制订现场评审实施计划，对企业或组织实施现场评审；

（三）提出建议授奖的企业或组织名单。

第十条 涉及重大问题和重要事项时，县质量兴县办邀请纪律监察部门参与县长质量奖评审的监督工作。

第十一条 县质量兴县办在开展县长质量奖评审工作时，应充分发挥技术机构及社会中介机构等组织的作用。

第三章 申报条件

第十二条 申报县长质量奖的企业或组织，应具备下列基本条件：

（一）在乐业县行政区域登记注册，具有法人资格，从事合法经营3年以上；

（二）产品或服务符合国家和自治区有关环境保护、节能减排、清洁生产、安全生产、产品消费、劳动保障等方面的法律法规、强制性标准和产业政策等要求；

（三）积极推广先进的质量管理方法，建立有效运行的质量管理体系，认真贯彻GB/T 19580《卓越绩效评价准则》国家标准，建立卓越绩效模式管理推进机构，形成了自我完善的持续改进机制，质量效益突出；

（四）近3年来主要经济指标和社会贡献程度居全县同行业前茅，主导产品的技术和质量指标达到国内先进水平；从事非营利性业务的企业或组织，其社会贡献位居全县同行业前列；

（五）品牌优势突出，社会美誉度高，建立质量诚信体系并具有良好的质量诚信记录，对获得国家级、自治区级名牌产品或者获奖产品、中国驰名、广西著名商标、国家地理标志保护产品和服务品牌等奖项的企业或组织，在同等条件下予以优先考虑；

（六）近3年内无重大的质量、安全生产、环境污染、公共卫生、劳资纠纷等重大事故，无涉税、走私等违法行为，无因组织责任导致的服务对象、用户（顾客）投诉的突出问题；

（七）近3年内无违反法律法规的不良记录。

第四章 评审标准

第十三条 县长质量奖评审标准应体现先进性、科学性和有效性，借鉴和吸收国内先进质量奖的评定标准。评审标准是县长质量奖评定的基础，也是企业或组织自我评价、自我改进的参考依据。

第十四条 县长质量奖评审标准参照《卓越绩效评价准则》（GB/T 19580）制订。

第十五条 县长质量奖评审标准可根据行业的特点，按农业、制造业（含建筑业）、服务业等行业，重点在质量管理、经营规模、自主创新能力、科技进步、市场占有率、诚信记录和社会贡献等方面分别制订各行业的评审标准实施指南，以保证县长质量奖的代表性和权威性。

第十六条 县长质量奖评审标准总分1000分，评审以资料审查和现场评审的综合评审总评得分为主要依据，其中，材料审查分占20%，现场评审分占80%，获奖企业或组织在综合评审中的总评得分必须高于标准总分的80%（含）。若当年申报企业或组织的总评得分均低于标准总分的80%（不含），则该奖项空缺。

第十七条 县长质量奖评审标准根据质量管理理论及其实践的发展，可适时进行修订。

第五章 评审程序

第十八条 每年由县质量兴县办发出申报县长

质量奖的通知，并在规定时间内组织受理当年度县长质量奖的申请。

第十九条 凡符合申报条件的企业或组织，在自愿的基础上，按照县长质量奖评审标准进行自我评价，形成自我评审报告，按要求填写申报表，并提供相关的证明性材料，经行业主管部门签署推荐意见，在规定时间内报送至县质量兴县办。

第二十条 行业主管部门对申报企业或组织所申报材料进行真实性审核，出具书面推荐意见，并签字盖章。

第二十一条 县质量兴县办组织对申报企业或组织的基本条件、申报表及相关的证实性材料的完整性进行形式审查，确定符合申报条件的企业或组织名单。

第二十二条 县质量兴县办组织县长质量奖评审各专项评审组按照评审标准和实施指南，对资格审查合格的企业或组织的申报资料进行评审，形成资料评审报告，并遵循好中择优的原则确定现场评审的企业或组织名单。

第二十三条 县质量兴县办组织各专项评审组按照评审标准和实施指南，对资料评审后确定的现场评审企业或组织进行现场评审，形成现场评审报告和建议授奖的企业或组织名单。

第二十四条 县质量兴县办综合各专项评审组的建议后，提出提请审议的候选授奖企业或组织名单，并将企业或组织的申报材料、资料评审报告、现场评审报告等材料提交县长质量奖评审委员会审查。经评审委员会审议后，表决确定初选授奖的企业或组织名单。

第二十五条 县长质量奖评审委员会通过新闻媒体、网络等对初选拟授奖名单向社会公示，征求社会各界的意见，公示期限为15天。对公示后反映的问题，由县质量兴县办负责组织进行调查核实，形成调查核实情况报告，提交县长质量奖评审委员会审查。

第二十六条 通过公示的拟授奖企业或组织，由县长质量奖评审委员会报县政府审核，经分管质量工作的副县长审核，最后由县长审定签署，由乐业县人民政府发文公告。

第六章 奖励及经费

第二十七条 获县长质量奖的企业或组织由乐业县人民政府给予表彰和奖励，颁发县长质量奖奖牌和证书，并给予每个获得县长质量奖的企业或组织一次性奖励10万元。

第二十八条 县长质量奖奖金主要用于获奖企业或组织的质量持续改进、质量攻关和人员培训、质量检验机构和实验室建设的投入、提升服务质量等，不得挪作他用。

第二十九条 县长质量奖的评审不向申报企业或组织收取任何费用，不增加企业或组织负担。奖励和评审经费由县财政统一安排，纳入财政预算。

第七章 监督管理

第三十条 申报县长质量奖的企业或组织应实事求是，不得弄虚作假。对发现采用不正当手段骗取县长质量奖的，由县质量兴县办提请县政府批准撤销其县长质量奖称号，收回奖杯、证书，追缴奖金，并在市、县级主要新闻媒体上予以曝光。

第三十一条 获得县长质量奖的企业或组织应持续实施卓越绩效管理，坚持以人为本，充分发挥员工的创业积极性，深入推进再创业工作，进一步加强技术创新和管理创新，努力为促进区域经济协调健康发展做出新的贡献。

第三十二条 建立获奖企业或组织定期巡访及动态管理机制。企业或组织在获县长质量奖后5年内如发生下列情形之一的，由县质量兴县办提请乐业县人民政府撤销其奖项，按比例收回奖金，并向社会公告。被撤销奖项的企业或组织从被撤销之日起5年内不再受理其申请。

（一）发生重大质量、安全、环保、卫生、劳资纠纷等情况的；

（二）产品质量或服务质量出现不稳定，产品经国家级、省级或者县级质量监督抽查判定为不合格的，或出现重大服务质量事故的，被有关方面和群众投诉并查证属实的；

（三）出口产品因质量问题被国外通报或索赔，造成国家形象和产品信誉受到较大损害的；

（四）因经营管理不善，出现严重经营性亏损的；

（五）发生其他严重违反法律、法规行为的。

第三十三条 获得县长质量奖的企业或组织可在企业形象宣传中使用该称号，并注明获奖年份，但不得用于产品和服务宣传。违反上述规定的，由质监和工商部门责令限期改正。

第三十四条 参与县长质量奖评审工作的人员应实事求是、公正廉洁，保守企业或组织的商业和技术秘密，严格遵守评审的有关规定和程序。与申报企业或组织存在有利害关系的，本人应当主动提出回避。对违反评审纪律的，视情节轻重予以批评、警告或取消评审资格。构成犯罪的，依法追究刑事责任。

第三十五条 除本办法规定的县长质量奖评审机构外，其他任何组织或个人不得进行县长质量奖的评审活动。

第八章 附 则

第三十六条 本办法自颁布之日起施行。

乐业县人民政府办公室
关于印发《乐业县2016年新型农村合作医疗基金补偿技术方案》的通知

乐政办发〔2016〕27号

各乡（镇）人民政府，县直各有关单位：

经县人民政府同意，现将《乐业县2016年新型农村合作医疗基金补偿技术方案》印发给你们，请认真贯彻执行。

乐业县人民政府办公室

2016年6月7日

乐业县2016年新型农村合作医疗基金补偿技术方案

根据《自治区卫生计生委、财政厅、编办、发展改革委关于开展新型农村合作医疗基金市级统筹全覆盖工作意见的通知》（桂卫发〔2015〕47号）和《自治区卫生计生委、财政厅关于印发广西新型农村合作医疗基金补偿技术方案(2016年修订)的通知》（桂卫基层发〔2016〕5号）文件精神，为科学规范使用新型农村合作医疗基金，不断提高广大参合农村居民的健康保障水平，推进新型农村合作医疗制度的稳健发展，结合我县实际，特制定本方案。

一、指导思想

坚持取之于民、用之于民的服务理念，以科学发展观为指导，在逐步提高新农合筹资水平、巩固新农合覆盖面的基础上，通过合理调整和完善补偿方案，科学确定保障范围和报销比例，使参合农村居民受益程度不断提高，确保新农合基金安全和制度运行平稳。

二、基本原则

（一）收支平衡，保障适度。以收定支，量入为出，确保新农合基金收支平衡，防止基金透支或基金沉淀过多，合理用于医药费用补偿，逐步降低个人自付比例。

（二）大病统筹为主，兼顾受益面。以住院统筹为主，门诊统筹为辅，建立科学补偿机制，缩小政策范围内报销比例与实际报销比例之间差距，提升重大疾病保障水平。

（三）基层优先，合理引导。充分利用新农合基金补偿标准差异性优势，向基层倾斜，科学引导参合患者到基层医疗卫生机构就诊，为合理诊疗，建立分级诊疗制度创造有利条件。

（四）预算管理，提高效率。按照“总额包干、限额预付、超支不补”的要求，全面推进新农合支付方式改革，建立完善激励约束运行机制，保障基金使用效率和安全。

三、参合对象及待遇

（一）参合对象。乐业县辖区内居住的农村居民，以户为单位自愿参加新农合。因外出打工等原因已参加城镇职工、城镇居民基本医疗保险的人员，不能重复参合和享受待遇。

（二）参合时间。2016年个人缴费应在当年2月底前完成，5月底完成参合信息录入，以便参合人员及时就诊和报销，2016年10月—12月份为次年的缴费时间。

（三）参合待遇。参合人员保障期限按当年参合，当年受益。当年出生超过缴费期的新生儿（婴儿）随母亲纳入新农合保障范围，实行“母婴捆绑”政策（封顶线按一个人标准进行补偿）。参合人员享受参合待遇的同时，应履行新农合制度等有关规定的责任和义务。

四、基金筹集

新农合基金主要由政府补助和农村居民个人缴费筹集。2016年新农合人均筹资标准为540元/(人·年),各级财政补助标准为420元/(人·年)。其中,参合农民个人缴费标准为120元/(人·年),中央财政补助年人均300元,自治区财政补助年人均95元,县级财政补助年人均25元。

农村五保供养、低保、精准扶贫对象等参加新农合,个人缴费按有关规定执行,参合人数和具体人员名单由县民政、扶贫等部门于每年2月底前提供给县新农合经办机构。以便进行身份信息的确认。

五、基金分配

当年可支配的新农合基金包括当年筹集基金和历年累计结余基金,全部为统筹基金,可分为风险基金、住院统筹基金和门诊统筹基金、大病保险统筹基金四个部分。

(一)风险基金按当年统筹基金收入总额的10%提取,若风险基金累计结余达到当年统筹基金收入总额10%的,不再提取风险基金。

(二)当年统筹基金提取风险基金、大病保险基金后,统筹基金按75%的住院统筹基金、25%的门诊统筹基金的比例进行分配,两项基金可调配使用。

六、补偿范围

(一)补偿对象。参合农村居民因病住院或门诊就医、住院分娩的医药费用符合报销范围规定的,纳入新农合补偿范围。

(二)补偿药物。新农合报销药物目录(含国家基本药物目录和自治区增补的基本药物目录)内的药品纳入新农合补偿范围,目录外的药品不予补偿(实行单病种付费管理或按床日付费管理的病种、纳入重大疾病医疗保障范围的病种除外)。

乡镇卫生院、村卫生室和政府、公立医院举办城市社区卫生服务机构(以下简称社区卫生服务机构)的报销药物目录,按《广西壮族自治区卫生计生委关于进一步加强基层医疗卫生机构药品配备使用管理工作的通知》(桂卫药政发〔2014〕5号)要求执行。

(三)补偿项目和材料。诊疗项目和医用材料的补偿范围由县卫生计生行政部门根据具体情况制定。非补偿范围内的诊疗项目和医用材料不予补偿,但实行单病种付费管理或按床日付费管理的病种除外。

(四)农村重大疾病。儿童急性白血病、儿童先天性心脏病、乳腺癌、宫颈癌、重性精神病、终末期肾病(慢性肾脏病第5期,包括门诊治疗)、肺结核(包括结核病的门诊治疗)、艾滋病、重度听障儿童人工耳蜗植入、血友病(包括门诊治疗)、慢性粒细胞白血病、唇腭裂、肺癌、食道癌、胃癌、1型糖尿病、甲亢、急性心肌梗死、脑梗死(急性期)、结肠癌、直肠癌、儿童苯丙酮尿症、尿道下裂、肝癌、鼻咽癌、人感染禽流感、尘肺(《中华人民共和国职业病防治法》实施前,难以明确第三者企业、用人单位责任,不能享受工伤保险的参合患者)等疾病,按重大疾病医疗保障的有关规定执行。重大疾病补偿在定点县级和市二级医疗机构的补偿比例为75%,定点市三级医疗机构和定点自治区级医疗机构补偿比例为70%。

终末期肾病(慢性肾脏病第5期)、肺结核、血友病(包括门诊治疗合规费用的75%给予补偿)。

重大疾病纳入单病种管理,重大疾病合并其他疾病,重大疾病为第一诊断或非第一诊断的,应结合参合患者主诉,病历的治疗过程及费用清单等内容分析,若治疗针对的是重大疾病,按重大疾病给予报销;主要治疗并非针对重大疾病,按普通疾病报销标准给予报销。

(五)门诊特殊病种。高血压病等特殊病种(详见特殊病种门诊补偿)的门诊治疗费用纳入住院统筹基金补偿范围。

(六)康复项目。以治疗性康复为目的的运动疗法、偏瘫肢体综合训练、脑瘫肢体综合训练、截瘫肢体综合训练、作业疗法、认知知觉功能障碍训练、言语训练、吞咽功能障碍训练、日常生活能力评定等9项医疗康复项目的门诊和住院治疗费用,纳入住院统筹基金补偿范围,按住院补偿的有关规定执行。其限定支付范围按《关于印发广西壮族自治区将部分医疗康复项目纳入基本医疗保障范围实施方案(试行)的通知》(桂卫农卫〔2011〕38号)执行。

(七)狂犬病。狂犬病暴露后处置费用(注射狂犬病被动免疫制剂的费用除外)纳入住院统筹基金补偿范围,住院治疗按住院补偿的有关规定执行,门诊治疗按合规费用的70%给予补偿,不设起伏线。

(八)政府财政专项经费支持的"农村孕产妇住院分娩""艾滋病防治""结核病防治""血吸虫病防治""慢性病防治"等公共卫生项目,其救治经费首先按照财政专项经费补助政策或经费使用有关规定给予补助后,剩余部分的医药费用再按照新农合规定补偿。

(九)门诊统筹补偿范围,仅限于本县县级、乡镇(社区)、村三级定点医疗机构纳入门诊统筹补偿范围。

(十)参合农村居民的门诊就医等医药费用,以及一般诊疗费中应由新农合基金支付的部分,从门诊统筹基金中予以补偿。

(十一)按照《广西壮族自治区人民政府办公厅关于实施广西健康惠民工程的通知》(桂政办发〔2012〕320号)开展鼻咽癌、肝癌防治工作的,将鼻咽癌、肝癌联合早期筛查诊断的检测检查费用纳入门诊统筹基金支出范围,补偿资金先从历年累积结余基金中支出,没有结余或结余不足的,再从当年统筹基金中支出。

(十二)凡属下列情形之一的,不予补偿:

1. 报销手续不全或不符合财务制度规定的,无有效医疗费用发票报销联原件的;

2. 酗酒、打架(含夫妻打架)、斗殴、吸毒、服毒、自残、自杀等导致的医疗费用;

3. 近(弱)视矫正术、保健疗法、营养疗法、气功疗法、音乐疗法、磁疗等费用(重性精神病患者因病情需要使用气功疗法、音乐疗法、磁疗等费用除外);

4. 各种美容、健美、减肥、增胖、增效项目及非功能性整容、矫形手术包括眼睑下垂(13岁以下儿童除外)、多指(趾)等矫正等费用;

5. 义齿、眼镜、助听器(顺风耳项目儿童除外)和各种自用的保健、按摩、推拿治疗等器械费用;

6. 在国外和港、澳、台地区发生的医疗费用;

7. 各类器官、组织移植的器官源和组织源,以及开展摘取器官、组织移植的器官源和组织源的手术等相关费用;

8. 擅自到非新农合定点医疗机构就医的;

9. 有工伤保险、生育保险基金和第三方承担的医疗费用;

10. 预防接种疫苗费(狂犬病疫苗除外)、婚检等属公共卫生和保健项目的费用;

11. 未经卫生计生行政部门批准或备案,或者未经物价部门核准收费价格,擅自开展的治疗项目,以及超过物价部门规定的医疗服务价格收费标准的医疗费用;

12. 涉及违法犯罪行为所产生的医疗费用;人流和引产(有医学需要的除外),以及因交通事故、医疗事故等应由第三人负担的医疗费用;

13. 辅助生育费用。

七、补偿标准

(一)住院补偿

1. 住院补偿按以下公式计算:住院补偿费用=(住院总医药费用-非补偿范围内的药品费用-非补偿范围内的诊疗项目和医用材料的费用-起付线)×补偿比例。

2. 住院起付线。起付线是指新农合基金对参合农村居民进行补偿时计算住院补偿费用的最低起点。起付线以下的费用由参合农村居民自付。住院补偿起付线按以下规定:乡镇卫生院、因患精神病在百色市第二人民医院住院、乐业县妇幼保健院起付线为100元,定点县级医疗机构为400元,定点市级医疗机构为600元,定点自治区级医疗机构为800元。

3. 住院补偿比例。是指参合农村居民患病住院花费医药费用后,按规定从新农合基金中获得的医药费用补偿比例。住院补偿比例按以下规定执行:乡镇卫生院、因患精神病在百色市第二人民医院住院补偿比例为92%,乐业县妇幼保健院、乐业县人民医院为75%,定点的其他县级医疗机构为70%,定点市级医疗机构为55%,定点自治区级医疗机构50%。

4. 补偿封顶线。封顶线是指新农合基金能够提供给参合农村居民的最大补偿额度。年内住院补偿封顶线为15万元,新农合政策范围内统筹基金最高支付限额要达到医改目标要求。

5. 住院分娩纳入住院统筹基金补偿范围。在各级定点医疗机构住院分娩顺产的,其费用在财政专项补助支出后,每例按500元给予补偿,异常分娩按住院补偿标准予以补偿。

6. 参合农村居民在新农合定点医疗机构使用报销药物目录(不包括中药配方颗粒、中药浓缩配方制剂)范围内的中医药、民族医药诊疗疾病的,其中中医药、民族医药的医药费用(不包括中成药)补偿比例提高10个百分点以内,且在乡镇卫生院和社区卫生服务中心累加补偿比例不能超过100%(与基本药物目录药品不叠加计算)。进一步完善中医药、民族医药诊疗规范,规范服务项目和服务内容,对不合规项目不予补偿。

（二）普通门诊补偿

1. 每人每年门诊统筹费用补偿封顶线为 150 元，以参合户为单位家庭共享。

2. 门诊统筹补偿不设起付线，补偿达到封顶线限额后，费用自付。

3. 按比例给予报销补偿。单次（或每日）门诊费用（除一般诊疗费外）按 70% 比例给予报销。

（三）门诊特殊病种补偿

各种恶性肿瘤放化疗、器官移植后抗排斥免疫调节剂治疗、再生障碍性贫血、中型和重型地中海贫血、慢性肾功能不全、重性精神病、肾病综合征、癫痫、脑瘫、重症肌无力、冠心病、慢性充血性心衰、帕金森氏综合征、肝硬化失代偿期、脑血管疾病后遗症、风湿性心脏病、风湿（类风湿）性关节炎、慢性肝炎治疗巩固期、慢性阻塞性肺疾病及肺心病、系统性红斑狼疮、强直性脊柱炎、糖尿病、高血压病、甲亢、甲状腺功能减退症、银屑病等 27 种疾病的门诊治疗费用纳入住院统筹基金补偿范围，实现分类补偿。

1. 分类情况。

Ⅰ类：各种恶性肿瘤放化疗、器官移植后抗排斥免疫调节剂治疗、再生障碍性贫血、中型和重症地中海贫血、慢性肾功能不全。

Ⅱ类：重症精神病、肾病综合征、癫痫、脑瘫、重症肌无力。

Ⅲ类：冠心病、慢性充血性心衰、帕金森氏综合征、肝硬化失代偿、脑血管疾病后遗症、风湿性心脏病、风湿（类风湿）性关节炎、慢性肝炎治疗巩固期、慢性阻塞性肺疾病及肺心病、系统性红斑狼疮。

Ⅳ类：强直性脊柱炎、糖尿病、高血压病、甲亢、甲状腺功能减退症、银屑病。

2. 补偿比例与额度。

Ⅰ类每人年度累计补偿封顶线为 5000 元；Ⅱ类每人年度累计补偿封顶线为 4000 元；Ⅲ类每人年度累计补偿封顶线为 3000 元；Ⅳ类每人年度累计补偿封顶线为 2000 元。合并多种慢性病，以其中一病种最高额度为补偿封顶线，不累加。

（四）意外伤补偿。参合群众自驾车辆（单车、摩托车、农用车辆）或生产劳动中发生意外伤（无第三方责任）的医药费用按在各级定点医疗机构的 50% 给予补偿，封顶 50000 元（二次住院除外）。

（五）特殊病种补偿。结合中国慈善总会、中国癌症基金会援助项目的优惠政策，对治疗慢性粒细胞白血病和胃肠道间质瘤患者的伊马替尼胶囊（片）、尼洛替尼胶囊、达沙替尼片、舒尼替尼胶囊 4 种特殊药品实行特殊补偿。

1. 适用症。伊马替尼胶囊（片）（商品名：格尼可、昕维）用于治疗费城染色体阳性的慢性髓性白血病的慢性期、加速期或急变期。伊马替尼片（商品名：格列卫）：用于治疗费城染色体阳性的慢性髓性白血病的慢性期、加速期或急变期；胃肠道间质瘤。尼洛替尼胶囊（商品名：达希纳）：用于治疗对既往治疗（包括伊马替尼）耐药或不耐受的费城染色体阳性的慢性髓性白血病慢性期或加速期。达沙替尼片（商品名：依尼舒、施达赛）：用于治疗对既往治疗（包括伊马替尼）耐药或不耐受的费城染色体阳性的慢性髓性白血病慢性期或加速期、急变期患者。舒尼替尼胶囊（商品名：索坦）：用于治疗对既往治疗（包括伊马替尼）耐药或不耐受的胃肠道间质瘤患者。

2. 补偿比例。参合患者使用格列卫、达希纳、施达赛、索坦治疗的，在每一个参合年度内，由参合患者和住院统筹基金按以下标准共同负担符合临床规范用药 3 个月的药品费用，统筹基金支付 50%，余下药品费用由参合患者按相关程序向中华慈善总会或中国癌症基金会申请援助。参合患者使用格尼可、昕维、依尼舒治疗的，统筹基金支付 60%。

八、补偿要求

（一）参合农村居民应到新农合定点医疗机构就诊，并提供疾病证明、转诊证明、发票、费用清单、病历复印件、合作医疗证、户口本、身份证明（外伤病人出具村委会证明）等材料办理报销手续。

1. 参合农村居民不得弄虚作假套取新农合基金，一旦发现除追回被套取的资金外，还取消其整户当年度享受新农合补偿待遇的资格。

2. 参合农村居民不得将新农合证转借给其他人使用，发现转借新农合证导致新农合基金被套取的，由转借新农合证（卡）者负责追回被套取的资金，并取消借证者整户当年度享受新农合补偿待遇的资格。

3. 对套取、骗取新农合补偿基金的行为，按有关规定严肃查处外，涉嫌违法的移交司法机关处理。

（二）参合农村居民在本县以外的新农合定点医

疗机构住院,要按照《广西新农合转诊制度(试行)》要求办理转诊手续。对未办理转诊手续或在统筹地区外就医住院未办理登记备案的参合农村居民,按各级定点医疗机构降低10%报销比例。

(三)根据病情需要使用非新农合报销药物目录的药品、非补偿范围内的医用材料和开展非补偿范围内的诊疗项目的,特别是使用贵重材料或开展大检查项目时,须事先告知,并经患者签字认可。因不事先告知致患者投诉的,经新农合经办机构查实,所发生的医药费用由该定点医疗机构承担。

(四)不予受理报销的,新农合经办机构应书面告知不予受理报销的理由及依据。

九、监督管理

(一)县卫生计生行政部门要加强定点医疗机构监管,按照《广西新农合定点医疗机构管理办法(修订)》,建立健全定点医疗机构准入和退出制度,通过推进支付方式改革等措施,推动定点医疗机构加强内部管理,规范医疗服务行为,并做好新农合、大病保险和城乡医疗救助等各项补偿政策的有效衔接。

(二)新农合经办机构应与定点医疗机构建立谈判机制和购买服务的付费机制,通过谈判确定协议服务医院、服务范围、服务质量要求、支付方式、支付标准、医疗机构周转金、质量保证金等双方的权责义内容,签订医疗服务协议,实行协议化管理。其中,新农合报销药物目录的用药比例、补偿范围内的诊疗项目和医用材料的使用要求、费用控制、转诊制度的执行、违约违规处理办法等应纳入协议条款中。

(三)新农合定点医疗机构应准确把握入院指征,严格控制住院率,住院患者应是门诊诊疗不能有效控制病情发展,必须医护人员连续观察病情、连续实施临床检查、用药、治疗等处置的患者。要严格执行诊疗规范,合理检查、合理诊疗、合理收费、合理结算,并定期对医疗服务行为、质量、费用管理等进行自查,健全和完善内部自查、监督制度,控制医药费用不合理增长。

(四)县卫生计生行政部门和新农合经办机构要加强对门诊统筹基金管理,加强门诊日志、门诊处方、就诊人次、次均费用等指标的管理,建立门诊病案、病人等抽查制度,监控月度诊次变化情况,对不符合诊疗规范、不合理用药、无病开药、年底集中开药等行为,要严肃查处,按比例扣减补偿基金,并依法依规追究相关人员责任;情节严重的,取消新农合定点医院、科室或执业人员的资格。

(五)各部门要采取多种形式,加大对新农合门诊统筹、大病保障、转诊制度、大病保险等政策的宣传力度,让广大参合群众理解和支持新农合政策,正确履行权利和义务;组织各级定点医疗机构医务人员学习政策,提高其理论水平和执行能力,不得向参合农村居民传递“门诊统筹资金过期无效”谣言,误导参合农村居民年底突击取药;以及宣传免费住院治疗等信息,一旦发现,坚决查处。

(六)县财政部门应按规定对新农合经办机构实行补偿基金预付制,按月均医药费用预付两个月以上补偿资金,由经办机构对实现垫付制的定点医疗机构进行预付或对未实现即时结算的参合人员进行结算报销。新农合经办机构应及时申请、审核、拨付补偿款,确保定点医疗机构正常运转和参合农村居民及时获得补偿。

(七)加强基金监管,建立基金运行分析和风险预警制度,既要避免基金结余过多,又要防止收不抵支;进一步健全完善基金监管制度,认真落实公示制度、督查制度,对大额费用的补偿要认真核查,避免套骗新农合基金事件发生;建立健全举报投诉制度,严厉查处参合农村居民、定点医疗机构和新农合经办机构违法乱纪行为,违反法律法规的要移送司法机构依法处理。

十、定点医疗机构的确认

1. 县内:县人民医院、县妇幼保健院、县疾控中心(限肺结核病的治疗)、各乡镇卫生院和武称、马庄卫生院以及执行乡村一体化管理的村卫生室。

2. 县外各级卫生行政管理部门认可的非营利性医院,当地卫生行政部门认可纳入定点医疗机构的营利性医院。

十一、其他

(一)本方案自下发之日起执行。《乐业人民政府办公室关于印发新型农村合作医疗基金补偿技术方案(2015年修订)的通知》(乐政办发〔2015〕36号)同时作废,以往政策与本文不一致的,以本文规定为准。

(二)本方案由县卫生和计划生育局、县新型农村合作医疗管理中心负责解释。

乐业县人民政府关于印发《乐业县进一步加强农村留守儿童关爱保护工作实施方案》的通知

乐政发〔2016〕32号

各乡(镇)人民政府,县直各有关单位:

经县人民政府同意,现将《乐业县进一步加强农村留守儿童关爱保护工作实施方案》印发给你们,请认真组织实施。

乐业县人民政府

2016年10月19日

乐业县进一步加强农村留守儿童关爱保护工作实施方案

为做好农村留守儿童关爱保护工作,根据《国务院关于加强农村留守儿童关爱保护工作的意见》(国发〔2016〕13号)、《广西壮族自治区人民政府关于加强农村留守儿童关爱保护工作的实施意见》(桂政发〔2016〕49号)精神,结合我县实际,特制定本方案。

一、总体要求

(一)指导思想。全面落实党的十八大和十八届四中、五中、六中全会精神,深入贯彻习近平总书记系列重要讲话精神,按照中央、自治区、市决策部署,以促进未成年人健康成长为出发点和落脚点,坚持依法保护,不断健全法律法规和制度机制,坚持问题导向,强化家庭监护主体责任,加大关爱保护力度,逐步减少儿童留守现象,确保农村留守儿童安全、健康、受教育等权益得到有效保障。

(二)基本原则。

1. 坚持家庭尽责。落实家庭监护主体责任,监护人要依法尽责,在家庭发展中首先考虑儿童利益;加强对家庭监护和委托监护的督促指导,确保农村留守儿童得到妥善监护照料、亲情关爱和家庭温暖。

2. 坚持政府主导。把农村留守儿童关爱保护工作作为各级政府重要工作内容,落实县、乡(镇)人民政府属地责任,强化民政、公安、教育、司法等有关部门的监督指导责任,健全农村留守儿童关爱服务体系和救助保护机制,切实保障农村留守儿童合法权益。

3. 坚持全民关爱。充分发挥村(居)民委员会、群团组织、社会组织、专业社会工作者、志愿者等各方面积极作用,通过政府购买服务等方式,建立健全社会化帮扶工作机制,着力解决农村留守儿童在生活、监护、成长过程中遇到的困难和问题,形成全社会关爱农村留守儿童的良好氛围。

4. 坚持标本兼治。既立足当前,完善政策措施,健全工作机制,着力解决农村留守儿童监护缺失等突出问题;又着眼长远,统筹城乡发展,从根本上解决儿童留守问题。

(三)总体目标。家庭、政府、学校尽职尽责,社会力量积极参与的农村留守儿童关爱保护工作体系全面建立,强制报告、应急处置、评估帮扶、监护干预等农村留守儿童救助保护机制有效运行,侵害农村留守儿童权益的事件得到有效遏制。到2020年,未成年人保护法律法规和制度体系更加健全,全社会关爱保护儿童的意识普遍增强,儿童成长环境更为改善、安全更有保障,儿童留守现象明显减少。

二、完善农村留守儿童关爱服务体系

农村留守儿童是指父母双方外出务工或一方外出务工另一方无监护能力、不满16周岁的未成年人。我县属国家扶贫开发工作重点县,农村留守儿童数量庞大、关爱保护任务繁重。扎实做好农村留守儿童关爱保护工作,关系未成年人健康成长,关系家庭幸福与社会和谐,对我区未来经济社会持续健康发展、全面建成小康社会具有十分重要意义。各乡(镇)人民政府和各有关部门要充分认识加强农村留守儿童关爱保护工作的重要性和紧迫性,增强责任感和使命感,加大工作力度,采取有效措施,确保农村留守儿童得到妥善监护照料和更好关爱保护。

(一)强化家庭监护主体责任。农村留守儿童监护主体责任在家庭,农村留守儿童父母或其他监护人要依法履行对未成年子女的监护责任和抚养、教育义务。外出务工人员要尽量携带未成年子女共同生活

或父母一方留家照料，暂不具备条件的应当委托有监护能力的亲属或其他成年人代为监护照料，不得让不满16周岁的儿童脱离监护单独居住生活。外出务工人员要与留守未成年子女常联系、多见面，加强与学校教师和其他监护人的沟通交流，及时了解掌握他们的生活、学习和心理状况，给予更多亲情关爱。父母双方外出务工前或外出务工后改变地址的，应将务工地点、联系方式和委托监护等基本信息告知村（居）民委员会和子女就读学校（幼儿园）。父母或受委托监护人不依法履行监护责任的，村（居）民委员会、公安机关和有关部门应当及时予以劝诫、制止；情节严重或造成严重后果的，公安等有关机关要依法追究其责任。[牵头单位：各乡（镇）人民政府；参加单位：县法院，县检察院、县公安局、县司法局、县教育局、县民政局]

（二）落实乡（镇）人民政府和村（居）民委员会职责。各乡（镇）人民政府要切实加强统筹协调和督促检查，结合当地实际，制定切实可行的农村留守儿童关爱保护政策措施，认真组织开展关爱保护行动，确保关爱保护工作覆盖本行政区域内所有农村留守儿童。乡（镇）人民政府和村（居）民委员会要加强对监护人的法治宣传、监护监督和指导，督促其履行监护责任，提高监护能力。村（居）民委员会要定期走访、全面排查，准确掌握农村留守儿童的数量、家庭情况、监护情况、就学情况等基本信息，并向乡（镇）人民政府报告；要建立农村留守儿童家庭信息档案；要强化村规民约，依法制定监护人责任清单；指导外出父母与受委托监护人签订委托监护协议，明确双方责任和义务，并加强对委托监护情况的监督；要为农村留守儿童通过电话、视频等方式与父母联系提供便利。乡（镇）人民政府要建立翔实完备的农村留守儿童信息台账，做到一人一档案，实行动态管理、精准施策，为有关部门和社会力量参与农村留守儿童关爱保护工作提供支持；要把对农村留守儿童家访帮扶工作作为驻村干部、村（居）民委员会干部工作任务之一，通过党员干部上门家访、驻村干部探访、专业社会工作者随访等方式，对重点对象进行核查，确保农村留守儿童得到妥善照料。县民政部门及救助管理机构要牵头制定农村留守儿童关爱保护实施方案，明确职责分工，抓好业务培训等，为乡（镇）人民政府、村（居）民委员会开展的监护监督等工作提供政策指导和技术支持。[牵头单位：各乡（镇）人民政府；参加单位：县民政局]

（三）加大教育部门和学校关爱保护力度。各乡（镇）人民政府要完善控辍保学部门协调机制，督促监护人送适龄儿童、少年入学并完成义务教育。教育部门要建立学校（幼儿园）农村留守儿童普查登记制度，健全农村留守儿童档案，定期核实更新，并在学籍管理系统中进行标识；通过优化校点布局等措施最大限度解决农村留守儿童上学、放学交通问题。落实免费义务教育和教育资助政策，确保农村留守儿童不因贫困而失学；实施学生营养改善计划，不断提高农村留守儿童营养水平；总结和探索有效的农村留守儿童培养照顾模式，促进农村留守儿童健康成长；支持和

图57　新化镇皈里村村部　　（县方志办供）

指导中小学校加强心理健康教育，促进学生心理、人格积极健康发展，及早发现并纠正心理问题和不良行为；加强对农村留守儿童相对集中学校教职工的专题培训，着重提高班主任和宿舍管理人员关爱照料农村留守儿童的能力；会同公安机关指导和协助中小学校完善人防、物防、技防措施，加强校园安全管理，做好法治宣传和安全教育，帮助儿童增强防范不法侵害的意识、掌握预防意外伤害的安全常识。

中小学校、幼儿园是农村留守儿童关爱保护的主阵地，要努力提高课堂教学效率，开展丰富多彩的校园文化生活，增强学校生活吸引力；要完善学校领导、班主任、任课教师与农村留守儿童的结对帮扶制度；对农村留守儿童受教育情况实施全程管理，利用电话、家访、家长会等方式加强与家长、受委托监护人的沟通交流，了解农村留守儿童生活情况和思想动态，帮助监护人掌握农村留守儿童学习情况，提升监护人责任意识和教育管理能力；及时了解无故旷课农村留守儿童情况，落实辍学学生登记、劝返复学和书面报告制度，劝返无效的，应书面报告县教育行政部门和乡（镇）人民政府，依法采取措施劝返复学；帮助农村留守儿童通过电话、视频等方式，加强与父母的情感联系和亲情交流。寄宿制学校要完善教职工值班制度，落实学生宿舍安全管理责任，丰富校园文化生活，引导寄宿学生积极参与体育、艺术、社会实践等活动。［牵头单位：县教育局］

（四）发挥群团组织关爱服务优势。县总工会、团县委、妇联、残联、关工委等群团组织要发挥自身优势，要利用课后、周末、节假日、寒暑假等重点时段，依托各类农村留守儿童关爱服务阵地，积极为农村留守儿童提供假期日间照料、课后辅导、自护教育、心理疏导等关爱服务。共青团、少先队要积极发挥各级青少年活动中心、青少年综合服务平台等青少年活动阵地作用。工会要积极发挥职工文化阵地的作用，广泛动员团员青年、职工志愿者队伍、大学生村官、社会公益爱心人士等社会各方面力量以志愿服务方式开展农村留守儿童关爱服务和互助活动。妇联要依托“儿童家园（之家）”，广泛招募关爱儿童志愿者，壮大志愿者队伍，开展农村留守儿童关爱帮扶活动，积极探索建立农村留守儿童关爱帮扶长效机制。残联要组织开展农村留守残疾儿童康复等工作。关工委要组织动员广大老干部、老战士、老专家、老教师、老模范等离退休老同志，协同做好农村留守儿童的关爱与服务工作。［牵头单位：团县委、县妇联；参加单位：县民政局、县财政局、县教育局、县总工会、县关工委、县卫生和计生局、县文明办、县残联，各乡（镇）人民政府］

（五）推动社会力量积极参与。各乡（镇）人民政府要加强社会工作专业服务机构建设，并广泛吸纳公益慈善类社会组织、志愿服务组织参与农村留守儿童关爱保护工作。县民政部门要通过政府购买服务等方式，支持和推动社会力量深入城乡社区、学校和家庭，开展农村留守儿童危机干预、家庭监护随访、家庭教育指导、监护情况和监护能力评估、心理疏导、行为矫治、社会融入和家庭关系调适等专业服务，为农村留守儿童提供临时托管、课后辅导、兴趣指导等关爱保护服务。通过聘请大学生村官、返乡大学生、志愿者和公益爱心人士担任农村留守儿童辅导员、管理员，定期为农村留守儿童举办革命传统、思想道德、心理健康及安全和法律教育讲座。积极倡导邻里互助，认真选择有意愿、负责任的家庭采取全托管或半托管的形式，组建一对一关爱农村家庭互助队伍，关心照料农村留守儿童，坚决防止农村留守儿童生病、辍学无人过问、无人照看和无人管理等情况发生。充分发挥市场机制作用，引导鼓励和规范社会组织、爱心企业依托学校、社区综合服务设施举办农村留守儿童托管服务机构，财税部门要认真落实税费减免优惠政策，促进全社会共同关爱服务农村留守儿童。［牵头单位：各乡（镇）人民政府；参加单位：县民政局、县财政局、县教育局、县国税局、县地税局，团县委，县妇联、县总工会、县关工委、县文明办］

三、完善农村留守儿童关爱保护机制

（一）建立强制报告机制。明确农村留守儿童救助保护强制报告责任的单位和人员。学校、幼儿园、医疗机构、村（居）民委员会、社会工作服务机构、救助管理机构、福利机构及其工作人员负有强制报告责任，在工作中发现农村留守儿童脱离监护单独居住生活或失踪、监护人丧失监护能力或不履行监护责任、疑似遭受家庭暴力、疑似遭受意外伤害或不法侵害等情况的，要在第一时间向公安机关报告，并给予应急帮助。负有强制报告责任的单位和人员未履行报告义务的，要严肃追责。动员社会公众通过110指挥中心、微博微信公众号、新闻热线、救助电话等各类渠道途径，主动报告处于困境或遭受侵害的农村留守儿童

有关信息。其他公民、社会组织积极向公安机关报告的，及时给予表扬和奖励。〔牵头单位：各乡（镇）人民政府；参加单位：县教育局、县卫生和计生局、县公安局、县财政局、县民政局、县文化和体育广电局〕

（二）完善应急处置机制。县公安机关要及时受理有关报告，第一时间出警调查，有针对性地采取应急处置措施，强制报告责任人要协助公安机关做好调查和应急处置工作。属于农村留守儿童单独居住生活的，要责令其父母立即返回或确定受委托监护人，并对父母进行训诫；属于受委托监护人丧失监护能力或不履行监护责任、监护不当的，要联系农村留守儿童父母立即返回或委托其他亲属监护照料；上述两种情形联系不上农村留守儿童父母的，要就近护送至其他近亲属、村（居）民委员会或救助管理机构、福利机构临时监护照料，并协助通知农村留守儿童父母立即返回或重新确定受委托监护人。属于失踪的，要按照儿童失踪快速查找机制及时开展调查。属于遭受家庭暴力的，要依法制止，必要时通知并协助民政部门将其安置到临时庇护场所、救助管理机构或者福利机构实施保护；属于遭受其他不法侵害、意外伤害的，要依法制止侵害行为、实施保护；对于遭受家庭暴力和其他不法侵害的，要按照有关规定调查取证，协助其就医、鉴定伤情，为进一步采取干预措施、依法追究相关法律责任打下基础。公安机关要将相关情况及时通报乡（镇）人民政府。〔牵头单位：县公安局；参加单位：县法院、县检察院、县司法局、县民政局、团县委、县妇联、各乡（镇）人民政府〕

（三）健全评估帮扶机制。各乡（镇）人民政府接到公安机关关于农村留守儿童监护侵害调查处置有关情况通报后，应会同民政部门、公安机关等在村（居）民委员会、中小学校、幼儿园、医疗机构以及留守儿童亲属、社会工作专业机构的协助下，对农村留守儿童的安全处境、监护情况、身心健康状况等进行调查评估，排除风险隐患，做到发现、报告、转介、干预、帮扶工作有效衔接，有针对性地安排监护指导、医疗救治、心理疏导、行为矫治、法律服务、法律援助等专业服务。对生活困难农村留守儿童、残疾农村留守儿童、农村留守女童等重点对象，要随时跟踪掌握情况，及时实施救助保护。对于监护人家庭经济困难且符合有关社会救助、社会福利政策的，民政及其他社会救助部门要及时纳入保障范围。〔牵头单位：各乡（镇）人民政府；参加单位：县民政局、县教育局、县公安局、县司法局、县财政局、县卫生和计生局、县扶贫办〕

（四）强化监护干预机制。对实施家庭暴力、虐待或遗弃农村留守儿童的父母或受委托监护人，公安机关应当给予批评教育，必要时予以治安管理处罚，情节恶劣涉嫌犯罪的，要依法立案侦查。对于监护人将农村留守儿童置于无人监管和照看状态导致其面临危险且经教育不改的，或者拒不履行监护责任6个月以上导致农村留守儿童生活无着落的，或者实施家庭暴力、虐待或遗弃农村留守儿童导致其身心健康遭受严重伤害的，其近亲属、村（居）民委员会、民政部门、检察机关等有关人员或者单位要依法向人民法院提请撤销监护人资格，另行指定监护人。没有合适人员和其他单位担任监护人，人民法院指定民政部门担任监护人的，由其所属儿童福利院等机构收留抚养。〔牵头单位：县公安局；参加单位：县法院、县检察院、县司法局、县民政局、团县委、县妇联、各乡（镇）人民政府〕

图58　2016年12月16日，乐业县城第二幼儿园冬季亲子运动会在县文化广场举行（县委宣传部供）

（五）完善义务教育控辍保学机制。县教育部门、各乡（镇）人民政府要指导中小学校依托中小学电子学籍系统，健全辍学学生登记制度、辍学失学学生劝返复学制度、辍学学生书面报告制度。中小学校发现农村留守儿童逃学旷课、辍学失学、存在监护缺失或不良行为等风险隐患的，应当及时与其父母或其他监护人取得联系，提醒督促家长履行教育养育责任。对于劝返无效的辍学学生，中小学校要在中小学电子学籍系统中进行标识，并及时书面报告县教育部门、各乡（镇）人民政府，县教育部门要依法采取措施，需要其他部门配合的，及时书面报告县人民政府，由县人民政府协调督促做好相关工作。村（居）民委员会要协助乡（镇）人民政府做好控辍保学工作。各乡（镇）人民政府和村（居）委员会干部要加强对辍学农村留守儿童和不入学的留守儿童的监控工作，随时上报并录入民政统计系统。适龄农村留守儿童父母或其他监护人不依法送其入学接受义务教育，经批评教育无效并造成严重后果的，应依法追究责任。［牵头单位：各乡（镇）人民政府、县教育局；参加单位：县综治办、县民政局、县财政局］

图 59　2016 年 12 月 22 日，乐业县贫困对象脱贫摘帽核查验收工作对接会（县委宣传部供）

四、从源头上逐步减少农村儿童留守现象

（一）为农民工家庭提供更多帮扶支持。大力推进农民工市民化，为其监护照料未成年子女创造更好条件。符合落户条件的要有序推进其本人及家属落户。符合住房保障条件的要纳入保障范围，通过实物配租公共租赁住房或发放租赁补贴等方式，满足其家庭的基本居住需求。不符合上述条件的，要在生活居住、日间照料、义务教育、医疗卫生等方面提供帮助。公办义务教育学校要普遍对农民工未成年子女开放，要通过政府购买服务等方式支持农民工未成年子女接受义务教育。［牵头单位：县民政局；参加单位：县公安局、县住房城乡规划建设局、县教育局、县卫生和计生局］

（二）引导扶持农民工返乡创业就业。各有关部门要积极落实自治区人民政府关于促进农民工返乡创业就业的一系列政策措施，加快发展特色产业，完善产业链条，加强基本公共服务，制定和落实财政、金融等优惠扶持政策，落实定向减税和普遍性降费政策，为农民工返乡创业就业提供便利条件。加强农村劳动力的创业就业技能培训，广泛宣传农民工返乡创业就业政策，对有意愿创业就业的，要有针对性地推荐用工岗位信息或创业项目信息。通过吸引农民工返乡创业就业，尽量减少农村留守儿童。［牵头单位：县人力资源社会保障局；参加单位：县教育局、县财政局、县农业局、县国税局、县地税局、县扶贫办、县金融办］

五、强化农村留守儿童关爱保护工作保障措施

（一）加强组织领导。建立健全县政府领导，民政部门牵头，教育、公安、司法、卫计等部门和妇联、共青团等群团组织参加的农村留守儿童关爱保护工作领导机制，明确农村留守儿童关爱保护工作目标和职责，层层分解工作任务，落实工作责任，及时研究解决工作中的重大问题。要针对存在的突出问题，切实加强统筹协调和督促检查，找准工作切入点，加大人、财、物投入，确保农村留守儿童关爱保护工作措施落到实处。要把农村留守儿童关爱保护工作纳入脱贫攻坚和全面小康社会建设大局，与实施经济社会发展总体目标相衔接，推动农村留守儿童关爱保护工作顺利开展。

（二）加强能力建设。结合新农村建设和精准扶贫工作，各乡（镇）和各有关部门要选派工作能力强、认真负责、有担当精神的同志开展农村留守儿童关爱保护工作。村（居）民委员会要明确 1—2 名未成年人救助保护专职人员，解决农村留守儿童关爱保护工

作“最后一公里”问题。未成年人救助保护专职人员主要负责掌握本区域内农村留守儿童及其家庭基本状况信息并登记建册，做好信息定期排查、即时报送等工作；负责督查、协助儿童福利各项政策的落实，为本区域内农村留守儿童及其家庭提供指导、咨询服务；对农村留守儿童遭遇突发变故时给予及时帮扶，并在第一时间向民政、公安等相关部门报告。财政部门要优化和调整支出结构，多渠道筹措资金，为农村留守儿童关爱保护工作提供资金支撑。

（三）健全农村留守儿童信息库。基于可靠的农村留守儿童信息数据，编制完整的农村留守儿童信息数据目录，建立完善的覆盖县、乡、村三级联动信息管理系统，实现全县留守儿童信息管理平台与已建成的民政、教育、公安、卫计、人力资源社会保障、扶贫、共青团、妇联、残联等多部门信息管理平台之间信息共享；实现农村留守儿童信息在家庭、学校、幼儿园和未成年人救助保护专职人员、未成年人救助服务站（点）、未成年人救助保护机构以及民政、教育、卫计、公安等各职能部门之间的有效递送，实现农村留守儿童信息精准定位到村、精准识别到户。全区农村留守儿童信息管理平台要与教育部门中小学生学籍管理系统、卫生计生部门人口管理系统、公安部门户籍管理系统、扶贫部门脱贫攻坚大数据平台相衔接，实行全天候、全领域动态管理和服务。村（居）民委员会每季度要全面、认真开展摸底排查工作，填写《农村留守儿童基本情况登记表》，汇总形成《农村留守儿童花名册》，及时更新数据，确保不留死角、不漏一人。各乡（镇）人民政府要指导村（居）民委员会做好摸底排查工作，依托农村留守儿童信息管理平台，开展农村留守儿童相关信息采集、录入及更新，实现一人一档和动态管理。民政、教育、卫计、公安机关、妇联和扶贫办等部门要加强信息共享，将民政摸排数据、教育事业统计和学籍系统中农村留守儿童数据、卫计人口管理系统中农村儿童数据以及公安机关户籍数据进行比对核实，形成真实、统一数据。

（四）强化激励问责。建立和完善工作考核和责任追究机制，对农村留守儿童关爱保护工作认真履责、工作落实到位、成效明显的，要按照有关规定予以表扬和奖励；对工作不力的乡（镇）及有关部门负责人进行约谈，督促整改落实，对认识不到位、工作不力、措施不实、失职渎职、问题严重的地方和部门要严肃问责，对造成严重后果和影响的，要依法追究有关领导和人员责任。对贡献突出的社会组织和个人，要适当给予奖励。

统计资料

◎编辑　潘盈雪

表 8

2016 年全县主要经济指标(一)

指标名称	单位	2016 年	2015 年	同比增长 +、-%
总户数	户	49654	49219	0.88
户籍人口	人	177418	175508	1.09
其中:乡村人口	人	144382	143447	0.65
乡村劳力	人	89907	85782	4.81
常住人口	万人	15.49	15.37	0.78
出生率	‰	17.2	12.81	4.39
死亡率	‰	4.67	5.21	-0.54
自然增长率	‰	12.53	7.6	4.93
乐业县生产总值(现价)	万元	223871	208773	7.23
其中:第一产业	万元	70129	66363	5.67
第二产业	万元	41736	40801	2.29
第三产业	万元	112006	101609	10.23
一、二、三产业所占比例	%	31.3 : 18.6 : 50.1	31.8 : 19.5 : 48.7	—
乐业县生产总值(可比价)	万元	223145	208773	6.88
其中:第一产业	万元	68885	66363	3.80
第二产业	万元	44644	40801	9.42
第三产业	万元	109617	101609	7.88
第一产业对经济增长的贡献率	%	17.55	19.19	-1.64
第二产业对经济增长的贡献率	%	26.74	17.49	9.25
第三产业对经济增长的贡献率	%	55.71	63.32	-7.61
农林牧渔业总产值(现价)	万元	117400	110382	6.36
其中:农业总产值	万元	54647	48988	11.55
林业总产值	万元	11754	15298	-23.17
牧业总产值	万元	29726	27209	9.25
渔业总产值	万元	19225	17050	12.76
农林牧渔服务业产值	万元	2048	1837	11.49

表 9

2016 年全县主要经济指标(二)

指标名称	单位	2016 年	2015 年	同比增长 +、-%
农林牧渔业总产值(上年价)	万元	114592	110050	4.13
其中:农业总产值	万元	54667	50119	9.07
林业总产值	万元	11783	15510	-24.03
牧业总产值	万元	26987	25708	4.98
渔业总产值	万元	19225	16903	9.27
农林牧渔服务业产值	万元	1930	1810	6.63
工业总产值(现价)	万元	33968	29973	13.33
工业化率	%	5.34	5.07	0.27
工业增加值(现价)	万元	11965	10601	12.87
工业增加值(可比价)	万元	11477	10597	8.30
规模以上工业总产值(现价)	万元	19467	15888	22.53
规模以上工业增加值(现价)	万元	6455	5249	22.98

续表

指标名称	单位	2016 年	2015 年	同比增长 +、-%
规模以上工业增加值(可比价)	万元	5905	5248	12.52
单位 GDP 能耗	吨标准煤 / 万元	0.234	0.238	-1.68
财政收入	万元	20372	18017	13.07
其中:一般预算收入	万元	11012	10461	5.27
税收收入	万元	7120	6410	11.08
财政收入占 GDP 比重	%	9.1	8.6	0.50
财政支出	万元	180016	146130	23.19
教育、医疗卫生、科学技术和农林水事务支出占一般预算支出比重	%	48.93	45.98	2.95
人均增加值(现价)(按常住人口算)	元	14453	13583	6.41
人均增加值(可比价)(按常住人口算)	元	14406	13583	6.06
人均财政收入	元	1315	1172	12.20
城镇居民人均可支配收入	元	25439	23511	8.20
城镇居民人均生活消费支出	元	13519	12581	7.46

表 10

2016 年全县主要经济指标(三)

指标名称	单位	2016 年	2015 年	同比增长 +、-%
农村居民人均可支配收入	元	7533	6756	11.50
农民人均生活消费支出	元	6130	5480	11.86
全部城镇非私营单位从业人员数	人	8102	7837	3.38
全部城镇非私营单位从业人员劳动报酬	万元	46140	35886	28.57
全部单位从业人员年平均工资	元 / 年	57783	46299	24.80
在岗职工人数	人	8000	7720	3.63
在岗职工工资总额	万元	45728	35487	28.86
在岗职工年平均工资(含劳务派遣人员)	元 / 年	57866	46383	24.76
城镇化率	%	26.34	25.70	0.64
农村合作医疗参合率	%	99	98	1.00
每万人高中阶段教育在校生数	人	418	396	5.56
能源消费总量	万吨标准煤	5.22	4.97	5.03
城镇新增就业人数	人	836	772	8.29
森林覆盖率	%	77.82	77.8	0.02
固定资产投资完成额	万元	282077	280835	0.44
其中:城镇固定资产投资	万元	282077	280835	0.44
建筑安装工程投资	万元	256029	270765	-5.44
社会消费品零售总额	万元	68471	61580	11.19
金融机构存款余额	万元	344703	321947	7.07
其中:居民储蓄存款余额	万元	202697	173304	16.96
金融机构贷款余额	万元	206489	166037	24.36
粮食播种面积	公顷	11961	12000	-0.33
粮食总产量	吨	52822	53299	-0.89
人均粮食产量	公斤	298	304	-1.97

表 11

2016 年全县主要经济指标(四)

指标名称	单位	2016 年	2015 年	同比增长 +、-%
稻谷播种面积	公顷	3603	3548	1.55
稻谷产量	吨	18964	19059	-0.50
玉米播种面积	公顷	7426	7364	0.84
玉米产量	吨	32620	32552	0.21
油料播种面积	公顷	2080	1799	15.62
油料产量	吨	1958	1778	10.12
烟叶播种面积	公顷	194	211	-8.06
烟叶产量	吨	285	284	0.35
茶叶面积	公顷	8442	7240	16.60
茶叶产量	吨	2920	2418	20.76
果园面积	公顷	4130	3313	24.66
水果产量	吨	8536	7674	11.23
其中:柑橘	吨	3985	3598	10.76
桃	吨	1622	1428	13.59
猕猴桃面积	公顷	864	683	26.50
猕猴桃产量	吨	985	800	23.13
刺梨面积	公顷	88	85	3.53
刺梨产量	吨	546	523	4.40
核桃面积	公顷	3423	2986	14.63
核桃产量	吨	158	132	19.70

表 12

2016 年全县主要经济指标(五)

指标名称	单位	2016 年	2015 年	同比增长 +、-%
板栗面积	公顷	8329	6712	24.09
板栗产量	吨	2088	1538	35.76
八角面积	公顷	8974	7915	13.38
八角产量	吨	2853	2422	17.80
油茶面积	公顷	4574	4423	3.41
油茶产量	吨	1138	1092	4.21
造林面积	公顷	3040	4658	-34.74
耕地面积	公顷	25118.35	25169.54	-0.20
其中:水田	公顷	8821.11	8791.68	0.33
旱地	公顷	16297.24	16377.86	-0.49
人均耕地面积	亩	2.12	2.15	-1.40
肉类总产量	吨	9734	9805	-0.72
其中:猪肉	吨	6531	6762	-3.42
大牲畜存栏数	万头	3.65	4.37	-16.48
其中:牛	万头	2.65	3.47	-23.63
生猪存栏数	万头	9.85	10.2	-3.43
生猪出栏数	万头	9.04	9.36	-3.42
家禽出栏	万只	80.79	77.99	3.59
其中:鸡	万只	66.41	64.11	3.59
水产品养殖面积	公顷	752	682	10.26
水产品产量	吨	19074	17035	11.97

表 13

2016年全县固定资产投资完成情况(一)

单位:万元

指标名称	固定资产投资合计	其中:项目投资	其中:房地产投资	去年同期固定资产投资合计	固定资产投资合计同比增长%	其中:项目投资同比增长%
本年施工中项目个数(个)	172	169	3	128		
其中:本年新开工(个)	35	33	2	95		
本年投产项目个数(个)	137	136	1	96		
本年计划投资	349598	323498	26100	399890	−12.6	−19.1
本年新开工项目计划总投资	263172	263172		283820	−7.3	−7.3
自开始建设累计完成投资	327550	303007	24543	368138	−11	−17.7
本年累计完成投资	282077	265486	16591	280835	0.4	−5.5
其中:国有经济控股	179489	179489		181415	−1.1	−1.1
1. 按构成分:						
(1)建筑工程	245168	232840	12328	270765	−9.5	−14
(2)安装工程	10650	7695	2955	0		
(3)设备、工具、器具购置	23360	23360	0	10070	132	132
(4)其他费用	2899	1591	1308	0		
2. 按建设性质分:						
(1)新建	189851	189851	0	208558	−9	−9
(2)改建	16146	16146	0	14491	11.4	11.4
(3)改建和技术改造	59489	59489	0	55197	7.8	7.8

表 14

2016年全县固定资产投资完成情况(二)

单位:万元

指标名称	合计		其中				同比增长%		
			其中:项目投资		其中:房地产投资		固定资产投资合计同比增长%	其中:项目投资同比增长%	其中:房地产投资同比增长%
	2016年	2015年	2016年	2015年	2016年	2015年			
3. 按国民经济行业分:	265486	280835	265486	280835			−5.5	−5.5	
(1)农、林、牧、渔业	11227	14100	11227	14100			−20.4	−20.4	
其中:农业	9040	14100	9040	14100			−35.9	−35.9	
林业									
农、林、牧、渔服务业	2187		2187						
(2)采选业	3150	15533	3150	15533			−79.7	−79.7	
其中:非金属矿采选业		9212		9212			−100.0	−100.0	
(3)制造业	55215	28685	55215	28685			92.5	92.5	
其中:农副食品加工业	13565	4023	13565	4023			237.2	237.2	
饮料制造业	21730	20465	21730	20465			6.2	6.2	
(4)电力、燃气及水的生产和供应业	11068	11760	11068	11760			−5.9	−5.9	
其中:电力、热力的生产和供应业	11068	11760	11068	11760			−5.9	−5.9	
水的生产和供应业									

续表

指标名称	合计		其中				同比增长%		
			其中:项目投资		其中:房地产投资		固定资产投资合计同比增长%	其中:项目投资同比增长%	其中:房地产投资同比增长%
	2016年	2015年	2016年	2015年	2016年	2015年			
(5)交通运输、仓储和邮电业	57198	41661	57198	41661			37.3	37.3	
其中:道路运输业	57198	41661	57198	41661			37.3	37.3	
(6)信息传输、计算机服务和软件业									
其中:电信和其他信息传输服务业									
(7)批发和零售业	8340	13409	8340	13409			-37.8	-37.8	
其中:批发业		5750		5750			-100.0	-100.0	
零售业	8340	7659	8340	7659			8.9	8.9	
(8)住宿和餐饮业	6409	26735	6409	26735			-76.0	-76.0	
其中:住宿业	6409	26735	6409	26735			-76.0	-76.0	
餐饮业									
(9)金融业		958		958			-100.0	-100.0	
其中:银行业		958		958			-100.0	-100.0	
(10)房地产业									
其中:房地产业									
(11)租赁和商务服务业									
其中:商务服务业									
(12)科学研究、技术服务和地质勘查业									
(13)水利、环境和公共设施管理业	41921	51619	41921	51619			-18.8	-18.8	
其中:水利管理业	28316	16580	28316	16580			70.8	70.8	
环境管理业	1920	4850	1920	4850			-60.4	-60.4	
公共设施管理业	11685	30189	11685	30189			-61.3	-61.3	
(14)教育	29283	21291	29283	21291			37.5	37.5	
(15)卫生、社会保障和社会福利业	4538	568	4538	568			698.9	698.9	
其中:卫生	4538	568	4538	568			698.9	698.9	
(16)文化、体育和娱乐业	1840	7715	1840	7715			-76.2	-76.2	
(17)公共管理和社会组织	9960	43725	9960	43725			-77.2	-77.2	
其中:国家机构									
本年新增固定资产	254083	290859	254083	290859			-12.6	-12.6	
房屋建筑面积(平方米)									
(1)施工面积									
其中:住宅									
(2)竣工面积									
其中:住宅									

表 15

2016 年全县固定资产投资完成情况(三)

单位:万元

指标名称	固定资产投资合计	其中:项目投资	其中:房地产投资	去年同期固定资产投资合计	固定资产投资合计同比增长%	其中:项目投资同比增长%
自年初累计资金来源合计	281077	265486	15591	280836	0.1	-5.5
其中:引进资金	281077	265486	15591	280836	0.1	-5.5
1. 上年末结余资金	2000		2000			
2. 本年资金来源小计	279077	265486	13591	280836	-0.6	-5.5
(1)国家预算内资金	139984	139984		164128	-14.7	-14.7
其中:中央预算资金	6530	6530		3678	77.5	77.5
(2)国内贷款	17867	11270	6597	0		
(3)债券	3008	3008	0	0		
(4)利用外资						
(5)自筹资金	113440	111224	2216	116708	-2.8	-4.7
其中:企、事业单位只有资金	7905	7905		116708	-93.2	-93.2
其中:股东投入资金						
其中:借入资金						
(6)其他资金来源	4778		4778			
各项应付款合计	6000		6000			

表 16

2016 年全县农林牧渔业及服务业总产值

计量单位:万元

指标名称	上年现行价格	当年现行价格	指标名称	上年现行价格	当年现行价格
农林牧渔业总产值	114592	117400	(一)林木的培育和种植	5842	5817
一、农业产值	54667	54647	(二)全社会竹木采伐	4366	4362
1. 主产品产值	53977	53957	(三)林产品	1575	1575
(1)粮食作物合计	13655	12516	其中:采集野生植物	455	455
(2)经济作物合计	6592	6475	三、牧业产值	26987	29726
其中:油料	738	738	(一)牲畜饲养	8827	8319
麻类			1. 牛饲养	7208	6871
糖类	167	168	2. 羊饲养	1619	1448
烟叶	604	626	3. 其他饲养(马驴骡)		
药材类	5080	4940	(二)猪的饲养	14182	17447
(3)蔬菜(食用菌)作物	12416	13242	(三)家禽的饲养	3147	3099
其中:蔬菜	11983	12899	(四)活的畜禽产品	171	153
食用菌	433	343	(五)狩猎和捕捉野生动物		
(4)水果、饮料和香料	21216	21493	(六)其他动物及产品	660	708
其中:1. 水果	2512	2480	其中:蚕茧	287	335
# 果用瓜	112	125	四、渔业产值	19225	19225
2. 坚果	1523	1523	(一)海水产品		
3. 茶及饮料原料	14185	14494	(二)淡水产品	19225	19225
4. 香料原料	2996	2996	五、农林牧渔服务业产值	1930	2048
(5)其他农作物	98	231	(一)农业	–	–
2. 副产品产值	690	690	(二)林业	–	–
(1)粮食作物副产品	658	658	(三)牧业	–	–
(2)经济作物副产品	32	32	(四)渔业	–	–
二、林业产值	11783	11754			

表 17

2016 年全县乡镇基本情况

乡镇名称	村民小组(个)	自然屯(个)	农村户数(户)	通有线电视村数(个)	通宽带村数(个)	自来水受益村数
合　计	1143	1737	39195	55	81	84
同乐镇	274	330	8954	15	14	15
甘田镇	142	216	4833	8	8	8
新化镇	152	343	5643	14	14	14
花坪镇	100	150	3526	1	7	7
逻沙乡	149	259	5292	2	11	11
逻西乡	140	194	4793	2	13	13
幼平乡	137	201	4177	11	11	11
雅长乡	49	44	1977	2	3	5

表 18

2016 年全县人口统计表

乡镇名称	总户数	年末总人口(人)							
		其　中		性　别		年　龄			
		合计	乡村人口	男	女	0~17 岁	18~34 岁	35~59 岁	60 岁及以上
合　计	49654	177418	144382	93589	83829	48465	51702	56687	20564
同乐镇	14778	46498	26631	24475	22023	12758	12942	15492	5306
甘田镇	5030	17563	11921	9233	8330	4621	5272	5301	2369
逻沙乡	5488	19442	19442	10239	9203	5468	5520	5946	2508
新化镇	6386	25611	22128	13482	12129	6845	7617	8096	3053
逻西乡	5352	21685	21685	11653	10032	5775	6406	6997	2507
幼平乡	5650	21131	21131	10985	10146	5805	6408	6789	2129
花坪镇	4751	16661	12617	8909	7752	4756	4868	5183	1854
雅长乡	2219	8827	8827	4613	4214	2437	2669	2883	838

注:本表数据由公安局提供。

表 19

2016 年全县农村劳动力资源及利用情况

单位名称	乡(镇)村劳动力资源(人)	其中:男性(人)	乡(镇)村从业人员(人)	从业人员中		从业人员中:按国民经济行业分	
				男(人)	女(人)	1. 农、林、牧、渔业	2. 工业
合　计	89907	48182	81758	43311	38437	52989	11094
同乐镇	15379	8304	14978	7976	7002	9693	1392
甘田镇	9228	4818	6786	3323	3463	4783	1005
新化镇	13948	7114	13251	6759	6492	6110	3547
花坪镇	14801	8056	13733	7535	6198	8167	2667
逻沙乡	8860	4590	8850	4585	4265	7016	303
逻西乡	12038	6355	11871	6249	5622	10287	269
幼平乡	11051	6184	8240	4350	3890	3448	1745
雅长乡	4602	2761	4049	2534	1505	3485	166

续表

单位名称	从业人员中:按国民经济行业分								
	3. 建筑业(人)	4. 交通、仓储及邮政业(人)	5. 住宿和餐饮业(人)	6. 批发零售贸易业(人)	7. 租赁和商务业(人)	12. 教育业(人)	8. 教育(人)	9. 文化、体育和娱乐业(人)	10. 公共管理和社会组织(人)
合　计	7302	2017	3184	3200	425	439	422	606	80
同乐镇	1583	384	843	639	181	54	0	147	62
甘田镇	489	179	54	240	0	7	0	29	0
新化镇	1896	378	438	364	52	130	41	295	0
花坪镇	886	561	636	464	62	74	74	129	13
逻沙乡	439	279	303	292	44	98	65	6	5
逻西乡	1048	0	55	13	0	0	199	0	0
幼平乡	948	214	712	968	86	76	43	0	0
雅长乡	13	22	143	220	0	0	0	0	0

附　　录

◎编辑　黎启顺

文　物

隋唐铜鼓　1985年6月，逻沙乡村民杨胜堂、杨胜庆在偏岩（地名）开荒造田时，在距离地表0.18米深处挖出铜鼓1面。出土时鼓面向上，无其他伴随物。鼓高0.19米，面径0.39米，底径0.33米，厚2毫米，胸突，鼓腰4耳，脚已腐烂，属冷水冲型，考证为隋唐之物。现藏于县博物馆内。

明珠寺铁钟　为幼平明珠寺内遗物。清道光十七年（1837年）仲春由邓钟馗、邓钟铨二匠师以铁铸成。钟呈喇叭形，下大上小，钟顶设有十字桥形钮，上部铸一周“皇图巩固，帝道遐昌、风调雨顺、佛日增辉，法轮常传。明珠寺”铭文。钟高108厘米，重169公斤。钟四周饰云纹与各民族图案。1989年为县博物馆收藏。

铜佛坐像　存于逻沙乡麻阳寨。像高29.5厘米，底台面宽19厘米，深13厘米，重3.13公斤，背椅右柱写有“乙卯梦春正月二十九日”，左柱写有“自造永远供奉”，上横写有“信善李永芳合家春”等字。该像铸造比例匀称，纹饰精致，姿态端正自如，双脚叉开安然而坐，赤足，右手搭膝，左手推算，神情静肃。坐台前有一蛇一龟相缠物。

春牛雕模　存于甘田镇、逻沙乡的大平、陇昌一带汉族地区。它是用较硬的木头雕刻而成，经过着色、绘画，牛模形态逼真，大小一般在10×25厘米或15×30厘米。过去，每当春节或喜庆日子，艺人为当地民众表演“唱春牛”，左手拿着“春牛雕模”和小锣（有时用木鱼），右手拿着锣锤，走村串寨，挨家挨户祝贺新春。

古　迹

明珠寺　位于幼平乡政府所在地。为清代寺庙，原有山门、前后殿及南北两排厢房（禅房）。现整个组群建筑布局已被破坏殆尽。仅有的一座石殿，是建筑在高约50厘米的石条压边的台基上，平面呈长方形的砖木结构建筑。面阔3间、进深3间的抬梁结构式小建筑。殿内布局及装修已被修改得面目全非（现为乡政府会议厅及招待所）。

天怀寺　又名文昌阁，位于甘田镇夏福村离平浪屯1.5公里处。相传建于宋代狄青征南时。为三层塔式砖楼，有菩萨多尊。清道光十七年重修整，1953年拆毁。仅存碑刻3块及破碎陶瓷片等。2010年，获批开始重建，2013年完成三层塔式砖混结构主体工程。

天龙山塔洞　位于逻沙乡天龙山后笋子石洞。面积约150平方米，为天龙山大庙前身，建于清道光初年。坊为洞门，刻有“华藏世界，极乐联邦”等字。有石鼓2个，洞内原有木、石雕菩萨数十尊、石凳两排，洞口旁立一碑。现有牌坊、石凳。

天龙山大庙　位于离逻沙圩500米的天龙山上。建于清道光九年。分庙房、位房，位僧多人。1953年被毁。今尚有“万古明碑”等3块。石雕菩萨1尊、和尚墓、石香炉、石水缸、石磨等。

平足寨城墙　位于同乐镇武称村平足屯东南50米处。清道光二十年建造，为御敌所用。料石结构，东南—西北走向。东南有拱门1个，墙上设有枪眼若干。哨楼和两头碉堡已毁，墙完好。

谐里蒙氏民居　位于新化镇谐里圩，建于清乾隆年间。为叠梁架硬山顶砖木结构瓦房。面阔5间，占地面积147平方米。房屋基本完好。

瑞麟桥　位于甘田镇四合村那仲屯东150米处。建于清嘉庆八年（1803年）。东西向，为单拱敞肩小石桥。高4米，宽3.5米，长15米，拱高3.5米，拱跨6.6米。桥无栏，桥面和两端踏跺用石块铺砌，碑已毁。

夏福石牌坊　位于甘田镇夏福村平流屯西北1公里处。建于清道光年间。坊西向东，高约4米，面宽5.15米。刻有对联、石鼓、花草、鱼、人物等纹饰。民国30年（1941年）拆除，其石块置于地面，现90%石块留存。

拉逢杨氏民居　位于同乐镇上岗村拉逢屯内南角，建于清道光十年。第一进为叠梁式梁架，硬山顶、二重檐、砖木结构瓦房。面阔3间；第二进及南面4间厢房均为穿斗式，悬山顶木结构瓦房。总占地面积280平方米，坐东朝西，呈“二1”形平面，基本完好。

塘定山林桥　位于同乐镇上岗村拉逢村塘定屯东50米处。建于清道光年间。为单拱石桥，高3.5米，宽4.2米，长9米，拱高2.5米，拱跨5米，桥身完好。原桥上石狮及桥碑已损坏。

岜阳桥　位于甘田镇四合村岜阳屯西北150米处。建于清道光年间。为单拱石桥。高3.4米，宽2.45米，长10.6米，拱高2.9米，拱跨5.6米。立有桥碑，记载建桥原因、捐款名单,桥完好。碑已搬走作水沟盖板。

接龙桥 位于幼平乡政府旁小河故河床上。建于清道光二年。为5拱青石板桥。高6米,宽6.2米,拱高2.3~2.8米。每孔跨度3.3~4.58米。桥孔用石券构成拱券形,桥墩用青条石垒砌而成,墩的两端呈尖状三角形。桥面宽约3.5~4米,石条栏杆,长约500厘米,东西两桥头各设一组13级的垂带踏跺。在踏跺最高一层有一对作蹲势的雕刻石狮。两侧雕刻有缠枝荷花、草叶图案。此桥保存完好。

福寿桥 位于同乐镇平寨屯西北300米处。建于清道光二十年,为单拱石桥,两头设石板引渡,桥高2.2米,长12米,宽2.4米,拱高1.5米,桥身、桥碑保存完好。

龙泉 位于甘田镇四合村那腊寨。龙泉井为天然石灰岩泉水洞。于清道光八年,由村人黄之藩修整。井口长3米、宽2米、深1米多。井边有一块石碑,刻有诗文(已模糊)。井旁石壁上有绅士连义的题诗:"井号龙泉自古从,灵源地潼取无穷;看来秀雅天生景,不亚天波礼上同。"村民们于1988年自筹资金修井。在井边题有"龙泉重修、万古长存"。龙泉井尚有"洁源"的美称流传至今,那腊寨村民素饮此水。

百千庙 位于新化镇百坭村百干屯旁。建筑年代不详,曾于清同治三年修补。庙高8米、面长3.8米、宽3.7米,青砖瓦房。正面下有1.75米直径圆形门1个,中有一方扇形孔,上有一八角孔。两侧有长方形圆拱顶门各1个。堂中尚存清代绘画像的遗迹和经文字迹。现庙房瓦面已塌,但墙完好。

那赫黄氏墓群 位于县城郊那赫屯北面500米山上,为黄氏系族于清嘉庆二年勒石造茔。墓有12座,占地约1000平方米。主墓碑高1.5米,宽0.66米,双层开窗。石砌封土堆护墙圆直径3米,高1米。现部分碑文字迹已模糊不清。

寨尾黄氏墓群 位于雅长乡尾沟村寨尾屯东200米山上。建于清乾隆至嘉庆年间,最早一块石碑立于清嘉庆十二年。墓群占地1500平方米。有石砌封土堆护墙墓4座,其他无石砌的近百座。有石砌的墓直径分别在3.2至3.4米,碑高1.2至1.7米。

黄正勋夫妻墓 位于甘田镇朗英屯西北60米处。于清道光十七年建,属人工石砌封土堆护墙墓。主碑高1.3米,宽0.67米。两侧碑高1米,宽0.5米。墓圆直径3.5米,封土堆护墙高1.5米,占地129.6平方米。碑文用行草书,载有姓氏、生辰八字、对联等。碑形结构独特,前有4条石柱、2个石鼓,为牌坊式二重檐大墓,刻有各种图案。顶部呈多"山"形。

李家坡墓群 位于逻沙乡山洲村李家坡屯南50米处。分姚氏夫妻单墓和陈尚夫妻合葬墓。各距10至50米。姚氏夫妻单墓建于清道光十七年,刻有石狮、对联、花草图案、序文等。风格古朴、独特。墓高2.4米,面宽2.7米。封土堆石砌护墙圆直径3.7米。陈尚夫妻合葬墓建于民国12年(1923年),是清代五品蓝翎陈茂申为其父母所建造。碑状雄伟,字体工整。置有石狮一对于墓前,双层墓碑。该墓为封土堆石砌护墙,圆直径3.9米,墓高2.5米,面宽3.15米,墓前有35平方米的石砌拜台。

天龙山和尚墓群 位于逻沙乡逻沙圩旁天龙山。墓群为清道光年间湖南宝庆府大东路狮子山正宗正派弟子住天龙山庙和尚之墓。该和尚死后,其弟子吉敦等募化四方,请匠人为其建茔。以后一些和尚死了,也葬在这里,形成墓群。墓有圆梯级形、圆锥梯形、方形及一般封土堆墓。前三种均为料石结构。骨灰置于石中。其中,一圆形梯级墓,底圆直径2.4米,高2.13米,共8级,顶部呈宝葫芦状,无文字石碑。一圆形梯锥墓底圆直径2.4米,高2.3米,共10级,碑载:"丘禅公智常斌老和尚僧位,道光十八年修立。"一方形圆顶墓,光绪六年所造,字迹不清。

老坟山陈氏墓群 位于逻沙乡小湾屯东300米半山腰处。据传,清乾隆年间,陈盛文兄弟2人从家乡四川酉阳州一路打猎至广西泗城一带。由于乐业县百乐村瑶山屯一带猛虎多,危害民众。2人即往捕杀之。这一行动深得民心。在当地居民的挽留下,便定居瑶山,后与当地壮族联姻。不久又迁到百乐田坝上。由于苦心送子读书,获功名。其子孙怀念祖德而建此墓群,一示功名财势,二示孝子之心。墓群占地340平方米。墓有3座,每座高2.8米至3.1米,面宽2.53米至4.1米,均为石砌封土堆护墙墓。墓前平台上有4条四方六轮石柱,高4.9米,宽0.3米。"文化大革命"中被打烂2条,现仅剩2条。墓葬为陈序璋(修职佐郎、生员、七品官)、文林郎陈盛松、陈盛文。陈盛松、陈盛文墓碑为清道光二十年立,陈序璋墓碑于同治五年立。碑高大雄伟,刻字艺术性高,墓志铭词句优美感人。

杨文远墓　位于县城郊角沙屯东150米处的大石壁下。墓占地42平方米。墓高3.1米，面宽3.1米，圆直径3米，为封土堆料石围砌。共有石碑4块，两层，上层1块，下层3块。顶部有一个石雕佛坐像。杨文远是同乐镇拉逢屯人，生前曾获九品文林郎，颇有财势。殁后其子孙为之择地造茔，并于民国2年(1913年)为其树碑立传。现保存较完整。

红七军、红八军纪念地

红军过境入口处　于甘田镇的狮子口、乐业与凌云交界的马鞍山。民国19年(1930年)10月，红七军在军长张云逸的率领下，从狮子口、马鞍山小路进入乐业北上过境。狮子口、马鞍山属土山，海拔约1100米。

红七军、红八军会师军部旧址　即三乐街292号覃家老屋(现为博物馆)。1930年10月，红七军、红八军在乐业会师时，军领导及军部机关驻地。

图60　中国工农红军红七军与红八军乐业会师纪念碑　　(李　晋摄　2016年4月5日)

红七军讲演大会会址　位于县城西面农机修造厂内。1930年10月红七军在乐业驻扎7天，召开了声势浩大的演讲动员大会。向民众宣传革命道理，动员民众子弟参加红军，场址原为田垌，现仅保存原会议台(长10米，宽40米)、土坎及通道。

红八军入境渡口　南北盘江交汇处(即乐业与贵州蔗香交界处)。1930年3月红八军被敌人重兵袭击，第一纵队孤军与敌人周旋，暂驻贵州蔗香村。当年10月，得知红七军在乐业，于10月19日夜以演习为名，从南北盘江交汇处抢渡红水河，过河后挺进乐业与红七军会师。该渡口四面环山，时年河面宽约100米。现变成龙滩电站库区。

红七、红八军会师接头地点　同乐镇上岗屯(即昔日之讲肥村)东100米处。1930年10月23日，红七、红八军在上岗石桥上接头联系，进乐业县城会师。上岗石桥建于清道光年间，为单拱石桥，高2.9米，长8米，宽3.1米，拱高1.9米，拱跨5.5米，桥今完好。

红七军文艺晚会场址　县武装部院内。1930年10月，红七军在乐业休整7天期间，进行文艺演出，宣传革命主张。场址原为稻田。

红七、红八军过境军部宿营旧址　在逻西乡马庄圩。1930年10月24日，红七、红八军会师后往天峨方向前进。当晚军部机关宿于马庄圩黄平晏家。该房原为砖木结构悬山顶瓦房，解放初拆修。现高4米，深8米，面阔3间，宽7.8米。

红七、红八军过境出口　逻西乡民治村百仲屯东南岸牙卖山。民国19年(1930年)10月25日至28日，红七、红八军全部人马经此向天峨、河池挺进。该山海拔1000米以上，为乐业与天峨分界线。

名　胜

罗妹莲花洞　在距县城1公里的一座奇峰突起的山脚下。该洞最宝贵的是有近200个莲花盆，其中一个长8.3米，宽4.44米的巨大“莲花盆”——一种因静态水流环境形成的独特岩溶地貌，初步断定这是国内目前最大的“莲花盆”，还有满洞“洞穴珍珠”。洞前的石壁似一块大门扇，斜插而下；顺壁斜下十余步，罗妹洞就像一个幽深奇丽的画廊，徐徐展现在眼前。首先扑入眼帘的是3根离洞口不远的石笋，纤丽奇峭，亭亭玉立。洞内倾斜入去的地面上，排列着一

图 61 位于乐业县城区的罗妹莲花洞
（县委宣传部供 2016 年 4 月 17 日）

层层的小石墙。远看，像一层层梯田；近瞧，大的似一口口小山塘、小水库，小的像一把把镰刀，一轮轮下弦月，弯来曲去，形状各异。在它们的上面，倒悬下来的钟乳石，像直刺地面的长矛，似顽皮嬉戏的猢狲、飞奔的马、展翅欲飞的凤凰，千姿百态。接着是较平展的“田园”。“田园”不远处有两口清亮透彻的泉眼。泉眼旁有成垛的石笋，有的像骆驼，有的像古藤缠绕的菩提树，有的像谷穗扎成的榕门。在貌似枝叶繁茂的“大树”的上下左右，洞中、洞侧穿来插去，其中有一“风洞”，清风习习，沁人心脾。沿“风洞”进到不远处的地面上，先是一只只圆形的石桌，接着是一只只石磨，再接着是一只只水盆。桌、磨、盆的下面镶着熠熠闪光的熔岩，其溶岩石有的李果般大。洞顶上，熔岩碎片在灯光照射下熠熠生辉。洞两壁的石幔，有的像飞泻的瀑布，有的像倒挂的玉米棒、小米、稻谷穗子，有的像辣椒、谷箩，有的像晒着的布匹、收起的帷幕……壁根上，各有一条曲折迂回的小渠道，往洞里伸去。石桌等不远处的洞中央和偏侧，有一棵棵接连洞顶的、仿佛是由人工栽培的“石树”，“石树”下有一个个磨盘般的石盘，有盘坐的“石人”，他们好像在乘凉、在谈笑。置身洞中，如登仙界。即将出洞，一湾月塘，波光潋滟。出得洞来，如梦初醒，犹自异域回到故地。多少年来，一直是人们节假日游乐的地方。

龙角山 又名那花山，在县城，山顶上原有炮台遗址，其山形秀丽，风景优美。1987 年后初步开发。现已建好入口门，修好登山步道，建好六角亭。

黄猄洞 位于花坪镇南干村白岩屯旁 1 公里处。周围苍松参天，悬崖百丈，土山与石山接交处，地表下陷数丈，石壁光滑，如一口圆形的水缸。人出入洞内需搭长梯或用长绳挂石壁，缠腰攀缘上下。洞底地势较平，面积约 6 亩，有人工种植果树、杂草、山花等。红花绿叶间，蜂飞蝶舞，怡然自得。洞内壁间有小洞，曲曲折折，连环排列。凸起之处，乳石倒垂，似钟似马，如矛如鸡，各具情态。鸟窝遍布，雏儿啾啾；百鸟蝙蝠，翻飞穿梭，给人以自由的愉悦；鸣叫回音。洞之上的百丈悬崖处，一条长棍插于凹处之石缝，人称“仙人棍”。传说谁能取下“仙人棍”，洞口马上合拢，把人夹进石缝中。

仙人飞桥 位于新化乡磨里圩沿河下 15 公里的乐业与天峨县交界处。布柳河在青山中穿流至此峡口，山势雄奇，两岸山峦似要互相抓拿般。忽一山像故意仰倒，那山头悬崖飞跨 200 多米（含河面及陆地）与对岸危崖相连成拱状，白色的峭壁溶成一体，没有接头缝痕，俨然一座天然飞桥，伟伟大观。桥拱离水面约 100 米，桥宽约 70 多米，桥面平成一线，看去尽是灌木刺丛和石头。两山耸峭壁立，猿猴难攀。桥拱高阔，蝙蝠常居。两岸奇峰对峙，风至呜呜震耳，如乘竹筏至桥下，撑篙击岸，或咳嗽，或相呼，或鱼跃水面，均产生共鸣。如擂鼓击锣，回响很久，激流至此变为百多米深潭，绿波微泛涟漪。两岸青山树木荫翳，雾带横飞，藤花倒挂，到日恰月过，鸟翔舟浮，与天桥雄姿一道，清晰映入水中。天水一色，上下佳景。堪称云林精画，前人名为“仙人桥”。

红崖堡 位于新化乡那社村公所 5 公里处。每当早晨太阳初露、朝霞满天时，淡红色的光滑石壁映照霞光反射周围山坡，其景尤为壮观。远看，该圆山堡雄踞高峻的山脉之上，突兀峥嵘；近视，犹如一个坚固的大堡垒，故称“红崖堡”。光秃的粉红石壁凸出来，百多平方米未长一株树、一束草。而堡顶上则有一排排苍翠欲滴的大树。绿树与红崖相互衬托，真像艺术家创作的一幅精美的水彩画。大自然的奇景，令人叹为观止。

天坑溶洞群 位于同乐镇刷把村一带。20多平方公里内有20个以上天坑。其代表是大石围。据专家用GPS地球卫星测量仪测出大石围深度为613米,坑口长为东西走向600米,宽为南北走向420米,容积约0.8亿立方米,其坑底原始森林面积为10万平方米。有世间稀有的生态群落,植物种类上千种,其中有恐龙时代的植物桫椤及珍贵树种冷杉、血泪树等;有飞虎、鸟类、朦鱼及世界罕见的鱼种——盲鱼、螃蟹、甲虫等。底部旁的石壁上有大洞穴。洞穴中有冷、暖两条地下河相汇,洞体长满千奇百怪的钟乳石。沿岸有千刀万戟的石灰石和各种各样的石质:有色泽如莲藕,并浸有"血块"的岩石,有灰褐如火山喷发后形成的千疮百孔的怪石;有各种颜色、各种杂质混合相间的奇石;有晶莹雪亮的石英质白石……更奇怪的是,这些河滩上的石块都被一种红褐色的、有如水泥沙石一样的东西粘连着。越过同样布满奇石的几个河滩,沿河爬上一块半土半石的地带,这一带的岩石都是泥红色的石质,被滴水雕琢得千奇百怪。有一块脸盆大的石头,形如"两头龟","龟背壳"上被滴出七八十个洞眼,洞眼相连,精美神奇,石龟重约25公斤。再往前去,河道更幽深。河边塌下来的石块越来越多。洞体亦越来越宽阔。有的地方高约70米,宽约40米。在乱石堆上,有一个十几米高的大泥团,泥土很坚实,而且有各种花哨的造型,像走进一个泥人童话世界。一道是在水面上的泥门,而从门中又可见河对面的石崖上还有一个门,真奇。此处距洞口4公里多。前面还可以走很远……这是正在发育的天坑。

距大石围不远还有其他天坑溶洞:吕荣小石围,其底部距地表400多米,洞穴比大石围略小。地下河也短些、小些,奇特的是大洞穴内还有小洞穴,不停地冒气,称冒气洞。洞内宽大,洞中洞互相连接,曲曲折折,曲径通幽。底部遍布白而透亮的石豆芽,到处是石灵芝等钟乳石。红票熊家洞,洞中有国内洞穴罕见的"地盾",有霸王帽、霸王盔甲似的钟乳石,均白而透亮。有钟乳石槽连接溶岩浆凝结的晶莹透亮的石水井,有沟渠和美丽的石田园等。竹林坝穿洞,即天坑下的穿洞,一个洞穴连另一个洞穴,构成一大而长的穿洞,每个洞中均是白而透亮的千奇百怪的石乳石。央林村的大曹天坑东西走向直径约200米,南北走向直径约300米。垂直深度约120米,天坑底部有参天古树,有可加工火药的沙泥等。溶洞内有平均约5米宽的地下河,总长5公里。最具科考、旅游价值的地下河下游沿河有一条长300米、宽200米、高200多米的大厅,厅内钟乳石千姿百态,十分壮观。这是定型的天坑。此外,还有白洞、金银洞、芭蕉洞等,构成气势恢宏、景致奇特的天坑溶洞群。据有关专家考证,天坑形成于6500万年前,具有极高的旅游探险科学考察价值和观光价值,乐业的天坑溶洞群,几乎囊括了各种类型的"天坑",被专家称为"天坑博物馆"和"世界岩溶圣地",是世界级的旅游探险和观光极品。另外,在大石围旁边的山上,有很多世界罕见的古生物化石(约二亿五千万年前生长在浅海里的生物)。在天坑群旁发现很多大型食草类哺乳动物化石。这种化石的发现,不仅具有很高的科研价值,而且推动旅游业的发展,因大片生物化石足以给游客讲述一段段生动的"地球故事"。天坑群旁的绿兰花、映山红及珍贵樱花,天坑里的方形竹子等植物及野猪、老鹰、黄猄、猴子等动物,可使游者一饱眼福。

百朗大峡谷 在幼平乡百朗地下河出口处,被国内外有关专家发现世界罕见的盲谷——百朗大峡谷。谷地平均海拔450米,谷两边为1000米高的山峰石壁。峰矗云涌,紧夹一线蓝天。谷中青翠如流,古树繁茂,莽莽森森,谷长4公里多。半山腰的悬崖上、谷底有数十个形态不同的大洞穴。这些洞穴大多通地下河,洞穴有形态各异的钟乳石和一些生物化石。据考察,一些生物化石记录了泥盆纪地球的自然环境、生物状况、气候特点,对于研究泥盆纪古地理、古气候及沉积盆地的演化、地球发展史具有重要意义。百朗大峡谷除了在旅游方面具有很高的价值外,还具有很高的生态环境价值,是科学考察的对象。

此外,布柳河、红水河等风光优美,具有很高的旅游价值。

民间传说

红水河之由来 红水河,原是一条水清见底、游鱼可数的大河。岸边峰峦叠翠、千屏百嶂。放眼望去,蜿蜒绮丽的山峦,恰似一条葱郁的巨龙。传说这排山原是一条大蛇藤,长100多米,宽12米,蛇藤身上长的树木参天,扎枝盘根,树上叶子像晒箕一样宽大,每年秋季一到,落叶翩飞飘洒。山脚下一家官府的庭院里，更是积叶如盖，扫也扫不完。天长日久，叶子腐烂，毛虫蚂蚁，满地乱爬，官府对这条大蛇藤十分讨厌。因此，他们决定将这条大蛇藤拦腰斩断。

一天，官府派人找来了10个大汉，用锯子锯了10天10夜，才把藤子锯断。但两天后，这条藤子又自己接了起来，树口上长出的叶子依然像晒箕一样大。风一吹来，叶子照样飘落到官府院内。官府里的人为之伤透了脑筋。后来，村里的一位老人告诉他们，说龙最怕铜水，叫他们不妨在锯口上涂些铜水试试。他们按照老人的吩咐，在锯口上涂了大量的铜水。用锯子一锯，只见巨蟒身上血流如注，锯口所到之处，蛇身便随之溃烂，伤口再也连接不起来了。浑浊的浓血流了7天7夜，把邻近那条清清的大河都染红了。从此，人们就管它叫“红水河”。

（摘自《乐业县故事集成》）

金银洞 有一年，春节来临了，兄为过节备年货，弟无钱买货，为找点肉类来敬祖拜神，日夜冥思苦想，终于想出一个办法来，年前廿九，他扛一支火枪上山打猎，翻山越岭，没有发现鸟兽，很着急，后来在一个深山老林里，发现一只老鹰站在大树上，他轻手轻脚走到树旁隐蔽的地方，抬起粉枪，瞄准那只老鹰准备开枪。老鹰对他说：好弟弟，我只是一斤几两肉，你打死我，够你过年吗？我告诉你，这大树脚下，有个岩洞，洞里有要不完的银子，你可到洞前来，求求它开恩，要些银子回去好了。但你得按我说的去做，只能捧三捧。弟看看大树脚，真的悬崖壁下有一个大岩洞，洞口紧闭，仅有些裂缝。他走到洞口前，双膝下跪，向洞口拜三拜，求其开恩。果然，洞口渐渐张开了。他心里无比高兴，乐滋滋地走进洞里，见到成堆成堆的银子，便捧了三捧走出洞，自己背回家来。接着买了猪来杀，一家人高高兴兴。兄知道了，问弟何处得银子，忠诚老实的弟弟，一五一十地告诉给他。他按弟弟介绍的方法，叫开洞门，走进洞里，他为了比弟弟更富，一连捧了四捧。刚想出洞口门，洞门马上关闭，夹住他的双手，人在洞内，手在洞外。家人寻找到他，其妻儿天天给他送饭。送了一年的饭，不愿送了。他的二妻又送了一年的饭，也不愿送了。大妻子接着送，送了一年。一天，看着丈夫的惨状，号啕大哭起来。丈夫也哭了，他悲痛地对大妻子说：“你为我辛苦了，感谢你的关照。唉，我是活不久了，如你真爱我的话，就在我面前脱下衣服，让我看看，我死也瞑目了。”大妻子环顾四方，见无人，便把衣、裤脱光，一身白肉，丈夫这时笑了。真怪。石门蓦地打开了，丈夫急忙走出洞口，紧接着石门又关了。于是，民间便留下两句话：剩菜不能丢，正妻不能离。从此，兄对大妻感情更浓厚。

（摘自《乐业县故事集成》）

布柳河的由来 相传在遥远的年代，山沟里住着百来户壮族人家，说村口有一条小溪，每遇天旱，人们要到几十里外挑水食用。一年大旱，山上的草木都快枯死了，人们无水喝，渴得要死。在这生死关头，村里一个布柳姑娘立志要找到水源，解救大家，可是，到哪里找呢？她到土地公公那儿问，土地公公说：“布柳呀，从这里去，要爬99座山，走99天荒山草地，就找到水了，只要你把水引来，再大的干旱，村民也不愁没水喝了。”于是，布柳姑娘按着土地公公指点，跋山涉水，吃尽了千般苦，终于走过了99座高山……

第二天，她爬到一个大山洞口，听到洞里传来哗啦啦的水响声，她来劲了。走进去一看，只见一股清泉从洞中喷涌而出，她忘记了途中的一切疲劳，一头扑到水中，喝呀喝呀，水滋润了她的全身，于是，她感到全身轻松多了，但怎能把水牵引到村寨呢？正在焦急时。洞里传来声音：“布柳呀，你要引水到村庄，还要受一番苦难。你回去织999丈白布，把一头放在洞里，另一头牵到村里，洞里的水才沿着白布流去。”布柳立即赶回家，日日夜夜织呀织，999丈白布终于织够了，遵照洞里的嘱咐，她把一头留在村里，一头牵到洞中，刹那间，这条白布变成了一股翻腾滚滚的河水流到了村边。从此，这一带的人们再也不怕干旱的威胁了。布柳为民造福，得到了大家的赞扬。为纪念她的功绩，人们世代把这条河叫作“布柳河”。

（摘自《乐业县故事集成》）

诗 词

同乐镇上岗村拉逢屯的后龙山有清初墓葬诗（墓主为明万历年间蜀移民至广西泗城七亭）：

四围叠嶂拓云连，朗朗文光贯碧天。水明山秀凝瑞霭，珠联璧合拥奇烟。

豪心崇尚群芳盛，适与朋谈万物妍。纵是堪舆登峻坂，无为此地一牛眠！

注：诗的前六句描景、颂扬。后二句则是讽刺：尽管是堪舆（即风水先生）给你（墓主人）选得如此好的"登峻坂"（即"宝地"），也不过是像一头牛死后睡熟在此而已！

在同一地方（离该墓200米），为清嘉庆年间所葬墓的石碑上有一训导儿孙的诗：

庭训儿孙望席珍，孰诗说礼语谆谆。场中市利休为伍，林下烟霞永佩仁。

马齿无辜延岁月，鸿才大展显超群。漫道鹏程飞万里，承先启后赖经纶。

游晚霞山

（清）无名氏

云峰千仞矗晴空，好景尤宜夕照红。
孤嶂有崖昆赤壁，长林无处不丹枫。
摩天占得余光在，何日方知晚景通。
白发几人扶杖看，欣然留恋晚烟中。

中秋赏月

（清）黄明常

云帘尽卷九霄空，十五嫦娥嫁出宫。
仕女含情朝若拜，楼台世路不明东。
人间香口今宵盛，天上青光此夕风。
月正圆时须正赏，莫效辜负一秋风。

赠　别

（清）黄明常

送客西郊日已沉，无穷性供暮云深。
半肩行李春前路，一曲骊歌马上吟。
交臂又成千里别，相思莫辜百年心。
忽忽此会期何日，若过鹤飞好寄音。

龙角山——乐业县一风景点

姚梦琴

负重的龙角山，在红土上纵横地延伸着沧桑
陷入悠远的历史。世世代代的痛苦
每寸红土，铸就了龙角山
挥发着如血的苍凉。祖祖辈辈的热情
那里，膨胀了龙角山
战争留下的碎片。咸咸涩涩的汗水
在阳光下很殷红，浸泡着龙角山
石牌上的铭文。希望是凝滞的龙角山
写满龙角山发黄的故事，龙角山是流动的希望。
树根

重游乐业战地

黄正书

路转峰回访旧俦，破匪沙场梦还留。
当年战壕今尚在，昔日敌堡已成丘。
为民除害惊广宇，翻天覆地换神州。
奇保江山非易事，壮士创业留千秋。

诗歌十首

王功业

樱　花

四野樱花淡淡香，飞蜂点蕊采蜜忙。
容虽不及蜡梅艳，异彩流光入梦乡。

火卖人家

门前竹滴翠，窗外桃花红。
招引莺啼序，人居仙境中。

火卖观雾

万里云涛盖，千山雾海封。
欲观山壑势，等候旭高升。

雪

昨夜寒流来，梨花二度开。
千山披羊袄，玩雪戏开始。

村　居

回雁掩孤月，风轻送蕊香。
莺声胜万籁，如住在仙乡。

夜登上海金茂大厦

日落登高望沪城，万家灯火夜通明。
改革开放江南看，楼宇连绵楼宇雄。

六十初度

风雨耕耘三五载，得离尘世问桃花。
倚栏吐雾观云态，坐岸垂纶看戏虾。
两袖清风无腐难，一身正气养廉家。
春光易逝秋光短，村酒一壶醉烟霞。

述　怀

解惑卅秋白发添，育情万缕三尺鞭。

皱痕满面英容改，热血盈腔余梦牵。
远望他山金凤舞，近聆黉宇雏鸡喧。
蒙童渴望沾甘露，不忍偷闲离案先。

立　夏

电光时裂天，雷滚畴蛙喧。
何打芭蕉响？雨弹古筝欢。

春　村

窗外莺声破晓烟，和风竹影弄清弦。
桃花沉醉东风里，霭覆春泥蒋语甜。

谚语　歇后语

乐业县民间口头流传的谚语和歇后语，语句朴实，乡土味浓，凝聚着乐业人民世世代代生活、生产经验和思想精华。1988 年 11 月整理辑成《乐业县民间谚语、俗语集》，分时政、事理、修养、生活、生产、自然、其他等 7 类。

谚　语

立春一日，百草生芽，季季不等人，一刻值千金。
清明前，好种棉；清明后，好种豆。
清明种芋，谷雨种姜。
芒种芒种，样样要种。
七月种葱，八月种蒜。
夏至至短，冬至至长。
正月种竹，二月种木。
小寒大寒，冷水成团。
朝出红霞夜落水，夜（黄错时）出红霞晒死鬼。
早出红云雨不停，晚出红云会天晴。
雷打冬，十间牛栏九间空。
未雨先唱歌（打雷），落雨有几多。
东虹日头西虹雨。
蚂蚁牵线，大雨立见。
蚂蚁搬家晴必雨，蜘蛛结网必晴。
人怕老来穷，禾怕寒露风。
耕田有粪，好像盲眼无棍。
早发霞必有雨；夜发霞旱火起。
九月收谷有雷响，旱在二三月。
闪电四边打，有雨也不大。
南闪大门开，北闪有雨来。
一朝有霜晴不久，三朝有霜大晴久。
冬暖雨，夏热干；冬寒干，夏寒雨。
二月涨水，四五月旱。
二月清明不要赶，三月清明不要懒。
腊月打雷，六月雨多。
有雨山戴帽，无雨云拦腰。
先打雷后落雨，比不上大露水。
盐罐反潮，大雨难逃。
太阳落在乌云后，
雹子乱打秀女头。
对时雨，连几天。
早上地罩雾，尽管衣裤。
暖夜寒，东海也土干。
久晴大雾雨，久雨大雾晴。
冬天霜雪多，来年到处歌。
甲子有雨水丙宣晴，四十八天起灰尘。
大寒牛流塘，冻死禾苗秧。
白露无雨，百日无霜。
立春春雷打雪（不下雪），二月打雷雨不歇。
立夏不下（雨），犁耙高挂。
立夏节，百草生；小满节，把秧分（栽禾苗）。芒种节，串三根（移栽的禾苗始成长）。
春甲子雨，地裂千里；夏甲子雨般入世；秋甲子雨禾青粮裕；冬甲子雨牛羊冻死。
惊蛰种瓜，结得大巴拉（多）。
桐子叶包得饭（四月初），土挖得半（种玉米）。
春丙寅阳无水撒秧；夏丙宣阳干断长江；
秋丙寅阳干谷土包，冬丙寅无雪无霜。
腊月晴一天，正月热一日。
桐树叶子大如盘，娃娃脱掉棉衣裳。
月亮打伞天要晴，太阳打伞暴雨临。
谷雨雨淋淋，农家笑吟吟。
立秋晴，谷黄瓜熟进仓门。
重阳无雨看十三，十三无雨一冬干。
十月初一晴，柴炭不煅银。
十月无霜，碓里无糠。
不怕重阳十三雨，只要立冬一日晴。
春寒有雨夏寒峭。
云径东，雨不凶；云往南，雨成团；云往西，雨稀稀；云往北，雨不得。
扫帚云，雨淋淋。
先雷后雨雨不长，先雨后雷河水涨。
早雨不过午，午雨不过夜，夜雨下不停。

图 62　乐业大石围天坑天舟天眼效果图

（县委宣传部供　2016 年 10 月 27 日摄）

头道松根，二道扪根。

种地不修沟，到头一声空。

一年荒芜，十年难补。

立春一日，百草生芽。

三早当一工。

误了一年春，扯年扯不抻。

二月清明不要赶，三月清明不要懒。

相互打鼓，苞谷好下种。

春天不种，秋来有何收？

春天种窝，秋后收一箩。

人哄庄稼地哄人。

一颗汗水一颗粮，多滴汗水谷满仓。

有种无种在于水，有收无收在于肥。

家中喂有三个母（牛、马、猪），主人不受苦。

勤谨勤谨，衣饭把稳。

懒惰懒惰，挨饥受饿。

吃不穷，穿不穷，好吃懒做世世穷。

庄稼一枝花，全靠肥当家。

家有千株桐，儿孙不受穷。

庄稼无牛空起早。

想要收成好，选种最重要。

人误地一时，地误人一年。

种子年年选，产量年年高。

季节不等人，一刻值千金。

三分种，七分管，人勤地不懒。

恨穷要养猪，想富要读书。

懒人急在嘴，勤人急在腿。

土不炕冬，来年草凶。

苞谷薅得早，强似上道粪。

歇后语

狮子舞三趟无人看——啰嗦使人厌。

猎狗跑在黄狼前——恶人先告状。

猎狗跑在猎物前——颠倒次序。

五倍木做柱头——华而不实。

蛙小声大——吹牛。

马身未画成，先画出卵包——办事荒唐。

矮人摘笋子，高佬摘黄苞——量力而行。

狗与马赛跑——自不量力。

未曾买到马，梦只脚来骑——办事荒唐。

专讲听来的，不丢脸害羞——歪曲。

跳蚤进沓旯脚——麻烦事。

坏在内，好在外——笑面虎。

嘴吃饭，到处看——想偷。

盐罐生蛆——内部出问题。

猪耳朵出虫——不听劝告。

老鼠跌米缸——侥幸。

闭着眼睛咬打屁虫——吃苦头。

屙屎放龙坛——怕吃亏。

养鸡鸡叮眼，养狗狗咬脚——恩将仇报。

烂布塞笼眼——卖假。

用杉木叶帮小孩打蚊子——弄巧成拙。

星斗落进磨窟窿——机会难逢。

舌头尖有骨——说话不算数。

门里不出，门里不进——礼尚往来。

吃在近，送在远——只要别人照顾。

急用电话

火警	119
急救中心	120
交通事故	122

报警服务中心 110

常用电话

南宁火车站问询处	2222222
南宁火车站订票电话	2285588
南宁客运中心问询处	2102443
南宁客运中心售票处	2102445
南宁机场售票处	2285566 2285511
南宁火车站售票处	5968252
百色汽车客运站问询处	0776-2881290
右江日报新闻热线	0776-2893706
乐业县人民医院办公室	0776-7924791
乐业县人民医院急诊科	0776-7922136
乐业县妇幼保健院	0776-7928056
乐业县疾病控制中心	0776-7922069
乐业县卫生监督所	0776-7925708
乐业县水利电业有限公司	0776-2554808
乐业县水厂办公室	0776-2551776
乐业汽车总站办公室	0776-7929992
乐业汽车总站售票处	0776-7929993
广电网络服务电话	96335 0776-2550388
广西医科大附院急诊室	0771-5353014 0771-5356533
广西壮族自治区人民医院急诊室	0771-2186300
解放军三〇三医院急诊室	0771-2870120
广西中医学院一附院急诊室	0771-5864378
广西民族医院	0771-3112511 0771-3112506 0771-3133128
广西壮族自治区妇幼保健院急诊室	0771-3153941 转 2234

银行服务电话

中国工商银行	95588
中国建设银行	95533
中国农业银行	95599
中国银行	95566
交通银行	95559
中国农业银行乐业县支行	0776-7929036
乐业县农村商业银行	0776-7785816
中国邮政储蓄银行乐业县三乐街支行	0776-7925098

投诉举报电话

工商局 315 热线	12315
物价局价格举报	12358
质监局打假举报	12356
国税偷税举报	96102
地税偷税举报	96678
走私举报	5398888
环保投诉	12369
卫生投诉	0776-7922181
政务服务大厅	0776-7925983

通讯运营商电话

中国电信客户服务中心	10000
中国移动客户服务中心	10086
中国联通客户服务中心	10010
邮政局	0776-7923188
114 号码百事通	114
电话障碍台	112
话费自动查询	170
用户投诉服务	180

宾馆酒店

南宁市

西园饭店总服务台	0771-4822075
荔园山庄总机	0771-5333399
明园饭店总服务台	0771-2119093
明园新都酒店总服务台	0771-2118668
南宁饭店总服务台	0771-2103981
凤凰宾馆总服务台	0771-2119888
南宁沃顿国际大酒店总服务台	0771-2111930
南宁邕江宾馆总服务台	0771-2180888
蕾雨宾馆总服务台	0771-3134686
订餐电话	0771-3130310
夏威夷国际大酒店总机	0771-5885538

永凯大酒店总服务台	0771-3936089

百色市

恒源大酒店服务总台	0776-2626999
鑫鑫大酒店服务总台	0776-2696888
川惠大酒店服务总台	0776-2966666
恒升大酒店服务总台	0776-2865115
福源大酒店服务总台	0776-2692181
联谊大酒店服务总台	0776-2628881

乐业县

乐业饭店服务总台	0776-7928888
国际金源大酒店服务总台	0776-2558888
福来登大酒店服务总台	0776-2553888
民政商务酒店服务总台	0776-2552222
城市便捷酒店服务总台	0776-2559888
宏福大酒店服务总台	0776-7786688
芒果酒店服务总台	0776-2556688
君度商务宾馆服务总台	0776-2550189

图 63　乐业县上岗水库水源林保护区　（乐业县林业局供）

索　　引

◎编辑　黎启顺

说 明

一、本索引采用主题分析索引方法。正文(包括条码、文献、资料、图片和表格)中凡具有独立检索意义的完整资料,均可通过本索引进行检索。

二、索引按汉语拼音字母(同声字按声调)升序排列。类目、分目、次分目作索引款目用黑体字排印、其余均用宋体字排印。表格、图片在其款目后分别注明"表""图"。

三、索引款目后的阿拉伯数字和拉丁字母(a、b、c)分别表示内容所在的页码和栏别(即左、中、右栏)。

四、索引空两字位起排的款目为上一主题的"附见"。同一主题的"参见"只标页码。为便于读者检索,内容有交叉的款目,在本索引中重复出现。

五、"编辑说明"等栏目不作索引,阿拉伯数字开头的款目排在索引的前面。

D

H

J

K

L

M

R

S